統一新羅考古學概論

통일신라고고학개론

진인진

일러두기

1. · 한국 유적명은 시군+동리명을 적었다.
   · 중국의 지명이나 유적, 인명은 집안(集安)과 같이 우리말 발음대로 표기한다.
   · 일본의 지명이나 유적, 인명은 원어 발음을 국립국어원의 '외래어표기법'에 따라 표기하였다. 한자는 ( ) 속에 병기하였다.

2. 본문의 가독성과 개론서로서의 성격을 고려해 보고서의 경우 단순한 유적 인용은 참고문헌을 생략하고, 저작권과 관련되거나 혹은 주요한 견해를 인용하여 연구에 참고할 수 있는 경우에 참고문헌을 명기한다.

3. 연대 표기는 서력, 신라의 왕대, 중국 연호 등을 사용하고 신라 왕대와 중국 연호는 서력을 병기한다. 예로는 원화 10년(815), 성덕왕 12년(713), 584년(진평왕 6) 등으로 표기한다.

4. 문헌이나 금석문에 나오는 사료는 "瓦草"와 같이 한자 위에 한글을 쓰고 일반 한자어는 건물지(建物址)와 같이 한글(한자)로 표기한다.

5. 참고문헌은 보고서 및 논저, 논문의 순으로 기재하고 한글, 중국어, 일본어, 영어의 차례로 실었다.

통일신라고고학개론

초판 1쇄 발행 | 2019년 2월 25일

엮　음 | 중앙문화재연구원 엮음
발행인 | 김태진
발행처 | 진인진
등　록 | 제25100-2005-000003호
본문편집 | 배원일
주　소 | 경기도 과천시 별양상가 1로 18 614호(별양동 과천오피스텔)
전　화 | 02-507-3077~8
팩　스 | 02-507-3079
홈페이지 | http://www.zininzin.co.kr
이메일 | pub@zininzin.co.kr

ⓒ 진인진 2019
ISBN 978-89-6347-405-2　93900

* 이 책 내용의 전부 또는 일부를 다시 사용하려면 반드시 자료 제공 협조기관과 출판사 모두의 동의를 얻어야 합니다.
* 책값은 표지 뒷면에 있습니다.

책을 펴내며

통일신라시대는 삼국의 문화를 바탕으로 새로운 사회와 문화를 성립하면서 고대사회에서 중세사회로 전환하는 중요한 시기입니다. 삼국통일은 단순히 신라만의 문제가 아니라 동아시아를 포함한 당시의 상황을 이해한 기초 위에서 거론될 문제입니다. 하지만 우리 전통문화의 토대가 정립된 중요한 역사적 의미를 지님에도 불구하고, 고고학적 모습을 총체적으로 다룬 개설서의 부재로 인하여 통일신라시대의 고고학적 연구 성과를 일목요연하게 확인할 수 있는 장이 마련되지 못하고 있습니다.

개론서는 다양한 연구 성과물을 체계적으로 정리하여 신진연구자의 연구지침서는 물론이고 일반인들도 쉽게 접할 수 있는 교양서로서의 역할도 담당할 수 있습니다. 이미, 우리 연구원은 2011년 『한국 신석기문화 개론』을 시작으로 『한국 청동기문화 개론』, 『낙랑고고학개론』, 『신라고고학개론』, 『마한고고학개론』 등 시대별 개론서와 『북방고고학개론』, 『흉노고고학개론』 등 주제별 개론서를 편찬했으며, 『고구려고고학개론』과 『발해고고학개론』 편찬 작업도 진행하고 있습니다.

그동안 축적한 고고학적 물질자료는 연구자들의 심도 있는 연구 활동으로 다양하게 해석되었고, 사료와 비교·검증을 통하여 역사의 퍼즐을 완성하는데 큰 역할을 담당하고 있습니다. 역사는 사료와 물질자료의 끊임없는 대화로 탄생하게 됩니다. 우리 연구원은 고고학적 물질자료를 수집하는 최일선에서 땅속에 묻혀 있는 온전한 우리의 역사를 드러내는 1차 작업을 충실히 수행하고 있으며, 학술대회와 학술총서 간행을 통해 드러난 고고학적인 자료와 역사를 체계적으로 해석·정리하고, 대중강연을 통해 역사의 대중화에 앞장서고 있습니다.

이번 총서에는 통일신라시대의 연구사와 방법을 비롯하여 당시의 물질문화에 대하여 폭넓게 수록하였습니다. 여러 가지 어려움에도 불구하고 옥고를 집필하여 주신 최태선 선생님을 비롯한 연구자분들과 이 학술총서가 간행될 수 있도록 책임연구를 맡아주신 홍보식·김재홍 선생님께 감사드립니다.

또한 총서가 간행될 수 있도록 애써준 우리 연구원 연구기획실 직원 여러분, 어려운 여건에서도 간행을 맡아주신 김태진 사장님과 진인진 관계자 여러분께 감사드립니다.

2019년 2월
중앙문화재연구원장 조상기

목차

책을 펴내며   조상기   3

01   머리말   홍보식   10

    1. 통일신라 사회   10
    2. 통일신라 유적 조사와 연구의 흐름   12
    3. 통일신라시대의 고고학적 연구 주제   16

02   서술 의도와 방향   홍보식   20

    1. 서술 의도   20

03   물질자료의 편년   홍보식·최태선   30

    1. 토기   30
    2. 기와   55

04   도시와 취락   홍보식   68

    1. 도성   68

2. 위성도시　　　　　　　　　　　　　　　　　　　　　　　　93
　　3. 지방도시　　　　　　　　　　　　　　　　　　　　　　　　98
　　4. 취락　　　　　　　　　　　　　　　　　　　　　　　　　 105
　　5. 주거 구조　　　　　　　　　　　　　　　　　　　　　　　117

05　관방과 무기·마구　　　　　　　　　　심광주·김재홍　　　126

　　1. 관방　　　　　　　　　　　　　　　　　　　　　　　　　 126
　　2. 무기와 마구　　　　　　　　　　　　　　　　　　　　　　160

06　토목과 건축　　　　　　　　　　　　　　홍보식　　　　　182

　　1. 도시 조성을 위한 토지정리 및 구획사업　　　　　　　　　182
　　2. 불교 사원 건설의 토목　　　　　　　　　　　　　　　　　191
　　3. 유원지 건설　　　　　　　　　　　　　　　　　　　　　　195
　　4. 도로와 교량　　　　　　　　　　　　　　　　　　　　　　201
　　5. 제언　　　　　　　　　　　　　　　　　　　　　　　　　 209
　　6. 고분 조영의 토목기술　　　　　　　　　　　　　　　　　 214

07　왕릉과 분묘　　　　　　　　　　　　　　홍보식　　　　　224

　　1. 신라묘에서 통일신라묘로의 전환　　　　　　　　　　　　224
　　2. 통일신라의 장법과 묘제　　　　　　　　　　　　　　　　227
　　3. 지방의 고분　　　　　　　　　　　　　　　　　　　　　　251
　　4. 화장묘　　　　　　　　　　　　　　　　　　　　　　　　 255

08 가람과 불교 조각 　　　　　　　　　　　　　최태선·진정환　　　266

　1. 가람　　　　　　　　　　　　　　　　　　　　　　　　266
　2. 통일신라 하대의 선문가람과 지방사원　　　　　　　　　282
　3. 불교 조각　　　　　　　　　　　　　　　　　　　　　　290

09 종교와 제사 　　　　　　　　　　　　　　　　최태선　　　318

　1. 제사의 정의와 연구 동향　　　　　　　　　　　　　　　318
　2. 통일신라 제사의 양상　　　　　　　　　　　　　　　　322
　3. 통일신라 제의와 불교의범　　　　　　　　　　　　　　326
　4. 건물지 주변의 토기 매납 현상[지진구, 진단구]　　　　　333
　5. 공양물[모조마]의 매납　　　　　　　　　　　　　　　　334

10 수공업 생산과 기술 　　　　　　　　　　　　　전용호　　　340

　1. 토기　　　　　　　　　　　　　　　　　　　　　　　　340
　2. 기와·전　　　　　　　　　　　　　　　　　　　　　　345
　3. 철　　　　　　　　　　　　　　　　　　　　　　　　　350
　4. 청동기　　　　　　　　　　　　　　　　　　　　　　　356
　5. 유리　　　　　　　　　　　　　　　　　　　　　　　　363
　6. 목기·칠기　　　　　　　　　　　　　　　　　　　　　366

11 농경과 농구 　　　　　　　　　　　　　　　　김재홍　　　378

　1. 수전　　　　　　　　　　　　　　　　　　　　　　　　378
　2. 한전　　　　　　　　　　　　　　　　　　　　　　　　383
　3. 농구　　　　　　　　　　　　　　　　　　　　　　　　386
　4. 곡물　　　　　　　　　　　　　　　　　　　　　　　　394

12 장식구와 생활용구   김재홍   400

    1. 장식구   400
    2. 일상생활용구   411
    3. 식생활 도구   416
    4. 차문화   426

13 출토문자 자료   김재홍   432

    1. 비석   432
    2. 토기   436
    3. 목간   440
    4. 범종   446
    5. 명문기와   448

14 대외교류   홍보식   454

    1. 중국 문물의 수용과 모방   454
    2. 발해와의 교류   471
    3. 서역과의 교류   474
    4. 일본과의 교류   480

15 통일신라에서 고려로의 전환   홍보식   490

    1. 고대 도시의 쇠퇴와 신흥 도시의 건설   490
    2. 묘제와 장제의 변화   493
    3. 통일신라 토기 가마에서 고려 도기 가마로의 전환   502
    4. 생활용기의 변화   506

5. 기와와 전의 변화　　　　　　　　　　　　　　　　523

6. 금속 장식품의 변화　　　　　　　　　　　　　　　525

7. 벼루의 변화　　　　　　　　　　　　　　　　　　526

16　맺음말　　　　　　　　　　　　　　　홍보식　　532

통일신라고고학개론

01

머리말

- 통일신라 사회
- 통일신라 유적 조사와 연구의 흐름
- 통일신라시대의 고고학적 연구 주제

1. 통일신라 사회

통일신라시대는 신라가 삼국 통일전쟁을 실행하는 660년부터 고려에 투항하는 935년까지 370년간의 기간을 말한다. 통일신라 사회는 신라가 백제와 고구려를 정복하므로서 그동안 지속된 삼국간의 대립과 항쟁관계를 청산하고, 신라의 정치·사회·문화를 기반으로 고구려와 백제의 선진문화를 부분적으로 수용하고, 중국 당의 문화를 수용하여 통일 이전보다는 변화 발전된 사회를 맞이하였다.

660년 신라에 의한 백제 멸망, 668년 고구려 멸망으로 삼국정립의 시기가 막을 내리고 신라에 의한 삼국통일이 이루어지면서 삼국의 문화가 하나로 통합되는 계기가 마련되었

1. 머리말

으나, 실은 신라문화 위주로 재편되었다. 삼국의 통일로 옛 백제 영역과 대동강-원산만 이남의 고구려 영역 일부가 신라문화권으로 편입되었다.

영토 확장과 더불어 통일 이전부터 진행된 일련의 사회변화가 통일 이후에 들어오면 더욱 가속되고, 여기에 수반하여 물질자료의 종류·조성·재질·기능 등도 이전 시기와는 양상이 다르다. 통일신라시대에 들어오면, 왕경의 도시공간이 확장되면서 왕경을 구성하는 궁궐·관아·저택·사찰 등의 건물과 도로·배수구·우물·담장 등의 생활 편의시설, 청동용기 및 불구 제작을 위한 생산시설 등이 도시 공간에 배치되었다. 왕경 주위의 산록에는 왕경에 거주하는 주민들의 생활 유지에 필요한 각종의 물자를 생산하는 생산단지가 조성되었다.

궁궐·관아·사원·귀족 저택 등의 천장부재로서 기와 사용이 일반화되면서 기와생산이 현저하게 증가되었다. 지방에는 9주 5소경의 주치와 소경에는 계획도시가 건설되었고, 지방지배 거점으로서의 역할을 하였다. 각 지방에는 중심 취락을 위시하여 중소 취락이 형성되었고, 주요 지역을 연결하는 도로망이 개설되어 지방에서 수취한 조세와 공납품을 왕경과 지방의 관아로 운송하는 역할을 하였다. 지방의 중요지역에는 토기·기와 등 일상 생활 또는 관아건물의 부재를 생산하는 생산시설이 갖추어졌고, 철산지 일대에는 철을 생산하는 생산시설이 관영체제로 운영되었다. 왕경과 지방 거점도시를 지탱하는 각종 사회기반시설이 갖추어졌다.

불교의 확산에 의해 지방에 사원이 건설되고, 불교와 관련된 각종 물품이 중앙에서 지방으로 유통되었다. 도당(渡唐)승려들의 귀환과 불교 대중화에 의한 불교의 지방보급에 따른 불교사찰의 건립과 이에 따른 불교 고고자료의 증가는 물론 불교식 장법인 화장과 장골기 매장습속의 확대가 이루어졌다. 새로운 매장방식의 수용에 의해 전통적인 매장방식의 변질과 더불어 지상에 거대한 무덤을 만드는 행위의 현저한 쇠퇴가 이루어지게 되었다.

이러한 변화와 함께, 토기의 생산과 공급에도 변화가 나타났다. 삼국 통일 이전에는 분묘 부장 토기가 주체를 이루었으나 고분이 쇠퇴하면서 부장토기의 양은 급격하게 줄어들었다. 왕궁과 왕경, 관아·지방도시·성·취락 등의 생활유적과 방어유적, 종교·제사유적 등에서 출토되는 토기의 수량이 분묘 출토의 그것을 훨씬 능가하면서 토기문화를 대변한다. 그리고 새로운 장식(葬式)에 의한 유골처리 방식인 장골기의 소재로 토기가 사용되면서 화려하게 장식되는 등 이전 시기와는 그 양상을 달리한다. 또 중국대륙과의 활발한 교류가 이루어지면서 중국 도자기의 수입이 증가되고, 상류층에서는 도자기 사용이 유행한다. 중국 도자기의 수입과 사용에 자극을 받아 연유도기의 생산도 더욱 증가되었다. 중국 도자기 및 금속용기를 모방한 토제용기와 금속용기도 제작되었다. 특히 지배층을 중심으로 금속제 식기와 주기들이 사용되어 목기나 칠기·토기에서 금속용기로 이행하는 과정을 밟기도 하였다.

지방을 일원적으로 지배를 관철하기 위한 지배의 거점 내지, 반란과 외적의 침입에 대비하기 위해 전국 각지의 중요 거점과 교통 요지에 성이 구축되었다.

주요 고고자료가 삼국시대에는 분묘에 부장된 유물이 중심이었지만, 통일신라시대에는 분묘 부장품이 현저히 감소되고, 대신 왕경·지방도시·취락 등의 생활유적과 성곽·사찰 등의 유적 출토품이 다수를 차지하였다. 삼국시대와 달리 기와의 대량 생산 및 사용이 빈번해지면서 기와가 이 시대의 주요한 물질자료가 되었다. 통일신라시대의 물질자료의 대부분은 일상생활에 사용되었거나 일상생활을 유지하는 시설로서 기능한 공통성이 있으면서도 생산 시기는 동일하더라도 동시에 일괄적으로 폐기되지 않고, 시차가 존재하기 때문에 자료의 성격과 해석에도 이전 시대와는 다른 방법이 요구되는 등 고고학적인 분석과 해석에도 차이가 있다.

2. 통일신라 유적 조사와 연구의 흐름

통일신라시대 유적 조사는 일제강점기에 전신덕왕릉(1935·1963년)과 충효동고분군 등의 고분과 성동동유적이 조사되면서 시작되었다. 그리고 후지시마 가이지로(藤島亥治郎 1930)는 지형도와 지적도 및 조선고적도보 등을 참고하면서 답사를 통해 신라왕경 복원안을 제시하였다. 일제강점기에 일인 연구자들에 의해 경주지역의 통일신라 왕릉과 석탑·불상 등의 실측과 탁본 등을 통해 자료가 수집되었다(국립문화재연구소·일본 동경대학원공학계연구과건축학전공 2004). 일제강점기의 통일신라시대 유적 조사는 기초자료 수집의 정도에 머물렀다. 후지시마 가이지로의 신라 왕경 복원안의 연구는 범위와 면적 등에서 문제가 노정되었지만, 이후 신라 왕경 연구의 토대가 되었다.

해방 후 1970년대 이전까지 서악리 석실분·쌍상총과 마총(노서동 133호) 등의 고분과

1. 머리말

감은사지가 조사되었다. 이 때의 조사를 통해 통일신라시대 왕경의 대형 고분은 두침과 족좌 등 주검 안치시설과 함께, 벽면과 바닥에 회를 바른 점이 확인되었다. 통일신라시대 왕경의 묘제는 대부분 횡혈식석실이란 사실을 어느 정도 확인할 수 있었지만, 매장행위와 관련된 인식이 없었으므로 제대로 된 조사는 아니었다. 그럼에도 불구하고, 봉분과 석실의 평면·입면도가 제시되어 이후 통일신라시대 묘제 연구에 일조를 하게 되었다.

통일신라 유적 조사와 연구는 1970년대부터 본격적으로 이루어지기 시작하였고, 1980년대의 황룡사지 발굴조사의 완료로 어느 정도 성과를 이루었다. 1970~80년대의 통일신라시대 유적은 정부정책에 연동하여 월지를 비롯하여 월정교지·월성해자와 동문지·전랑지 등의 왕궁 관련 유적이 집중 조사되었다. 이외에도 신라 44대 민애왕릉(839년 몰)으로 전해지는 고분과 주변, 삼릉 주변의 장골기, 경주 망성리(1965년), 부산 두구동 임석·서울 사당동·시흥 방산리 등지에서 토기 가마터가 조사되었다.

이 시기의 월지와 월성해자 및 동문지, 전랑지 등의 조사는 일제강점기인 1930년도에 후지시마 가이지로가 처음 신라왕경 복원안을 제시한 이후 신라 왕경복원 연구의 활성화를 가져와 김병모(1984)·윤무병(1987) 등의 고고학자는 물론 민덕식(1986)·장순용(1976) 등의 역사학·지리학자들까지도 이 대열에 합세하여 신라왕경의 대체적인 틀을 알 수 있게 되었다. 그러나 왕경의 구조를 알 수 있거나 도로 등에 대한 조사가 전무하여 추론에 머무를 수밖에 없었다.

전민애왕릉 주변의 조사에서 능이 만들어진 뒤에 퇴적된 것이 분명한 토층에서 "元和十年"(815년)의 글자가 있는 화장묘의 장골기가 확인되어 이 능이 만들어진 시기가 적어도 815년 이전임이 확실하여 이 능의 주인공이 민애왕이 아니고, 민애왕보다 앞선 제40대 애장왕의 능으로 추정하는 등 현재도 전민애왕릉에 대한 진위여부가 논란이 되고 있다. 그리고 통일신라 토기 자체에 역연대가 기재된 최초의 사례로서 통일신라 토기의 편년연구에 획기적인 자료로 평가되고 있다. 이 원화십년명 장골기가 보고된 이후, 통일신라토기를 편년하면서 원화십년명 토기에 문양이 시문되지 않은 점에 근거하여 9세기 초를 기준으로 그 이전 시기를 인화문기, 그 이후 시기를 비인화문기로 구분하였고, 이 인식은 현재의 통일신라토기 편년에 지대한 영향을 미치고 있다.

1990년대에 들어오면서 통일신라시대 유적 조사가 경주는 물론 경주를 벗어나 당시의 지방으로까지 확대되었다. 이 시기에 조사된 중요한 유적으로는 보령 성주사지 1~4차 조사, 남원 실상사시, 익산 미륵사지, 완도 장도 청해진, 광양 마로산성, 보령 진죽리 토기가

13

마터, 영암 구림리 가마터, 공주 가교리 가마터, 김해 구산동 가마터, 삼계동 가마터, 용인 성북리 가마터, 경주 손곡동 가마터, 청도 신원리 가마터, 함안 성산산성 등을 들 수 있다.

　이 시기의 통일신라시대 유적 조사는 전국 각지로 확대되었고, 대상 유적도 고분과 불교사원에 국한하지 않고, 생산시설·관방·도로·제사유적 등 다양한 성격의 유적과 유구들이 조사되어 통일신라시대 자료가 축적되었다. 그러나 자료의 축적에도 불구하고 통일신라시대의 연구는 와전과 불교조각품 등 주로 미술사 영역에서 다루어졌고, 고고학적 연구는 고분과 토기 등 극히 한정된 자료의 일부분에 그쳤다.

　장도 청해진을 비롯해 왕경유적과 지방의 거점 사찰 및 관방 유적에서 출토한 중국 도자기의 수량이 상당하고, 이 중국 도자기, 특히 완의 굽 접지면 폭이 넓은 옥벽저와 한강수계에서 조사된 초기 자기요지에서 출토한 햇무리굽완과의 유사성을 근거로 9세기의 통일신라시대부터 이미 국내에서 자기가 생산되었다고 하여 통일신라청자란 용어까지 사용되기도 했다.

　그런데 9세기 전반 통일신라와 중국과의 교역을 장악한 장보고의 근거지인 장도 청해진 유적의 발굴조사 결과, 중국으로부터 수입한 도자기는 수십점 확인되었지만, 국내산 초기 자기는 전혀 출토되지 않았다. 통일신라의 여타 유적에서도 중국 당나라 시기의 자기와 국내산 초기 청자의 공반 사례나 통일신라 토기와 국내산 자기가 동시 폐기된 사례가 존재하는지 등 객관적 자료 검토 없이 단순히 형태가 유사하다 해서 동 시기의 소산물로 인정하고 논지를 편 연구가 도자사가들에 의해 제기되었고, 일부 고고학자들도 이런 도자사 연구자들의 주장에 동조해 국내산 초기 청자를 통일신라시대로 편년하기도 하였다.

　2000년대에 들어오면, 국립문화재연구소에 의해 경주·충주(중원)·남원·부여·익산 등지의 왕궁·왕경·지방도시·사찰·관방 등의 유적을 대상으로 한 학술발굴조사와 더불어 30,000m^2 이상의 개발지역이 의무적인 발굴조사 면적으로 지정되어 통일신라시대 유적의 발굴 조사 수와 유물은 통계치를 제시하기 어려울 만큼 폭발적으로 증가되었다.

　이 시기의 왕경유적 조사는 그 어떤 성격의 유적보다도 많이 되었는데, 황룡사지 동편지역 1방의 발굴조사를 시작으로 경주박물관 미술관 건립부지 유적, 동천동유적, 동궁지 등 대소 면적의 발굴건수가 50여 개소에 이르렀다. 왕경유적의 발굴 수가 증가하면서 그동안 베일에 쌓여있던 왕경의 1방 규모와 가로·담장·배수시설·가옥 수와 구조 및 배치, 수공업시설·우물 등이 확인되었고, 도로를 침범한 가옥의 존재와 북천 이남과 이북 지역에 존재한 방의 규모와 평면 형태의 차이 등이 확인되는 등 왕경의 구조에 대한 기초적인 정

1. 머리말

보가 축적되었다.

그리고 왕경 주위에 조성된 계획도시의 확인도 이루어졌다. 경주 건천읍 모량·방내리 일대에서 정연한 남북과 동서 가로에 의해 구획된 계획도시가 부분적으로 확인되었다. 이곳의 계획도시는 신라 6부 중 모량부의 근거지로 추정되어 온 곳으로서, 통일신라시대에도 신라의 주요 세력으로 존재하였음을 보여주는 자료로서 평가된다. 계획도시가 어느 시기에 만들어졌는지와 함께 이곳의 계획도시가 왕경에 포함되었는지 아니면 왕경과 구분된 위성도시인지에 대한 논란이 제기되고 있다. 이 계획도시를 왕경의 범위로 설정하느냐 그렇지 않느냐에 따라서 왕경에 대한 해석이 다를 수 있다.

왕경과 더불어 통일신라시대 연구의 근간이 되는 지방도시의 발굴조사와 고고학적인 연구는 거의 이루어지지 않았다가 2005년부터 사벌주 치소로 추정된 상주 복룡동 일대에 대한 발굴조사가 여러 차례에 걸쳐 이루어졌고, 발굴조사를 통해 통일신라 지방도시의 구조를 이해할 수 있는 주요한 정보를 제공하였다. 도시 유적 조사는 충주 탑평동 일대를 대상으로도 실시되었다. 지방의 마을 조사도 상당히 진척되어 마을의 구조와 규모 및 주거구조 등에 대한 개략적인 파악이 가능한 시점에 이르렀다.

생산유적 조사는 밀양 사촌리와 양산 물금 등지에서 철 생산 유적이 조사되었다. 토기 생산유적으로는 경주 화곡리를 위시해 통일신라 전역에 걸쳐 조사되었다. 화곡리 생산유적은 통일신라시대 토기 생산과 공급관계를 구명할 수 있는 자료들이 다수 출토되었는데, 왕경에 공급되었을 것으로 추정된다. 통일신라시대 왕경의 토기 생산시스템과 토기 공급의 형태에 대한 연구의 단초를 제공할 수 있는 조사 성과로 평가된다.

김제 벽골제, 제천 의림지, 영천 청제 등『삼국사기』와『삼국유사』등 고대 사서의 수리시설 기록과 함께 실물이 확인되었지만, 축조 시기와 공법은 제대로 확인되지 않아 고대의 제방 설치 목적과 입지, 형태와 구조 및 기술의 실체에 접근하기는 매우 어려웠다. 그런데 2009년 울산 약사동에서 좌우의 구릉을 연결한 제방이 조사되었고, 삼국시대에 조성된 김제 벽골제의 조사에서 통일신라시대에 증축(보축)된 사실, 상주 공검지 등의 조사가 이루어지면서 고대의 제방 구조와 구축 토목공법, 시기 등이 확인되어 향후 수리시설의 실체와 연구의 진전을 가져오게 되었고, 중국 및 일본 고대 수리시설의 기능과 축조기술 등과 비교 검토가 가능하게 되었다.

통일신라시대의 관방시설은 각지에 조영되었는데, 산성이 대부분이고, 평지성과 보루도 축조되었다. 평지성은 성이 위치한 지역의 행정 치소로서 대부분 토성으로서 통일신라

8세기 후반에서 9세기경에 각지의 거점지역에 축성되었다. 군사적 성격을 띤 산성은 산의 능선 상부를 감싸면서 지형을 이용하여 돌로 쌓은 석성이 대부분이다. 산성 내부에는 각종 건물지와 원지·집수정 등의 생활 시설이 확인되었다. 하남 이성산성, 광양 마로산성, 문경 고모산성 등의 발굴조사에 의해 체성부와 성 내부 시설의 배치와 구조 특징에 대한 자료가 어느 정도 축적되었다.

이외에도 목기와 칠기·금속용기 등 다양한 생활 용기와 제기 등이 출토되었고, 중국 청자와 백자·삼채도기, 유리그릇·생전으로 만든 담장 등의 대외교류를 이해할 수 있는 다양한 물질자료도 확보되었다.

이상과 같이 통일신라시대의 유적(유구) 조사가 꽤 많이 이루어져 삼국시대에 못지않을 만큼 중요하면서도 다양한 성격의 자료가 축적되었지만, 통일신라시대를 대상으로 한 연구 성과는 상대적으로 부진하고, 연구자 수도 많지 않은 게 현실이다. 통일신라시대의 물질자료는 삼국시대보다 훨씬 다양하기 때문에 다룰 수 있는 연구 주제 역시 다양하다.

3. 통일신라시대의 고고학적 연구 주제

통일신라 사회는 물질적인 면에서 큰 변화를 맞이하고 있었음은 분명하지만, 고고학적 연구는 다른 시대에 비해 매우 부진하다. 고고학적 연구는 토기와 분묘 등에 국한되었고, 왕경의 구조와 범위, 지방 도시, 토기·기와·금속 등의 생산분야, 관방유적, 생활시설 등에 대한 연구도 부분적으로 진행되었으나 활발하지는 않았다. 그리고 불교사원 구조·불상·탑·사리용기 등의 불교자료와 기와 연구는 미술사 영역에서 주로 연구되어 왔고, 고고학적인 방법론에 입각한 연구는 거의 이루어지지 않은 게 현실이다.

통일신라 고고학에서 가장 비중 높게 다루어진 왕경연구는 규모와 구조, 방리제, 인구 규모, 주작대로의 존부 등의 문제를 문헌사학과 역사지리학에서 다양한 견해가 개진되었으나 고고학적인 조사가 뒷받침이 되지 않았다. 90년대 이후 왕경유적에 대한 조사가 부분적으로 이루어지면서 고고학적인 조사 성과를 토대로 도로·담장·배수시설·가옥 배치상태·다리 등 도시의 기반시설과 시가지 확장방법, 토지분할, 인구 이동의 동향, 주거공간의

1. 머리말

분할과 규모, 대·소 가옥의 차이, 그리고 각종 생활용기를 통한 왕경 거주민들의 단편적인 생활내용 등에 대한 검토가 이루어지고 있다.

그러나 왕경조사가 극히 일부에 국한되고, 또 조사구역과 조사기관이 분산되어 각각 조사된 성과물이 하나의 좌표에 표기되지 않아 발굴조사를 통해 획득된 성과의 많은 부분이 제대로 활용할 수 없는 우려도 있다. 그래서 절대좌표를 설정하여 조사기관이 공유하는 작업이 필요하고, 아울러 왕경유적 연구를 주도하는 기관 및 출토 유물의 일괄 보관 장소의 지정 등을 통한 심도있는 왕경연구가 필요하다.

그리고 전통적 내세관에 바탕을 둔 매장시설의 쇠퇴양상, 화장묘의 지방 확산 등은 물론 화장묘에 대한 연구는 그리 활발하지 않다. 화장묘에 대한 연구는 화장을 한 후 뼈를 담는 용기에 대한 연구이지만, 그것도 체계적으로 이루어지지 않았다. 전통적 매장방식인 분묘의 시기적 변화 및 조영층의 성격, 화장묘의 구조 및 변천과 조영층의 성격, 그리고 이 분묘들을 통해 본 통일신라사회의 구조문제에 대한 고고학적 접근이 필요하다

통일신라시대의 물질자료는 삼국시대의 그것과 비교할 수 없을 정도로 다양한데, 특히 불교관계 자료의 증가이다. 불교관계 자료는 삼국시대 후반기부터 부분적으로 나타나기 시작하고 통일신라시대에 이르면 정점에 이른다. 불교자료로는 사원배치와 건물구조, 불상·석탑·사리용기·동종·각종 불구 및 제기·생활용기 등이 있고, 이들을 만든 원료 산지와 채취기술 및 생산기술의 해명은 거의 답보상태에 머물러 있다고 해도 과언이 아니다. 특히 불교자료 중 불상·사리용기·동종·반자 등은 청동제의 생활용기와 더불어 통일신라시대의 활발한 청동원료의 수급 및 생산기술을 포함하고 있는데, 최근 왕경에서 조사된 청동생산 공방 및 관련 도구의 발견은 이 분야에 대한 앞으로의 연구에 중요한 기여를 할 것으로 기대된다.

그리고 통일신라시대 물질자료 변화의 시간축 설정자료로서의 토기 활용은 매우 중요하지만, 대부분의 연구가 문양의 시문방법과 종류에 치중되었고, 일상용기적 관점 및 생산과 공급시스템에 대한 연구는 거의 진행되지 않았다. 뿐만 아니라 통일신라토기와 고려 도기로의 이행과정에 대한 해명도 선결과제이다. 토기와 더불어 중국 도자기의 수입과 사용층, 그리고 통일신라시대 청자생산의 여부 해명도 필요하다.

통일신라시대의 가장 일반적인 물질자료의 한 부문인 기와연구는 기와의 양식학적 측면에 대한 연구와 더불어 제작기법·문양·계통·수급관계 등의 분야 연구가 진행되었는데, 편년에 대한 연구는 많지 않고 또 정치성이 결여된 문제가 있다. 기와 편년에 있어 가

장 어려운 점은 동시 생산된 제품의 일괄폐기 현상이 거의 없는 점이다. 예를 들면, 기와를 사용한 건축물의 사용기간이 지속적이고 부분적인 지붕 수리 등에 의해 이전 제품과 수리에 사용된 신제품의 공반이란 편년설정의 한계가 존재한다. 그럼에도 불구하고 이런 한계를 극복할 수 있는 고고학적인 방법론의 계발이 필요하다. 편년문제와도 결부되면서 기와의 수급관계 규명을 위한 적절한 방법론으로서 막새기와의 동범와의 분포범위와 공반 기와의 검토이다. 이 동범와의 분포 범위를 확인할 수 있다면, 기와의 공급관계 및 동일 계열의 사원관계 해명에도 기여할 것으로 기대된다.

그리고 미술사 또는 건축사에서만 다루어 온 다양한 물질자료, 특히 불교 관련 자료를 고고학의 대상 자료로 치환하여 고고학적 방법론에 입각한 연구가 필요하다. 동시에 미술사 및 건축학·금속학·종교학 등의 학제적 유대 및 융합연구는 통일신라시대에 대한 이해의 폭을 넓혀 줄 것이다.

홍보식

통일신라고고학개론

02

서술 의도와 방향

• 서술 의도

1. 서술 의도

통일신라시대의 사회 제 현상을 동태적으로 이해하고, 서술의 시간적 기준이 설정되어야 한다. 그래서 통일신라시대에 생산 소비된 다양한 물질자료 중에서 시간적 변화를 비교적 잘 나타내는 토기와 기와를 분석 검토하여 통일신라시대 전체를 관통할 수 있는 편년틀을 제시하였다. 통일신라시대의 시간적 틀 정립을 위해 지금까지 알려진 역연대 자료를 제시하고, 그것을 바탕으로 통일신라 토기와 기와를 편년하였다. 토기와 기와의 편년틀이 정합적이지는 않지만, 어느 정도 비슷한 시간축은 제시해 주고 있다. 본서에 제시한 편년틀이 각 장의 서술에 구체적으로 반영되지 않았지만 전체적인 흐름을 이해하는데 도움을 제공할 것이다. 다양하고 많은 유적(유구)에서 출토한 물질자료가 어느 시기에 귀속하는지를 보여 줄 수 있는 시간적 틀이 될 것이다.

평기와는 타날판의 크기·문양·정면기법·와통의 특징(연철흔·윤철흔) 등 평기와 제작 기법의 특징에 대한 분석을 하고, 여기에 연호명과 성곽 또는 건물 등 유적(유구)의 건립 및 중창 연대 등을 파악하여 편년체계를 수립하는 경향이 있다. 통일신라시대 막새는 문양이 다양할 뿐만 아니라 동일 문양의 변화가 풍부하고, 지역적인 차이도 나타나는 등 기와 연구의 주요 대상 자료로서 활용되어 왔다. 막새나 평기와의 편년 연구가 많이 이루어졌지만, 편년 단위는 짧게는 50년 길게는 100년으로 되어 물질자료를 이용한 사회 양상과 변화의 방향과 폭 등에 대한 논의는 사실상 어렵게 되어있다. 그럼에도 불구하고, 본서에서는 기왕의 편년연구 성과를 수렴하여 편년체계의 골격을 서술하여 물질자료의 변화를 이해하는 기준이 될 수 있다.

왕경을 비롯해 9주 5소경의 치소, 취락 등에 대한 조사와 연구는 근년에 들어와 활발하게 이루어지고 있다. 통일신라의 왕경과 왕궁에 대한 조사는 부분적으로 이루어졌다. 왕경 발굴조사는 도로 개설과 하수관거 설치, 일반 주택 건설 등 건설공사에 수반하여 국지적으로 이루어져 오다가 1987년부터 2002년도까지 16년에 걸쳐 황룡사지 동편의 도시 유적의 발굴조사에 의해 신라 왕경을 구성한 1방의 크기와 내부 구조 및 도로와 방장·하수시설 등 신라 왕경 연구의 전환점을 맞이하였다. 왕경유적 조사에 의해 1방의 규모와 이를 통한 도시 구조 및 시설에 대한 새로운 접근이 가능하게 되었다. 이후 경주 지역의 소규모 발굴에서도 도로·건물지·배수시설·우물·수혈유구·청동공방 등이 조사되면서 왕경의 내부 구조에 대한 정보가 점차 축적되고 있다.

경주시 건천읍 방내리에서 도로에 의해 구획된 계획도시가 조사되어 왕경 주위에도 규모가 크지 않은 계획도시가 조성되었음이 확인되어 왕경과의 관계를 이해하는 중요한 정보를 제공하고 있다.

지방에 설치된 5소경은 왕경을 지방에 축소하여 만든 것이나, 그 소재지의 조사는 이루어지지 못했지만, 지적도를 분석하여 지방 도시의 기초적인 모습에 대한 복원이 시도되었다. 그렇지만 발굴조사가 이루어지지 않아 실제적인 모습은 알 수 없었는데, 2000년대 초에 사벌주의 주치로 추정된 상주 복룡리유적과 충주 탑평동유적이 조사되면서 통일신라의 지방 도시에 대한 연구의 단초를 제시하게 되었다.

최근에 취락유적이 전국 각지에서 조사되어 통일신라시대의 취락의 모습과 개별 가옥의 구조 등에 대한 정보가 축적되었다. 대구 시지동과 동천동, 화성 청계리 등 전국 각지에서 조사되었는데, 이곳에서는 수혈가옥·고상가옥·우물·도로·소규모 쓰레기 매립장이 확인되어 지방의 취락 구조와 생활사 복원의 단서를 제공해 주고 있다.

도시와 취락 유적의 발굴 조사는 해당 유적의 건설 시기와 건설에 적용된 토목·건축 기술, 지배 방식의 구현 양상과 특징, 구성원의 신분, 생업경제, 즉 당시 사회의 지배 이데올로기의 표현 및 관철과 구성원들의 생활 내용의 복원이란 관점에서 연구가 이루어져야 하지만, 지금까지 이루어진 연구 성과로서는 담아내기가 어렵다. 그래서 통일신라시대의 도시와 취락에서는 왕경의 건설 시기와 구조 및 시기별 변화 양상, 지방 도시의 구조, 취락의 특징과 가옥의 변화 등을 서술한다.

통일신라시대에는 신라의 축성기술에 백제와 고구려의 축성기술을 융합한 새로운 기술이 반영된 성곽을 조영하였다. 통일신라시대의 성곽은 편축식성벽, 대형의 지대석, 낮은 성벽, 퇴물림쌓기를 통한 완만한 경사각, 등성시설, 개거식 성문 등을 특징으로 한다. 또한 석 가공 기술의 발달로 단단한 석재를 다룰 수 있게 됨으로써 화강암이나 현무암 등의 경암을 잘라내어 사각추형으로 정교하게 가공한 성돌로 성벽을 쌓기 시작하였다. 성곽 개축 시에는 기존의 성벽을 해체하지 않고 성벽 바깥쪽에 새로운 성벽을 덧붙여 쌓는 방식도 통일신라 축성기법의 주요한 특징이라 할 수 있다.

통일신라 후기에 이르면 기단석열을 배치하고 영정주를 사용하여 정교한 판축공법으로 쌓은 토성도 많이 조영되었다. 대체로 9세기대에 주로 축성되는 성곽들은 지방 호족 세력의 등장 시점과 밀접한 관련이 있을 것으로 추정된다.

통일신라시대 무기와 마구는 산성, 관아 등의 관방유적과 궁궐, 불교사원 등의 생활유적에서 발견되었다. 관방유적에서 출토된 무기는 대도·철모·철극·화살촉·凹형철기·마름쇠 등의 공격용 무기가 있으며, 대도는 삼국시대와 달리 양날을 가진 특이한 형태가 출토되었다. 마구는 재갈·등자·말장식구 등이 있고, 마차 부속구인 차관·차축할 등이 발견되었다. 궁궐과 사찰 등 생활유적에서도 무기와 마구가 출토되었다. 왕궁인 월지에서는 재갈·등자 등의 마구와 투구·소찰 등의 무구, 극과 유사한 철창 등의 무기가 출토되었다. 투구와 철창은 당나라 투구의 영향을 받은 것으로 12지상과 사천왕상에 보이는 갑주와 관련성을 가지고 있다. 통일신라시대의 관방 구조와 특징, 무기와 무구·마구의 특징을 서술한다.

통일신라시대에는 새로운 계획도시와 도로·관방시설·불교사원·제방·왕릉 등을 조성하기 위한 대규모 토목사업이 왕경은 물론 지방의 치소뿐만 아니라 전국 각지에서 실시되었다. 계획도시의 조성 지역은 주로 이전까지 인간의 거주지로 이용되지 않는 평지 또는 구릉과 국지적인 습지를 대상으로 저지대는 성토하고, 지면이 높은 곳은 삭토하는 등의 대규모 토지구획정리사업이 단행되었다. 이 토지구획정리사업은 당시의 토목기술이 집약된 대규모의 국책사업이었다.

신라가 삼국을 통일하는 시점을 전후해서 농업용수를 확보하거나 농지를 확보하기 위해 막대한 노동력의 동원과 더불어 다양한 토목공법을 적용하여 제방과 방조제를 설치하였다. 토목공사는 불교사원 건설과 왕릉 조영과 취락 건설 등에도 구현되었다. 통일신라시대의 불교사원은 평지에도 조영되었지만, 선종의 수용과 유행에 의해 산지에 조영되면서 다양한 토목공법이 구현되었다. 통일신라시대가 되면, 군집을 이루던 왕릉과 지배층의 무덤이 단독으로 조영되면서 구릉의 말단부를 삭평하여 평탄하게 만들어 묘역을 조성한 사례들도 다수 알려져 있다.

통일신라시대에는 왕경과 위성도시, 지방 도시는 물론 불교사원, 관아나 관방시설 등에서 적심의 와즙건물들과 우물·창고 등의 시설물이 다수 건축되었고, 일반 백성들이 기거하였던 수혈건물지·우물 등 가옥과 관련한 건물들이 세워졌다. 특히 왕경에는 궁궐 전각과 주위를 장식한 각종 건축 부재들과 함께 일정교(춘양교)·월정교 등 하천을 가로지르는 교량과 함께 소하천을 건너는 석교와 목교 등의 다리도 많이 건설되었다.

본서에는 통일신라시대에 조성된 토목구조물과 건축유구들에 적용된 토목·건축공법의 특징을 서술한다.

통일신라시대의 매장시설은 삼국시대의 그것보다 규모가 줄어들고, 부장품의 구성과 수량이 단순하지만, 고도로 향상된 구축기술 및 봉분을 쌓는 토목기술이 구현되었다. 왕경에는 왕릉을 비롯하여 귀족묘가 토함산의 서쪽 사면과 남산의 동쪽과 서쪽 사면, 선도산의 남동서쪽 사면 등에 독립적으로 또는 군집한다. 이들을 제외한 왕경의 하급 지배층들의 묘도 남산·선도산·토함산·소금강산 등 왕경 주위의 산록에 군집하여 조영되었다. 묘제는 횡혈식석실과 횡구식석실, 화장묘 등이다.

통일신라 분묘의 대상 자료와 지역은 주로 왕경인 경주지역의 횡혈식석실묘에 집중되었고, 지방 분묘에 대한 연구는 거의 이루어지지 않았다. 그리고 통일신라묘에서 고려묘로의 전환에 대한 문제점이 제기되었지만, 지금까지 이 문제에 대한 연구는 거의 이루어지지 않았다. 통일신라시대부터 박장이 본격적으로 시행되어 부장 유물은 토기 수점, 도자·과대금구 등 단순하고 수량도 적어 부장품 연구는 거의 이루어지지 않았다. 최근 통일신라의 지방묘의 발굴조사도 꽤 많이 이루어졌고, 특정 지방묘의 양상에 대한 연구도 이루어졌지만, 전체적인 모습을 파악하기에는 여전히 어려움이 있다.

최근의 분묘 조사성과를 바탕으로 일제강점기 이후 조사된 자료를 검토하여 전칭 통일신라 왕릉의 시기별 특징과 계통 및 변화, 지방묘의 특징과 시기별 흐름, 통일신라에 유행한 불교식 장법인 화장묘의 구조와 특징 등에 대해서 서술한다.

불교적인 국가이념을 바탕으로 삼국통일을 이룬 문무왕대 이후 통일신라 불교는 삼국의 불교사상을 계승, 통합하여 창의적인 민족불교를 형성하였다. 통일신라 불교의 성격은 왕실귀족이 중심이 된 국가적인 불교가 서민적이고 대중화되며, 한반도 최초의 민족불교의 완성시기로 보기도 한다. 통일신라시대의 불교는 통일을 완성한 문무왕대로부터 혜공왕대까지를 흔히 통일신라의 찬연한 불교문화를 일컫는 단계이고, 37대 선덕왕(780~785년)대에서 멸망(935년)까지로 이 시기는 불교의 침체기로 선법이 전래되고 선문이 시작되는 단계로 구분한다. 이 단계별 특징은 교학이 발달하여 정점을 이루는 시기와 선문이 수용되면서 선종이 형성되는 시기로 대별된다.

통일신라의 불교는 기본적인 교학적인 틀 속에 중국에서 유입되는 신유식과 밀교 등이 통일신라 불교에 폭넓게 전개되었다. 하대가 되면 경전의 이해를 통해 깨달음을 추구하는 이론적 불교에서 새로운 사상인 참선이라는 실천수행을 통해 깨달음을 얻고자 하는 선종사상이 유입됨으로써 또 한번 기존의 불교사상에 큰 변화를 가져오게 된다. 교학적인 가람도 기존의 도성 중심의 조영에서 점차 지방으로 확산되는 현상을 보이게 되며 삼국통일 이후 정치, 사회적으로 많은 변화요인들에 의해 교학적인 가람도 사상의 변화에 따라 새로운 가람형태를 출현시키게 된다.

이와 같은 불교 사상의 변화에 수반해서 가람구조와 배치, 구성요소 등과 함께 자료의 특징과 변화를 서술한다.

제사는 천신에게 지내던 제(祭)와 지신에게 지내던 사(祀)를 합한 천신사지(祭天祀地)를 일컫는다. 고대사회, 특히 동북아시아에서 신화와 예술, 그리고 제사는 정치와 밀접한 관계를 유지하고 있다. 문헌적 연구에는 국가제사의 성격에 대한 논의가 주를 이루고 있으며, 국가제사가 행하였던 장소, 제사의 유형이나 성격, 국가 제사처에 산신들을 조상하여 모시는 사당이 건립되어 있기는 하지만, 구체적으로 제사에 대한 연구는 부족한 실정이다.

근래 들어 고고학적인 조사를 통한 제사 유적의 연구가 점차 확대되고 있다. 발굴조사에 의해 확인된 제사유적은 그 위치와 형태를 대상으로 산악제사·물가제사·해양제사·

생활제사·건축제사 등으로 분류하여 정리되고 있는데, 형태상의 특징 위주로만 확인되는 정도이고, 제사의 구체적 내용 목적, 방법 등은 규명되지 않고 있다. 최근 왕릉·왕경, 그리고 문헌사료에 의한 제의·제천·명산대천의 내용이 있어 고고학적 현상과 왕권중심의 유적들과의 미흡하지만 비교할 수 있는 여지가 있고, 추론적 성과도 제시되고 있다. 고고학적 성과가 비교적 풍부하고, 출토 유물 중 제사에 사용된 것으로 추론하기에 용이한 것이 많은 우물과 관련한 제사 연구로서, 우물조성을 위한 제의, 조성 후 물과 관련된 제의 등 고고학적 연구가 다양하게 이루어지고 있다.

최근에 이루어진 다양한 성격의 제사 유구의 성격과 특징, 제사에 사용된 각종 제물들의 구성, 도교와 토착신앙의 제장을 서술하여 통일신라시대의 사회를 폭넓게 이해할 수 있는 기반을 제공한다 .

통일신라시대의 생산유적으로는 토기 및 도기·자기·기와·철 및 철기·청동 및 청동기·유리·목기 및 칠기생산 유적 등을 들 수 있다. 2000년대에 접어들면서 삼국시대에서부터 조선시대에 걸쳐 대규모 생산 유적이 확인되었고, 이에 대한 연구가 다각적으로 이루어지면서 조금씩 고대의 수공업 생산과 기술에 대한 이해도 어느 정도 가능해졌다. 하지만 여전히 고대의 수공업 생산과 기술에 대한 전반적인 양상을 밝히기는 많은 한계가 있다. 토기나 기와의 생산과 기술에 대해서는 많은 조사와 연구를 통하여 상당한 이해가 가능해졌으나 다른 분야(금속과 유리, 목기나 칠기 등)에 대해서는 생산 시설에 대한 조사 자체가 많지 않아 그 정확한 양상에 대한 이해가 아주 어렵다. 더군다나 대부분의 생산 유적이 삼국시대에 집중되어 있는 상황에서 통일신라시대의 수공업 생산과 기술을 밝히기에는 더욱 어려운 측면이 많다.

이에 지금까지 통일신라시대로 밝혀진 수공업 생산 유적을 중심으로 하여 당시의 생산과 기술에 대하여 살펴보고자 한다. 특히 삼국시대부터 발전해 온 수공업 생산과 기술이 통일신라시대에 어떻게 나타났고, 변화되어 갔는지를 중점적으로 서술한다.

신라는 6세기 무렵부터 저수지를 축조하여 농경지를 확대하는 동시에 쟁기를 포함한 철제 농기구를 전국적인 규모에서 보급하였고, 이러한 현상은 통일신라시대에 더욱 강화되었다. 통일신라시대에는 무덤에서 철제 농구가 출토되는 양이 현격하게 줄어들고 대신 생활유적에서 출토되는 양이 크게 늘고 있다. 출토된 철제 농구로는 보습과 볏·U자형쇠날·두날따비·쇠스랑·살포·호미·낫 등이 있으나, 새로운 변화의 핵심은 볏 달린 쟁기와 호미에서 보이는 변화이다.

쟁기날인 보습(犁)은 삼국시대에도 출토되었으나 보습으로 간 흙을 한 방향으로 모으는 볏(鐴)은 이 시기부터 출현한다. 이 시기의 보습은 서울 구의동유적에서 출토된 삼각형의 전형적인 고구려식 보습을 계승하여 제작되었다고 할 수 있을 정도로 전체적인 형태가 비슷하다. 쟁기에서 볏은 흙을 뒤집어 깊이갈이를 가능하게 하여 토양의 비옥도를 높이고 논에서의 이어짓기와 밭에서의 돌려짓기를 가능하게 하는 조건으로 알려져 있다. 김매는 농구[除草具]인 호미는 동아시아와 같이 장마철에 강수량이 많은 지역에서 가장 중요하게 다루는 농기구의 하나로서 여름철에 왕성하게 자라는 잡초를 제거하는 데에 주로 이용되었다.

이와 같이 통일신라시대에는 철제 농구에서 새로운 변화가 일어나기 시작하고 있었다. 물론 농구의 종류에서 이전 시기와 비교하여 큰 변화는 없으나 그것의 형태가 새로운 환경에 적응하여 발달된 모습을 보이는 등 통일신라시대 농구의 구성과 형태를 서술한다.

통일신라시대에는 금속으로 된 일상생활 용구가 많이 사용되었는데, 이를 통해 신라인의 생활상을 엿볼 수 있다. 초의 심지를 자르는 금동가위와 옷감 등을 자르는 일반 금속가위, 가운데 원통형을 기준으로 아래 위 받침에 화려한 꽃잎을 장식한 금동 수정감장촛대, 사찰이나 그 내부 건물지의 지진구로 사용된 소문경과 당나라 동경의 영향으로 화려한 보상화문경 등이 지배층의 장식구로 사용되었다. 청동제품 중에서 상투 등 머리의 모양을 잡아주는 동곳과 비녀채가 있다. 다른 일상 생활용품들이 철기로 전환되는 과정에서도 동곳[비녀채], 동경 등의 장신구는 여전히 청동으로 제작되었다. 통일신라의 관료들은 당식과대를 두른 관복을 입었으며, 당식과대는 순방과 환병으로 구성된 과대금구로 가죽허리띠에 고정하여 사용하였다. 당식과대는 국가가 관료들에게 지급한 것으로 궁궐·산성·관아 등 국가 관련 시설에서 주로 출토되고 있다.

곡물을 찌는 기능과 관련하여 시루와 솥 종류가 다양해지는데, 쇠솥은 주로 귀족이나 국가 관련 시설에서 사용하였고 일반인들은 흙솥을 주로 사용하였다. 각종 토기, 금속기로 만든 식기류가 사용되었는데, 특히 대접·접시·합·국자·숟가락 등의 청동 식기가 지배층에 사용되었다. 곡물의 보관이나 궁문의 개폐를 위하여 열쇠와 자물쇠를 사용하였다. 신라의 차문화는 통일기에 왕실[귀족]과 사찰을 중심으로 널리 보급되었는데, 차는 병차의 형태였다. 따라서 차를 마시기 위해서는 다연·다완·풍로·주전자 등이 필요하였다.

본서에서는 통일신라시대 지배층과 일반인들의 장신구와 생활용기의 구성과 특징을 통해 통일신라시대 사람들의 생활모습을 서술한다.

2. 서술 의도와 방향

　　고대 문자문화는 재료면에서 나무[木]·흙[土]·돌[石]·쇠[金·鐵·靑銅] 등으로 이루어졌거나 이를 결합하여 형성되었다. 나무를 이용하여 글을 쓴 경우는 목간, 호패 등이 있다. 흙으로 만든 도구에 문자를 새긴 예는 명문토기·명문기와·명문전 등이 있다. 돌에 문자를 새긴 것으로는 비석·묘지석 등이 있다. 금·쇠·청동 등 금속을 녹여 다양한 도구를 만들기 시작하면서 금속에 명문을 새기는 양상이 발전하였는데, 종명·불상명문 등이 있다.

　　이러한 출토문자 자료는 통일신라시대에 모두 나타나며, 통일신라시대에 문자사용이 꽤 일반적이었음을 나타낸다. 통일신라시대의 출토문자 자료에 표기된 문자의 내용은 인명·지명·관등명·제작지·사용처·용기의 종류나 내용물 종류와 구성, 연대나 간지 등 매우 다양하다. 발굴조사에서 출토한 문자자료의 종류와 구성, 그리고 문자 내용을 분석하여 통일신라 사회의 다양한 모습을 서술한다.

　　신라는 통일전쟁 직후 당과 대립관계가 일시적으로 지속되었으나 8세기 이후부터 활발한 교류가 이루어졌다. 신라는 당에 사신을 파견하고, 불승과 학자 등 많은 신라인들이 당에 유학하고, 이들이 중심이 되어 당의 선진문물을 입수하였다. 신라는 삼국을 통일한 이후 당과 밀접한 교류관계를 유지하면서, 발해·서역·일본 등과도 교류관계를 유지하였음이 통일신라시대에 조영된 각종 유적과 유구, 출토 유물을 통해 알 수 있다.

　　신라의 국제관계를 알려주는 기록이 『삼국사기』 잡지 거기·옥사조이다. 『삼국사기』 잡지 거기·옥사조의 골품에 따른 금제 규정의 항목들 중에는 신라에서 생산되지 않는 품목들이 다수 확인되고, 일본 쇼소인[正倉院]에 소장된 〈매신라물해(買新羅物解)〉의 목록에도 신라에서는 생산되지 않는 물품 목록들이 기재되어 있다. 그런데 위의 품목들은 발굴조사에서 대부분 확인되지 않아 구체적인 양상을 파악하기 어렵지만, 외래산 또는 외래물품이 직·간접적인 교류를 통해 유통되었음을 유추할 수 있다. 기록에 나타난 외래 품목들의 구체적인 모습을 알기 어렵지만, 발굴조사에서 확인된 외래 물품 또는 외래계 물품들을 통해 통일신라시대에 이루어진 다양한 형태의 대외교류 양상을 서술한다.

　　통일신라에서 고려로 전환하는 9세기에서 10세기 말까지는 문헌사학계에서 소위 나말여초기로서 고대사회에서 중세사회로 전환하는 전환기로 주목받아 왔으나, 고고학적 연구는 활발하게 이루어지지 않았다. 최근에 들어와 통일신라 토기를 다루면서 고고학계에서도 나말여초기 토기라는 용어를 사용하기 시작하였지만, 통일신라 말의 토기에 대해서는 서술하였지만, 고려 도기와의 관계와 차이 등에 대해서는 언급되지 않았다. 뿐만 아니라 나말여초기를 8세기 후반부터 10세기 전반까지로 설정하여 사실상 고려시기를 제외하는 모순도 있었다.

　　통일신라에서 고려로의 전환은 단순히 왕조만의 교체가 아닌 사회 전반에 걸쳐 변화가 이루어졌다고 볼 수 있다. 그 변화는 왕조의 교체와 동시에 이루어졌다기보다 새로운 사회 변화의 욕구에 의해 새로운 사회를 구현하려는 세력의 흥기와 조장에 의해 이루어졌다고 보아야 한다. 새로운 사회 질서의 정립에는 사상과 정치제도뿐만 아니라 다양한 부문의 물질자료도 역할을 하였다. 새로운 문화가 종래의 정치 중심지인 신라 왕경이 아닌 지방에서 성립하고, 그것이 점차 다른 지방으로 확대하면서 중심 문화로 정착하였다. 이러한 흐름은 고대적인 도시가 쇠퇴하고, 취락도 새롭게 재편되고, 각종 생산시설과 생산물의 내용과 질적인 변화가 이루어지면서 나타났다. 통일신라적인 형태에서 고려적인 내용으로 전환하는 양상을 서술하여 통일신라에서 고려로의 전환 모습을 살펴본다.

　　　　　　　　　　　　　　　　　　　　　　　　　　　　　　　　　　　　홍보식

통일신라고고학개론

03

물질자료의 편년

- 토기
- 기와

1. 토기

1) 통일신라 토기의 특징

삼국 통일 이전에는 분묘 부장 토기가 주체를 이루었으나 고분이 쇠퇴하면서 부장토기의 양은 급격하게 줄어들었다. 그대신 왕경·관아·성·취락·사찰 등의 생활과 관방유적, 종교유적 등에서 출토된 토기의 양이 분묘 출토의 그것을 훨씬 능가하면서 토기문화를 대변한다. 이는 토기 생산과 기술의 변화를 생활토기가 주도함을 나타낸다. 그리고 화장에 의한 유골처리 방식으로서 토기가 장골기로 사용되면서 화려하게 장식되는 등 이전 시기와는 그 양상이 다르다. 또 중국대륙과의 활발한 교류가 이루어지면서 중국 도자기의 수입이 증가하고, 상류층에서는 도자기 사용이 유행하고, 중국 도자기와 금속용기를 모방한 기종의 토기도 생산 소비되었다.

통일신라시대에 들어와 토기는 큰 변화를 맞이하였지만, 통일신라 토기 연구는 활발하지 않다. 80년대 이후에 이루어진 일련의 연구에서 통일신라 토기의 분류 속성으로 주로 문양 구성과 시문수법에 의존해 왔다.

그런데 최근에 이루어진 일련의 발굴조사에서 통일신라의 유적과 유구 조사 예가 증가되었을 뿐만 아니라 다양한 종류의 유물이 다량 출토되었다. 통일신라시대에 형성된 유적(유구)와 출토된 많은 유물의 시간축 설정이 필요하였고, 이를 가장 잘 표현한 자료가 토기임은 분명하다. 통일신라 토기의 편년은 1980년대 후반과 90년데 전반에 이루어진 일련의 연구 성과에 의존되어 왔다. 1990년대, 특히 2000년대에 들어와 통일신라 왕경인 경주지역 뿐만 아니라 전국 각지에서 많은 수의 통일신라시대 유적의 조사와 더불어 많은 수량의 토기들이 출토되어 이전에 수립된 편년을 그대로 적용하기 어려운 문제점이 노정되었다. 뿐만 아니라 그동안 이루어진 발굴조사에서 확인된 역연대 자료들이 다수 축적되어 새로운 토기 편년이 요구된다,

2) 문양 종류와 시문 기법

통일신라 토기에는 그 이전에는 볼 수 없었던 매우 다양한 문양이 시문되어 우리나라 토기 중에 가장 장식성이 뛰어나다. 통일신라 토기에 표현된 문양의 종류는 100여 가지 이상 되는데, 물체를 본떠서 만든 종류도 있지만, 대부분은 도상적인 문양이다. 도상적인 문양은 불교도상에서 표현된 문양을 차용하였거나 또는 그것을 변형시켜 만들었을 가능성도 있다. 통일신라 토기의 문양은 단독으로 이루어진 것과 동일한 형태의 문양을 복수로 종 또는 횡으로 배치한 것으로 구분된다. 동일한 형태의 무늬가 복수로 배치된 문양으로는 연속마제형문·점열문·연주문 등이 있다. 단독 무늬로 된 것에는 국화문·수적형문·화문·능형문·비조문·엽문·운문 등이 있고, 물레의 회전력을 이용하여 새긴 파상문도 유행하였다.

이외에도 형태가 다른 2개 이상의 문양이 합성된 예도 있고, 또 2개의 무늬를 연결하여 새로운 문양으로 표현한 예도 있다. 이 문양들 중 중국의 도자기 또는 금속용기에 표현된

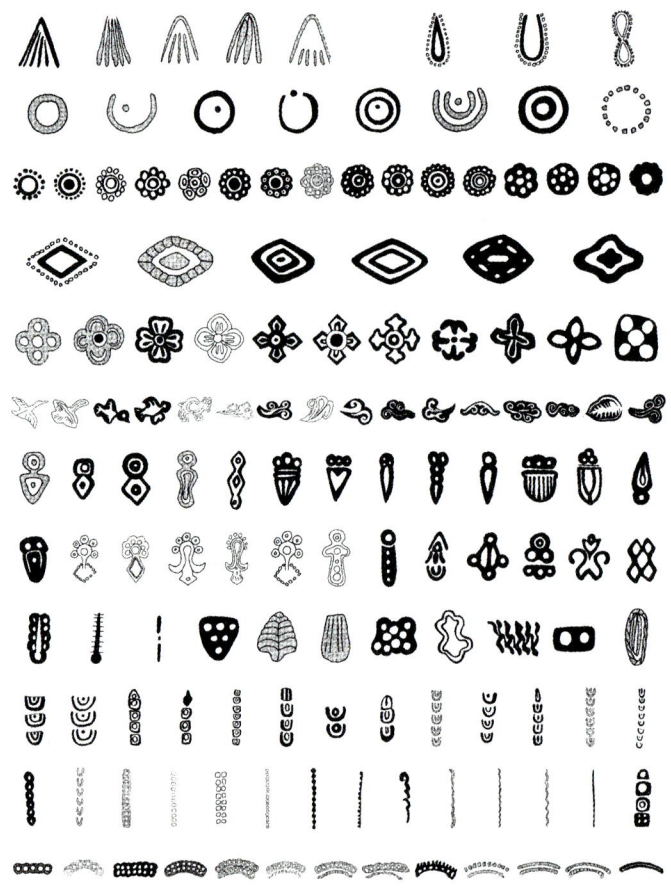

그림 3-1 통일신라 토기 문양

문양도 확인되는데, 사판(四瓣)·다판(多瓣)으로 된 화문과 비조문·운기문은 대표적인 예이고, 문양을 배치하는 방식의 일부도 유사한데, 이는 당시 당나라와 통일신라 사이에 활발한 교류가 있었음을 나타내는 자료들이다.

다양한 문양 중에서 비교적 오래 존속되고 또 그 변화가 있는 문양도 있는 반면, 오랜 기간 동안 존속하지만 변화가 거의 없는 문양이라든지 또는 짧은 기간 존속하다가 사라지는 문양도 있다. 통일신라 토기에 비교적 오랜 기간 동안 시문된 문양으로는 연속마제형문·수적형문·점열문·주름문·연주문 등이 있다. 이 문양들은 존속기간이 긴 만큼, 시기에 따라 문양의 형태에도 변화가 나타난다. 비조문·운기문·능형문·화문 등과 구상문은 존속기간도 짧을 뿐만 아니라 변화도 풍부하지 않다. 특히 후자의 문양류는 단일문으로서 장식되는 것이 아니라 2종류 이상의 문양이 한 토기의 표면에 장식되기도 하였다.

시기별로 문양의 특징을 보면, 7세기 후반에서 8세기 전반의 토기에는 연속마제형문 또는 수적형문, 점열문으로 표면을 꾸미거나 또는 연속마제형문에 국화문을 더하거나 또는 수적형문에 이중원문 등 1~2종류의 문양을 새겼다. 8세기 후반에서 9세기 후반까지 점열문이 주된 문양으로 되면서 직선 또는 지그재그로 표현되었고, 하나의 토기에 4~5 종류, 많게는 6~7종류의 무늬로 꾸미는 토기도 생산되었다.

통일신라 토기는 일상생활 또는 제사 용기로 사용되어 그 종류가 다양하고, 왕경과 지방인들이 사용한 용기의 종류와 장식에도 차이가 존재하였다. 왕경의 지배층이 사용한 합·횡병·세경장동병·호·풍로 등의 일상용기는 표면에 문양이 시문되어 화려하지만, 지방에서 일상용기로 사용한 토기 중 유개합을 제외한 대부분의 기종은 표면에 문양이 거의 시문되지 않았다. 분묘 부장품으로 부장된 토기는 표면에 문양이 시문되었으나 대부분 단일 문양으로 장식되었거나 또는 2~3 종류의 문양으로 장식되었다. 왕경 주위에서 출토된 최고지배층의 화장묘 장골기로 사용된 토기는 뚜껑과 몸체 표면 전체에 문양이 시문되어 장식성이 매우 뛰어난데, 대개 4~5 종류 이상의 문양을 아래위와 좌우로 시문하였다. 그러나 지방에 조영된 화장묘의 장골기로 사용된 토기는 문양이 없거나 있더라도 단순하다.

통일신라 토기의 문양 시문수법은 여러 가지 무늬를 새긴 무늬판을 만든 후 마르기 전에 토기 표면에 눌러 찍은 인화수법이 유행하였다. 인화수법에도 누르는 방식에 차이가 있다.

통일신라 토기를 연구한 미야가와 테이이치(宮川禎一 1988)는 통일신라 토기에 표현된 문양의 새김 방법을 세 종류로 분류하였다. 하나의 도구에 같은 형태의 무늬 2개 이상이 새겨진 시문구를 눌러 찍는 방식은 동일하지만, 시문구 전체에 눌리는 힘이 전달되어 시문구에 새겨진 무늬 전체가 일조직선으로 나타나 좌우의 문양이 겹쳐지지 않는 A수법, 시문구로 문양을 찍되, 윗부분은 고정하고, 아래 부분만 이동시켜 찍어 전체 문양이 △자식이 되도록 한 B수법, 좌우에 시문된 문양의 아래위가 겹치고 가운데가 겹쳐지지 않은 소위 지그재그식으로 나타난 C수법으로 구분하였다(그림 3-2).

A·B수법은 동일한 복수의 문양을 새긴 도구로 토기 표면에 문양을 시문할 때, 힘을 주는 방향의 차이에 의해 나타난 결과이다. 이 양 수법에 의해 문양이 종으로 배치되었으면 종장연속문, 횡으로 배치되었으면 횡장연속문으로 설정하였다.

그런데 종장과 횡장은 문양의 종류가 아니고, 문양을 표현하는 방식의 차이이다. 즉 종장연속이란 토기 표면에 닿이는 면이 직사각형인 하나의 시문도구에 같은 무늬 2개 이상을 연속적으로 새긴 시문도구를 종방향으로 찍은 표현 방식이다. 여기에는 연속마제형문·연주문·점열문·주름문 등이 해당된다. 따라서 종장연속문이란 화문·운기문·비조문 등과 같이 독립된 문양의 종류를 지칭하는 것이 아니라 몇몇 문양의 시문수법의 차이를 설명한 추상적인 것으로서 실재 문양으로서 존재하지는 않는다. 이 추상적인 것을 운기문·비조문·사변화문·다변화문·구상문 등과 같은 구체적인 문양과 등질적인 선상에 두고 통일신라 토기의 인화문을 이해하고자 했다.

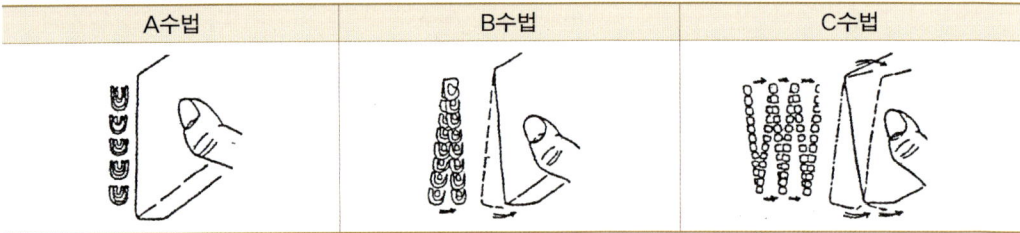

그림 3-2 미야가와 테이이치의 통일신라 토기 문양 시문수법

그리고 미야가와 테이이치가 설정한 시문수법 및 그 변화는 인화문 전체를 포괄하지 못하고, 연속 마제형문·연주문·점열문·주름문 등 몇몇 문양에만 국한된다. 또 각 수법에 의한 문양이 발생서열을 나타내지만, 각각의 시문수법이 서로 공존하지 않는 것은 결코 아니다. 그리고 이 3종류의 시문수법에 의해서만 문양이 시문되지 않았다. 통일신라 토기에 새겨진 문양 시문수법과 각각의 시문수법에 의해서 표현된 문양 및 시문수법의 발생순서와 존속기간 등은 대략 다음과 같은데, 편의상 A~F수법으로 설명한다.

A수법(단순압날법)은 토기 표면에 닿이는 시문도구의 표면 형태가 방형·원형·삼각형 등 길이와 너비의 비가 1.5:1 이하로, 토기 표면에 닿이는 시문도구의 면적이 좁다. 그리고 하나의 시문도구에 표현된 문양의 원체 수가 1개인 것이 원칙이고, 문양을 시문하기 위해 토기 표면에 압인할 때, 힘이 전체적으로 전달되도록 하였다. 여기에는 삼각집선문·원문·반원문·수적형문·국화문·화문·능형문·운기문·비조문 등이 있다.

B수법은 같은 형태의 무늬 2개 이상이 하나의 도구에 새겨진 시문구로 눌러 찍는데, 시문구 전체에 눌리는 힘이 전달되어 시문구에 새겨진 문양 전체가 일조직선으로 나타나며, 좌우의 문양이 겹쳐지지 않는다. 이 수법에 사용된 시문구 끝의 형태는 폭이 좁고 길이가 긴 직사각형이다. 여기에는 연속마제형문·점열문·주름문·연주문 등이 있다.

C수법은 B수법에 사용된 시문구의 평면형태와 조각된 원체 수 등에서는 유사하나 시문도구를 토기 표면에 압인할 때 전달되는 힘의 차이가 다르다. 이 수법은 우측 또는 좌측에만 힘이 전달되어 시문구에 새겨진 문양의 절반만 표현되었다. 이 수법은 토기의 곡률을 적절하게 이용한 것이다. 이 수법으로 시문된 문양은 연속마제형문이 있고, 통일신라 토기 문양의 일반적인 시문수법은 아니다.

D수법은 같은 형태의 무늬 2개 이상이 하나의 도구에 새겨진 시문구를 눌러 찍었는데, 문양 윗부분이 중복되도록 배치되어 전체 문양이 '∧'자 모양이다. B수법에 사용된 도구와 차이가 없으나 문양 일부가 겹쳐서 나타나며, 또 시문구의 좌측 또는 우측 등 한쪽에 가

해진 힘이 다른 방향보다 강하여 강하게 눌러진 측에만 문양이 나타나는 등의 차이가 있다. 여기에는 일부의 연속마제형문과 점열문이 해당된다.

E수법은 좌우에 시문된 문양의 아래위가 겹치고 가운데가 겹처지지 않은 소위 지그재그식으로 나타난 문양이다. 시문구는 B수법에 사용된 시문구와 같은 형태이나 문양을 시문할 때, 한 번 눌린 후 시문구를 표면으로부터 완전히 떼지 않고 한 번은 위쪽을 고정하고 시문구의 아래쪽만 표면으로부터 떼어 옮긴 후 눌러서 문양을 나타내고, 다음은 시문구의 아래쪽을 고정하고 위쪽만 시문구를 표면에서 떼어 옮긴 후 눌러서 문양을 나타낸 것이다. 이렇게 하여 표면에 새겨진 문양의 아래 위쪽 모두가 서로 연결되게 하였다. 여기에는 일부의 점열문과 주름문이 해당된다.

F수법은 단치 또는 2개 이상의 다치로 된 시문구를 토기 표면에 대고 물레의 회전력을 이용하여 문양을 시문한 수법인데, 파상문이 해당한다.

상기에 설정된 시문수법의 발생순서를 보면 대략 다음과 같다. A수법은 통일 전인 7세기 전반에 반원점문 또는 원점문·국화문 등의 시문에서 나타나고, 통일 이후에 이중(삼중)원문·화문·능형문·운기문·비조문·구상문 등이 더해진다. 이 문양들 가운데 화문·운기문·비조문·구상문 등은 통일신라 말까지 존속되었다. 단순압날에 의한 문양 시문은 삼국통일 전후부터 멸망할 때까지의 시문수법으로 존속되었고, A수법으로 시문된 각종 문양은 B~E수법으로 시문된 문양과 결합되기도 하였다. B~E수법으로 시문된 문양과 결합된 경우, A수법으로 시문된 문양은 보조적인 위치를 차지하는 특징이 있다.

B수법은 통일 직후의 토기에 시문된 연속마제형문으로 나타나며 뒤이어 연주문, 1조 종선의 점열문·주름문 등의 문양으로 이어진다. B수법 중 가장 먼저 나타난 연속마제형문은 단순압날수법에 의해 시문된 반원점문 또는 이중반원점문이 하나의 시문구에 3개 이상 배열되면서 성립되었다. B수법이 성립된 배경은 A수법으로 시문될 경우, 토기 전면을 시문하는데 시간과 노동력이 많이 소요되는 것을 극복하기 위해 고안된 시문수법이다. B수법의 개발로 토기, 특히 뚜껑의 전면 시문을 손쉽게 달성할 수 있는 계기가 되었다. 연속마제형문에 뒤이어 연주문과 점열문·주름문 등이 개발되었다. B수법에 의한 가장 대표적인 문양은 연속마제형문과 연주문·점열문이다. 연속마제형문은 통일 직후에 시문되기 시작하여 8세기 후반까지 존속되었고, 연주문과 점열문은 8세기 후반 초부터 나타나 10세기 전반까지 존속되었다.

C수법은 B수법의 변형으로써 연속마제형문에만 나타나는 수법이다. 이 수법은 8세기

전반에서 후반에 걸쳐 시문되었다. 이 시문수법으로 시문된 문양의 예는 다른 시문수법에 비해 많지 않다. 현재까지 출토된 자료에 국한하면, C수법으로 시문된 연속마제형문은 다른 문양과 결합된 사례가 확인되지 않는다.

    D수법은 B수법으로 시문된 점열문의 변형 발전된 수법이며, 8세기 후반에서 9세기의 점열문과 주름문에만 나타난다. 다른 문양과 결합된 사례도 나타나지 않는다. 이 D수법으로 시문할 경우, 다른 수법으로 시문하였을 때 보다 토기 표면의 여백이 많아지는 단점이 있다. 연속마제형문이 이 수법으로 시문되지 않는 것은 토기 표면에 표현된 문양 면적이 극히 좁게 되어 능률적인 시문작업이 아니었기 때문으로 추정된다.

    E수법은 D수법의 변형 발전된 수법으로 점열문과 주름문에만 나타난다. 이 수법은 8세기 후반 초에 처음 나타난 이후 뚜껑·합·병 등의 제기종에 유행하는 문양이 되었고, 10세기 전반까지 지속되었다. E수법이 가장 유행하는 시기는 9세기이다. 8세기 말까지는 다른 문양과 결합된 모습은 나타나지 않았다. 인화문의 주 주제로 등장하는 9세기에 들어오면, 점열문은 화문·연주문·구상문 등과 결합되었다. 생활유적과 분묘유적에 출토된 토기에서 여러 종류의 문양이 결합될 경우, E시문수법의 점열문이 주문양이 되고, 다른 수법에 의해서 시문된 문양이 보조문양으로 되는 경향이 두드러진다. 그러나 장골기로 사용된 토기의 경우, 각각의 문양이 대등하게 배치되기도 하였다. 이는 생활용기와 부장품으로 사용된 토기보다 장골기로 사용된 토기의 장식성이 더 화려함을 나타낸다.

    F수법의 문양은 인화문에 가려 거의 주목을 받지 못하였다. 인화수법이 유행하는 시기에도 이 수법은 일부 토기에 장식되었는데, 8세기 후반 말경에 그 수가 증가되고, 9세기에 뚜렷한 모습을 보인다. 이 F수법은 고려 전기의 도기 문양 시문수법으로 이어진다. F수법은 압인하는 시문수법의 획일성에서 오는 단조로움의 탈피와 복고로의 회귀를 나타낸다.

    이상과 같이 통일신라 토기의 문양 시문수법의 발생순서는 A → B → C → D → E이지만, 각각의 시문수법이 존속되다 사라지고 새로운 시문수법이 발생하는 즉, 소멸과 발생이란 관계에 있지 않고 장기간 병존되어 표현되었다. 그리고 2~3 종류의 시문수법이 하나의 토기에 표현된 예도 있는 것처럼 서로 배타적인 관계에 있는 것만도 아니며, 상호 보완적인 관계를 지니는 사례도 상당히 많다. 이와 같이 각 시문수법의 공존과 상호보완은 통일신라 토기의 문양 주제를 다양하게 하였을 뿐만 아니라 문양 구성의 단순성도 탈피할 수 있었다.

3) 통일신라 토기의 편년 연구

통일신라 토기의 편년 연구는 1980년대 이후부터 시작되었지만, 활발하지 못하였다. 2000년대 이후 왕경유적과 불교사원·성곽·생활유구 등이 조사되어 많은 자료가 확보되었지만 삼국시대의 토기 편년 연구에 비하면 열세이다. 1980년대의 최병현, 미야가와 테이이치[宮川禎一] 양인의 연구가 이 시기 토기의 변천에 대한 기준이 되어있고, 통일신라 토기가 출토된 유구와 유적의 존속기간을 추정하는데 흔히 인용되어 왔다.

최병현(1987)은 황룡사지 발굴조사에서 출토된 토기를 기초자료로 삼아 6세기 전반의 늦은 시기부터 10세기 전반까지의 신라 토기를 신라 후기 양식 토기로 지칭하고, 문양 시문방식을 중심으로 시기적 변천을 검토하여 이 기간의 토기를 7단계로 구분하였다. 통일신라 토기를 그 이전 시기의 토기와 구분되는 중요한 속성인 인화문이 신라가 삼국을 통일하기 이전인 6세기 말부터 시문되기 시작하였다고 보았다. 그은 문양에서 찍는 문양으로의 변화 시발은 6세기 중기부터이고, 인화문이 토기 전면에 장식되는 소위 통일신라 토기의 장식 문양류와 시문방식이 신라의 삼국통일 이전인 7세기 초에 이미 완성된 것으로 파악하였다.

신라가 삼국을 통일한 660년대 이후의, 소위 통일신라 토기의 특징으로는 영락문과 화승문의 단순 문양이 시문되며, 합의 구연이 밖으로 외반하며, 동체 길이가 길어진 병은 물론 병의 기형이 다양하게 분화되는 것으로 파악하였다. 그리고 각 단계에 대한 역연대 설정은 『삼국사기』와 『삼국유사』에 기록된 황룡사와 관련된 기록과 황룡사지 발굴조사에서 출토된 토기 자료에 의존하였다.

미야가와 테이이치(1988a·b·1993)는 7~8세기의 신라 토기에 대해 여러 측면에서 일련의 검토를 행하고 문양 구성, 시문기법, 장골기의 형태 변화의 분석 등을 통하여 통일신라 토기의 대체적인 윤곽을 설정하였다. 그는 7~8세기의 인화문을 6식으로 구분하였는데, 그 내용은 〈그림 3-3〉과 같다.

원점문과 종장연속문은 공존하지 않고, 수적형문은 신라의 삼국통일 이전에 사라지고, 통일 이전에 원점문의 전면 시문이 이루어졌고, 통일과 더불어 다양한 인화문이 시문되었고, 종장연속문은 A기법 → B기법 → C기법으로 변화되었다고 설정하였다. 그리고 일련의 연구를 통해 9세기 초를 경계로 이전의 '인화문기'와 이후의 '비인화문기'로 통일신라 토기를 도식화하였다.

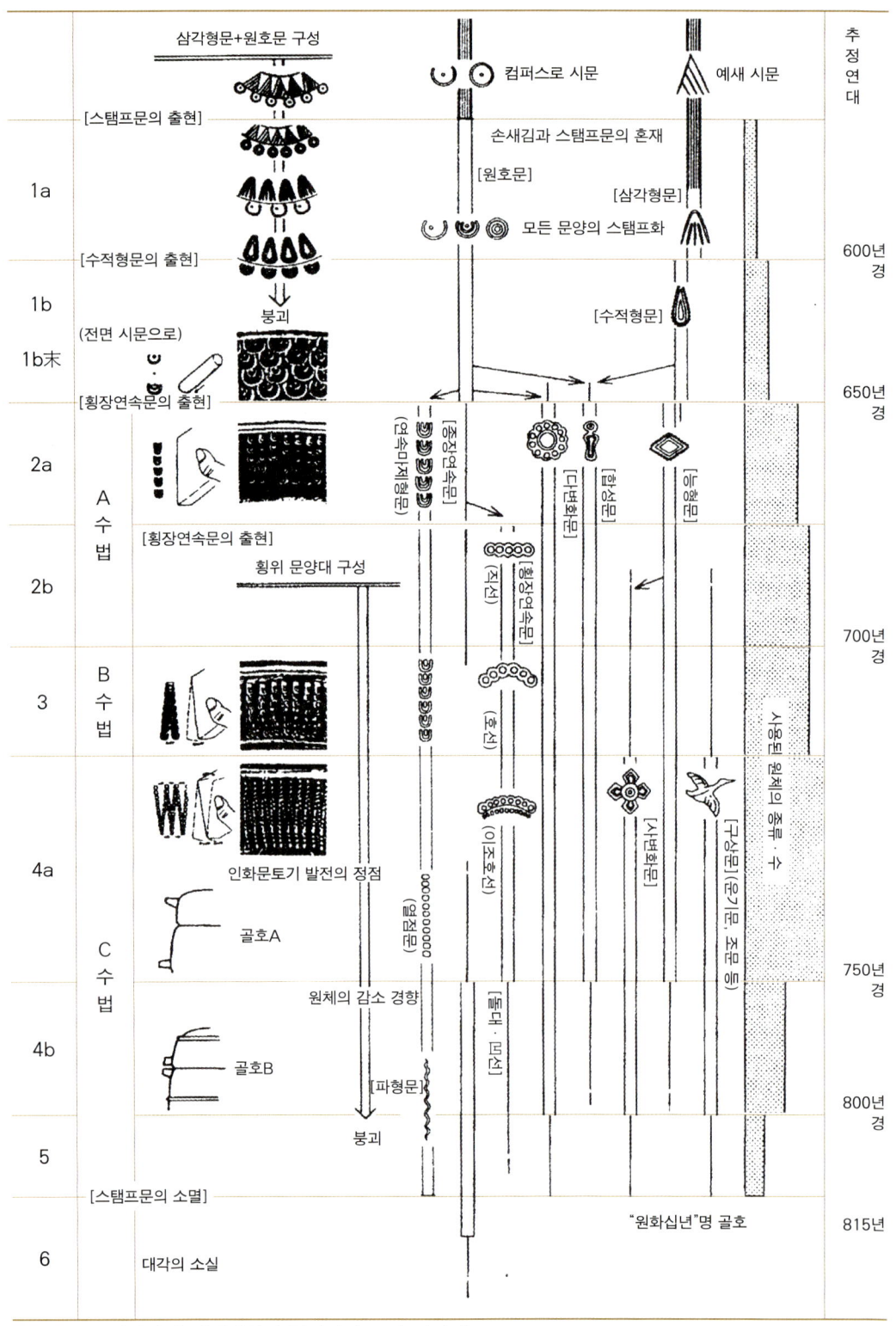

그림 3-3 미야가와 테이이치의 통일신라 토기 편년안

3. 물질자료의 편년

　　최병현과 미야가와 테이이치의 논문은 그때까지 거의 정리되지 않은 상태에 있었던 6세기 이후의 신라 토기를 체계적으로 정리하고, 변화의 기준을 제시한 측면에서 연구사적으로 매우 중요하다. 편년안은 통일신라 토기의 가장 큰 특징인 인화문의 시문기법을 설정하고, 그것에 근거하여 통일신라 토기의 변화를 이해하고자 한 점에서 연구사에 있어 일획을 긋는 것이었다.

　　그런데 6세기부터 10세기 초까지 거의 4세기 동안 토기가 양식변화를 거치지 않고 동일 양식으로 묶어질 수 있을 만큼 변화가 없었다거나 통일신라 이후의 토기 변화를 단순화시켰다. 이는 토기 발달의 가능성을 고려하지 않고 도식적으로 통일신라 토기를 인화문기와 비인화문기로 양분하여 토기를 이용한 다양한 정보 획득을 차단시켜버린 한계가 있었다. 그리고 90년대에 들어와 역연대 제시가 가능한 자료의 소개에 의해 통일신라 토기의 변화와 시기별 특징에 대한 재검토가 필요한 분위기가 조성되었다(홍보식 2004a).

4) 통일신라 토기의 역연대 자료

통일신라 토기의 역연대를 예시하는 자료로서 주목되는 것은 백제 멸망에 따른 옛 백제지역─부여 부소산성, 정림사지 연지유적─으로 유입된 가장 빠른 통일신라 토기, 674년에 완성된 월지 건물지의 바닥에서 출토된 유개호, 일본 후쿠오카시 고로칸[鴻臚館] 출토 뚜껑, 김천 갈항사지 동석탑 사리기의 유개호, 산청군 지리산록의 폐암자에서 출토된 "永泰二年"(영태이년)명 납석제 사리호와 공반되었을 가능성이 높은 호, 전민애왕릉 주변 출토 "元和十年"(원화십년)명 장골기, 경주 석장동 동국대학교 구내에서 출토된 장골기, 익산 미륵사지 동원 동승방지 출토 "大中十二年"(대중십이년)명 토기와 그곳에서 출토된 토기, 중국 당·오대의 타호와 통일신라의 타호, 사이부일면편호, 사리용기와 장골기의 형식, 통일신라 토기 뚜껑과 초기 청자 뚜껑의 형식 등이다.

(1) 부여 정림사지 연지 및 부소산성 출토품

백제가 멸망되기 전의 백제 왕성이었던 부여 부소산성에는 다량의 통일신라 토기가 출토되었다. 이곳의 신라 토기는 660년 부소산성이 나당연합군에 의해 함락된 이후 유입되었다. 부소산성과 더불어 부여 일대에서 출토된 가장 시기가 올라가는 통일신라 토기는 찍은

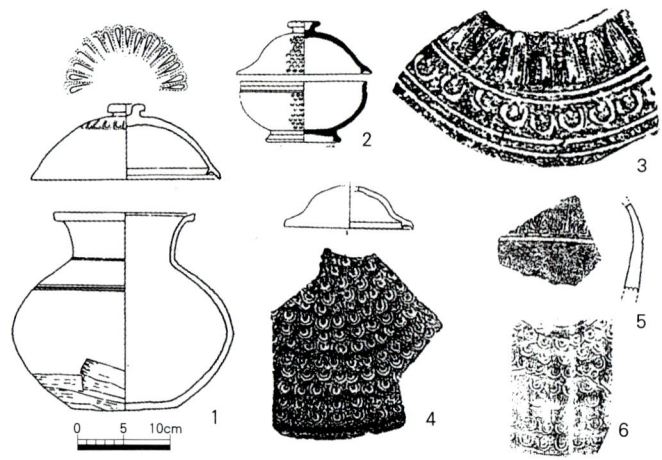

그림 3-4 월지(1), 경주 충효동 6호분(2), 공산성 지당(3), 부여 부소산성 출토품(4~6)

삼각집선문+찍은 반원점문이 시문된 토기로서 부소산성에서 뚜껑 편 2점, 병 편 1점이 있다. 660년 이후 신라가 정복한 백제지역에서 가장 빠른 신라 인화문 토기는 찍은 삼각집선문+찍은 반원점문이 시문된 토기임을 나타낸다. 따라서 신라 토기의 문양 시문방식이 긋는 것에서 찍는 것으로의 변화는 삼국 통일 직전인 7세기 중엽 무렵임을 나타낸다.

(2) 월지 출토품

월지 주변에 세워진 건물지 하부에서 개원통보(開元通寶)가 들어있는 유개호가 출토되었다. 월지는 문무왕 14년(674)에 완성된 왕궁 내의 연지이고, 건물지 하부에 토기를 매납한 것은 지신에게 바치는 의미로서의 지진구이다. 이 호에 들어있는 개원통보는 중국 당의 고조 4년(621)에 처음 주조되었다. 개원통보의 초주 시기와 월지의 완성 시기를 고려하면, 임해전지의 건물 하부에 지진구로 매납된 유개호의 시기는 7세기 2/4분기에서 3/4분기 사이에 해당될 가능성이 있다. 지진구는 건물을 세우기 전에 묻는 것으로서, 월지 완성 이전에서 그리 멀지 않은 시기에 이루어졌을 것이며, 그 시기는 660년대 내지 670년대 초일 가능성이 높다. 유개호의 뚜껑에 시문된 수적형문은 통일신라 토기에 시문된 수적형문에서 가장 빠른 형식이다.

백제 멸망 이후의 백제지역에서 출토된 통일신라 토기와 월지 건물지의 지진구 뚜껑에 시문된 수적형문과 부여 부소산성에서 출토된 뚜껑에 시문된 수적형문이 유사한 점으로 비추어 볼 때, 신라에 의한 백제 멸망 전후에 삼각집선문에서 수적형문으로 바뀌고, 하나의 원체를 찍어서 뚜껑 표면 전체가 장식된 토기로의 교체 시기임을 나타낸다. 따라서 660

년 전후가 통일신라 토기의 성립 시기임을 알 수 있다.

(3) 후쿠오카시 고로칸 출토 신라토기

고로칸은 일본의 고대[아스카·나라·헤이안시대]의 신라 사절과 중국 당나라의 상인들을 접대했던 영빈관이었다. 688년 "신라사절 김상림(金霜林) 일행을 축자관에 향응하고, 녹을 사여하였다(乙亥, 饗霜林等於築紫館賜物各有差)"는 『일본서기』 지통 2년조에 처음 나타나는 것으로 미루어 볼 때, 고로칸은 670년대에 역할을 시작하였다고 할 수 있다.

고로칸유적에서 출토된 통일신라 토기는 완형은 수점에 불과하고, 대부분은 파편인데, 출토된 수량은 20여 점에 이른다. 그 중에서 가장 빠른 형식의 토기는 연속마제형문이 시문된 뚜껑과 완이다. 〈도면 3-5-1〉의 뚜껑(고로 북관 남변 중앙부의 제Ⅱ기 돌담 출토)은 내·외 구연의 연결면이 '⌒'자형이고, 꼭지경 : 구경비가 3.5 : 1 이하로 꼭지경이 작은 점 등이 특징이다. 표면에는 끝부분이 폐쇄되고, 평면형태가 해바라기 씨앗형태의 수적형문과 4치구 1조의 이중반원형의 연속마제형문이 시문되었다. 고로칸 출토 뚜껑의 형태와 문양 구성 및 형태는 김해 예안리 78호분 횡구식석실 출토품과 유사하다.

보고서에 의하면, 뚜껑이 출토된 돌담은 고로칸의 제Ⅱ기에 축조되었고, 그 하한 시기는 8세기 전반으로 추정되었다. 그러나 상한 시기에 대해서는 구체적인 언급이 없지만, Ⅰ기 돌 담장의 축조 시기를 7세기 후반으로 추정하고 있는데, 보고서의 보고를 고려하면, 신라 토기 뚜껑의 폐기 상한은 7세기 말로 추정된다. 이 역연대는 『일본서기』에 고로칸이 처음 보이는 시기인 688년과 거의 일치된다.

따라서 고로칸에서 출토된 수적형문+연속마제형문이 시문된 뚜껑과 김해 예안리 78호분 출토 토기의 시기는 7세기 4/4분기이다(홍보식 2004b).

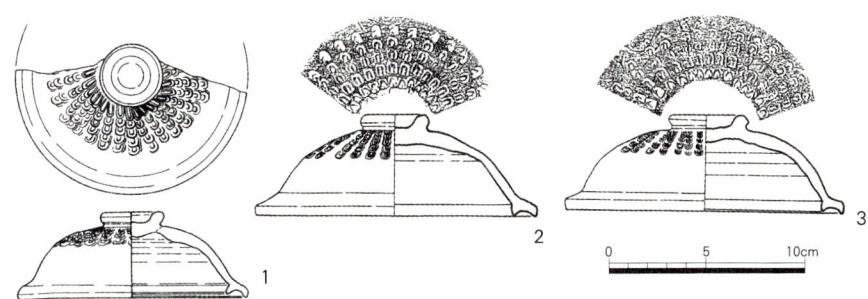

그림 3-5 일본 후쿠오카 고로칸(1)과 김해 예안리 78호분(2·3) 출토 통일신라 토기

(4) 일본 후지와라교 출토 통일신라 토기

후지와라교[藤原京]는 676년에 조영을 시작하여 18년이 지난 694년(持統 8)에 아스카기요미하라큐[飛鳥淨御原宮]로부터 천도하여 710년(元明 和銅 3) 헤이죠교[平城京]으로 천도하기까지 운영된 도성이었다.

후지와라교 내부의 연차적인 발굴조사에서 많은 수량의 유물이 출토되었는데, 경 내부 수 곳에서 통일신라 토기가 수점 출토되었다. 4차 내리(內裏) 동관아(東官衙) 토광 출토 뚜껑은 외면 전체에 찍은 5치에 의한 연속마제형문이 시문되었다. 54-19차 좌경팔조일방(左京八條一坊) 궁기건물(宮期建物) 주혈·중세 동서 구(東西 溝)에서 출토된 뚜껑은 개신 편으로서 외면 전면에 찍은 반원문이 시문되었다. 66-13차 전구북방유적(雷丘北方遺蹟) 포함층에서 출토한 횡병은 견부와 동체 상방인데, 1조의 횡침선을 등간격으로 돌려 4단으로 구획하고, 1·3·4단은 반원문을 찍어 시문하였고, 2단에는 찍은 수적형문을 시문하였다. 58차 내리 동관아구획병(內裏 東官衙區劃塀, SA6635) 주혈·포함층에서 출토된 몸통 길이가 긴 종병 몸통 상방에 3치 연속마제형문 → 5치 연속마제형문 → 다변화문 → 5치 연속마제형문 → 다변화문 순으로 문양이 배치되었다.

후지와라교에서 출토된 통일신라 토기의 기종은 뚜껑·횡병·종병 등으로서 수적형문과 3치·5치의 연속마제형문·다변화문 등이 시문되었다. 후지와라교가 도성으로서 기능을 한 시기는 7세기 말에서 8세기 초인데 도성으로서의 기능이 시작된 시점에 통일신라 토기가 반입되었다고 한다면, 이 때 통일신라 토기에 유행한 문양은 3치·5치 등의 연속마제형문과 수적형문, 직경이 큰 다변화문임을 알 수 있다. 후지와라교에서 출토된 통일신라 토기의 문양이 3치·5치로 된 연속마제형문이고, 점열문이나 연주문 등은 확인되지 않았다. 후지와라교의 존속 기간이 694년

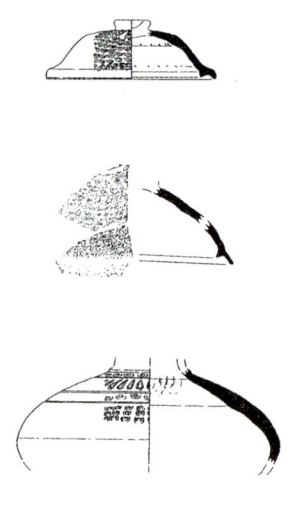

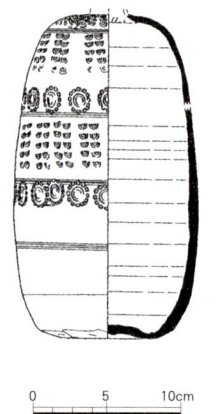

그림 3-6 일본 후지와라교 출토 통일신라 토기

3. 물질자료의 편년

에서 710년까지 16년의 짧은 시기인데, 이 시기에 3치·5치의 연속마제형문이 시문된 통일신라 토기가 출토한 점은 이 시기에 신라에서 유행한 토기 문양이 연속마제형문임을 알 수 있다.

(5) 경주 용강동고분 출토품

경주 용강동고분에는 토용 및 청동12지상과 함께 토기가 출토되었다. 종래 용강동고분의 축조 시기에 대해서는 7세기 전반, 7세기 말~8세기 초, 8세기 중반, 8세기 후반 등 다양하게 제시되었다. 용강동고분의 축조 시기를 어느 정도 파악할 수 있는 근거 자료로서 토용의 복식을 들 수 있다. 용강동고분 출토 토용의 복두는 모자의 높이가 약간 높고 곧바로 솟은 형상으로서 측천무후(則天武后)대에 유행한 고두건자(高頭巾子)에 장각복두형으로 중국의 태원 김승촌묘(710년)의 호인이 쓴 복두와 유사하다. 그리고 여인상 토용의 웃옷은 소매가 길면서 넓은데, 서안시(西安市) 고루촌(高樓村) 오수충묘(吳守忠墓, 748년) 출토 가채여용의 웃옷과 가장 유사하다. 고분에서 출토된 토용의 전체적인 모습과 남자상 용의 복두와 여자상 용의 웃옷과 치마 등의 특징이 8세기 전반인 성당기의 무덤에서 출토한 도용에 표현된 것과 유사한 점 등으로 볼 때, 용강동고분의 축조 시기는 8세기 전반, 2/4분기로 편년된다. 용강동고분에서 출토된 토기와 같은 특징을 지닌 토기의 시기는 8세기 2/4분기로 편년된다.

(6) 영태이년명 납석제호와 장경호

영태이년명 납석제호는 사리기로 사용되었고, 표면에 "永泰二年丙午七月······"이란 명문이 있다. 영태이년은 당나라 대종 2년(766)이다. 토기는 납석제호가 출토된 대좌석 앞 30cm 가량 되는 지점에 있는 깊

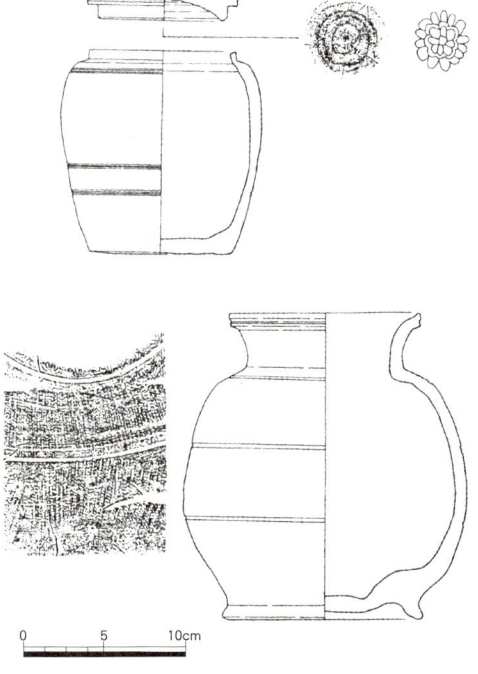

그림 3-7 산청 석남암지 출토 "영태이년"명 납석제 사리기와 토기

43

이 60~90cm 되는 곳에서 출토되었다. 영태이년명 납석제호와 정확한 공반관계가 확인되지 않아 역연대 자료로서의 가치성이 반감되지만, 대좌석 앞 30cm 가량 되는 지점에서 출토되었다면, 석탑을 세우기 위해 매납한 지진구일 가능성이 있다. 이 토기는 영태이년명 납석제호와 동시기 매납일 가능성이 있으므로 통일신라 토기의 연대를 부여함에 있어 중요한 자료이다.

지진구일 가능성잉 있는 토기인 장경호는 견부와 동부에 문양이 시문되어 있다. 견부에는 국화문이 시문되었고, 동부의 중위에 침선을 돌리고, 상하에 절열문을 시문하였다. 상단에는 '역Y'자형의 점열문을 등간격으로 빼곡하게 배치하였고, 하단에는 점열문을 상단과 동일하게, '역Y'자형 점열문 20조를 호선으로 배치하였다. 점열문의 형태가 '역Y'자형이나 개별 '역Y'자형의 간격이 일정하지 않는 것으로 볼 때, 일자형의 점열도구로 2회 눌러서 '역Y'자형을 만들었다. 시문수법이 일자형이고, 점열문의 길이가 길고, 점과 점 사이의 간격이 있어 아래위의 점이 붙지 않은 특징이다. 이 장경호에 시문된 점열문은 발생기의 점열문에 해당된다.

몸체와 굽이 밋밋하게 이어지고, 바닥과 굽의 연결부분이 ⌒형으로 凹면이 있다. 굽은 안쪽 면이 들려있다. 영태이년명 납석제호와 공존된 장경호는 8세기 중엽의 특징을 나타낸다.

(7) 원화십년명 장골기

원화십년명 장골기는 전민애왕릉 주변의 정비조사에서 출토되었으며, "元和十年"은 815년으로서 장골기보다 먼저 축조된 전민애왕릉은 물론 원화십년명 장골기 모두 민애왕의 사망 시기보다 빨라 민애왕과는 직접적인 관계는 없다. 장골기는 단경호에 뚜껑이 얹혀있는 유개호이다. 뚜껑의 구연부와 호의 견부에 각각 대칭되게 4개의 장방형 고리가 부착되어 있어, 뚜껑을 덮으면 뚜껑과 호의 고리가 일치되어 이곳에 끈이나 철사를 끼워 묶어 뚜껑이 이탈되지 않도록 하였다.

뚜껑은 꼭지가 결실되었으며, 외면 중위에 돌대가 있고 돌대 아래에서 'ㄱ'자상으로 꺾이어 드림턱없이 구연으로 이어진다. 돌대의 위아래에 걸쳐 "元和十年"이란 명문이 있다. 원화는 당 헌종의 연호이고 10년은 815년이며, 신라 제39대 헌덕왕 7년에 해당한다. 호는 견부에서 90°가깝게 꺾이고 구연이 외반한다. 바닥에는 사방향으로 밖으로 뻗은 짧은 굽이 있다. 뚜껑과 호 모두 문양이 없는 무문이다.

뚜껑과 호 모두에 문양이 시문되지 않은 점을 들어 통일신라 토기의 인화문과 굽이 815년 이전에 이미 사라졌다는 자료로 활용되기도 하였다. 그런데 원화십년명 장골기와 같은 형태의 뚜껑과 호에는 문양이 시문되지 않는 예도 다수 있다. 뒤에 설명될 장골기의 뚜껑에 여러 종류의 인화문이 시문된 사례가 있을 뿐만 아니라 고려 도기와 자기에도 굽이 여전히 존재하는 점을 고려하면 사실과 어긋난다. 이 자료만을 근거로 통일신라 토기에 인화문이 사라졌다거나 굽이 소멸되었다고 보기 어렵다. 원화십년명 장골기의 호는 몸통이 세로로 길고 최대경이 몸통 중간에 위치한다. 영태이년명 납석제호와 같이 출토된 호보다 몸통의 최대경 위치가 위쪽으로 이동되었다.

그림 3-8 경주 전민애왕릉 주변 출토 "원화십년"명 장골기

(8) 김천 갈항사지 동석탑 출토 사리기와 토기

김천 갈항사지 동·서탑 모두 사리기가 출토되었고, 동탑에서 출토된 사리기 중 토기에는 인화문이 시문된 유개호가 포함되어 있다. 뚜껑은 꼭지가 결실되었고, 뚜껑 윗쪽이 수평을 이루고 중위에서 80°정도 꺾여 드림턱없이 구연으로 이어진다. 외면 윗쪽에는 구상문이 일주하고, 그 아래에 B수법에 의한 연속 마제형문이 시문되어 있다. 호는 평저이고 구연이 내경한다. 구연 직하에 대소의 연주문이 있고, 그 아래에 2조 침선이 돌아가고 침선 아래에 상하로 연주문을 엇갈리게 배치하고, 좌우의 연주문 사이에 1조 호선의 연주문을 배치

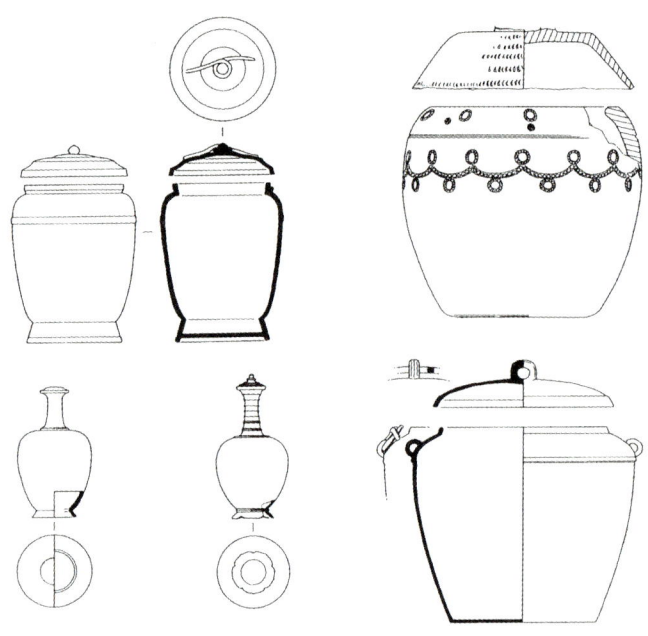

그림 3-9 김천 갈항사지 동탑 출토 사리기

하여 상-하, 좌-우의 연주문을 연결하였다.

이와 같은 특징을 지닌 사리기가 내장된 석탑의 탑신부에 "二塔天寶十七年戊戌中立在之……"이란 석탑기(石塔記)가 각석되어 있다. 천보는 당 현종의 연호이고, 17년은 존재하지 않지만, 당 숙종 건원 1년(758)에 해당한다. 758년이 유개호의 역연대일 수 있지만, 이 탑을 세우는데 중요한 역할을 한 왕이 민애왕이므로 그 시기는 758년보다 더 늦어 민애왕이 왕위에 있었던 817~839년인 9세기 전반이다. 이 유개호에 시문되어 있는 문양 중 구상문은 경주의 왕경유적 제14가옥에서 출토된 연유 뚜껑에 시문된 구상문과 동일 형식이다. 따라서 갈항사지 사리호로 사용된 토기의 시기는 8세기 말에서 9세기 초로 편년된다. 석탑기의 내용으로 볼 때, 석탑기의 각자 시기는 785년에서 798년 사이에 이루어졌을 것으로 추정된다. 석탑의 건조 시기와 석탑기의 각자 시기는 30년 정도의 시차가 있는데, 각자의 내용을 볼 때, 각자의 시기에 사리기가 매납되었을 가능성이 있다. 8세기 말에도 연속마제형문이 존속하였음을 알려주는 자료이다.

(9) 경주 석장동 동국대학교 구내 출토 장골기

경주 석장동 동국대학교 구내에서 출토된 장골기는 내용기와 외용기로 이루어져 있다. 내용기는 호와 뚜껑으로 이용한 옥벽저 청자완으로 구성되었다. 호는 목에 2줄의 파상문이 시문되었고, 굽은 내측이 들렸고, 몸통과 연결 부위와 그 아래에 2조의 홈이 있다. 뚜껑인 중국 당나라의 옥벽저 청자완은 깨어진 구연을 갈았으며, 굽은 높이 0.4cm, 너비 1.6cm이고, 유약은 회록색이다. 이와 동형의 옥벽저 청자완은 가메이 아키노리(龜井明德 1990)가 분류한 중국 월

3. 물질자료의 편년

주요계의 청자 정제품의 특징이 있으며, 사용 시기를 9세기 중엽 전후로 보고 있다.

외용기는 원저호와 보주형 꼭지가 붙은 뚜껑으로 구성되어 있다. 뚜껑은 구연 위쪽 한 곳에 투공을 뚫었고, 구연은 내구연의 형태이다. 내구연은 외구연보다 위쪽에 형성되어

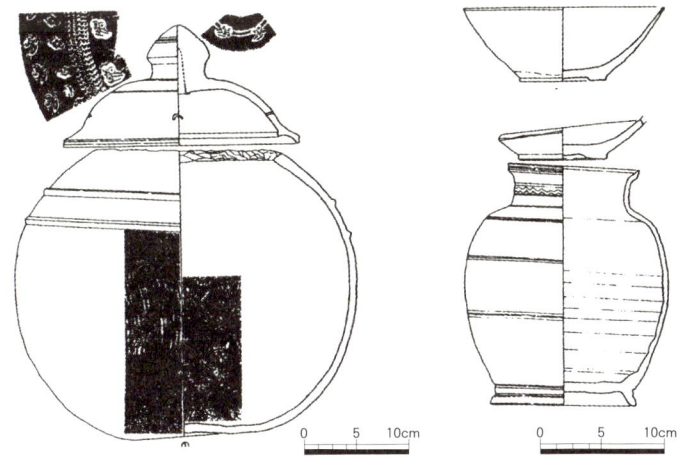

그림 3-10 경주 석장동 동국대학교 구내 출토 장골기

있다. 꼭지와 개신 외면 전면에 문양이 시문되어 있다. 꼭지에는 운기문이 4군데 있고, 몸통에는 위에서부터 운기문 → 연속문 → 구상문 → 운기문 순으로 배치하였다. 호는 아가리를 깨어 없앴으며, 몸통 외면에 타날 흔이 있고, 내면에는 박자흔이 있다. 내용기로 사용된 호는 원화십년명 장골기의 호와 형식적으로 유사하고, 유사한 호는 경주 화곡리 생산유적에서도 출토되었다.

이 시기에는 굽이 부착되지 않는 부류와 굽이 부착된 부류가 동시 존재하는 것은 일반적이다. 목이 길고 동부의 최대경이 작은 병이라든지 저경과 동최대경이 거의 같은 평저호 등은 굽이 부착되지 않는 것이 특징이다. 그러나 유개합, 동부 높이가 낮은 병·접시 등의 기종에는 이후에도 굽은 여전히 부착된다. 따라서 815년을 전후로 하여 인화문이 소멸되지도 않았고, 굽도 사라지지 않았음은 분명하다.

(10) 타호

타호는 아가리가 넓게 나팔모양으로 벌어져 마치 완을 뒤집어 놓은 형태이고, 좁고 짧은 목 아래에 아가리보다 직경이 현저히 좁은 동체가 있고, 바닥은 편평하거나 굽이 부착되었다. 타호는 중국 위진 시기에 금속으로 제작되고, 8세기에 도자기로 제작되어 9세기 말경에 이르면, 은으로 제작한 예가 증가한다(齊東方 1999). 통일신라 토기 중에는 이 중국의 금속 및 도자기로 만든 타호를 모방하여 타호가 생산 소비되었다. 통일신라의 타호는 중국

47

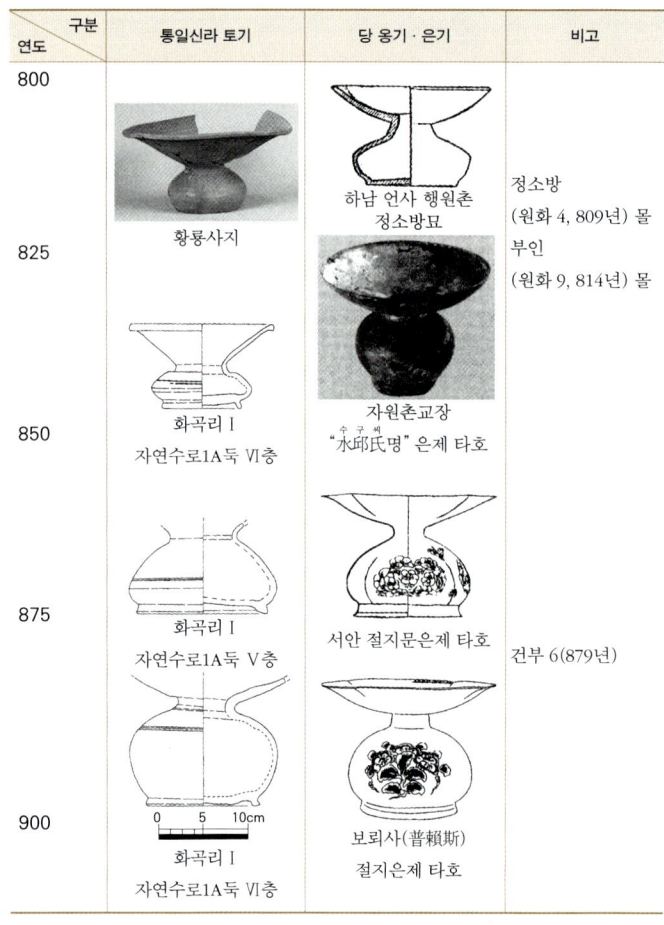

그림 3-11 통일신라 타호와 중국 기년명 타호의 비교

당나라의 금속 및 도자기로 만든 타호의 변화와 궤를 같이하므로 통일신라 토기의 역연대를 추정할 수 있는 자료의 하나이다. 타호는 황룡사지와 경주 성건동유적, 화곡리생산유적에서 출토하였다.

지금까지 출토한 타호는 4형식이 있다. 1형식은 외반하는 몸통 길이가 길어서 몸통 단면이 오각형을 이루고, 굽이 부착되지 않았는데, 황룡사지 출토품이 해당한다. 둘째는 경주 화곡리 생산유적 자연수로Ⅰ의 Ⅵ층 출토품 4점 중 규모가 작은 1점(Ⅰ-887)은 최대경이 중위보다 약간 하위에 치우친 곳에 위치하여, 몸통 단면이 편육각형을 이루고, 동체 상위에서 '〈'형으로 외반하면서 구연단에 이르고, 구연단의 단면이 삼각형이다. 셋째는 몸통 단면이 역삼각형인 것으로서 Ⅰ자연수로1A둑 Ⅴ층 출토품(2점)이 해당한다. 넷째는 몸통 단면이 횡타원형인 것으로서 Ⅰ자연수로1A둑 Ⅵ층 출토품(3점)이 해당하며 모두 굽이 부착되었다.

타호의 형식 서열을 추정하는데, 중국 당나라의 타호를 참고할 가치가 있다. 현재 중국에서 출토한 타호의 예로는 하남(河南) 언사(偃師) 행원촌(杏圓村) 정소방묘(鄭紹方墓) 출토품(中國社會科學院考古硏究所河南第二工作隊 1986)과 서안(西安) 절지문은제(折枝紋銀製) 타호(唾壺), 자원촌교장(束園村窖藏) 출토 "水邱氏"명 은제 타호, 보뢰사(普賴斯)절지은제 타호 등이다. 정소방묘 출토품은 백자로서 동체 형태가 황룡사 출토 타호와 유사하고, 굽이 부착되지 않았다. 정소방묘는 정소방 부부가 합장되었는데, 정소방은 원화 4년(809)에 몰하였고, 부인은 9년(814)에 몰하였기 때문에 정소방묘 출토 타호의 시기는 9세기 초이다. 서안 절지문 은제 타호는 건부 6년(879)명이 있는데, 몸통 형태가 삼각형으로서 화곡리 생산유적 Ⅰ자연 수로1A 둑 Ⅴ층 출토품(2점) 및 Ⅵ층 출토품 1점과 유사하고, 굽이 부착되었다. 보뢰사절 지은제 타호는 은제로서 몸통 형태가 Ⅰ자연수로1A 둑 Ⅵ층 출토품과 같은 횡타원형이고, 굽이 부착되었다. 자원촌교장 출토 수구씨명 은제 타호는 은제로서 최대경이 몸통 중위에 위치하여 둥글고, 굽이 부착되지 않았다.

기년명과 재질 등에 의하면, 중국 당나라 타호 형식은 정소방묘 출토품 → 수구씨명 은제 타호 → 서안 절지문은제 타호 → 보뢰사절지은제 타호 순으로 서열을 부여할 수 있고, 그 시기는 9세기 1/4 → 2/4 → 3/4 → 4/4분기로 설정할 수 있다. 통일신라 타호는 중국 당나라의 자기 및 은제 타호를 모방하여 생산한 기종으로서 중국 당나라의 타호 변천과 유사한 형식으로 변천되었을 가능성이 있다. 이 추정을 전제로 하면, 통일신라 타호의 변화는 황룡사지 출토품 → 화곡리 생산유적 Ⅰ자연수로1A 둑 Ⅴ층 출토품(2점)과 Ⅵ층 출토품 1점 → Ⅰ자연수로1A 둑 Ⅵ층 출토품(3점)으로 되고, 그 시기는 9세기 전반 → 9세기 3/4~4/4분기 → 4/4~10세기 전반으로 편년할 수 있다.

(11) 미륵사지 출토 대중십이년명 호와 동원 동승방지 출토 토기

익산 미륵사지는 1980년대 이후 현재까지 지속적인 발굴조사에 의해 다양한 유물들이 출토되었고, 그 중에는 통일신라 토기도 상당수 알려져 있다. 통일신라 토기중 주목을 끄는 것은 "大中十二年 彌勒寺"명 토기이다. 대중십이년명 토기는 목과 몸통 일부만 남아있는 편으로 전체 형태는 알 수 없다. 목에 1줄의 파상문이 있고, 몸통 외면에는 격자타날이 되었다. 이 명문토기는 미륵사지 동원 동승방지에서 출토되었지만, 다른 유물과

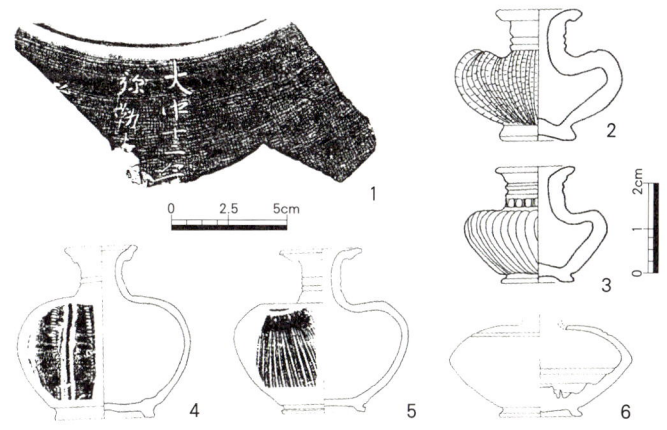

그림 3-12 익산 미륵사지 '대중십이년 미륵사'명 대호와 공반토기

의 공반관계 및 층위관계가 구체적으로 보고되지 않았다. 조사시 공반 및 층위관계가 확인되지 않았으나 미륵사지 동원 동승방지에서 주름무늬병 등이 출토되었다. 주름무늬병은 두 가지 형식이 있다. 견부가 눌러지고, 덧띠가 부착되지 않고 굽의 안쪽이 들린 형식과 견부가 눌러지지 않고, 덧띠가 부착되고, 굽단이 수평면을 이루는 형식이다. 이 토기들이 대중십이년명 토기와 공반되었다는 확증은 없지만, 동일 유구에서 출토되었다는 점을 고려하면, 동시 존재의 가능성은 있다.

대중은 당 선종의 연호이고 12년(858)은 신라 헌안왕 2년에 해당된다. 제작에서 폐기까지의 기간이 있지만, 정확하게 산정할 수 있는 것은 아니므로 858년을 그 중심시기로 설정할 수 있다. 대중십이년명 대호와 공반된 주름문병과 유사한 특징의 주름문병은 보령 성주사지와 남원 실상사지, 완도 장도 청해진유적 등에서 출토되었다. 위의 유적들은 8세기 2/4분기에 조영된 공통성이 있고, 또 유사한 특징의 주름문병이 출토되었는데, 그 시기는 9세기 2/4~3/4분기이다.

(12) 통일신라 토기 뚜껑과 초기 청자 뚜껑의 형식

통일신라 토기 뚜껑 구연이 'ㄱ'자식으로 꺾이고 끝이 뾰족한 구연은 고려의 초기 청자와 백자 뚜껑에서도 그 흔적을 찾을 수 있다. 초기 자기요로 알려진 용인 서리 고려백자요와 시흥시 방산대요에서 출토한 청자와 백자의 뚜껑에 유사한 구연의 특징이 존재한다. 이 초기 자기의 역연대에 대해서는 9세기 중엽설과 10세기 전반설이 양립한다. 그런데 9세기 중엽경에 청자가 생산되었다면, 적어도 통일신라 토기와 공반될 가능성이 높지만, 현재까지 통일신라 토기와 공반된 사례는 확인되지 않으므로 9세기설은 타당하지 않다. 그리고 방산대요의 요 구조와 출토된 유물의 기종 및 형식이 황

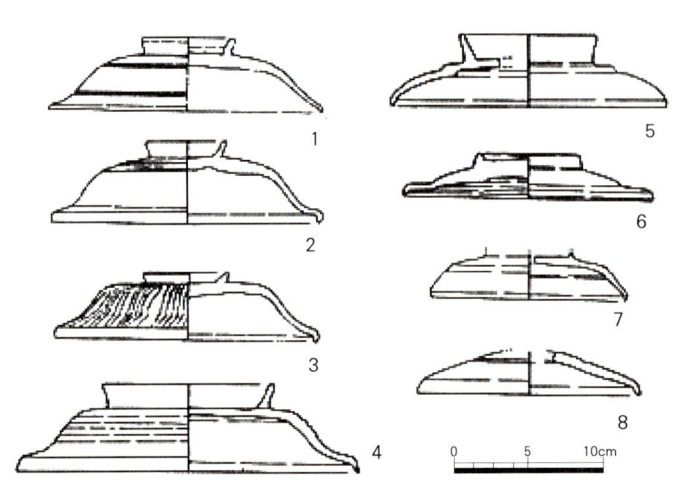

그림 3-13 통일신라 토기 뚜껑(1~4)과 초기 청자 뚜껑(5~8)

해남도 배천군 원산리 청자가마 및 출토 유물과 유사한데, 원산리요지의 2호 4차 가마 바닥에서 "淳化"명 청자가 출토되었는데, 순화는 990~994년 사이에 사용된 북송 태종의 연호이다. 이 순화명 연호로 볼 때, 방산대요의 조업 중심시기를 10세기 전반으로 편년한 연구성과를 수용한다면(崔健외 2001), 공주 가교리 토기가마와 경주 왕경유적 등지에서 출토된 뚜껑 중 구연 형태가 'ㄱ'자 형태에 가까운 형식은 10세기 전반으로 설정된다.

5) 통일신라 토기의 변화

이상 검토한 역연대 자료에 근거해서 통일신라 토기의 변화를 개략적으로 서술하면 다음과 같다.

통일 직후인 7세기 후반의 통일신라 토기는 신라 후기 양식 토기의 요소를 계승하면서 삼국통일을 계기로 고구려·백제·당의 문화를 수용하여 그 이전과는 다른 토기문화를 만들었다. 통일 이전과 가장 큰 차이는 일상토기가 대세를 점하면서 일상용기의 기종이 증가함과 동시에 식기인 유개합·완·병 등이 주요 기종이 되고, 분묘 부장용인 고배와 부가구연장경호·파수부옹 등이 현저하게 쇠퇴한다. 그리고 뚜껑과 병 등의 일부 기종의 표면에 연속마제형문·수적형문·국화문 등의 인화문이 장식되고, 삼각집선문은 사라진다.

이 시기의 일상토기의 일반적 양상을 보여주는 양호한 일괄자료가 없지만, 분묘 부장 토기를 통해서 그 특징을 알 수 있다. 김해 예안리 17호묘에서 고배·뚜껑·완 등이 출토되었다. 뚜껑 4점은 표면 상방에 연속마제형문이 시문되었는데, 3치구 1조인 시문구로 2단에 걸쳐 시문하였다. 3치구 1조의 연속마제형문, 점원문과 수적형문의 조합과 이 문양을 뚜껑 표면의 1/2 범위에만 시문하거나 편구병 견부에만 시문한 점이 7세기 후반 통일신라 토기 문양 장식의 특징이다.

8세기 전반이 되면, 통일신라토기의 특징은 7세기 후반의 문양 단위와 시문 면적의 틀이 깨어지는데, 시문 면적이 늘어나고, 치구 수도 증가하면서 서로 다른 문양의 조합이 다양해진 점이다. 그 특징을 보여주는 일괄 자료로서 국립경주박물관 연결통로부지 성토층 Ⅲ층 출토 유물이다. 연결통로부지에서 확인된 성토층은 경주박물관 부지의 지하에 있는 유구가 조성될 당시 성토했던 층이며, 성토층 위에 퇴적층이 확인되었다. 성토층인 Ⅲ층에는 여러 시기의 유물이 혼재해 있는데 가장 늦은 시기의 토기로는 연속마제형문이 시문된

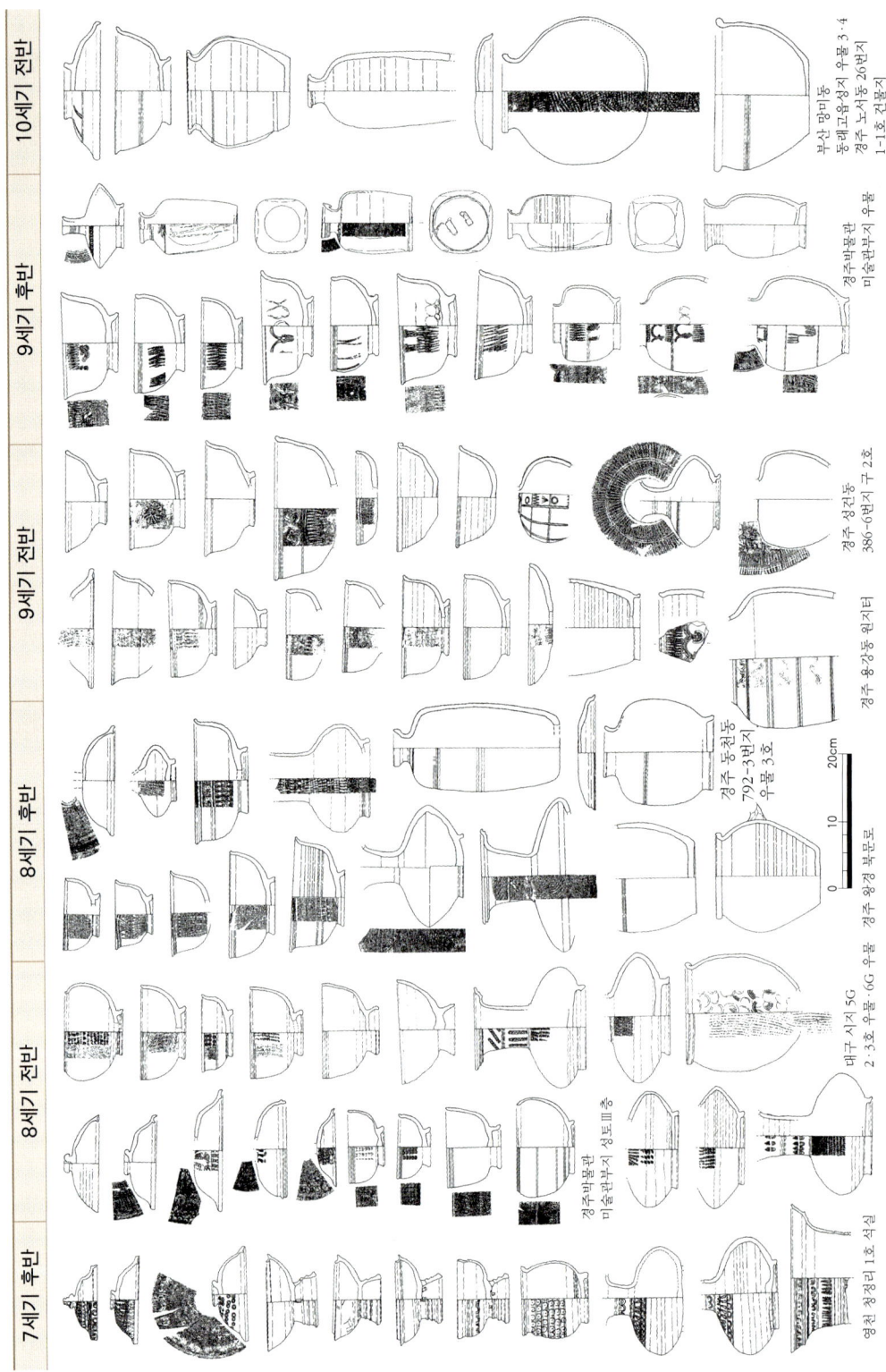

그림 3-14 통일신라 토기의 변화

완과 뚜껑으로 된 일군이 있다.

뚜껑은 모두 내구연이 있고, 개신 외면 전면에 문양이 시문되었는데, 연속마제형문만 시문된 것과 연속마제형문과 삼중원문 또는 다변화문이 같이 시문된 것이 혼재한다. 연속마제형문의 치구 수는 5~7개 내외이며, 2단에 걸쳐 시문한 예가 대부분이다. 완은 외면 전면에 연속마제형문만 시문되었는데, 치구 수가 5~6개로 뚜껑의 연속마제형문 치구 수와 같다. 통일신라 토기 중 연속마제형문이 시문된 뚜껑은 통일 직후에는 3치구 내외의 연속마제형문이 뚜껑 상방에만 시문되고, 8세기에 들어오면 마제형문의 치구 수가 5~6개로 증가하면서 뚜껑 하방에까지 문양이 시문된다. 8세기 전반이 되면, 연속마제형문의 치구 수가 9개 이상으로 증가하거나 또는 치구 수가 5~6개인 마제형문을 상하로 2단에 걸쳐 시문하면서 문양이 뚜껑 외면 전면으로 확대되고, 마제형문 단순 시문의 구성을 벗어나 다른 문양이 더해지는 등의 변화가 나타나는 등 마제형문의 전성기를 맞이한다. 8세기 후반 이후가 되면 연속마제형문은 쇠퇴하면서 다른 문양의 보조문양으로 된다.

경주박물관 미술관부지 성토층 Ⅲ층에서 출토된 뚜껑과 완에 나타나는 특징으로는 뚜껑 또는 완신 전면에 문양을 시문한 점, 연속마제형문이 문양의 대부분을 차지한 점, 연속마제형문을 2단으로 시문하고, 드림턱에까지 미치고 있는 점, 일부의 경우 연속마제형문에 다변화문 또는 삼중원문이 더해진 점 등을 들 수 있다. 이와 같은 특징은 8세기 전반의 늦은 시기에 나타나는 통일신라 토기의 특징이므로 성토층 Ⅲ층 출토품의 하한은 8세기 전반의 늦은 시기로 설정된다.

8세기 후반의 토기양상을 알 수 있는 양호한 일괄자료는 없지만, 대체적인 양상은 다음과 같다. 4세기 이후부터 신라토기의 주요 기종이었던 고배와 파수부옹이 사라지고, 유개합이 주종을 이루고, 여기에 길고 좁은 목이 있는 세경장경의 장동병과 장동호·주름문병 등의 새로운 기종이 나타난다. 세경장동병은 동체 표면에 문양이 시문되지만, 장동호는 무문이다. 지금까지 횡구형의 호와 병의 형태가 주류를 이루었으나 8세기 후반부터는 종구형의 일상토기가 주류를 이루면서 기종조성과 양식면에서 전환기를 맞이한다.

인화문은 수적형문이 사라지고, 연속마제형은 쇠퇴하며, 대신 점열문과 운기문·연주문·화문·능형문 등이 새로운 문양으로서 등장하면서 전면에 걸쳐 문양이 시문된다. 점열문은 ∧자식으로 배치하고, 2종류 이상의 문양을 결합하여 배치한 특징도 나타난다.

9세기 전반의 자료로는 장보고가 설치한 전남 완도 장도 청해진유적 출토품이 있으나 사면편병·주름문병·대호·징경병 등 일부 기종에 국한되어 이 시기의 양상을 제대로 이해할 수 없다. 일괄자료는 아니지만, 경주 왕경유적에서 출토한 토기의 특징을 서술하면 다음과 같다.

8세기 후반에 새 기종으로 등장한 장경병·장동호·편병·주름문병 등이 유행하고, 왕경 귀족의 전용 장골기로 연결고리유개호가 새 기종으로서 나타난다. 편구병은 수가 감소한다. 연속마제형문은 사라지고, 점열문이 주문양이 된다. 점열문은 일조직선 또는 지그재그식으로 배치하였는데, 주로 합신 장식에 애용되었다. 뚜껑과 호의 몸체에는 4~6종류의 문양을 장식하였는데, 단체 시문된 문양의 좌우를 호선문 또는 연주문으로 연결하여 장식한 방식이 유행한다. 새로운 문양으로서 비조문이 등장한다. 이 시기의 통일신라 토기의 문양 종류가 가장 다양하고 화려하다. 액체물을 저장하는 용기는 대부분 무문양이고, 식기와 장골기 등은 화려하게 장식하여 인화문이 시문된 기종과 무문인 기종으로 구분되는 양상이 뚜렷해진다.

9세기 후반의 일괄자료는 국립경주박물관 미술관 부지 우물 1호 출토품을 들 수 있다. 1호 우물은 석조로서 깊이가 약 290cm이고, 목제류 50여 점, 토기류 140여 점, 기와류 25여 점, 금속기류 230여 점 등 모두 450여 점의 유물이 출토되었다. 유물은 우물 상부에서 바닥까지 채워져 있는데, 위에는 주로 사각편호나 항아리 같은 큰 토기류와 수막새가 주류를 이루고 아래로 갈수록 완이나 동물뼈·씨앗 등 부피가 작은 유물로 채워져 있었다. 출토된 토기류는 완·장동호·사각편호·병·동이·파수부옹 등이 있는데, 완·종장동호·사각편호가 대부분을 차지한다.

굽이 달린 완은 구연이 외반하는 것과 직립하는 것으로 구분되는데, 전자는 대체로 구연 길이가 길고 구연단이 뾰족하며, 후자는 구연 길이가 짧고 두툼하다. 문양이 시문된 경우, 완신 외면 전면에 지그재그 점열문만 시문되거나 또는 지그재그 점열문에 엽문 또는 구상문이 시문된 예도 있다. 장동호와 사각편호는 무문이 대부분이고, 파상문이 시문된 예가 수 점 있다.

파수부 옹 1점은 구연부에서 동체 아래쪽 전면 및 파수에 다양한 문양이 시문되어 있다. 문양 구성을 보면, 사변화문-구상문-연주문+사변화문-지그재그 점열문-비조문-지그재그 점열문-다변화문-지그재그 점열문-구상문-지그재그 점열문-다변화문-지그재그 점열문이 시문되어 있다. 단경호 1점은 견부가 강조되고 낮은 굽이 있는데, 동체가 횡장방형이고, 연주문+다변화문-주름문-주름문이 시문되어 있다. 4각편호는 8세기에 유행하지 않고 9세기 이후, 특히 9세기 후반~10세기에 유행하는 기종의 하나이자, 경부에 파상문이 시문되는 점도 9세기에 일반적으로 보이는 통일신라 토기의 한 특징이다. 완·장동호·4각 편호 등의 기종조성, 지그재그 점열문이 주 문양이고, 다변화문·연주문+엽문·사변화문의 복합문·비조문·파상문 등의 문양 구성, 호의 형태적 특징 등을 근거로 할 때, 우물지에서 출토된 토기의 중심 시기는 9세기 후반에 해당된다.

 그리고 통일신라의 소멸 시기를 나타내는 명확한 역연대 자료가 없어 통일신라 토기의 종말 시기는 불분명하지만, 10세기 중엽 이전에는 소멸되었을 가능성이 높다. 미륵사지의 조사결과, "大平興國五年"(980)명 기와가 출토된 층위에서 주름무늬병 등의 통일신라 토기가 발견되지 않는다고 한다(崔孟植 1991). 미륵사지 조사결과를 중시하면, 10세기 후반에 들어오면 통일신라 토기는 자취를 감추었을 가능성이 높다.

홍보식

2. 기와

1) 통일신라 기와의 특징

기와는 건축의 지붕을 덮는 부재로, 건물 지붕의 방수라는 고유 기능과 함께 고대사회 목조건축의 위격과 권위성을 나타내는 재료이기도 한다. 즉, 목조 건축물 중에서도 주요 건물에는 단순히 방수기능의 기본기와 외에 막새·귀면와·치미와 같은 장식기와가 지붕요소마다 장엄되기도 한다. 따라서 기와 종류를 구분할 때에는 지붕 구성에 반드시 필요한 기본기와(암·수키와)와 지붕을 치장하여 건물의 권위를 돋보이게 하는 막새·서까래기와·마루기와와 같은 특수기와로 크게 구분하고 있다(김성구 1992).

 한반도 지역에서 기와사용은 한사군의 낙랑군이 설치된 기원전 2세기 말 이후로 보는 것이 일반적이다. 그러나 삼국의 조와(造瓦)활동은 고구려가 집안(集安)을 도읍으로 하던 4세기 전반대부터로 보는 것이 일반적인 견해이다. 백제에도 한성시기의 기와가 풍납토성을 중심으로 확인되고 있고, 한성백제 도입기 기와에서는 낙랑기와의 영향이 있다. 신라는 『삼국사기』 신라본기조에 2~3세기대 기와 사용에 대한 문헌기록과 『삼국사기』 옥사조의

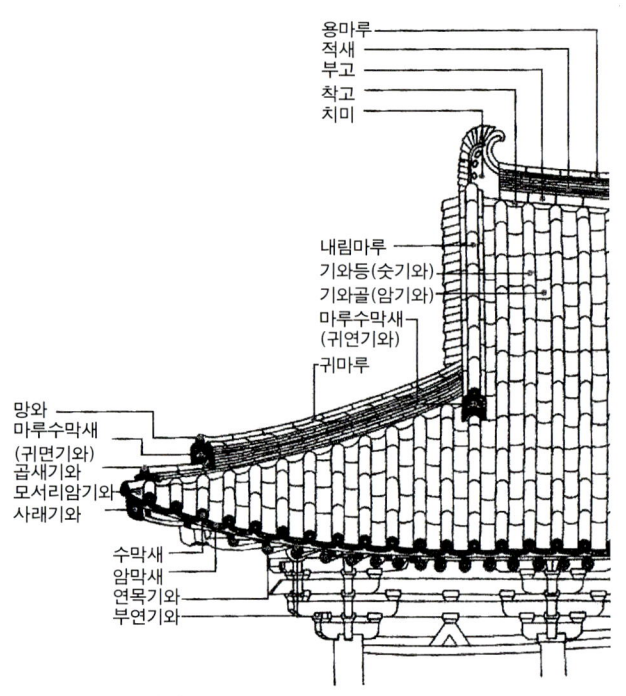

그림 3-15 기와의 종류(신라와전 도록)

기록으로 보아 자비마립간기부터 지증마립간기까지의 왕경 내 정비와 관련된 시점인 5세기대에 기와 사용 가능성을 보여주고 있으나 고고학적 실물로서 기와가 출현하는 시기는 일반적으로 고구려·백제·중국 남조의 영향을 받아 6세기 전반에 조와 활동을 개시하였다고 보고 있다.

한반도의 4세기대의 조와기술에는 낙랑의 기술을 근간으로 하고 있으나, 이후 삼국이 본격화 되는 시기에는 삼국시대 조와기술의 계보는 일정하지가 않다(淸水昭博 2013). 따라서 삼국 중 특히 신라기와의 개시기와 개보에 대해서는 학자들 간에 논란이 계속되고 있다.

통일신라시대는 장식적인 부분이 배가 되면서 삼국의 독자적인 조와기술을 통합하고, 그 복합과정을 통하여 동아시아에서 최고 화려한 '와문화(瓦文化)'를 완성하게 된다. 즉, 삼국시대까지 기본기와인 암수키와와 수막새, 사래기와, 치미 정도의 장식와 및 특수와에서 통일신라시대에는 삼국시대에 거의 제작되지 않던 본격화되는 암막새와 타원형막새·모서리기와·연목와·부연와·귀면와 마루 암막새와 수막새 등 장엄성과 건물지붕의 각 부위를 장식하는 기와들이 등장하는 것을 일반적인 특징으로 삼고 있다.

기와의 종류와 명칭에 대하여 간략하게 정리하면 다음과 같다.

평기와는 수키와와 암키와를 아울러 지칭하는 용어(李仁淑·崔兒先 2011)로서 지붕에서 가장 기본이 되는 기왓등과 기왓골을 형성한다. 이들 '평기와'라는 용어는 지붕을 덮는 기본건축에 필요한 부재라고 해서 특수기와의 상대어로 기본기와(김성구 2015)로 부르기도 한다.

삼국시대의 암키와는 낙랑 기와의 제작전통이 강하게 반영된 평면 장방형에 가까운[상광하협]형태로 제작되는 계통과, 중국 남조의 제작 전통이 강한 평면 제형에 가까운[상협하광] 형태로 제작되는 계통이 백제와 신라가 각기 다른 계통을 유지하고 있다가 통일신라가 되면서 신라계의 평면 장방형 형태로 통일되는 양상을 보인다(최태선 1993). 수키와는 언강의 유무에 따라 토수기와와 언강기와로 구분되는데 삼국시대의 신라계는 낙랑계통의 영향이 강한 언강기와와 토수계가 혼재하다가 통일신라시대가 되면서 주로 백제식의 토수기와가 주류를 이룬다. 평기와(기본기와)의 제작전통이 이와 같이 통일신라시대가 되면서 암, 수키와가 각자 다른 전통이 결합되어 기본기와를 구성하는 점에서 실용과 기능을 중시한 것임을 짐작할 수 있다.

막새는 평기와의 하단부와 접합되어 처마 끝에 놓이는데, 서까래의 부식을 막음과 동시에 외면에 문양이 장식되어 건물의 장엄미를 높이는 부재이다. 막새는 형태에 따라 암막새·수막새·이형막새로 분류되는데 암막새는 수막새와는 달리 통일신라시대가 되면서 연암이라는 건축부재의 사용과 함께 본격화되는 것으로 이해되고 있다.

특수기와로는 용마루의 양쪽 끝에 높게 장식된 치미(鴟尾), 각 마루 끝에 벽사의미로 사용되는 귀면기와[鬼面瓦], 그리고 각 마루를 쌓아 올리는 적재기와[堤瓦], 마루 밑의 기왓골을 막는 착고기와[着固瓦], 서까래의 부식을 방지하고 이의 치장을 위한 서까래기와[椽木瓦], 각 마루의 추녀 밑의 네모난 서까래에 사용되는 사래기와 등의 장식기와가 있다.

또한 암막새 2매를 접합하여 제작한 모서리기와[隅瓦], 지붕의 처마가 'ㄱ'자 모양으로 꺾인 회첨에 사용되는 타원수막새[楕圓瓦當]와 이와 조합되는 특수한 암막새, 귀면기와의 상단에 얹혀져 건물의 곡선미를 강조시켜주는 굽은 형태의 특수기와, 건물 내부의 닫집이나 조그만 건물에 사용된 것으로 보이는 소형 막새, 그리고 1매의 암키와를 대각선 방향으로 2분시키거나 종횡으로 여러 번 분할하여 제작한 왕지기와[三角平瓦]와 사변형의 방형기와[方形瓦], 장식용으로 사용된 특이한 형태의 녹유기와[綠釉瓦] 등이 있다(국립경주박물관 2000).

이와 같이 다양한 유형의 기와들이 제작되어 지붕을 장엄하는 통일신라시대의 기와는 앞에서 언급한 삼국시대부터의 계보와 편년의 혼돈에 따라 그 정확한 계통을 정리하기에는 학자들 간에 견해 차이를 보이고 있다.

2) 기와 제작 계통과 편년의 쟁점

다양한 기와 중 계통과 편년에 주로 쟁점이 되는 것은 삼국시대부터 사용된 수막새의 문양 계통에 대한 것이고, 문양이나 제작 특징의 변화가 크지는 않지만 기본기와의 계보도 계속 되는 부분이다. 그리고 통일신라시대에 본격적으로 등장하는 암막새·귀면와·치미 등 특수와에 대해서는 근래에 개별 유적을 대상으로 한 공동연구가 진행되고 있으나 전체편년 이나 조합에 관한 연구는 상대적으로 많지 않다.

우선 문양사 연구와 제작사 연구 성과가 아직 완전하게 일치하지 않는 수막새 연구의 경우, 신라에서 막새기와가 사용되는 시기를 6세기 전반으로 보는 것은 비교적 보편적 견해를 보이며(김성구 2005; 김유식 2015), 신라 초기 조와기술 중 와당 문양의 측면에서는 고구려와 백제의 영향이 있다는 점도 별다른 이견 차이를 보이지 않는다.

다만, 막새 연판 중앙이 높은 단판연화문에 대해서는 중국 남조의 영향이라는 견해(井內潔 1975; 淸水昭博 2013)가 있는데, 시미즈 아키히로(淸水昭博)는 연판 판단이 첨형이라는 것과 연판이 중방에서 독립되어 구성된다는 점이 고구려적 요소이며, 그 외 요소는 중국 남조의 영향을 받은 백제식 계통으로 보고 있다. 이에 비해 6세기 중반에 등장하는 7엽의 단판연화문을 고구려 집안의 막새계통으로 보는 견해(김유식 2015)도 있다.

근래 들어 이들 수막새 제작과정에서 관찰되는 막새배면의 타날유형을 근거로 백제계통의 영향으로 이해하고자 하는 견해들도 있으나(淸水昭博 2013), 수막새의 신라 개시기 문제는 문양계보를 중심으로 한 편년이 논쟁의 중심에 있다. 그러나 실질 편년에 있어서는 이들 고구려와 백제 계통이 유입되어 신라화 되는 과정은 매우 짧아 계보문제는 보다 심도 깊은 연구와 방법론이 요구되는 부분이다.

기본기와 계통부분도 제작 속성에서 논란이 계속되고 있다. 물론 앞에서 언급하였듯이 통일신라시대가 되면 평기와의 제작 특성이 1차적으로 정형화 단계를 거치므로 이후는 계통적인 해석부분의 논란은 줄어들지만 신라 평기와 개시기의 계통은 제작틀과 이 틀에서 생산되는 암키와의 평면모양에 대한 인식이 재고되어야 해결될 부분이며, 이것은 수막새의 계통문제와도 관련되는 문제이다.

신라지역의 평기와는 평면 장방형의 형태가 주를 이루는데, 이는 낙랑과 고구려의 계통일 것으로 해석한 바 있다.(최태선 1993) 이것은 제작 틀의 차이에서 오는 것으로 당시 원통[평면 장방형]과 모골[평면 제형] 틀의 차이가 계통을 달리하는 것으로 해석하였다. 즉, 원통은 제작틀이 고정되는 형태이고, 모골은 제작틀이 해체되는 형태로『천공개물』에 소개된 제작법과 오키나와 전통제작법의 형태로 이해하는 것으로, 모골은 해체를 위해 주로 좁은 쪽판을 연결하여 원형을 구성하기 쉬운 형태로 제작되며, 원통은 쪽으로 구성하되 테로 고정시켜 사용하는 것으로 설명하였다.

이러한 원통과 모골의 차이를 일부 연구자들은 모골은 쪽으로 구성되고, 원통은 하나의 통으로 구성된다는 생각에서 내면의 쪽 흔적은 평기와 형태와 관계없이 모두 모골[해체식]로 해석하는 오류가 진행되고 있으며, 백제계통[해체식 모골]의 유입설까지 확대되고 있는 부분도 있다. 이러한 해석은 수막새의 백제계통의 유입설과 맞물려 서로의 편년과 계통 추적에 혼란을 가중시키고 있는 것으로 생각된다.

일부 연구자들이 설정하는 물천리 유적의 평기와 배면에서 모골(쪽)의 흔적이 관찰되므로 모골[해체식]에 의한 제작으로 확대 해석하는 점은 물천리 유적 출토 암키와가 모두 평면 장방형인 점인 것을 고려하면 재해석이 요구되는 부분이다.

실제 한반도 기와제작의 계통연구에서 5세기대의 한성백제지역에서는 초기의 수막새와 함께 기본기와는 모골과 원통이 혼재하는 양상을 보인다(풍납토성발굴조사보고서). 이러한 계보는 공주로 천도한 이후의 백제 기와제작은 전혀 다른 제작계통이 시도되고 있다. 그러면 "한성 함락 이후의 한성백제의 공인은 어디로 흘러들어간 것인가"라는 문제와 신라지역의 원통식 평기와의 활용은 직접 고구려계통이건 아니면 백제 한성 계통을 거쳤건 관련성을 무시할 수는 없다. 이러한 관점에서 수막새도 함께 종합적으로 연구되어야 하는 부분일 것이다. 지금과 같이 수막새의 제작기법과 문양과의 관계 검토와 함께 평기와 계보와의 관련성도 함께 연구되어야 한다.

3) 통일신라 기와의 유형과 편년관

통일신라시대의 기와는 기본기와와 함께 다양한 특수기와들이 제작되는 특징을 보인다는 것은 앞에서 지적한 바와 같다.

여기서는 계통과 편년에 비교적 민감한 암, 수막새와 평기와[기본기와]를 중심으로 시기에 따른 유형과 편년특징을 개괄하기로 한다.

일반적으로 가장 최근의 통일신라시대 기와 편년의 성과는 김유식의 편년관(김유식

2015)과 황룡사 와전 고증연구에서 다루어진 편년관(양종현 2015)이 있다. 또한 고신라와 통일신라의 2시기로 구분하여 정리한 개설(이인숙·전은희 2014)도 있다.

김유식은 신라기와 전체를 6단계로 구분하고 3단계부터 통일신라시대로 비정하고 있다. 7세기 후반~8세기 전반을 전성기로, 8세기 중반~9세기 중반을 침체기로 설정하였다. 그리고 9세기 중반~10세기 전반을 쇠퇴기로 설정하여 막새를 주로 문양사 중심으로 편년하고 있다. 여기서는 김유식의 기와편년 설정기를 중심으로 막새와 평기와에 대해 각 연구의 특징을 종합하여 개괄하기로 한다.

(1) 7세기 후반~8세기 전반 : 전성기

삼국시대에 수막새는 각 국가별로 계통적 문제가 있음을 개괄하였으나 통일신라시대가 되면 이 계통들이 합쳐지고, 정형화가 이루어진다. 암막새는 7세기 후반대에 턱이 있는 유악식이 출현하는데 이는 이전 시기의 토기구연암막새, 지두문암막새의 단계를 거쳐 본격적인 암막새의 단계를 의미한다.

문양사적으로는 삼국시대 단판 위주의 문양 구성에서 복판·중판·보상화문을 비롯하여 상징적인 동물문양 등 다양하게 문양대가 구성된다.

통일신라 초기인 670년대부터 기존의 단엽형은 쇠퇴하고 중판형식이 유행하며, 이와 함께 다양한 문양 구성이 등장하는 것으로 보고 있다. 특히 중판과 혼판 등 모든 판형이 이 단계에 완성된다고 추정하고 있다.

통일신라시대의 단판 양식은 연판안에 장식된 자엽의 유무에 따라 소문단판형과 유문단판형으로 구분되며, 소문단판형은 통일신라 초부터 제작되며 월지에서도 출토되었다(김성구 2009). 유문단판형은 연판 내에 꽃술을 판형 인동 화엽 등 여러 형태로 배치하고 있다. 복판형식은 연판이 능선에 의해 양분된 상태에 동일한 복자엽이 장식된 형태는 이미 7세기 초부터 제작되는 것으로 보는데, 자엽의 형상에 따라 유형을 구분하기도 한다(김성구 2009).

중판형식은 엄격한 정형성과 통일된 규격성, 강한 대칭성과 정제미가 담겨 있는 것을 특징으로 보고 있다. 이와 함께 상상의 동물문과 식물문들이 다양하게 등장하는 시기로 보고 있다. 쌍조문·용문·사자문 귀면문·비천문·가릉빈가문·섬토문 등 특수문들이 등장하며 이 특수문들은 양감이 강하고 공간 분할이 명료하게 이루어져 정교한 형태를 띠는 특징

을 보이고 있다. 암막새는 유
악식의 전형적인 막새가 등장
하여 급격하게 보급되는 것으
로 보고 있다(김성구 2009; 김유
식 2014).

최영희(2010)는 이 단계부
터 연주문이 주연부에 배치되
는 것을 통일신라시대의 특징
으로 삼기도 한다. 양종현은
김유식의 통일신라시대 1단계
가 황룡사의 초기와 중기 단계
에 해당되는 것으로 보고 이
단계의 문양적 특징은 김유식
과 유사하게 정리하고 있다.
양종현은 제작특성 중 수키와
와의 접합방법은 황룡사의 경
우, 수키와가 수막새 주연의
일부가 되도록 접합하는 형
식이 가장 많다고 유형을 정
리하여 보고하고 있다(양종현
2015).

이 단계의 유적으로는 사
천왕사(679년), 인용사(661~
680년), 봉성사(685년), 망덕
사(685년) 봉덕사(654~660년),

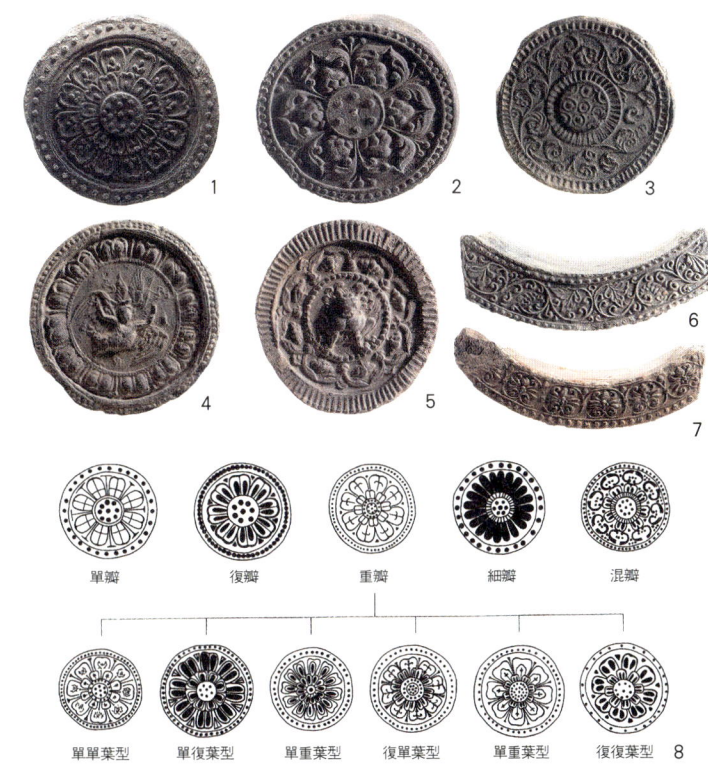

그림 3-16 통일신라시대 수막새 유형(이인숙 2014)

표 3-1 경주 황룡사 출토 통일신라 수막새 접합기법(양종현 2015)

JEⅠ	JEⅡ	JEⅢ
JEⅠ	JEⅡ	JEⅢ

감은사(682년), 기림사(682년) 중생사(692년), 불무사(692년) 등을 문헌에서 확인할 수 있으
며, 이 사찰들의 창건기와가 통일신라 전성기에 비정될 수 있다. 이 중 사천왕사와 망덕
사·감은사·인용사는 발굴조사되어 어느 정도 막새의 유형을 구분할 수 있다.

통일신라시대 평기와는 원통와통을 기본으로 하고 있으며, 평기와 타날판도 중판이

주를 이루는 단계이다. 평기와의 규격은 평면 장방형에 가까우며, 두께 1.2cm 내외에서 1.5cm 이상의 두께로 전환되는 단계이다. 통일신라 시대를 대표하는 타날형태는 중판 타날판이라는 견해(조성윤, 이인숙, 최영희)가 지배적이다. 또한 이 단계의 다양한 제작법을 세부적인 시기 차이보다 공방과 공인의 차이로 보는 해석(최영희)도 있다.

(2) 8세기 중반~9세기 중반: 침체기

김유식의 편년에 의하면 8세기 중반은 불국사가 건립되는 등 불교미술에서는 황금기를 누리는 시기이지만 기와는 오히려 문양 전반에서 침체기를 보이는 시기로 설정하고, 그 이유는 다른 부재들에 비해 빠른 속도로 추상화되고 무기력화하는 경향을 보이기 때문으로 설명하고 있다(김유식 2014).

이 시기의 연화문은 중판형 연꽃문양과 국화형 연꽃문양이 함께 유행하는 시기로 국화형은 16엽 이상의 연판으로 증가하고 중앙의 자방이 쇠퇴하는 것을 특징으로 보고 있다. 이 단계의 유적으로는 불국사와 석굴암을 들 수 있으며, 이 유적들에서 출토되는 국화형연화문이 표지적인 유물로 보고 있다. 국화형 연화문은 문양면을 원으로 구획하고 내외면에 호박씨 형태의 문양대를 구성하는 것을 특징으로 한다. 외측에는 화륜을 넣는 경우도 있으나 간잎을 생략하는 현상이 두드러진다.

또한, 이 시기는 동물문 중 조류의 형태가 점차 추상화되는 형태를 보이고, 용과 기린 문양도 역동적이지만 부분을 생략하는 형태로 나타나는 것이 특징이다.

전체적으로 문양구성이 비대칭적이며 추상화되어 균형감을 상실하는 특징을 보이는 시기로 암, 수막새에 길상과 벽사의 상징성과 화려한 장식성이 최고의 수준을 보이는 시기로 편년하기도 한다(김성구 2009).

이 시기의 평기와는 장판의 타달판이 정형화되는 시기로 보는 견해가 보편적인데(최태선 1993; 이인숙 2004) 이인숙은 장판 타날판 평기와의 상한을 "會昌七年"명(847)기와, "大中"(847~860년)명 기와를 비롯하여 완도 장도 청해진 유적 출토 평기와 자료를 통해 볼 때 9세기 경으로 비정하고 있다. 이 시기는 중판의 타날판도 계속 사용하였다는 견해도 있으나, 평기와의 정형화 단계에 해당하며, 이후 시기가 되면 도구나 제작기법상으로 큰 변화 없이 대량 생산의 단계로 전개된다.

(3) 9세기 중반~10세기 전반: 쇠퇴기

이 시기는 중앙정부의 통제력이 약화되는 시기로 각 지방의 호족이 강력한 재정적 기반으로 독자적인 세력을 갖는 시기이며, 지방을 통치하기 위한 9주 5소경은 지방 호족의 거점으로 등장하는 시기이다. 종교적으로는 불교에 선을 수용하여 선문가람이 지방으로 확산하는 시기이기도 하다. 이러한 상황에서 기와가 지방으로 확산되면서 경주 중심의 규격을 갖추던 막새의 문양은 지방화되는 경향을 보이게 된다.

막새의 화엽은 국화문의 잎이 길게 늘어져 세장형을 보이는 시기로 주로 선종가람에서 출토되는 것으로 분석하고 있다(김유식 2014). 또한 자방은 구슬문양과 그 주위에 꽃술이 배치되기도 한다.

경주지역에서는 문양의 쇠퇴를 보이는 반면 구산선문과 같이 지방에 조성되는 사찰이나 공공 건물은 지역화된 문양으로 발전되는 현상을 보인다. 이 시기의 수막새는 경주의 도상을 변화하여 각 지역마다의 특징을 보이고 있는 데 마치 수막새가 각 호족의 휘장이나 경계를 의미하는 형태로 변화가 다양하게 일어나는 시기이다.

한편 이 시기의 지방기와 특징으로는 암막새는 비교적 경주의 양식을 충실히 따르는 것들이 출토되는데 비해 수막새는 경주계의 문양계보를 계승한 것은 거의 찾아보기 힘들며, 경주 주변 유적으로서는 울산과 포항지역에서, 강원도지역에서는 원주와 강릉지역에서, 경기도 지역은 춘궁동사지와 안성사지 등지에서, 그리고 장락사지와 호남의 마로산성 등지에서 각 지역적 특색을 가지는 형태로 문양이 구성된 점이다.

마치 수막새를 지역 호족의 휘장처럼 변형하여 단판의 화문이 4엽으로 구성되거나, 자방이 다시 대형화하고 내부에는 십자상의 구획을 배치하는 등 기존까지의 경주 막새에서

표 3-2 통일신라시대 수막새(김유식 2014)

	전성기	침체기	쇠퇴기
	중판형	국화형	세장형
670년	● ● ●		
750년	● ● ● ●	● ● ●	
800년		● ● ●	
900년		● ●	● ● ●

찾아보기 힘든 양식이 등장하고 있다. 후삼국기의 기와는 더욱 지역적 색을 강하게 나타내는 형태로 바뀌게 되는데(최정혜 2018; 최태선 2018), 마로산성의 기와와 제천 장락사지의 기와는 주연대의 연주문이 없이 고식의 복고풍 형태를 추구하고 있다.

이중 제천 장락사지 출토 막새는 고식으로 편년되고 있지만, 마로산성 출토 막새는 백제양식의 복고풍으로 연주문이 없는 형태를 모방하고 있어 통일신라시대의 경주 특징보다는 오히려 백제계나 고구려계로의 회귀라 할 만큼 특징을 보이고 있다. 이러한 현상을 경주로 대표되는 신라적 영향이 비교적 약하게 미치는 곳에서 시간적 변화에 따른 지역적 특징으로 해석할 수 있는 부분이다.

약 250년간의 통일신라시대의 기와는 건축술과 함께 동아시아 조와기술의 정점을 보이다가 쇠퇴되는 시기이다. 막새에는 통일신라시대의 모든 길상과 종교적 문양이 채용되며, 평기와에는 삼국시대의 무와통, 원통와통의 다양한 제작기술이 하나의 원통와통으로 정형화되며 타날판은 중판과 말기에 장판의 타날판이 등장하는 것으로 이해하고 있다.

이들 통일신라시대 기와의 유형과 편년은 각 영역마다 달라 아직 전체적으로 통합되지 못하는 문제점이 있다. 즉, 막새의 경우 문양사적 문제는 통일신라시대 경주를 중심으로 하는 모든 유적의 전반에 대해 다루어지고 있어 역연대와 계통문제는 여전히 고신라 단계의 문제점을 극복하지 못하고 있다.

이와 함께 근래들어 수막새의 제작방법이나 평기와와의 접합방법 등이 다양하게 연구되고 있으나, 이 연구들은 개별 유적별로 수량화하고 유형화 하는 작업이 대부분이어서 문양사적으로 전체 지역의 문제에 대해서는 아직 서로 연결되고 있지 못하는 문제점이 있다. 이와 함께 대부분의 연구자료들이 생산지가 아닌 사용지에서 출토되는 것이어서 역연대에 접근하기는 어려움이 있다.

최태선

참고문헌

보고서 및 논저

경상북도문화재연구원·한국기와학회, 2016, 『동궁과 월지 고증연구』.

국립경주박물관, 2000, 『신라와전』.

국립문화재연구소·경주시, 2015, 『황룡사-와전 및 철물 복원고증연구』.

국립문화재연구소·경주시, 2017, 『황룡사중문와전 및 철물복원고증연구』.

김성구, 1992, 『옛기와』, 대원사.

김성구·모리 이쿠오, 2009, 『한일의 기와』, 데즈카야마대학 출판회.

김유식, 2014, 『신라기와연구』.

文化財管理局, 1984, 『雁鴨池』.

申光燮, 1996, 『扶蘇山城-廢寺址發掘調査中間報告-』, 國立扶餘文化財研究所.

李南奭·李勳, 1999, 『公山城池塘』, 公州大學校 博物館.

鄭良謨·李健茂·崔鍾圭, 1985, 『傳閔哀王陵周邊整備報告』, 國立慶州博物館.

崔孟植·金智蓮, 1995, 『扶蘇山城-發掘調査中間報告Ⅱ-』, 國立扶餘文化財研究所.

崔孟植외, 1995, 『扶蘇山城-發掘調査中間報告-』, 國立扶餘文化財研究所.

齊東方, 1999, 『唐代金銀器研究』, 中國社會科學出版社.

清水昭博, 2013, 『古代朝鮮の造瓦と佛教』.

논문

김성구, 2005, 「신라 기와의 분류와 그 변천」, 『隱逸의 秀麗한 꿈 新羅 瓦當』15, 영남대학교 박물관.

김성구, 2015, 「황룡사지 출토 신라의 고식기와」, 『황룡사 와전 및 철물 복원고증연구』, 국립문화재연구소.

金元龍, 1985, 「土器-統一新羅-」, 『韓國史論』15, 韓國史編纂委員會.

朴敬源·丁元卿, 1983, 「永泰二年銘蠟石製壺」, 『年報』, 釜山直轄市立博物館.

朴普鉉, 2003, 「湖西地域의 水系別 新羅文化 定着過程」, 『嶺南考古學』, 영남고고학회.

박순발, 1998, 「Ⅵ. 유물에 대한 고찰-3. 토기·자기」, 『성주사지』, 충남대학교박물관.

양종현, 2015, 「황룡사지 출토 통일신라 수막새와 특수기와」, 『황룡사 와전 및 철물 복원고증연구』, 국립문화재연구소.

이인숙, 2004, 「통일신라~조선전기 평기와 제작기법의 변천」, 경북대학교 석사학위논문.

이인숙·전은희, 2014, 「신라기와」, 『신라고고학개설』.

李仁淑·崔兒先, 2011, 「평기와 用語 檢討」, 『韓國考古學報』80, 韓國考古學會.

崔秉鉉, 1987, 「新羅後期樣式土器의 成立試論」, 『三佛金元龍敎授停年退任紀念論叢Ⅰ』, 三佛金元龍敎授停年退任紀念論叢刊行委員會編.

최영희, 2010, 「新羅 古式수막새의 製作技法과 系統」, 『韓國上古史學報』70, 韓國上古史學會.

崔兒先, 1993, 「平瓦製作法의 變遷에 대한 硏究」, 慶北大學校 碩士學位論文.

韓炳三, 1979, 「統一新羅の土器」, 『韓國古代』世界陶瓷全集 17, 小學館.

홍보식, 2004a, 「統一新羅土器의 上限과 下限-연구사 검토를 중심으로-」, 『嶺南考古學』34, 영남고고학회.

홍보식, 2004b, 「일본 출토 신라토기와 나일교섭」, 『韓國上古史學報』46, 韓國上古史學會.

홍보식, 2005, 「통일신라 연결고리유개호의 성립과 전개」, 『韓國上古史學報』, 韓國上古史學會.

홍보식, 2007, 「일본출토 신라토기의 曆年代」, 부산대학교박물관·일본 국립역사민속박물관.

高正龍, 2000, 「葛項寺石塔と舍利容器-8世紀中葉の新羅印花文土器-」, 『朝鮮古代硏究』2.

龜井明德, 1990, 「越州窯靑磁의 編年的 考察」, 『韓國磁器發生에 關한 諸問題』, 第1回 東垣紀念學術大會.

宮川禎一, 1988a, 「新羅陶質土器硏究の一觀點-7世紀代を中心として-」, 『古代文化』40-6.

宮川禎一, 1988b, 「文樣からみた新羅印花文陶器の變遷」, 『歷史學と考古學-高井悌三郞先生喜壽記念論集』.

宮川禎一, 1991, 「宗像市相原2號墳出土新羅土器の再檢討-初期印花文陶器の文樣系譜-」, 『地域相硏究』20-上卷, 地域相硏究會.

宮川禎一, 1993, 「新羅印花文陶器變遷の劃期」, 『古文化談叢』30-中, 九州古文化硏究會.

井內潔, 1975, 「新羅素弁紋系屋瓦の源流」, 『井內古文化硏究室報』12.

통일신라고고학개론

04

도시와 취락

- 도성
- 위성도시
- 지방도시

- 취락
- 주거 구조

1. 도성

1) 계획도시 건설과 왕경

신라 도성은 왕궁과 각종 관아시설, 불교사원, 개별 가옥 등이 배치되어 당시의 정치 중심이자 소비도시로서 뿐만 아니라 기와·금속용기·토기 등을 생산하는 생산도시이기도 했다. 도성 내부는 정연한 가로에 의해 방격(方格)으로 구획되고, 여러 차례에 걸쳐 가로 정비와 시가 확장이 이루어졌다. 경역이 순차 확장되었기 때문에 나성이 설치되지 않고 외방에 산성이 배치되어 외곽 방어선이 구축되었다.

4. 도시와 취락

『삼국사기』에 의하면, 신라는 5세기 말에 방리제를 시행(474년)하고, 우역과 관도를 수리하고(487년), 시장을 개설하였다(490·509년)고 한다. 이 기록은 연대의 취신여부 문제가 있지만, 수도 왕경이 도성으로서의 경관을 갖추어가는 모습이 표현되었다.

왕릉 조영지가 법흥왕릉부터 서천 건너편의 산록으로 이동되었고, 이에 연동되어 지배층의 무덤들도 왕경 주위의 산록으로 이동되었다. 그리고 553년 진흥왕이 월성의 협소함을 명분으로 월성 동편인 황룡사지 일대의 황무지를 개발하여 신궁을 건설하려고 하였다. 5세기 후반부터 6세기 전반에 이루어진 일련의 사건들은 계획적인 도시를 건설하려는 움직임을 나타낸다.

신라 도성은 왕의 거주와 집무공간으로 이루어진 왕궁, 신료를 비롯한 지배층과 피지배층의 거주 공간, 종교·생산시설, 원지 등 다양한 시설이 남-북과 동-서 간선로와 지선로에 의해 구획된 공간에 배치되었다. 새로운 도시의 건설은 왕권강화를 위한 새로운 정책-궁성·사찰·신료 거주지·시장 등의 계획적 배치-의 시행이었다. 방리제 시행은 왕경 내부의 가로를 정비하는 차원만이 아니라 지배의 거점인 궁성 및 지배계급과 이를 지탱하는 중하급 관료군의 거주지를 일정한 계획성 아래 배치한 고대적인 도시설계 방식이었다는 점에서 당시 신라 왕경의 경우 방리제가 어떻게 시행되었는가의 파악은 도성 자체를 이해하는 근간이 된다.

신라 도성 연구는 상당히 일찍부터 이루어졌다. 도성에 대한 연구는 주로 문헌사학과 역사지리학에서 이루어져 왔으나 2000년대 이후부터 왕경유적의 일부분이 조사되고 그 성과가 공표되어 보다 구체적인 논의가 가능하게 되었다. 왕경에 대한 연구는 계획도시 건설 시기, 전개 과정, 범위와 규모, 방리제 시행과 주작대로의 존재 여부, 모델이 된 중국의 도성, 인구 수, 방과 리의 관계 등이 주요 쟁점이었다. 지금까지 다루어져 온 다양한 주제 가운데서 논란의 핵심인 계획도시의 조성 시기와 도시의 범위 및 평면형태 등에 대한 연구 흐름을 개괄하면 아래와 같다.

도성과 관련된 용어로서 왕경·왕도·왕기가 사용되기도 하였다. 왕경·왕도·도성을 동일 내용으로 파악하고, 왕기는 이들의 외곽지역으로 보기도 하고(井上秀雄 1968), 왕경과 왕기로 구분되었다는 견해(木村誠 1983)도 제시되었다. 7세기 후반 왕경 주위에 조방제가 실시되었는데, 이 조방제가 실시된 지역을 왕경으로 보거나(田中俊明 1992), 월성을 중심으로 도시계획 의도 하에 조성된 수도의 핵심지역을 왕경, 왕경과 그 외곽지역을 포함한 전체 지역이 도성으로 설정되기도 하였다(박방룡 1998). 도성은 왕도를 나타내는 좁은 지역이고,

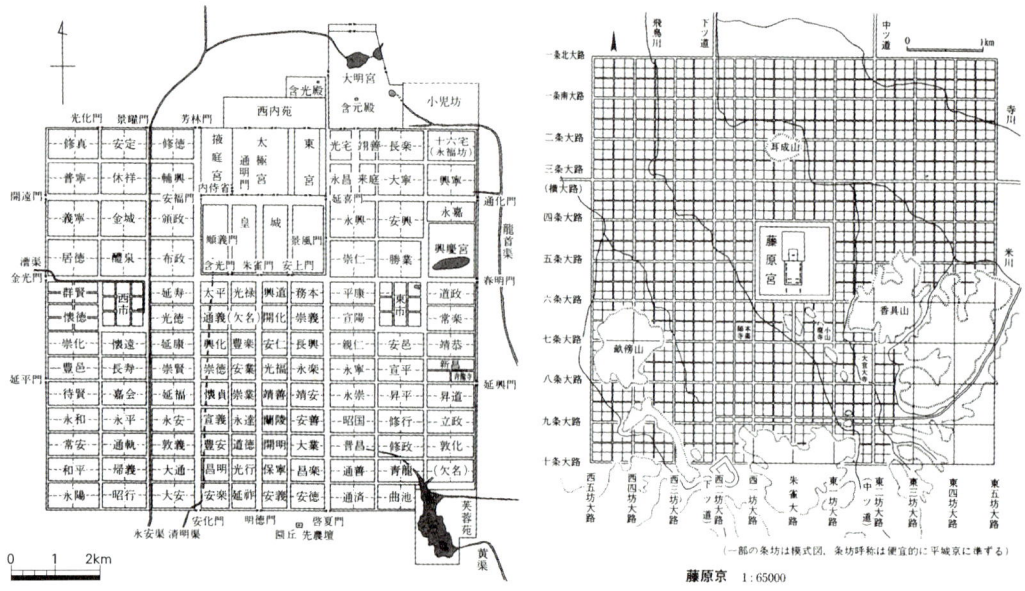

그림 4-1 중국 당 장안성   그림 4-2 일본 후지와라교

왕경은 도성과 주변지역을 포함한 것으로 보는 견해(李泳鎬 2005), 중고기에는 제도상 왕경 범위가 경주시 전역에 걸친 6부 전체를 포괄하고 있었지만, 실질적인 왕경은 리방구획이 시행된 도성 중심부이었다가, 리방구획이 전면적으로 시행되는 중대(中代)에 들어오면서 왕경은 리방구획이 실행된 경주분지로 국한되고, 그 이외지역은 군으로 편제되면서 왕기 지역으로 재편되었다고 보기도 한다(여호규 2003). 도성·왕경·왕도·왕기 등은 연구자들마다 견해 차이와 함께 사용 방법에도 차이가 있음을 알 수 있다.

기왕의 연구에 의하면, 왕경과 도성을 동일하게 설정하거나 왕도와 도성을 동일하게 설정하기도 하였고, 도성 내부에 왕경을 설정하거나 아니면 왕경 내부에 도성을 설정하는 등 다양하다. 도성을 광의의 개념으로 설정하거나 협의의 개념으로 설정하는가에 따라 이해의 내용이 다름을 알 수 있다.

중국과 일본의 고대 도성은 사방에 성곽을 쌓거나 담장을 쌓아 경계를 만들고, 성 내부는 정연한 가로에 의한 계획도시를 건설하고, 왕궁·사원·관아·가옥 등을 배치한 고대도시라는 관점에서 보면, 신라의 도성은 사방에 성 또는 담장 등의 경계물 없이 정연한 가로에 의한 계획도시가 건설되었다는 점에서 본다면, 동아시아 도성제의 틀을 다소 벗어난 형태이다. 계획도시의 사방을 경계하는 성의 부재를 논외로 한다면, 계획도시가 건설된 지역, 즉 방이 설치된 공간을 포함한 외곽지역을 도성으로 설정할 수 있다.

계획도시 사방을 둘러싼 공간을 경으로 설정하고, 내부에 왕궁과 관아·사원·가옥 등을 배치한 중국 북위의 낙양성(洛陽城)과 수·당의 장안성(長安城), 일본의 후지와라교[藤原京]과 헤이죠교[平城京]의 구조와 비교하면, 계획도시 또한 왕경으로 설정할 수 있다.

이와 같이 본다면, 신라 도성은 곧 왕경을 의미하게 되어, 도성과 왕경을 동일한 내용을 가진 다른 용어로 볼 수도 있다. 왕도는 왕이 기거하는 도시란 의미로서 이 역시 왕경에 포함할 수 있고, 왕기는 도성의 주변부를 지칭하는 개념으로 설정할 수 있다. 최근 건천 모량리에서 계획도시가 확인되었는데, 이 계획도시는 왕경과 면적으로 연결되지 않고, 독립된 공간을 이루고 있다. 이외에도 계획도시가 건설되었을 가능성이 있는 곳으로는 괘릉이 있는 남쪽의 말방리와 경주 서쪽의 울주군 두서면 서하리 방말 일대를 들 수 있는데, 이 계획도시들은 왕경 주위에 건설된 소위 위성도시적 성격을 띠고 있다. 이 위성도시를 포함한 공간을 왕기로 설정할 수도 있을 것이다.

2) 도성의 계획 도시 조성과 완성 시기

신라 도성이 어느 시기에 어떤 구조와 범위에 건설되었는가에 대해서는 다양한 견해가 제시되었다. 지금까지 제시된 견해를 보면, 계획도시의 건설 시기를 3가지 견해로 정리할 수 있다.

『삼국사기』 자비·소지마립간기의 방리제 시행, 관도 수리, 우역과 시전을 설치하였다는 기록에 근거하여 격자상 도로에 의해 구획된 방리제의 계획도시는 아니지만, 5세기에 월성 북서편의 대릉원 지역과 남산 북록 일대에 상당한 규모의 도시가 건설되었고(이기봉 2003), 5세기 후반에는 도성제가 시작되었고, 6세기에는 동천 이남 지역의 광범위한 지역에 계획도시가 건설된 것으로 설정되었다(朴方龍 1999).

경주 시가지 일대의 발굴조사에서 남-북·동-서 방향의 격자상 도로와 담장 및 건물지군이 다수 확인되었다. 그 중 인왕동 556번지에서 확인된 남-북·동-서 도로의 건설 시기를 5세기 말~6세기 초로 추정하거나 또는 황룡사지 외곽에서 확인된 동서·남북의 하층 도로 조성 시기를 5세기 후반으로 파악하여 이 시기부터 어느 정도 계획된 인공도로가 개설되었을 것으로 추정하였다(國立慶州文化財硏究所 2003; 황인호 2010).

위의 견해에 의하면, 자비·소지마립간기인 5세기 후반에는 왕성(월성)과 이를 보호하는 성벽이 갖추어지고, 지방을 연결하는 주요 관도와 가도가 정비되고, 시장과 우역이 설치되는 등 도시로서의 면모를 갖추었다고 할 수 있다.

그런데『삼국사기』기록을 보여주는 실물자료가 5세기 후반에는 확인되지 않고, 지반 매립의 토목공사와 격자형 도로가 건설된 시기는 6세기 중엽 이후이므로 계획도시 건설은 6세기 후반 이후로 보아야 한다는 비판이 제기되었다(李恩碩 2004; 황보은숙 2008; 홍보식 2013).

『삼국사기』의 자비마립간 12년(469)의 방리제 시행은 6부민을 전쟁이나 성을 쌓는데 효과적으로 동원하기 위해 6부의 취락들을 리로 편제한 사실을 기록한 것이고, 왕경의 범위를 축소 조정하고, 왕경을 규격화된 방을 중심으로 진골귀족과 주민들을 통제하는 한편, 지방민의 무분별한 왕경으로의 유입을 차단하기 위해 신문왕대인 7세기 말에 방제가 실시되었다고 파악한 견해도 제시되었다(全德在 2005).

지금까지 진행된 경주 시가지 내의 발굴조사 결과, 5세기 후반 이전의 도로는 확인되지 않았다.『삼국사기』기록의 신빙성에 문제가 있거나 아니면 자연면을 이용한 도로가 있었을 가능성이 있다. 7세기 말에 이르면, 신라 도성은 어느 정도 정비된 계획도시가 건설되었으므로 이때부터 신라 도성이 성립되었다고 보기 어렵고, 도성 내부의 재정비나 왕궁역의 확대나 정비 등이 이루어졌을 가능성은 있다.

지금까지 실시된 발굴조사 성과에 의하면, 인공 조성의 도로는 적어도 계획도시가 건설되기 시작하는 6세기 중엽 이후가 되어야만 나타난다. 따라서 계획도시의 건설로 시작된 신라 도성의 조성은 6세기 중엽인 진흥왕대에 시작된 것으로 볼 수 있다.

신라 도성이 중국이나 일본처럼 특정 시기에 완성되지 않고, 꽤 오랜 기간에 걸쳐 진행되었다. 진흥왕대에 시행되기 시작한 방제가 어느 시기에 완성되었는지에 대해서도 견해 차이가 있다. 경덕왕대인 8세기 중엽에 계획도시가 완성되었고(박방룡 1997; 이영호 2005; 황보은숙 2010), 더 이상 확장되지 않았다고 보거나(우성훈 1996; 이영호 2005) 8세기 후반에 완성되었다고 본 견해(이은석 2004; 황인호 2007), 9세기 후반에 1,360방 55리가 되었다는 견해(전덕재 1998) 등이 있다.

최근까지 이루어진 도성유적의 발굴조사를 통해 북천 이남 지역에 계획도시가 건설된 시기가 7세기 후반 이후에서 8세기 전반임이 확인되었다. 북천 이남지역만을 대상으로 한다면, 계획도시가 완성된 시기를 8세기 중엽으로 보아도 무리가 없지만, 계획도시의 범위가 북천 북편 일대까지였음이 발굴조사에 의해 확인된 상황에서 8세기 중엽에 계획도시가

4. 도시와 취락

완성되었다고 보기 어렵다. 북천 북편 일대의 도시 건설은 8세기 후반에 시작되어 9세기 후반까지 지속적으로 이루어졌음이 발굴조사에서 확인되었으므로 계획도시의 완성 시점은 9세기 후반으로 설정하는 것이 타당하다.

3) 도성 범위와 평면 형태

후지시마 가이지로[藤島亥治郎]에 의해 시작된 신라 왕경의 범위와 면적, 내부 구조, 방의 형태와 규모 등은 지금까지도 논의의 중심에 있다. 지금까지 제기된 도성의 범위와 규모에 대한 각론을 정리하면 〈표 4-1〉과 같다.

〈표 4-1〉에 의하면, 경주분지의 지형을 무시하고, 정연한 방격으로 설정한 견해와 경주의 지형을 고려하여 평지를 대상으로 계획도시를 조성한 견해로 구분된다. 최근까지 도성의 발굴조사를 통해 도시가 확장되면서 평지를 대상으로 지형에 맞추어서 조성되었음이 확인되어 정연한 방격의 도시가 아님이 확인되었다. 따라서 방격일 것으로 추정하고 산정한 도성의 범위 설정은 모순이 있다.

대부분의 연구자는 도성의 동남쪽과 동쪽·서쪽의 경계는 망덕사지 남쪽, 명활산 서쪽, 서천으로 설정하는데 의견 일치가 이루어졌지만, 북쪽과 서남쪽 경계는 미세한 차이가 있다. 북쪽 경계는 동천동에 소재한 백율사 또는 황성공원까지 설정한 견해도 있지만, 백율사보다 북쪽인 용황초등학교 부지에서 도로와 원지가 확인되어 계획도시의 범위를 더욱 넓게 설정한 견해가 제시되었다(이은석 2004). 왕경의 북쪽 경계를 용강동 원지유적까지 설정한 견해는 이미 박방룡(1997)에 의해 제시되었다. 용강동 원지의 서쪽에 남북도로가 북쪽으로 연장될 뿐만 아니라 원지가 계획도시의 경계 가장자리에 조성되지 않았을 가능성이 있으므로 북쪽 경계는 용강동 원지보다 더 북쪽일 가능성이 있다.

방의 규모와 수에 대해서는 왕경 내의 모든 방의 크기를 동일하게 파악한 견해와 방이 획일적이지 않고 설치된 시기와 지역에 따라 다소 차이가 있다는 견해가 제시되었다. 전자는 왕경이 거의 발굴되지 않는 시기에 제시되었는데, 최근의 발굴조사에 의해 획일적이지 않다는 점이 분명해졌다. 다만 설치 시기와 지형 또는 거주인의 신분에 따라 어떤 차이가 반영되었는지와 기준이 무엇인지 등에 대해서는 논의가 이루어지지 않았다.

방의 수는 『삼국사기』와 『삼국유사』에 기록된 35리 또는 55리, 360방 또는 1360방에

표 4-1 왕경 규모·범위·방수·인구수 집성(이은석 2004 재정리)

구분 연구자	방이 동서	방이 남북	방수	범위 동	범위 서	범위 동남	범위 서남	범위 동북	범위 북	규모(km) 동남	규모(km) 동북	면적(km²)	인구수(만)	1척 단위	1보 단위	비고
藤田元春	400동위척 (152m)	400동위척												동위척 (35.5cm)	6척	
藤島亥治郎	400동위척	400동위척		보문사지	서천	망덕사지 남쪽	라정		북천					동위척 (35.5cm)	6척	425동위척 (151.5m)
齊藤忠	504극척 (152m)	468극척 (142m)		김강산·명활산 안쪽			남천							극척 (30.3)	6척	480극척 (145.5m)
윤무병	460동위척 (160m)	400동위척 (142m)	360 (36)	황복사지 동쪽	서천	선덕왕릉 북쪽	오릉	동천	북천	3.67(3.9)	3.075(3.9)	15.21		주척 (19.91cm)	6척	남북대로 (120m)
민덕식	460동위척 (140m)	470동위척 (164.5m)	1,360	보문동	서천	망덕사지 남쪽	라정	남산북	배울사	5.593	5.6	31.32	17.8	당척	6척	
김병모	460동위척 (160m)	460동위척 (140m)	360	효공왕릉	서천	망덕사지 남쪽	배리	남산북	황성 공원	3.9	4.3	16.77		동위척	6척	
장순용				효공왕릉	서천	망덕사지 남쪽	배리 삼릉	남산북	배울사				15~20			
박방룡			1,360	보문사지	서천	망덕사지 남쪽	포석정	진석 탈해왕릉 서쪽	용강동 원지				178,936호 (가구수)			
이은석			360	명활산 자락	서천	망덕사지 남쪽	포석정		용강동 원지	5.4 (남북)	5.3 (동서)		17.8	동위척 (35.5cm)	6척	
황인호				명활산 자락	서천	망덕사지 남쪽	포석정		용강동 원지					고구려척 (당척)	6척	

4. 도시와 취락

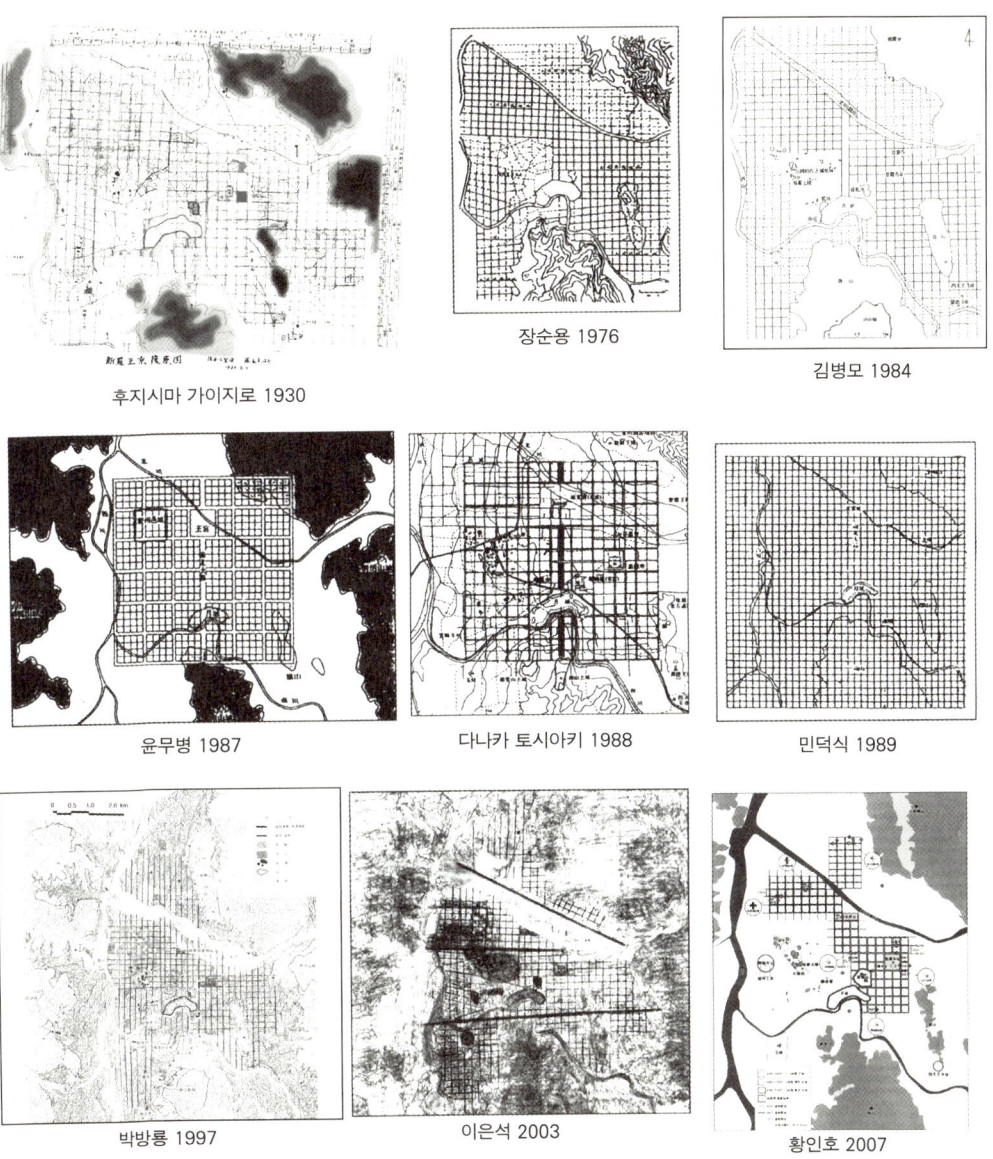

그림 4-3 신라 왕경의 평면도와 범위안

대한 논의가 이루어졌지만, 연구자마다 견해 차이가 있다.『삼국사기』지리지에 기록된 35리와『삼국유사』진한조에 기록된 55리의 관계에 대해,『삼국사기』지리지 기사는 경덕왕대인 8세기 중엽의 기사로,『삼국유사』진한조의 기사는 헌강왕대인 9세기 말로 보아 35리였던 것이 55리로 증가된 것은 하대의 어느 시기에 왕경의 확대로 파악되기도 하였다(전덕재 1998). 이에 대해『삼국유사』진한조의 55리 기사를 헌강왕대의 사정이 아니고, 경덕왕대인 8세기 중엽의 상황을 나타낸 것으로 보기도 하였다(이영호 2005).

후자의 견해대로라면, 8세기 중엽인 경덕왕대에 계획도시가 완성되었다고 보아야 하는데, 북천 북편에 계획도시가 건설되기 시작한 시기는 빨라야 8세기 후반이고, 9세기 후반에 이르러야 완성되었으므로 왕경이 가장 확장된 시기의 리가 55리였다면, 이 55리의 기사는 경덕왕대로 볼 수 없고, 헌강왕대로 보는 것이 타당하다. 1리의 범위가 어느 정도인지 알 수 없는 상황에서 특정 시기의 상황으로 한정하기 보다는 향후 면밀한 검토를 통해 판단할 필요가 있다.

『삼국유사』 진한조에 의하면, 신라 전성기 때에 경중(京中)에는 178,936호였고, 1,360방 55리였다 한다. 이 『삼국유사』의 기록에 근거해 1방의 거주 인구 수×방의 수 =○○만인이란 계산을 적용하여 통일신라시대 왕경 거주 인구수를 산출하여 왔는데, 방의 규모가 동일하지 않을뿐더러 방의 성격에 따라 거주 인구수의 많고 적음이 있을 수 있는 점을 고려할 때, 획일적인 계산은 의미가 없다.

4) 도성 건설과 범위

신라 도성에 계획도시의 건설 시작은 신궁을 짓기 위해 월성 동북편의 지반을 매립하면서 시작되었음이 최근의 왕경 유적 조사를 통해 확인되었다. 계획도시 건설은 이미 사전에 어느 정도 논의가 있었음을 왕릉 조영지의 이동 등을 통해 추정할 수 있다.

5~6세기 전반까지 왕 및 중앙 지배층의 매장지는 월성의 북서편 일대인 월성북고분군으로서 이곳에 적석목곽묘가 5세기 후반에서 6세기 전반에 집중 조영되었다. 그리고 540년 법흥왕의 장지가 애공사 북봉 주위의 산록에 조영된 것을 계기로 이후의 왕릉이 왕경 교외의 산록에 조영되었다. 법흥왕의 장지가 지금까지의 원릉이 조영된 월성 북쪽의 능묘역이 아닌 서천 건너의 산록으로 정한 것은 불교의 서방정토 사상을 구현하려는 의지의 반영이기도 하지만, 새로운 도성을 조영하기 위한 사전 정지작업의 일환이기도 하였다. 법흥왕 이후부터 왕릉 조영지가 평지가 아닌 산록으로 이동하게 된 점은 평지 일대를 도시 조성을 위한 공간으로 인식하였기 때문이었다. 왕릉 조영지의 이동은 새로운 도시 건설을 위한 준비의 일환이었다(홍보식 2013).

황룡사 창건으로 시작된 계획도시 건설은 황룡사 일대의 좁은 범위에 한정되었고, 이후 확장되면서 계획도시의 범위도 넓어졌다. 6세기 중엽에 계획도시의 범위가 첨성대 북쪽에서 낭산 동편 일부까지, 남쪽으로는 월성 남동쪽 가장자리까지 조성되었다거나(이은석 2011) 6세기 후반에 이미 북천 남쪽 일대까지 계획도시가 확장되었다는 가설도 제기되었다(박방룡 2005).

최근 인왕동 556·566번지 일대의 발굴조사 성과를 통해 계획도시를 정비기(6세기말~6세기 초)·확립기(6세기 중반~말)·발전기(7~8세기)·쇠퇴기(9~10세기 이후)로 구분한 안도 제시되었다(國立慶州文化財研究所 2003). 이 견해에 의하면, 인왕동 건물지 기단 성토층 하층에서 상하엇갈림투창고배·이부배·개배 등의 토기류와 고식 연화문수막새와 토기 제작수법으로 만들어진 평기와가 출토되었는데, 이 유물들을 근거로 이곳 일대에 도시가 건설되었다고 보기도 하였다.

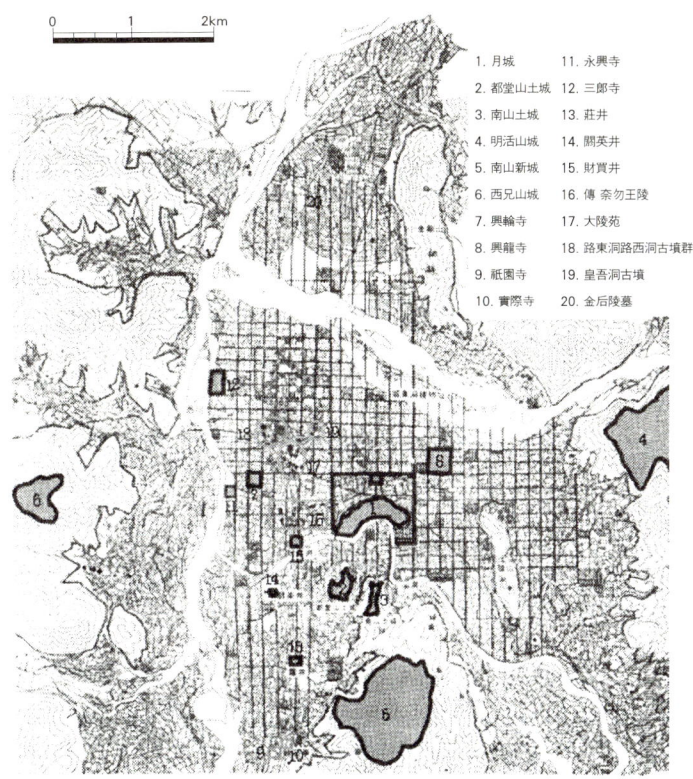

그림 4-4 6세기 신라 왕경의 범위(박방룡 2005)

그림 4-5 6세기의 계획도시 범위(황보은숙 2010)

77

그런데 건물지 기단 성토층에서는 5세기 말의 토기 일부와 7세기 전반의 토기가 출토되었고, 6세기 후반의 토기가 확인되지 않는 등 토기가 연속되지 않아 정형성이 없을 뿐만 아니라 적심부에서 연속마제형문이 시문된 합이 출토되어 건물지 하층의 성토 시기가 6세기 전반이 아닌 7세기 전반에서 후반 사이에 이루어졌음을 나타낸다(그림 4-6).

6세기 중엽, 신궁 건설로 시작된 당시의 계획도시 범위는 황룡사지를 포함해 월지와 현 국립경주박물관 부지까지로 설정하여 6세기에 이미 꽤 넓은 범위의 계획 도시가 건설되었다고 본 견해도 제시되었다(박방룡 1997; 황보은숙 2010).

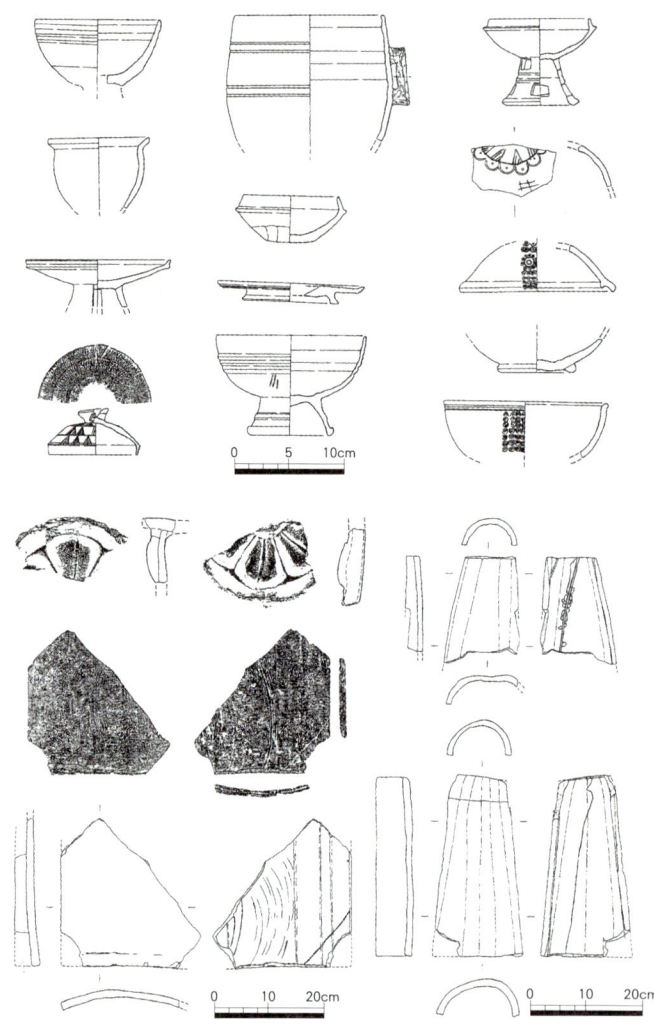

그림 4-6 경주 인왕동 566·567번지 도로 성토층과 2·4호 건물지 하층 출토 유물

그런데 월지와 황룡사지 사이 일대의 발굴조사 결과 남-북, 동-서 도로가 확인되었는데, 도로를 만들기 전 이곳의 국지적인 습지(또는 뻘)을 매립하기 전의 층에서 출토된 토기가 그은 삼각집선문·콤파스 점원문·찍은 이중원문 등이 시문된 뚜껑과 각단이 반전되면서 두툼한 고배 대각, 대각에 두툼한 돌대가 형성되고 방형 투공이 배치된 고배 등이 출토되었다. 이 뻘층에서 출토된 토기의 시기는 7세기 2/4분기에 해당된다(홍보식 2001). 7세기 2/4분기의 토기가 뻘층에 폐기된 점은 이 시기에 비로서 이 일대의 국지적 습지를 매립하

는 토목공사가 이루어졌음을 나타낸다. 월지 동궁지 일대의 조사에서 7세기 전반 이전에 해당하는 도로와 건물지 등의 유구가 확인되지 않았다. 이는 7세기 전반 이전 이곳 일대는 도시가 건설되지 않은 공지였음을 나타낸다. 월지와 황룡사지 서편 사이 일대의 발굴조사 결과, 이곳의 매립이 7세기 전반에 이루어졌음이 확인되었다(이희준 2011).

월지 동편은 황룡사 경역에서 서남쪽으로 1개 방 정도 이격된 지점인데, 이곳의 토지구획 사업이 7세기 전반의 늦은 시기에 이루어졌기 때문에 6세기 후반의 계획도시는 아주 좁은 범위에 한정되었을 것으로 추정된다(홍보식 2013).

월성 남쪽의 남천 동편인 현 국립경주박물관 부지 일대에서 남-북, 동-서 대로가 확인되었다. 상·하의 도로 노면이 확인되었는데, 하층 도로 노면과 성토층에서 출토된 토기는 8세기 전반의 특징을 나타낸다. 따라서 이곳 일대에 계획도시가 건설된 시기는 7세기 후반 이후이다.

월성 동북편과 남편 일대를 대상으로 실시된 발굴조사 결과, 황룡사 1차 가람(창건 가람) 조성 시 토지구획정리 사업이 실시된 지역의 좁은 범위에만 가로에 의한 도시가 건설되었을 것으로 추정된다. 1차 가람 시 토지구획 정리사업의 범위가 정확하게 파악되지는 않았지만, 그 면적은 좁았을 것으로 추정된다. 6세기 후반의 계획도시가 좁은 구역에 한정되었음을 유추할 수 있는 근거로서 황룡사 건설 관련 기사이다. 『삼국사기』와 『삼국유사』에 의하면, 566년에 황룡사가 완공되었고, 569년 주위에 담장을 쌓고, 574년에 장육상이 주성되었고, 584년에 금당이 조성되었고, 643년에 9층목탑이 완성되었다. 황룡사는 566년에 1차 가람이 창건되었지만, 이후 장육상·금당·목탑 등이 조성되어 사찰로서의 전모를 갖추게 된 것은 7세기 전반이다. 위의 황룡사 조영 기사에 주목하면, 584년에 이르러서야 금당이 조성되었음은 이 시기까지 황룡사 일대의 도시지반 공사가 완성되지 않았음을 나타낸다.

그리고 왕궁인 월성과 황룡사를 연결한 공간인 월지와 미탄사지 사이의 구간 일대도 황룡사 창건과 동시에 토지구획 사업이 이루어졌을 가능성은 있지만, 아직 조사가 이루어지지 않아 불명이다. 성건동·서부동·사정동 일대의 발굴조사에 의해 이곳에 도로와 적심의 와즙건물로 상징되는 계획도시의 건설은 빨라도 7세기 후반 이후로 파악되었다.

이와 같이 최근에 이루어진 월성 동북편 일대의 조사 성과를 인지하면, 6세기 후반의 계획도시는 황룡사 일대의 한정된 공간에 불과한 것으로 추정된다. 따라서 553년 황룡사 창건으로 시작된 계획도시 조성은 황룡사 일대의 좁은 범위에 국한되었을 것으로 추정된다.

신라 도성은 처음부터 일정한 범위를 대상으로 계획적으로 도시를 조성한 후, 고정된 상태로 지속되지 않고, 시기가 지남에 따라 범위가 확장되었다. 신궁 조성으로 시작된 도성 건설은 왕궁역의 확장과 주민의 증가, 각종 기반 시설의 필요성 등에 의해 점차 그 범위가 확장되었다. 도성의 시기별 범위 및 최대 확장 범위 등에 대해서는 견해 차이가 있다.

계획도시가 본격적으로 확장된 시기는 삼국통일 전후인 7세기 중엽으로 추정된다. 7세기 전반부터 계획도시를 건설하기 위해 대규모 토목공사가 이루어졌다. 이 시기의 계획도시 건설은 왕궁역의 확장과 연계되어 이루어졌을 것으로 추정된다. 문무왕은 삼국통일 후 강화된 왕권을 바탕으로 왕궁역의 확장을 추진하고, 왕궁을 외부와 구분하는 궁장(宮牆)의 설치도 고려하였다.

674년 월지가 완성되기 이전에 월지 일대를 대상으로 국지적 습지를 매립하고, 지형을 평탄화 하기 위한 지반공사를 시행하였음이 월지 동편 일대의 발굴조사를 통해 확인되었다. 이 일대의 지반 조성공사가 7세기 전반에 이루어졌다면, 황룡사지 일대를 제외한 월지 북쪽의 성동동 일대와 분황사·구황동원지 등이 있는 구황동과 그 동쪽의 보문동 일대의 평지를 대상으로 한 계획도시 건설도 이 시기부터 시작되었을 것으로 추정된다. 이는 황룡사 금당이 584년(진평왕 6)에 조성되었고, 이로부터 53년이 지난 645년(선덕왕 14)에 9층목탑이 완성되고, 634년(선덕왕 3)에 분황사가 창건되는 등 이 일대에 대한 건설이 7세기 전반에 집중되고 있음을 통해 어느 정도 유추된다.

7세기 후반 초에 왕궁역이 월성 북편의 현 월지 일대까지 확장되고, 이와 연동해서 왕궁역 이외 지역, 특히 월지 동편과 북동편 지역은 기존의 도시 구역이 축소되고 도로 폭이 좁아지는 등 왕궁역의 확장에 영향을 받았다. 이와 연동해서 왕궁역의 확장으로 면적이 상대적으로 좁아진 거주구역의 확보를 위해 월지 북쪽과 북천 남쪽 사이의 묘역 동편의 평지, 낭산 북쪽, 명활산 서편과 낭산 동편 사이 일대의 평지를 대상으로 계획도시가 건설되었을 것으로 추정된다.

사천왕사지는 669년(문무왕 9)에 시작하여 679년에 창건되었는데, 불교 사원 조영이 해당 지역을 대상으로 한 도시 건설의 시작을 나타내는 것일 수 있으므로 이 일대의 도시 건설은 사천왕사 창건 이후인 7세기 후반에 이루어졌을 것으로 추정된다. 사천왕사와 망덕사가 낭산 남쪽 끝자락에 위치한 점은 사찰을 도시의 외곽에 배치한 도성 조성의 원리에 따른 것으로 추정된다. 따라서 계획도시의 남동쪽 끝은 사천왕사와 망덕사가 위치한 곳으로 볼 수 있다. 695년(효소왕 4)에 남시(南市)가 개설되었는데, 남시의 위치는 알 수 없지만, 남동쪽으로 확장된 계획도시에 시장을 개설하여 생활용품의 공급을 원활하게 한 조치였을 가능성도 있다.

　7세기 후반 초에 들어오면, 통일전쟁 후, 새로 지배층으로 편입된 고구려·백제 유민들이 왕경으로 이주되고, 증가된 인구 등을 수용하기 위해 새로운 계획도시 건설이 필요하였고, 그 대상지가 5~6세기의 왕릉구역의 북쪽과 서천 동편 일대였을 가능성이 있다.

　성동동 273-1번지와 298번지 일대의 조사 면적은 2,890㎡(878평)에 달하며, 부정형의 수혈·굴립주건물지·적심건물지·우물 등의 유구로 이루어졌다. 수혈은 대부분은 7세기 전반의 것이고, 굴립주 건물지도 수혈과 같은 시기의 것이다. 적심건물지는 굴립주건물지 위에 조성되었고, 우물 3기는 출토된 유물의 특징이 8세기 후반 이후에 해당되어 적심건물지와 같은 시기의 것으로 추정된다.

　수혈과 굴립주건물지로 이루어진 7세기 전반에 해당하는 유구군에서 우물과 수혈주거지가 확인되지 않았고, 8세기 후반 이후의 적심건물지에 대응하는 우물은 확인이 되어 대조적이다. 거의 2,890㎡의 면적임에도 불구하고 수혈건물지와 우물이 조성되지 않은 점을 볼 때, 수혈과 굴립주건물지는 상시 거주가 아닌 일시적 거주 공간이었을 가능성이 있다.

　노서동 178-28번지와 유사한 양상은 성건동 677-156번지, 677-114·677-156번지, 454-16번지, 서부동 255-21번지, 성동동 273-1·386-11번지와 298번지, 사정동 514-4번지 일대에서도 확인된다.

　5~6세기 전반에 형성된 왕릉역의 북쪽과 서쪽 일대는 계획도시가 7세기 후반에 본격적으로 이루어졌다. 새로 건설된 구역에는 중·하급관료와 민의 거주 공간과 물류시설로 재편되었을 가능성이 있다. 그리고 이곳은 계획도시의 서쪽 가장자리에 해당되었고, 삼랑사·남항사·영묘사 등의 불교 사찰이 배치되었다. 695년(효소왕 4)에 서시(西市)가 개설된 것도 이 시기에 서천의 동편 일대가 계획도시로 편입되면서 인구가 집중되자 이곳 일대의 주민들에게 생활용품의 원활한 공급을 위한 조치였을 것으로 추정된다.

　북천 북편의 평지 역시 점진적으로 도시화가 진행되었는데, 가장 먼저 건설된 지역이 북천 북변의 현 동천동 남쪽 일대이다. 북천 북편 일대의 조사에서 특징적인 양상은 건물지나 수혈 등의 유구에서 출토된 토기에 시문된 문양이 지그재그 점열문이 대부분이고, 연속마제형문은 소량에 불과한 점이다. 이는 동천동 일대에 도시가 건설된 시기를 유추하는 데 주요한 근거가 된다. 연속마제형문이 거의 보이지 않고, 지그재그 점열문이 많은데, 연속마제형문에서 지그재그 점열문으로 변화된 시기는 8세기 후반이다(홍보식 2004).

　8세기 후반 동천동 일대에 도시가 건설된 이후, 황성동과 용강동 일대로 계획도시가 확장되었다. 황성동과 용강동 일대에는 7세기에서 8세기 전반에 횡혈식석실분이 조영되었다. 황성동석실분은 출토된 토용의 특징에 의해 조영시기가 649년 이후에서 664년 이전 사이임이 밝혀졌다(이강승·이희준 1993; 홍보식 2001). 906-5번지의 황석동석실분은 현실과 호석 보강토 상면에 매납된 토기의 경우, 유개합은 무문이고, 1점은 뚜껑과 합신 전면에 문양을 장식하였다. 문양은 6치 1열의 연속마제형문과 다변화문·삼각문을 상하로 배치한 마름모문을 시문하였다. 뚜껑 외면 전면에 문양을 장식하고, 6치의 연속마제형문을 시문한 특징은 8세기 전반 통일신라 토기 장식의 특징이다.

따라서 황성동 일대와 용강동의 서쪽 일대에는 7세기 중엽부터 8세기 전반에 이르기까지 계획도시가 조영되지 않고, 묘역으로 이용되었음을 나타낸다. 이곳에 계획도시가 건설된 시기는 8세기 말 이후, 주로 9세기에 조영되었을 것으로 추정된다.

지금까지 조사된 왕경 유적 가운데 가장 북쪽에 위치한 용강동 원지유적은 7세기 후반에 조성되어 8세기에 사용되었다는 견해(영남문화재연구원 2001)도 있으나 원지 바닥과 와적층에서 출토된 유물은 9세기의 양상을 나타낸다. 원지 바닥에서 출토한 토기로는 합·뚜껑·접시 등인데, 지그재그 점열문 또는 지그재그 점열문과 다변화문을 연주문으로 연결한 문양이 장식되었다. 이외의 문양은 확인되지 않는다. 와적층에서 출토한 토기 역시 지그재그 점열문과 다변화문·구상문 등이 시문되었다. 축성토에서 출토한 뚜껑에 연속마제형문이 개신 전면에 장식되어 있는데, 이 축성토는 원지를 만들기 위해 가져온 흙으로서 이 운반토에 8세기 전반의 토기가 포함된 것을 근거로 8세기 전반에 조영된 것으로 볼 수 없다.

통일신라 토기에서 가장 다양한 인화문이 시문된 연결고리부유개호의 연구에 의하면(홍보식 2005), 지그재그 점열문이 유행한 시기가 9세기 후반인 점을 고려할 때, 용강동 원지는 9세기에 조영되었음을 알 수 있다. 따라서 용강동 일대에 도시가 건설된 시기는 9세기 전반 이후임을 알 수 있다.

이와 같이 신라 도성은 6세기 중엽부터 9세기 후반까지 지속적으로 확장되었는데, 확장 과정은 크게 4단계에 걸쳐 이루어졌음을 알 수 있다.

1단계는 월성 동편인 현 황룡사지 일대를 대상으로 신궁을 만들기 위해 지반 매립을 하면서 시작되었고, 이 때 건설된 계획도시는 황룡사와 월성 사이의 좁은 구역에 한정되었다. 2단계는 7세기 전반에서 후반으로 왕궁역을 확장하기 위한 토목공사와 연계해서 월지 일대와 황룡사 북쪽과 동쪽의 구황동·보문동·배반동 일대를 대상으로 계획도시가 건설되었다. 동궁지의 조사 결과, 월지와 동궁을 조성하기 이전에 이미 이곳에 남북도로가 개설되어 674년 월지가 만들어지기 이전에 이곳에 계획도시가 조성되었음을 나타내지만, 6세기 이전으로 올라가지는 않는다. 이곳의 국지적 습지를 매립하기 위해 매토한 흙에서 그은 삼각집선문과 찍은 이중원문이 조합된 뚜껑 및 이 형식의 뚜껑과 동 시기의 공반 유물들이 출토되어 그 시기는 7세기 초이다(홍보식 2001). 그리고 신문왕대인 7세기 말에 북천 이남지역과 이북지역 등 왕경 전 구역을 대상으로 계획도시를 건설하였다고 보기 어렵다. 왕경 이남지역의 왕경유적에서 출토한 유물과 이북지역에서 출토한 유물 사이에는 시기 차이가 존재할 뿐만 아니라 방의 규모와 평면형태에도 차이가 존재하기 때문이다.

3단계는 7세기 말에서 8세기 전반 통일전쟁 이후 증가한 인구를 배치하기 위한 도시건설이 서천 동편과 북천 남편 일대인 서부동·성건동·동부동·황남동·사정동 일대에 이루어졌다. 4단계는 북천 북편의 동천동·황성동·용강동 일대로 도시가 확장되었는데, 8세기 후반은 북천에 면한 동천동 일대가 개발되었고, 9세기에 들어오면서 황성동과 용강동 일대가 개발되면서 계획도시의 전체적인 윤곽이 완성되었다.

최근까지 경주 시내의 발굴조사에서 확인된 계획도시를 고려하면, 계획도시가 가장 확장된 시기는 9세기 후반이고, 그 범위는 남쪽으로는 남산 서록의 포석정 일대, 남동쪽으로는 남천이 동쪽으로 꺾이는 사천왕사지와 망덕사지 일대까지, 동쪽으로는 명활산성 서쪽의 보문동 일대, 북쪽으로는 소금강산 서쪽의 평탄지대를 따라서 용강동 원지와 남북도로가 확인된 황용초등학교를 지나 서천과 소금강산이 접하는 곳까지였을 것으로 추정된다(그림 4-7).

계획도시의 범위를 상기와 같이 상정하였을 때, 계획도시의 평면형태는 경주지역의 자연 지형을 적절하게 이용한 부정형임을 알 수 있다.

그림 4-7 **신라 도성의 계획도시(○선 안쪽)**

왕궁이 위치한 월성을 중심으로 남천 이북~명활산 이서~남천 이동~5~6세기에 조성된 묘역의 이동~북천 이남 지역 일대는 황룡사지 동편에서 확인된 방과 같은 평면형태가 방형인 방이 설치되었다. 단 하천에 면한 지역은 방의 평면형태가 방형으로 조성하기에는 어려움이 있으므로 지형을 고려한 방의 평면형태가 설정되었을 것으로 추정된다. 그리고 계획도시의 가장자리에 위치한 방은 자연 지형을 고려하여 방의 형태를 설정하였을 것으로 추정된다.

그리고 경주 시내로 유입되는 하천과 구릉 사이의 공간 면적이 좁은 지역은 계획도시가 조성되지 않았다. 외곽지역에 방을 설치할 다소 넓은 공간이 있거나 통일 이전부터 중요한 지역, 예를 들면 6부 중 일부 지역에는 도성과 별도로 방을 설치한 계획도시가 건설되었을 것으로 추정된다.

모량부가 위치한 곳으로 알려진 건천읍 일대는 5~6세기 전반에 조영된 적석목곽묘로 이루어진 금척리고분군이 평지에 조영되었고, 6세기 중엽 이후에는 방내리 일대의 구릉에 방내리고분군이 조영되었다. 단석산 북쪽의 평지인 건천 방내 일대에서 8세기 후반 이후에 조영된 계획도시가 확인되었다(영남문화재연구원 2013).

서천 건너편의 서악동·효현동 일대는 선도산으로 둘러싸여 있고, 통일신라 전 기간에 걸쳐 왕릉을 비롯한 지배층의 묘역이고, 계획도시는 건설되지 않았다. 선도산의 남서쪽 일대는 서천의 지류인 건천이 북쪽에서 남쪽으로 유입되면서 습지가 형성되어 계획도시를 건설하기 어려웠을 것이다. 결국 왕경의 계획도시는 서쪽으로는 서천을 넘어서지 않았고, 왕경의 계획도시가 방내까지 연결되지는 않았다. 따라서 방내 일대의 계획도시는 모량부가 위치한 일대에 국한되었다.

경주 시가지 남쪽으로는 남천과 낭산이 접하는 사천왕사지와 망덕사지에서 구정동 방형분이 위치한 곳까지는 계획도시를 건설할 만큼의 평지가 존재하지 않았고, 불국사역 일대에는 어느 정도 넓은 평지가 형성되어 있다. 이곳에서 남동쪽으로 5km 가량 떨어진 곳인 괘릉리의 남쪽 일대에도 꽤 넓은 평지가 형성되어 있는데, 이곳의 지명이 말방리(末方里)이다. 말방은 방의 끝이라는 의미로서 이곳 일대에 방이 건설되었을 가능성이 있다. 신라 하대의 왕경 범위를 남쪽으로는 괘릉리 말방까지 보려는 견해도 제시되었는데(전덕재 2005), 월성에서 이곳까지 직선 거리가 15~16km로서 상당히 이격되었을 뿐만 아니라 중간에 남천과 토함산 자락이 근접하여 평지가 형성되지 않는 지역이 곳곳에 있어 도시가 면적으로 연결되기 어렵다. 괘릉리 일대에 방이 설치되었다면, 왕경과 연결되지 않고, 이곳을 대상으로 소규모의 계획도시가 건설되었을 것으로 추정된다.

경주에서 남서쪽 직선거리로 25km 떨어진 두서면 서하리에 방말(方末)이란 자연 부락이 지금도 존재한다. 이 방말 역시 방의 끝이란 의미이다. 경주에서 방말 마을 사이에는 구릉성 산지가 펼쳐져 있고, 형산강 상류를 이루는 하천이 흐르는 등 경주의 계획도시와 연결되기 어려운 자연지형이다. 이 일대에서 계획도시는 지금까지 확인되지 않았다. 방말이 방의 끝이라 하더라도 이곳은 도성의 계획도시와 연결되지 않는 소규모 계획도시가 건설되었을 가능성이 있다.

이와 같이 계획도시는 왕궁이 위치한 월성을 중심으로 한 현 경주 분지 일대의 계획도시와 신라의 중심 세력을 구성한 모량부와 같이 도성 바깥에 근거지를 둔 경우, 그들의 중심부 일대에 계획도시를 건설하였는데, 이는 왕경 범위에 포함될 수 없고, 위성도시로 볼 수 있다.

5) 왕경 구조

90년대 후반 황룡사지 동편의 왕경유적에서 1방이 조사되어 방의 크기와 내부 구조를 어느 정도 추정할 수 있게 되었다. 황룡사지 동편에서 조사된 1방의 규모는 동서 160m, 남북 162m의 정방형이고, 내부 총 면적은 대략 240,000m^2이다.

황룡사지 동편에서 확인된 방은 동서와 남북비가 거의 같은 방형이지만, 북천 건너편의 동천동에서 확인된 방은 동서와 남북의 길이가 다른 장방형인 점, 서천 동편인 서부동·성건동·사정동 일대에서 확인된 남북·동서도로의 범위 등을 참고할 때, 이 일대의 방도 평면형태가 장방형인 점, 그리고 건물지·배수시설·수혈 등이 도로나 담장을 침점한 사례 등을 볼 때, 왕경 내의 방의 면적과 형태가 시종 일관 동일하지 않았고, 계획도시의 조성 시기와 지형에 따라 편차가 있었음을 나타낸다.

신라 계획도시는 크게 3단계에 걸쳐 이루어졌고, 시기에 따라 지할의 단위가 다르게 적용되었을 것으로 이해하기도 한다. 즉 60척(21.3m)의 도로부지와 400×400척 규모의 방격 가구로 구획된 460척(약 163.3m) 단위의 지할이 1단계(6세기 중엽) 도시 정비에 적용되었고, 2단계(7세기 말, 신문왕대)에는 40척(약 14.2m) 폭의 도로 부지와 440척(156.2m) 단위의 구획이 되었고, 3단계(8세기 중엽, 경덕왕대)는 도로 부지가 20척(약 7.1m)으로 축소되고, 택지도

430×330척 크기의 장방형으로 변형된 동서 450척(약 159.75m), 남북 350척(약 124.25m) 단위의 구획으로 되었다고 한다(황인호 2004). 이에 의하면, 1·2단계의 방의 규모에는 차이가 있지만, 평면형태는 방형이고, 3단계에 방의 규모가 줄어들고, 평면형태가 장방형으로 바뀌었다고 볼 수 있다.

그런데 단계별로 지할의 면적이 정해진 것처럼 보이지만, 도시가 추가 건설되는 구역의 성격에 따라 방의 규모와 평면형태가 결정되었을 가능성도 있다. 황룡사지 동편에서 확인된 남북·동서도로는 건설 당초의 노면 폭이 큰 변화없이 통일신라 말까지 지속되었음을 볼 때, 왕궁역의 동쪽과 남동쪽, 전랑지 주위 등 귀족층의 거주 공간은 도시 재정비가 이루어졌더라도 통일신라 말까지 계획도시 건설 당초의 방의 규모와 형태를 그대로 유지하였을 가능성이 있다. 서천 동변에 설치된 방의 규모가 동서 120m, 남북 160m로 북천 북편의 방과 다른 양상이다.

왕궁 주변 일대의 방은 규모가 크고 일직선의 남-북·동-서 도로에 의해 정연하게 구획되었고, 주변으로 가면서 방의 규모가 축소되어, 방의 규모가 일률적이라기보다 자연 지형과 장애물 또는 거주인의 신분 구성과 시기에 따른 재편의 필요성[도시재정비 등] 등에 의해 달라졌을 가능성도 배제할 수 없다.

그리고 1방의 규모는 시기와 설치 구역에 따라 동일하지 않았다. 계획도시가 건설된 이후 일정 기간을 거치면서 건물이 추가되거나 도로 시설 등의 필요에 의해 도시를 재정비할 필요성이 대두되면서 도시를 재정비하는 사업도 실시되었을 것이다. 도시가 재정비되면서 방의 규모에도 변동이 있었을 것이다. 6세기 중엽 황룡사와 그 주변에 건설된 방의 규모는 8세기와 9세기까지 그대로 유지되었고, 하천변이나 평지와 구릉의 경계지역은 지형을 고려하여 방의 규모와 형태가 정해졌다.

계획도시를 구성하는 최소 단위인 방의 전모가 확인된 예는 황룡사지 동편의 1방을 제외하면, 현재까지 완전한 1방의 전모가 조사된 사례는 없지만, 도로와 담장에 의해 구분된 1방의 규모와 구조 및 방 내부의 구성 등 방의 성격을 어느 정도 파악할 수 있는 예가 있다.

황룡사지 동편에서 확인된 1방은 석축 담장에 의해 구획되고, 담장 외측에는 직선의 포장도로가 동서 남북에 각각 조성되어 있다. 동편 남북도로와 북편 동서도로는 노폭이 5.5m이고, 도로와 담장 사이에 배수구가 설치되었다. 남편 동서도로는 노폭이 최대 15.5m이고, 평균 12~15m이다. 도로와 담장 사이에 석축 배수로가 설치되었다. 서편 남북도로는 노폭이 12~12.5m이고, 도로 동쪽에 대형 배수로가 있고, 배수로 동쪽에 폭 5~6m의 완충지대 → 완충지대 동쪽에 중형 배수로가 설치되고, 배수로와 담장 사이에는 1m 내외의 보도가 설치되었다. 도로 노면 폭을 보면, 남쪽의 동서도로와 서쪽의 남북도로 폭이 12m 이상으로 동쪽과 북쪽의 남북도로와 동서도로보다 훨씬 넓다. 방의 서쪽 담장 외측은 보도와 완충지대가 조성되어 다른 3곳과 차이가 있다.

방의 사방을 감싸면서 방과 외부 경계를 이루는 방장은 냇돌을 바닥에 깔고 그 위에 큰 돌로 쌓았는데, 폭 0.9~1.2m이다. 방장 내에는 담장으로 둘러싼 19개의 개별 가옥이 배치되었다. 각 가옥의 규모와 구조는 다르지만, 담장 일부에 적심이 있는 와즙건물을 세워 가옥의 내외부로 출입하는 문으로 이용되었고, 내부에는 여러 동의 적심 건물이 배치되었다. 적심 건물지의 규모는 다양한데, 규모가 큰 건물은 정면 5칸, 측면 1칸이고, 적심의 직경이 1.2~2m에 이른다. 각 가옥마다 우물이 배치되어 있다. 서천 동편 지역과 북천 북편 지역에서 확인된 적심보다 직경이 훨씬 크고, 주칸의 거리도 길뿐만 아니라 칸 수도 많은 등 차이가 뚜렷하다. 방 내의 한 곳에 개인 원찰로 추정되는 사원이 있다(그림 4-8).

이곳의 방은 왕궁과 국찰인 황룡사와 인접해 있다. 이와 같은 개별 가옥의 구조와 면적, 건물의 규모와 시설 등을 볼 때, 귀족층들의 거주 공간으로 추정된다.

황룡사지 동편 방의 발굴조사 출토품 중 가장 시기가 올라가는 유물은 6세기 4/4분기로 편년되는 고배·뚜껑 등이다. 이 시기는 황룡사 금당이 조성되는 시기와 거의 같은 점으로 볼 때, 6세기 후반에 이곳에 방형의 방이 설치되었을 것으로 추정된다. 그리고 가장 늦게 건축된 건물은 10세기 전반에 해당된다. 방의 내부 구성물에는 시기에 따라 변화가 있었겠지만, 6세기 후반에 건설된 방의 평면형태가 10세기 전반까지 큰 변화없이 유지되고 있었음을 나타낸다. 이곳에서도 도시재정비사업이 실시되었음에도 불구하고, 최초에 건설된 방의 평면형태는 그대로 지속되었음을 나타낸다.

황룡사지 동편에서 확인된 방과 황룡사지의 평면형태 등을 참고하면, 귀족층들의 거주 구역의 방의 평면형태는 정방형으로서 건설 당초인 6세기 후반부터 멸망된 10세기 전반까지 평면형태와 구조에 큰 변화가 없었음을 나타낸다.

인왕동 556·557번지 일대의 조사에서 남북도로와 동서도로에 의해 구획된 공간이 확인되었다. 북쪽의 동서도로와 서쪽의 남북도로가 확인되었는데, 556번지와 557번지에서 확인된 도로를 연결하면, 도로 길이는 65m이고, 노폭은 8.2m까지 확인되었고, 더 연장되는 것으로 추정되었다. 인왕동 556번지의 동쪽에 해당하는 인왕동 선덕여고 증축부지(557번지) 발굴조사 보고에 의하면, 도로 폭을 15m 정도로 추정하여 대로로 파악하였다(성림문

그림 4-8 경주 황룡사지 동편의 방

화재연구원 2013). 556번지에서 확인된 남북도로의 노폭은 10.2m로 확인되어(국립경주문화재연구소 2003) 대로보다 중로에 해당되어 차이가 있다. 남북도로와 교차된 동서도로를 동쪽으로 연장하면, 황룡사지 서편 담장에 의해 차단되는 모습이다. 대로보다 중로일 가능성이 있다.

인왕동 선덕여고 증축부지에서 1방 전모가 확인되지 않았지만, 동서·남북도로에 의해 구획된 공간을 통해 1방을 어느 정도 추정할 수 있다. 도로의 가장자리에 폭 1.2m의 담장이 설치되었고, 담장 내에는 모두 7기의 적심 건물지와 방형석축 유구 1기가 확인되었다. 적심 건물지 7기는 동시에 존재하지 않았고, 중복되었다. 방의 일부만 조사되어 확정적이

진 않지만, 조사 범위에서 수혈이나 수혈주거지 등은 확인되지 않았다. 적심 건물지의 규모와 주거지나 공방지로 추정되는 수혈이 확인되지 않는 점 등을 볼 때, 방의 평면형태와 규모 및 내부 구조는 황룡사지 동편에서 확인된 1방의 내부 구성과 유사할 것으로 추정된다. 이 방은 왕궁역의 북쪽 바깥에 위치하고, 방의 내부 구성과 건물의 구조와 규모 등을 볼 때, 귀족층들이 거주한 방으로 추정된다. 9세기에는 건물이 담장과 도로를 침점하는 등 계획도시의 틀이 이완된 모습이 확인된다.

동천동 987번지 일대에서 동서·남북도로가 확인되었다. 동서도로는 양쪽에서 확인되었지만 교차된 남북도로가 확인되지 않았다. 1방의 전체 모습이 확인되지 않았지만, 1방의 남북 길이는 확인되어 1방의 전체적인 규모는 어느 정도 파악되었다. 북쪽에서 확인된 동서도로 1은 전체 길이가 75m, 노폭은 5m이고, 남쪽에서 확인된 동서도로 2는 길이 69m, 노폭 5m이다. 남북도로에 대한 보고는 되어있지 않는데, 전체 배치도에 표현된 것을 보면, 전체 길이 80m, 노폭 5m로 추정되어 동서도로 1과 노폭이 거의 같다. 이 남북도로는 남쪽의 동서도로와 교행되었고, 파괴로 북쪽의 동서도로까지 연결되지 않지만, 당초에는 연결되었을 것으로 추정된다. 북쪽의 동서도로와 교행되면, 남과 북의 동서도로까지의 길이는 125m이다. 이 125m가 1방의 남북길이다(그림 4-9).

경주대 박물관 조사구역의 남북도로에서 동국대 경주캠퍼스 박물관 조사지점까지 확인된 남북도로까지의 동서 길이가 160m이다. 이를 고려하면 동천동 일대가 포함된 동천북편 구역에 조성된 1방의 규모는 동서 165m×남북 125m로서 방의 평면형태가 횡장방형일 가능성이 있다. 남북도로는 자북에서 동쪽으로 10° 정도 기울어져 있어 진북방향을 기준으로 삼고 있다. 도로망이 진북방향으로 배치된 점은 월성과 황룡사지 부근의 중심부나 그 외곽지역의 도로망과 동일한 조영방위이다(황인호 2007).

동서도로의 가장자리에는 도로를 따라 폭 약 80cm의 담장을 쌓아 방의 경계를 만들었다. 담장 하부에는 암거형의 배수시설을 만들고, 담장 외측의 도로 바닥에 배수시설이 설치되었다. 방 내부에는 수혈·우물·폐와무지·청동공방지·담장·석조·적심 등이 확인되었다.

상기의 유구들은 모두 동시에 존재하지 않고, 상하층을 이루고 있었다. 상층에는 수혈유구·적심·담장·우물·석조시설 등이 설치되었고, 하층에는 수혈유구와 우물·청동공방지 등이 설치되었다. 1방 내에서 확인된 수혈은 90기인데, 수혈간에 중복되거나 우물과 중복된 예도 있어 모두 동 시기의 것은 아니다.

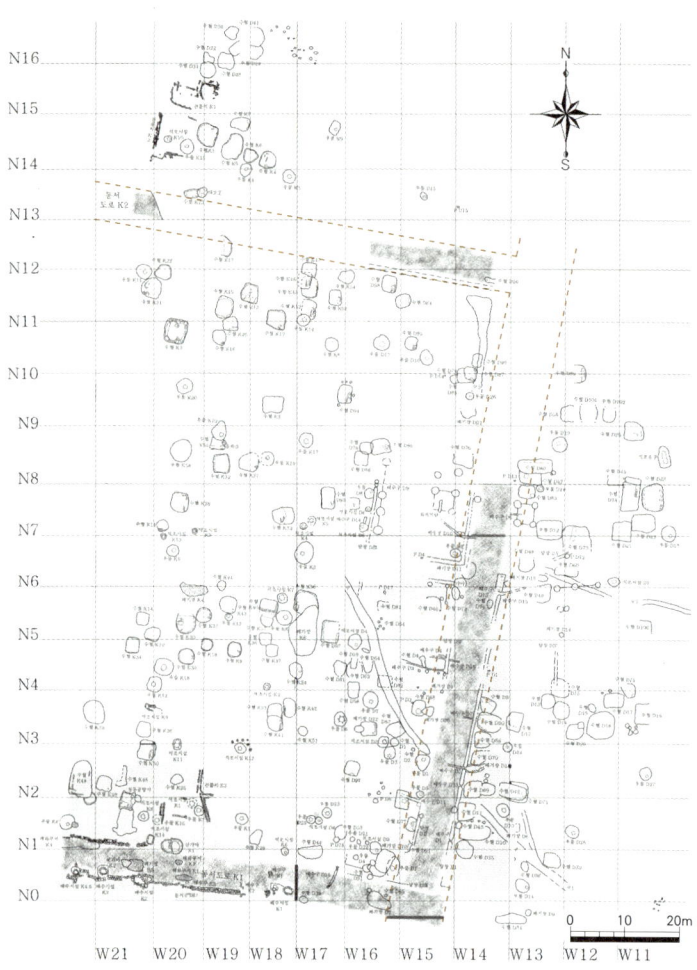

그림 4-9 경주 동천동 987번지 일대의 방

수혈은 평면형태가 방형과 원형·부정형 등이 있고, 규모는 직경이 250~500cm로 다양하지만, 큰 규모는 아니다. 수혈 내부는 벽에 붙여서 부뚜막 또는 부뚜막과 고래가 설치된 예와 바닥에 소토 또는 석열과 소토, 청동슬래그·범·도가니 편 등이 출토되기도 한다. 수혈은 주거지·공방 또는 공방 부속시설 등 그 성격이 다양함을 나타낸다. 그리고 우물은 모두 17기가 확인되었지만, 상·하층의 구분이 되지 않아 동 시기의 우물 수와 배치관계는 알 수 없다. 정확한 양상은 파악하기 어렵지만, 1·2기로 구분되는 모습을 그려볼 수 있다.

하층은 도로에 의해 사방이 구획되고, 도로 가장자리에는 담장을 설치하여 방의 경계를 만들었다. 방 내에는 가옥을 구분하는 담장이 설치되었는지 정확하게 알 수 없지만, 하층이 운영되는 시기에는 담장 시설이 없었을 가능성이 있다. 담장의 경계없이 방 내부가 개방된 구조로서 수혈과 수 기의 우물이 배치되었을 것으로 추정된다. 이렇게 파악할 경우, 이 방은 지배층의 거주 공간은 아니고, 청동제품 등 수공업 생산 시설과 그에 종사하는 장인의 거주, 수공업 관련 원료와 생산품을 보관한 시설 등으로 구성되었을 가능성이 있다.

상층에는 앞 시기의 수공업 관련 시설과 장인의 거주 공간과 함께 담장으로 둘러싼 가옥 내부에 적심 건물과 부속시설·우물 등으로 구성된 지배층의 거주 공간으로 방의 구조가 변화되었을 것으로 추정된다. 방 설치 당초에는 수공업 관련 시설과 이에 종사한 장인들의 거주 공간이었지만, 도시를 재정비하면서 지배층의 가옥과 수공업 생산시설 및 장인의 거주 공간이 병존된 방의 구조로 개편되었을 것으로 추정된다.

7세기 말 이후부터 계획도시가 건설된 지역의 방은 평면형태가 장방형이고, 내부 면적이 20,625m^2로서 귀족층들이 거주하는 방의 면적보다 8,268m^2가 작다. 새로 건설된 지역의 방의 평면형태와 면적이 귀족들이 거주하는 구역에 건설된 방과 다르고 면적이 좁은 것은 고대 도성의 신분 편제에 입각한 것으로 추정된다.

왕경의 계획도시는 도시 공간의 확장뿐만 아니라 관아시설, 신분 서열, 사찰, 수공업생산 시설 등에 따라 방이 설치되었을 것으로 추정된다. 예를 들면, 관아시설로 이루어진 방, 황룡사·분황사·천관사·영묘사 등 주요 불교사원이 조영된 방, 중·하급층들이 거주한 방, 민들이 거주한 방, 의례·제사 공간의 방, 청동용기·목기 등의 수공업 시설로 이루어진 방, 용도가 불확실한 다수의 수혈로 이루어진 방 등 다양할 가능성이 있다. 불교사원이 조영된 방은 일본(日本) 나가사키현(長崎縣) 시모아가타부(下縣府) 이즈하라정(嚴原町)에 있었으나 망실된 "无盡寺"명 범종에 "僧村宅方"이란 명문이 있다. 승촌택방이란 불교사원과 승려의 거주 공간으로 이루어진 방이 존재하였을 가능성을 추정할 수 있다. 그리고 상기 방들의 내부 시설 배치는 각각의 기능을 최상으로 수행할 수 있는 공간으로 분할하였고, 건물 규모와 구조 및 배치도 달랐을 것으로 추정된다.

계획도시 내부에 건물지가 확인되지 않고, 각종 수혈이 다수 확인되는 구역이 있는데, 서부동 19번지 일대가 이에 해당한다. 서부동 19번지 일대의 조사에서도 청동 도가니가 확인되었다. 이와 같이 다수의 수혈과 청동 공방지 또는 도가니 등이 출토된 구역은 수공업품을 생산한 구역이었을 가능성이 있다.

동천동 7B/L부지의 남북도로 동편에는 담장과 건물지가 확인되었는데, 건물지 중에서 점토블록으로 담장을 만든 특이한 예가 확인되었다. 점토블록으로 담장을 만든 예는 이곳에서만 확인된 특수한 건축기술인데, 중앙아시아 일대의 고대 사원과 궁전 건축에서 일반적으로 확인된다. 동천동에서 확인된 점토블록 담장은 중앙아시아 즉 서역의 건축기술로서 서역인의 이주를 상정할 수 있다. 서역인이 이곳 일대에 거주하였다면, 이곳 일대는 외국인이 거주하는 공간의 방일 가능성 등 다양한 시각에서 검토할 필요가 있다.

통일신라시대에 조영된 불교 사원의 수는 1,000여 개소 이상에 이를 만큼 번창하였고,

애장왕 7년(806)에 불교의 신창(新創)을 금하고, 오직 수즙만을 허락한 하교에서 보이듯이 불사 건립이 빈번하였음을 알 수 있다. 지표조사에 의하면(국립경주박물관 1997), 경주시 관내의 불교 사원지는 수백 곳에 이르는데, 당시의 계획도시 내에도 다수의 불교 사원지가 확인되었다. 불교 사원의 건립 시기와 존속 기간 등을 명확하게 알 수 있는 예는 많지 않으므로 계획도시의 확장과 불교 사원 배치의 상관관계를 현재 파악하기 어렵다. 여기서는 계획도시가 가장 확장된 9세기에 계획도시 내에 창건된 불교 사원의 배치관계를 파악하고자 한다.

계획도시의 건설이 시작되고, 확장을 시도한 중고기와 중대에는 하천의 범람 지역에 대한 개발 사업이 불교 사원의 조영과 궤를 하였는데, 당시 수리시설과 같은 고도의 토목기술을 승려들이 공사책임자로 참여하였듯이, 당대 대사원의 건축은 불교의 수입과 사원을 건축하기 위한 선진적인 토목기술이 이용되었다(김재홍 2013). 토목사업으로 새로운 대지가 조성된 곳에는 사찰이 건립되고, 주위에 민가가 밀집하는 등 거주 인구의 수가 증가하면서(김재홍 1995) 향후 계획도시의 건설을 위한 조건을 갖추어 갔다.

왕궁역의 동북쪽에 황룡사와 분황사를 배치하여 국찰로 삼았고, 통일신라시대 전 기간을 통해 가장 중시된 사찰이었다. 계획도시의 서쪽인 서천변 가장자리를 따라 삼랑사·전남항사·흥륜사·영흥사·영묘사 등이 북쪽에서 남쪽으로 배치되었다. 남천 남쪽에는 신원사·담엄사·기온사·실제사 등이 남북선상으로 배치되었던 것으로 추정되고, 왕궁 남쪽에는 전 천관사와 창림사가 배치되었다. 남동쪽 외곽에는 사천왕사와 망덕사가 배치되었고, 동쪽에는 황복사가 배치되었고, 북쪽으로는 봉성사가 배치되었다.

이와 같이 신라 도성 내부의 계획도시 중심에는 규모가 크고, 가장 중시된 황룡사와 분황사가 위치하고, 도성의 가장자리를 따라 불교사찰이 배치되었음을 알 수 있다. 황룡사의 창건에서 알 수 있듯이 신라 왕경의 도시 건설은 불교 사원의 건립으로 시작되었고, 도시의 확장 역시 불교 사원의 건립과 밀접한 관련을 맺고 있었다.

이와 같은 불교사원의 배치는 백제 사비기의 불교 사원 배치와 유사한 점을 발견할 수 있다. 사비 도성 내부는 부소산성 남측의 구아리 궁전에서 남쪽의 일직선에 위치하고, 도성의 가장자리에 불교사원이 배치되었다. 이와 같이 고대의 불교사원은 국가 통합의 이념으로서 기능한 불교 수양의 도량으로서 뿐만 아니라 외형적인 측면에서 도성을 장엄하는 역할을 하였다(西川幸治 1976; 이병호 2008). 계획적인 시가지의 가장자리를 따라 사원을 배치하여 도성 중심부를 성역화하여(여호규 2002) 불국토 사상을 구현하고자 하였다.

2. 위성도시

1) 위성도시의 존재

신라의 지배층을 구성한 세력은 양부·사량부·모량부·본피부·한기부·습비부 등 6부이고, 이 6부가 위치한 곳은 중요 지역이었다. 신라가 새로운 지배질서를 구현하기 위해 6세기 중엽에 계획도시를 조성하면서 6부의 중요지역을 새롭게 재편하고, 계획도시의 범위를 현 경주 시가지의 분지 일대로 한정하였다. 이 새로운 계획도시 건설지역을 벗어난 곳에 기반을 둔 모량부 지역은 왕경의 계획도시 범위에 포함되지 않고, 왕경의 계획도시 건설의 연장선상에서 그들의 거주 구역을 대상으로 새로운 계획도시를 건설하여 왕경과 연계된 정치질서와 생활을 구현하였다. 이 계획도시는 왕경과 면적으로 연결되지는 않았지만, 왕경과 밀접한 관계를 유지하면서 통일신라의 중앙 지배층을 구성한 세력이 존재한 소위 위성도시로서의 기능과 역할을 하였을 것으로 추정된다.

위성도시의 존재 가능성이 있는 지역은 최근 계획도시가 확인된 건천 방내리 일대이다. 방내리는 방의 존재를 알려주는 마을 명칭이다. 이와 유사한 마을명이 있는 경주 말방리와 울산 두서면 서하리 방말 등지에도 계획도시가 조성되었을 가능성이 있는 지역으로 추정된다. 이 위성도시는 왕경에서 직선거리로 20km 이내에 위치하면서 왕경과는 일일생활권에 포함되어 있었을 것으로 추정된다. 이 위성도시를 연결한 지역이 소위 왕기를 구성하였을 가능성이 있다. 위성도시의 구성은 건천 방내리유적을 통해 어느 정도 묘사가 가능하다.

2) 건천 방내리·모량리 위성도시

방내리유적은 경주시 건천읍 모량리와 방내리를 포함한 건천읍 일대에 위치하며, 6부의 하나인 모량부가 위치한 곳으로 알려져 있다. 이곳은 남쪽에 단석산이 위치하고, 동북쪽으로는 경주의 서천과 합류하는 대천이 흐르는데, 도시유적은 대천과 단석산 사이의 평탄지대에 조성되었다. 남쪽이 높고 북쪽이 낮은 지형인데, 낮은 곳은 성토를 하여 대지를 평탄하게 조성하였다. 도시유적의 동쪽 끝인 대천에 면한 곳에서 석축이 확인되었다. 이 석축은 하천변을 따라 진행되는데, 반듯한 면이 하천쪽 방향이 아니고, 계획도시 방향이었다. 이는 지면이 낮은 대지에 성토하고, 이 성토대지가 우수 등에 의해 유실·파괴되는 것을 방지하고 장마 등의 범람으로부터 도시를 보호하고자 설치된 축대이다. 즉 도시를 조성할 대지의 낮은 저지대의 하천변에는 석축을 하고, 내부에는 성토를 하여 도시기반시설을 위한 택지를 조성하여 계획도시를 만들었다.

　대지를 성토하여 평탄화 한 후, 격자상으로 남북·동서 도로를 만들어 도시를 구획하는 방을 만드는 등 도시기반시설을 조성하였다. 도로는 성토대지와 자연 지반 위에 5cm 내외 크기의 잔자갈을 깔아 노면을 만들었고, 일부 도로는 지반을 파고 노면을 조성하였다. 노면은 일정한 간격으로 요철이 형성된 수레바퀴 흔적이 남아 있고, 출토 유물 중에 수레 부속구인 차축두가 출토되어 수레가 주요한 교통수단으로 이용되었음을 나타낸다. 도로의 한쪽 측면에는 큼직한 돌을 가지런히 배치하여 도로와 측구를 구분하였다.

　도로는 발굴조사 구역의 여러 지점에서 확인되었는데, 방의 규모를 파악할 수 있는 도로는 C구역이다. C-3구역에서 확인된 동서도로가 C-1구역에서 확인된 동서도로와 120m 떨어진 곳에 위치하고, 또 C-3구역에서 확인된 남북도로가 C-1구역에서 확인된 남북도로와 120m 정도 떨어진 곳에 위치하였다. 이 조사 내용을 고려하면, 건천 방내리 일대에 설치된 계획도시의 방 규모는 120×120m 크기의 정방형임을 나타낸다. 발굴보고자는 조사 내용을 토대로 방내리 일대에 80여 개 정도의 방이 존재하였을 것으로 추정하였다(영남문화재연구원 2012; 전덕재 2015)(그림 4-10).

　방내리 도시유적의 전모가 확인되지 않아 계획도시의 전체 규모와 방의 수는 불확실하다. 국한된 조사에서 확인된 남쪽 끝부분의 도로에서 북쪽까지의 직선거리가 1km에 달하며, 동쪽에서 서쪽까지의 거리는 850m에 달하는데, 1개 방의 크기를 120m의 정방형으로 본다면, 약 72개 방이 설정된다. 그런데 계획도시 범위가 북서쪽으로 더 확장되어 실제 전체 방의 수는 이보다 더 많았을 것으로 추정된다.

　조사가 부분적으로 이루어져 계획도시가 일시에 조성되었는지 아니면 장기간에 걸쳐 조성되면서 외곽으로 확장되었는지는 구체적으로 알 수 없다. 계획도시 내부의 축토층이나 집석유구에서 6세기 후반 이후의 유물이 출토되지만, 6세기 후반에서 7세기 전반을 전후한 시기의 생활유구는 전혀 확인되지 않았다. 이 시기에 해당하는 생활관련 유구가 확인되지 않는 점을 볼 때, 이곳에 계획도시가 조성된 시기는 빨라도 7세기 후반 이후임을 나타낸다. 왕경과 비교할 때, 계획도시 건설 시기에 1세기 가량 차이가 있을 것으로 추정된다. 그리고 각종 유구에서 출토된 유물은 8세기 전반부터 9세기 후반 이후 시기의 것들이 대부분이어서 도시가 늦어도 8세기 전반부터 기능하여 9세기 후반 이후까지 영위되었을 것으로 추정된다.

방 내부에서는 통일신라시대 적심건물지·수혈건물지·수혈·우물·도로·연못·제방 등이 확인되었다. 계획도시 내부에서는 적심건물지·굴립주의 대형 건물지·고상건물지 등이 확인되었고, 수혈주거지는 확인되지 않았다. 일부 적심건물지는 담장으로 둘러싼 예도 있다. 적심건물지의 평면 형태는 세장방형·장방형·방형 등이 존재하고, 규모는 정면 2칸, 측면 1칸 또는 정면 3칸,

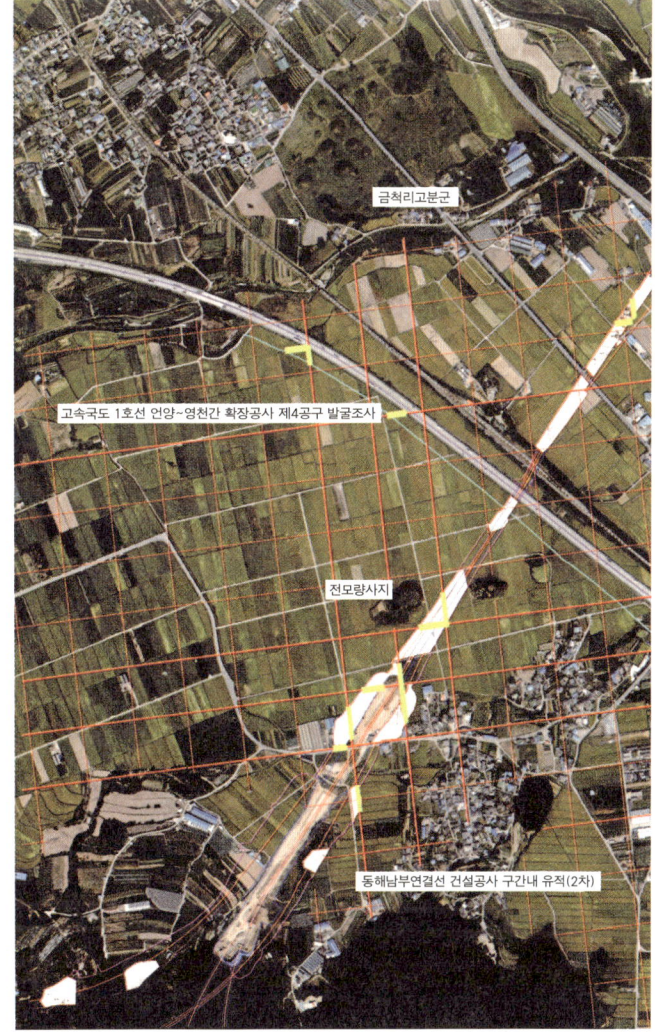

그림 4-10 경주 방내리의 도시 유적 방리 구획 추정도

측면 1칸, 정면과 측면 1칸 등이다. 적심 규모는 직경 60~120cm이고, 10~40cm 크기의 냇돌을 1~2단 정도 쌓아올려 만들었다. 초석이 남아 있는 예는 거의 확인되지 않았는데, 후대의 삭평과 훼손 등에 의해 제거되었을 가능성이 있다.

대부분의 건물지는 심하게 삭평되어 구조는 알 수 없지만, 적심과 기단 조성을 위해 성토한 기저부가 남아 있었다. 건물지 주축 방향이 도로의 방향과 일치한다. 유적의 동북쪽에는 도로와 담장에 의해 구획된 공간에 건물지와 우물이 확인되었지만, 유구의 중복이 심해 징확한 구조 파악은 어렵다. 적심과 적심 또는 담장과 적심 등이 중복되어 있는 현상을

그림 4-11 경주 방내리유적 유구

볼 때, 수차례에 걸쳐 건물의 증개축과 함께 도시 내부 공간 구조의 변화가 이루어졌음을 나타낸다.

그리고 하나의 방 내부에 담장으로 둘러싼 개별 가옥의 수가 어느 정도이고, 개별 가옥의 내부 구조, 즉 주거·창고·우물·기타 등의 시설이 어떻게 배치되었는지 등은 조사구역의 한정과 잔존 상태 불량 등에 의해 구체적으로 파악하기 어렵다.

그림 4-12 경주 방내리 우물 출토 유물

건물지 주위에는 우물이 배치되었는데, 조사 면적에 비해 우물 수가 많지 않다. 담장으로 둘러쌓인 내부에 우물이 확인되어 개별 가옥 또는 1방에 복수의 우물이 존재하였음을 나타내지만, 모두가 동

그림 4-13 경주 방내리유적 출토 와전

일하지는 않다. 개별 가옥마다 우물이 설치되었는지는 구체적으로 확인하기 어렵다. 우물은 석조이고, 일부 우물의 상부에는 배수시설이 설치되었는데, 물을 길을 때, 밖으로 흐르는 물이 배수시설을 통해 외부로 배출되었음을 알 수 있다.

계획도시의 북동쪽 일부 구간에는 동서방향으로 길이 26m, 너비 12m 이상 규모의 대형 굴립주건물지와 고상건물지·수혈 등으로 이루어진 공간이 확인되었다. 이 공간에는 적심건물지가 확인되지 않았는데, 일상적인 생활을 한 가옥은 아니고, 물품보관 또는 다른 기능을 수행한 공간일 것으로 추정된다.

도로는 남북, 동서방향의 격자상으로 확인되었는데, 지면을 굴착해서 노면을 조성한 도로와 기반층의 상부에 크기 5cm 내외의 잔자갈을 깔아 노면을 조성한 형식으로 구분된다. 도로의 노면 너비는 340~580cm이고, 2번 이상에 걸쳐 도로의 개축이 있었다. 개축된 도로는 노면에 황갈색점질토를 깔고 그 위에 자갈을 채웠다. 노면에는 수레바퀴 흔적이 있고, 우물에서 수레바퀴 차축이 출토되어 수레가 주요한 운송수단으로 사용되었음을 나타낸다. 도로는 중앙부에서 측면으로 향해 약하게 경사면을 이루고, 한쪽 측면에는 노면의 배수를 위한 측구 시설이 설치되었다. 측구는 상자형의 석재 배수시설이 아닌 노면보다 낮게 하여 배수가 되도록 만들었다.

연못은 1개소 확인되었는데 규모는 길이 19.7m, 너비 12.8m, 깊이 0.8~1.6m로서 평면 형태가 장방형이고, 북동쪽 모서리에 돌출부가 있다.

건천 방내리의 계획도시는 극히 일부만 조사되었기 때문에 도시의 전체 규모는 물론 도시 내부의 공간 구조 및 배치 등의 도시 경관과 1방 내의 가옥 수와 개별 가옥의 배치와 구조 및 규모, 종교시설, 각종 도로·시장·수공업 생산시설·상하수 등의 사회기반 시설이 확인되지 않아 계획도시의 실상을 구체적으로 파악하기 어렵다. 그럼에도 불구하고 방내리 도시유적은 왕경 주위에 정연한 계획도시가 조성되었고, 도시 조성이 왕경의 계획도시를 재현하였음을 보여주는 점에서 통일신라의 왕경과 비교해서 이해할 수 있는 중요한 자료임은 틀림없다.

3. 지방도시

1) 지방도시의 건설

통일신라의 지방은 9주 5소경으로 편재되었다. 통일신라시대 9주의 주치는 사벌주의 상주, 삽량주의 양산, 청주의 진주, 한산주의 광주, 수약주의 춘천, 하서주의 강릉, 웅천주의 공주, 완산주의 전주, 무진주의 광주 등이 해당하고, 5소경의 치소는 중원소경의 충주(진덕왕 18년, 557), 북원소경의 원주(문무왕 18년, 678), 금관소경의 김해(문무왕 20년, 680), 서원소경의 청주(신문왕 5년, 685), 남원소경의 남원(신문왕 5년, 685) 등이다.

9주의 주치와 소경의 치소는 계획도시가 조영되었을 것으로 추정되어 왔다. 실제 사벌주의 주치인 상주 복룡동유적에서 통일신라시대에 조성된 계획도시 유적이 확인되었다. 국원소경의 치소지로 추정되어 온 충주의 탑평동 일대에서도 계획도시 유적이 확인되었다. 이 사례들을 고려할 때, 9주의 주치와 5소경의 치소에는 규모의 대소를 떠나 계획도시가 조성되었을 것으로 추정된다. 지방의 주치와 소경뿐만 아니라 주요 지역에도 계획도시가 조성되었을 가능성이 있는 유적의 사례도 발굴조사를 통해 확인되었는데, 춘천 캠프페이지, 청주 시내, 함안 괴산리유적 등이다(이은석 2015).

9주와 5소경의 계획도시는 모두 하상(河上)의 충적지인 평탄지에 조성되었다. 계획도시는 이전에 생활공간으로 이용되지 않은 평탄지를 대상으로 건설되었고, 시기가 지나면서 도시 공간이 확장된 구조였다. 지방에 조성된 계획도시는 남북 및 동서도로에 의해 구획되고, 도시를 장엄하게 한 불교 사찰, 수공업시설 등의 배치에 어느 정도의 통일성은 존재하였더라도 각 도시의 규모와 형태는 동일하지 않았을 것이다. 지방도시는 행정적인 중요도와 왕경과의 관계도 및 도시가 조성된 곳의 지형과 조성 시기, 부지의 성격 및 활용도 등 다양한 요인에 의해 규모와 형태 및 구조 등은 각 도시마다 특징이 존재하였을 가능성도 있으므로 향후의 조사 성과를 고려해서 판단할 필요가 있다.

그림 4-14 상주 복룡동유적 유구

2) 사벌주의 치소 상주 복룡동 도시유적

687년(신문왕 7)에 설치된 사벌주 주치의 모습이 경상북도 상주시 복룡동에서 확인되었다. 복룡동유적은 현재 상주 시가지의 동쪽 가장자리에 해당하며, 발굴조사가 된 구역은 통일신라시대 계획도시의 동쪽 가장자리에 해당한다.

복룡동유적은 모두 5차례의 조사가 실시되었는데, 통일신라시대뿐만 아니라 고려·조선시대의 유구들도 포함되어 있어 매우 복잡한 양상이다. 통일신라시대의 유구로는 초석건물지·수혈건물지·수혈·우물·도로로 추정되는 구상유구가 확인되었다. 초석 건물지는 모두 29동이 확인되었는데, 중심좌향은 대부분 동서축의 정남향 또는 남북축의 정동향으로 방리구획과 일치한다.

초석건물지는 적심부가 직경 100cm, 깊이 30cm 이상이고, 장축 길이가 10m 이상으로 규모가 대형이다. 평면은 정면 3칸·2칸·1칸 등이 있다. 평면 주칸이 2~1칸인 적심건물지는 주칸 거리가 꽤 넓고, 건물이 서로 대칭적으로 배치되어 몇 동의 건물이 하나의 단위 공간을 구성하여 배치되었는데, 이 건물군이 공공의 목적을 위한 건물로 추정하기도 한다(박달석 2011). 주칸이 3·4칸인 건물지는 공공 시설물로 추정되는 건물지의 좌·우측에 분산 배치되어 하나의 단위 공간을 이루고 있고, 대부분 툇칸을 갖추고 있어 주거를 목적으로 한 가옥으로 추정된다. 건물지 주위를 둘러싼 담장이 확인되지 않아 개별 가옥 또는 관아를 구성한 건물의 수와 구성 등은 파악되지 않았다.

이 초석건물지는 일부 구역에 집중되고, 확인되지 않는 구간이 있는 등 균일하지 않다. 초석건물지는 수혈건물지를 파괴하고 설치된 예가 많지만, 같은 시기의 수혈건물지와 병존하여 배치되기도 하였다. 이 초석건물지들이 설치된 시기는 8세기 전반 이후로 보기도 하지만, 초석건물지에서 출토된 토기와 기와의 특징들은 8세기 후반 이후에서 10세기 전반까지의 특징이 많은 점 등을 고려하면, 8세기 후반 이후부터 초석건물지의 건설이 활발하게 이루어졌을 가능성이 있다.

수혈건물지는 총 152동이 확인되어 사벌주의 계획도시에서 가장 보편적인 가옥 형식이었다. 지금까지 발굴조사된 구역이 계획도시의 동쪽 가장자리인 점과 도시의 외곽지역 거주민의 신분이 상대적으로 하층인 점을 고려하면, 적심건물보다 수혈건물의 비율이 높은 점은 당연할 수도 있다. 수혈건물지는 평면형태가 방형·장방형·타원형 등이 있는데, 방형의 비율이 높지만, 평면형태 차이가 시기를 반영하는 것은 아니다. 수혈건물지 내부에

4. 도시와 취락

그림 4-15 상주 복룡동유적 수혈 주거지

는 노지·아궁이·구들 등 취사와 난방 시설이 배치되었고, 규칙적인 주혈과 다른 시설물은 확인되지 않았다.

취사 및 난방시설 중 노지만 설치된 주거지와 아궁이와 구들이 설치된 주거지로 구분된다. 노지가 설치된 주거지는 모두 27동인데, 평면형태가 방형인 예가 23동, 장방형인 예가 4동이다. 주거지의 평균 평면적이 방형은 $10.7 m^2$, 장방형은 $14.0 m^2$이다.

아궁이가 설치된 주거지는 모두 48동이고, 평면형태가 방형은 40동, 장방형은 7동, 타원형은 1동이고, 면적은 방형 $12.0 m^2$, 장방형은 $14.6 m^2$, 타원형은 $9.6 m^2$이다. 아궁이는 한쪽 벽면에 붙여서 점토·돌·기와 등을 이용하여 봇돌을 세우고 그 위에 이맛돌을 얹어 만들었고, 일부 아궁이에는 바닥에 봇돌을 세웠다. 이 아궁이는 난방보다는 취사가 중심이다.

구들이 설치된 주거지는 모두 20동이고, 평면형태는 'ㅡ'자형, 'ㄱ'자형, 'ㄷ'자형 등이 있고, 모두 외줄이다. 'ㅡ'자형은 13동이고, 면적은 $11.1 m^2$, 'ㄱ'자형은 4동이고 면적은 $12.2 m^2$, 'ㄷ'자형은 3동이고 면적은 $13.3 m^2$이다. 구들은 주거지의 한쪽 또는 두쪽 벽면에 붙여 부뚜막·구들·연통 등을 설치하여 취사와 난방을 고려하여 설계하였다. 부뚜막은 얕은 수혈을 파고 솥 걸이 부분은 돌 또는 흙을 이용하여 만든 후, 중앙에 돌 또는 기와를 이용하

그림 4-16 상주 복룡동유적 우물

그림 4-17 상주 복룡동유적 구상유구

여 솥받침을 세우고, 아궁이는 기와를 세워 만들었다. 구들은 주거지의 벽면 안쪽을 따라 납작한 돌을 세워쌓거나 눕혀쌓고, 그 위에 뚜껑을 덮고, 부뚜막의 반대쪽에 주거지 바깥으로 연기를 배출한 배연구를 설치하였다.

적심건물지의 비율이 5.24로서 수혈건물지의 수가 훨씬 많다. 수혈건물지가 대다수를 차지하고, 적심건물지는 소수인데, 이는 사벌주 주치의 경관을 보여주는 요소이다. 초석건물은 관아와 지배층 일부의 거주 공간이었을 가능성이 있다.

초석건물지보다 수혈건물지의 비율이 훨씬 높은 점은 도성인 왕경과 위성도시인 건천 방내리유적에서 수혈건물지가 거의 확인되지 않는 점과 비교할 때, 사벌주 계획도시의 가장 큰 특징이다. 계획도시의 중심부가 아닌 외곽 지역의 조사 결과이지만, 사벌주가 설치된 7세기 말에서 8세기 전반까지 가옥은 수혈건물이 우세하고, 초석건물은 매우 적었음을 나타낸다. 이는 도심 중앙부에는 초석건물지의 비율이 높고, 외곽에는 수혈건물의 비율이 높은 도시의 경관을 나타낼 수도 있지만, 계획도시가 조성될 당시인 7세기 후반에서 8세기 전반 시기에는 수혈건물이 우세하였을 것으로 추정된다. 계획도시 건설 당초에는 수혈건물의 비율이 높았지만, 도시가 안정되면서 초석건물이 도시 외곽지역에 거주하는 도시민들도 소유하게 된 점을 반영할 가능성도 있다. 지방 도시의 경관 변화는 통일신라 사회가 안정되면서 주민들의 생활 수준이 향상되었음을 나타내는 현상일 수도 있다. 도시 경관을 웅장하게 장식한 불교사원과 연지 등의 시설물은 확인되지 않았다.

우물은 총 19기 확인되었다. 256번지에서 확인된 우물은 모두 11기인데. 구역 전체에 골고루 배치되지 않았고, 초석건물지 가까이에 배치된 예가 5기이고, 수혈건물지가 밀집한 곳에 1기, 건물지로부터 어느 정도 떨어진 곳에 5기이다. 230-3번지 일대에는 2기가 확인되었고, 수혈건물지가 집중된 주변 또는 인접해서 배치되었다. 시기별 우물 수의 유무는 차치하더라도 건물지의 수에 비하면, 우물의 수가 적다. 초석건물지 인근에 위치한 우물이 초석건물지에 부속된 것이라면, 다른 우물은 특정의 개별 가옥에 부속되지 않고, 하나의 우물을 여러 가옥에서 공동 사용한 형태일 것으로 추정된다.

특정 가옥 또는 수 동의 건물지를 감싸거나 일정 공간(1방)을 감싼 담장은 확인되지 않았는데, 외곽이라서 설치되지 않았을 가능성도 있지만, 사벌주의 도시 전체에 걸쳐 방을 구획하고, 가옥을 구분하는 석축 담장이 설치되지 않았음을 나타낼 수도 있다. 발굴조사에서 확인되지 않았지만, 토석혼축 또는 토축 담장이나 나무 잔가지로 엮어 만든 울타리를 돌려 구분하였을 가능성과 함께, 발굴조사에서 확인된 폭이 좁은 구상유구도 그 대상일 가능성이 있다. 폭이 좁은 구상유구가 가옥과 가옥 사이의 경계를 하면서 하수를 도시 외곽을 통해 흘러보내는 배수기능을 겸용하였을 가능성이 있다.

복룡동유적에서 도로의 가능성이 있는 유구로는 10-4번지 유적에서 동서로 이어진 구상유구가 있다 구상유구는 폭이 5m 내외의 것과 3~4m 내외의 것이 확인되었는데, 모두 동-서 방향으로 일직선인데, 폭이 넓은 구상유구는 일부 구간에서 통일신라 토기가 출토되었고, 폭이 좁은 구상유구도 일부 구간에서 통일신라 유물이 출토하여 통일신라시대에 사용되었음을 나타낸다. 일부 구간에는 고려·조선시대의 유물이 출토되어 통일신라시대에 조성된 이후 고려~조선시대까지 사용되었을 가능성이 있다. 이 구상유구는 일제강점기에 실시한 지적도와 1/10,000의 지형도에서 표현된 방리구획선과 일치하여 도로일 가능성이 높다. 이 구상유구의 내부는 기반층을 굴착한 후 하층에는 자갈·모래흙·점토를 채워 넣었고, 상층에는 잔자갈을 전면에 깔고, 그 위에 황색마사토를 깔아 노면을 조성하였다. 도로와 남쪽 배수시설 사이에 설치된 축대시설은 차도와 인도를 구분한 경계석으로 추정된다. 인도에는 잔자갈을 깔아 노면을 만들었고, 폭은 2m이다.

이상이 상주 복룡유적에서 확인된 도시 내부 시설의 내용이다. 조사된 구역이 계획도시의 외곽이라서 중심부의 내용은 알 수 없지만, 조사한 내용을 조합해 보면, 도시 내부는 남북, 동서도로에 의해 격자모양으로 구획되었고, 내부에 수혈건물지와 우물·수혈 또는 초석건물지·수혈건물지·우물·수혈로 이루어졌다. 도시 내부는 도로에 의해 구획되었지만, 석축 담장은 확인되지 않아 개별 가옥의 구성 또는 관아의 규모 등은 확인되지 않았다. 그리고 건물지군 사이에는 유구가 배치되지 않는 공지가 존재하여 도시 내부에 시장 또는 공공 집회가 가능한 공간도 존재했을 가능성이 있다. 그러나 수공업 생산 유구나 고상건물지는 확인되지 않아 도시 내부에서 수공업생산이 이루어지지 않았을 가능성이 있다. 그리고 지금까지 이루어진 발굴조사에서 금속제 용기(합·접시·수저·국자 등)가 출토되지 않아 금속용기가 사용되지 않았을 가능성도 있다.

그리고 1913년도에 작성된 지적도와 1927년도에 제작된 1:10,000 지형도 및 복룡동유적의 조사 내용 등을 종합하여 남북 폭 약 1,440m, 동서 폭 약 1,400m 크기의 평면형태가 방형인 도시 규모가 상정되기도 하였다(박달석 2011). 이에 근거하여 사벌주의 도시 규모를 9등분으로 구획한 후, 다시 9등분의 소구획으로 구획하여 모두 81개의 방이 설치되었을 것으로 추정되었다. 이렇게 추정하면, 방은 남북 160m, 동서 160m 크기의 정방형으로 추정되었는데, 이 규모의 방은 왕경에서는 인왕동과 구황동 일대에 조성된 방과 같은 크기이다. 그리고 계획도시의 전체 규모를 보면, 남북이 동서보다 약 40m 정도 폭이 넓은데, 이는 중앙부의 1행에 속한 방들은 동서 120m, 남북 160m의 장방형으로 이와 유사한 모습은 남원경(남원)에서도 확인된다(박태우 1987; 우현승 2001). 중앙부 1행의 방의 형태가 장방형인 점에 대해서는 남북대로로 추정하거나(박태우 1987; 우현승 2001) 전지구획지(田地區劃地)가 행정

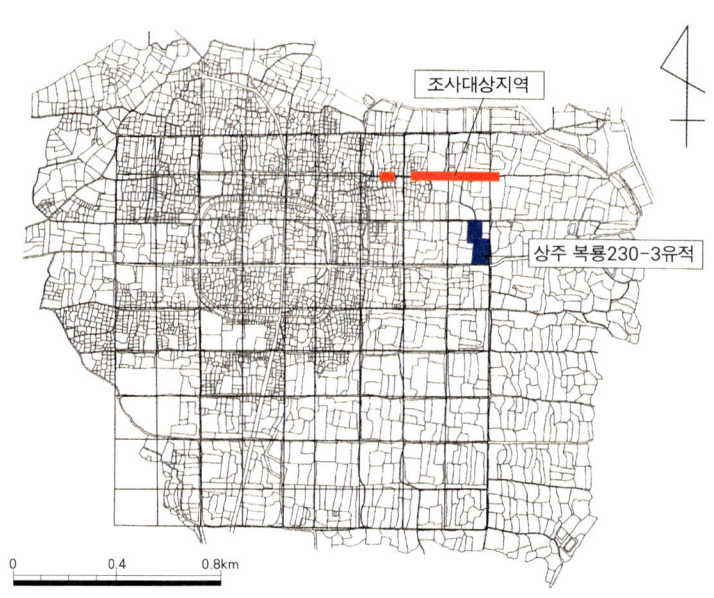

그림 4-18　사벌주의 이방제 복원(박태우 1987)

중심지로서의 시가구획지(市街區劃地)가 중첩화하는 과정에서 일련의 형태적 변화과정과 밀접한 연관성을 지니고 있을 것으로 보기도 한다(이경찬 2002).

통일신라의 왕경서도 지금까지 주작대로가 확인되지 않았을 뿐만 아니라 주작대로의 부재 가능성과 함께 최대 폭 23m의 대로가 확인되어 지방도시에서 폭 120m의 도로가 존재했을 가능성은 매우 낮다. 방의 동서 폭이 120m로 된 배경에 대해서는 추후 다른 사례의 조사와 함께 검토가 필요한 부분이다.

그리고 도시의 범위가 정방형인지와 함께, 당초부터 조성되어 고정되었는지, 아니면 당초에는 규모가 작았지만, 조성 이후 시기가 지나면서 도시의 범위가 확장되었는지에 대해서는 이론이 있다. 신라 왕경은 계획도시가 일부지역에 조성된 이후, 고정되지 않고 계속해서 범위가 확장된 예를 고려하면, 사벌주의 도시도 조성 당초의 규모가 고정되지 않고, 시기가 지나면서 확장되었을 가능성도 고려해 볼 필요가 있다.

사벌주의 지방도시 범위와 구조 및 경관이 다른 지방 도시의 그것과 유사한지에 대해서는 구체적으로 알 수 없지만, 통일신라시대의 계획도시는 물론 거점 취락들 대부분이 하천이 합류하는 충적대지의 평탄지에 위치한 공통성을 고려하면, 유사한 모습일 가능성도 고려해 볼만하다. 도시가 조성된 지형 조건에 따라 도시의 평면형태와 경관 등에 부분적으로 차이가 있을 가능성도 염두에 두어야 한다.

4. 취락

1) 취락의 구성

취락은 대하천 또는 중소하천의 지류가 합류하는 삼각지의 충적대지에 위치하거나 또는 교통로상의 요충지이면서 넓은 평야가 전개된 저평한 구릉에 위치한다. 수십 기 이상의 건물지 또는 수혈주거지가 일정 범위 내에 군집을 이루거나 건물지와 수혈주거지가 일정 범위에 군집을 이루는 거점취락, 10여 기 내외의 수혈주거지로 이루어진 일반 취락, 수기 내외의 수혈주거지로 이루어진 소규모 취락으로 구분된다. 대규모의 취락은 지방의 거점 취락으로서 지방의 지배층들이 거주한 생활공간일 개연성이 있다. 이 거점취락은 와즙의 초석건물지가 포함되면서 다수의 수혈주거지와 수혈 등으로 이루어진 예와 수혈주거지와 수혈 등으로만 이루어진 사례가 있다. 전자는 지방의 관아시설이 포함된 중소지배층이 거주한 취락의 가능성이 있고, 후자는 일반 민이 거주한 취락일 가능성이 있다.

취락에는 수면과 취사·난방 등을 할 수 있는 가옥과 저장이나 생활폐기물을 폐기한 수혈, 우물·도랑유구, 도로 등 일상생활을 유지함에 있어 필요한 시설들이 가옥 주위에 배치되었다. 왕경과 위성도시, 지방도시에는 우물이 가옥 단위 또는 수 기의 가옥에 1기 내외로 확인되지만, 지방의 취락에는 우물이 거의 확인되지 않았다. 생활에 필수한 물의 공급이 매우 중요하였음에도 불구하고 우물의 존재가 거의 확인되지 않는 점은 매우 특이하다. 하천수 또는 용수를 사용하였을 가능성이 있다. 취락 주위에 수전·밭 등의 경작지나 토기가마·단야로 등의 수공업생산시설이 확인되지 않았다.

현재까지 확인된 대부분의 취락들은 조사 범위가 제한적이어서 취락 주위의 생산시설, 특히 수전이나 밭의 존재가 확인되지 않았는데, 취락 주위의 저지대나 선상지, 충적지·곡부 등지에 존재할 가능성이 있다. 수공업 생산시설은 원료 공급이 원활한 지역, 특히 원료산지에 가까운 곳에 위치할 가능성이 있으므로 일반 취락의 주위에서는 존재하지 않았을 것으로 추정된다. 수공업 생산시설은 수공업품을 생산한 시설과 함께 수공업 생산에 종사한 공인들이 거주한 취락이 존재하였을 가능성이 있다. 최근의 조사에서 곡부에 1~2기의 토기가마가 확인된 유적의 사례가 증가하는데, 주위에 취락이 확인되지는 않았다. 1~2기의 토기가마는 인근에 위치한 수개의 취락에 토기를 공급하였을 것으로 추정된다.

그리고 1~2기의 수혈건물지만 확인된 사례도 존재하는데, 지형이 훼손되어 수혈건물지가 더 존재했을 가능성이 없지 않지만, 그 수는 많지 않았을 것으로 추정되어 특수한 목적의 취락이었을 가능성도 있다. 초석 건물지와 수혈주거지는 확인되지 않고, 굴립주건물지와 다수의 수혈로 이루어진 유적 사례도 존재한다. 현재 와즙건물지로만 이루어진 취락의 사례는 확인되지 않았고, 고상건물지와 수혈주거지로 이루어진 취락이 다수 존재한다. 초석 또는 적심석이 존재하거나 담장과 기단 시설이 존재하면서 기와가 출토한 유구가 확인된다. 이 담장과 기단이 있는 건물지의 사례는 부분적으로 확인되는데, 그 성격은 알 수 없다. 이와 같은 건물지 주위에는 수혈주거지가 확인되지 않은 게 대부분이다.

2) 거점 취락

통일신라시대의 거점 취락 사례로는 대구 봉무동유적·수성동유적, 이천 갈산동유적, 연기 오송리유적, 춘천 송암동·근화동·현암리유적 등이 있다.

　대구 봉무동유적은 수혈주거지·건물지·적심건물지·우물과 함께 수혈이 다수 확인되었다(그림 4-19). 발굴조사가 실시된 면적이 꽤 넓음에도 불구하고 수혈주거지는 2동만 조사되었고, 적심건물지는 4동, 우물은 2기, 수혈 28기 등이고, 동서·남북방향의 도로 2기 등으로 이루어졌다. 수혈주거지는 평면형태가 타원형이고, 내부에 아궁이와 고래가 설치되었다. 고래는 냇돌을 세우고, 그 위에 뚜껑돌을 덮은 구조이고, 주거지 한쪽 벽면의 1/2 정도의 길이이다.

　적심건물지는 정면과 측면이 1칸 또는 정면 2칸, 측면 1칸의 구조이다. 적심은 지면을 30~40cm 깊이로 굴착하고 내부에 냇돌과 깬돌을 채워 넣었다. 적심의 지름은 큰 것은 80~100cm, 작은 것은 40~60cm 내외이다. 초석은 확인되지 않았다. 적심건물지는 담장으

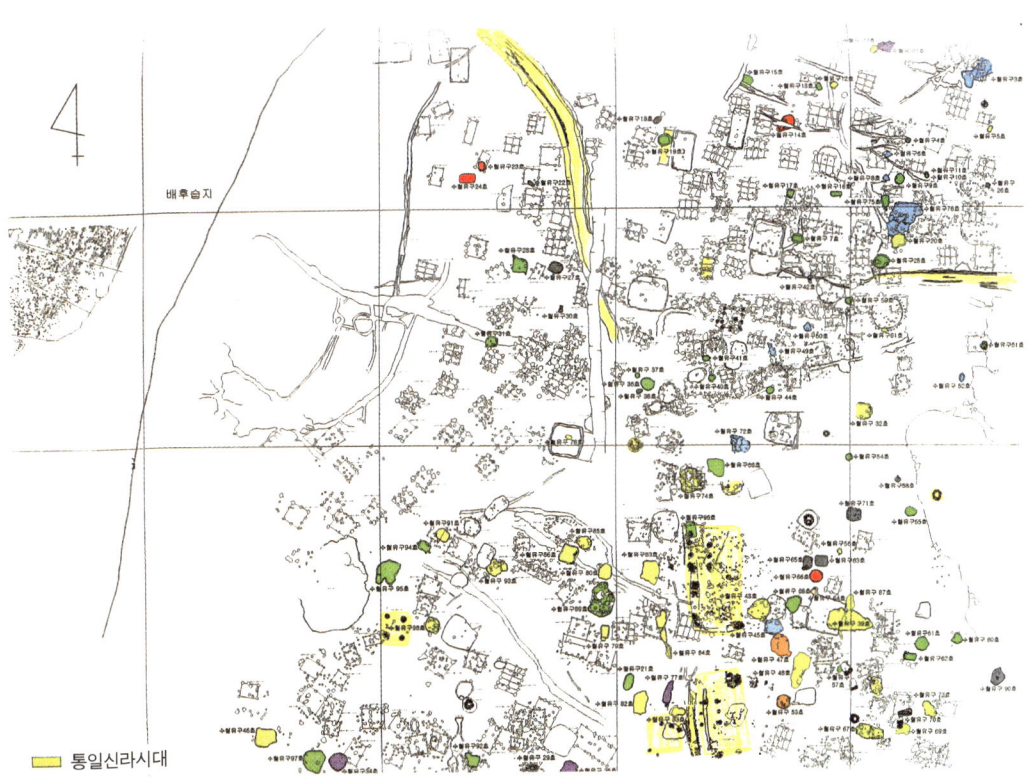

그림 4-19 　대구 봉무동유적 유구 배치도

로 둘러싼 구조는 아니다.

　수혈은 규모가 작고, 평면형태가 부정형·원형·방형 등 다양한데, 평면형태가 방형인 일부 수혈은 일시적 주거로서 사용 가능한 면적이다. 일부 수혈은 내부의 넓은 범위에 걸쳐 목탄과 소토 등이 있고, 바닥이 피열되었다. 대부분의 수혈에서 토기와 함께 평기와가 출토되었다. 수혈 내부에는 소토와 목탄이 채워져 있고, 바닥이 피열된 점 등을 볼 때, 수공업품을 생산한 공방지일 가능성도 있다. 공방으로 사용한 후, 폐기하면서 토기와 기와 등을 넣어 매몰한 것으로 추정된다.

　남북도로는 조사지역의 남쪽 끝 부분과 북쪽에서 부분적으로 확인되었는데, 남쪽의 도로가 적심건물지 사이를 지나고 있다. 적심건물지와 도로의 운영 시기에 약간의 차이가 있지만, 적심건물지 사이로 도로가 지나가는 양상을 고려하면, 이곳의 적심건물지는 도로와 관련이 깊은 건물지로 추정된다.

　대구 봉무동유적은 서쪽에 금호강이 남북으로 흐르고 남쪽에는 금호강의 지류인 불로천이 금호강에 합류하는 지점에 위치한다. 이곳에 적심건물지와 다수의 수혈과 함께 도로가 금호강으로 향해 있는 점 등을 고려할 때, 금호강의 수운을 이용한 물품 집하 기능을 한 취락일 가능성이 있다.

　대구 상동유적은 금호강 지류인 신천 동안의 충적대지에 위치한다. 충적대지의 약 12,000㎡에서 수혈주거지 25기와 수혈 6기, 우물 2기 등이 확인되었고(그림 4-20), 적심건물지와 공방지·고상건물지 등의 시설물은 확인되지 않았다. 수혈주거지와 수혈 등은 조사 전체 면적에 분포하지 않고, 일부 구역에 집중하는데, 동쪽과 서쪽의 2개 지구로 구분된다. 2개 지구 사이에는 통일신라시대 유구가 분포하지 않는데, 이 부분에 학교 교사가 세워져 통일신라시대 유구가 없어졌을 가능성도 있지만, 당초부터 두 곳으로 구분되었을 가능성도 있다. 동쪽의 주거지군은 수혈주거지가 16기이고, 수혈이 5기이다. 우물은 확인되지 않았다. 서쪽의 주거지군은 9기의 주거지와 수혈 1기, 우물 2기로 이루어졌다.

　취락은 7세기 전반에서 8세기 전반의 것과 9세기의 것이 확인되었는데, 7세기 전반에서 8세기 전반까지의 취락은 수혈주거 10동 내외와 수기의 부정형 수혈로 이루어졌다. 이 시기의 수혈주거지는 동쪽군에 4기, 서쪽군에 6기가 배치되었다. 수혈주거지는 평면형태가 방형이고, 주거지 내부에 노지 또는 아궁이와 구들이 설치되었고, 그 밖의 시설물은 확인되지 않았다. 노지가 설치된 주거지는 2기이고, 그 외의 주거지는 아궁이와 구들이 설치되었다. 아궁이는 냇돌을 세우고 그 위에 이맛돌을 얹은 후 점토를 발라 부뚜막을 만들고, 아궁이에서 좌측 또는 우측으로 90° 꺾어 구들이 설치되었는데, 아궁이와 구들의 평면형태가 'ㄱ' 모양 또는 'ㄷ' 모양이다. 구들은 외줄이고, 연기는 모서리 벽이나 벽의 중간부에 연통을 만들어 배출하였다. 석조우물은 1기인데, 취락 구성원들이 공동으로 사용한 것으로 추정된다.

주거지 내부에서 뚜껑·합·완·병·고배 등의 식기류와 파수부

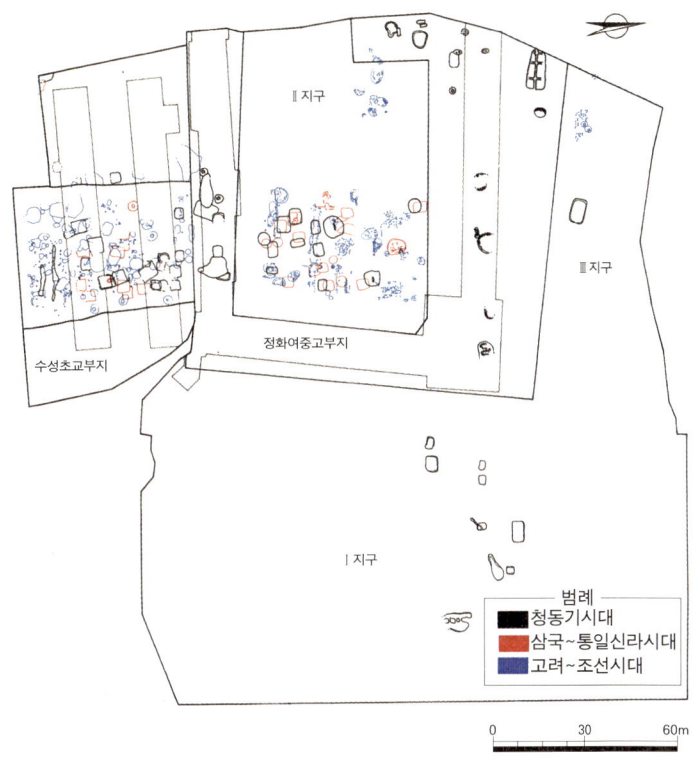

그림 4-20 대구 상동유적 유구 배치도

옹·옹 등의 취사용기, 편병·대호 등의 저장용기가 출토되었고, 지석도 출토되었다. 주거지 내부에서 농공구나 장식품 등은 출토되지 않았다.

9세기의 취락은 수혈주거지 15여기와 수기의 수혈로 이루어졌다. 수혈주거지 규모는 7세기 전반의 수혈주거지와 거의 같거나 큰 것도 있다. 평면형태는 방형과 장방형이 있다. 평면 형태의 차이에도 불구하고 주거지 내에는 아궁이와 구들이 설치되었고, 다른 시설은 설치되지 않았다. 구들은 동벽 또는 북벽에 접해서 냇돌을 사용하여 만들었는데, 구들 길이가 한쪽 벽의 길이만큼 길고, 배연구는 벽 모서리 부분에 설치되었다. 아궁이는 배연구 반대측에 설치되었거나 구들 중앙부에 해당되는 곳에 설치되었다. 구들의 평면형태는 'ㄱ'형이거나 'ㅜ'형이다. 7~8세기의 주거보다 난방 효율을 높이는 방향으로 구들이 설치되었다.

주거지 내부에서는 뚜껑·합·완·병 등의 식기류와 시루·옹 등의 취사용기가 출토되었고, 특히 선문타날이 된 암키와와 수키와가 출토되었다. 평기와는 온돌과 구들을 만든 재료로 사용되었다.

연기 오송리유적은 미호천과 지류인 오친이 합류하는 삼각지의 충적대지 평탄면에 위

치한다. 유적이 위치한 곳은 미호천의 범람과 퇴적에 의해 비교적 넓은 평야가 전개되어 있다. 전면적인 조사가 이루어지지 않아 전체적인 취락 경관은 확인이 어렵다. 조사된 10,000여 m^2 면적에서 54동의 주거지와 11기의 수혈유구가 확인되었다(그림 4-21). 주거지는 1~2기가 중복되어 있어 54동의 주거지가 같은 시기에 존재했다기보다 시기 차이가 있어 취락이 일정 기간 존속되었음을 나타낸다. 수혈주거지가 조영된 시기는 9세기 후반에서 10세기 전반이다.

그림 4-21 연기 오송리유적 유구와 출토 유물

　취락을 구성한 주거지는 모두 수혈건물지이고, 평면형태가 방형이다. 주거지는 지면을 얕게 굴착하여 바닥을 편평하게 정지하였고, 출입구 반대측 벽면 가까이에 취사 및 난방시설이 설치되었다. 아궁이와 고래의 존재가 다소 불분명하며, 노지 상태의 것도 있다. 취사 및 난방시설은 돌을 세워 아궁이를 만들고, 고래없이 바로 주거지 밖으로 연기를 배출한 형식, 아궁이와 구들 사이에 주거지 벽이 위치하고, 아궁이와 구들이 'ㅏ' 또는 'ㅜ'형을 이루는 형식 등이 있다. 위의 3가지 형식간에는 시기 차이가 거의 나지 않으면서 병존한 주거 형식으로 추정된다.

　주거지에서 출토된 유물은 자비기·저장기·식기 등의 토기류가 대부분이고, 철부·살포 등의 철기와 뒤꽂이가 출토되었고, 기와는 45호 주거지에서 연화문수막새 1점 출토되었다. 8세기 후반 이후의 수혈주거지에서 평기와가 출토된 사례가 많은 현상과는 대조적이다. 오송리 취락의 수혈주거지에서 평기와가 출토하지 않는 것은 주거지에 설치한 아궁이와 구들을 만들 때, 돌과 기와가 사용되지 않고, 점토로 만들었기 때문이다. 따라서 통일신라시대의 수혈주거지에서 평기와 사용은 아궁이와 구들을 만든 소재였고, 지붕을 덮는 소재로는 사용되지 않았음을 나타낸다.

수혈주거지에는 다수의 토기들이 출토되었는데, 동이·옹·호·편구병 등의 저장용기, 솥·시루 등의 취사기, 뚜껑·완·합 등의 식기류가 있다. 주거지 내에서 단기간의 곡물을 저장하고, 취사와 식사를 수행하였음을 나타낸다. 금속제 용기류는 출토하지 않았다. 상당한 수량의 토기가 출토되어 토기가 주된 생활용기였음을 나타낸다. 소수이지만, 벼루 다리가 출토되어 취락 내에서 문서 또는 목간 등을 작성하여 사용하였음을 암시한다. 토기 이외에도 주조괭이·철침·호미·낫·도자·살포·철서 등의 철제 도구들도 출토하였다. 이 철제 도구들은 취락 주위에 조성된 수전이나 밭을 경작하거나 수확 등의 농기구로 사용되었다.

소량이지만 청동제 과대금구와 뒤꽂이 등의 장식구도 출토되어 취락의 구성원중 일부인이 착용하였을 것으로 추정된다. 그리고 어망추도 출토하여 취락 가까이에 흐르는 미호천을 대상으로 어로가 행해졌고, 주요한 생계수단의 하나였음을 나타낸다.

그런데 취락 내에서 우물이 1기도 확인되지 않았다. 장기간의 거주를 하였다면, 식수 확보가 필수적임에도 불구하고 우물이 존재하지 않는 점이 특이하다. 취락 주변에 미호천이 흐르고 있어 하천수를 식수와 생활용수 및 농업용수 등 다양하게 사용하였을 가능성과 함께 주거지 주위에 점재한 부정형의 수혈에 집수하여 사용하였을 가능성도 있다.

춘천의 소양강변 좌우안의 충적대지인 송암동·근화동·현암리 일대에는 삼국시대 말에서 통일신라시대에 걸치는 대규모 취락이 분포하고, 우두동 일대의 충적지대에는 밭이 분포되었다. 송암동유적의 취락은 소양강변 동안의 구릉 말단부에 위치하고, 전면에 충적지대가 전개되어 있다. 확인된 주거지의 수는 26동인데, 모두 수혈주거지이다. 우물은 1기이고, 적심건물지는 확인되지 않았다. 26동의 주거지는 7세기 전반부터 9세기까지 장기간에 걸쳐 조영되었다 (그림 4-22·23).

주거지 평면형태는 방형과 장방형이 있는데, 방형이 대부분이다. 주거지 내부에는 아궁이와 구들이 설치되었다. 아궁이와 구들의 연결은 다양하며, 평면형태는 'ㄱ'형이거나 'ㅜ'형이다. 구들의 길이는 구들이 위치한 벽면의 길이만큼 길고, 대부분 외줄이고, 일부는 두 줄인 예도 있다. 특히 아궁이와 구들이 연결된 평면형태가 'ㅜ'형이 많다. 구들에서 연기와 열기를 배출하는 배연구는 벽의 모서리쪽에 설치하여 주거지 외부로 빠져나가게 되었다.

그림 4-22 춘천 근화동유적 근경

그림 4-23 춘천 송암동유적 주거지

구들 길이가 길고, 외줄뿐만 아니라 두줄이거나 아궁이와 구들이 'ㅜ'형인 구조 등은 모두 주거지 내부의 난방 효율을 높이기 위한 방안이다. 7세기 전반에는 주로 구들 길이가 한쪽 벽면의 절반정도이고, 아궁이와 구들의 평면형태가 'ㄱ'형 또는 'ㄷ'형이었으나 8세기 전반 이후부터 구들 길이가 한 쪽 벽면 길이만큼 길고, 아궁이와 구들의 평면형태도 'ㅜ'형인 예가 많다. 시기가 지나면서 구들의 길이를 길게 하거나 열이 양쪽으로 분산되면서 역류시키는 등 난방 효율을 높이는 주거 구조 개선의 중요한 부분이었다. 특히 동절기의 추위에 안정적인 생활을 영위하기 위한 노력을 많이 기울였음을 나타낸다.

주거지 주위에는 원형 또는 부정형의 수혈들과 수혈에 잔 돌이 가득 채워진 적석유구 등이 확인되었는데, 이 유구들의 기능은 제대로 알기 어렵다. 수혈과 적석 유구 등은 취락에서의 생산 활동과 관련한 시설물의 하나일 수 있다. 취락 내에 도로는 확인되지 않았는데, 자연 지면을 도로로 이용하였을 것으로 추정된다.

이천 갈산동유적은 9세기 이후에 조성된 대규모 취락이다. 취락은 해발 67m 내외의 얕은 저구릉성 산지의 사면부에 위치한다. 유적 동쪽에는 복하천이 동쪽에서 서쪽으로 흐르고, 서쪽에는 신둔천이 남서쪽으로 흘러 유적의 남서쪽에서 합류되고, 남동쪽에는 충적대지가 넓게 형성되었다. 취락이 위치한 구릉 일대에는 수혈주거지·석열·건물지·저장공·수혈·적석유구·폐기장 등이 분포하는데, 이 유구들이 모두 동 시기에 취락을 구성하지 않았고, 기능이 다른 유구들도 포함되어 있다. 이곳 일대가 나말여초기에 조성된 안흥사지로 비정되어 왔고, 발굴조사에서 확인된 석탑부재 및 석열·건물지 등이 안흥사와 관련된 시설물로 추정된다. 따라서 이곳의 통일신라 취락은 수혈주거지·수혈·저장공·폐기장 등으로 이루어졌다(그림 4-24·25).

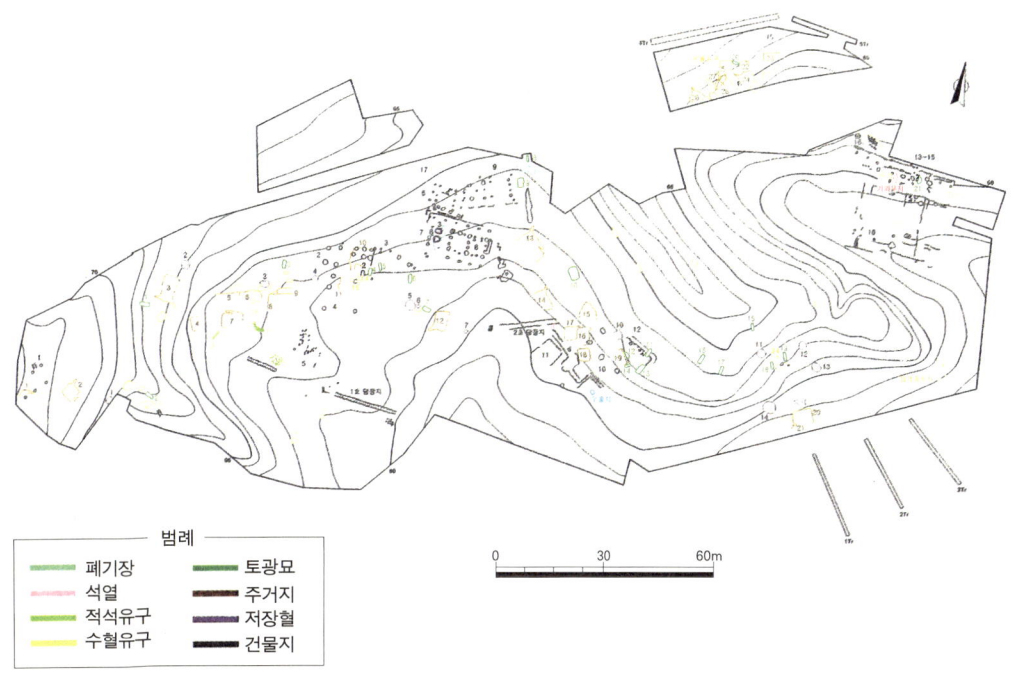

그림 4-24 이천 갈산동유적 유구 배치도

그림 4-25 이천 갈산동유적 수혈주거지

113

수혈주거지는 모두 28동이고, 지면이 높은 곳을 굴착해서 편평한 바닥면을 만들었다. 주거지의 평면형태는 방형과 장방형이 있다. 주거지 내부에 아궁이와 구들이 있거나 아궁이만 있고, 구들은 벽 밖에 설치되었다. 주거지 벽 모서리 또는 내부에 일정 간격을 두고 주혈이 있는 예도 있는데, 지붕을 지탱한 기둥 또는 보조 기둥이 설치된 흔적일 가능성이 있다.

　8세기 후반의 주거지는 주거지 내부에 아궁이와 구들이 설치되었다. 아궁이와 구들은 경사면 상단부에 벽면을 따라 설치하였는데, 주거지 벽면의 1/2 정도의 길이이다. 아궁이 바닥은 주거지 바닥면보다 10cm 낮게 되었고, 구들은 아궁이 방향에서 90° 직각으로 꺾여 평면형태가 'ㄱ'형이다. 고래는 외줄 또는 두줄인데, 생토면을 골처럼 파서 만들었는데, 돌이 확인되지 않는 구들과 돌을 사용한 구들이 있다. 배연구는 구들에서 45° 꺾여 주거지 밖으로 나오게 만들었는데, 골을 판 후 위를 덮었고, 끝은 수직으로 올라오게 하여 연통부를 만들었다.

　9세기 전반의 주거지 평면형태는 방형과 장방형이 있고, 앞 시기의 주거지보다 규모가 상당히 크다. 주거지 내부 규모의 증대는 주거지에서 생활 가능한 인구가 많아졌음을 나타낸다. 그리고 구들이 주거지 벽 밖에 설치한 점도 주거지 내부의 활동공간을 확보하기 위한 방안일 가능성이 있다. 아궁이와 구들은 주거지 내부에 설치되었는데, 평면형태가 'ㄱ'형과 'ㅜ'형이다. 돌을 세우고 그 위에 덮개돌을 덮어 구들을 만들었고, 배연구는 벽 모서리에 만들었다.

　9세기 후반에서 10세기 전반의 주거지는 평면형태가 장방형이 많고, 구들은 주거지의 벽 밖에 설치되었다. 아궁이는 주거지 내부의 벽면에 붙여 만들고, 주거지 벽을 관통시켜 구들과 연결하였다. 구들은 지면을 파서 만들었는데 주거지의 벽면과 나란하게 외줄 또는 두 줄이거나 한쪽은 외줄, 반대쪽은 두 줄 등이 있는데, 양쪽 모두 두 줄인 구들이 많다. 구들이 두 줄인 경우, 아궁이에서 지핀 열기가 첫째 줄과 둘째 줄 고래를 관통하여 흐르도록 하였다.

　주거지에서는 많은 수량의 유물이 출토되었는데, 식기·취사기·저장기 등의 토기류와 함께 대부분의 주거지에서 평기와가 출토되었다. 평기와의 등면에는 중판 또는 장판의 선문타날이 되었거나 격자문이 타날되었다. 지석·방추차·석제추 등과 함께 뒤꽂이도 출토되었다.

　이 외에도 숙식의 기능을 할 수 있는 초석건물지나 수혈건물지 등이 확인되지 않는 다소 특수한 취락도 확인되었다. 용인 언남리유적은 탄천의 지류인 마북천이 삼각상으로 갈라진 안쪽의 완만한 구릉 사면에 위치한다. 언남리유적이 위치한 곳은 조선시대 영남에서 한양으로 가는 가장 주요한 교통로인 동래로가 지나가고 있다. 이 교통로는 통일신라시대에도 주요하게 이용되었을 것이다. 언남리유적은 구릉 사면에 건물지 1동, 수혈 61기, 구상유구 2기, 적석유구 1기, 할석유구 1기 등 모두 66기의 유구로 이루어졌고, 수혈주거지는 확인되지 않았다.

취락이 장기간 유지되었는데, 우물이나 도로 등의 시설은 확인되지 않았다. 주거지 주위에 14기의 저장공이 분포하는데, 단면형태가 플라스크형과 U자형. 직선형 등이 있다. 저장공에는 토기와 평기와가 다수 출토되었고, 단면형태가 U자형인 저장공에는 대호가 놓여있고, 내부에 평기와가 채워져 있다. 저장공을 폐기할 때 기와를 넣은 것으로 추정된다. 대호를 이용하여 곡물 등을 저장하였을 것으로 추정된다.

연기 나성리유적은 4기의 굴립주건물지와 28기의 수혈유구, 7기의 구상유구로 이루어졌다. 초석 건물지와 수혈건물지 등 일상생활을 영위할 수 있는 시설은 존재하지 않는다. 이 나성리유적은 금강의 서측에 형성된 충적대지의 평탄지에 위치하는데, 금강의 하상폭이 좁아지는 지점에 해당한다. 이 나성리유적은 일반적인 취락이라기보다 금강을 연결하는 교통로상에 위치하면서, 금강을 도하하기 전에 이곳에 물품을 집산하여 저장하는 일종의 집하시설로 추정된다.

3) 통일신라시대 취락의 특성

통일신라시대의 대부분 취락이 중소 하천이 합류하는 충적지의 평지에 위치하거나 앞쪽에 넓은 평야가 전개된 배후의 얕은 구릉지에 위치한 점은 평지의 수전과 평지에서 구릉으로 이어지는 완사면 일대를 대상으로 한 밭을 경작한 경작 경제가 주된 생업이었음을 나타낸다. 취락이 하천 주변의 충적지에 위치한 것은 시비법과 관개시설이 제대로 갖추지 못한 조건 하에서 물의 안정적인 공급과 토양의 영양분이 높은 지대를 대상으로 경작지를 개발할 필요가 있었기 때문이다. 그리고 주위의 하천을 대상으로 한 어로와 산지를 대상으로 한 수렵 등도 농가 경제의 보조 수단이었을 것으로 추정된다.

통일신라시대의 취락을 구성한 수혈주거지, 특히 8세기 후반 이후의 수혈주거지에서 기와도 다수 출토되었는데, 막새는 없고 모두 암키와와 수키와 등의 평기와이다. 이 기와들은 아궁이 또는 구들을 만든 소재로 활용한 예도 있는데, 주거지의 지붕에도 부분적으로 사용되었을 가능성도 있을 것으로 추정된다. 특히 8세기 후반 또는 9세기 전반 이후 대부분 취락의 수혈주거지에서 평기와가 출토되었는데, 아궁이 또는 구들을 만든 소재로도 사용되었지만, 주거지 내부 또는 수혈 등에서도 출토되어 다른 용도로도 사용되었음을 나타낸다. 일부 주거지에서는 20여 점 이상의 평기와가 출토되었는데, 아궁이와 구들 외의 주거 시설에도 사용되었을 가능성이 있다. 적심을 설치하지 않은 토벽 구조 가옥의 지붕에도 기와가 부분적으로 사용 가능하였는지 등에 대해서는 앞으로의 조사 성과를 기대할 필요가 있다.

통일신라시대에는 일정한 대지에 5~10동 내외의 주거지가 존재하고, 큰 규모의 취락은 20~30동 정도인 예도 있다. 수 동 내지 수십동의 주거지가 배치되었지만, 생활용수를 얻기 위한 우물이 확인되지 않는 취락이 상당수에 이른다. 통일신라시대 지방에 조성된 대부분의 취락이 대하천의 지류가 합수되는 충적지의 평지에 위치하여 취락 주변의 하천수를 용이하게 이용할 수 있는 지리적 조건을 갖추었지만, 식수도 하천수를 이용하였는지 알 수 없다. 취락이 조성된 곳이 용천수가 풍부하여 깊은 우물을 만들지 않아도 충분히 식수를 확보하였을 가능성도 있다.

취락에는 숙식을 위한 주거지와 함께 여러 기의 부정형 수혈이 공반한 사례가 일반적이다. 수혈의 기능과 용도는 구체적으로 확인되지 않았으나 생활 폐기물을 버린 장소로 추정된다. 취락 내에 다른 시설, 예를 들면, 취락 내의 도로, 물품을 저장한 창고시설이나 수공업 생산시설, 불교사원 등의 종교시설 또는 제의시설, 방어시설 등의 사례는 거의 확인되지 않았다.

그리고 수혈건물지와 함께 적심건물지로 이루어진 취락과 수혈건물지로만 이루어진 취락, 출토 유물에서 장식품 등이 출토되지 않는 취락, 주거지 수가 수십기 이상으로 이루어진 규모가 큰 취락, 수 기 내외의 주거로 이루어진 소규모 취락 등 다양한 형태와 내용을 가진 취락이 존재하였다.

그런데 이 다양한 형태와 내용을 가진 취락에 거주한 주민들의 사회적 위치는 어느 정도인지, 즉 당시의 신분 편제에 따른 취락의 규모와 형태 및 내용 등에 대해서는 구체적으로 논의되지 않아 불분명하다. 전국 각지의 취락 유적들 중, 적심건물지로 이루어진 취락은 그리 많지 않다. 왕경과 위성도시, 지방도시 등을 제외한 지역에서 적심건물지는 주로 관아시설 또는 불교사원 건축물을 제외하면, 많지는 않다. 대부분의 취락은 수혈건물지와 수혈로 이루어진 양상이다. 사벌주의 주치이면서 계획도시가 조성된 상주 복룡동유적에서도 적심건물지의 수보다 수혈건물지의 수가 많다. 이는 주의 치소이면서 당시 지방의 중심지인 계획도시에서도 수혈주거지가 많은 점 등을 고려하면, 통일신라시대의 지방에 거주한 중하급 관리는 물론 일반민들은 대부분 수혈주거지에 거주하였을 것으로 추정된다.

5. 주거 구조

통일신라의 주거는 지상가옥과 수혈가옥으로 구분된다. 지상가옥은 지면을 삭평하거나 성토하여 평탄 대지를 만들고, 적심 위에 초석을 놓고, 그 위에 기둥을 설치하여 생활면이 지상에 마련된 구조로서 대부분 와즙이 되었다. 이 와즙 지상가옥의 대부분은 훼손되어 상부 구조가 남아 있는 예가 없어 내부 구조의 구체적인 모습은 알기 어렵다. 다만 초석의 범위와 배치를 통해 가옥의 규모와 대체적인 구조를 추정할 뿐이다. 이 지상가옥은 통일신라의 수도인 왕경과 위성도시, 그리고 지방의 주치와 소경 등의 지방도시와 지방의 주요 불교사원, 관방 등지에 주로 설치되었다. 이 지상가옥은 관아나 사원 등 공공 목적의 시설물로 건축되었거나 왕경에 거주한 왕·귀족·하급관리 등의 지배층, 지방의 지배층 및 관리와 중요 불교사원에 기거하는 승려들이었을 것으로 추정된다.

초석 건물지는 정면 1칸 측면 1칸에서부터 정면 수칸, 측면 2~3칸 등 건물의 규모와 기능 및 중앙과 지방 등에 따라 다양하다. 왕경의 주요 초석건물지, 왕궁 내의 각종 전각, 주요 사원의 전각, 고급 귀족의 가옥 등은 지면을 정지하고 그 위에 일정 높이까지 성토한 후, 일정간격으로 성토한 대지를 원형 또는 타원형으로 굴착하고, 그곳에 돌을 채워 적심부를 조성하고 그 위에 편평한 사각형의 큰 자연석이나 가공석을 놓아 초석을 만들었다. 초석 위에 나무 기둥을 세우고, 그 위에 들보와 서까래를 설치하고 위에 진흙을 바르고 기와로 지붕을 덮었다.

초석을 설치할 대지를 사질점질토로 인공으로 성토하고, 이 성토한 대지를 재굴착하였는데, 이는 가옥의 상부 무게에 의해 지면이 침하하거나 좌우로 밀려나가 기둥이 움직이지 않도록 하기 위한 토목기술이다. 지붕에 많은 수량의 기와를 얹게 되면, 지붕을 받치고 있는 기둥으로 하중압이 미치게 되면, 기둥 하부가 견고하지 않으면, 균형이 이완되면서 가옥이 무너지게 될 우려가 발생하는 것을 방지하기 위한 공법이다.

월성 해자 주변에서 확인된 왕궁 내의 건물지와 황룡사지·사천왕사지 등의 중심 불교사원, 왕경 내의 귀족 가옥 등의 건물지 적심부의 대부분은 위와 같이 오염된 표토를 제거한 후, 점질성사질토를 성토한 후, 적심을 설치할 부분을 굴착한 후 적심을 조성하였다. 적심의 규모는 왕궁 내의 건물지와 중요 불교사원 등은 직경이 1.0~1.5m 내외로 크다. 적심부의 규모가 클수록 웅장한 기와건물이 세워졌음을 나타낸다. 왕경 내에 귀족들의 거주 공간으로 추정되는 인왕동·구황동 일대에서 확인된 건물지의 적심 직경은 1.0~1.2m 내외이고, 사정동·황남동·성동동·동천동·황성동·탑정동 등지의 건물지 적심의 직경은 0.6~1.0m 내외이다. 왕궁과 중요 사찰 → 귀족 가옥 → 중하급 관료의 가옥 적심부 규모에 차이가 존재함은 왕경의 계획도시가 고대의 엄격한 신분질서를 구현하였음을 나타낸다.

지방도시 내의 관아와 가옥, 지방의 주요 불교사원, 성곽 내부에도 적심건물지가 세워졌다. 적심건물지는 적심을 조성한 방식과 초석의 가공유무 등에 약간의 차이는 있으나 시기를 구분할 만큼 명확하지 않다. 향후 토기나 기와 등의 출토 유물이 아닌 적심건물지의 조성 방식을 분석하여 적심건물지가 어떤 방향으로 변화해 갔는지가 밝혀져야 한다.

지방도시의 하층민과 지방의 일반인들의 일반적인 주거형태는 수혈주거이다. 수혈주거지의 평면형태는 방형과 장방형이 대부분이고, 일부는 부정형을 띠기도 한다. 통일을 전후한 7세기 후반 이후부터 8세기 후반까지의 수혈주거지의 평명형태는 대부분 방형이고, 일부 장방형과 타원형도 있다. 8세기 후반 이후부터 9세기 말 또는 10세기 전반은 평면형태가 방형 또는 장방형인데, 이전 시기에 비해 장방형의 평면형태가 증가하고, 규모도 더욱 커졌다.

주거지가 폐기된 이후 자연적 인위적인 삭평이 되었을 가능성이 있지만, 대부분의 수혈주거지의 깊이는 매우 얕다. 주거지 내에 기둥을 세운 주혈이 확인되지 않아 상부구조는 구체적으로 알 수 없다. 주거지 내에서 기둥자리가 확인되지 않는 특징을 볼 때, 출입시설을 제외한 사방을 흙벽으로 막고, 그 위에 지붕을 이은 구조였을 것으로 추정된다.

수혈주거지는 내부에 난방과 취사를 위한 아궁이와 구들·고래 시설 또는 화덕이 설치되었다. 대부분의 수혈주거지는 출입시설의 반대편에 아궁이와 고래가 설치되었다. 아궁이에서 구들로 이어지는 경계부에 칸막이를 하고, 구들을 아궁이에서 'ㄱ'자 형태로 꺾어 설치하였다. 일부 주거지는 아궁이에서 구들이 양쪽으로 꺾여 설치된 예도 있다. 구들은 외 줄과 두 줄 등이 있으며, 바닥에 돌을 세우고, 그 위에 돌을 덮고 흙을 바른 구조이다. 숙면과 일상생활을 한 공간의 바닥면보다 구들이 설치된 바닥면이 높게 되었다. 배연구는 주거지 밖으로 향해 설치하였는데 이는 아궁이에 지핀 불이 역류하지 않고 구들을 통해 주거지 외부로 쉽게 빠져나갈 수 있게 고려한 것이다. 아궁이와 온돌은 음식을 조리하면서 지피는 열기를 이용하여 난방을 하는 형식으로서 온돌은 아니었다.

주거지의 평면형태와 구들의 형태 및 규모, 주거지 내부와 구들과의 관계 등에서 시기 차이와 함께 지역적인 차이도 존재한다. 주거지 내부에는 아궁이와 구들 등 취사와 난방을 위한 시설 이외의 다른 시설이 확인된 사례는 거의 없다. 일부 수혈주거지에는 취사시설이 위치한 반대측에 주혈이 확인된 사례가 확인되었는데, 출입시설이 설치되었을 가능성이 있지만, 확실하지는 않다. 취사와 난방시설은 주거지 뒤쪽에 구릉이 있는 방향에 설치되어 출입시설은 주로 개활된 평탄지 방향에 설치되었던 것으로 추정된다.

신라가 삼국을 통일하기 전인 7세기 전반의 수혈주거지는 평면형태가 방형이고, 규모는 개별 주거지마다 차이가 있지만, 대개 가로×세로가 300~400cm 내외이고, 주거지가 폐기된 후 지면이 삭평되어 원래 깊이는 알 수 없으며, 대부분 20~40cm 내외이다. 주거지 내부에는 아궁이와 구들이 설치되었고, 기둥 구멍은 거의 확인되지 않는다.

8세기 후반이 되면, 주거지의 면적이 증가하고, 방형의 평면형태도 지속하지만, 장방형의 평면형태도 증가한다. 주거지 내부에는 한 쪽 또는 두 쪽 벽면을 따라 부뚜막과 아궁이·구들이 설치되었는데, 구들이 한쪽 벽면의 전체 길이만큼 길고, 평면형태도 'ㄴ'형과 'ㅜ'형이 일반화 하면서 난방 효율이 높은 구조로 변화한다. 그리고 9세기 전반에 이르면, 일부 지역의 거점 취락에는 주거지 내부의 구들을 밖으로 내고 두 줄로 된 예도 있고, 구들과 45° 꺾어 배연구를 만든 예도 있다.

강원도와 경기도 지역의 수혈주거지는 평면형태와 규모 등은 남부지역의 수혈주거지와 유사하지만, 수혈 깊이가 깊고, 아궁이와 구들의 구조와 면적은 다르다. 아궁이와 구들은 대부분 냇돌과 깬돌을 사용하여 만들었는데, 구들 높이가 40~50cm 이상으로 높고, 한쪽 벽면 전체 또는 양쪽 벽면의 절반 이상의 길이만큼 구들이 설치되어 남부지역의 구들보다 길이가 길고, 아궁이가 구들의 중간에 위치하여 아궁이와 구들의 평면형태가 'ㅜ'자형이다. 구들 높이가 높고, 전체 길이가 길면서 아궁이와 구들의 평면형태가 'ㅜ'자형으로 배치한 것은 남부지역보다 겨울에 추울 뿐만 아니라 동절기가 길어 난방의 효율성을 높이기 위한 방안으로 추정된다.

    남부지역에서 확인된 수혈주거지는 평면형태가 대부분 방형이고, 일부는 타원형 또는 장방형도 있다. 그러나 강원도의 주거지에서 보이는 높이가 높은 구들이나 벽 밖에 설치한 구들 등의 형태는 확인되지 않는다.

홍보식

참고문헌

보고서 및 논저

慶尙北道文化財硏究院, 2004, 『대구 수성초등학교 부지내 上洞遺蹟發掘調査報告書』.

慶尙北道文化財硏究院·(주)우방, 2002, 『대구 수성구 상동 우방아파트 건립부지내 上洞遺蹟發掘調査報告書』.

國立慶州博物館·慶州市, 1997, 『慶州遺蹟地圖』.

동방문화재연구원·행정중심복합도시건설청, 2012, 『오송 통일신라시대 취락유적 행복도시~고속철도 오송역 도로건설부지내 유적 발굴조사보고서』.

삼한문화재연구원, 2011, 『대구 봉무지방산업단지 2단계 조성사업부지 내 大邱 鳳舞洞 750番地 遺蹟』.

삼한문화재연구원, 2011, 『대구 화원게이트볼장 조성부지 내 達城 本里里 405番地 遺蹟』.

성림문화재연구원, 2011, 『慶山 中山洞 160-1番地 生活遺蹟-경산 중산 1지구 도시개발부지내 A지구 Ⅰ·Ⅳ구역-』.

영남문화재연구원, 2004, 『상주 복룡3지구 주택건설부지내 유적 문화재 시굴조사 약보고서』.

영남문화재연구원, 2006, 『상주 제2건널목 입체화 시설공사부지내 尙州 伏龍洞 397-5番地遺蹟』.

영남문화재연구원, 2008, 『상주 복룡 2지구 주택건설부지내 尙州 伏龍洞 256番地遺蹟 Ⅰ~Ⅳ』.

영남문화재연구원, 2009, 『상주 복룡동 아파트 건설부지내 尙州 伏龍洞 10-4番地遺蹟 Ⅰ·Ⅱ』.

영남문화재연구원, 2009, 『상주 복룡동 아파트 건설부지내 尙州 伏龍洞 230-3番地遺蹟 Ⅰ·Ⅱ』.

영남문화재연구원, 2011, 『대구 봉무지방산업단지 2단계 조성사업부지내 대구 봉무동유적 Ⅰ~Ⅳ.』

영남문화재연구원, 2012, 『대구선 철도이설공사구간내 大邱 佳川洞 生活遺蹟』.

영남문화재연구원, 2015, 『慶州 车梁·坊內里 都市遺蹟』.

예맥문화재연구원, 2010, 『春川 松岩洞遺蹟-춘천 의암 레저스포츠타운 조성부지내 유적 발굴조사보고서-』.

울산문화재연구원, 2016, 『慶州 车梁里遺蹟』.

李康承·李熙濬, 1993, 『慶州 隍城洞 石室墳』, 國立慶州博物館.

이근직, 2012, 『신라 왕릉 연구』, 학연문화사.

중앙문화재연구원·대한주택공사, 2007, 『이천 갈산2지구 주택건설사업예정부지내 利川 葛山洞遺蹟』.

중앙문화재연구원·천안시, 2008, 『천안 신방통정지구 도시개발부지내 天安 新芳洞遺蹟-Ⅱ地區-』.

중앙문화재연구원·평택시도시개발사업소, 2007, 『평택종합유통단지 조성부지내 平澤 道日洞遺蹟』.
중앙문화재연구원·한국토지주택공사, 2011, 『평택 소사벌지구 택지개발부지 내 平澤 소사벌遺蹟』.
중앙문화재연구원·행정중심복합도시건설청, 2015, 『행정중심복합도시 중앙녹지공간 및 생활권 2-4구역 내 저습8유적(북쪽) 燕岐 羅城里遺蹟』.
홍보식, 2003, 『신라 후기 고분문화 연구』, 춘추각.

논문

國立慶州文化財研究所, 2003, 「Ⅳ, 遺蹟·遺物에 대한 檢討」, 『慶州 仁旺洞 556·566番地 遺蹟』, 發掘調査報告書.
김병모, 1984, 「도시계획」, 『역사도시 경주』, 경주시.
김재홍, 2013, 「신라 왕경의 개발과정과 발전 단계」, 『한국사학보』52, 고려대학교 고려사학회.
김재홍, 1995, 「신라 중고기의 저습지 개발과 취락구조의 재편」, 『한국고대사논총』7, 한국고대사회연구소.
민덕식, 1986, 「신라왕경의 도시설계와 운영에 관한 고찰」, 『백산학보』33, 백산자료원.
박광열 외, 2013, 「Ⅴ, 고찰」, 『慶州 仁旺洞 王京遺蹟Ⅰ-경주 인왕동 선덕여고 증축(기숙사·승강기)부지내』, 성림문화재연구원.
박달석, 2011, 「伏龍洞遺蹟으로 본 統一新羅時代 沙伐州의 都市構造」, 『嶺南文化財研究』24, 嶺南文化財研究院.
朴方龍, 1997, 『新羅 都城 硏究』, 동아대학교 박사학위논문.
朴方龍, 1999, 「新羅 王京의 都市計劃」, 『文物研究』3, 東아시아文物研究學術財團.
朴方龍, 2001, 「황룡사와 신라왕경의 조성」, 『황룡사의 종합적 고찰』, 신라문화제학술논문집22.
朴方龍, 2007, 「新羅 都城遺蹟의 發掘과 硏究現況-月城을 中心으로-」, 『경주 월성의 어제와 오늘, 그리고 미래』, 국립경주문화재연구소.
朴相銀, 2006, 「嶺南地方 古代 地方道路의 硏究」, 영남대학교 석사학위논문.
朴泰祐, 1987, 「統一新羅時代의 地方都市에 對한 硏究」, 충남대학교 석사학위논문.
余昊奎, 2002, 「新羅 都城의 空間構成과 王京制의 成立過程」, 『서울학연구』18, 서울학연구소.
余昊奎, 2003, 「新羅 都城의 儀禮空間과 王京制의 成立過程」, 『新羅王京調査의 成果와 意義』, 國立文化財研究所.

우성훈, 1996, 「신라왕경 경주의 도시계획에 관한 연구」, 성균관대학교 석사학위논문.

우현승, 2001, 「경북 상주시의 도시공간구조의 변천과정에 대한 연구」, 연세대학교 석사학위논문.

윤무병, 1987, 「新羅王京의 坊制」, 『두계 이병도박사 구순기념 한국사논총』.

李京贊, 2002, 「고대 한국 지방도시 격자형 토지구획의 형태특성에 관한 연구」, 『建築歷史研究』11-4.

이기봉, 2003, 「新羅 王京의 空間的 規模와 內部 體系에 대한 一考察-文獻과 金石文의 王京 記錄을 어떻게 理解할 것인가?」, 『新羅王京調査의 成果와 意義』, 國立文化財研究所.

李炳鎬, 2008, 「泗沘 都城과 慶州 王京의 比較 試論」, 『동아시아 도성과 신라 왕경의 비교연구』.

李泳鎬, 2005, 「7세기 新羅 王京의 變化」, 『國邑에서 都城으로-新羅王京을 중심으로-』, 신라문화제학술논문집26.

이영호, 2011, 「古代 都市 尙州의 탄생」, 『嶺南文化財研究』24, 嶺南文化財研究院.

李恩碩, 2002, 「新羅王京の都市計劃」, 『東アジアの古代都城』, 奈良文化財研究所創立50주년기념강연회.

李恩碩, 2003, 「新羅王京の都市計劃」, 『東アジアの古代都城』, 奈良文化財研究所 創立50周年記念 硏究論集XIV.

李恩碩, 2004, 「왕경의 성립과 발전」, 『통일신라시대고고학』, 한국고고학회.

이은석, 2011, 「상주 복룡동유적과 경주 왕경」, 『嶺南文化財研究』24, 嶺南文化財研究院.

이은석, 2015, 「신라 왕경의 방에 대한 종합적 고찰에 대한 토론문」, 『신라왕경 중심구역』, 방 정비 및 활용을 위한 학술 심포지움, 경주시·신라문화유산연구원.

이희준, 2010, 「신라 왕경유적 발굴조사 성과」, 『韓國의 都城』, 국립경주문화재연구소·국립부여문화재연구소·국립가야문화재연구소.

張順鏞, 1976, 「신라왕경의 도시계획에 관한 연구」, 서울대학교 환경대학원 석사학위논문.

全德在, 2005, 「新羅 方里制의 施行과 그 性格」, 『國邑에서 都城으로-新羅王京을 중심으로-』, 신라문화학술논문집26, 경주시·신라문화선양회·경주문화원·동국대학교 국사학과.

전덕재, 2015, 「신라 왕경의 방에 대한 종합적 고찰」, 『신라왕경 중심구역』, 방 정비 및 활용을 위한 학술 심포지움, 경주시·신라문화유산연구원.

정 민 외, 2013, 「경주 동해남부선 연결선 건설공사 구간내 유적(2차) 牟梁里 統一新羅時代 都市遺蹟」, 『嶺南文化財研究』26, 嶺南文化財研究院.

홍보식, 2004, 「統一新羅土器의 上限과 下限-연구사 검토를 중심으로-」, 『嶺南考古學』34, 영남고고학회.

홍보식, 2005, 「통일신라연결고리유개호의 발생과 전개」, 『韓國上古史學報』50, 韓國上古史學會.

홍보식, 2013, 「신라 도성의 건설과 구조」, 『삼국시대 고고학 개론Ⅰ-고대 도성과 토목-』, 대한문화재연구원.

홍보식, 2013, 「신라 도성의 구조 성격과 백제 도성과의 비교-신라 도성과 사비도성을 중심으로-」, 『백제 도성제와 주변국 도성제의 비교연구』, 백제역사유적 세계유산등재추진단·충청남도 역사문화연구원.

황보은숙, 2008, 「신라왕경의 도시적 발달」, 『신라문화』32, 東國大學校 新羅文化硏究所.

황보은숙, 2010, 「고고학적 자료로 본 신라왕경」, 『考古學論叢』, 경북대학교 고고인류학과 30주년 기념, 慶北大學校 出版部.

황보은숙, 2014, 「신라의 왕경과 지방도시」, 『신라고고학개론上』, 중앙문화재연구원 학술총서16, 진인진.

황인호, 2007, 「新羅 王京의 造營計劃에 대한 一考察」, 『韓日文化財論集Ⅰ』, 국립문화재연구소.

황인호, 2015, 「신라왕경 중심부의 방리 구조와 변천」, 『신라왕경 중심구역』, 방 정비 및 활용을 위한 학술 심포지움, 경주시·신라문화유산연구원.

藤島亥治郎案, 1930, 「新羅王京復元試論」, 『朝鮮建築史論』.

木村誠, 1983, 「統一新羅の王畿について」, 『東洋史硏究』42-2, 東洋史硏究會.

山田隆文, 2002, 「新羅金京復元試論」, 『古代學硏究』159.

西川幸治, 1976, 「都城の景觀」, 『都城』, 社會思想史.

田中俊明, 1992, 「新羅における王京の成立」, 『朝鮮史硏究會論文集』30, 朝鮮史硏究會.

井上秀雄, 1968, 「新羅王畿の構造」, 『朝鮮學報』49, 朝鮮學會.

통일신라고고학개론

05

관방과 무기·마구

• 관방 • 무기와 마구

1. 관방

1) 5~7세기의 신라 성곽

(1) 축성 배경

경주평야를 배경으로 성장하기 시작한 신라는 5세기에 이르면 비약적으로 발전하기 시작했다. 자비왕과 소지왕대의 왕권강화 노력에 이어 6세기 초, 법흥왕은 중국의 발달된 정치제도를 받아들이는 한편 율령을 반포하고 불교를 공인함으로써 국가 발전의 기틀을 다지

표 5-1 5~7세기 신라 성곽의 축성기록

축성 연대	명칭	위치비정	해발(m)	규모(km)
자비마립간6년(463)	2성			
자비마립간11년(468)	니하성	강릉 강문동토성(?)	26	1
자비마립간13년(470)	삼년산성	보은 삼년산성	325	1.7
자비마립간14년(471)	모로성	군위(?)		
자비마립간16년(473)	명활성수축	경주 명활성	252	4.5
자비마립간17년(474)	일모성	청원 양성산성	292	1
	사시성	옥천 이원리산성	198	0.65
	광석성	영동 금성산성	436	0.45
	답달성	상주 노고산성	403	0.63
	구례성	옥천 서산성	197	0.74
	좌라성	횡간읍성		
소지마립간7년(485)	구벌성	의성		
소지마립간8년(486)	삼년산성(개축)	보은 삼년산성	325	1.7
	굴산성(개축)	옥천 산계리토성	148	1.1
소지마립간9년(487)	월성(수축)	경주 월성		2.3
소지마립간10년(488)	도나성	상주 중모성	352	0.5
소지마립간12년(490)	비라성(개축)	경주 안강		
소지마립간15년(493)	임해, 장령에 설진	동해안		
지증왕2년(504)	피리, 미실, 진덕, 골화 등 12성	삼척, 영천, 흥해 등		
법흥왕5년(518)	주산성	경주 인근		
진흥왕11년(550)	도살성(증축)	천안, 괴산		
	금현성(증축)	진천, 연기		
진흥왕15년(554)	명활성(수축)	경주 명활성	252	4.5
진지왕3년(577)	내리서성	함안 성산산성	139	1.4
진평왕13년(591)	남산성	경주 남산성	236	4.9
진평왕15년(593)	명활성(개축)	경주 명활성	252	4.5
	서형산성(개축)	경주 서형산성	380	2.9
진평왕46년(626)	고허성	경주 고허성	494	3.6
무열왕3년(656)	장산성	경산		
문무왕원년(661)	웅현성	보은		
문무왕3년(663)	부산성	경주 부산성	640	9.4
	남산신성 창고	경주 남산신성	236	4.9

게 되었다. 정복전쟁을 본격적으로 전개하기 시작한 진흥왕대에는 대가야를 멸망시키고 한강유역까지 진출하여 대중국 직항로를 확보함으로써 신라는 비약적으로 도약할 수 있는 새로운 동력을 얻게 된다.

이러한 정복전쟁의 바탕에는 새로운 축성술이 뒷받침되었다. 환호와 목책, 토성에 의존하던 신라는 5세기 후반을 기점으로 기존의 축성방법과 전혀 다른 유형의 성곽을 쌓기 시작하였다. 판상의 석재를 사용하여 전면협축식으로 높이 10~20m의 높고 견고한 성벽을 쌓고, 보축성벽과 현문식 성문, 사다리꼴 모양의 수구와 성내에 집수시설을 갖추었다. 이 새로운 축성법은 신라의 영토 확장과 함께 한반도의 각 지역으로 확산되어 갔다. 새로운 성곽은 성을 쌓기는 힘들지만 점령지역을 방어하는데 매우 효율적이라는 것이 전쟁을 통하여 실질적으로 입증되었기 때문이다. 신라 역사상 가장 많은 축성기록이 『삼국사기』에 등장하는 것도 바로 이 시기다.

신라는 고구려 장수왕이 한성백제를 공격하기 몇 년 전부터 중부내륙의 국경지역에 집중적으로 성곽을 구축했다. 삼년산성(470년)·모로성(471년)·명활성 수축(473년)·일모시성·사시성·광석성·답달성·구례성·좌라성(474년) 등이 그것이다. 이는 다분히 고구려의 공격에 대응하기 위한 것으로 보이는데, 이 시기를 전후하여 신라에 새로운 형태의 축성기법이 등장했다는 것은 매우 흥미로운 일이다.

한반도의 변방에 있었던 신라가 삼국통일의 대업을 이룰 수 있었던 것은 여러 가지 이유가 있지만, 가장 중요한 역할을 한 것은 신라의 발달된 축성술이라고 해도 과언이 아니다. 470년 삼년산성을 축성하기 바로 직전만 하더라도 토성을 쌓던 신라가 어떻게 이처럼 완성된 형태의 성곽을 쌓을 수 있게 되었는지는 아직 알 수 없다.

일반적인 견해로는 신라 석축성은 고구려 축성법의 영향을 받았다고 하지만 신라의 축성법은 고구려나 백제의 축성법과는 분명한 차이가 있다. 무엇보다도 '토심석축공법(土芯石築工法)'을 기본으로 하는 고구려 축성법과 전면협축식 석축성벽을 근간으로 하는 신라의 축성법은 축성 원천기술의 계통이 근본적으로 다르다. 동시기의 백제는 여전히 토성 위주의 성곽을 축조하고 있었으므로 백제의 영향이라고 말할 수도 없다.

(2) 주요 성곽

문경 고모산성은 충주에서 소백산을 넘어 상주로 들어가는 길목에 위치하고 있으며 둘레

그림 5-1 문경 고모산성 체성벽과 보축성벽

는 1,300m이다. 협축식으로 구축된 성벽의 높이는 20m에 달하고 외벽에는 단면삼각형의 보축성벽이 덧붙여져 있다. 반원형의 치가 확인되었으며, 현문식의 성문과 사다리꼴의 수구, 대형 목곽구조물, 투석용 석환무더기 등을 특징으로 하고 있다. 고모산성은 5세기 후반경에 축조된 가장 이른 시기의 신라 석축산성으로 추정된다.

그림 5-2 보은 삼년산성 체성벽과 보축성벽

보은 삼년산성은 청주에서 상주로 연결되는 길목에 위치하고 있으며 둘레는 1.6km에 달하는 대형 석축성이다. 판석형의 성돌로 20m 이상의 높은 성벽을 구축하였으며 반원형 치가 있다. 남문과 북문, 동문은 현문식이며 사다리꼴 모양의 입수구와 5각형 모양의 출수구가 잘 남아있다. 외면에서는 편축처럼 보이지만 발굴조사 결과 바닥을 정지하고 양면을 거의 같은 높이로 쌓은 후 내벽의 중간부분까지 흙으로 다져 올린 협축식 성벽임이 밝혀졌다. 삼년산성은 자비마립간 13년(470) 축성된 것으로 기록되어 있어, 5세기 신라의 축성기

그림 5-3 단양 온달산성 현문식 성문

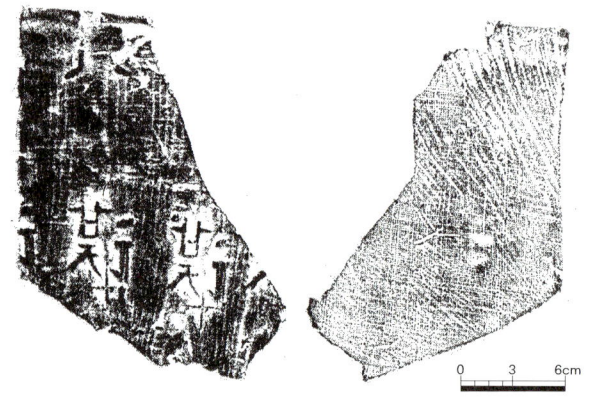

그림 5-4 서울 아차산성 체성벽과 보축성벽 아차산성 출토 "북한"명 기와

술을 이해할 수 있는 대표적인 성곽이라 할 수 있다.

단양 온달산성은 단양에서 정선으로 이어지는 길목에 위치하고 있으며, 둘레는 532m이다. 온달이라는 명칭 때문에 고구려성으로 추정되기도 했지만 발굴조사 결과 고구려의 축성흔적은 확인되지 않았다. 판석 형태의 세장한 성돌로 9.6m 높이의 성벽을 쌓았다. 성문의 구조는 현문식이며 성벽 외부에는 보축을 하였고, 입수구와 출수구가 좁고 길쭉한 사다리꼴 수구가 남아 있다. 온달산성은 삼년산성과 축성방식이 유사한 5세기말 6세기초의 대표적인 신라산성이라고 할 수 있다.

서울 아차산성은 한강 북안의 3번국도가 지나가는 길목에 위치하고 있으며, 둘레 1km 남짓한 석축산성이다. 발굴조사 결과 세장방형의 성돌로 협축식으로 구축하였으며 외벽에는 낮은 보축성벽과 후대에 덧대어 쌓은 높은 보축성벽이 확인되었다. 성문은 현문식이며, 성내에서 다량의 기와가 출토되었는데, "北漢山城"이라 쓰여진 명문 기와가 출토되어 삼국시대 신라의 북한산성은 바로 아차산성이었음을 알 수 있게 되었다. 아차산성의 축성 시기는 6세기 후반에서 7세기 초로 추정되고 있다.

그림 5-5 양주 대모산성 체성벽과 보축성벽

양주 대모산성은 양주에서 적성으로 이어지는 길목을 차단할 수 있는 위치에 있으며, 둘레는 693m로 확인되었다. 성벽의 높이는 8m 이고 장방형으로 잘 다듬은 성돌로 정연하게 쌓았으며 외벽에는 후대에 덧대어 쌓은 것으로 보이는 높은 보축성벽이 덧붙여져 있다. 발굴조사 결과 현문식 성문과 문구부 바닥의 수구가 확인되었다. 대모산성은 신라가 한강유역으로 진출하는 6세기 중엽 이후에 축성되었으며 신라 축성법의 특징이 잘 확인되고 있다.

(3) 축성법의 특징

영토확장기 신라 성곽의 가장 중요한 특징은 성곽의 입지다. 대부분의 성곽은 배후에 넓은 평야를 포용하고 있는 교통의 요충지에 축성되었다. 조망권이 양호하여 전방으로 넓은 지역을 조망할 수 있지만 표고 100~200m 내외의 구릉성 지역에 쌓아 접근이 용이하며, 능선과 곡간부를 포함하도록 포곡식으로 구축되어 성내에 물이 부족하지 않도록 하였다.

신라 성곽은 대략 5km 정도의 간격을 유지하며 둘레 1km 내외의 대형 성곽이 방사상으로 구축되었다. 군현단위마다 대형 성곽을 하나씩 배치하여 치소성(治所城)의 역할을 하였으며 적의 침입시 각각의 성이 상호 유기적으로 대응할 수 있도록 하였다. 산성이 행정과 군사의 중심지가 되었으므로 성내에는 기와가 사용된 많은 초석건물이 확인되며, 성곽 주변에는 산성 운영 주체와 관련한 고분군이 분포되어 있는 것이 특징이라고 할 수 있다.

성을 쌓기 위해서는 기초를 조성하여야 한다. 삼국시대 신라성의 기저부는 능선 정상부에 주로 위치하였으나 점차 능선 정상부에서 아래쪽으로 이동되어 8~9부 능선상에 위치하게 되었다. 경사면을 ㄴ자 형태나 층단식으로 정지하고, 계곡부는 흙이나 돌로 다짐한

그림 5-6 한강과 임진강 유역 신라 성곽 분포도(군현단위마다 대형 성곽이 분포되어 있음)

그림 5-7 암반에 턱을 만들어 성돌이 밀리지 않도록 한 모습 (영월 대야리산성)

후 성벽을 조성하였다. 암반 구간은 성돌 놓을 자리를 다듬고 턱을 만들어 성벽이 밖으로 밀려나지 않도록 하였으며, 성벽이 능선의 경사면을 따라 올라 갈 때는 성벽의 진행방향으로 층단을 조성하였다. 암반은 최대한 굴착하여 성벽 기저부가 넓게 확보될 수 있도록 함으로써 체성벽의 안정성을 높이고자 하였다.

　석축성벽에 사용되는 성돌은 가공정도에 따라 자연석·할석·가공석으로 구분된다. 성돌의 석재와 가공방법은 시기에 따라 변화되었다. 5~7세기 신라 성돌의 특징은 셰일이나

그림 5-8 편암계통의 석재를 잘라내는 모습

그림 5-9 삼국시대의 성돌 가공 도구

표 5-2 신라 성벽의 성돌 가공 유형

유형	Ⅰ식 : 횡장제형	Ⅱ식 : 종장제형	Ⅲ식 : 사각추형
단면 형태	사다리꼴(넓음)	사다리꼴(좁고 김)	사다리꼴(삼각)
사진	(사진)	(사진)	(사진)
특징	너비 길고 뒷길이 짧음	너비 좁고 뒷길이 김	측면부 전체 2차가공

석회암등의 퇴적암이나 규암·편마암·천매암·편암 등 절리(節理)가 발달하여 잘라내기 용이한 변성암 석재가 주로 사용되었다. 퇴적암이나 변성암은 정이나 지렛대, 쇠망치 등을 사용하여 절리면을 따라 일정한 두께의 판상으로 잘라 낸 이후 재가공하였다. 따라서 이 시기의 성곽 축조에 사용된 채석장에서는 돌을 잘라내기 위한 쐐기자국보다는 정자국이 주로 확인된다.

화강암이나 현무암 등의 덩어리 암석은 7세기 후반이나 8세기에 와서야 본격적으로 사용되기 시작했다. 단단한 화성암을 잘라내어 가공할 수 있는 석가공 기술은 이때에 이르러서야 비로소 보편화 되었기 때문일 것이다. 연천 호로고루에서는 고구려 성벽에 덧대어 쌓은 7세기 말의 통일신라 성벽이 확인되었는데, 고구려는 주변의 현무암을 성돌로 사용하였지만 신라인들은 화강편마암 석재를 원거리에서 운반하여 성벽을 쌓은 것으로 밝혀졌다. 이는 축성 석재의 공급 용이성 보다는 가공기술이 우선되었음을 말해준다. 7세기대 신라의 석공들은 현무암 석재를 가공하기 어려웠기 때문이다.

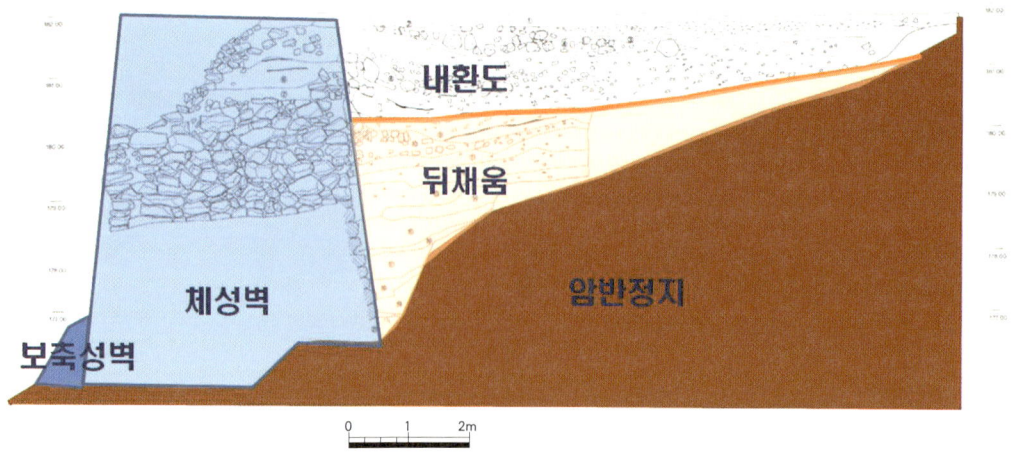

그림 5-10 인천 계양산성 성벽 단면

* 내벽쪽에 경암이 노출되면 편축식으로 구축할 수 밖에 없지만 가능하면 체성벽의 단면이 사다리 꼴 모양이 되도록 하였음을 알 수 있다.

그림 5-11 보은 삼년산성 성벽의 면석이 떨어져 나간 이후의 뒤채움돌 모습

퇴적암이나 변성암 등 편암계의 석재는 압축강도는 강하지만 전단력(剪斷力)에 취약하여 수직으로 균열되거나 판상으로 쪼개지는 단점이 있다. 성돌을 일정한 두께로 잘라내기는 용이하지만 성돌 하나하나를 정교하게 가공하기 어려우며, 성돌이 두꺼워지면 횡으로 쪼개지기 쉽다. 따라서 편암류의 성돌은 두께가 10~20cm 로 얇게 가공하는 것이 일반적이다. 성돌은 장방형이나 세장방형으로 가공하여 평면형태는 대체로 사다리꼴이다. 성돌의 장폭비는 1:2~1:4로 세장하며 성돌의 무게는 40~60kg 정도로 규격화 되어 한사람이 1매 또는 2매를 등짐으로 운반할 수 있는 정도의 무게로 가공되었다.

5~7세기 신라 석축성벽은 성벽 전체를 돌로 쌓았으며, 협축식으로 높은 성벽을 특징으로 한다. 체성벽의 단면은 기저부가 넓고 위가 좁은 사다리꼴 모양이며, 가공된 성돌로 바른층 쌓기 식으로 쌓은 내벽과 외벽 사이에는 길쭉한 뒤채움돌을 치밀하게 맞물리도록 하여 성벽의 견고함을 더하였다. 성벽에는 흙을 사용하지 않고 돌로만 쌓아 자연스럽게 물이 배수되도록 하는 건식쌓기를 하였다. 이는 점토를 석재 사이사이에 충진하면서 쌓는 습식쌓기 수법과 구별되는 축성 기법이다. 성벽 내벽부의 기저부에 암반이 노출될 경우 바닥을 층단식으로 정지하고 성벽을 쌓았으며, 내벽 안쪽과 경사면 사이는 점토로 뒤채움하여 내환도를 조성하였다.

5~7세기대 신라 성벽의 가장 특징적인 구조물 중의 하나가 보축성벽이다. 체성벽을 견고하게 쌓더라도 성벽이 높아지면 성벽 내부의 응력이 작용하여 성벽의 붕괴 위험이 커지게 되므로 체성벽 외부에 보강용 석축을 덧붙여 쌓아 구조적으로 힘의 균형을 맞출 수 있도록 하였다. 성벽 내부에서 밀어내는 응력은 성벽 하단부에서 높이 1/3지점에 가장 크게 작용하므로 보축성벽은 체성벽 1/3 정도의 높이로 쌓을 때 성벽의 지지력을 극대화시킬 수 있다.

보축성벽의 높이와 축조방법은 산성의 입지여건에 따라 여러 가지 형태가 확인되지만 축성의 시간성을 반영하는 요소 중의 하나로서 높은 성벽에 맞추어 높게 축조되었던 보축성벽은 성벽의 높이가 점차 낮아 지면서 소략화 되거나 사라지는 양상을 보인다. 보축성벽의 외면에는 다시 일정한 높이까지 점토다짐으로 보강하였다.

현문식 성문은 체성벽을 일정한 높이까지 쌓고 그 위에 만든 성문으로서, 사다리를 타고 올라가야 성안으로 들어갈 수 있도록 한 특이한 형태의 성문이다. 외부에서 보면 凹자 모습으로 보이는 현문은 출입의 불편함을 감수하면서 성문의 방어력을 높이기 위하여 선택한 신라의 특징적인 축성기법이다. 성문의 위치도 적이 쉽게 진입하지 못하도록 능선과

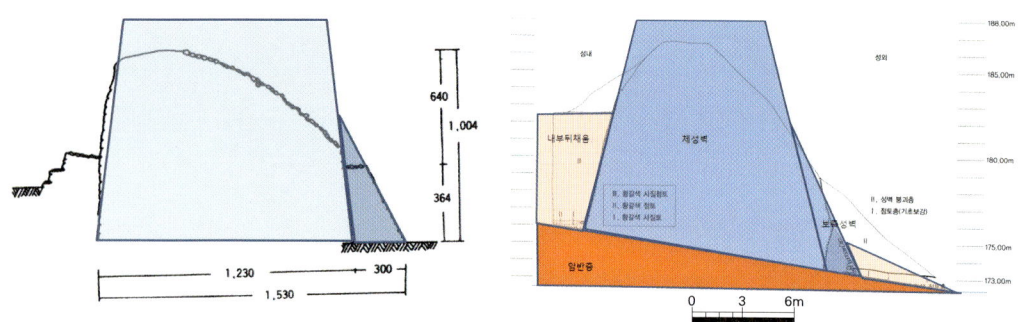

그림 5-12 경주 명활산성 체성벽과 보축성벽(좌), 문경 고모산성 체성벽과 보축성벽(우)

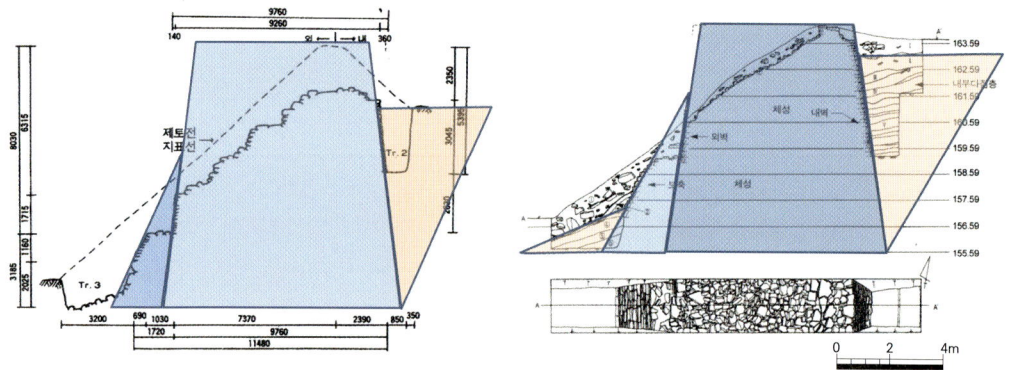

그림 5-13 보은 삼년산성 체성벽과 보축성벽(좌), 서울 아차산성 체성벽과 보축성벽(우)
* 최근의 발굴조사 결과 아차산성의 높은 보축성벽은 초축시에 구축된 것이 아니라 초축시에는 낮은 보축성벽이 구축되었다가 후대에 그 바깥쪽에 수축개념으로 덧붙여 쌓았음이 확인되었다(한강문화재연구원 발굴조사).

계곡에서 약간 벗어난 지점에 설치하여 적의 공격을 최대한 방어할 수 있도록 하였다. 현문의 높이는 대략 3m 정도이며, 현문 바닥에는 수구가 배치되고, 확쇠가 출토되는 것으로 보아 성문과 문루가 있었던 것으로 확인된다.

확쇠는 성문을 쉽게 열고 닫을 수 있도록 성문초석과 성문의 하단부에 설치하였다. 확쇠는 아래쪽에서 돌출된 수확쇠를 오목한 암확쇠가 위에서 덮는 형태로 쌍을 이루고 있다. 오목한 암확쇠는 성문 회전축의 하단부에 끼우고 철퇴를 둘러서 고정하였으며, 수확쇠는 하부의 사각형 돌출부를 문초석의 사각형 홈에 끼워 고정하였다. 확쇠의 형태는 시기에 따라 변화되었으며, 문초석 홈의 형태로 볼 때 확쇠 하단 돌출부의 형태는 정방형에서 원통형을 거쳐 반구형으로 바뀌어 갔음을 알 수 있다.

신라의 특징적인 축성 요소인 현문은 방어에는 유리하지만 일상생활에는 매우 불편한

표 5-3 신라성곽의 현문식 성문에서 확인되는 확쇠

고모산성		삼년산성	
서문지	서문지	남문지	동문지

부모산성	충주산성	고모산성	
북문지	북문지	동문지	동문지

문경 고모산성

충주 남산성　　　서울 아차산성　　　하남 이성산성

그림 5-14 현문식 성문

구조다. 따라서 출입이 쉽도록 현문식 성문의 바깥쪽에 등성시설을 설치하거나 현문식 성문은 점차 개거식으로 바뀌어가는 경향성이 확인된다.

신라의 석축성벽은 기본적으로 건식쌓기를 하였다. 성벽은 점토를 채워넣지 않고 돌로만

그림 5-15 이천 설성산성 입수구(좌)와 고모산성 입수구(우)

그림 5-16 인천 계양산성 6세기대 집수시설(좌)과 하남 이성산성의 통일신라시대 집수시설(우)

쌓아서 일상적인 우수는 자연스럽게 성벽으로 배출되도록 하였지만 지형상 물이 많이 모이는 지점에는 별도의 수구를 설치하여 물이 성벽을 통과하여 성밖으로 배출되도록 하였다. 수구의 초기 형태는 아래가 넓고 위가 좁은 사다리꼴이나 삼각형이 주류를 이루고 있으며 점차 방형으로 변화되었다. 수구의 바닥은 층단식으로 하여 수구를 통과하는 물의 유속이 감속되도록 하였다. 현문식 성문에서는 문구부의 바닥에 수구를 설치하는 경우도 많이 있다.

신라 성곽을 발굴하면 성내의 가장 낮은 지점이나 우수가 모이는 곡간부에서는 대형의 집수시설이 확인된다. 장방형이나 방형, 원형 등 축조시기나 지형에 따라 다른 모습을 보이기는 하지만, 체성벽과 동일한 형태로 가공된 석재로 호안을 구축하였으며, 집수된 물이 빠져나가지 않도록 석축 뒷부분에는 일정한 두께로 점토를 충진하였다. 산성에서 조사되는 집수지의 구조는 평면 원형이나 타원형에 층단식으로 구축된 집수지가 선행하는 것으로 보이며, 방형의 집수지는 8세기대 이후에 구축된 산성에서 주로 확인되고 있다.

투석기 모형

그림 5-17 투석기 모형(좌, 중)과 하남 이성산성 출토 투석용 석환 무더기(우)

성 내벽 안쪽에서는 일정한 간격으로 석환더미가 확인된다. 석환은 하나의 무게가 9~15kg 정도인 둥근 강돌이 대부분이다. 적의 인마를 살상하기 위해서는 석환을 빠른 속도로 멀리까지 날려 보내야 했으므로 손으로 던지기보다는 투석기를 주로 사용하였을 것이므로 석환 무더기 근처에는 투석기가 설치되어 있었을 것으로 추정된다. 투석기는 포차

그림 5-18 용인 할미산성의 8각 건물지

(抛車) 또는 벽력거(霹靂車)라고도 하였으며『삼국사기』신라본기 태종무열왕 8년(661)조에는 포차가 사용된 전투 내용이 기록되어 있다.

　　축성법은 토목건축기술에 기반하므로 산성 내의 건축물도 축성법과 연계되어 있다. 신라의 산성은 행정과 군사의 기능을 겸비한 치소성의 역할을 하였기 때문에 성내에는 관아, 지휘소, 병영 외에도 다수의 창고시설과 의례시설 등이 구축되어 있었다. 따라서 신라성에서는 기단과 초석을 갖춘 다수의 지상건물과 다량의 기와가 출토되는 것이 특징이라고 할 수 있다. 다만 6세기 중엽에 축성된 것으로 보이는 용인 할미산성에서는 초석을 갖춘 8각 건물지가 발굴되었지만, 기와가 확인되지 않는 것으로 보아 중부지역의 산성에서 기와가 사용되기 시작하는 것은 6세기 후반 이후부터일 것으로 생각된다.

이 시기 신라 성곽의 가장 큰 특징은 완성도 높은 기술력과 규격화된 축성기법이라고 할 수 있다. 신라 성곽은 입지에 따라 약간씩 변형되기는 하지만 성곽의 규모와 성돌의 형태, 성벽과 보축, 성문과 수구, 성내부의 각종 시설물에 이르기까지 규격화된 공통적인 축성기술이 확인된다. 이것은 축성을 위한 표준공법과 축성기술과 감리를 전담하는 조직이 있었음을 알 수 있게 한다.『삼국사기』직관지에 대장척당(大匠尺幢)이 등장하며 〈남산신성비(南山新城碑)〉에 장척(匠尺)이 축성기술자로 등장한다. 따라서 대장척당은 축성을 전담하는 일종의 공병부대로서 새로운 점령지역에는 이들의 지휘 감독하에 성곽이 축성되었을 것으로 추정된다.

2) 대당 전쟁 시기의 신라성곽

(1) 시대적 배경

신라와 연합하여 백제와 고구려를 무너뜨린 당은 당초 패하(浿河: 대동강) 이남지역을 주겠다고 한 신라와의 약속을 어기고 백제와 고구려 고지에 각각 웅진도독부와 안동도호부를 두어 직접 지배하려 하였다. 당은 심지어 경주에도 계림도독부를 설치하여 신라까지 당제국의 영토로 편입하고자 하였다. 이러한 당의 의도에 대하여 신라는 문무왕 10년(670)부터 백제 고지를 신라 영토로 편입시키는 군사작전에 돌입하는 한편, 고구려 부흥운동을 후원하면서 당과의 전쟁을 시작하였다.

신라는 적극적인 선제공격으로 671년 당군이 점령하고 있던 사비성(泗沘城)을 함락시키고 백제 옛 땅을 회복하는 한편, 당과의 전면전에 대비하여 방어력이 우수한 산성 축성에 심혈을 기울였다. 그리하여 672년 한산주에 주장성(晝長城, 남한산성)을 쌓고, 673년에는 서형산성과 북형산성을 증축하였으며, 국원성과 소문성, 이산성, 주양성, 주잠성, 만흥사산성, 골쟁현성 등 도성 주변과 각 주의 전략적 요충지에 산성을 새로 쌓거나 수축하였다.

병력의 규모로 볼때 신라는 당의 적수가 될 수 없었다. 당시 신라가 총동원할 수 있었던 병력은 대략 3만~5만 명 정도였을 것으로 추정되는데 비하여 매초성에 주둔했던 이근행이 이끄는 당군의 규모는 무려 20만 명에 육박하였다. 병력의 열세가 불가피했던 신라는 당나라의 대군과 맞서 싸우기 위해 청야입보(淸野入保) 전술을 택하였다. 군량미와 병력을

표 5-4 문무왕대의 축성기록(『삼국사기』)

축성 연대	명칭	위치비정	해발(m)	규모(km)
문무왕12년(672)	한산주 주장성	광주 남한산성	480	8
문무왕13년(673)	서형산성(증축)	경주 서형산성	380	2.9
	사열산성	제천 망월산성(?)	336	0.5
	국원성	충주 대림산성	487	4.6
	북형산성	경주 북형산성	265	1.8
	소문성	의성 금성산성	530	4
	이산성	고령 주산성	311	1
	수약주 주양성	춘천 봉의산성	300	1.3
	달함군 주잠성	고성지역		
	거열주 만흥사산성	거창 거열산성	563	2.1
	삽량주 골쟁현성	양산	25	2.6
문무왕15년(675)	안북하에 관과 성	함남 문천일대		
	철관성	함남 망덕산고성		
문무왕19년(679)	남산성(증축)	경주 남산성	281	3.7

산성으로 옮기고 적의 후방을 공격하여 보급로를 차단하거나 적이 스스로 물러갈 때까지 농성할 계획이었다. 따라서 적이 쉽게 접근하기 어려운 지형을 골라서 대규모의 성을 쌓고 성내에 군수물자를 비축하였다.

이 시기를 신라의 축성사에서 별도의 단계로 구분하는 것은 군사력이 상호 비슷할 때와 군사력이 비교되지 않을 정도로 큰 차이를 보일 때 축성방법은 현저하게 달라질 수 밖에 없기 때문이다. 호족들간의 전쟁에 대비하여 쌓은 후삼국시기의 성곽 축조방식은 고려에 의한 후삼국통일 이후 거란이나 몽골 등의 대규모 이민족에 맞서 싸우면서 전혀 다른 형태로 변화되었다. 적이 쉽게 공격하기 어렵도록 고험한 지형을 택하여 대규모 성곽을 쌓았지만, 가공되지 않은 성돌을 사용하여 성벽의 외관은 조잡한 것처럼 보인다. 고려의 이러한 축성기법은 조선 초기까지 거의 그대로 이어진다. 대당전쟁에 대비하여 쌓은 성들은 주장성처럼 새로 쌓은 성들도 있지만, 서형산성이나 북형산성, 만흥사산성처럼 기존 성곽을 확장하여 새로 쌓는 경우도 많았다.

대당전쟁시기를 기점으로 신라의 축성법에는 중요한 변화가 일어난 것으로 보이지만 남한산성을 제외하고는 아직 구체적으로 밝혀진 것이 많지 않다. 거열주의 만흥사산성으로 추정되는 거창 거열산성은 외성 성벽에 대한 조사가 충분치 않으며, 이산성으로 추정되는 고령 주산성은 가야성이라는 견해가 제기되고 있다.

(2) 주요 성곽

광주 남한산성은 문무왕 12년(672) 신라는 본격적인 나당전쟁에 대비하기 위하여 한산주에 쌓은 주장성으로 추정된다. 주장성의 규모는 4,360보였으며 이를 미터법으로 환산하면 8km에 달한다. 『조선왕조실록』 선조 30년(1597) 2월 25일자의 내용을 보면, 인조대에 수축하기 전의 남한산성의 규모에 관한 내용이 있는데 둘레가 포백척(布帛尺)으로 17,400여 척이라 하였다. 포백척은 단위길이는 대략 46cm 정도이므로 주장성의 둘레는 8km 정도로 환산된다. 『삼국사기』의 1보(步)는 영조척 6척을 기준으로 하였음을 알 수 있다. 주장성은 당시 신라가 쌓은 최대 규모의 석축산성이었다. 신라는 적이 쉽게 공격하기 어려운 해발 500m가 넘는 험준한 산지를 택하여 대규모 성곽을 쌓고 성내에는 대형 창고를 만들어 각종 물자를 비축하여 당나라와의 장기전에 대비하였다. 주장성은 조선시대에 남한산성으로 수축되었지만 주장성 성벽의 흔적과 길이 53m에 달하는 통일신라시대의 대형건물지가 발굴조사를 통하여 확인되었다.

그림 5-19 광주 남한산성에서 확인된 주장성 성벽유구

거창 거열산성은 건흥산성으로도 불리며 대당전쟁에 대비하여 거열주에 쌓았던 만흥사산성으로 추정된다. 해발 563m인 험준한 건마산 정상부에 위치하며 서북쪽의 정상부를 둘러싸고 있는 내성과 이를 둘러싸고 있는 외성이 있으며 전체 둘레는 2.1km 정도이다. 편암 석재를 사용하여 협축식으로 높게 쌓은 내성과 달리 외성은 가공된 화강암 석재를 사용하여 편축식으로 구축하였음이 확인된다.

고령 주산성은 해발 311m 주산의 정상부와 능선에 축조된 산성으로 내성과 외성으로 이루어져 있다. 내성은 둘레 711m, 외성은 1.035m인데 최근의 발굴조사 결과 가야성이라는 견해와 신라성이라는 견해로 양분되어 있다. 주산성이 가야성이라는 근거는 인접한 가야 고분의 벽체 조성방법이 성벽의 축조방법과 유사하며, 성내에서 가야유물들이 집중적으로 출토되고 있다는 점이다(대동문화재연구원 2014: 159).

그림 5-20 거창 거열산성 내성 성벽

한편 주산성에서 확인되는 중요한 특징들은 내탁부 성토 후 편축식으로 구축한 낮은 성벽, 성벽을 관통하는 방형 수구, 장방형으로 가공된 성돌, 지대석이 일부 사용된 성벽 기저부, 낮은 보축성

그림 5-21 고령 주산성 체성벽 및 보축성벽

벽과 보축성벽이 묻히도록 덧붙여 쌓은 보강토 등이 그것이다. 이러한 요소들은 가야성 보다는 오히려 통일신라 성의 특징을 잘 보여주고 있으므로 이에 대하여는 향후 심도 있는 검토가 필요할 것으로 생각된다.

(3) 축성기법의 특징

대당전쟁시기 당과의 전쟁을 위하여 구축한 신라성곽은 기존의 신라성곽과 다른 모습을 보이고 있다. 672년에 쌓은 주장성과 673년에 증축한 서형산성과 북형산성과 국원성, 소문성, 이산성, 주양성, 주잠성, 만흥사산성, 골쟁현성 등은 도성과 각 주의 대표적인 산성으로 피난성(避難城)으로 기능할 수 있는 대규모 산성이라는 특징이 있다.

주장성의 입지는 일반적인 삼국시대의 산성입지와 전혀 다르다. 삼국시대의 성은 대부분 조망이 좋은 해발 100~200m 정도의 야트막한 산에 구축되는데 비하여 주장성은 해발 500m가 넘는 산꼭대기에 구축되었다. 한산주의 치소성으로 추정되는 이성산성도 둘레 1.5km인데 비하여 주장성은 그보다 5배에 달할 정도로 대형으로 구축하였다. 이러한 주장성의 입지와 규모는 삼국시대의 성보다는 고려시대나 조선시대 피난성의 축성의 입지와 유사하다.

성곽의 규모가 대형화 되고 성벽의 입지가 능선 정상부에서 점차 사면으로 내려가면서 단면 사다리꼴 모양의 협축식으로 견고하게 쌓았던 성벽은 점차 산의 경사면에 의지하거나 성토후 외벽만 석축으로 하는 편축식 성벽이 보편화되었다. 물론 삼국시대의 성곽도 산의 경사면을 통과하는 구간은 암반의 노출로 인하여 편축식으로 성벽을 쌓는 것이 불가피하지만, 곡간부와 토심이 깊은 곳은 협축식으로 구축하였다. 그러나 통일기 이후 신라의 성곽은 점차 곡간부를 지나는 지점도 편축식으로 구축하기 시작하였다. 암반면 위에 내탁부를 일정한 높이로 성토한 후 석축성벽을 덧붙여 쌓는 새로운 공법이 등장하게 된다.

성내에는 발달된 축성기술에 걸맞는 병영과 창고 등 각종 건물이 구축되었다. 그 중 하나가 행궁 발굴과정에서 확인된 통일신라시대의 대형건물지이다. 하궐 앞마당의 지하 1.5m 깊이에서 확인된 이 건물지는 길이가 53.5m, 너비가 18m에 달하는 규모로 지금까지 산성에서 발견된 통일신라시대의 건물지 중 최대 규모이다. 또한 건물지에서는 기와 한 장의 무게가 20kg에 달하는 대형기와가 사용되었음이 확인되었다.

통일신라의 대형건물지는 지반이 침하되지 않도록 지하 2m 깊이까지 땅을 파내고 할석과 점토를 교대로 다지면서 쌓아 견고한 대지를 조성하였으며, 벽체의 두께를 2m 정도로 두껍게 하여 기둥에 가해지는 힘이 벽체로 분산되도록 하였다. 조선시대의 수축으로 인하여 주장성의 전모를 확인할 수는 없지만 남한산성에서 확인된 대형건물지는 통일신라시대 토목·

그림 5-22 광주 남한산성 행궁터에서 발굴된 대형 건물지

3) 주군현성의 정비와 북방 진출시기의 성곽

(1) 축성배경

삼국통일 이후 신라의 축성기록은 신문왕대와 성덕왕대에 집중적으로 등장한다. 신문왕대의 축성은 삼국통일 완수에 따른 군현제 정비를 위한 것으로 대체로 9주 5소경 지역에 집중되어 있다. 신문왕대에는 9주 5소경을 정비하였으며, 그 가운데 사벌주, 삽량주, 북원소경, 서원소경, 남원소경에 성곽을 축성하였다.

　　신문왕대에 축성된 주성이나 소경성 역시 산성이었을 것으로 추정된다. 이들은 기존의 거점성에 비하여 규모가 다소 큰 편이며 석성으로 축조되었다. 기록에는 등장하지 않지만 신문왕대에서 군현명칭이 재정비되는 경덕왕대에 이르기까지 전국의 주요 군현성들은 대부분 완비되었을 것으로 추정된다(박성현 2010).

　　나당전쟁의 승리로 신라는 패하(浿河: 대동강) 이남 지역의 땅을 모두 확보할 수 있었다. 그러나 신라는 임진강과 예성강 사이의 지역을 신라의 영토로 편입시켰을 뿐, 예성강 이북 지역으로는 진출하지 않았다. 당시 신라로서는 새로 편입된 백제 고지에 대한 지배를 확고히 하는 것이 더 시급한 과제였기 때문이었다.

표 5-5　신문왕대 이후 신라 중대의 축성기록

축성 연대	명칭	위치비정	해발(m)	규모(km)
신문왕7년(687)	사벌주성	상주 자산산성	294	1.8
	삽량주성	양산 신기리산성	250	2.6
신문왕9년(689)	서원경성	청주 상당산성	491	4.2
신문왕11년(691)	남원성	남원 교룡산성	518	3.1
효소왕3년(694)	송악 우잠성	개성		
성덕왕12년(713)	개성	개성		
성덕왕17년(718)	한산주 여러성	경기도, 충청도		
성덕왕20년(721)	장성	함남 영흥 고장성		
성덕왕21년(722)	모벌군성	경주 관문성		12
경덕왕21년(762)	오곡, 휴암, 한성, 장새, 지성, 덕곡	황해도일대		

임진강 북안으로 진출한 신라는 주로 고구려 성들을 재정비하여 사용하였다. 호로고루성을 차지한 신라는 성내부의 불타버린 고구려의 건축폐기물들은 다양한 용도로 사용되던 수혈구덩이에 폐기하고, 고구려유적의 터전위에 신라의 건축물을 새로 구축하였다. 신라는 무너진 고구려성벽 바깥에 새로운 성벽을 덧붙여 쌓았다.

신라가 예성강 이북 지역으로 진출하기 시작한 것은 8세기 전반 성덕왕대부터였다. 발해가 세력을 확대하여 신라와 국경이 맞닿게 되면서 긴장이 고조되자 신라는 발해의 남하에 적극 대응할 필요가 있었다. 성덕왕 12년(713) 개성을 쌓고, 성덕왕 17년(718)에는 발해의 침입에 대비하여 한산주 도독 관내의 여러 성을 쌓기도 하였다. 성덕왕 20년(721) 가을 7월에는 하슬라(何瑟羅) 지역의 정부(丁夫) 2천 명을 징발하여 북쪽 국경에 장성을 쌓았다. 효소왕 3년(733)에는 발해가 당을 침공하자 당의 요청으로 발해를 공격하기 위해 군사를 파견하였으나 추위로 인하여 회군하기도 하였다.

신라의 발해공격에 대한 보답으로 당은 735년 패강 이남의 영토에 대한 신라의 영유권을 공식적으로 인정해주었다. 신라의 북방 개척은 이를 계기로 본격화되기 시작하여 경덕왕 7년(748) 10개의 군·현을 설치하는 것으로 일단락되었다. 성덕왕 3년(782)에는 왕이 한산주를 순행하고 패강진(浿江鎭)이라는 강력한 군사기지를 구축하였다.

신라는 경덕왕 21년(762)에 오곡·휴암·한성·장새·지성·덕곡 등 6곳에 성을 쌓아 방비를 강화하고, 그곳에 각각 태수를 파견하였다. 성을 쌓은 지역은 황해도 서흥·봉산·재령·해주 등지로 고구려의 휴암성, 대현산성·장수산성·수양산성이 있는 곳인데 이 때에 이 성들은 신라에 의하여 개축되었을 것으로 추정된다.

신라는 이후에도 이 지역에 대한 개척사업을 계속 전개하여 헌덕왕대에 취성군(取城郡, 황주)과 그에 속하였던 토산현(土山縣, 상원)과 당악현(唐嶽縣, 중화), 송현현(松峴縣, 송현)을 설치하였다. 『삼국사기』 지리지 한주 조에 나오는 28군과 49현은 이 때에 이르러 비로소 갖추어졌다. 이로써 신라는 대동강 이남지역을 모두 영토로 편입하게 되었다.

이시기에는 군현제로 개편되면서 전국의 군현성들이 거의 완비되었다. 석재 가공 기술도 비약적으로 발전하여 7세기 중엽부터는 성곽의 성돌이 변성암이나 퇴적암에서 단단한 화성암으로 바뀌어갔다. 그 이전에는 가공의 어려움 때문에 사용되지 않았던 현무암이나 화강암 등의 경암(硬岩)이 본격적으로 사용되기 시작하였다.

성돌의 형태는 장방형에서 방형으로 길이가 짧아지고 성돌의 두께도 30cm 정도로 커졌다. 하중을 분산시키기 위하여 대형의 지대석이 사용되기 시작하였으며, 매단마다 퇴물림쌓기를 하여 성벽의 경사를 완만하게 하여 쉽게 붕괴되지 않도록 하였다. 성벽의 높이도 5m 이내로 낮아졌으며 보축성벽도 점차 사라지게 되었다.

성벽은 협축식 전면석축공법으로 견고하게 구축되었던 성벽 대신 내탁부를 조성하고 외벽만 석축으로 하는 편축식 성벽이 주된 축성법으로 자리잡게 되었으며, 기존의 성벽 바깥에 마치 보축성벽처럼 덧대어 쌓아 수축하기도 하였다. 의령 호미산성이나 부소산성내의 통일신라시대 성벽구간처럼 고구려의 축성법의 영향으로 인한 '토심석축공법'으로 구축한 성곽도 등장하게 되었다.

방어력이 높지만 출입이 불편한 현문식 성문에는 등성시설이 부가되었으며, 신축되는 성벽에는 개거식 성문이 설치되었다. 수구의 형태는 방형으로 변해가고, 성내의 원형 집수시설도 점차 방형으로 변화되는 등 축성기법의 전반적인 변화양상이 확인된다.

(2) 주요 성곽

하남 이성산성은 한강이 넓게 조망되는 이성산(해발 209.8m)에 있는 석축산성이다. 신라가 한강유역을 점유하고 난 이후 설치한 신주의 치소성이며 성곽의 둘레는 1,665m로 비교적 큰 규모에 속한다. 발굴조사 결과 성벽은 축조시기를 달리하며 2차에 걸쳐서 축성되었음이 확인되었다.

1차 성벽은 6세기 중엽 장방형의 화강편마암 성돌로 구축하였으며, 2차 성벽은 1차성벽의 바깥쪽에 덧붙여 쌓았다. 2차 성벽은 화강암을 옥수수알 모양으로 하나 하나 정교하게 가공한 성돌과 체성벽보다 3~4배 정도 큰 지대석 사용 및 완만한 경사의 성벽을 특징으로 한다. 이성산성의 2차성벽은 8세기대에 개축된 것으로 추정되고 있다.

경주 관문성은 성덕왕 21년(722)에 일본의 침입을 막기 위하여 축성하였으며, 경주시 와동읍 서편 치술령 중기의 남쪽에서부터 경상남도와 경상북도의 도계를 따라 경주시 외동읍 모화리의 동쪽 산 아래까지 뻗친

그림 5-23 하남 이성산성 2차 성벽 지대석과 가공 성돌

그림 5-24 경주 관문성 성벽

그림 5-25 안성 망이산성 성벽

그림 5-26 연기 운주산성 성벽

약 12km 길이의 장성형태의 석성이다. 『삼국유사』에는 관문성의 길이가 6,792보 5척이고 축성에 동원된 인력은 39,362명이며 공사책임자는 원진각간(元眞角干)이었음을 기록하고 있다.

성벽은 대부분 붕괴 된 상태지만, 잔존 성곽의 축성기법을 보면 하단부에 자연석 지대석을 놓고 그 위에 30~50cm 크기의 가공한 화강암 성돌로 쌓았다. 산지구간은 편축식으로, 평지구간은 협축식으로 구축하였음이 확인된다.

안성 망이산성은 삼국시대의 성곽 중에서는 비교적 해발고도가 높은 해발 472m 지점에 쌓은 포곡식 석축산성이다. 성곽의 둘레는 2,080m 이며 전체적인 형태는 장방형이다. 성벽 축성방법을 보면 삼국시대의 신라 성과 달리 안쪽에 너비 5m 이상의 토축부를 먼저 조성하고 약 3m 너비의 석축성벽을 덧붙여 쌓았다. 축성방법의 특징을 보면, 성벽하단부에 채성벽보다 크기가 큰 지대석을 사용하였고, 성돌은 화강암을 사각추형으로 전면가공하였으며, 보축성벽이 확인되지 않고, 개거식 성문이 설치된 점 등을 특징으로 하고 있다.

연기 운주산성은 해발 459m인 운주산에 위치하고 있으며 전체 둘레 3,098m에 이르는 대규모 포곡식 석축산성이다. 운주산성은 백제성으로 추정되어 왔으나 발굴조사 결과 통일신라시기에 구축된 성으로

 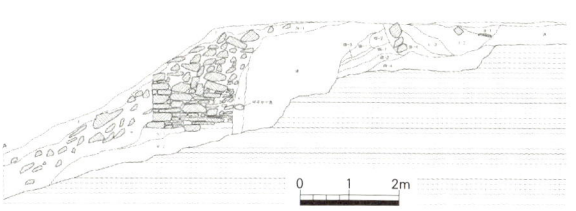

그림 5-27　의령 호미산성 성벽 단면(좌), 호미산성 성벽 단면도(우)

밝혀지게 되었다(공주대박물관 1998). 성벽은 생토층을 정지하고 점토와 할석으로 다짐한 이후 대형의 지대석을 놓고 장방형이나 방형으로 가공된 화강암성돌로 정연하게 성벽을 구축하였다. 성돌은 들여쌓기를 하여 경사가 완만하며, 내부의 토축부를 먼저 조성하고, 면석과 얇은 뒤채움 형태로 석축성을 구축하였다는 특징이 있다.

　의령 호미산성은 의령 정곡면의 낙동강으로 유입되는 남강의 북안에 위치하고 있있다. 해발 90m 내외의 야트막한 구릉상에 위치하고 있으며, 전체 둘레 438에 달하는 소규모 성이다. 이 성은 2009년 경상문화재연구원에 의한 발굴조사가 실시되었다. 조사단은 내부의 토축부를 먼저 조성한 후 외면을 정리하고 석축하는 방식으로 축조한 것으로 보고 있지만, 석축부와 토축부의 접합지점에서 영정주의 흔적이 확인되는 것으로 보아 '토심석축공법'으로 축조한 성곽으로 판단된다. 또한 조사단은 초축과 증축의 2단계로 설정하고 증축시기를 8세기로 추정하고 있지만(홍성우 2009) 토축부와 석축부는 동일한 공정으로서 8세기대에 초축되었을 것으로 생각된다.

(3) 축성법의 특징

통일신라시대의 성곽은 군단위 마다 1km 이상의 대형 성곽이 1~2개 정도가 분포되어 있으며, 그 사이사이에 둘레 300~500m 정도의 보루가 배치되어 있다. 대성은 군현의 관리 영역과 밀접한 관련이 있으며 성곽은 군사적인 기능 뿐 아니라 행정중심지로서의 기능을 겸하고 있었기 때문이다. 따라서 각각의 성곽은 상호 유기적으로 연결되어 한 성을 중심으로 다른 성들은 방사상의 분포되는 양상을 보여준다.

　통일신라의 축성법은 고구려, 백제, 신라의 축성법의 융합을 특징으로 한다. 석성은 고구려의 축성법을 응용하여 내부의 토축부를 먼저 조성한 이후 석축으로 마감하거나 기존

그림 5-28 사각추형으로 전면 가공된 망이산성 성돌(좌), 이성산성 2차성벽과 뒤채움돌 결합 상태(우)

그림 5-29 안성 망이산성 지대석

의 성벽에 덧대어 성벽을 구축함으로써 축성효율성을 극대화 하였다. 토성은 백제의 축성기술을 받아들여 영정주와 기단석열을 더하여 새로운 유형의 토성 축성기술을 완성하게 된다.

통일신라 축성법의 가장 큰 특징은 가공용 성돌의 보편적인 사용이라고 할 수 있다. 단단한 화성암(火成岩)인 화강암을 잘라내어 성돌 하나하나를 가공하기 위해서는 다수의 숙련된 석공이 있어야 하는데 8세기대의 수많은 건축물과 불상, 탑 등에 대한 수요로 인하여 이러한 장인들을 양산되었을 것으로 보인다. 이 시기의 성돌은 삼국시대 성돌에 비하여 너비가 좁아들어 정방형에 가까워지고 두께는 30cm 내외로 두꺼워지며, 고운정다듬으로 전면의 모서리를 둥글게 가공하고 전체적인 형태는 사각추형이 되도록 하여 성곽의 외관이 아름답게 보이도록 하였다는 특징이 있다.

체성벽의 기저부에는 체성벽보다 3~4배 정도 큰 지대석이 사용되었다. 지대석은 축성 후 흙으로 다시 복토하여 지면에 드러나지 않는 경우가 대부분이므로 체성벽 돌에 비하여 거칠게 가공되는 것이 일반적이다. 지대석의 바깥쪽에는 박석을 깔아 놓아 우수로 인하여 성벽 기저부의 흙이 파여 나가지 않도록 하였다.

통일신라시대의 성벽은 삼국시대의 성벽에 비하여 성벽의 높이가 낮아진다. 삼년산성의 경우 20m 이상의 높이로 축조되었지만 통일신라 시기의 성벽은 4~5m 정도의 높이를

그림 5-30 하남 이성산성 2차성벽 성돌(좌), 보축성벽이 없는 망이산성 성벽(우)

유지하게 된다. 또한 성벽의 경사각은 80° 내외의 수직에 가까운 삼국시대의 성벽에 비하여, 들여쌓기 하여 70° 내외의 완경사를 유지토록 함으로써 체성벽 석축부가 얇아짐에 따른 성벽 붕괴의 위험을 감소시키고자 하였다. 이처럼 체성벽의 높이가 낮아지고 성벽의 경사각이 완만해 짐에 따라 보축성벽은 점차 사라지게 된다.

삼국시대 성곽에 비하여 가장 달라진 축성법은 협축식 전면석축성벽에서 편축식 성벽으로 변화되었다는 점이다. 석축부를 얇게 함으로써 석재의 사용양을 획기적으로 줄였다. 경사면에는 축성대상지의 기초부를 층단식이나 경사형태로 정지하고 석축을 덧붙였으며, 평탄한 지역에서는 토성을 구축하듯이 토축부를 먼저 조성한 이후에 석축으로 마감하였다.

부소산성내 통일신라 석축성벽도 토축부를 먼저 조성하고 석축으로 마감하였으며, 안성 망이산성이나 연기 운주산성의 경우도 석축성벽을 쌓기 전 내탁부의 경사면에 일정한 두께로 성토다짐 후 편축식으로 덧붙여 석축성벽을 조성하였음이 확인된다. 이처럼 내탁부 성토 후 석축하는 방법 외에도, 전형적인 고구려의 축성기법인 토축부 조성후 석축으로 마감하는 형태의 성곽이 부소산성의 통일신라 성벽구간과 의령 호미산성에서도 확인되어 고구려의 '토심석축공법'이 통일신라 축성기법에 영향을 주었음을 알 수 있게 한다.

신라 석성의 전형적인 성문형태는 사다리를 타고 올라가야 하는 현문식 성문을 특징으로 한다. 그러나 이러한 성문은 적을 방어하는데는 도움이 되지만 일상 생활 속에서는 매우 불편하다. 따라서 현문식 성문은 점차 개거식으로 바뀌게 되며, 기존의 현문식 성문은 문구부까지 흙으로 복토하거나 계단을 설치하여 출입이 용이하도록 하였다.

삼국시대 신라 성곽의 수구는 위가 좁고 아래가 넓은 사다리꼴 모양을 특징으로 한다. 그러나 통일신라시기로 접어들면서 수구의 형태는 점차 위아래의 너비가 똑같은 방형으로 축조되었으며, 수구 바닥은 층단식으로 하여 물의 유속이 완화되도록 하였다. 밖으로 떨어

그림 5-31 개거식으로 구축된 망이산성 서문지

지는 물이 체성벽으로 스며드는 것을 방지하기 위하여 출수구의 바닥돌은 헛바닥처럼 바깥으로 길게 내밀도록 하였으며, 물이 떨어지는 바닥에는 박석을 깔고 배수로를 설치하여 흙이 파여나가지 않도록 하였다.

또한 기존 성벽을 재활용하여 보축형태로 덧붙여 쌓는 축성기법이 많이 확인된다. 연천 호로고루나 당포성은 붕괴된 고구려 성벽의 잔해물을 제거하지 않고, 성벽 바깥쪽에서 새로운 성벽을 덧붙여 쌓아 마치 보축성벽처럼 보인다. 이성산성과 덕진산성 및 아차산성에서는 처음에 쌓는 신라성벽이 붕괴되자 그 바깥쪽에 새로운 성벽을 덧붙여 쌓아 시간의 경과에 따른 축성기법의 변화 과정을 알 수 있게 해준다.

4) 통일신라 후기의 성곽

(1) 시대적 배경

『삼국사기』에 기록된 신라 하

그림 5-32 하남 이성산성 2차 성벽 수구

대의 축성기록은 매우 소략하여 헌덕왕대의 패강진 설치와 문성왕대의 혈구진 그리고 경

그림 5-33 석성벽에 덧대어 쌓은 덕진산성(좌), 토성에 석성을 덧붙여 쌓은 월평산성(우)

표 5-6 신라 하대의 축성기록(『삼국사기』)

축성 연대	명칭	위치비정	해발(m)	규모(km)
헌덕왕18년(826)	패강장성	대동강유역		
문성왕6년(844)	혈구진	강화 혈구진성(?)		
경순왕2년(928)	양산성	영동 양산일대		

순왕대의 양산성 축성 기록이 전부다. 그러나 현장조사 결과 9세기를 중심으로 전국에서 많은 성들이 신축이나 수축 또는 확장의 형태로 구축되었음이 확인되고 있다. 따라서 신라 하대에 축성된 많은 성곽들은 대부분 축성기록에서 누락되었음을 알 수 있다.

통일신라 말기인 9세기에는 기존의 축성법과 다른 독특한 형태의 석축성이 등장한다. 개거식 성문과 협축식의 성벽, 정교하게 가공된 성돌을 특징으로 하는 새로운 형태의 성곽은 군사력과 정치력, 새로운 사상과 기술력을 갖춘 지방호족들의 등장과 밀접한 관련이 있다고 생각된다. 특히 백제영역에 속하였던 지역의 성곽 중에서 이러한 특징을 보이는 성곽들이 많이 확인된다. 아산 학성산성, 서천 남산성, 논산 노성산성, 무안 봉대산성 등이다. 석축성 이외에도 기단석열과 영정주, 중심토루와 외피토루를 특징으로 하는 정형화된 토성도 많이 축성되었다.

(2) 주요 성곽

서천 남산성은 서해안과 금강 하구까지 한눈에 관망할 수 있는 남산(해발 146.9m)의 정상부에 구축된 테뫼식의 석축산성으로 둘레는 633m 정도이다. 성벽은 방어에 취약한 동서쪽의 능선부는 협축하여 높게 쌓아 올렸으며, 북쪽과 남쪽의 급경사면은 안쪽에 토축부를 먼

153

저 조성하고 외면에 석축을 부가한 편축식으로 확인되었다. 협축식 성벽의 기저부 너비는 7m 정도이고, 높이도 7m 정도였을 것으로 추정된다. 남산성은 화강암으로 정교하게 가공한 성돌과 장방형 치, 곡선으로 처리된 문구부 등을 특징으로 하고 있다.

무안 봉대산성은 서해안 해로를 감시할 수 있는 해발 202m인 봉대산의 정상부를 둘러싸고 있는 둘레 430m의 작은 성이다. 목포대학교 박물관에 의하여 2차에 걸친 발굴조사가 이루어 졌으며 체성벽과 돌출된 치가 조사되었다. 성벽은 기저부에 대형 지대석을 놓고 위로 올라가면서 퇴물림 쌓기를 하면서 쌓은 사각형으로 정교하게 가공된 성돌과 협축식 성벽을 특징으로 한다. 치의 형태는 평면 사다리꼴로 이성산성 치와 유사하다. 봉대산성이 백제성이라는 견해도 있지만 축성기법과 성내에서 9세기 통일신라시대의 유물로 미루어 통일신라의 성으로 추정된다.

직산 사산성은 해발 176m인 성산의 저상부를 에워싼 석축내성과 북동향한 계곡까지 에워싼 토성으로 구축된 외성으로 구성되어 있다. 내성의 둘레는 750m이고 외성은 1,030m에 달하는데 삼국시대에 축성된 내성을 통일신라시대에 확장하여 쌓은 것으로 추정된다.

그림 5-34 서천 남산성 치지대석과 체성벽

발굴조사 결과 외성은 6.4m 너비로 기단석열를 깔고 3.4m 간격으로 영정주 초석을 놓은

그림 5-35 무안 봉대산성 치의 입면(좌)과 평면 사진(우)

5. 관방과 무기·마구

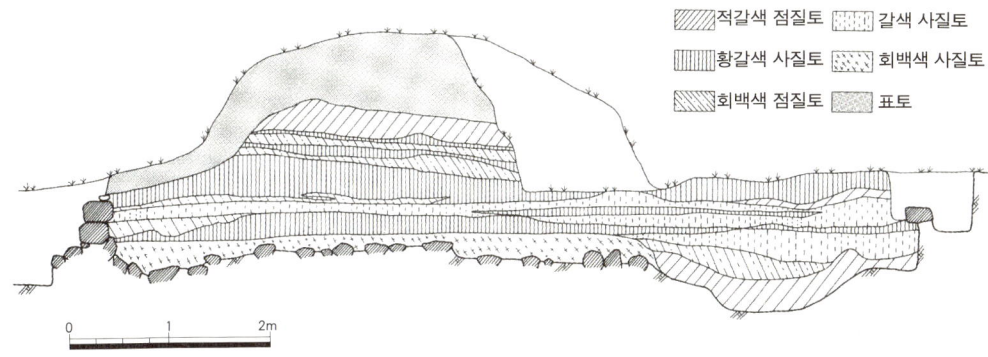

그림 5-36 직산 사산성 성벽 단면

후 정교하게 판축하여 중심토루를 구축하고 내피토루와 외피토루를 덧붙여서 마감하였다. 사산성은 전형적인 통일신라시대 토성의 축성법을 알 수 있게 해 준다.

화성 당성은 신라의 대중국 교류를 위한 기항지로 알려져 있는 중요한 성이다. 정상부에

그림 5-37 화성 당성 성벽 단면

는 6세기 중엽에 구축된 신라 석축산성이 있고, 둘레 1,148m에 달하는 토성이 석성에 덧붙여서 구축되어 있다. 발굴조사 결과 토성벽기저부의 너비는 6.6m이고, 성벽의 잔존 높이는 3m이며, 기단석열을 놓고 영정주를 세운후 중심토루를 판축하고, 내피토루와 외피토루를 덧붙여서 마감하였음이 확인되었다. 문구부 측벽은 석축으로 마감되었으며, 외피토루와 내피토루의 바닥에는 인위적으로 깔아놓은 와적층이 확인되었다. 당성의 토성은 9세기 대에 축성된 것으로 추정되므로 고려시대의 전형적인 토성 축성기법은 통일신라시대에 이미 완성되었음을 알 수 있게 해 준다.

김해 봉황동 토성은 통일신라시대의 읍성으로 전체 둘레는 약 4km 정도로 추정되고 있다. 동서문물연구원에 의한 발굴조사 결과 토성으로 구축된 성벽은 기저부 양측에 대략 너비 6m 간격으로 3단의 기단석열을 배치하고 430~460cm 간격으로 영정주를 배치하였다. 조사 구간이 저습지라 영정주와 횡장목이 썩지 않은 상태로 조사되어 영정주에 사각형

그림 5-38 김해 고읍성의 성벽 평면도(좌), 영정주와 횡장목 노출(중), 종장목과 영정주(우)

홈을 파고, 양끝단을 뾰족하게 다듬은 횡장목을 끼워서 결구하였으며, 자귀로 가공한 영정주와 횡장목에는 표면에 적색의 옻칠이 되어 있었음이 확인되었다(동서문물연구원 2010).

(3) 축성법의 특징

8세기 말에서 9세기대에는 정치력과 군사력을 겸비한 호족세력이 등장하면서 새로운 형태의 성곽이 등장하게 된다. 구릉 정상부에 테뫼식으로 쌓은 둘레 1km 미만의 석축성으로서 문구부가 곡선으로 처리된 개거식 성문을 특징으로 한다. 체성벽은 토축부를 먼저 조성하고 지대석과 가공된 성돌을 사용하여 편축식으로 성벽을 구축하지만 문구부는 협축식으로 마감했다. 대전 보문산성이나 서천 남산성, 아산 학성산성 등이 이 시기의 산성으로 추정된다.

　석축성벽의 두께가 얇아지며 내탁식으로 축조하고, 성벽의 높이가 낮아지며 개거식 성문과 아름답게 가공한 화강암 성돌로 성을 쌓는 것은 기존의 신라식 축성법과 다른 새로운 축성법이 도입되었음을 의미한다. 이는 오랜 기간 동안의 전쟁이 종식되고 대내외적 안정기가 지속되는 통일신라시대를 거치면서 성곽의 방어적인 기능보다는 아름답고 화려한 외관에 치중함으로써 권위적인 기능이 강조되었던 사회적 분위기를 반영하고 있는 것으로 생각된다.

　통일신라시대에는 석성 뿐 아니라 토성도 많이 구축되었다. 통일신라시대의 토성은 성벽이 일체형으로 구축되는 삼국시대 토성과 달리 중심토루와 내·외피토루로 구성되어 있다. 이를 위해서는 중심토루의 너비 만큼 기단석열이 설치하고 일정한 간격으로 영정주를 세운후 종장목과 횡장목, 협판 등을 설치하여 중심토루를 먼저 쌓고 외피토루와 내피토루를 덧붙여 성벽을 완성하였다.

통일신라시대 토성의 가장 중요한 특징은 기저부 석열이라고 할 수 있다. 기단석열이라고도 하는 기저부 석열은 중심토루의 하중을 분산시키는 동시에 빗물 등에 의해 토성이 붕괴되는 것을 방지하기 위하여 도입된 것으로 추정되고 있다. 3~6세기 중후반까지는 기단 석열 없이 축조되다가 7세기 무렵부터 바깥쪽 또는 안쪽에 기단 석열을 배치하고 판축하는 방식이 도입된다. 기저부의 한쪽에 석열이 배치되는 형식은 대략 7~9세기 초반까지 등장하며, 9세기 이후에는 기저부의 양쪽에 석열이 배치되는 양상을 보인다.(고용규 2001) 기저부석열의 너비는 성곽에 따라 약간씩 차이가 있지만 대략 3~4m 정도이다.

그림 5-39 문구부가 곡면으로 처리된 보문산성 서문지

그림 5-40 기단석열과 와적층이 화성 당성

판축을 위한 영정주의 간격에도 시간성이 반영되어 있다. 3~6세기 중후반까지의 토성의 영정주 간격은 1~1.5m를 유지하고 있는 반면에 7세기 이후에는 3m 내외, 통일신라시대에는 3~4m로 넓어지고 있음을 확인할 수 있다.

또한 통일신라 성곽의 특징 중의 하나는 성내에서 다량의 기와가 출토되는 점이다. 이는 성곽 안에 병영과 창고 행정건물 등 다수의 기와 건물이 있었기 때문이다. 9세기대 이후에는 특히 명문기와가 급증하게 된다. 명문와의 내용 중에는 "瓦草", "瓦", "草", "官"명 기와가 많은 빈도를 차지한다. "瓦"나 "草", 또는 "瓦草"는 모두 기와를 의미 하며 특히 "瓦草"는 기와를 의미하는 순수한 우리말인 "디새"를 한자로 표기한 것으로 추정된다. 디새는 질그릇을 의미하는 와(瓦)와 지붕을 의미하는 새[草]에서 비롯되었으며 '디새'가 여러 단계

그림 5-41 광주 남한산성 출토 문자기와

의 음운변화를 통하여 기와가 되었다(심광주 2013a). '디새'의 '새'가 기와를 의미 하는 근거는 수막새, 암막새, 너새, 곱새, 막새 등 지금도 사용되는 기와를 지칭하는 용어을 통하여 알 수 있다.

통일신라 토성의 또다른 특징은 기저부 석열 내외부에 내피토루와 외피토루를 쌓기 전 일정한 너비로 깔아놓은 와적열이라고 할 수 있다. 이것을 토성상부에 기와를 덮어서 마감하였던 것이 바닥에 깔리게 되었다는 견해도 있지만(안성현 2012) 강화 중성이나 충주 호암동토성, 제주 항파두리성 등 고

그림 5-42 화성 당성 성벽 외피토루 바닥 와적열

려시대의 토성에 이르기까지 여러 성에서 정형성을 이루며 확인되는 것으로 보아 축성과 관련된 유구임을 알 수 있다. 대외피 토루의 기저면에 폐와 조각들을 깔기 전 구(溝)를 파거나 점토로 성토하여 보강하기도 하였다. 이처럼 토성에서 확인되는 와적열은 토루가 밀리지 않도록 하기 위한 목적이었던 것으로 추정된다. 통일신라 토성 중 이처럼 내외피토루의 바닥에 인위적으로 기와를 깔아 놓는 것은 화성 당성에서도 확인되는 것으로 보아 최소한 9세기 중엽 이후 부터 시작되었으며 고려시대에는 더욱 일반화 되었음을 알 수 있다. 판축도성 외피토루 기저부의 와적열에 대하여 성벽 상부 사용되었던 와적여장이나 성벽을 피복하기 위한것이라는 견해도 있지만(안성현 2012) 토성 내외부의 와적열은 통일기 이후의 성벽에서는 공통적으로 일정한 정형성을 보이며 확인되고, 내피토루와 외피토루는 이미 축성 당시 조성된 것이므로 인위적으로 깔아놓은 것으로 보는 것이 합리적이다.

아울러 중심토루 내외벽의 경사각은 85° 이상으로 거의 수직에 가깝기 때문에 그대로 두면 붕되될 수 밖에 없으므로 내피토루와 외피토루를 덧붙여 토성벽이 안식각을 유지할

수 있도록 하였다. 토층을 통하여 확인된 바로는 완성된 토성의 경사각은 32°도 내외였을 것으로 추정된다.

5) 현황과 과제

성곽은 대규모 복합구조물이다. 성을 쌓기 위해서는 입지 선정과 측량, 체성벽과 성문, 성 내의 각종 건축물에 이르기 까지 여러 분야의 기술과 숙련된 기술자가 있어야 한다. 또한 성곽은 왕궁이나 사찰, 고분 등 동시기의 다른 유적에 비하여 많은 인력을 필요로 하는 공적 구조물이다. 따라서 성곽에 대한 연구는 축성의 기술적 특성을 밝히는 것으로부터 시작되어야 한다.

그러나 성곽에 대한 지금까지의 조사와 연구는 대체로 지역성과 역사성에 기반한 포괄적 연구에 치중해 왔다고 해도 과언이 아니다. 이러한 연구는 백제나 가야, 신라 등 개별 정치 집단의 성장과 발전의 근거로 성곽 조사 결과를 활용할 수 있을지는 모르지만, 축성집단의 고유한 기술적 특성을 고려하지 않으면 축성주체와 축성기술사를 왜곡시킬 가능성이 있다.

축성의 기술적 특성을 알기 위해서는 성곽구조물에 대한 물리적 이해가 선행되어야 한다. 모든 성곽은 인위적인 구조물이기 때문이다. 모든 인위적인 구조물은 원래의 상태로 돌아가려고 하는 물리적인 힘을 가지고 있다. 성곽은 이러한 물리적 힘에 저항하도록 만들어진 구조물이다. 즉 중력에 의한 하중과 성벽 내부에서 밀어내는 응력을 성벽이 견디내지 못하면 성벽은 붕괴하고 만다. 성벽의 물리적인 힘과 성벽의 지지력이 역학적으로 균형을 이루도록 하는 방법이 바로 축성기술이다. 축성기술은 축성집단의 원천기술과 계속되는 기술의 발달과 변화로 인하여 집단과 시기에 따라 각각 다를 수 밖에 없다.

예를 들어 목책만 하더라도 목책의 간격과 배치방법이 각각 다르며, 토성도 기단석열이 있는지 없는지, 영정주의 사용여부와 간격 등 다양한 기술적 차이가 확인된다. 돌은 나무나 흙보다는 방어력이나 내구성이 좋은 구조물을 만들 수 있지만 석성을 쌓으려면 성돌의 채석과 가공 및 쌓기 기술이 뒷받침 되어야 한다. 또한 성곽의 규모와 입지에도 축성당시의 전쟁의 규모와 기능이 복합적으로 반영되어 있게 마련이다.

통일신라시대 성곽의 축성법은 더구나 고구려, 백제, 신라의 축성기술이 융합되어 삼국시대의 축성법에 비하여 보다 다양한 양상을 보여준다. 따라서 통일신라시대의 축성법을 이해하기 위해서는 삼국시대의 축성법 및 축성법의 근간을 이루는 고대의 토목건축기술에 대한 깊이 있는 연구가 선행되어야 할 것이다.

심광주

2. 무기와 마구

1) 산성 출토 무기와 마구

(1) 공격용 무기

통일신라시대의 무기(武器)로는 대도, 철모, 철창(극), 화살촉 등이 있으나 삼국시대 신라보다는 수량과 종류에서 적은 편이다. 이 시기 무기는 주로 산성에서 출토되고 있으며, 월지 등 생활유적에서도 발견되기도 한다. 산성 출토 무기는 주로 건물지나 수혈 유구 등에서 발견되는 것으로 상당 기간 외부에 노출되어 정확한 형태를 알기 곤란한 경우도 많은 편이다.

창녕 화왕산성 용지(龍池)에서 출토된 무기류는 철제 대도와 철제 도자, 철촉 등이 있다. 이중에서 주목되는 자료가 철제 대도이다. 철제 대도 2구가 출토되었는데, 하나는 길이가 107.7cm이고, 다른 하나는 81.9cm이다. 봉부 앞 10~15cm 가량은 양 날을 가진 검의 형태이고 그 아래는 칼 등과 날이 구분되는 도의 형태를 띤다. 일반적인 대도와는 달리 전체적인 형태가 도(刀)이지만, 날 끝부분이 양 날을 가진 검(劍)의 형태라는 점에서 특징적이다. 손잡이의 유기물질과 연결되는 부분에는 연결하였던 구멍이 두 개씩 나 있다. 칼 손잡이와 칼집이 확인되지 않은 것으로 보아 나무 등 유기질이었을 것으로 추정된다. 함께 출토된 철제 도자는 원래 사용 형태와는 다르게 'U'자상으로 구부려져 있다. 도자의 가운데 부분이 매우 정형하게 구부려져 있어 이후 재가공하여 집게와 같은 용도로 사용하였을 가능성이 있는 것으로 보고 있으나(경남문화재연구원 2009), 집수지에서 출토된 것으로 보아 제의용으로 사용되었을 것이다.

그림 5-43 창녕 화왕산성 양날 대도

이와 같이 양날을 가졌으나 전체적으로 도의 형태를 가진 예는 광양 마로산성 Ⅴ-2호 수혈유구에서도 보인다. 수혈유구에서는 철제 표비 등의 마구, 쇠모루와 집게 등의 단야구, 쇠톱, 도자, 쇠낫 등의 농공구, 자물쇠, 철제 과대 등이 함께 출토되었다. 대도는 3구가 출토되었는데, 2구는 도이고 1구는 날이 검의 형태를 띤 도이다. 이러한 형태는 일본 쇼소인의 8세기대 장식대도에서도 보이는 것으로 한일관계사의 측면에서 접근할 필요가 있다.

그림 5-44 양주 대모산성 출토 도심

양주 대모산성의 건물지에서는 대도의 장식구인 도심(刀鐔)이 발견되었다. 도심은 동지금장(銅地金裝)의 제품으로 단면 장타원형의 도심에 병연금구(柄緣金具)가 끼워진 형태로 남아 있다. 도심에는 장식이 없으나 병연금구에는 화려한 문양이 새겨져 있다. 문양은 당초문과 보상화문을 조합하여 귀면을 표현하고 있다. 귀면의 입에는 3개의 이빨이 표현되고 콧등과 콧구멍, 두 눈은 보상화문, 머리는 당초문으로 표현하고 있다. 삼국시대 신라의 장식대도에서는 도심이 없었으나 통일신라시대의 대모산성에서 도심이 발견되어 통일기에는 철도에 도심이 사용되었음을 알 수 있다. 현재 통일신라시대 철도의 구조를 자세히 알기 어려우나 불국사 석가탑 사리용기, 석굴암 사천왕상 등의 예술품에 표현된 도에는 둥근

그림 5-45 경주 불국사 석가탑 사리용기(우)와 세부(좌)

칼코가 표현된 것으로 보아 통일기에는 도심이 있었을 것으로 추정된다.

통일신라시대 산성에서 출토된 철모는 철준과 세트를 이루며, 직기형이고 공부와 신부 단면이 모두 원형이다(김길식 1992; 우병철 2008; 김길식 2013). 철모는 길이가 짧은 것은 신부가 완전히 단접하지 않아 투겁과 관통된 것도 있다. 철준 역시 모두 직기형이며, 공부와 신부 단면이 원형이며 신부를 완전히 단접한 것과 투겁과 관통한 것 등 2종류가 있다. 전자 형태의 철모와 철준은 모두 신부의 길이가 짧고 단면이 원형이며 관(關)이 형성되지 않은 것으로 6세기 후반 이후에 보편적으로 보이는 형태이다. 신부의 단면은 능형이며, 연미형 철모가 주류인 6세기 중엽 이전의 것과는 뚜렷이 대비되는 모양이다.

철모 중에서 극(戟)과 형태가 닮아 그 기능을 하였을 것으로 추정되는 것이 광양 마로산성 2호 석축 집수정에서 출토되었다(순천대박물관 2009; 성정용 2006). 기부 직기형 철모의 가운데에 극의 가지창과 같은 것이 짧게 돌출되어 있는데, 날 끝이 봉부가 아닌 기부를 향하도록 꺾이어 있다. 봉부 단면은 두터운 능형에, 가지 부분은 방형을 하고 있다. 투겁 끝에는 나무자루를 고정시키기 위한 못 구멍이 나 있으며, 전체 길이가 28.3cm이다. 마로산성에서는 삼지창도 출토되었는데, 단면 장방형의 두터운 철판을 잘라 투겁을 원형으로 접고 가지는 철판을 세 갈래로 나누어 만든 것이다. 투겁 끝에는 나무자루를 고정하기 위한 못 구멍이 뚫려 있다. 세 갈래의 가지에는 가시가 나 있어 일반적인 작살의 용도를 상정할 수 있으나 산성에서 출토되어 무기로 전환되었을 가능성도 엿볼 수 있다.

철촉(鐵鏃)은 신라 산성에서 많이 발견되는 무기로서, 그 종류도 다양하다. 이는 철촉이 여러 시기에 걸쳐 사용되었다는 것을 반증하고 있다. 통일신라시대의 철촉은 양주 대모산성, 파주 덕진산성, 포천 반월산성, 이천 설봉산성, 광양 마로산성 등 발굴조사가 이루어진 산성에서 출토되었다. 화살촉은 그 촉두의 형태가 양익형, 유엽형, 도자형, 능형, 검신형, 삼각추형, 원추형 등으로 다양하며, 경부의 형태도 장경식, 단경식 등이 있다. 철촉의 시간

그림 5-46 양주 대모산성 출토 철촉

적 변화상을 반영하는 관부의 형태도 사각관, 직각관, 돌출관 등 다양하게 나타난다. 이러한 철촉은 건물지에서도 일부 확인되기는 하지만, 문지와 성벽 주변에서 주로 출토되고 있다. 이것은 대부분 교란층의 퇴적토 내에서 출토되었다고 하지만 성벽의 안과 바깥에서 흩어져 다양한 철촉이 다량으로 출토되었으므로 실지로 전쟁에서 사용한 것을 알 수 있다.

『삼국사기』에는 태종무열왕 8년(661)에 성을 공격할 때에 포차를 이용하였다는 기록이 나온다. 포차에 사용하였던 석환이 문경 고모산성, 충주 장미산성 등에서 발견되었는데, 성 한쪽에 돌무지의 형태로 모여 있었다(우병철 2014).

凹형 철기는 평면형태가 凹형으로 신부 아랫부분에 날이 형성되어 있다. 처음에는 농구인 U자형철기의 축소모형농기구로 추정하기도 하였으나 나무자루의 흔적과 날의 닳은 모양으로 보아 무기나 공구일 가능성이 높아지고 있다. 대부분의 유물이 자루를 꽂았던 반대 방향에 날이 있으며, 꺾쇠 모양으로 돌출된 부분과 너비 단면의 두터운 곳에 가로로 목질 흔적이 남아 있는 것으로 보아 나무자루가 달린 철기로 보인다.

그 형태에 따라 2가지의 종류가 있다. 하나는 날부분의 만곡도가 약하고 측면이 직각을 이루며 자루 착장부가 직선으로 돌출된 것으로 신부가 넓고 큰 것이다. 서울 시흥 호암산성의 통일신라시대 집수지에서 자루에 끼워진 凹형 철기가 출토되어 그 기능을 알 수 있게

그림 5-47 서울 시흥동 호암산성 한우물 출토 부월

되었다. 이것은 가로방향으로 나무자루가 끼워져 도끼와 같이 사용되었으므로 부월(斧鉞)로 판단된다. 또한 통일신라 건물지에서 다양한 건축 부재들과 함께 출토되는 사례가 많은 것으로 보아 지속적으로 사용된 목공구였을 것이다. 이러한 형태는 경주 월지, 서울 아차산성, 용인 언남리, 이천 설성산성, 서울 시흥동 호암산성 한우물, 광양 마로산성 등 주로 통일신라시대의 유적에서 출토되었다. 다른 하나는 인부가 크게 구부러지고 자루 착장부가 안으로 오무라던 것으로 내부에 목제 자루가 끼워지는 결입부가 없는 점이 다르다. 이것은 나무껍질이나 삼을 추출하는 삼칼의 기능을 하였을 것으로 보인다(김재홍 2015).

(2) 방어용 무기

산성에는 공격형 무기와 더불어 방어와 관련되는 무기도 다수 출토되었다. 방어용 무기로는 마름쇠, 성문 등을 들 수 있다. 성을 방어하거나 기마부대를 저지하는 용도로 사용된 것이 마름쇠이다. 마름쇠는『삼국사기』태종무열왕 8년(661)에 마름쇠를 성 밖으로 던져 깔아서 사람이나 말을 다닐 수 없게 하는 용도로 사용한 것으로 나온다(우병철 2014). 여러 점을 끈으로 연결하여 성벽 밖에 뿌려 놓아 적에게 상해를 입히는 방어 무기로서 마름쇠 자침의 중앙 연결 부위에 조그만 구멍이 뚫려 있다. 성벽 바깥의 적의 예상 진입로에 주로 설치되므로 성벽 외부에서 출토되는 경우가 많다. 부여 부소산성, 서울 몽촌토성 등에서 출토된 자료를 근거로 백제 유물로 파악하기도 하지만, 몽촌토성, 부소산성 모두 통일신라시대의 유물과 함께 출토되었으므로 7세기 이후의 마름쇠로 파악된다(김길식 2013).

돌로 둘러 쌓인 산성에서 가장 취약한 부분이 나무로 만든 성문이다. 이를 보완하기 위해 나무 성문에 철판을 덧대기 하고 옹성으로 둘러싸기도 하였다. 그러나 성문은 기본적으로 열고 닫는 통로라는 개념이 강하므로 다양한 요소로 구성되어 있다. 성문은 능선부와 계곡부 중앙에서 약간 빗겨난 지점에 위치함으로써 성의 방어를 쉽게 하는 목적을 하고 있다(조순흠 2008). 일반적으로 신라의 성문은 현문식과 개거식으로 구분되며, 현문식에서 개거식으로 발전하는 것으로 보인다.

나무 문짝이 사라진 성문 유구에서 가장 흔하게 발견되는 것이 확쇠(確金)이다. 통일신라시대의 확쇠는 모두 신라 석축산성의 현문식 문지에서 확인되고 있다. 현문식 산성을 방어하는 용도로 사용된 것이 성문이다. 성문은 대부분 동서남북 방향에 시설되었으나 자연지형에 따라 일부 조정하기도 하였다. 성문의 문구부에는 출입을 차단하는 성문과 문구가 있으며, 유구로는 문초석, 문지도리석, 확쇠 등의 있다. 확쇠는 양주 대모산성 동문지·북문지, 계양산성 북문지, 보은 삼년산성 남문지, 문경 고모산성 서문지, 충주 충주산성 동문지, 청주 부모산성 북문지 등 통일신라시대의 9주 범위에서 확

그림 5-48 확쇠(좌: 충주 충주산성, 우: 보은 삼년산성)

그림 5-49 인천 계양산성 출토 확쇠와 확돌

인되었다. 확쇠는 위 확쇠와 아래 확쇠가 결합되는 암수 1조로 구성되어 있다. 아래 확쇠의 형태가 수확쇠로 문지석이나 성문 하단의 인방에 고정되고, 위 확쇠가 암확쇠로서 성문 양쪽 모서리 하단부에 홈을 파고 고정시켰다. 암확쇠는 원추형이며 3~5개 정도의 돌기가 있어 고정을 시켰으며, 수확쇠인 아래 확쇠는 원추형과 방형으로 나누어진다. 원추형의 수확쇠는 목재 인방에 고정시켰으며, 방형의 것은 문초석에 방형의 구멍을 파고 고정시켰을 것으로 추정된다(심광주 2013c). 대부분의 확쇠는 대개 암·수 확쇠로 구성되며 수확쇠는 장방형 촉으로 확석에 박히는 형태가 일반적이다.

확쇠의 출토 위치는 2종류가 있는데, 이는 성문의 위치와도 관련을 가지고 있다. 하나는 문지의 중앙부에서 확인되는 것으로 문경 고모산성, 보은 삼년산성 등 6세기 신라의 산성에서 주로 발견되었다. 다른 하나는 문지 안쪽에서 확인되는 것으로 7세기 이후 신라

의 충주산성 북문지, 대모산성 동문지·북문지, 부모산성 북문지 등에서 출토되었다. 따라서 성문이 문지의 중앙부 → 내측으로 변화하는 것으로 파악되고 있다(조순흠 2011; 심광주 2013). 목제 성문이 문지의 중앙부에 설치되어 밖으로 여닫는 구조보다는 문지 내측에 설치되어 안쪽으로 여닫는 구조가 적의 공격으로부터 효과적으로 방어할 수 있는 구조이기 때문이다.

(3) 마구

통일신라시대의 마구로는 재갈, 등자, 말장식구 등이 있고 수레 부속구인 차관, 차축할 등도 발견되었다. 마구의 출토량이 삼국시대 신라에 비해 적으나 사료에서 이를 유추할 수 있다. 통일신라시대에 마구의 출토량이 삼국시대에 비해 급격히 줄어들고 있으나, 말과 관련된 사료를 통해 여전히 말을 타는 기마문화가 지속되었다. 신라는 통일을 전후하여 기병부대를 창설하였는데, 태종무열왕대에 계금당(罽衿幢)을 창설하였고 문무왕대에 오주서(五州誓)를 만들었다. 이러한 신라의 기병 창설은 당나라 기병에 대응하기 위해 조직된 것으로 보인다(서영교 2002). 문무왕9년(669)에는 통일 전쟁에 공을 세운 귀족들에서 말을 기르는 목장을 사여하는 기사가 나오는데, 이를 통해 말 사육과 사용 계층을 알 수 있다. 또한 〈신라촌락문서〉에는 취락 단위로 소와 말의 숫자를 정확히 파악하고 있는 것으로 보아 통일기에 말의 사육이 중요한 사항이었음을 알 수 있다(奈良國立博物館 2002).

통일신라시대의 재갈은 S자형 표비(鑣轡)가 대표적이며, 이천 설봉산성, 용인 언남리 유적, 창녕 화왕산성, 광양 마로산성, 부여 부소산성, 익산 미륵사지 등지에서 출토되었

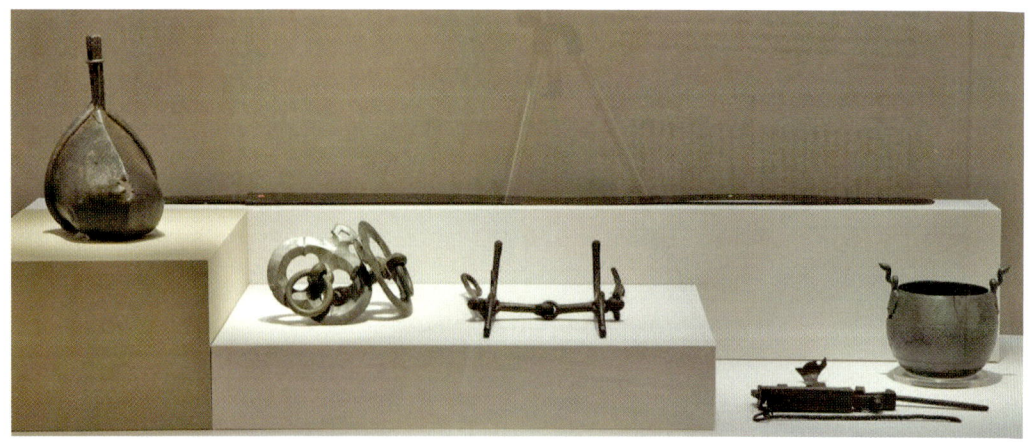

그림 5-50 통일신라시대 재갈과 호등

다. 출토 범위는 통일신라시대 전 영역에 걸쳐 있다. 표비는 당대의 표비를 충실하게 모방한 원환(圓環) 계열과 그것을 모방하면서도 삼국시대 재갈의 제작법이 남아 있는 2조선 인수 계열 등이 있다(성정용 외 2007; 諫早直人 2007). 이러한 형태는 당나라에서 만들기 시작하여 요나라에 걸쳐 사용된 것이지만 대략 9~11세기에 사용되어 시기 폭이 큰 마구이다. 원주 법천리사지에서는 고려시대 S자형 표비가 발견된 것으로 보아 고려시대에도 사용되었음을 알 수 있다. 그러나 다른 유물과 비교할 경우에 8~9세기대의 주로 사용한 마구로 추정된다.

창녕 화왕산성 철제 재갈은 통일신라시대 9세기 집수지인 용지(龍池)에서 출토되었다. 그 형태는 S자형 긴 막대의 끝을 굽혀 고사리모양으로 만든 재갈멈추개가 특징적이다. 창녕 화왕산성 재갈은 청동방울, 호형등자 등과 함께 출토되어 세트 관계를 알 수 있다. S자형 재갈은 주로 호등과 함께 출토되고 있으며, 광양 마로산성에서도 동일한 양상을 확인할 수 있다. 부여 부소산성에서도 재갈이 확인되었다. 사자루 남변 나지점 이단 석축 주변 통일신라시대 주거지의 기단토로부터 완형의 철제 S자형 표비가 출토되었다. 익산 미륵사지

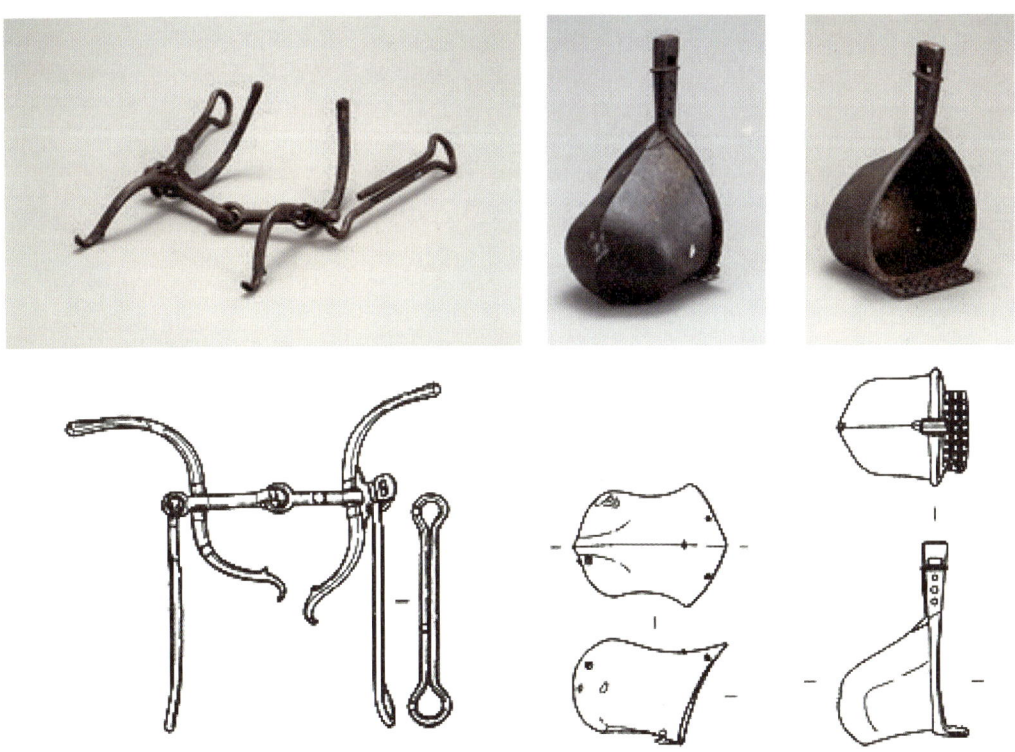

그림 5-51 창녕 화왕산성 출토 재갈과 호등

그림 5-52　충주 충주산성 출토 재갈

에서도 백동제 환판비가 출토되었으며, 청동제 S자형 표비가 확인되었다.

용인 언남리유적 Ⅱ-10호 수혈 동쪽 토광에서 완형의 철제 S자형 표비가 확인되었다. 재갈은 화염문, 구름무늬, 당초문 등 문양을 상감으로 새긴 것이며, 주조괭이, 쇠낫, 도끼, 열쇠 등의 금속기와 함께 출토되었다. 이천 설봉산성의 다확 1트렌치 1호 토광에서 시루편, 쇠낫 등과 함께 출토되었다. 순천 마로산성에서는 마구와 관련하여 재갈, 등자, 장식구 등이 발견되었다. 재갈은 나지구 2호 수혈에서 출토되었으며, 말을 장식하는 금구와 더불어 출토되었다. 재갈은 주로 표비의 형태로서 함의 측면에 직교해서 고리가 하나 더 붙은 이중외환(外環)이 특징이다. 표의 본체는 S자형으로 표 중앙에 장방형 구멍을 2개 뚫어 입문의 각부를 삽입하고 리벳으로 고정하였다. 인수는 원환이다.

또 다른 재갈로는 복환식환판비(複環式環板轡)가 있는데, 경주 월지, 양주 대모산성, 충주산성 출토품이 있다. 복환식환판비(複環式環板轡)는 2개의 굵은 쇠줄을 촘촘히 맞물리게 하여 두 마디로 만들었으며, 그 끝고리에 고삐이음쇠인 인수(引手)를 연결한 모양이다. 양주 대모산성 북문지 추정지에서 발견된 복환식환판비는 철촉, 쇠낫, 철도자, 쇠솥, 자물쇠 등과 함께 출토되었다. 재갈은 재갈멈추개만 확인되었으나, 철봉을 중앙에서 2회 교차시켜 꼰 것으로 통일신라시대에 해당한다. 충주 남산의 충주산성 동문 남쪽 저수지에서도 (백종오 2008) 복환식환판비가 출토되었다. 함께 출토된 유물로 6~7세기 단각고배가 있어 6세기 이후의 재갈로 판단되지만 통일신라시대에도 계속하여 사용되었을 가능성이 있다 (諌早直人 2007).

삼국시대 신라에서 사용한 판비를 그대로 계승하여 사용한 예도 확인되었다. 창녕 말흘리유적에서 출토된 십자문 심엽형 판비는 삼국시대에 유행한 형식으로 이 시기까지 사용되었음을 알 수 있다. 통일신라시대 십자문 심엽형 판비(十字文心葉形板轡)는 창녕 말흘리 퇴장유구에서 발견되었다 (경남고고학연구소 2005). 6세기대 신라문화권에서 유행한 판비의 재갈멈치와 관련을 가지고 있다. 재갈멈치의 십자문 주연 부분만 남아 있지만, 통일신라시대까지 십자문 판비가 사용되었음을 알려주고 있다. 신라에서는 6세기대 십자문 심엽형 판비과 더불어 심엽형 행엽이라는 '십자문 심엽형'이 세트 관계를 이루고 있다. 십자문 심엽형 판비의 세트 관계는 경주뿐만 아니라 창녕지역에서도 확인될 정도로 되어 확산되고 있었다. 6세기대 중엽 이후 횡혈식석실묘가 확산되면서 장식마구는 더 이상 무덤에 부장되지 않게 된다. 그러나 창녕지방

그림 5-53 광양 마로산성 출토 호등(좌), 익산 미륵사지 출토 호등과 편자(우)

에서는 말흘리의 예에서 알 수 있듯이, 계속적으로 사용되었을 가능성이 있다(김현정 2014).

산성의 유구에서는 재갈과 더불어 등자도 발견되었다. 통일신라시대의 등자는 윤등보다는 호등(壺鐙)이 주로 사용되었으며, 경주 월지에서는 철제 윤등이 발견되기도 하였다. 대표적인 호등으로는 경주 천관사지, 경산 임당 저습지 Ⅰ지구, 창녕 화왕산성, 광양 마로산성, 익산 미륵사지, 황해도 평산 산성리 등지의 출토품이 있다.

광양 마로산성에서는 호등 8점이 출토되었는데, 제작과정을 추정하기도 하였다. 이것은 뒷꿈치를 제외한 발 앞쪽 전체를 감싸는 주머니 형태의 등자에 凹凸문이 뚜렷한 답수부가 부착되어 있고, 등자의 입구를 감싸는 윤부가 병부까지 이어져 원두형의 못으로 고정하여 마무리한 형태이다. 상당히 복잡하고 세심한 공정이 이루어 졌을 것으로 추정되는 마구이다. 그 제작과정은 먼저 0.3~0.4cm 두께의 철판을 이용하여 끝부분은 넓고 뾰족하며 중앙부는 홀쭉한 형태로 호부를 제작한다. 다음으로 폭이 좁은 철판을 이용하여 호구를 감싸고 이들을 상단에서 합치며, 발을 고정하는 답수부를 만든다. 병부를 구성한 2매의 철판을 직경 0.7cm의 원두정으로 고정하고 상단에 구멍을 뚫게 된다. 이어 호부 상단을 인동문 등의 문양으로 장식하기도 한다(성정용 외 2007).

창녕 화왕산성 저수지인 용지에서도 호등 2점이 출토되었으나 형태가 달리 한 세트가 아니다. 그 형태가 평산 산성리에서 출토된 전형적인 통일신라시대 호등과 유사한 것과 더불어 발을 넣는 부분이 직선적이고 인동문이 간략화된 늦은 시기의 것도 같이 출토되고 있다. 후자는 논산 신흥리, 익산 미륵사지, 경주 천관사지 등에서 확인되었으며(성정용 외 2007), 전자보다 호부가 직선적이고 문양이 간략화되어 있다. 아직 통일신라시대 호등

이 많이 발견되지 않아 구체적인 편년을 잡기는 곤란하지만 완형으로 출토된 후자는 9세기 중반 이후로 추정된다. 병부가 결실되었으나 볼륨이 있는 주머니를 가진 호등은 그 이전 8~9세기대의 호등으로 판단된다(경남문화재연구원 2009).

국립경주박물관 이양선 수집 금동제 흑칠호등(黑漆壺鐙)은 금동제 등자에 검은 칠을 한 것으로 걸이부분이 버선코 모양으로 뾰족하며 끈을 매기 위한 구멍은 가늘고 옆으로 길게 장방형으로 뚫리었다. 그 아래로 3엽의 화형문을 부조하였다(국립경주박물관 1987). 이러한 예가 거의 없으나 그 형태, 문양 등으로 보아 통일신라시대의 호등으로 추정된다. 이와 유사한 것으로 평산 산성리 출토 철제금은입사호등(鐵製金銀入絲壺鐙)이 있다. 이 호등은 통일신라시대의 숟가락·완·접시 등과 함께 발견되었다. 호등 바깥면에는 천마가 금과 은으로 입사되었으며, 호등의 테두리는 용의 비늘을 돌려 장식하였다. 입사된 천마는 갈기가 유연하면서도 힘찬 흩날림과 말굽을 힘차게 딛고 날아오르는 듯한 표현이 매우 정교하고 섬세한 기술로 이루어져 있다(국립중앙박물관 1997; 국립중앙박물관 2003).

통일신라시대의 호등은 등자 전체를 철제로 제작

그림 5-54 　흑칠 호등

그림 5-55 　평산 산성리 출토 호등(좌), 호등 세부(우)

한 것으로, 기본적인 형태를 나무로 만든 후에 주요 부분만 철판으로 보강한 삼국시대 호등과는 차이를 보이고 있다. 또한 안장에 등자의 연결하기 편하게 하기 위해 가죽이 통과하는 구멍의 방향도 발을 딛기 편하게 구멍이 앞으로 향하게 뚫어 삼국시대의 것보다 기능적으로 발전하고 있는 모습을 보인다(김현정 2014).

나무 성문에 대었던 철판을 고정시켰던 이음쇠도 문지 주변에서 많이 발견되었다. 보은 삼년산성 남문지, 청주 부모산성 북문지, 충주산성 북문지, 문경 고모산성 서문지, 이천 설성산성 서문지, 평택 자미산성 등에서 출토되었다(이병희 외 2011). 이음쇠로 고정된 철판을 댄 성문을 확쇠로 문초석에 고정하여 사용하였던 것이다. 또한 성문과 관련하여 문지에서 출토된 고리형철기도 문고리로 볼 수 있을 것이다.

통일신라시대 산성에서는 수레 부속구인 차관(車輨)이 다수 발견되고 있다. 차관은 주조제품으로 마차나 우차의 횡축(굿대)을 차관의 구멍에 끼워 방사상의 수레바퀴살의 중심축 구실을 하는 금속 부품이다. 철제 차관은 주로 주조제품으로, 외부에 같은 간격으로 4개의 이빨(齒)이 만들어져 있다. 바퀴살 내부는 안으로 경사져 있으며, 외부는 둥그스름하게 처리되었다. 성의 문지와 건물지에서 출토되는 예를 근거로 문저귀로 사용되었을 것으로 보기도 하지만, 대모산성에서 문주공에 박힌 채 출토된 철제 문저귀와는 형태가 다르므로 차관 전용으로 볼 수 있다.

통일신라시대의 철제 차관은 양주 대모산성, 부여 부소산성, 익산 미륵사지, 용인 언남리 유적, 서울 아차산성 등에서 출토되었다. 이 중에서 대모산성 출토 차관은 크기가 중형이고, 치의 기부보다 선단부가 약간 좁은 장제형이며, 외경과 치의 기부가 뚜렷한 각을 형성하고 있는 형태이다. 용인 언남리 유적에서도 7점의 차관이 출토되었는데, 직경 9~10cm, 높이 7cm 이상의 중형과 직경 6~7cm, 높이 4~5cm의 소형이 있다. 차관의 형식은 대모산성 출토품과 마찬가지로 모두 4개의 치가 있는 유형이다. 언남리

그림 5-56 통일신라시대 차관

유적의 차관은 대부분 수혈에서 철제 농공구, 솥 등 철제 용기류, 토기 등과 함께 출토되어 그 시기를 어느 정도 파악할 수 있다. 차관과 공반된 대호와 주름무늬병 등이 8~9세기경으로 편년되고 있다(송윤정 2007).

차축할(車軸鐥)은 수레 굴대에 바퀴를 끼우고, 바퀴가 빠져 나오지 않도록 나무 굴대의 홈에 끼우는 빗장으로, 철제 주조품이 많다. 대모산성 82-건물지 2에서 출토되었는데, 굴대에 끼워지는 단이 지는 부위까지는 목질이 부착되어 있어 굴대에 끼워진 채 폐기된 것임을 알 수 있다. 전면이 좁고 측면이 넓은 단면 직사각형의 좁은 한쪽 면 상부에 험상궂은 인면(人面) 또는 귀면(鬼面)이 주출되었으며, 그 하부의 빗장부와는 직각으로 단을 이루며 구분되어 있다. 머리에는 관을 썼으며 빗장부의 아래 부분에는 빠지지 않도록 금속을 끼우는 지름 1.5~1.7cm의 원공이 뚫려 있다. 수레 굴대 투겁이나 차관이 출토되는 경우는 다수 있으나, 차축할이 출토된 경우는 드문 예이다. 인면 두부에 표현된 관의 형태는 통일신라 관의 형태를 그대로 표현하고 있음을 알 수 있다(김길식 2013).

(4) 유적의 성격

무기나 마구가 출토된 유적의 성격은 군사적인 산성과 관련하여 이해할 수 있으나, 전쟁의 목적과 연관을 짓기 보다는 산성의 다양한 기능과 관련하여 이해할 필요가 있다. 이러한 점에서 주목되는 유적이 창녕 화왕산성의 집수지이다. 화왕산성 집수지인 용지에서는 상당한 양의 철기와 청동기가 출토되었다. 철기는 솥, 뚜껑, 초두, 초두다리, 다연(茶研), 가위, 자물쇠와 열쇠, 도자, 철탁, 철환, 작두, 호등, 찰갑 등이다. 다음으로 청동기는 대접(완), 접시, 다합(茶盒), 방울, 호 등이 있다. 이들 유물을 용도별로 나누면, 음식을 조리하거나 담는 도구로는 철솥, 제사에 사용하는 차문화를 반영하는 도구로는 초두·다연·다합, 제사와 관련된 물건을 자르는 가위·도자, 제사 시에 흔들어 사용하는 철탁·동령 등이 있다. 이와 더불어 방어시설인 산성에 어울리는 유물로는 철제 대도, 철제 호등, 쇠재갈, 찰갑편 등이 있다. 그러나 실용 무기가 연지에 투기된 것은 실용적인 무기의 폐기를 의미하기도 하지만 일정한 패턴을 보이고 있어 다시 해석할 필요가 있다.

유적의 성격과 관련하여 주목되는 유물이 호등과 재갈이다. 이들은 모두 말을 잘 제어하기 위해 사용하는 마구로서 말과 관련이 있는 유물이다. 이로 보아 마구를 용지에 투기한 것은 말을 대신하여 넣었다고 볼 수 있다. 말은 수신인 용과 밀접한 관련이 있다. 일본에서는 기우제를 지낼 때에 수신(水神)에 대한 제물로서 소와 말을 사용하고 있다. 이로 보아 말은 수신인 용왕에게 제물과 바쳐진 존재로 볼 수 있다. 이러한 마구를 통하여 말이 기우제와 관련이 있다는 사실을 추출할 수 있다. 실용적인 무기 및 마구가 기우제 등 제의에 사용되었을 가능성이 있는 것이다.

그림 5-57 창녕 화왕산성 용지

이것은 함께 발견된 "龍王"명 인형목간의 내용으로 보아도 논증할 수 있다(김재홍 2009).

마구를 포함한 금속제품이 출토되는 유적은 성격상 2가지로 구분된다. 하나는 사원·왕궁·관아를 포함한 건물지이고 다른 하나는 산성을 포함한 방어시설이다. 건물지로는 경주 사정동·월지, 익산 미륵사지·왕궁리, 용인 언남리 등이 있고, 방어시설로는 부여 부소산성, 공주 공산성, 완도 청해진, 순천 마로산성, 양주 대모산성, 하남 이성산성, 이천 설봉산성·설성산성 등이 알려져 있다. 따라서 화왕산성 용지의 유물은 산성 내 출토 유물과 바로 연결하기 보다는 용지나 제사와 관련된 유물과 비교하여야 한다. 이와 비교가 가능한 것이 산성 내 저수지를 발굴조사한 유적지로는 순천 마로산성, 하남 이성산성 등지이다.

이 경우에 주목되는 유적이 철제 마구와 농구를 수혈 등에 묻은 매납 유적이다. 자료의 정리가 잘 되어 있는 용인 언남리유적에서 통일신라시대의 건물지와 수혈이 다수 발견되었다(한신대박물관 2007; 송윤정 2007). 여기서 출토된 쟁기는 보습이 15점, 볏이 10점이다. Ⅱ-6호 수혈에서는 보습 1점과 볏 2점과 더불어 쇠끌, 쇠못, 쇠살촉 등이 출토되었다. Ⅱ-10호 수혈에서는 주조괭이 2점, 쇠낫 4점, 도끼 3점, 차관 2점, 자물쇠 1점, 은상감 쇠재갈 1점, 숫돌 2점이 묻혀 있었다. Ⅱ-18호 수혈에서는 보습과 볏 각 6점, 괭이 1점, 쇠못 1점 등의 차곡차곡 쌓인 채 발견되었다. Ⅳ-할석유구의 주변가 수혈에서도 발견되었는데, 주변에서 보습 2점·청동 초두 1점, 타원형 수혈에서 대호·철제 차관 1점, 장방형 수혈에서 보습 2점·주조괭이 1점이 출토되었다. Ⅳ-건물지에서는 보습 4점, 볏 2점, 주조괭이 6점, 월형(鉞形) 철기 1점과 더불어 당식허리띠장식, 철제 차관 등이 출토되었다. 이 유적의 특징은 철제 농구와 마구가 수혈에서 당식허리띠장식·자물쇠·쇠재갈 등 신분이나 건물과 관련된 유물과 함께 출토되었다는 점이다.

　마구의 출토 유적은 삼국시대의 무덤인 것과는 달리 산성, 관아, 사찰 등 국가 관련 시설이라는 사실을 알 수 있다.

2) 생활유적 출토 무기와 마구

경주 월지에서는 다양한 종류의 무기와 무구, 마구가 발견되었는데, 통일신라시대의 무기와 무구, 마구가 흔하지 않은 상황에서 이 시기의 모습을 잘 보여주고 있다(국립경주박물관 2002).

　경주 월지에서는 통일신라시대의 마구인 등자와 재갈이 출토되었다. 말을 탈 때 두 발을 디디는 마구인 등자는 단조가 아니라 주물로 제작한 것이다. 바닥이 납작하고 둥글게 올라간 위로 안교에 달기 위한 네모꼴 구멍이 뚫려 있고 그 위쪽은 뾰족한 걸이가 나 있다. 넓게 만든 디딤대의 바닥은 도드라지게 처리하여 미끄럼을 방지한 윤등의 형태이다. 등자와 세트를 이루는 재갈도 출토되었다. 재갈은 2개의 굵은 쇠줄을 촘촘히 맞물리게 하여 두 마디로 만들었으며, 그 끝고리에 고삐이음쇠인 인수를 연결한 복환식환판비이다.

　월지에서 출토된 화살촉은 전체길이 20cm 미만이고 화살촉의 날이 네모꼴로 납작한 것과 뱀 머리 모양을 한 것, 전체길이가 60cm 내외로 길쭉한 화살촉 등 2가지 계통이 있다. 긴 화살촉이 대부분을 차지한다.

　투구는 월지의 동쪽 호안 뻘 층에서 발견되었는데, 맨 위에 반구형의 덮개를 씌워져 있으며 장식을 달았던 구멍이 2개 뚫려 있다. 그리고 아래는 2장의 오목한 철판을 맞붙여 둥근머리 못으로 고정하였다. 함께 출토된 찰갑(札甲)은 이 투구 하단 가장자리의

그림 5-58　경주 월지 출토 등자와 재갈

174

못 구멍에 고정시켜서, 목과 어깨를 가린 것으로 추정된다. 당나라 정인태묘 출토 무관 도용이 착용하고 있는 투구와 그 형태가 흡사한 것으로 보아 당나라 투구임을 알 수 있다. 무관 도용은 명광개를 입고 있는 것으로 보아 월지의 투구는 명광개(明光鎧)와 짝을 이루는 투구임을 알 수 있다(노형석 2011). 이것은 통일신라시대의 투구로 흔치 않은 예이다.

그림 5-59 경주 월지 출토 투구

월지에서 출토된 창 중에서 특이한 형태를 가진 것이 있는데, 자루를 끼우기 위한 구멍이 뚫린 촉이 있으며 한쪽에 날카롭게 돌출된 날이 나와 있다(국립경주박물관 2002). 이것은 이천 설봉산성, 증평 이성산성, 광양 마로산성에서도 출토되었다. 하단부를 둥글고 넓게 처리하면서 다시 몸체를 반원형의 홈을 내어 제거한 특징을 가지고 있다. 또한 이것은 위로 길게 뻗은 양날과 옆에 짧은 포인트가 있다. 철제 병부의 길이가 20.1cm인 것으로 보아 3~4m의 나루자루를 상정하기도 한다. 이것을 적의 기병을 막는 장창으로 보기도 한다(서영교 2002).

월지 출토 투구와 소찰로 보아 당나라 갑옷의 영향을 받은 통일신라시대의 갑옷을 추정할 수 있고, 이것은 당시 사천왕에 보이는 갑옷을 통해 이해할 수 있다. 일반적으로 고대 동아시아에 유행했던 당나라 신장상 갑옷의 기본 형식은 가슴받이(胸甲), 등받이(背甲), 허리받이(腰甲) 등 신체의 각 부분을 별개의 방호구로 덮고 끈과 평대의 허리띠로 고정시킨 얼개를 띠고 있다. 그 이전 삼국시대 신라, 가야와 고분시대 일본 등에서 쓰였던 실전용 갑옷이 큰 금속판이나 작은 금속판 미늘을 꿰매어 잇댄 전신 일체형 갑옷과

그림 5-60 경주 월지 출토 창

는 구별되는 모습이다. 신라의 불교 신장상을 비롯한 불상 양식에서는 7세기 후반부터 급격히 당풍(唐風)이 비치기 시작한다. 삼국 통일을 이룩한 문무왕대인 7세기말 신라의 신장

그림 5-61 경주 감은사지 동탑 출토 사리기의 사천왕상 갑옷

그림 5-62 경주 사천왕사지 출토 녹유신장상전 갑옷

상 갑옷은 크게 변화한다. 특히 신장상 갑옷에서 그런 영향은 더욱 도드라진 것이어서 황룡사 사리외함에서 나타났던 남조풍의 코트형 갑옷이 돌연 사라지고, 전형적인 당 스타일의 명광개 분리 결합형 갑옷이 등장한다.

이 시기의 갑주 신장상은 경주 사천왕사지 목탑터의 녹유신장상전의 신장과 감은사지 동서석탑 해체 수리 때 잇따라 발견된 금동사리함 외면에 붙은 사천왕상 부조를 들 수 있다. 이러한 당나라 갑옷을 입은 신장상이 나타나는 것은 당과 관련을 가지고 있다. 삼국 통일 전쟁기에 신라는 당의 실전용 병장기의 하나로 명광개, 양당개 등을 도입하였을 가능성이 있다(노형석 2011).

통일신라시대에는 사천왕사지, 감은사지의 신장상 갑옷을 왕릉과 귀족묘에 응용하여 12지신상의 갑옷을 표현하였다. 경주 성덕왕릉, 전 경덕왕릉, 원성왕릉 등의 호석에 있는 12지신상, 전김유신묘에 부장되었던 납석제 12지신상도 당나라의 갑옷으로 표현되었다. 가장 뛰어난 12지신장상의 사례로 일컬어지는 8세기 중엽 성덕왕릉 호석과 비슷한 시기 김유신묘에 부장된 납석제 12지상은 서역풍이 강한 감은사지 동서탑 사리외함의 사천왕상 갑주와 거의 비슷하다(권강미 2001).

초기 신장상에 보이는 갑옷은 실전용 갑옷과 통했을 가능성이 있지만, 석굴암에 보이는 갑옷은 그 얼개와 구조상 명백히 실전용과는 거리가 있어 보인다. 천의와 가죽의 비중이 크고, 장엄적 미학적 요소가 두드러지게 강화되어 있기 때문이다.

통일신라시대 신장상의 갑옷은 기본적으로 당나라의 갑옷이라 할 수 있다. 그러나 그 모티브에는 서역 특히 중앙아시아 이란계의 요소가 내재되어 있다. 서 투르키스탄, 소그디

아나, 판치켄트 등에서 전래된 괴수 어깨 장식의 사교형 장엄이 착장되어 있으며, 목을 둘러싼 경당의 둘레 말림이 고사리처럼 유연한 곡선을 지으면서 말리는 부분이 특징적이다. 이는 이란 파르티안계 갑주의 영향 가능성을 제기할 수 있다(노형석 2011).

김재홍

참고문헌

보고서 및 논저

경남고고학연구소, 2005, 『昌寧 末屹里 遺蹟』.

경남문화재연구원, 2009, 『昌寧 火旺山城內 蓮池』.

경상문화재연구원, 2011, 『의령 호미산성』.

공주대학교박물관, 1998, 『연기 운주산성』.

공주대학교박물관, 2008, 『노성산성 남문지』.

국립경주문화재연구소, 2012, 『사천왕사 녹유신장벽전』.

국립경주박물관, 1987, 『국은 이양선 수집문화재』, 통천문화사.

국립경주박물관, 2002, 『안압지관』, 통천문화사.

국립김해박물관, 2011, 『땅 속에 묻힌 염원』, 지엔에이커뮤니케이션.

국립문화재연구소 미술공예연구실 편, 2001, 『감은사지 동삼층석탑 사리장엄』.

국립문화재연구소·국립경주박물관, 2009, 『四天王寺』.

국립중앙박물관, 1991, 『佛舍利莊嚴』.

국립중앙박물관, 1997, 『우리나라 金屬工藝의 精華-入絲工藝-』.

국립중앙박물관, 2003, 『統一新羅』, 통천문화사.

대동문화재연구원, 2014, 『고령주산성Ⅰ-고령주산성 정비복원 사업부지내 유적 발굴조사 보고서-』.

동서문물연구원, 2010, 『김해 봉황동 토성지』.

목포대학교박물관, 2007, 『무안 봉대산성』.

박방룡, 2013, 『신라도성』, 학연문화사.

복천박물관, 2010, 『한국의 고대갑주』.

서영교, 2002, 「안압지 출토 鐵戈의 용도」, 『동국사학』37, 한국역사연구회.

서정석, 2002, 『백제의 성곽』, 학연문화사.

순천대박물관, 2009, 『광양 마로산성Ⅱ』.

심정보, 2009, 『백제 산성의 이해』, 주류성.

이난영·김두철, 1999, 『韓國의 馬具』, 한국마사회 마사박물관.

차용걸, 2005, 『백제지역의 고대산성』, 주류성.

한국문화재조사연구기관협회, 2013, 『성곽조사 방법론』.
한신대박물관, 2007, 『龍仁 彦南里-統一新羅 生活遺蹟-』.

奈良國立博物館, 2002, 『第五十四回 正倉院展』.

논문

고용규, 2001, 「남한지역 판축토성의 연구」, 목포대학교 석사학위논문.
권강미, 2001, 「통일신라 사천왕상 연구」, 동아대학교 석사학위논문.
김길식, 1992, 「삼국시대 철모의 변천-백제계 철모의 인식-」, 『백제연구』45, 충남대학교 백제연구소.
김길식, 2013, 「양주 대모산성 출토 금속유물의 성격과 그 위상」, 『楊州 大母山城의 재조명』, 한림대학교출판부.
김영, 2011, 「백제 초축설이 있는 경기지역 일부 산성의 재검토」, 『영남고고학』58, 영남고고학회.
金在弘, 2003, 「新羅 統一期 專制王權의 강화와 村落支配」, 『新羅文化』22, 동국대학교 신라문화연구소.
김재홍, 2009, 「창녕 화왕산성 龍池 출토 木簡과 祭儀」, 『목간과 문자』4, 한국목간학회.
김재홍, 2015, 「凹자형 철기」, 『韓國考古學專門事典-古墳遺物篇-』, 국립문화재연구소.
김현정, 2014, 「신라의 말과 마구」, 『신라고고학개론 下』, 진인진.
나동욱, 1996, 「경남지역의 토성 연구-기단석축형 판축토성을 중심으로」, 『박물관연구논집』5, 부산광역시립박물관.
노재헌, 2008, 「합천지역 삼국시대 성곽에 대한 연구」, 동아대학교 석사학위논문.
노형석, 2011, 「통일신라 神將像 甲制의 변천 연구」, 홍익대학교 석사학위논문.
박성현, 2007, 「4세기 전후 신라의 토성축조와 그 목적-영남지역 초기토성의 성격」, 『한국사연구』139, 한국사연구회.
박성현, 2010, 「신라의 거점성 축조와 지방 제도의 정비과정」, 서울대학교 박사학위 논문.
박성현, 2012, 「신라 통일기 주·소경의 성곽과 그 활용-한산주와 국원소경을 중심으로」, 『한국성곽학보』21, 한국성곽학회.
박종익, 1994, 「고대산성의 축조기법에 대한 연구」, 『영남고고학』15, 영남고고학회.
박종익, 2013, 「최근 조사된 경상도 지역 석축산성의 축성법 검토」, 『문화재』46-4, 국립문화재연구소.

박태우, 2006, 「월평동산성 성벽축조기법과 시기에 대한 검토」, 『백제문화』35, 공주대학교 백제문화연구소.

백종오, 2008, 「충주산성의 현황 및 특성」, 『한반도 중부내륙 옛 산성군 UNESCO 세계문화유산 등재 학술대회』, 한국성곽학회.

서정석, 2000, 「백제성곽연구: 웅진사비기를 중심으로」, 한국정신문화연구원 한국학대학원 박사학위논문.

서정석, 2004, 「웅진·사비시대 백제 석성의 현단계」, 『호서고고학』10, 호서고고학회.

成正鏞, 2006, 「광양 마로산성 출토 철기의 특징과 성격」, 『한국성곽학보』10, 한국성곽학회.

成正鏞·權度希·諫早直人, 2007, 「鼓樂山城과 馬老山城 出土 馬具에 대하여」, 『湖南考古學報』27, 호남고고학회.

손영호, 2015, 「함안지역 석축 성곽 연구」, 부산대학교 석사학위논문.

宋閨貞, 2007, 「Ⅵ. 考察」, 『龍仁 彦南里-統一新羅 生活遺蹟-』, 한신대학교박물관.

심광주, 2011, 「남한산성의 축성기술」, 『南漢山城』, 경기도박물관.

심광주, 2013a, 「신라성곽 출토 문자기와」, 『성곽과 기와』, 한국기와학회·한국성곽학회.

심광주, 2013b, 「청주 부모산성과 주변 보루의 축성기법」, 『청주부모산성의 종합적 고찰』, 충북대학교 박물관.

심광주, 2013c, 「양주 대모산성의 축조방법과 축성시기」, 『양주 대모산성의 재조명』, 한림대학교 출판부.

심광주, 2014, 「고구려성곽 발굴조사 성과와 축성기법」, 『아차산 일대 보루군의 역사적 가치와 보존방안』, 한강문화재연구원.

심규훈, 2016, 「백제성곽의 축조기법 연구」, 공주대학교 석사학위논문.

심종훈, 2007, 「경남지역 삼국통일기 석축산성 연구」, 동아대학교 석사학위논문.

심종훈·구형모, 2009, 「거제 폐왕성의 고고학적 의의」, 『거제 폐왕성과 동아시아의 고대성곽』, 동아세아문화재연구원.

심종훈·이나경, 2007, 「김해 고읍성 축성과 시기」, 『한국성곽학보』11, 한국성곽학회.

안성현, 2007, 「경남지역 고대 석축산성 석축기법에 관한 연구-기단보축을 중심으로」, 『한국성곽학보』11.

안성현, 2012, 「경남지역 통일신라시대 토성연구」, 『한국성곽학보』21, 한국성곽학회.

안성현, 2016, 「남한지역 토성벽에 잔존하는 석축부에 대한 연구」, 『야외고고학』25, 한국매장문화재협회.

우병철, 2008, 「철모와 철촉을 통해 본 신라·가야와 왜」, 『영남고고학』47.

우병철, 2014, 「신라의 무기」, 『신라고고학개론 下』, 진인진.

이병희 외, 2011, 「고대 석축산성 현문 조사연구」, 『야외고고학』12, 한국문화재조사연구기관협회.

이정범, 2014, 「홍련봉 1·2보루의 축조 방법에 관한 고찰」, 『한국 성곽의 최근 조사 연구 성과』, 한국고고학회.

조순흠, 2007, 「금강 상류지역의 산성군과 성격」, 『한반도 중부내륙 옛 산성군 UNESCO 세계유산등재 대상 선정 학술회의 발표집』, 한국성곽학회.

조순흠, 2008, 「삼년산성의 현황 및 특성 검토」, 『한반도 중부내륙 옛 산성군 UNESCO 세계문화유산 등재 학술대회』, 한국성곽학회.

조순흠, 2011, 「삼년산성」, 『한국고고학사전(성곽·봉수)』, 국립문화재연구소.

조효식, 2008, 「영남지역 삼국시대 성곽의 지역별 특징」, 『영남고고학』45, 영남고고학회.

조효식, 2014, 「신라의 성곽」, 『신라고고학개론上』, 진인진.

차용걸, 2008, 「신라 석축산성의 성립과 특징」, 『석당논총』41.

홍성우, 2009, 「의령 호미산성」, 『한국성곽학보』15, 한국성곽학회.

諫早直人, 2007, 「統一新羅時代の轡製作」, 『文化財論叢Ⅳ』, 奈良文化財研究所創立60周年記念論文集.

통일신라고고학개론

06

토목과 건축

- 도시 조성을 위한 토지정리 및 구획사업
- 불교 사원 건설의 토목
- 유원지 건설
- 도로와 교량
- 제언
- 고분 조영의 토목기술

1. 도시 조성을 위한 토지정리 및 구획사업

1) 경주분지의 자연 지형과 개발

토지는 인간에 의해 이용·가공·변형되고, 다시 집중적이고 지속적인 인간의 노동이 가해지면서 유지되는 하나의 가공된 구조체로 변모한다(곽종철 외 2014). 신석기시대 이래로 인간이 정주생활을 시작하면서 주거·분묘를 조성하기 위해 자연의 일부인 토지의 변경을 시도한 이래 인구 증가에 의한 경작 면적의 확대, 지혜와 기술 개발에 의한 보다 광범위한 토지의 변경을 초래하게 되었다. 토지 개발의 정점은 대규모의 인간이 거주하는 공간인 고대 도시의 건설이었다. 고대 전제왕권의 이념을 구현하기 위한 정책으로서의 고대 도시 건설은 다양한 토목·건축 기술을 적용한 장소가 되었다. 신라 왕경은 기존의 자연취락 형태에서 중국의 조방제를 수용해 궁궐·사찰·가옥을 만들고, 도로망과 시장 개설 등을 통해 도시에 거주하는 사람들의 통행과 물자를 공급하여 생활을 유지하게 하고, 치수와 배수로 설치, 저습지 등 가용지를 확대하는 등의 토지 개발의 산물이었다.

경주분지는 서천·북천·남천이 흐르고 있으며,『삼국사기』등 역사기록의 홍수·범람 기사나 사찰의 창건 시기 및 분포 등을 근거로 위의 세 하천의 치수, 저습지 개발에 의해 본격적으로 정비되어 안정된 공간으로 변모하면서 신라 왕경이 정비·확장되었다는 견해와 통일신라시대까지는 경주분지에 대규모의 홍수·범람은 없었던 것으로 보는 견해가 제시되었다. 경주분지의 통일신라시대 유적 발굴조사 성과를 반영하면, 통일신라시대에 조성된 도시 유적 위에 일시에 퇴적된 현상은 확인되지 않았다. 이 점으로 볼 때, 통일신라시대에 하천 주변으로 부분적인 범람은 존재했을 가능성은 있지만, 대규모의 범람은 발생하지 않았다고 추정된다. 통일신라시대에는 인공적인 대지 조성 공사가 광범위하게 이루어졌고, 또 범람의 흔적이 확인되지 않는 점 등을 고려하면, 통일신라시대에 치수사업이 활발하게 이루어져 남천·북천·서천의 범람을 어느 정도 통제하였을 가능성이 있다. 치수시설에 의해 범람을 방지할 수 있었기 때문에 성토의 대지 조성이 가능하였다.

왕경의 계획도시가 북천 이북으로 확장되면서 북천 이남에서 이북으로 이동하기 위한 도로-돌다리·석교·목교 등의 교량 건설이 이루어졌을 것으로 추정되지만, 현재 발굴조사에서 교량 흔적은 확인되지 않았고, 교량 관련 기록도 확인되지 않는다. 갈수기 때에는 교량을 통하지 않고, 하천 바닥을 이용하여 건너갈 수도 있었을 것이다. 남천을 통과하는 교량으로는 춘양교와 월정교가 설치되었고, 발굴조사를 통해서 교각·교대와 함께 교량의 부속 석재들이 확인되었다. 월정교는 석교 이전에 목교였음도 발굴조사를 통해 확인되었다. 이 춘양교와 월정교는 왕궁에서 남산으로 가기 위한 주요한 교량이었다. 목교에서 석교로의 교체에는 석재 가공 및 건축기술의 발전을 나타낸다.

지형학적 관점에서 경주분지의 평지에 선사 및 삼국시대 생활유구, 즉 계획도시 이전의 생활유구가 없었다고 보기 어려우며, 후대의 인간활동에 의해 사라졌을 가능성이 높다고 보기도 한다. 이는 삼국시대까지 경주 분지에 범람 현상이 없었다는 점을 강조하면서 선사시대부터 선상지를 대상으로 인간활동이 비교적 활발하였을 것으로 추정한다.

그런데 경주 시가지를 대상으로 실시한 다수의 조사에서 월성 내부와 해자 북서편의

미고지와 황성동 일대의 미고지를 제외한 공간에서 6세기 이전의 생활유구가 확인된 사례가 알려지지 않았다. 일부 구역을 제외하고 경주 평지에 생활유구가 조영되지 않았다는 점은 인공적인 지반 조성을 하기 이전에는 인간의 활동공간으로 부적절하였음을 나타낸다. 계획도시가 건설되기 이전 성건동·성동동 등의 일부 공간에는 굴립주건물지와 수혈 등이 확인되기도 하였지만, 인간의 안정적인 거주를 나타내는 시설, 예를 들면, 용수를 공급하는 우물이 전혀 확인되지 않아 장기 거주를 위한 시설이 아니었음을 나타낸다.

경주 분지에 인간 활동이 활발하게 이루어지기 시작한 것은 대지를 조성하여 인간이 생활할 수 있는 계획도시가 건설되면서부터이다. 계획도시가 건설되고, 도시 공간이 확대하면서 이전까지 인간 활동이 어려웠거나 개발하지 않았던 국지적 습지지역이나 범람원 등이 개발되었다. 계획도시 내부에는 주로 궁궐·가옥·종교 시설·시장·광장·관아·수공업 생산 시설·도로 등 지배층의 생활을 지탱하는 시설이 배치되었지만, 일부 공간에는 전답도 존재하였을 가능성이 있다.

불교사원이 중위면의 선상지에 위치한 점은 자연지형의 조건에 말미암았다기 보다. 고대도시에서 불교사원은 도시의 가장자리에 배치하여 도시의 경관을 장엄하게 보이기 위한 기능을 수행한 목적이 있었으므로(이병호 2008) 자연조건의 특징으로만 설명하기 어렵다.

분황사·황룡사·월지와 동궁 일대와 인왕동 등지에는 습지가 넓게 분포하는데, 이곳에 입지하는 유적들은 개석곡 내지 용천천을 매립하고 조성하였다. 계획도시가 조성되기 이전인 삼국시대에는 경주의 자연 지형 조건이 인간의 거주에

그림 6-1 경주분지 항공 사진

영향을 미쳤으나 자연지형을 인공으로 개변하여 만든 계획도시의 조성으로 경주의 미세지형, 용천천 등이 사람의 거주 생활을 영위하는데 주요 장애 요인으로 작용하지는 않았다. 그리고 6세기 전반, 대략 법흥왕의 몰연대인 540년대를 기점으로 왕릉과 귀족층의 무덤은 지금까지 능묘역이었던 평지가 아닌 경주분지 주위의 산록으로 이동해 가기 시작하였는데, 이는 계획도시의 건설을 염두에 둔 조치로서 능묘가 산록으로 가면서 왕경의 범위가 확장되었다고는 보기 어렵다.

왕경에 계획도시가 건설된 시기에 대해서는 5세기 후반 또는 6세기 중엽으로 보는 견해가 제시되어 있는데, 지금까지 이루어진 경주 시내의 발굴조사 성과를 고려하면, 6세기 중엽, 황룡사 조성을 기점으로 시작되었다. 진흥왕이 황룡사와 계획도시의 건설 대상지를 월성 동북편의 황무지를 선정한 것은 주민 이주와 토지 보상 등의 문제가 거의 없었기 때문이다. 이곳은 국지적 습지가 있었던 곳임이 황룡사지와 인왕동 일대의 발굴조사를 통해 확인되었다. 그리고 이곳은 국지적 습지가 존재하였던 곳으로서 황룡사와 계획도시가 조성되기 이전 이곳에 사람이 생활한 흔적이 없는 곳임이 황룡사지와 왕경유적, 월지와 동궁지 등의 발굴조사를 통해 확인되었다.

사람이 생활하지 않은 곳을 대상으로 국지적 습지를 메우고, 지형이 높은 곳은 삭토를 하여 넓은 범위를 대상으로 택지조성 및 구획사업을 시행하였다. 황룡사지의 발굴조사 결과, 원 지반인 뻘층을 메우기 위해 자갈을 깔고 그 위에 흑갈색과 황갈색 점토를 성토하였다. 이 성토는 정연한 수평 층위를 이루지 않고, 동쪽에서 서쪽으로 경사지게 뒤섞인 상태로 성토되었는데, 이 층은 황룡사지 사역의 넓은 범위에 걸쳐 나타난다. 이는 당초 국지적인 습지 상태의 지형을 대상으로 바닥에는 자갈을 깔아 기초를 견고히 하고, 그 위에는 점질토를 깔아 함몰부를 메웠음을 나타낸다. 함몰부를 메워 전체 지면을 편평하게 조성하였다. 채움토의 방향이 동쪽에서 서쪽인 점을 고려하면, 흙을 이동한 방향이 동쪽에서 서쪽임을 알 수 있고, 이 추정이 맞다면 뻘층을 메우고 지면을 평탄하게 만드는데 사용된 흙은 인근의 낭산 북서쪽 구릉을 삭토하여 가져왔을 것으로 추정된다.

동궁과 월지가 위치한 일대 지역은 도로·초석건물지와 담장, 배수로를 비롯하여 다양한 시설이 조성되었다. 이곳에 시설물이 조성되기 이전은 역석층과 역석층 위에 자연습지의 뻘층이 펼쳐져 있었다. 역석층의 높이가 낮은 곳은 1m 이상의 뻘층이 형성되었고, 역석층이 높은 곳은 뻘층이 없었다. 뻘층과 역석층 위에는 2차례의 성토층이 확인되었다. 1차 성토층은 자연습지의 뻘층과 역석층으로 이루어진 자연 지형의 요철면을 평탄면으로 만드는 것과 함께 뻘층의 지반을 견고하게 안정화하는 공법이 적용되었다. 뻘층 상부에는 지름 20~30cm 정도의 냇돌과 사질토를 50cm 이상의 두께로 매립하고, 그 위에 사질토 또는 사질점토를 성토하였다. 연약지반인 뻘층에 냇돌과 사질토를 메워 지반을 강화하고, 높이 솟은 역석층을 삭평하여 대지를 조성하였다. 대지를 평탄화한 후, 그 위에 하중압에 강한 사질토 또는 사질점토를 성토하였는데, 이것은 위에 건축된 시설물이 지반 침하에 의한 무너짐으로부터 방지하기 위한 공법이다. 이 사질성토층 위에 도로·담장·석축시설 등이 건설되었다.

1차 매립이 시행된 시기는 삼국통일 직전인 7세기 전반의 늦은 시기에 해당한다. 1차 매립지는 황룡사지의 서쪽에 해당하며, 황룡사지로부터 100m 정도 이격된 지역이다. 이곳을 대상으로 자연 지형을 메우거나 삭평하여 대지를 조성하고, 도로와 건물 등의 계획도시가 조성된 시기가 7세기 2/4분기인 점을 고려하면, 6세기 중엽에서 7세기 전반 시기에 계획도시 조성은 황룡사지 일대로 국한되었음을 나타낸다.

이 1차 건물들이 폐기된 후, 이곳 일대를 대상으로 폐와전과 사질토로 건물의 기초 시설 내부를 메우는 전면적인 대지조성 공사가 실시되었다. 대지 성토 전 기존에 건설되었던 건축 구조물을 완전하게 제거하지 않고, 하부 구조물을 그대로 둔 채 그 위에 지름 10cm 정도의 자갈돌과 암갈색사질점토를 성토하고, 그 위에 자갈돌과 냇돌이 포함된 갈색 사질토를 성토하여 대지 상면을 조성하였다. 사질토의 대지 상면에 도로와 각종 건축물을 설치하였는데, 대형 건물지는 성토한 층을 되파기하여 적심부를 조성하였다.

이 2차례의 대지 조성에서 공통된 토목공법은 연약지반을 강화하여 안정된 지반으로 만들기 위해 자갈과 사질점토를 성토하고, 그 위에 사질토를 성토하여 대지 상면을 만든 점이다. 대지 상면을 사질점토로 성토한 점은 하중압에 견디는 힘이 강하여 지반이 침하하지 않고, 배수가 원활하게 이루어지는 장점이 있기 때문이다.

2) 계획도시 조영 기술

계획도시는 처음 건설된 상태가 지속되지는 않고, 여러 차례의 정비가 이루어졌다. 도시 재정비는 계획도시가 조성되는 시기에 따라 그 횟수가 다르게 나타난다. 도로나 건물의 증개축은 해당 구간의 여건에 따라 그 횟수가 일률적이지 않고 다른데, 전반적으로 보면, 수

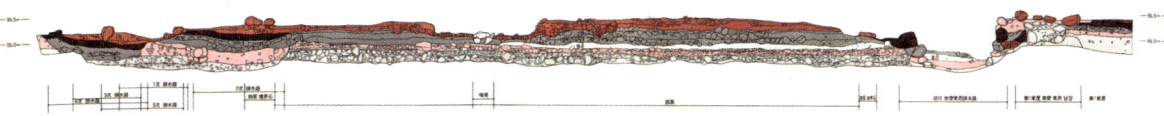

그림 6-2　신라 왕경 계획도시의 지반 조성(국립경주문화재연구소, 왕경유적)

차례의 개축이 있었음을 추정할 수 있다. 계획도시가 처음 조성된 월지 동편과 북편의 인왕동과 구황동 일대의 도시 재정비는 적어도 4차례 이상 이루어진 것으로 추정된다. 황룡사지 동편에서 확인된 동서 및 남북도로의 개축 횟수가 5차례이고, 황오동 3-7번지에서 확인된 동서·남북도로는 4차례에 걸쳐 신축과 개축이 이루어졌다. 황오동 3-7번지는 월성의 북문에서 전랑지로 연결되는 남북도로의 동쪽에 해당되고, 월지의 북쪽이다. 그리고 월지 동편과 황룡사지 서편 일대의 발굴조사에서 적어도 3차례 이상의 도시재정비가 이루어졌음을 알 수 있다. 최근에 조사한 월지 동편 일대의 도시 재정비를 통해 본 신라의 도성 재정비 방향과 특징을 검토하면 다음과 같다.

2000년대 이전까지 이루어진 왕경의 조사는 산발적이고 소규모의 범위에서 이루어졌기 때문에 왕경의 구조와 양상을 이해하기에는 부족하였다. 2007년부터 2010년까지 4년간 황룡사지 동남편의 왕경유적에서 확인된 동서대로와 국립경주박물관 미술관 부지에서 확인된 남북대로가 교차될 것으로 추정되는 지역을 대상으로 674년에 완성된 월지를 중심으로 한 동궁의 규모 및 영역과 왕경 중심부의 도시구조를 밝히기 위한 발굴조사가 월지 동편지역을 대상으로 실시하였다.

이 조사에서 신라 왕경의 중심부인 이곳은 원래 저습지의 뻘층이었으나 7세기 전반 이후 이곳을 매립하여 생활공간으로 활용하였음이 확인되어 신라 왕경의 도시 형성과 확장을 확인할 수 있는 정보가 획득되었다.

7세기 초에 주택단지를 조성하기 위해 꽤 넓은 범위에 걸쳐 토지구획정리사업을 시행하였다. 토지구획정리사업은 우선 월성 주위의 넓은 평지 곳곳에 국지적으로 형성된 자연습지를 매립하여 지반을 조성한 후, 동서와 남북으로 격자상의 도로를 조성하여 일정한 단위로 토지를 구획하고, 구획된 공간 내부에는 담장과 배수로를 설치하여 수개의 공간으로 구획하고 구획된 공간에 건물을 비롯해 배수시설과 우물을 배치하였다.

이곳에서 확인된 건물지는 22동이고, 대부분 적심이 설치되어 와즙건물이었음을 알 수 있다. 일부 건물지는 장대석 기단과 출입을 위한 계단시설이 설치되었는데, 일반 주거 건

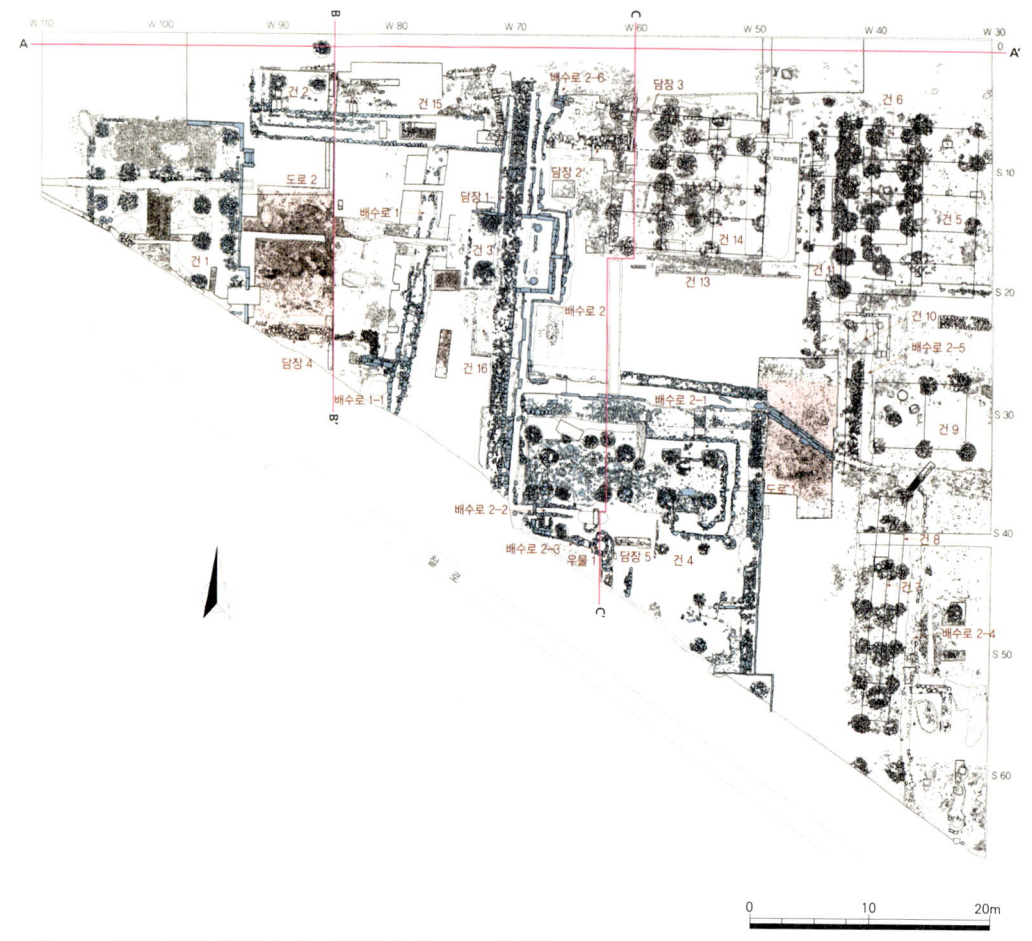

그림 6-3 경주 월지 동편의 추정 동궁지의 유구 배치와 중복 관계

물의 용도가 아닌 특수 용도의 건물로 추정된다. 대형 건물지는 중앙의 중심 건물과 양쪽에 대칭되는 보조 건물이 배치된 구조를 보이는데, 규모는 정면 16.4m, 측면 13.2m이고, 보조 건물지는 정면 3칸, 측면 4칸의 규모에 이른다. 일부 건물지는 상하로 중복되어 있는데, 각 건물이 동시에 건축되지 않고 시차를 두면서 설치되었음이 확인되었다. 건물지의 구조와 규모, 건물지의 중복 양상과 출토된 유물 등을 고려하였을 때, 이곳은 크게 4시기에 걸쳐 재개발사업이 이루어졌을 것으로 추정된다.

1차는 이곳 일대를 매립하여 남북·동서로 가로지르는 격자모양의 도로를 건설하고, 가로에 의해 구획된 방은 생활 공간으로 조성하였다. 뻘층 상부에 지름 20~30cm 크기의 냇돌과 사질토를 혼합하여 두께 50cm 이상 성토하고, 그 위에 사질토 또는 점토를 깔아 평탄 대지를 조성한 후 도로를 건설하였다. 뻘층에서 출토된 유물은 7세기 전반의 특징을 보인다. 이는 7세기 전반에 이 일대를 대상으로 국지적 뻘층인 연약지반을 대상으로 냇돌과 사질토로 매립하고, 솟아오른 지반을 삭평하여 평탄대지를 조성하였는데, 그 대상지는 월지 동편에만 국한하지 않았을 것으로 추정된다.

이 시기에 월성의 외측에 조성된 해자에 석축 시설이 설치되었다. 월성 해자에 석축 시설이 설치된 것은 방어기능이 상실되고, 조경시설로서 그 성격이 바뀌었음을 나타낸다. 월성의 해자가 조경시설로 바뀐 것은 이 시기에 월성 북쪽과 동북쪽 일대의 광범위한 지역을 대상으로 왕궁역을 확장하기 위한 택지 조성사업과 관련성이 높다. 이 때의 토지조성사업의 일환으로 월지 동편에 남북도로와 동서도로가 설치되었다. 동서도로는 황룡사지 남쪽을 동서로 가로지르는 동서도로와 연결된다. 도로와 같은 시기에 설치한 건물지는 구체적으로 확인되지 않았고, 동서도로 남쪽에 담장이 확인되었다.

2차는 기단시설이 있는 대형 건물지를 비롯해 입수구 상단에 수조와 철제 거름망을 둔 소형 배수로가 암거의 대형 배수로 연결되는 구조가 확인되었다. 그리고 월지에 근접한 위치에서 남북 62m, 동서 60m의 범위에 걸쳐 바닥에 10~20cm 크기의 자갈 또는 할석과 기와를 깔아 만든 부석 시설이 있고, 이 부석시설 구간에는 암거와 곡수로, 저수시설이 확인되었다. 저수시설은 50×40m의 크기이고, 내부와 주변에서 조경석으로 추정되는 괴석들이 확인되어 규모가 크지 않은 정원시설인 것으로 추정된다. 배수로와 부석시설 등에서 '義鳳四年(674)皆土'명 기와가 출토되어 이곳 일대가 동궁 창건기에 재개발되었고, 이때의 재개발은 동궁이 건설되면서 왕궁의 궁역이 확장되어 기존 계획도시가 폐기된 것으로 추정된다. 즉 1차 개발 시에는 일반 가옥이 배치된 주거공간이었지만, 동궁이 조영되면서 왕궁역으로 도시가 재배치되었음을 알 수 있다.

3차는 담장이 설치되고, 출입시설과 부속 건물군 등이 세워진 8세기 이후로서 왕궁의 외연을 석축 담장으로 경계를 조성하였음이 확인되었다.

4차는 궁장 외측에 무질서하게 건물과 우물이 배치되었고, 이곳에서 9세기 후반 이후의 유물이 출토되었다. 이는 9세기 후반 이후 이곳 일대는 정연한 도시 구조의 틀이 깨어지고 있음을 나타낸다.

월지 동쪽 일대의 발굴조사를 통해 도시개발이 어떻게 이루어지고 변화해 갔는지, 도시를 조성하기 위한 토지구획정리사업과 도시재개발사업이 어떻게 어떤 방향으로 진행되었는지를 엿볼 수 있는 중요한 정보를 획득하였다. 뿐만 아니라 동궁의 범위를 통해 왕궁의 동쪽 경계를 확인하여 왕궁의 범위를 어느 정도 추정할 수 있게 되었다. 그리고 다양한 크기와 구조의 건물지는 물론 배수로와 담장 등을 통해 통일신라시대의 건축 기술과 도시를 조성하기 위한 토목 기술이 확인되었다.

3) 위성도시와 지방 도시 조성의 토목기술

건천 방내리와 상주 복룡동유적에서 계획도시가 확인되었다. 방내리 일대는 남서쪽이 높고, 동북쪽이 낮은 지형이었다. 남서쪽에는 단석산과 그 줄기들이 뻗어내린 구릉이 위치하고, 북동쪽은 대천이 남북으로 흐르면서 낮은 지형을 형성하였다. 계획도시가 조성된 방내리 일대에는 청동기시대 주거지만 확인되었고, 계획도시가 조성된 8세기 전반 이전의 유구는 확인되지 않았다. 이는 계획도시를 조성한 대상 지역이 이전부터 인간의 거주가 이루어지지 않았던 곳이었음을 나타낸다. 인간의 거주가 이루어지지 않았던 곳에 계획도시를 만들었음은 자연지형을 변형하여 인간이 거주할 수 있는 공간으로 만들 수 있는 토목기술이 전제되지 않고서는 불가능하다.

계획도시의 조성은 우선 전체 지반을 평탄하게 만드는 토지조성사업으로 시작되었다. 지형이 높은 남서쪽은 지형을 삭평하여 지면을 낮게 만들고, 삭평한 흙과 돌은 지형이 낮은 북동쪽의 저지대를 메우고 성토하여 지면의 높이를 높여 계획도시가 조성될 전체 지면을 평탄하게 하여 대지를 조성하였다. 평탄 대지 조성 후, 남-북 120m, 동-서 120m 간격으로 도로를 배치하였다. 도로는 지면을 파고, 흙을 다져 성토한 후, 자갈 또는 사람 주먹 크기만한 돌을 깔아 노면을 만들었다.

남북, 동서 방향으로 개설된 도로는 수레와 사람의 왕래에 의해 부분적으로 패여진 곳을 대상으로 자갈을 채워 보수하거나 패이지 않는 부분을 이용하기도 하였다.

이와 같이 왕경 주위의 위성도시인 건천 방내리 계획도시

그림 6-4 경주 방내리 계획도시의 도로

는 자갈과 사질토·점질토 등을 성토하여 평탄대지를 조성한 후, 정연한 가로를 설치하고, 방을 구획한 후, 내부에 각종 시설물을 건축하여 도시를 만들었다.

지방에 건설된 계획도시도 계획도시 건설 이전에 인간이 거주하지 않았거나 거주 밀집도가 낮은 하상변의 평탄대지를 선정하였다. 자연적인 평탄대지이지만, 굴곡이 있는 부분을 매립하여 평탄대지를 조성하고, 남북, 동서 방향의 도로를 만들고, 내부에 시설물을 조성하는 등 대규모의 토지개발은 이루어지지 않았다.

2. 불교 사원 건설의 토목

불교사원의 시설물로는 금당·탑·강당·경당·회랑·탑비 등이 있는데, 이 시설물들은 대부분 상부 구조물의 하중이 상당한 정도이므로 지반과 기초부를 견고하게 조성하지 않으면 않되었다. 실제 황룡사지와 사천왕사지 등의 발굴조사에서 시설물의 기초부 조성의 특징이 확인되기도 하였다.

황룡사지 금당지는 발굴조사 결과 뻘층을 매립한 후, 판축 성토를 하여 기초부를 조성하고, 매립토를 되파기 한 후 초석의 적심부를 만들었음이 확인되었다(문화재관리국 0000). 금당지는 외측 사방에 기단을 만들고, 그 내부에 동서 9칸, 남북 4칸의 건물이 세워졌을 것으로 추정된다. 기단 내부의 초석 설치 공간의 하부 성토를 보면 다음과 같다.

금당지와 목탑지 등을 대상으로 실시한 토층 조사에서 금당지와 목탑지의 가까운 지점의 토층이 금당지와 목탑지 방향으로 45° 각도로 경사져 있다. 이는 황룡사를 건설한 전체 면적을 대상으로 시설물이 설치될 공간과 그렇지 않는 공간을 구분하고, 시설물이 설치되지 않는 공간을 대상으로 먼저 대지 기초부를 조성한 후, 시설물이 설치될 면적을 대상으로 기초부를 조성하였음을 나타낸다. 시설물이 설치되지 않는 공간은 자갈 및 흑갈색과 황갈색점토를 사용하여 요철면이 있는 지형을 매립하여 대지 기초부를 조성하였다. 시설물이 세워질 공간은 일반 대지 조성과는 다른 토목공법을 적용하였다.

금당을 세울 면적보다 넓은 공간을 대상으로 흑색점토의 뻘층에 굵은 돌을 1~2겹 편평하게 부석하고, 그 위에 적갈색점질토와 자갈돌을 번갈아 가면서 23층을 수평으로 쌓앉는데, 이 층의 두께가 85cm 정도이다. 이 적갈색점질토와 자갈돌이 교호로 성토된 층은 금당 건물지의 초석에서 서쪽으로 6.6m까지 나타났고, 이 지점에서 건물 내부쪽으로 45°각도로 경사져 있었다. 이는 금당의 면적보다 넓은 공간을 대상으로 기초 지반을 조성한 범위로 추정된다. 이 기초 지반 위에는 적색점질토와 황색점질토, 지름 3~21cm 정도의 자갈돌을 번갈아 가면서 4.8cm 정도 두께로 모두 21개 층을 수평으로 성토하였는데, 전체 두께가 85cm이다. 이 층은 금당지의 지대부를 구성한 부분이다. 이 위층은 황색점질토와 지름 3~20cm 내외의 자갈을 층상으로 수평 배치하였다. 전체 두께는 45cm이고, 개별 층의 두께는 보고서에 제시되지 않아 불확실하다. 이 층은 초석 하부를 구성한 부분이다.

목탑지는 흑색 니토의 기반토 위에 자갈과 사질토를 성토한 위를, 자갈과 적갈색점질토를 교호로 반복하여 성토하였는데, 모두 20개층이고 높이 3.72m이다. 그 위에 적갈색점질토와 자갈을 반복하여 수평으로 교호성토하였는데, 성토층 높이는 2.4m이다. 그 위에 80여cm 높이까지 흑색부식토와 황갈색점질토를 성토하고, 적심부는 이 성토층을 되파기하였다. 건물지 바깥은 흑색 니토 위에 적색점질토를 두텁게 성토하여 지반을 조성하였고, 목탑지는 이 지반 성토층을 약 70°로 경사지게 굴착한 후 내부를 견고하게 성토하였다.

679년 통일 직후에 건설된 사천왕사지는 낭산의 말단부에 위치하여 황룡사와 분황사 등과 달리 평탄대지가 아닌 완경사면에 조성되었다. 평탄 대지의 사역을 조성하기 위해 낭산의 남쪽 자락을 삭평하고, 삭평한 흙을 사역의 남쪽과 서쪽의 곡부와 저지대에 채워넣어 성토하여 사역 전체를 평탄한 대지로 조성하였다(국립경주문화재연구소 2012). 그리고 금당지·목탑지·강당지 등의 구조물이 설치될 공간을 대상으로 지면을 약 40~70cm 정도 굴착하고, 내부에 돌과 사질토와 점질토 등을 성토하여 다지고, 지상으로 1m정도 성토하였다.

금당지는 평면형태가 장방형이고, 기단과 내부의 초석이 등간격으로 배치되어 있다. 금당지 기초부를 확인하기 위한 트렌치 조사를 통해 기단 기초부 조성 방법이 확인되었다. 기초부 조성은 시기를 달리하면서 2회에 걸쳐 이루어졌다. 1차는 지반을 60cm 정도 굴착하여 바닥을 편평하게 만들고, 20~60cm 크기의 냇돌 → 깬돌 → 명갈색토를 성토하는 방식을 7회 반복하여 조성하였고, 각 층의 두께는 15~20cm이다. 이 층으로부터 위로 60cm 높이까지는 암반 알갱이가 포함된 황적갈색사질점토와 마사가 섞인 황갈색토를 수평으로 성토하였다. 위의 방식으로 조성한 기초부의 규모는 동서 18.4m, 남북 12.7m이다. 이 범위가 1차 금당지의 규모이다.

2차 금당지는 동서 23.0m, 남북 17.1m의 규모이다. 2차 금당지의 기초부는 상면부터

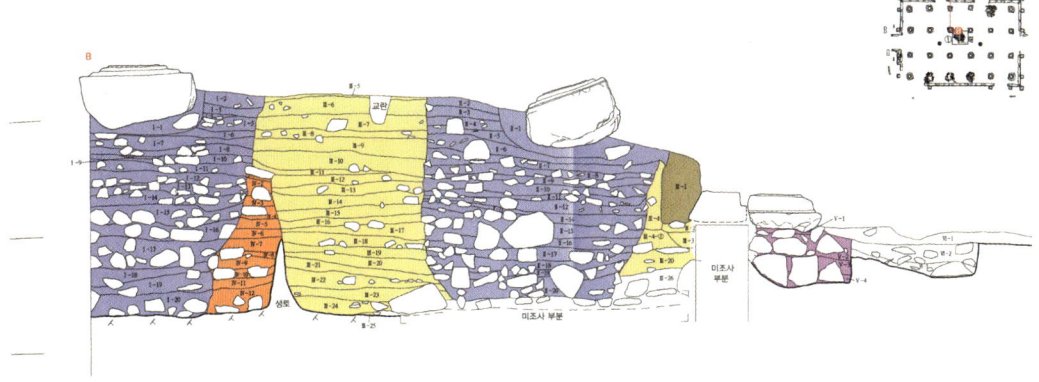

그림 6-5 경주 사천왕사지 금당지 토층

바닥까지 대략 북편은 2.1m, 동·서쪽은 1.3~1.4m 높이까지 돌이 매우 성길게 들어있는 갈색사질점토·황갈색사질점토·흑갈색사질점토 등을 수평으로 성토하였다.

금당지는 1·2차 모두 성토재로서 사질점토를 사용하였는데, 사질점토는 하중에 강할뿐만 아니라 사질 입자가 점토에 의해 고정되어 이탈하지 않아 성토층이 횡압에 견디는 힘이 강한 특성이 있다.

1차 금당지와 2차 금당지의 차이점은 1차 금당지의 기초부는 돌과 흙을 교호로 반복하면서 돌을 많이 사용하였지만, 2

그림 6-6 경주 사천왕사지 금당지 적심부 토층

차 금당지의 기초부는 돌은 적게 사용하고, 대부분 사질점토를 사용하였다. 이는 이미 1차로 기초부가 만들어져 있어 지반이 안정되었을 뿐만 아니라 2차 기초부를 만들 당시에는 성토기술이 더욱 발전되었기 때문이다.

2차 금당의 적심부는 갈색사질점토층과 명갈색토와 부석층을 관통하여 바닥면까지 되파기한 후 조성하였다. 적심부는 하부에 40~60cm 크기의 천석과 할석을 채웠고, 그 위는 20~40cm 내외 크기의 소형 할석과 천석을 60cm 정도 채웠고, 그 위에 비교적 큰 돌을 3~4단까지 채웠는데, 초석 주변으로 직경 130~150cm까지만 채우고, 굴광과 적심석 사이에는 흙을 채워 넣었다.

사천왕사지는 쌍탑가람인데, 서탑지의 기단은 규모가 12.9m의 정방형이고, 높이는 지면으로부터 1.4m이다. 정면 3칸, 측면 3칸의 방형이고, 주칸 거리는 정면 2.15m, 측면 2.15m이고, 중앙에 방형 사리공이 있는 심초석이 자리하고 있다. 탑지 기단부 조성을 보면, 성토한 지반을 2.30m 깊이로 굴착하고, 내부에 큰 할석과 천석을 깔고, 그 위에 풍화암반이 섞인 사질점토를 다져 깔고 그 위에 돌을 한겹 까는 동일한 과정을 반복하여 11단으로 다져 쌓았다. 굴착 지면을 평탄하게 한 후 바닥에 돌을 깔았는데, 중앙 부분의 남북으로 열을 맞춰서 일직선으로 놓았는데, 이를 축기부를 축조할 때, 범위를 나타내거나 작업구역을 나타내었을 가능성이 제기되었으나(국립경주문화재연구소 2012) 탑 기단부의 중앙선을 나타내는 기준선일 가능성도 있다.

탑은 돌과 사질점토를 반복하여 다져 성토한 기단토를 되파기하여 적심부를 만들었다. 성토층을 되파기하여 적심부를 만든 것은 상부 하중이 무거운 탑을 설치할 경우, 지반이 견고하지 않으면, 지반이 상부 하중을 견디지 못하고 침하하거나 좌우로 밀려나 상부 구조물이 붕괴할 우려가 높아진다. 이런 우려를 없애기 위해 지반을 굴착하여 기초부와 좌우 지반을 견고하게 만든 후 적심부를 조성하였다.

미탄사지의 탑신 기단부에는 자갈과 찰흙을 섞어 다짐처리한 후, 상면을 불로 구은 성토층이 확인되었다(곽종철 외 2014).

황룡사와 전랑지, 사천왕사지의 금당지·목탑지 등의 건축물 하부는 사질점토와 자갈층을 번갈아 가면서 정교하게 수평으로 교호 성토하였다. 정교한 수평의 교호성토는 주로 상부구조물의 하중이 큰 건축물이 건축되는 하부 지반을 조성한 토목 공법이었다.

그러나 황룡사지 동편의 왕경유적 1방 내의 건물지와 월성 해자 북서편 및 계림지구 등지의 건물지, 북천 이북의 건물지 등 가옥의 하부에는 불교사원과 전랑지 등에 보이는 정교한 교호 성토의 하부구조는 확인되지 않았다. 이는 이곳에 건축된 건축물이 지반을 굴착하고, 내부에 정교한 교호성토를 할 만큼의 주요한 건물이 아니었거나 주요 건물이었더라도 상부 구조물의 하중이 크지 않았음을 나타낸다.

기반토의 특성과 각 건물의 규모 및 상부 하중 등에 따라 지반 조성의 토목공법들이 다르게 적용되었다. 통일신라시대의 계획도시 건설을 위한 지반조성과 제방과 방조제 등의 치수시설, 고분, 건축물의 지반 등 대부분 지면을 굴착하는 토목사업보다. 지반을 삭평하거나 성토한 후, 성토를 하여 구조물을 건설하는 토목공법이 일반화되었다. 이 점이 삼국시대 이전까지만 하더라도 지면 굴착을 하여 구조물을 건설한 것과 차이가 있다.

통일신라 토목의 특징은 대지의 삭평과 성토를 통한 평탄면의 조성이다. 계획도시는 요철이 있는 지면을 삭평하거나 매립하여 평탄한 대지를 조성하여 사회기반시설을 설치하였고, 무덤은 구릉의 높은 면을 삭평하고, 낮은 곳은 성토하여 평탄한 대지를 만든 후, 묘역과 봉분을 조성하였다. 통일신라 이후, 농지가 증가하면서 농업수를 확보하기 위해 계곡부를 막아 저수를 위한 제(댐) 건설과 홍수나 범람으로부터 취락과 경지를 보호하기 위한 제방, 바닷물의 밀물로 경작지와 경작물을 보호하기 위한 방조제 등의 규모가 큰 토목 건설 사업이 이루어졌다. 이 토목 구조물들은 지반을 삭평하여 연약지반을 제거하고, 그곳에 제반 토목공법을 적용하여 건설한 공통점이 있다.

3. 유원지 건설

도시나 거점 취락을 구성한 경관중에서 원지의 존재는 매우 중요하다.『삼국사기』에 의하면, 왕궁인 월성에는 큰 연못이 있었다고 하며, 동궁을 구성한 시설물로서 월지가 조성되었고, 남궁지로 추정된 인왕동(현국립경주박물관 미술관 부지)에서도 연지의 존재가 확인되었다. 왕경에는 구황동과 용강동에도 원지가 확인되었다. 그리고 일부 취락에도 원지가 확인되었는데, 기장 고촌유적이다.

월지는 문무왕 14년(674)에 조영된 동궁의 연지인데, 안압지라고 부르게 된 것은 조선전기『신증동국여지승람』과『동경잡기』등에 의한 것이고 본래는 월지(月池) 또는 월지궁(月池宮)으로 불리었다. 월지는 3개의 섬을 가진 아주 큰 연못으로서 정연하게 배치된 궁전 건물이 일체로 된 장대한 원지이다. 연못의 크기는 남북 200m, 동서 180m로서 직선과 곡선이 소화를 이룬 호안으로서 선착장과 원지에 띄웠던 목선이 발견되었다. 연못 바닥은 두

그림 6-7 경주 월지

께 50cm 내외로 점토와 자갈이 섞인 강회다짐을 하였고, 그 위에 모래와 검은색 바다자갈을 깔았다. 못 한가운데는 수초를 번식시키기 위한 한 변 120cm의 정방형 목재 귀틀이 확인되었다. 가공석과 자연석에 의한 호안과 정선(汀線)은 아름다운 곡선을 이루고, 서안의 직선 부분에는 정자를 설치한 돌출부가 5개소이다. 연못 안에는 대소의 3개 섬이 있고, 섬 주위에는 호안석이 배치되어 있다.

대도는 원지 내 남쪽에 위치하고 굴곡이 있는 타원형이다. 크기는 동서 51m, 남북 30m이고, 호안석축의 둘레가 139m, 면적은 1,049m^2이다. 호안석축의 높이는 1.7m이고, 석축 위에서 3.5m 높이까지 경사지게 올라가는 작은 동산이다. 중도는 원지의 북서쪽 모서리에 위치하고, 굴곡있는 호안을 가진 부정형의 평면 원형을 취하고 있다. 크기는 동서 33m, 남북 30m이고, 호안둘레는 111m, 면적 596m^2이다. 호안 석축의 높이는 1.6m 내외이고, 석축 위에서 2.9m 정도 높아지는 작은 동산의 모습이다. 소도는 원지 중심부에 위치하고, 평면형태는 타원형이고, 크기는 장축 8.5m, 단축 5.5m, 호안둘레 30m, 면적 60m^2이다. 호안

석축 높이는 1m이고, 섬 위에는 자연해석을 많이 두어 마치 돌섬처럼 보인다.

연못 물은 동남부의 석조구, 석조를 거쳐서 용조로 급수되고, 배수는 북안의 석조암거에 의해서 외부로 빠져 나간다. 『삼국사기』에 "宮內穿池造山 種花草 養珍禽奇獸"라 기재된 것처럼 많은 화초를 심고, 진기한 동물을 길렀는데, 실재 새·개·산양 등의 동물 뼈가 출토되었다.

전사군(殿舍群)은 연못의 서쪽에 있고, 전중(前殿)·중전(中殿)·후전(後殿)으로 된 중국식의 전사배치로서 좌우의 장랑(長廊)과 헌랑(軒廊)으로 연결되고, 연못에 면한 정과 연결한 궁전을 형성하고 있다. 전전 건물은 7×4간(23.0×13.2m)의 규모로서 동측 장랑의 남단은 연못 남측의 건물군으로 연결된다. 이 건물들이 기록에 나타나는 동궁으로서 전전이 임해전(臨海殿)이었고, 왕이 임석하는 향연에 사용하였다.

삼국을 통일한 문무왕은 신라의 위신을 높이기 위해 중국 당나라 양식의 궁전 장엄화에 힘을 쏟고, 동궁을 신설하였다. 월지의 곡선을 이룬 만이나 반도상의 호안은 연못 전체를 동해로 보고, 삼도는 신선이 사는 봉래(蓬萊)·방장(方丈)·영주(瀛洲)의 삼신산(三神山)에 비유한 것이고, 서북의 구석인 협곡부에는 기암괴석을 배치해서 초(楚)의 양왕(襄王)이 운몽(雲夢)에서 선녀와 놀았다고 하는 무산12봉(巫山12峯)을 나타내는 등 장원의장은 불로장생의 신선사상을 토대로 하고 있다. 『삼국사기』에 의하면 경덕왕 19년(760)에 "宮中穿大池"라고 하였는데, 궁내에는 또 하나의 큰 연못이 있었던 것으로 추정된다.

월지는 신라 문무왕 14년(674)에 축조된 신라의 궁원지(宮苑池)이다. 한반도 동남부에 고립된 신라는 668년 고구려를 정벌하고 676년에는 당군(唐軍)을 몰아내어 삼국을 통일하는 과정에서 새로운 문물을 수용하여 토속적인 신라문화에서 벗어나 국제적이고 선진적인 감각을 익혀나가게 되는데 월지의 조영은 그러한 역사적 상황을 나타낸다. 월지는 당나라 장안에 있는 대명궁(大明宮)의 태액지(太液池)나 백제 궁남지(宮南池)의 조경술을 본받은 것으로, 이러한 궁원지 조경의 기술과 관념은 중국의 조경문화에서 온 것이다. 중국에서는 한나라 때부터 도가사상을 바탕으로 궁 안에 못을 파서 삼선도(三仙島)를 만들고 못가에 정자를 짓는 조경양식이 본격화되었으며, 이것이 발전하여 당대까지 이어지고 한반도에도 영향을 주어 백제의 궁남지와 망해정(望海亭), 신라의 월지와 임해전으로 나타난 것이다. 월지와 임해전은 통일신라의 종말과 함께 궁원지로서의 역할을 할 수 없게 되면서 서서히 폐허화된 것으로 보인다.

용강동 원지(龍江洞 苑池)는 경상북도 경주시 용강동 및 황성동에 걸쳐 있는 통일신라

그림 6-8 왕경의 원지(상: 용강동원지, 하: 구황동원지)

의 연못 유적이다(영남문화재연구원 2001). 유적은 경주분지의 북쪽에 위치하며, 유적의 서쪽으로 약 1.4km에는 형산강의 상류인 서천이 남에서 북으로 흐르고 있고, 남쪽으로 약 1.5km에는 북천이 흐른다.

발굴된 유적의 면적은 8,580m² 정도인데 전체 모습이 드러나지는 않았다. 발굴된 구역에서는 연못 1개소와 그 부속유구인 인공섬 2개소, 부속건물 2동, 입수로 등의 다양한 유구가 확인되었다. 발굴시 연못 내부에 매몰된 층위는 크게 5개 층으로 구분된다. 1~3층은 연못이 폐기된 후 퇴적된 부식토이며, 4층은 흑갈색점토층으로 연못바닥에 가라앉은 침전층인데, 대부분의 출토 유물이 이 층에서 출토되었다. 5층은 갈색점토층으로서 연못에 고인 물이 새어나가지 않도록 연못 바닥에 점토를 전면적으로 20~30cm 정도 깔아 누수를 방지하였다. 회황갈색 점토층을 파서 석축을 설치하고 그 뒷부분을 10cm 미만의 깬돌과 냇돌을 사질점토와 함께 채워 보강하는 순서로 축조되었다. 호안석축의 석재로는 산돌과 냇돌 등의 자연석과 간단한 가공이 가해진 장방형의 깬돌 등이 사용되었다.

연못의 호안(湖岸)을 따라서는 석축이 남아 있었다. 확인된 호안석축은 동·서·남쪽이며 북쪽은 조사구역 밖으로 동·서쪽 호안석축과 계속 연결된다. 석축 길이는 동쪽 현 38.6m, 서쪽 현 65m, 남쪽 현 33m이고, 둘레는 약 136.6m에 이른다.

2개의 인공섬을 감싸고 있는 호안석축의 평면 형태는 방형에 가깝다. 동쪽 호안석축은 직선형에 가깝고 하나의 건물지(건물지 1) 및 교각시설에 접해 있다. 남쪽 호안석축은 부드럽고 완만한 곡선을 이루고 있고 서쪽 호안석축열은 동쪽·남쪽 호안석축열에 비해 완만한 곡선이 많으며, 북쪽 끝은 90° 정도 꺾여 작은 반도처럼 연못 내부로 들어와 있다. 전체적으로 호안석축은 직선과 곡선을 혼합해 조형미를 갖추었다.

연못 내부에는 2개의 인공섬이 남아 있었다. 이 가운데 중앙부에 위치하여 전체가 조사된 인공섬 1은 동쪽 호안석축과는 약 6.6m, 서쪽 호안석축과는 약 7.6m, 남쪽 호안석축과는 약 7.6m 떨어져 있다. 섬의 규모는 장축(남북방향)이 25m 내외, 단축(동서방향)이 20.5m 내외로 둘레는 약 100m에 달하며 면적은 561m²이다. 평면 형태는 동쪽 호안석축 중앙부분이 방형으로 돌출되어 건물지 1과 연결되며, 나머지 호안은 원형, 방형, 부정형 등의 형태로 외곽에 석축을 돌렸다. 현재 남아있는 인공섬의 석축 높이는 1~3단 정도이며, 인공섬의 높이는 부분적으로 차이가 있지만 대체로 연못 바닥에서부터 섬의 최상면까지 약 80cm 정도이다. 인공섬 2는 일부만 조사구역 내에 포함되어 명확하게 알 수 없다.

2개의 건물지는 동쪽 호안석축 바깥에 위치하는 건물지 1과 남동쪽 호안석축 바깥에 위치한 건물지 2이다. 건물지 1은 정면 3칸, 측면 1칸의 적심 건물지이다. 초석은 확인되지 않았으며 적심은 8개소가 확인되었다. 이 적심은 대체로 직경 20cm 내외의 냇돌을 이용했으며 적심의 평면형태는 원형으로 크기는 100cm 내외이고, 적심간의 간격은 정면 3.4m, 측면 2.8m 내외이다. 주변에서 추가로 확인된 적심은 없으며 건물지의 중앙이 인공섬 1과 연못 바닥에 있는 교각시설에 접해 있는 점으로 보아 누각(樓閣)의 성격을 가지는 것으로 추정된다. 이 건물지 1과 교각시설, 인공섬 1의 방형 축대 사이의 주변에는 와적층이 형성되어 있었는데, 이곳에서 귀면와, 막새 등의 기와류가 다량 출토되었다. 건물지 2는 정면 2칸, 측면 1칸의 적심 건물지이다. 적심 사이로 연못의 입수로 시설이 설치되어 있는 것이 특이하다.

인공섬 1의 동편 호안석축 중앙에 잘 갖추어진 방형 축대와 건물지 1 사이를 왕래할 수 있게 하는 교각시설의 흔적인 적심이 연못 바닥에서 확인되었으며, 이는 건물지의 가운데 부분과 연결된다. 적심간의 간격은 정면 2.8m 내외, 측면 3.2m 내외이며, 적심의 규모는 1.2m 내외로 20cm 미만의 냇돌들로 이루어져 있다. 교각시설과 관련된 석조 구조물은 전혀 확인되지 않는 것으로 보아 석주와 함께 만들어진 목교일 가능성이 높다.

연못에 물을 들여오는 입수시설은 연못의 남동쪽 가장자리 바깥에 위치하며, 건물지 2의 적심 사이를 거쳐 건물지 2의 북쪽 부분에서 급격히 서쪽으로 꺾여 북서방향으로 연결되는 것으로 추정된다. 이 입수시설에서 연못 안에 떨어지는 물을 받는 물받이돌은 남쪽 호안석축에 근접하여 설치되어 있다. 발굴시 확인된 입수시설은 남북방향에서 북서방향으로 꺾이는 부분까지 약 16m 내외이다. 축조방식은 아주 납작하고 편평한 길이, 너비, 높이가 40~70×30~40×10cm 미만의 장방형 깬 돌을 깔고, 좌우에 장방형 깬 돌을 세워 도수로의 형태로 만들었으며, 남쪽에서 북쪽으로 갈수록 서서히 낮아진다. 물받이돌은 연못 바닥에 설치되어 있는데, 못의 바닥에 납작한 장방형 깬 돌을 서로 10cm 정도 떨어지게 깔고, 그 위에 깬 돌을 얹고, 그 위에 납작한 장방형 깬 돌을 깔았다.

연못 바닥에는 부분적으로 20cm 미만의 작은 냇돌들을 깔았으며, 특히 인공섬 2와 인공섬 1 사이의 북쪽 조사경계 부분의 연못바닥에는 큰 것은 길이 60cm 이상 되는 것도 있으나 대체로 10~40cm 내외의 깬 돌, 냇돌들을 겹겹이 깔았다. 그리고 인공섬 1의 방형 축대 동북쪽 연못 바닥에는 10cm 미만의 냇돌들을 주변부에 깔고 중앙에 가로, 세로, 높이가 80×40×30cm 미만의 청석을 놓아 물이 흘러오다 부딪쳐 갈라짐으로써 유수의 흐름을 분산시키고 동시에 조경석으로서의 미를 갖추게 하였다. 전체적으로 바닥 높이는 남쪽이 높고 북쪽으로 갈수록 낮아진다. 이는 입수구의 물받이 시설이 남쪽에 위치한 것과 일맥상통할 뿐만 아니라 조사되지 않은 배수시설이 발굴구역 밖의 북쪽 부분에 존재함을 추정하게 해 준다.

유물은 인공섬 1의 동편 중앙부 방형 축대와 건물지 1, 그리고 연못 내 교각시설 주변에서 집중적으로 출토되었는데 기와류가 대부분을 차지한다. 특히, 수막새와 암키와가 주류를 이루는데, 수막새 200여 점, 귀면와 5점, 암막새편과 다량의 암키와편 등이 출토되었다. 출토된 토기류는 인화문토기편이 다수를 차지하는데 확인된 기종은 세경호·병·함·뚜껑 등이며, 인화문은 점열문·삼각집선문·원문 등인데, 주류를 이루는 것은 점열문이다.

출토 유물이나 역사적인 기록으로 보아 연못은 9세기 무렵에 축조된 것으로 추정되고 있다. 또한 이 유적은 '제2의 월지'로 불리기도 하고, 역사기록에 보이는 통일신라 진성여왕대의 북궁이 자리잡았던 곳으로 추정되기도 한다. 한편 이 연못과 유사한 구조를 보이는 것이 일본 나라의 아스카교지[飛鳥京跡]에서도 조사되어 고대 왕경과 관련된 시설물로 주목되기도 하였다.

4. 도로와 교량

사회를 지탱하는 기반시설의 하나인 도로는 도시 내부뿐만 아니라 도시와 지방, 지방과 지방, 나아가 국가와 국가를 이어주는 중요한 역할을 하였다. 도시와 취락 내에서는 사람 또는 우마차, 물자의 이동이 이루어졌고, 지방에서 수취한 공물과 조세를 왕도와 지방의 거점도시로 운송하는 역할 뿐만 아니라 관리와 군사는 물론 생활유지에 필요한 물품이 오고가는 통로로 사용되었다.

통일신라의 도로는 왕경·왕기·지방의 계획도시에 조성한 정연한 도로와 왕경과 지방, 지방과 지방을 연결한 도로 등으로 구분된다. 도로는 국가의 주도로 조성된 관도와 다른 목적과 주체에 의해 조성된 도로가 있다. 관도는 왕경과 지방을 연결하는 국가 관리하의 공용도로(서영일 1990)를 의미하는 것으로서 신라에서는 소지 마립간 9년(487)에 관도를 수리하였다 한다.

그러나 지금까지 고고학적인 조사에 의해 왕경에서 이 시기의 도로는 확인되지 않았고, 가장 시기가 올라가는 도로는 6세기 중엽 이후이고, 대부분은 통일신라시대의 것이다. 도로는 일시적으로 사용되기도 하지만, 오랜 기간 사용하면서 중개축을 되풀이한 예도 많이 있다.

도로는 자연적인 도로와 인공적인 도로로 구분된다. 자연적인 도로는 평탄면을 노면으로 사용하였는데, 수레바퀴 흔적이 있거나 사람의 발자국이

그림 6-9 확인된 왕경의 도로

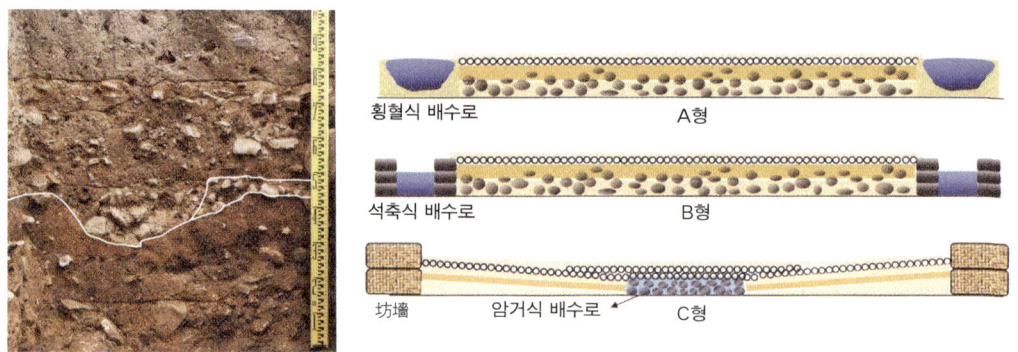

그림 6-10 　신라 왕경의 포장도로 축조 수법(좌), 도로 단면도(우)

나 우마의 발자국 등이 있으면, 도로로서 사용되었음을 추정할 수 있다. 이 경우, 배수를 위한 시설은 설치되지 않았다. 지방의 도로에서 많이 확인된다. 경산 삼성리유적, 경주 덕천리 유적 1구역 도로, 대구 봉무지구·죽곡지구 도로, 서울 금천구 독산동유적 도로 등이 해당된다. 위의 도로 유구들은 자연면을 이용했기 때문에 일정한 노면 폭이 정해져 있지 않다. 이 자연도로는 지방의 중소 취락을 연결한 도로였을 것으로 추정된다.

　　인공도로는 지면을 파고, 내부에 자갈이나 흙을 사용하여 쌓아 올리거나 자연면을 다지고 그 위에 자갈이나 흙을 쌓아 만든 포장도로로서 왕경과 지방의 도시 내부에 조성된 도로 또는 지방의 거점 지역을 연결한 도로이다. 포장도로는 조성 방식에 의해 6종류로 구분된다. 첫째는 지면을 굴착하고, 내부에 냇돌과 깬 돌 등을 깔고 그 위에 점토와 잔 자갈을 깔아 노면을 조성하였거나 지면을 평탄화 하고 그 위에 점토와 잔자갈을 깔아 노면을 만들고, 자갈과 점토를 성토해서 조성하여 노면을 만든 예가 있다.

　　이와 같이 조성한 포장도로는 노면 양측 외측 또는 한 쪽에 석조의 측구를 설치한 예도 있다. 지면을 굴착하고 내부에 돌을 부석한 것은 마차와 사람 등의 통행으로 지반이 침하하지 않도록 하기 위한 것이며, 점토 위에 자갈을 깐 것은 자갈이 이탈하지 않도록 하기 위한 방안이다. 위의 특징을 보이는 포장도로는 주로 왕경과 위성도시 내의 도로에 그 사례가 많다.

　　둘째는 지면을 굴착하고 내부에 천석이나 할석을 채우고 점토와 잔자갈을 깔아 노면을 만들었거나 천석 또는 할석을 깔아 노면을 조성한 것, 지면 위에 점토와 잔자갈을 깔아 노면을 조성한 도로이다. 노면 중앙부에 자갈을 깔이 배수 기능을 하였거나 외측에 구를 파서 배수를 한 예도 있지만, 대부분은 별도의 배수시설이 없고, 우천 또는 수레바퀴에 의해 패여진 자국이 배수의 기능을 하였다(장용석 2006). 이 유형의 도로는 지방에서 많이 확인

6. 토목과 건축

되는데, 왕경에서 주요 거점 취락으로 연결된 도로였을 것으로 추정된다. 대구 매호동·시지동·동촌유원지·봉무동·칠곡4택지개발지구·죽곡택지개발지구, 울산 하삼정, 기장 명례리·고촌지역 등의 도로가 이에 해당한다.

그림 6-11 경주 왕경유적 남쪽 도로의 수레바퀴 자국

도시 내부의 도로는 도시의 인적·물적 자원을 이동시키는 시설로서 뿐만 아니라 도시공간을 분할하는 기준이 되고, 도시의 팽창과도 밀접한 관련이 있다. 지금까지 확인된 도로의 폭은 좁은 것이 4m, 넓은 것은 23m로 다양한데, 이것은 도시 구조에 따라 위치하는 도로가 다양하였음을 나타낸다. 왕경 도로는 도시의 시가지를 방격으로 구획하는 기준이자 사람이 왕래하고 물자를 운송하는 기반시설로서 간선과 지선으로 구분되었다. 신라 왕경에 주작대로의 존부에 대한 논의가 있었으나 현재로서는 주작대로가 존재하지 않았을 가능성이 높다. 궁성인 월성과 월지를 포함한 왕궁을 중심으로 동서도로와 남북도로가 설치되었다.

현재까지 왕경에서 확인된 도로는 모두 40여곳에 이르고(성림문화재연구원 2015), 수축과 개축 등이 이루어지면서 노폭이 줄어들거나 도로가 건물에 의해 침점되는 등 도시 내부의 구조 변경에 의해 개변이 있었다.

왕경에서 확인된 도로는 자갈·모래·점토로 다지고 그 위에 자갈을 3~5cm 두께로 깔

그림 6-12 경주 동천동 696-2번지의 도로 단면

았고, 도로 위에는 수레가 지나간 흔적이 남아 있었는데, 당시의 중요교통 수단이 수레였음을 확인할 수 있다. 도로 상면에 자갈을 깐 것은 우수기 침수에 의한 유실 방지 및 노면의 평활화를 통한 수레의 원활한 주행을 위한 고려이었다.

황룡사지 동남편의 도로는 축조 시기에 따라 너비가 12.5m에서 15.5m까지 변화가 있었고, 그 변화에 따라 도로의 너비가 남쪽이나 북쪽으로 약간씩 이동된 것으로 확인되었다. 황룡사지 동편과 경계를 이루는 남북방향 도로는 12~13m 너비로 모두 4차례에 걸쳐 축조되었고, 남편의 동서도로와 대칭되는 북편의 동서도로는 너비가 5.5~7.5m로 3차례에 걸쳐 개축되었고, 남편과 북편의 동서방향 도로와 교차되는 동편의 남북도로는 5.5m 내외의 너비를 이루며 4차례 개축되었다.

동천동 696-2유적에서 조사된 왕경 도로는 상면을 맞추기 위해 낮은 지반을 잔자갈과 점토, 모래로 섞어 견고하게 다짐한 판축기술을 적용하여 도로의 수평을 맞추었다.

지금까지 확인된 도로의 너비는 좁게는 3m 이하에서 넓게는 20m 이상으로 다양하다. 도로의 너비에 따라 대로(15m 이상)·중로(10m 내외)·소로(5m 내외)로 구분한다(박방룡 1998). 대로의 예로는 인왕동의 국립경주박물관 남측 부지에서 확인된 남북도로(23.7m)와 황룡사지 동편의 왕경유적의 동서도로 등이 있다. 노폭이 15m 이상의 대로는 남천 이남의 성동동·인왕동과 구황동 등 왕궁의 북쪽과 동쪽 일대에서 확인되었다. 이곳은 왕궁과 함께 귀족의 거주 공간이었고, 황룡사와 분황사 등 국찰이 위치한 곳이었다.

성건동·중부동·서부동 등지의 서천변과 북천 이북의 계획도시에는 대로의 존재가 확인되지 않았고, 대부분 중로와 소로이다. 이와 같이 북천 동남쪽 서천과 북천 이북에서 도로의 노폭 차이가 존재하는 점은 왕경이 고대 전제국가의 지배질서를 구현하기 위한 공간으로서 왕과 귀족 등 상층 지배층들의 거주 공간의 도로는 대·중·소 등 다양하게 건설하였지만, 중·하층 지배층과 민들의 거주 공간의 도로는 귀족층의 거주 공간의 도로보다 규모가 작은 도로를 건설하여 신분질서를 표현하였을 것이다.

그리고 북천 이남의 동남지역은 계획도시가 가장 먼저 건설된 곳으로서 계획도시 건설 당초에는 율령제의 지배 이데올로기에 충실하고, 중국의 도성제를 모방하는 차원에서 일정 기준에 근거하여 도로의 노폭을 설정하면서 일정 간격으로 대로·중로·소로를 배치하였다. 그러나 도시가 확장하면서 초기 계획도시의 틀이 무너지면서 대·중·소로로 구분하는 관념이 희박해졌음을 나타낸다.

왕경의 도로는 기본적으로 선상지면의 기반층을 굴착한 후, 5~10cm 내외의 자갈을 깔고, 사질토와 점질토를 섞어 층층이 채워 기저부를 마련하고 그 상부에 잔자갈과 마사토 등을 정밀하게 깔아 다져 노면을 만들었다(곽종철 외 2014). 하부에 자갈을 까는 것은 수레와 사람 등의 통행시 하중에 의해 지반이 침하하는 것을 방지하고, 사질토와 점질토를 섞어 층층이 다지는 것은 우수나 바람, 충격 등에 의해 흙이 주변으로 나와 노면이 파손하는 것을 방지하면서도 하중에 의한 침하 방지를 고려한 조성기술이다.

그림 6-13 지방도로(달성 죽곡리유적)

도로 가장자리 또는 중앙부에 도로와 평행하게 석축 또는 암거식의 배수구를 만들어 노면에 고인 물을 배출하고, 동시에 도로 주위의 가옥에서 흘러나오는 하수를 도로를 따라 배출하였다.

그림 6-14 경주 춘양교와 월정교의 위치

왕경이나 지방의 계획도시의 도로는 十자모양으로 동서, 남북으로 정연하게 배치되었고, 자갈과 사질토, 점질토 등을 사용하여 인공 노면을 조성하였으나 도시의 외곽이나 지방을 연결하는 도로, 취락을 연결하는 도로는 포장도로도 있지만, 대부분은 자연면을 그대로 이용한 비포장도로이다. 지방을 연결한 주요 도로는 자연지면을 일부 굴착하고 내부에 자갈을 깔고 그 위에 사질토를 성토하여 다지거나 자갈을 깔아 노면을 조성하였다. 지방의 포장도로 너비는 대략 4~8m 정도이고, 가장 넓은 도로는 15.7m의 대구 시지동유적에서 확인된 도로이다.

도로 및 도로들이 직교하는 교차점에서 배수시설로서 측구시설들이 만들어져 있는데, 강우량이 많은 기후적인 환경 하에서는 우수의 배수도 중요한 역할을 하였다. 배수시설은 최종적으로 하천으로 흘러들어가도록 설계되었다. 그리고 노면에 고인 우수와 주변 택지에서 암거나 소형 배수로를 통해 흘러나오는 오수와 하수 등의 배수처리를 위하여 석축 내지 도랑식의 배수로가 도로와 같은 방향으로 평행하게 축조되어 있다.

배수로는 동서, 남북방향의 도로가 '十'자형으로 만나는 교치로 지점에서 도로를 횡재하거나 직교하는 등 다양한 형태로 연결되어 있다. 배수로를 통해 흘러나온 물은 대형 배수로를 통해 남천·북천(알천)·서천 등의 하천으로 흘러들어가도록 설계되어 있다. 배수로는 대체로 너비 1~1.5m, 깊이 60~70cm 정도이며, 도로의 양쪽 가장자리에 배치된 것이 보통이고, 일부는 도로의 한쪽 가장자리 또는 도로 중앙에 설치된 예도 있다. 배수로의 형태는 석축 배수로, 수혈식 배수로, 적석형 배수로 등이 있는데, 석축 배수로는 안쪽 바닥에 잡석이나 자갈 등을 깔았고, 수혈식 배수로는 도랑을 파서 만든 구조이고, 적석형 배수로는 도로 중앙부에 설치되는 일종의 암거와 같은 형태를 취하고 있다.

교량은 하상 폭이 10m 이상으로 넓은 하천을 가로질러 설치한 것과 소하천을 건너기 위해 설치한 것, 배수로를 지나가기 위한 것 등 길이와 높이 등 규모에 따라 다르다. 교량을 만든 재료도 목재를 사용한 목교와 석재를 사용한 석교 등이 있다.

통일신라시대의 교량으로 유교·춘양교(일정교)·월정교·루교·대교·굴연천교(광제원교)·신원교·남정교·효불효(칠성교)·금교(金橋, 西川之橋) 등이 있는데, 금교를 제외하면, 모두 남천에 설치하였다. 왕경에는 남천뿐만 아니라 북천과 서천이 흐르고 있어 많은 수의 교량이 설치되었을 것으로 추정된다. 북천 이북에도 계획도시가 건설되어 많은 사람들이 거주하였을 뿐만 아니라 북천을 사이에 두고 사람과 물자의 왕래가 빈번하게 이루어졌을 것으로 보아 많은 수의 교량이 설치되었을 것으로 추정된다.

그리고 서천의 서쪽에는 법흥왕릉을 위시하여 중고기의 왕릉뿐만 아니라 서악동·충효동·효현동·석장동 일대에는 통일신라시대의 산성을 비롯하여 불교 사원과 많은 수의 고분들이 분포하여 서천을 통과하는 일이 빈번하였을 것으로 추정된다. 남천에 설치한 교량이 『삼국사기』와 『삼국유사』에 주로 기록되었고, 북천과 서천에 설치한 교량 기사는 거의 확인되지 않았다.

남천에 설치한 교량중에 발굴조사를 통해 실체가 알려진 교량으로는 춘양교(春陽橋, 일정교)와 월정교(月靜橋), 월정교 하류의 목교지, 오릉 북편과 교촌교 하류에 교명을 알 수 없는 교량지 등 5개소이다.

춘양교는 "경덕왕 19년 2월 궁중에 큰 못을 파고, 또 궁의 남쪽 문천상에 월정교, 춘양

6. 토목과 건축

그림 6-15 경주 춘양교의 교각(1)·석주(2) 추정 복원도와 월정교 제4교각과 남쪽 교대지 사이의 하상 시설(3)

207

교 두 다리를 놓았다"라고 『삼국사기』 신라본기 경덕왕조에 기록되어 있다. 이 때 설치한 춘양교는 조선시대 기록에는 일정교로 기록되어 있다. 춘양교는 760년에 설치한 교량으로서 위치는 인왕동 921-1번지로서 국립경주박물관의 남쪽에 현재의 콘크리트 다리인 월성교의 남편 178m 지점 하상에 위치하고 있다.

발굴조사에서 확인된 교량의 구조물로는 교각·교대와 상부 구조물로 추정되는 귀틀형 석재·난간 지대석·처마형 석재 등이다. 교각은 모두 3개소에 위치하고, 평면형태는 배모양이고, 교각 중심부간의 거리는 14m이다. 교각은 모래퇴적층과 생토면 일부를 굴착하고 할석과 냇돌을 채우고 그 위에 방형·장방형의 가공석과 자연석으로 기초를 만들었다.

교각은 앞뒤의 중앙부에 삼각형의 물가름석을 놓고, 좌우에 모서리를 둥글게 만든 물가름좌우석을 설치하였다. 상류에 놓인 물가름석은 물을 좌우로 갈라 저항을 줄이고, 하류의 것은 물이 자연스럽게 빠져나가는 것을 도와 전체적으로 물의 흐름을 원활하게 하는 역할을 한다. 물가름 좌우석은 물이 흐르는 방향과 평행하게 놓은 교각과 연결시켜 주는 부재이다. 교각은 2단 잔존하는데, 1단은 물가름석 2매·물가름좌우석 4매·교각석 10매 등 모두 16매로 이루어졌고, 2단은 물가름석 1매·물가름좌우석 2매·교각석 9매로 이루어졌다. 교각 내부의 하부에 80~100cm 크기의 냇돌과 할석을 채우고, 그 위에 20~40cm 크기의 냇돌과 할석을 채웠다.

교대는 하천 좌우에 쌓은 석축 구조물로서 교량의 상부 판이 놓여 상부하중을 직접 받는다. 교대·교대 기초·좌우날개벽 석축으로 이루어졌다. 교대를 쌓을 공간의 생토를 파고, 하천쪽에 냇돌을 채우고, 그 위에 장방형으로 가공한 화강암을 기초석으로 1단 놓고, 그 위에 교대석을 24cm 정도 들여쌓기 하였다. 좌우날개벽 석축은 별도의 기초석을 설치하지 않고, 길이 80~170cm, 높이 60cm되는 가공석을 각층마다 3~5cm 정도 퇴물림하여 쌓았는데, 현재 가장 높은 곳이 3m이고, 9단이다. 그리고 3·6·9단에 석정(石釘)을 3.3~3.7m 간격으로 배치하여 석축이 앞으로 밀려나지 않도록 축조하였다.

월정교는 당초 목교였으나 경덕왕대에 석교로 바뀌었다. 교대·교각 등이 확인되었는데, 상부 구조가 화려한 누교로 추정된다. 이외의 교량 구조에 대해서는 구체적으로 알 수 없다.

5. 제언

통일신라시대의 토목사업에서 중요한 부분이 제언(堤堰)의 축조이다. 제언에는 하천의 범람으로 인해 경작지와 취락 등 시설물의 침수와 파괴를 방지하기 위해 설치한 제방과 양쪽의 곡부에 둑을 만들어 저수를 한 제방[池]이 있다. 언은 밀물에 의해 경작지(물)나 다른 시설물을 보호하기 위해 만을 막아 만든 제방이다. 제언은 삼국시대부터 신라는 물론 백제에서도 축조되었고, 통일신라시대에 들어와서도 삼국시대에 축조한 제언의 수리와 함께 넓은 경작지가 펼쳐진 상부에 새로운 제방을 축조하였다.

제방 축조를 기념하기 위해 설치한 영천 청제의 병진년명과 정원명비, 대구 무술오작비 등과 함께 『삼국사기』의 벽골제 축조와 수리 관련 기사 등을 통해 국가의 주도로 만든 제언과 민간의 주도로 만든 제가 있었음을 보여준다. 제언의 축조와 수리는 2월에서 4월 사이의 춘계에 행하였고, 원성왕 6년(798) 벽골제의 대대적인 수리에는 7주(州)에서 인력을 징발하였다고 할 만큼 대규모적인 토목공사가 이루어졌음을 나타낸다. 그리고 영천 청제비는 병진년(536)의 초축 당시에 7천 명이 동원되었으나 정원 14년(798)의 수리시에는 2월 12일부터 4월 13일까지 2개월여에 걸쳐 14,140인이 동원된 바와 같이 대대적인 수리가 이루어졌음을 의미한다. 원성왕 6년에 벽골제와 청제의 수리 및 증축이 이루어진 점을 볼 때, 신라가 삼국통일을 완성한 후, 정치적 안정을 맞이하면서 전쟁으로 피폐해진 민심을 수습하고, 인구의 증가와 연동해서 경작면적의 확보와 함께 안정적인 물의 공급을 도모하기 위해 전국에 걸쳐 대대적인 제언의 수리와 축조가 이루어졌음을 의미한다.

제언의 축조나 수리 기사와 실물의 존재 및 축조

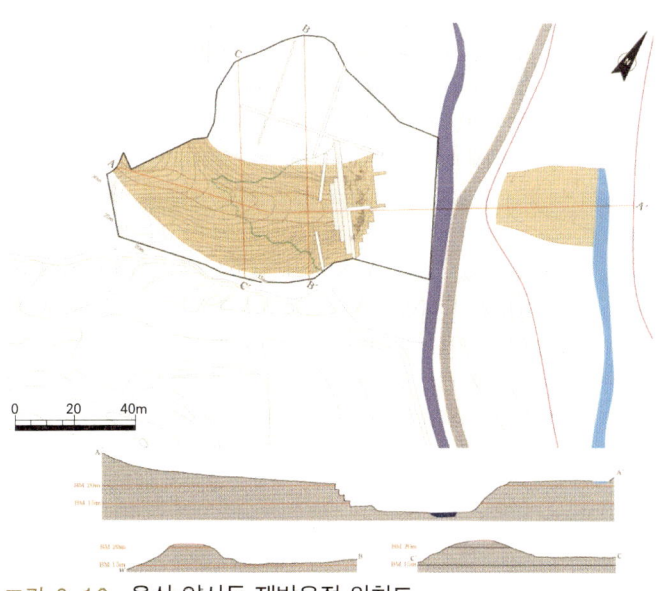

그림 6-16 울산 약사동 제방유적 위치도

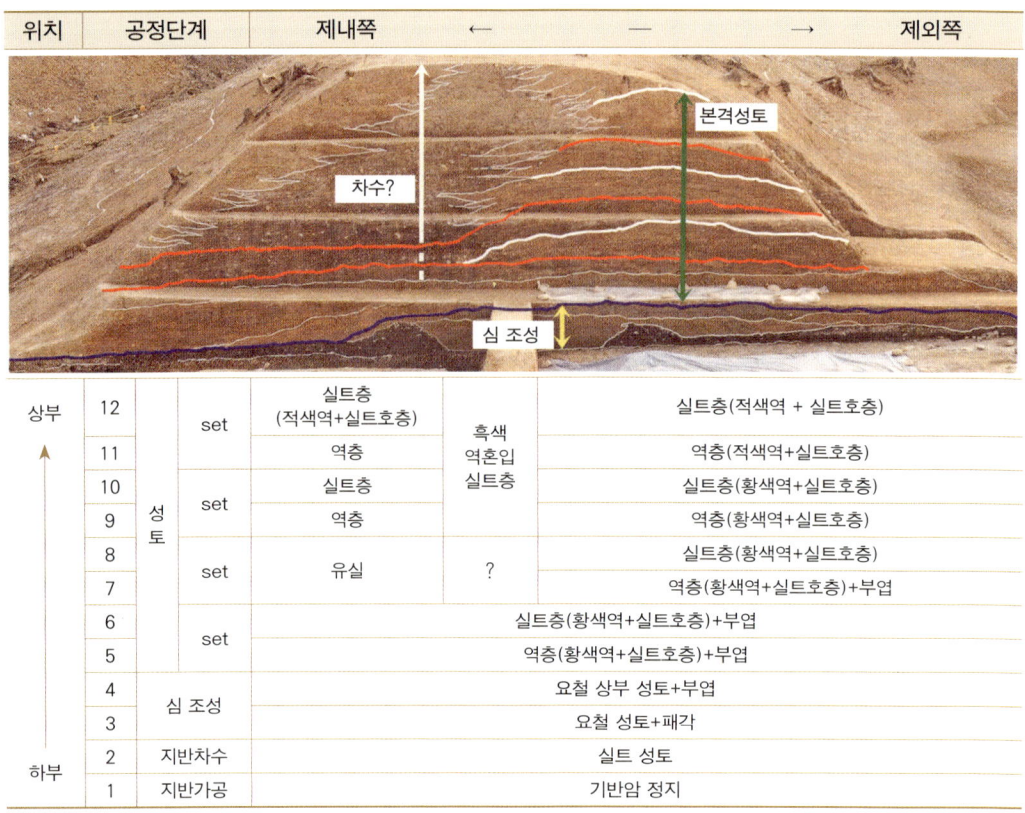

위치		공정단계	제내쪽 ←		→ 제외쪽
상부 ↑	12	성토 set	실트층 (적색역+실트호층)	흑색 역혼입 실트층	실트층(적색역 + 실트호층)
	11		역층		역층(적색역+실트호층)
	10	set	실트층		실트층(황색역+실트호층)
	9		역층		역층(황색역+실트호층)
	8	set	유실	?	실트층(황색역+실트호층)
	7				역층(황색역+실트호층)+부엽
	6	set			실트층(황색역+실트호층)+부엽
	5				역층(황색역+실트호층)+부엽
	4	심 조성			요철 상부 성토+부엽
	3				요철 성토+패각
	2	지반차수			실트 성토
하부	1	지반가공			기반암 정지

그림 6-17 울산 약사동 제방유적 제체 단면과 축조 공정

그림 6-18 울산 약사동 제방 유적 제체 단면

소요 기간, 동원 인력과 조직 등은 알려졌지만, 제언을 구축한 토목기술의 실상은 거의 알려지지 않아 축조 시기와 공법은 제대로 확인되지 않아 고대의 제방 형태와 구조 및 기술의 실체에 접근하기는 매우 어려웠다. 최근 울산 약사동과 대구 공검지 등의 제방과 김제 벽골제의 조사가 이루어져 제언 축조의 특징과 토목기술을 어느 정도 파악할 수 있게 되었다.

울산 약사동제방의 발굴조사 결과, 통일신라시대의 제방 축조공정과 토목공법을 어느 정도 이해할 수 있었는데, 그 특징은 다음과 같다. 제방은 넓은 가경지가 있는 상부의 개석곡 양안의 가장 가까운 두 구릉을 연결하여 수량이 풍부한 하천을 가로막은 형태이다. 제체의 단면을 사다리꼴로 구축하면서 담수압과 침투수 등에 견고하게 견딜 수 있고, 지반 누수를 방지하기 위해 연약지반인 풍화토와 퇴적토를 제거하고, 불투수성인 실트토를 바닥과 제체 중간에 성토하였다. 그리고 조개껍질을 사용하여 흙과의 결합력을 높이고, 경화작용을 하여 제체 내면으로의 침투수가 발생하지 않도록 하였다. 그리고 다른 성토층과의 접착력을 높여 층을 일체화시키고 횡압력을 견디는 강도를 높이기 위해 점질토로 볼록한 심을 조성한 축을 만들었고, 담수지 성토부에 잎이 달린 소나무를 깐 부엽공법 등 다양한 토목기술이 확인되었다.

물을 담수하기 위해 양쪽 곡부를 연결하여 만든 제방은 대부분 직선을 이루지만, 제방이 설치되는 지형의 조건에 따라 호선형이나 반원형일 가능성도 있다. 제방이 축조되는 지형이 비교적 경사가 심하거나 면적이 좁을 경우, 제방이 직선을 이룰 가능성이 높지만, 상주 공검지와 같이 제방이 설치될 지형의 경사가 완만하지만, 담수량을 최대한 높이기 위해서는 예측한 제방의 높이에 따라 제방의 평면이 호선을 이루는 경우도 있을 수 있다. 물을 담수하기 위한 제방은 물을 최대한 담수할 수 있으면서도 제방 축조에 들어가는 흙의 양과 노동력을 최소화 할 수 있는 지점을 선택하였다. 즉 상류에 비교적 넓은 곡부가 있으면서도 담수로 사라지는 가경지와 취락의 면적이 적고, 하부에 좁은 곡부가 형성되었고, 그 아래에 가경지가 넓게 펼쳐져 있고, 거주 인구수의 밀도가 높은 인문·자연지리적 환경을 갖춘 곳에 제방 즉 댐이 설치되었다. 그 대표적인 사례가 울산 약사동제방과 상주 공검지 제방이다.

하천의 범람을 방지하기 위한 제방은 하천의 유로를 따라 제방이 설치되기보다는 범람으로부터 경작지 및 취락 등을 안정적으로 보호할 수 있는 가장 적절하면서도 범람의 물줄기를 효과적으로 차단할 수 있는 지형에 위치하므로 제방이 설치된 지형적 조건에 따라 제방의 평면형태는 다양할 수 있다. 범람을 방어할 수 있는 제방은 물줄기의 중심을 차단하기 위해서는 가장 집중된 부분에 물이 부딪혀서 수압을 감소시키고 분산시키는 역할을 할 수 있도록 하여야 한다. 그러기 위해서는 물의 흐름에 견딜 수 있도록 제방의 형태를 고려하여야 하는데, 효과적인 것은 제방의 중심을 들어가게 하면 물의 중심이 오목한 곳으로 몰리게 되어 수압으로부터 제방이 쉽게 붕괴할 수 있는 단점이 있으므로 그 반대의 형태, 즉 물길이 세고 중심인 부위의 제방을 볼록렌즈 형태로 만드는 것이 효과적이다.

삼국시대에 축조된 것으로 파악하고 있는 함안 가야리 제방유적의 제방은 범람으로부터

그림 6-19 상주 공검지 위치와 부엽층 및 토층

보호해야 할 제내지를 일직선상으로 설치하지 않고 수압이 가장 강하게 미치는, 즉 하천이 범람하면, 물줄기가 밀려들어오는 부분인 제방의 중앙부를 제외지쪽으로 튀어나오게 하여 전체 평면형태가 호선을 이루는데, 이는 범람의 물길을 효과적으로 차단하기 위한 것이다.

방조제도 설치할 곳의 지형이나 밀물에 의한 수압과 보호해야 할 면적 등에 따라 제방의 평면형태가 다양할 수 있는데, 직선이거나 바다쪽이 돌출한 형태가 많을 가능성이 있다(이보경 2014). 김제 벽골제의 방조제는 평면형태가 직선이다.

제방의 축조 공정은 제방이 축조된 시기와 지형 조건, 제방의 규모 및 기능 등에 따라 제방마다 차이가 있지만, 최근에 조사된 울산 약사동 제방유적의 분석에 의하면 대체로 기반 가공 → 지반 보강 → 기초부 조성 → 제체 조성 → 방수시설 조성 → 피복 및 호안 조성 등의 6단계 공정으로 이루어졌다(이보경 2011).

기반 가공이란 원지형의 지표면을 제거하고, 계단상으로 절토하였는데, 지표면은 오염되어 지반이 약하기 때문에 제거하고, 지반과 성토부 접착 부분의 마찰력이 높아져 흙이 흘러내리지 않고 접착력을 높이기 위한 공법으로서 현대의 층따기 공법과 일맥상통한다. 지반 조성에는 점질성의 실트토를 두껍게 성토하였다. 지방 조성에 실트토를 두껍게 성토한 것은 지반에서 발생하는 지하수가 제체 내로 침투하는 것을 차단하기 위한 것이지만, 실트토는 물기가 줄어들면 딱딱하게 굳고 갈라져 접착력이 현저하게 낮아지고, 물기가 많으면 하중에 약해져 하중이 약한 곳으로 밀려나가는 결함이 있다. 이런 실트토를 물기가 많은 지반 위에 성토한 것은 지하수가 제체 내로 침투하는 것을 방지할뿐만 아니라 제내지 쪽에서 제체로 스며들어오는 침투수를 머금게 하여 침투수가 한 곳으로 몰리지 않고 속도를 줄여 제체가 무너지지 않게 하는 토목공법이다. 상주 공검지의 남동단 제방의 지반은 사질토+모래+각력을 1.5m정도 두텁게 성토하였고, 그 위에 3~5겹의 나뭇가지를 깔았고, 제방의 바깥쪽 부위에는 목재를 설치하였다.

그리고 약사동 제방에는 지반 성토를 한 실트토의 일부를 되파기 하고 그 내부에 토심을 만들어 지면을 요철상으로 만들었다. 평탄한 기초부 위에 성토를 하면, 횡압에 차이가 나 압이 약한 쪽으로 흙이 밀리게 되어 제체가 불안정할 우려가 있으므로 이를 방지하기 위해 토심을 만들어 흙의 움직임을 최소화하여 제체의 안정을 도모하기 위한 공법이다. 제내지 안쪽에 패각이 깔려 있는데, 제체와의 결합력을 높여 기초부가 견고해지는 것을 도모함과 동시에 패각은 칼슘성분이 많아 물기가 있으면, 단단하게 응고할뿐만 아니라 칼슘성분이 주위에도 영향을 미쳐 흙을 단단하게 만들어 방수의 효과를 올리기 위한 공법이다.

지반의 기초부를 조성한 위에 본격적인 제방 성토를 만들었는데, 하부에 자갈이 들어간 실트토와 나뭇가지를 반복해서 성토하였는데, 부엽공법을 적용하였다. 부엽공법은 성토재간의 유동성을 낮추고, 접착력을 높이는 기능과 함께 침출수가 한 곳에 모이지 않고, 나뭇가지 사이의 틈으로 배출되어 제체가 붕괴되지 않도록 하기 위한 것이다. 부엽공법을 실시한 상부는 규모가 작은 반구상의 성토단위를 제내지에서 제외지 방향으로 덧붙여 성토하였다. 제내지 쪽에는 자갈이 들어있는 사질토 위주로 성토하고, 제외지 쪽으로는 자갈이 들어있는 실트토를 성토하였다.

제내지에 담수한 저수량이 많아지거나 많은 물이 일시에 증가하였을 때, 제외지로 물을 방류하기 위한 시설은 확인되지 않았다. 집중 호우 등에 의해 담수지에서 적정량 이상의 여수가 발생하였을 때, 여수를 방출하는 여수로는 확실하게 확인되지 않았지만, 동쪽 가장자리인 구릉과 제체가 접하는 곳에 봉적층을 굴착한 단면 역사다리꼴의 구가 확인되었는데, 이 구가 여수로일 가능성이 있다

약사동 제방에서 확인된 토목공법은 원삼국·삼국시대의 제방과 고총분구·토성 등의 토목공법을 계승 발전한 토목기술로서 통일신라시대 관방시설의 하나인 토성의 축성에도

구현되었고, 와즙 건물지의 기초 또는 석탑의 기단조성에도 응용되었을 것으로 추정된다. 향후 통일신라시대의 토목기술의 복원에 주요한 기초자료가 될 것으로 기대된다.

6. 고분 조영의 토목기술

통일신라시대의 묘제는 횡혈식석실묘·횡구식석실묘·수혈식석곽묘·토광묘·화장묘 등 다양하며, 모두 지형의 일부를 변경해서 조성한 공통점이 있지만, 규모가 작은 고분은 지하에 매장주체시설을 설치하고 상부에 간단하게 성토를 하여 봉분을 조성하였지만, 오랜 세월이 지나면서 봉토가 유실되어 봉분이 남아 있지 않은 예가 대부분이거나 지상에 봉분을 아예 조성하지 않았다. 그러나 규모가 큰 횡혈식석실묘와 횡구식석실묘는 지상에 매장주체시설을 구축하고, 이 매장주체시설을 보호하고, 시각적 과시성을 높이기 위한 봉분을 조성하였다. 특히 왕경 주위의 산록에 조영된 전칭 왕릉과 귀족묘와 지방 지배층의 고분들은 자연 지형의 삭평과 평탄 작업과 봉분을 조성한 토목사업이 전개되었다.

통일신라 왕릉 중 감포의 대왕암을 제외하면, 피장자의 신분이 확인된 왕릉은 현재 안강 육통리의 1기를 제외하면 없다. 현재 육통리에 소재한 흥덕왕릉만 왕릉명과 피장자가 동일하고, 그 외의 왕릉은 주인공을 알 수 없는 소위 전칭 왕릉으로 보아야 한다. 근년에 들어 묘역 형식 또는 『삼국사기』 본기와 『삼국유사』 왕력편의 왕릉 장지와 사찰의 기사를 토대로 사찰의 위치 비정을 통해 통일신라 왕릉을 비정하는 연구가 제시되기도 하였다(이근직 2012; 김용성·강재현 2012).

그런데 묘역 형식을 중국 당나라 황제릉의 묘역 형식의 연구를 차용하여 통일신라 왕릉에 적용하거나(김용성·강재현 2012) 발굴조사를 통해 사찰의 소재가 확인되지 않는 다수의 왕릉을 비정한 문제점이 노정되기도 하였다. 그리고 왕릉의 봉분 형태와 묘역 장식물의 배치 등을 분석하여 왕릉을 비정하기도 하였는데(이재중 1996), 통일신라 왕릉은 통일신라 당대에 수즙이나 보수 정비가 이루어졌거나 후대에 보수 정비가 이루어져 조영 당시의 모습을 간직하지 않은 왕릉도 일부 있으므로 현재의 형태를 근거로 왕릉을 비정하는 시도가 별로 의미없는 작업일 수도 있다.

왕릉의 주인공을 비정하기 어렵지만, 왕릉 또는 왕릉과 유사한 형식을 지니고 있는 고분의 조영 방식, 묘역 정지와 봉분 조성 방식과 기술 등은 어느 정도 검토가 가능하다. 왕경과 주위에서 발굴조사가 된 전칭 왕릉으로는 전헌강왕릉 1기뿐이고, 신당리 1호분·황성동·용강동고분 등이 있다. 지방의 고분으로는 김해 전유하리고분, 합천 옥전 28호분, 창녕 계성 Ⅲ지구 2호분, 영동 가곡리고분 등이 조사가 되었다.

왕경에는 6세기 전반까지 크고 작은 적석목곽묘가 경주 분지의 평지 일대에 집중적으로 조영되었다. 적석목곽묘는 매장주체시설이 지상에 조영되었고, 목곽 사방과 상부에는 적석이 이루어졌는데, 상부의 적석층 두께는 두텁지 않다. 적석부를 감싸는 봉분의 규모가 직경 80m, 높이 약 20m에 이르는 초대형 적석목곽묘와 대·소형의 적석목곽묘 조영에는 엄청난 양의 흙이 소모되었다.

적석목곽묘의 봉분 조성에 사용된 흙의 채취장으로서 왕경의 발굴조사에서 확인된 부정형 수혈을 대상으로 설정하기도 하지만, 부정형 수혈의 조성 시기가 대부분 6세기 후반 이후로서 시기 차이가 있을 뿐만 아니라 이 수혈들은 가옥의 담장이나 벽과 대지 등을 조성하는데 필요한 흙을 채취하여 만들어졌을 가능성이 있다. 그리고 부정형 수혈의 규모나 깊이 등으로 볼 때, 이곳에서 토취한 양으로는 절대 부족하므로 다른 곳으로부터 토취하였을 가능성을 고려해야 하는데, 남쪽과 북쪽, 서쪽 모두 하천이 흐르고 있어 강 건너로부터 흙을 채취하여 운반해 오기는 어려웠을 것이다. 거리도 가깝고, 하천을 건너지 않고도 토취가 가능한 대상지는 낭산이다. 낭산의 북서쪽 자락이 적석목곽묘의 봉분을 조성한 흙의 공급원이었을 것으로 추정된다.

그런데 법흥왕부터 왕릉을 서천 건너편의 산록으로 이동하면서 능원구역에서 적석목곽묘의 조영이 점점 감소하여 적석목곽묘 조영에 소모되는 흙의 양도 감소하였다. 그리고 황룡사지 일대를 대상으로 계획도시가 조영되면서 계획도시 조성 대상지를 매립하고 평탄대지를 조성하기 위해 많은 흙이 필요하였다. 계획도시의 지반조성에 소모된 흙은 이전의 적석목곽묘의 조성에 사용한 흙으로 대체되었을 것으로 추정된다.

추정 왕릉은 왕경 주위의 산록으로 이동하면서 이전 시기까지만 해도 수십기의 고분이 한 곳에 군을 이루던 형태에서 1기 내지 3~5기가 구릉 능선에 일렬로 배치된 형태로 변화한다. 이 변화와 더불어 지형을 삭평하고 성토하여 묘역을 조성하는 등 지형의 변경을 수반한 토목공사가 실시되었다(곽종철 외 2014). 특히 7세기 말부터는 전칭 왕릉이 1곳에 1기씩 독립해 위치하면서 넓은 묘역을 조성하였는데, 대표적인 예가 경주시 배반동에 위치한 전신문왕릉이다.

전신문왕릉의 묘역은 현재 35,283m²로서 상당히 넓고, 평탄면이 상당부분이다. 이 묘역의 면적 전체가 전신문왕릉 조영 당시의 모습 그대로라고 확신하기 어렵지만, 왕릉이 위치한 곳이 낭산의 남서쪽 구릉 말단부의 경사가 완만한 지형이다. 상대적인 평탄면이 넓어도 현재의 평탄면만큼 되지는 않았을 것이므로 현재의 평탄 면적을 조성하려면 적어도 꽤 넓은 면적에 대해 지형 삭평과 성토를 통한 평탄 대지 조성을 위한 토목공사가 실시되었을 가능성이 있다. 평탄 대지 조성을 위한 토목공사와 더불어 지상

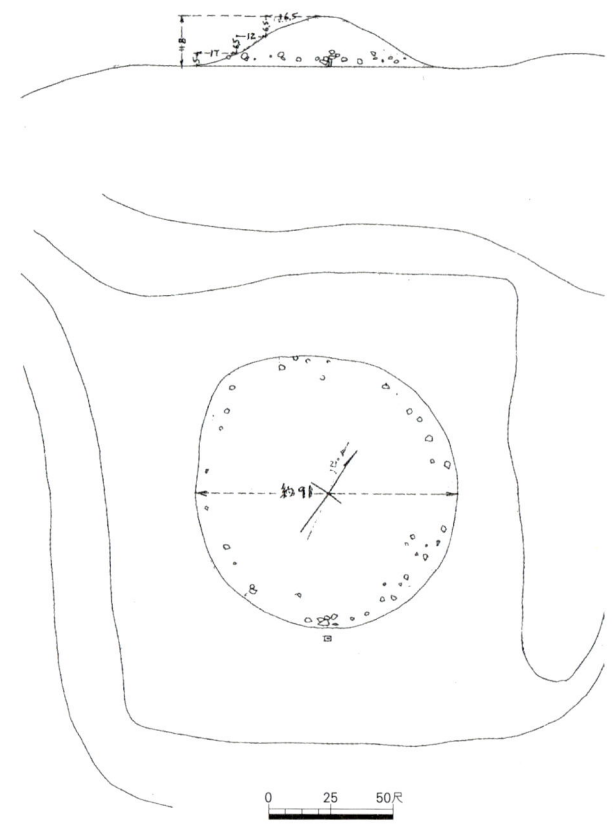

그림 6-20 경주 선덕여왕릉 묘역 평면도

에 매장주체시설의 구축과 봉분 조성을 위한 토목공사도 이루어졌다. 전신문왕릉과 유사한 입지와 형태를 보이는 사례로는 전효소왕릉·전신덕왕릉·흥덕왕릉·전경덕왕릉 등이 있다. 통일신라의 전칭 왕릉 중 일부는 봉분 앞쪽에 석상·석인·석수·묘비 등을 배치하여 묘역을 장엄하게 장식하기 위한 넓은 공간이 요구되었다.

전신문왕릉에 대한 조사가 이루어지지 않아 봉분 조성에 적용된 토목공법의 특징을 알기 어렵다. 왕릉은 아니지만, 통일신라시대 고분의 조성 방식을 어느 정도 파악할 수 있는 고분은 발굴조사가 이루어진 경주 신당리 1호분이다.

신당리 1호분은 동북에서 서남으로 완만하게 뻗어내린 해발 50m 지점에 위치한다. 동북에서 서남으로 뻗은 구릉의 남쪽 경사면을 절개하고, 정지하여 묘역과 봉분 기초를 조성하였다. 즉 북쪽 구릉 사면을 'ㄴ'자 형태로 지형을 삭평하면서 생토층을 원형으로 깎아 봉분의 하부를 만들고, 지면이 낮은 동쪽은 성토하여 평탄면을 조성하였다. 봉분의 기저부

규모는 남북 14.7m, 잔존 높이 3.5m이다. 구릉을 절개한 북쪽 법면은 수직이 아니고 경사지고, 석축을 하여 법면이 유실되는 것을 방지하고, 석축 앞쪽 바닥면에는 석축열을 따라 동서 방향으로 배수구를 설치하여 우수가 봉분에 영향을 미치지 않도록 좌우로 배출하였다. 석축 생토를 깎아 만든 봉분 하부 중앙부에 'ㄷ'형의 수혈을 굴착하고 내부에 횡혈식석실의 매장주체시설을 설치하고, 상부에 봉분을 조성하였는데, 전체 공정은 6단계로 구분된다.

1단계는 북쪽에서 남쪽으로 경사진 구릉 사면을 'ㄴ'모양으로 지형을 절개하고, 지면이 낮은 동쪽은 절개 시 나온 흙을 성토하여 전체 묘역을 조성하고, 봉분이 위치할 부분은 생토면을 볼록렌즈 모양으로 정지하여 봉분 기초부를 만들었다. 즉 지반을 삭평하되 봉분을 조성할 부분은 수평으로 깎지 않고 구지표면을 제거하면서 경사면의 경사도를 살려서 지면이 높은 서-북서-북쪽은 볼록하게 만들어 묘역과 봉분의 기초부를 조성하였다.

2단계는 구릉을 절개한 법면에 붙여서 석축을 설치하였다. 법면에 석축을 설치한 목적은 절개면이 무너지거나 침식되지 않도록 하기 위한 것이다. 석축은 하부만 잔존하고, 상부는 무너져 내렸는데, 5단 잔존한다. 석축에 사용된 석재는 30~100cm 정도 크기의 화강암 할석이다. 보고서 도면에 의하면(계림문화재연구원 2013), 절개면의 식축된 부분은 수직을 이

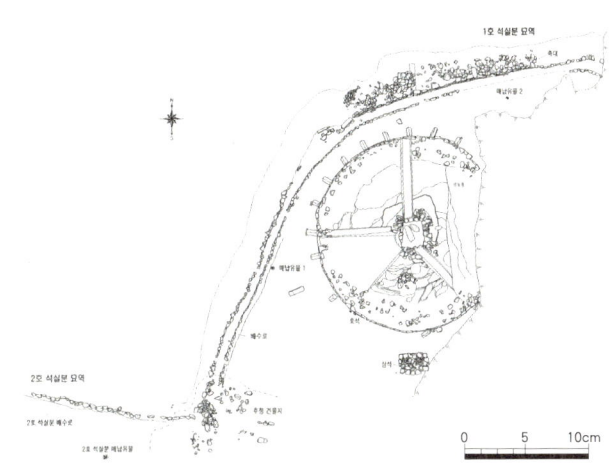

그림 6-21 경주 신당리 1호분 전체 평면도

그림 6-22 경주 소현리고분 전경

루지만, 석축 상부에 석재들이 흩어져 있는 부분은 경사를 이루는데, 보고서의 묘역 조성 모식도에는 절개면을 거의 수직에 가깝게 굴착하고, 하부에만 석축을 한 것으로 표현하였다. 조사된 내용과 잔존 양상 등을 검토하면, 구릉을 수직으로 절개하지 않고, 상부는 경사지고, 하부는 수직으로 절개하고, 수직으로 절개한 법면은 석축을 하고, 경사진 상부 법면은 즙석한 것으로 추정된다.

수직으로 절개한 하부 법면에만 석축을 하고, 상부 법면은 절개 상태 그대로 두면, 우수나 자연적인 요인 등에 의해 침식이나 토사 유출 등으로 석축이 붕괴될 가능성이 있다. 보고서의 석축 윗부분에 표현된 할석들의 단면이 경사를 이루고 있는데, 이 할석들이 경사진 법면에 부석하여 법면의 침식이나 붕괴를 방지한 역할을 하였다.

석축 앞쪽에는 절개면 위에서 내려오는 우수와 침출수가 봉분과 평탄한 묘역으로 흘러가지 않도록 동-서 방향으로 석축 배수구를 설치하여 배출하였다. 배수구 앞쪽의 동쪽과 서쪽에 각각 수혈을 파고 유개합을 매납하였다.

3단계는 봉분 하부와 매장주체시설을 설치하기 위한 기초 공정을 하였다. 지면이 높은 남-북서-북쪽은 생토면을 볼록렌즈 모양으로 만든 봉분 기초를 세부 조정하고, 중앙부에 'ㄷ'모양의 묘광을 조성하였다. 생토면의 볼록렌즈 모양의 봉분 가장자리에 270cm 간격으로 생토를 'Ω'자 모양의 홈을 만들었다. 'Ω'모양의 홈은 4곳에서 확인되었는데, 성토 봉분을 제거하지 않은 서쪽에도 있었을 것으로 추정된다. 보고서에는 이 'Ω'모양의 홈을 전체 평면도에만 표현하였고, 세부 내용과 규격 등에 대한 설명과 자료는 제시하지 않았다. 평면도에 표현된 크기는 대략 좌우 직경은 30~40cm, 전후 직경은 20cm, 깊이는 30cm 이상으로 추정된다. 이 'Ω'모양의 홈에는 실트토가 채워져 있었다. 생토면 가장자리에 일정 간격으로 홈을 만들고 홈에 실트토의 토심을 만들어 생토와 성토가 분리되지 않게 한 기능을 한 공법으로 추정된다.

4단계는 묘광 내에 할석을 사용하여 석실 하부를 구축하였다. 석실을 구축하면서 벽체 뒷쪽과 묘광 사이에는 점성이 있는 사질토를 채워 넣었다. 생토로 이루어진 봉분은 전체 봉분 직경보다 규모가 작은데, 생토 봉분에서 성토 봉분까지의 간격이 160cm이다. 즉 성토 봉분에서 안쪽으로 160cm 되는 지점에 생토 봉분이 위치하고, 성토 봉분과 생토 봉분의 경계를 이룬 생토 봉분에 'Ω'자 모양의 홈이 일정 간격으로 배치되었다.

생토 봉분에서 바깥쪽으로 160cm정도 이격된 지점 사이에는 사질점토를 점토괴 또는 점토띠상으로 성토를 하고, 외측에는 정연하게 가공한 장방형의 화강암을 4단 쌓아 호석을 만들었다. 성토한 사질점토가 'Ω'자 모양의 홈에 들어있는데, 이는 성토한 봉분이 생토 봉분과 떨어지지 않도록 잡아주는 기능을 하였다. 상대적으로 지면이 낮은 동쪽과 남쪽은 봉분을 성토하였는데, 벽체를 구축하면서 바깥쪽에 상사향으로 얇은 띠상으로 성토하였다. 성토 경사는 10~15° 내외이다.

호석 외측에는 호석 지지석을 120~170cm 간격으로 모두 24개를 경사지게 설치하였다. 지지석의 크기는 길이 110~130cm, 너비 29~31cm, 두께 27~30cm이고, 단면 형태가 삼각형이다. 지대석의 하단은 호석으로부터 33~60cm이고, 각도는 60° 정도이다. 지지석 상단은 호석의 4단에 밀착하였고, 하단은 지면에 작은 할석을 놓고 그 위에 놓았다.

5단계는 석실 상부와 이를 피복하는 봉분을 성토하였다. 봉분은 석실의 벽체 구축 높이에 대응해서 일정 두께로 성토하면서 성토 범위를 확대하였다. 개석을 설치할 때까지의 성토 범위가 봉분 직경의 1/2 정도이다. 성토는 두께가 얇은 점토괴를 상사향으로 성토하였다.

6단계는 개석 설치와 병행해서 성토한 봉분 외측에 성토를 하여 봉분을 완성하였다. 이 단계는 2차례의 봉분 성토가 이루어졌다.

신당리 1호분과 유사하게 구릉을 절개하고 평탄한 지형을 조성하고, 낮은 곳은 성토하여 묘역을 조성한 예로는 전민애왕릉·전헌강왕릉·전정강왕릉·소현리고분 등이 있다. 신당리 1호분과 유사한 지형과 묘역 형식을 보이는 위의 고분들의 구축 과정과 토목공법은 유사하였을 것으로 추정된다.

경주 용강동고분은 석실을 감싸는 내호석과 봉분 외측에 외호석이 설치되었다(文化財硏究所 慶州古蹟發掘調査團 1990). 내호석은 석실 벽체 하부 구축에 병행해서 상사향식으로 성토하면서 설치하였는데. 수직으로 쌓지 않고 약간 안쪽으로 경사지게 쌓았다. 이는 벽체와 성토한 봉분이 외측으로 밀리는 것을 내호석이 지탱을 해주는 역할을 한다. 내호석 외측에는 상사향식으로 봉분을 성토하였다. 석실 상부를 구축하면서 봉분은 당초 설계한 범위까지 성토하면서 외호석을 설치하여 봉분 외연을 조성하였다.

신당리 1호분과 용강동고분

그림 6-23 **경주 용강동 고분**

그림 6-24 남양주 대평리 1호분

의 사례를 볼 때, 통일신라의 왕릉과 귀족들의 고분은 석실의 구축에 대응해서 봉분을 내측에서 외측으로 확대해가는 봉분 확대형의 토목 기술을 구사하였음을 알 수 있다.

앞의 사례와는 달리 왕경내의 삼국시대에 조영된 적석목곽묘의 능원구역과 외곽의 평탄지에 조영한 고분도 존재하는데, 노동동의 쌍상총과 마총, 황성동 906-5번지 석실분과 용강동고분 등이 해당한다. 쌍쌍총과 마총은 매장주체시설인 석실 내부만 조사되어 지형 개변의 유무는 확인되지 않았지만, 인접한 곳에 조영된 금관총의 발굴조사 결과를 참고하면, 오염된 구지표면 제거 정도의 대지 조성을 위한 토목공사가 이루어졌을 것으로 추정된다. 외곽 평지에 위치한 황성동 906-5번지 석실과 용강동고분 등도 오염되어 연약한 지표면을 제거한 수준의 대지 조성 공사가 이루어져 산록에 조영된 전칭왕릉 또는 고분과 달리 묘역을 조성하기 위한 토목공사는 거의 이루어지지 않았다.

지방의 고분은 왕경과 유사하게 구릉 말단부에 위치하거나 또는 앞 시기의 지형 전통을 계승하여 구릉 사면의 돌출부에 위치한 예로 구분된다. 신라의 삼국통일 전후의 7세기 후반부터 8세기 전반의 지방 고분은 구릉 경사면 중에 돌출부를 선정하여 조성하였고, 수기 또는 수십여 기가 군을 이루어 분포하였다. 구릉 경사면의 돌출부를 이용하였기 때문에 대대적인 지형의 변경을 수반할 정도의 토목공사는 이루어지지 않았고, 봉분 후면부의 주구 굴착과 부식된 표토를 제거하는 정도의 토목기술이 이루어졌다. 김해 유하리 전왕릉과 합천 옥전 28호분, 저포 E지구 25호분 등이 이에 해당한다.

통일 이전의 신라 횡혈식석실묘의 봉분은 석실 구축과 동시에 봉분을 조성하였는데, 봉분의 심부를 조성한 후, 봉분의 심부를 수차례 감싸는 성토를 통해 봉분의 직경을 확장하고, 높이를 높여 완성하였다. 즉 봉분은 매장주체부의 구축과 병행해서 매장주체부의 안정적인 구축을 도모하고, 동시에 봉분의 외연을 확장하고, 높이를 높여가는 '봉분 확대형'이다(홍보식 2012). 심부를 만든 후, 심부 외측을 성토하기 때문에 개별 층이 상사향식(외측에서 심부측으로 경사지는 식)으로 성토하였고, 개별 층의 길이가 짧고, 두께도 매우 얇은 등 전반적으로 정교하고 세밀한 성토가 이루어졌다(홍보식 2012; 곽종철 외 2014).

통일 이전의 봉분을 조성하는 공법은 통일 이후에도 계승되었다. 8세기 후반 이후 횡혈식석실과 횡구식석실의 석실 높이가 높아짐에 따라 봉분의 높이가 높아졌지만, 기저부 직경은 상대적으로 넓어지지 않아 봉분의 법면 경사도가 훨씬 증가하여 40° 내외에 달한다. 봉분의 법면 경사도가 증가됨에 따라 봉분을 조성한 토목기술의 발전도 가져왔다.

경사면에 조영된 고분의 봉분은 지면이 낮은 부위와 높은 부위의 성토 단계와 성토 방식 및 성토재에 차이가 있다. 합천 옥전 28호분은 경사진 구릉 사면에 입지된 횡혈식석실이다(趙榮濟·鄭智善 2011). 옥전 28호분이 위치한 지형은 서쪽이 높고, 동쪽이 낮은데, 낮은 동쪽은 구지표면을 제거한 생토층 위에 성토해서 동쪽을 중심으로 좌우의 봉분 기저부가 조성되었는데, 수평 성토를 하여 석실 바닥면이 조성되었다. 이 단계 이후부터는 석실 구축과 병행해서 봉분이 조성되었는데, 지형이 높은 서쪽과 지형의 경사도가 같은 남쪽과 북쪽은 봉분을 쌓아 올라가면서 봉분 직경이 확장되고 성토 법면의 경사도가 약화되지만, 동쪽은 직경이 줄어들고, 성토 법면의 경사도가 심해지는 차이가 있다. 이러한 봉분 조성은 경사면의 지형을 극복하면서 봉분을 견고하게 조성할 수 있는 토목공법이었다.

홍보식

참고문헌

보고서 및 논저

계림문화재연구원, 2013, 『경주 신당리 산7번지 내 1호 석실분』.
국립경주문화재연구소, 2012, 『慶州 東宮과 月池 Ⅰ』발굴조사보고서.
국립경주문화재연구소, 2012, 『四天王寺-金堂址- Ⅰ』발굴조사보고서.
국립경주문화재연구소, 2012, 『四天王寺-回廊內廓- Ⅱ』발굴조사보고서.
국립경주문화재연구소, 2012, 『四天王寺-回廊外廓- Ⅲ』발굴조사보고서.
국립경주문화재연구소, 2014, 『慶州 東宮과 月池 Ⅱ』발굴조사보고서.
國立慶州文化財硏究所·慶州市, 2005, 『慶州 隍城洞 石室墳-906-5番地』.
동의대학교박물관·김해시, 1996, 『김해 전유하리왕릉』.
文化財管理局 慶州古蹟調査發掘調査團, 1984, 『雁鴨池』.
문화재관리국, 1984, 『황룡사지Ⅰ』.
文化財硏究所·慶州古蹟發掘調査團, 1990, 『慶州龍江洞古墳』發掘調査 報告書.
성림문화재연구원, 2015, 『경주 인왕동 경주중고등학교 진입로개설공사 구간 내 慶州 仁旺洞 王京遺蹟Ⅲ』.
이근직, 2012, 『신라왕릉연구』, 학연문화사.
趙榮濟·鄭智善, 2011, 『陜川 玉田 M28號墳』, 慶尙大學校博物館·陜川郡.
韓國文化財保護財團·(주)영우주택건설, 2005, 『慶州 隍城洞 950-1·7番地 共同住宅 新築敷地 發掘調査 報告書』.
韓國文化財保護財團·慶州市, 2002, 『경주 황성동유적-537-1·10, 537-4·535-8, 544-1·6번지 發掘調査 報告書』.

논문

곽종철 외, 2014, 「신라의 토목」, 『신라고고학개론上』, 중앙문화재연구원 학술총서18.
김용성·강재현, 2012, 「신라왕릉의 새로운 비정」, 『야외고고학』15, 한국문화재조사연구기관협회.

朴方龍, 1995, 「新羅 都城의 交通路」, 『慶州史學』16, 慶州史學會.

서영일, 1999, 『新羅陸上交通路研究』, 단국대학교 박사학위논문.

손정미, 2001, 「慶州 王京의 道路遺構 研究」, 『人類學研究』11.

이병호, 2008, 「泗沘 都城과 慶州 王京의 比較 試論」, 『동아시아 도성과 신라왕경의 비교연구』.

이보경, 2011, 「울산 약사동 제방유적」, 『고대 동북아시아의 水利와 祭祀』, 대한문화유산연구센터.

이보경, 2014, 「貯水池 堤防의 築造工程과 土木技術」, 『水利·土木考古學의 現狀과 課題』, 우리문화재연구원·수리토목연구회.

이재중, 1996, 「통일신라시대 왕릉 앞 석인연구」, 『석오 윤용진교수 정년퇴임기념논총』.

張容碩, 2006, 「新羅 道路의 構造와 性格」, 『嶺南考古學』38, 嶺南考古學會.

張正男, 1995, 『憲康王陵補修收拾調査報告書』, 慶州文化財研究所.

홍보식, 2012, 「횡혈식·횡구식석실분의 봉분 조성 방식 검토」, 『백제와 주변 세계』, 성주탁 교수 추모 논총 간행회.

山本孝文, 2011, 「古代韓半島の道路」, 『古代東アジアの道路と交通』, 勉誠出版.

통일신라고고학개론

07

왕릉과 분묘

- 신라묘에서 통일신라묘로의 전환
- 통일신라의 장법과 묘제
- 지방의 고분
- 화장묘

1. 신라묘에서 통일신라묘로의 전환

1) 적석목곽묘 쇠퇴

현 경주 시가지의 황남동·노서동·노동동 일대에 분포하는 거대한 적석목곽묘는 신라 왕릉 또는 최고 지배층의 무덤으로 5세기 전반에서 6세기 전반까지 1세기 반동안 집중적으로 조영되었다. 규모가 가장 큰 황남대총은 남분과 북분의 2기가 서로 연접된 쌍분이다. 남분과 북분에는 각종 금공품과 유리 목걸이 등 호화로운 유물과 수천여 점에 달하는 많은 양의 토기, 각종 마구류와 무기류·목·칠기류 등이 부장되었다. 황남대총이 상징하듯 적석목곽묘는 신라 왕경의 특수 신분층에 속했던 사람들만이 축조할 수 있었던 폐쇄적인 매장구조로서 왕을 비롯한 중앙의 최고 지배층이 매장되었다. 뿐만 아니라 큰 규모에 호화롭고 엄청나게 많은 유물이 부장되어 그 자체가 숭배의 대상물이 었음을 충분히 웅변한다. 이 거대 고분들은 6세기 전반의 늦은 시기가 되면 규모가 축소되고, 부장품도 감소되고 조영된 수도 현저하게 줄어드는 등 쇠퇴 양상이 현저하다.

그림 7-1　적석목곽묘(경주 황남대총 남분)

　이와 더불어 법흥왕대부터 왕릉이 경주분지의 평지가 아닌 서천(西川) 건너 서악동에 조영되면서, 황남동·노서동 일대에는 왕릉이 조영되지 않는다. 540년 법흥왕의 장지가 경주 시가지의 평지가 아닌 왕경 주위의 산록에 조영된 것을 계기로 이후의 왕릉이 왕경 교외의 산록에 조영되었다. 법흥왕릉이 평지에 조영되지 않고 산록에 조영된 배경은 여러 사회적 요인이 있었겠지만, 법흥왕대부터 경주 시가지의 평지에 대한 도성 조성계획이 시작되고 있었음을 나타낸다.

2) 횡구식·횡혈식석실 수용

왕경에서 적석목곽묘가 쇠퇴하는 6세기 전반의 늦은 시기에 영일·경산 등 왕경 인근 지역에서 횡혈식석실이 조영되기 시작하였고, 곧이어 횡구식석실은 왕경을 제외한 광범위한 지역에서 조영되었다. 횡구식석실은 수혈식석곽의 구조에 횡혈식석실의 장법을 수용하여 입구를 만든 묘제로서 매장시설을 구축한 후 주검 및 부장품의 안치와 추가매장이 되었다. 횡구식석실은 봉분 축조가 종료된 이후 매장이 행해지기 때문에 새로운 장례의식을 수용할 수 있는 묘제를 탄생시켰다는 점에 의의가 있다. 횡구식석실은 5세기 후반에 낙동강 동안지역 수장층의 묘세로 채용되었고, 6세기 전반에 신라 지방의 일반적인 묘제로 정착하

그림 7-2 횡혈식석실의 수용(포항 냉수리고분)

였다. 6세기 후반에 들어와 횡혈식석실이 상위신분의 묘제로 채택되면서 횡구식석실은 하위신분의 묘제가 되고 규모가 축소된다.

횡혈식석실은 신라가 대외로 팽창하면서 정복지역으로부터 수용한 묘제로서 수용 당초에는 중앙 지배층의 특수 묘제인 적석목곽묘와 표형을 이루거나 또는 하나의 봉분에 적석목곽과 횡혈식석실이 배치되었다. 6세기 말이 되면, 정교하게 가공된 화강암으로 묘실을 만들고 벽면에 회 미장을 하고, 두침과 족좌 등이 갖춰진 왕경 지배층을 매장하는 형식의 횡혈식석실이 성립되었다.

횡구식·횡혈식석실이 조영되면서, 고분의 규모가 작아지고, 부장품의 수량도 줄어들었고, 부부 또는 가족을 하나의 석실에 부장하는 신라만의 독특한 매장방식이 유행하면서 무덤은 주검을 안치하는 격납처로서의 의미를 지니게 되었다.

6세기 전반 이후 적석목곽묘가 퇴조하고 횡혈식석실이 수용되는 묘제의 변화가 이루어졌고, 후장이 박장으로 바뀌고, 장지가 평지에서 산자락의 구릉으로 옮겨 가면서 적석목곽묘에 동원된 노동력과 물자를 다른 방향으로 전환할 수 있는 여건을 마련하게 된다. 더 나아가서는 통일전쟁을 수행하기 위한 동력으로 전환되고, 불교사원의 조영으로 숭배의 대상물이 고분에서 사원으로 교체되고, 불교식 장법인 화장이 실시됨으로서 고분은 쇠퇴한다.

2. 통일신라의 장법과 묘제

1) 장법

주검의 처리방식과 매장시설물 등 죽음으로부터 비롯되는 인간의 제행위를 포괄하는 포괄적인 의미의 용어로서 장제(葬制)가 있다. 이 장제는 죽음과 관련된 사회관습 일체를 포괄하는 상징어로서, 시기와 지역, 또는 종족과 사회계급에 따라 매우 다양하게 나타날 수 있다. 통일신라 사회의 장제도 예외는 아니었다. 왕족·귀족·승려, 지방 세력가, 민 등은 각각이 처한 사회적 위치에 의해 장제가 결정될 수 있었으므로, 다양한 모습으로 나타날 가능성이 있다.

장제는 죽음과 관련된 행위 일체를 포괄하는데, 그 안에는 주검을 처리하는 방식, 매장시설 등이 포함된 묘역, 장송의례(주검을 처리할 때 또는 매장할 때, 매장 종료 후에 행해지는 무형의 제행위) 등으로 나누어진다.

장법은 죽음에서 매장시설에 안치하기 이전까지 주검을 처리하는 방식으로서, 여기에는 빈장(殯葬)과 화장이 있다. 『수서』 신라전에 의하면, "신라에는 상을 당하면 1년 동안 빈의 기간을 가진다(王及父母妻子喪 持服一年)"고 기재되어 있다. 이 기록으로 보아 신라에는 빈의 기간이 1년이었음을 알 수 있다. 그런데 모든 사회계급이 1년이란 빈의 기간을 가질 수 있었다기보다 왕과 왕족, 그리고 왕경 귀족들 일부에 한정되었을 것이다.

그리고 『삼국사기』 신라본기와 『삼국유사』 왕력표에는 법흥왕 이후부터 통일신라시대의 왕이 죽은 일시·장지·장법 등이 기재되어 있으나 죽음 이후 어느 정도 기간이 경과된 후에 매장되었는지에 대한 기재가 없어 죽음으로부터 매장까지 어느 정도의 시일이 소요되었는지 확인하기 어렵다. 왕의 장법이 화장으로 기재된 예와 기재되어 있지 않은 예가 있다. 보통 화장은 죽음을 맞이한 후 얼마 있지 않아 주검을 처리하는 예가 보통이므로 『수서』 신라전의 빈 기간에 해당되지 않을 가능성이 높다. 『삼국사기』 신라본기 문무왕조에 의하면 문무왕은 "임종후 열흘 안에 고문(庫門) 밖에서 화장하라(屬纊之後十日, 便於庫門外庭, 依西國之式, 以火燒葬)"라는 유언을 한 것으로 보아 화장의 경우, 임종 후의 짧은 기간 안에 주검이 처리된 것으로 추정된다.

화장을 하지 않고 매장한 경우, 빈의 과정을 거쳤는지는 구체적으로 확인할 수 없지만,

빈의 과정을 거쳤을 가능성이 있고, 그 기간은 『수서』 신라전에 기재된 1년 이상의 기간이었을 가능성이 있다.

묘제는 주검을 안치하는 방식과 도구, 매장시설의 종류와 규모, 봉분 외형과 규모 및 장식, 매장시설을 포괄하는 묘역의 규모와 시설물 등을 포함한다. 시신이 안치된 방식은 주검의 외피시설로서 관이 사용된 예, 주검을 관 없이 안치한 예, 화장한 후 뼈를 바다·강·산야 등에 뿌리는 산골과 용기에 담는 장골 등이 있다. 관이 사용된 경우, 관정과 관고리가 나온 무덤에는 목관이 사용되었지만, 경주 구정동 방형분처럼 석관이 사용된 예도 있다.

이와는 성격이 다르지만, 하나의 매장시설에 2구 이상이 안치된 예도 있는데, 통일신라시대에는 보통 매장에 시차가 있는 추가매장이 행해졌다. 추가매장에는 합장(보통 부부의 2인을 매장)과 가족장이 있다. 왕경의 횡혈식석실에는 2구 또는 3구의 주검이 안치된 예를 확인할 수 있는데, 인골이 잔존된 예가 적고, 있더라도 성별과 연령 분석이 되지 않아 피장자의 구성을 알 수 없는 한계가 있지만, 3구가 매장된 경우 가족장이라기 보다 남편과 제1·2의 부인으로 이루어진 부부장(夫婦葬)일 가능성이 높다. 통일 이전의 무덤에 일부 설치되기 시작한 주검 안치 도구가 통일 이후 그 수가 증가되었다. 대표적인 안치도구로는 시상 위에 기와를 깔기도 하며, 석제 두침과 족좌가 설치되었다.

매장시설로는 횡혈식석실·횡구식석실·목관·토광·장골기 등이 있다. 횡혈식석실과 횡구식석실은 통일기 이전부터 거의 모든 지역과 사회계급에서 사용된 매장시설이었다. 많지는 않지만 토광도 지속되었고, 9세기에 들어오면 일부지역에는 목관도 사용되었다. 통일 전에 소수 조영된 장골기는 통일 이후에 들어오면 양이 증가하다가 8~9세기에 이르면 절정을 맞이한다. 왕경에는 왕을 비롯하여 귀족과 승려 등 특수 신분층에서 화려하게 장식된 토기 또는 중국 도자기가 장골기로 사용된 사례가 증가되었다. 8세기 이후에 지방에도 장골기의 예가 확인되고, 9세기에 이르면 장골기가 군을 이루는 현상도 나타난다.

횡혈식석실과 횡구식석실을 매장시설로 사용한 무덤은 대부분 봉분이 있는데, 왕경에는 직경 10m 이상의 대형 봉분이 많이 분포되었다. 왕릉으로 전해지는 일부 무덤에는 통일 이전에 보이지 않던 묘 장식물이 나타난다. 봉분 기저부에 바깥둘레를 따라 판석을 세우고, 판석과 판석 사이에 탱주를 끼워 넣고 그 위에 갑석을 얹어 호석을 설치하고, 탱주에 12지상이 조각되었다. 무덤 앞쪽에는 석제 귀부를 놓고 그 위에 묘비를 세우기도 하였다. 정교하게 가공된 석재를 사용한 호석, 12지상 조각, 귀부와 묘비 등은 소위 왕릉으로 추정되는 일부 무덤과 전김유신묘 등 극히 일부 무덤에만 나타나는 묘역 장식으로서 통일신라시대의 묘제를 파악함에 있어 중요한 요소이다.

2) 왕의 장제와 장지

현 경주 시가지 주위를 감싸고 있는 산록과 일부 평지에는 '○○왕릉'으로 전해오는 무덤이 다수 있다. 문무왕부터 경순왕에 이르기까지 27왕 가운데 현재 그 주인공으로 추정되는 왕릉은 16개소이다. 전왕릉이 집중되어 있는 곳으로는 선도산 산록의 서악동, 남산 서록 일대, 조양동 일대이다. 서악동에는 태종무열왕릉·전헌안왕릉·전문성왕릉이 있다. 이 서악동 일대는 김씨 왕족의 공동묘지로 추정된다. 남산 서산록 일대에는 전지마왕릉·전일성왕릉, 삼릉(전아달라왕릉·전신덕왕릉·전경명왕릉)·전경애왕릉 등이 소재한다. 이 중 지마왕·일성왕·아달라왕 등은 상고기(上古期)의 왕들이지만, 왕릉의 규모(직경이 14~18m, 높이 3.0~4.7m)와 봉분 형태(원형) 등으로 보아 매장시설이 횡혈식석실로 추정되므로 통일신라시대 무덤이다. 이 전칭 왕릉들의 주인공은 모두 박씨 성이며, 남산 서록 일대는 박씨 왕족들의 묘역으로 추정된다. 이런 정황으로 보아 통일신라시대에는 족단의 묘역이 구분되어 있었던 것으로 추정된다.

『삼국사기』신라본기와『삼국유사』왕력표에는 신라 법흥왕 이후 역대 왕의 몰 연대와 장지가 기록되어 있고, 일부 왕들의 장법과 묘제에 대한 내용도 표현되어 있다. 무열왕부터 경애왕에 이르기까지 왕의 장법과 장지, 기록이 남아 있다.

통일신라시대 왕의 장지 앞에 사찰명이 기재되어 있는데, 사찰이 왕 장지의 위치 표시 기준임을 알 수 있다. 이는 장지와 불교사원이 깊은 관계를 맺고 있었을 것으로 추정되는데, 경명왕의 화장이 황복사에서 행해진 사실이 있는 것으로 보아 일부 왕들의 장례 일부분이 사찰에서 행해졌을 가능성도 있다.

그림 7-3 경주 서악동고분군

통일신라시대 왕들의 장법과 묘제는 매우 다양하다. 문무왕부터 경순왕에 이르기까지 모두 26명의 왕 중 몰 당시 경순은 왕이 아니었고, 난에 의해 살해된 혜공왕이 포함된 4명의 왕 등 5명을 제외한 20명의 왕 중 화장이 된 왕은 문무왕 등 모두 8명이다. 이외에도 왕의 장지가 불교사원 주위로 기재되어 있는 경우, 화장이 되었을 가능성이 있다. 화장된 8건 중 6건은 산골이 되었음이 분명한데, 혜공왕은 장지가 사자사(師子寺) 북이고, 장골을 하였다고 기재되어 있어, 확실한 장골의 예를 보여 준다. 원성왕도 화장을 하였고, 장지가 봉덕사(奉德寺) 남쪽으로 기재되어 있어 장골이 되었을 가능성이 있다. 화장 기록이 없고 장지가 기재된 12명의 왕에 대해서는 명확한 장법이 기록되어 있지 않아 불분명한 점이 있다.

그런데 당시 왕의 장법과 장지가 비교적 자세하게 기록된 점을 미루어 보아 장법과 묘제가 기록되지 않는 왕의 경우, 대부분은 전통적인 장법과 묘제를 따랐을 가능성이 높다. 이 시기의 전통적인 장법은 빈장이고, 묘제는 횡혈식석실이므로 앞의 12명 왕의 장법은 빈장이고, 묘제는 횡혈식석실이었을 가능성이 있다. 전체적으로 보아 화장이 40%, 빈장이 60%이다. 화장을 한 경우 산골의 비율이 높고, 장골은 보편적이지 않았음을 알 수 있다.

왕의 장지의 경우, 산골은 동해와 왕경 주위의 산록에서 행해졌고, 빈장에 의한 매장시설은 왕경 주위에서 행해졌는데, 서천 건너편의 서악동, 남산의 동편과 서편, 조양동지역에 주로 분포되었다. 왕릉은 신문왕릉과 같이 평지에 입지한 예도 있지만, 대부분은 평지에서 구릉이 시작되는 지점에 입지하였다. 중고기 왕의 장지가 대부분 불교사원 뒤 봉우리로 기재된 것과는 달리 사찰을 기준하여 방위를 표시한 점이 특징이다. 그리고 전진흥·전진지·전문성·전헌안왕릉 등 4기는 서악동의 한 산록에 밀집되어 있으나, 그 외의 왕릉들은 각각 1기씩만 입지된 특징이 있다. 5~6세기 경주 시내의 평지에 밀집된 적석목곽묘와는 현격한 차이를 보인다(홍보식 2004a).

3) 능묘 석각

통일신라시대의 일부 전칭왕릉과 전김유신묘 등은 능을 장엄하게 보이고, 왕릉을 호위하는 한편 왕릉에서 거행되는 의식과 관련된 상징적 석조 조각품을 설치하거나 배치하였는데, 이들을 총칭하여 능묘석각(陵墓石刻, 또는 능묘석물·외호석물·묘식석물·묘의석물 등으로도 불림)이라 한다. 능묘 석각에는 봉분 기저부 표면을 감싸는 치석한 화강암을 벽돌같이 수직으로 쌓고 그 위에 갑석을 올리거나 또는 판석과 판석 사이에 12지상이 조각된 탱주(撑柱)를 배치하고 그 위에 갑석을 올린 호석, 능묘의 봉분 자락 가까이에 설치하여 제수를 진설하고 능묘의 정면을 결정짓는 석상(石

그림 7-4 경주 전김유신묘 출토 12지상(좌: 말, 우: 토끼)

床), 호석과 상석 사이의 공간에 능을 일주하는 난간, 릉에서 다소 거리를 둔 4모서리 또는 앞쪽 좌우측에 배치한 석사자상, 능 앞쪽 좌우에 세운 문인(文人)·무인(武人)·위졸(衛卒) 등의 석인상, 사자상과 석인상의 앞쪽인 능의 입구에 세워 능임을 알리는 화표석(華表石), 능의 앞쪽에서 어느 정도 이격된 거리의 약간 동쪽으로 치우친 곳에 세운 묘비 등이 있다.

위의 능묘석각을 모두 갖춘 능은 전성덕왕릉·전원성왕릉·전헌덕왕릉·흥덕왕릉 등 4기뿐이고, 대부분의 능은 석각의 일부만이 설치되었다. 능묘석각이 처음 설치된 능은 서악동의 태종무열왕릉으로서 능 앞에 상석이 설치되고, 입구에 귀부와 이수가 있는 묘비가 설치되었다. 이후 치석한 석재로 호석을 쌓거나 상석을 설치하였다. 능묘석각이 완비된 최초의 능은 전성덕왕릉이다. 성덕왕은 737년에 몰하였는데, 이 능의 주인공이 성덕왕이라면, 통일신라에 능묘석각이 완성된 시기는 8세기 전반이다. 능 주위에 석각물을 설치한 것은 중국 한(漢)대부터이고, 완비된 것은 당(唐)대이다. 당 황제릉의 능침제도(陵寢制度)를 통일신라가 수용하여 성립하였는데, 신라와 당의 교섭이 활발하던 7세기 중엽부터 수용되고, 당과 신라가 가장 활발한 교섭을 한 성덕왕대에 당 황제릉의 능침제를 수용하였고, 9세기 전반까지 일부 능에 능침제에 입각한 석각을 설치하였다고 보여진다.

12지상은 통일신라의 전왕릉과 일부 고분의 봉분 바깥측의 지하에 판 수혈에 개체로서 부장된 것, 기지부를 감싸고 있는 호석에 조각되어 있는 것, 화장묘의 부장품으로 부장된 것, 고분의 석실 내부에 부장된 것 등이 있다.

　석실 내의 부장품으로 부장된 12지상은 용강동고분에서 출토한 청동 12지상이다. 이 청동 12지상은 도굴에 의해 일부가 소실되었지만, 통일신라 고분에서 석실 내의 부장품으로 부장된 유일한 사례이다. 12지상이 고분의 부장품으로 부장한 사례들은 중국의 수와 당나라 시기의 고분에 다수 알려져 있는데, 용강동고분에는 중국 당나라 복식과 헤어스타일을 한 토용과 더불어 12지상이 부장되어 중국 당나라 매장문화의 일부가 수용되었음을 나타낸다.

　봉분 호석 바깥측의 수혈에서 출토한 12지상의 사례로는 전민애왕릉·전김유신묘·소현리고분 등 현재까지 3기가 알려져 있고, 모두 납석제이다. 전민애왕릉 출토 12지상은 자·축·유·해 등 4점인데, 방위에 따라 각각 부장하였는지 알 수 없다. 소현리고분에는 정남에 말상, 정동에 토끼상을 매납하였다.

　호석은 판석, 판석과 판석 사이에 끼워있는 탱주, 그위를 덮고 있는 갑석으로 이루어져 있는데, 12지상은 탱주에 양각되어 있다. 12지상은 수신수수(獸身獸首)와 인신수수(人身獸首), 인신인수(人身人首)의 형태가 있다. 12지상을 봉분 기저부에 조각하는 것은 중국 당나라 매장 문화의 영향으로 생각되어 왔다(西島定生 1978). 신라에서 가장 빠른 12지상을 전성덕왕릉의 호석에 조각된 것으로 보고, 전진덕왕릉의 호석에 조각된 12지상과 전김유신묘 부근에서 출토된 12지상은 성덕왕릉의 것보다 늦은 것으로 보아 신라에서 12지상의 등장을 8세기 전반(738년 이후)으로 보기도 하였다(齊藤忠 1969). 또 12지용이 명기로 제작되어 사신과 연관을 가지며 묘안에 배치되는 것은 당 중기(8세기 전·중엽)이며, 8세기 중엽경에 당나라풍인 12지용이 채용되고 바로 뒤이어 통일신라화 되면서 신장상의 성격을 띠고 무덤 안쪽에서 바깥쪽으로, 명기에서 조각품으로 이행하는 것으로 보기도 하였다(정준기 2003).

　현재까지 확인된 12지상은 모두 경주와 그 인근에 소재하는 전왕릉의 호석 또는 부장품으로 출토되었다. 12지상의 모습은 모두 인신수수이며, 평복을 착용한 예와 갑옷을 착용한 예로 구분되고, 갑옷을 착용한 12지상은 신장상이다. 부장품중 전김유신묘 주위에서 출토된 납석제 12지상을 제외한 12지상은 평복을 착용하였고, 호석에 조각된 12지상은 몇 예를 제외하고는 모두 신장상이다.

　전김유신묘와 구정동 방형분의 호석에 조각된 12지상은 평복을 착용하고, 그 이외의 전왕릉의 12지상은 신장상이다. 평복에서 신장상으로의 변화를 고려하면, 전김유신묘와 구정동 방형분이 빠르다고 할 수 있지만 꼭 일률적이지는 않으며, 병존하는 모습이다. 그러면 신라에 12지상이 수용되는 시기가 언제인가? 전진덕왕릉(653년 몰), 김유신(673년 몰)묘, 문무왕(680년 몰)의 화장터인 능지탑 등이 있는데, 현재 추정되고 있는 왕릉의 주인공에 따르면, 7세기 중엽에서 후반대에 이미 무덤의 호석에 12지상이 조각된 것으로 된다. 전진덕왕릉·능지탑·전김유신묘 부근 출토 납석제에 조각된 12지상은 갑옷을 착용한 신장상이고, 전김유신묘의 호석에 조각된 12지상은 평복모습이다. 이에 의하면 6세기 후반에 이미 신라에는 평복 또는 신장상의 12지상이 능묘의 호석에 조각되었다고 할 수 있다. 그런데 12지상을 분묘에 표현하는 습속이 중국으로부터 수용되었다면, 중국에서의 12지상의 출현과 변화를 주목할 필요가 있다.

　니시지마 사다오[西島定生]의 연구에 의하면, 중국에는 6세기 말~7세기 초의 수대 묘지석에 12지상이 새겨져 있는데, 12지상 단독 또는 사신도, 팔괘(八卦)가 같이 표현되어 있고, 모두 수신수수의 모습이다. 니시지마의 연구를 중시한다면, 7세기에 12지상이 신라에 수용될 가능성이 희박하다. 7세기 중엽의 황성동석실분에 인물토용만 부장되고, 12지상은 부장되지 않은 점 등을 고려하면, 7세기 중엽 12지상의 신라 존재는 확인되지 않는다. 12지 사상의 관념은 수용되었을 가능성은 있지만, 12지상을 무덤에 부장하거나 호석에 표현하지는 않았다. 중국의 능묘에는 신라와 같이 능의 호석에 12지상이 조각된 예가 없으므로 신라적인 12지상의 표현이라 할 수 있으므로 능묘의 호석에 12지상이 조각되는 것은 빨라도 8세기 전반 이후로 보아야 한다.

　통일신라 고분에 12지상을 부장하였거나 호석 바깥의 수혈에 매납한 점은 중국 당나라의 매장방식을 수용하였을 가능성이 있다. 7세기 중엽의 황성동석실분에 인물토용이 부장되었고, 8세기 전반의 용강동석실묘에 인물토용과 인신수수의 청동 12지상이 공반되었다. 이 예로 보아 통일신라의 분묘는 앞 시기의 인물토용과 새로이 12지상이 같이 부장되는 병존기가 있었음을 알 수 있다. 이 병존기의 시기는 다소 불분명하지만, 토용이 부장되어 있는 석실의 형식과 석실에서 출토된 토기를 고려하면 8세기 전반의 늦은 시기로 추정된다. 이런 상황으로 보아 능묘에 12지상이 조각되는 것은 통일신라적인 것으로의 변화된 모습을 보여주며, 그 시기는 8세기 전반 이후로 보는 것이 타당하다. 따라서 12지상을 조각하여 능묘를 장식하는 관습은 8세기 전반 이후부터라고 할 수 있으며, 봉분 기저부에 정교하게 다듬은 석재로 면석과 탱석의 호석 형식은 8세기 전반 이후부터다.

　그리고 능묘에 12지상이 조각되었거나 12지상이 부장된 예는 모두 왕경, 그리고 소수에 국한되었고, 지방의 분묘에는 지금까지 발견된 예가 없다. 따라서 12지상을 고분에 부

그림 7-5 난간시설(전김유신묘)

장하였거나 능묘에 조각한 습속은 왕경에 거주하는 일부 왕과 왕족, 유력 귀족 등 극히 제한되었다.

능묘의 12지상은 정 남쪽에 말을 배치하고, 그 반대쪽에 쥐를 배치하여 이것을 기준으로 하여 좌측에는 양(미)·원숭이(신)·닭(유)·쥐(술)·돼지(해)를 배치하고, 우측에는 뱀(사)·용(진)·토끼(묘)·호랑이(인)·소(축)를 배치하였다. 이러한 배치에 의해 방위·시간·년도·출생년 등을 정하는 기준으로 이용하여 왔다.

난간은 능과 상석 사이의 공간에 능을 일주하는 돌기둥을 세우고, 돌기둥을 연결하기 위해 기둥 사이에 끼운 난간의 돌살대로 이루어졌는데, 이 난간은 능을 보호함과 동시에 능의 장엄함을 표현한 것이다. 난간석 사이의 간격은 대개 100~130cm 내외이고, 높이는 170~190cm 내외이다. 난간석을 연결하는 돌살대는 아래위의 2줄이고, 난간석에 홈을 파서 삽입하였다. 난간이 있는 능은 전성덕왕릉·전경덕왕릉·전헌덕왕릉·흥덕왕릉 등 8세기 전반에서 9세기 전반에 재위한 왕의 능으로 추정되는 7기에만 설치되었다.

석상은 능묘의 봉분 자락 가까이에 설치한 시설물로서 주로 통일신라시대의 전 왕릉에 설치되었다. 석상은 능묘의 정면을 결정짓는 중요한 역할을 한다. 석상은 서악동의 무열왕릉에서 처음 설치된 이후 흥덕왕릉까지 이어졌다. 석상은 치석한 장대석 수매를 2~3단 쌓아 조립한 형식과 큰 판석으로 만들고 좌우 측면의 면석에 안상을 조각한 탁자형식이 있는데, 전자의 예로는 무열왕릉과 전신문왕릉의 상석이 해당하고, 후자의 예는 전성덕왕릉·황복사지 동편 왕릉·전김유신묘·전원성왕릉·전경덕왕릉·전헌덕왕릉·흥덕왕릉의 상석이 해당한다. 석상은 장대석을 조립한 형식에서 탁자형식으로 변화하였고, 그 기능도 불단이나 제단과 같이 바뀌었다.

석인은 능의 앞쪽 좌우에 문인과 무인의 모습을 조각한 석조물이다. 무덤 앞쪽에 문인과 무인상을 조각하여 배치한 것은 항상 황제는 무위를 과시하고, 경호를 강화하기 위해서 궁전에 이르는 대문의 양측에 경비병을 배치하였는데, 궁전의 구조를 모방한 침전에 있어 문 앞의 삼도에 황제의 신령을 지키는 위사를 배치하였다. 능 앞의 석인 배치는 진의 시황제의 여산릉에서 시작되어 한·위진남북조를 거쳐 당대에 완비되었고, 당의 능침제가 통일신라가 수용하면서 전칭 왕릉에도 석인이 배치되었다(이재중 1996). 석인이 배치된 신라 왕릉은 전성덕왕릉·전원성왕릉·전헌덕왕릉·흥덕왕릉 등 4기이다.

그림 7-6 석상(전원성왕릉)

　전성덕왕릉은 능 바로 앞쪽 좌우에 문인과 무인 각 1구가 배치되었는데, 현재는 무인석 1구와 상반신이 잘린 석인 1구만 남았다. 무인석은 양당개(裲襠鎧)를 착용하고, 양손으로 칼을 짚고 있다. 전원성왕릉과 흥덕왕릉의 석인상은 능으로부터 앞쪽으로 60m 이상 떨어져 석수상 앞쪽 좌우에 위졸(衛卒)과 무인상이 나란하게 배치되었다. 특히 원성왕릉으로 추정되는 괘릉에는 위졸인 서역인상 2구가 배치되었는데, 서역인상을 배치한 것은 당의 벽화고분 또는 부장품 중에 다수의 서역인상이 표현되어 있는 것과 일맥상통하는 것으로서 당의 능침제를 지속적으로 수용하였음을 나타낸다(이재중 1996). 능묘 앞쪽에 문인과 무인의 석상을 배치하는 것은 고려·조선시대에도 계속되었다.

　석수는 능의 네 모퉁이 또는 앞쪽 좌우에 여러 종류의 짐승 모양을 조각하여 배치한 석조물이다. 능묘에 석수를 배치한 것은 길상을 기원하고 악귀를 구제하는 능묘 수호의 목적이 있었다. 능에 처음으로 석수를 배치한 예는 진시황제의 여산릉이고, 이후 한~위진남북조를 거쳐 당대에 능묘제가 완비되면서 정형을 갖추었다. 능묘에 설치된 석수의 종류는 사자·기린·말·소·양·돼지 등 다양하다(이재중 1996). 석수가 설치된 통일신라의 능으로는 성덕왕릉·원성왕릉·헌덕왕릉·흥덕왕릉 등 4기인데, 석인과 함께 배치되었고, 모두 사자상이다.

　묘비는 피장자의 이름·가계·행적 등을 적어 묘역 또는 묘실 입구, 묘상에 세운 비를 말하며, 재질은 나무·돌 등이 있는데, 대부분 돌로 만든 석비이다. 대부분의 묘비는 바깥에 노출된 공간인 묘역에 세우고, 발해의 정혜공주·정효공주묘는 묘실 입구에 묘비를 세

그림 7-7 석인상(좌: 전성덕왕릉, 중·우: 전원성왕릉)

그림 7-8 석수(좌: 전성덕왕릉, 우: 전원성왕릉)

운 대표적 사례이다. 무덤에 비를 세우는 것은 시신의 하관을 위해 세운 기둥에 죽은 피장자의 행적과 연대를 알리기 위한 약력 등을 기록하면서부터 시작되었다. 중국 전국시대의 석각을 계승하여 후한대에 비신과 받침석으로 된 묘비가 세워지고, 남조 양나라의 왕릉에 묘비가 세워지면서 비신 상부에 이수가 표현되고, 귀부가 사용되었다. 당대에 들어와 묘제가 제정되고, 5품 이상 고관의 묘에는 이수와 귀부를 갖춘 비를 세우게 하였는데, 이 당나라 묘제가 신라의 삼국통일 직전 시기에 수용되었다(平勢隆郎 2004).

삼국통일 직전부터 통일신라 말까지 묘비는 태종무열왕릉·전성덕왕릉·흥덕왕릉과 김인문묘·전김유신묘에 설치되었다. 우리나라에서 귀부·비신·이수의 3부분으로 구성된 전

236

형적인 묘비의 가장 빠른 예가 661년에 세운 태종무열왕릉비이다. 태종무열왕릉비는 비신은 없어지고 이수와 귀부만 남아 있다. 귀부는 매우 사실적이고 역동적으로 표현되었고, 이수 전면 중앙 부분에 세로 42cm, 가로 33cm의 제액을 만들어 그 안에 전서로 "太宗武烈王之碑^{태종무열왕지비}"라고 양각되었다.

그림 7-9 태종무열왕릉비 이수

묘비에 새겨진 입비 연월일은 정확한 연대를 알려줄 뿐만 아니라 묘의 구조와 묘역 시설 및 묘역 장식 등의 시기적 특징을 파악할 수 있는 중요한 자료이다.

4) 묘제와 변화

(1) 봉분 규모와 형태, 호석

왕경에 소재하는 통일신라시대 고분의 봉분 규모는 앞 시기에 비해 현저하게 축소되는 경향이 있다. 지금까지 조사에 의해서 확인된 봉분의 직경은 대부분 25m를 넘지 않으며, 15m~20m 내외이다. 봉분 높이도 적석목곽묘에 비해 낮아져 6m를 넘지 않으며, 대부분 3m~4m 사이이다. 직경에 비해 상대적으로 높이가 높아졌고, 봉분의 외면 경사도가 적석목곽묘보다 심하다. 이와 같이 봉분의 규모가 축소되는 것은 사후관념의 변화에 따른 현상으로 추정된다.

봉분의 평면형태는 원형과 방형이 있다. 산록 경사면에 입지한 고분은 봉분 평면형태가 원형이며, 평지에 입지하는 일부의 고분도 봉분 형태가 원형이다. 봉분 형태가 방형인 확실한 예는 구정동방형분 1기뿐이지만, 경주 시내의 평지에 위치한 쌍상총(137호분)도 봉분 형태가 방형일 가능성이 있다. 현재 쌍상총은 봉분 형태가 원형으로 복원되어 있다. 방

그림 7-10 통일신라 고분의 분형(좌: 전효소왕릉, 우: 구정동 방형분)

형의 봉분 형태는 통일신라의 분묘에서 차지하는 비율은 매우 낮지만, 특이한 봉분 형태로서 주목된다.

　통일신라의 고분은 대부분 봉분 가장자리를 감싸는 호석이 설치되어 있다. 호석에는 몇가지 형식이 있다. 정교하게 가공된 화강암의 판석을 세우고, 판석과 판석 사이에 탱주를 세우고 그 위에 갑석을 놓은 것, 할석을 장방형으로 정교하게 가공한 할석을 품(品)자 형식으로 4~5단 정도 쌓은 것, 거칠게 가공한 할석 또는 괴석을 2~3단 쌓아올린 것 등이 있다. 그리고 용강동 고분은 내호석과 외호석의 이중호석으로 이루어진 예도 있다.

(2) 매장시설

현재 확인된 왕경의 매장주체시설로는 횡혈식석실·횡구식석실·장골기 등이 있다. 횡혈식석실은 보통 수기 또는 수 십기가 한 곳에 군을 이루거나 또는 1기가 독립된 상태로 존재한다. 횡구식석실은 횡혈식석실이 대부분인 고분군 중의 소형묘 성격을 띠며, 수량이 적다. 장골기는 단독으로 발견되는 경우도 있으며, 때로는 횡혈식석실·횡구식석실로 이루어진 고분군에 포함되어 있는 경우도 있다.

　1990년대와 2000년대에 실시된 경주시내의 각종 지표조사 및 수습조사 결과 왕경 주위의 산록에 크고 작은 봉분을 가진 고분이 많이 있음이 확인되었다. 산록에 입지하는 고분 중 발굴조사 결과 보문동 합장분과 같이 소멸기의 적석목곽묘도 확인되었으나, 전신덕왕릉·전헌강왕릉·장산 토우총·용강동고분군 등의 발굴조사 결과 대부분이 횡혈식석실로 확인되었다. 그래서 남산의 서록에 위치한 신라 초기 왕릉으로 추정되는 고분의 매장시설은 대부분 횡혈식석실로 추정된다. 그렇게 볼 경우, 왕경은 지방과 달리 7세기 이후 8~9

세기에 이르기까지 고분이 군을 이루고 횡혈식석실을 매장주체시설로 하는 등 매우 활발한 조묘활동이 행해졌음을 추정할 수 있다.

지금까지 조사된 통일기 이후의 횡혈식석실로는 충효동 1~10호분과 파괴분·용강동석실분·근화여중고교내 고분군·장산 토우총·쌍상총·마총·전신덕왕릉·전헌강왕릉·구정동방형분 등이 있다.

왕경 소재 횡혈식석실의 공통적인 특징은 매장시설의 주축방향이 모두 남-북향이며, 천장이 궁륭형이고, 벽면에 회가 칠해져 있다. 주축방향이 남-북인 점은 발굴조사가 되지 않았지만, 호석에 12지상이 조각된 능묘의 경우도 석인과 석상의 배치 등으로 볼 때, 남-북방향이다. 왕경지역의 통일신라 횡혈식석실의 주축방향이 남-북으로 확립되는 현상은 매우 특징적이라 할 수 있다.

그리고 연도가 중앙인 것과 왼쪽에 편재된 예가 대부분이고, 오른쪽에 편재된 예는 2기 뿐인데, 중앙과 좌편 연도가 유행하였다. 연도의 중간 또는 현실 입구 가까이에 문비석이 위치하면서 문비석 전후의 연도가 구분된, 소위 2단 연도 구성의 예가 있다. 연도가 2단으로 구분된 예는 모두 연도가 중앙에 있는 횡혈식석실이다. 연도가 2단으로 구분된 횡혈식석실은 시상이 현실 중앙에 마련되고, 두향이 동쪽이고, 석제로 만든 두침과 족좌가 구비되었고, 문비석이 있고, 연도 2단부에 할석으로 폐쇄한 공동된 특징이 있는데, 이는 서악리석침총 유형에 나타나는 요소들이다.

연도가 중앙에 있으면서 1단인 횡혈식석실은 문비석이 설치된 것과 설치되지 않는 예가 있으며, 시상이 현실 중앙에 배치된 예와 좌우에 배치된 예가 있는 등 서악리석침총유형에 비해 통일성이 결여되었고, 현실 면적도 상대적으로 작다. 이런 횡혈식석실은 석침총 유형의 모방형이라 할 수 있다.

연도가 왼쪽에 위치한 횡혈식석실은 연도가 모두 1단 구성이며, 길이가 150cm 이하로 비교적 짧다. 시상은 주축방향과 직교하거나 또는 길이방향으로 설치되었고, 시상 상면에 기와가 놓여 있고, 석제 두침과 족좌가 구비된 예가 적다. 이런 특징을 지닌 횡혈식석실은 순흥 읍내리유형의 발전된 모습이다.

왕경의 횡혈식석실은 조사된 예가 많지 않아 그 변화의 모습을 세부적으로 설명하기에는 현재 무리이다. 발굴조사된 횡혈식석실에는 전신덕왕릉과 전헌강왕릉이 있다.『삼국유사』왕력표에 의하면, 신덕왕은 화장한 후 산골했다 하므로 전신덕왕릉의 주인공은 신덕왕이 아닐 가능성이 있으므로 전신덕왕릉 매장시설의 역연대는 알 수 없다. 헌강왕은 886

년에 몰하였으므로 전헌강왕릉의 횡혈식석실은 9세기 후반의 가능성이 있으나, 진위가 밝혀지지 않는 이상 그대로 취신할 수는 없다. 따라서 현재로서는 역연대가 제시된 능묘는 흥덕왕릉 이외는 존재하지 않는다.

(3) 횡혈식석실 변화

구조를 알 수 있는 횡혈식석실 중 형식과 출토 유물, 12지상 등의 유물을 근거로 각 시기의 기준 석실을 검토한다. 대상 고분은 통일 이전의 황성동석실분·서악리석실분과 통일 이후에 조영된 충효리 6호분·용강동고분·신당리 1호분·황성동 906-5번지 고분·소현리고분·쌍상총·보문리방형분·장산 토우총 등이다.

황성동석실분(국립경주박물관 1993)은 황성동의 충적대지의 평탄한 지형에 1기가 독립적으로 조영되어 6세기 전반까지 경주 평지에 무리를 이루어 조영된 지배층의 고분 군집 양상을 탈피하고, 개별 고분으로 정립된 모습을 나타낸다. 봉분의 평면형태는 원형이고, 호석은 장방형으로 가공한 할석을 3~4단 쌓아올렸다. 매장주체시설은 봉분 중심부에 위치하고, 주축방향이 남-북이고, 평면형태가 방형이다. 대형분의 석실 주축방향이 남-북이고, 평면형태가 방형인 왕경의 지배층 고분의 전형이 갖춰졌음을 보여주는 석실이다. 석실은 파괴가 심각하게 이루어져 벽체의 벽석이 1~2단 정도밖에 남아 있지 않아 석실의 구체적인 구조는 알기 어렵다. 연도는 석실 우측에 위치하고, 길이는 1m 내외로 짧다. 묘도는 나팔모양으로 벌어진다. 묘도 앞쪽의 호석 바깥 지점에는 방형의 집석시설이 설치되었는데, 묘전에 설치한 상석의 기초부로 추정된다.

석실 내부가 심하게 훼손되어 부장 양상과 추가 매장의 여부, 주검을 안치한 방식과 시설, 유물 양상 등의 정보는 알 수 없지만, 주검 안치시설과 토용·토기류와 기와류가 출토하였다. 납석으로 만든 머리 받침·어깨 받침·다리 받침 등이 출토되어, 주검을 받치는 시설이 설치되었음을 나타낸다. 서악리석침총에서 사용되기 시작한 석제 두침·견좌·족좌 등을 이용한 주검 안치가 이루어졌음을 나타낸다.

석실 내부와 주위에서 출토한 유물 중 가장 빠른 토기로는 찍은 삼각집선문과 원문이 시문된 뚜껑들이다. 토용은 서역인상·여인상·남자상 등 있다. 서역인상은 복두를 머리에 쓰고, 가슴 앞에 두 손으로 홀을 잡고 있는 모습이다. 여인상은 전통적인 후두결발(後頭結髮)의 습속을 그대로 유지하고 있어 신라의 전통적인 여인의 옷차림과 헤어스타일이다. 남자상에는 복두(幞頭)가 나타나고 있어서 『삼국사기』 신라본기 진덕왕 3년(649)조의 "始服中朝衣冠"이라는 기록대로 중국 당나라 영향을 받은 당시의 복식을 나타내지만, 여자상의 복식과 헤어스타일은 신라의 전통적인 것으로서 『수서』 신라전의 "婦人髮繞頭"라는 기록은 실제로 이러한 머리맵시를 말하는 것으로 볼 수 있다.

출토한 토기의 형식과 토용의 복식 등을 고려하면, 이 황성동고분은 6세기 2/4분기에 조영되었다(홍보식 2003). 황성동고분으로 볼 때, 신라가 통일하기 이전에 이미 중앙 귀족의 묘제로서 평면형태가 원형인 분형과 석실 평면형태가 방형이고, 천장이 궁륭형이며, 내부에 석제 두침·견좌·족좌 등을 설치하여 주검을 안치하였음을 나타낸다.

서악동고분은 봉분이 원형이고, 연도가 남벽 중앙에 설치된 횡혈식석실이다. 석실은 길이 2.7m, 너비 2.65m의 방형이고, 높이는 2.3m이고, 천장석은 2매이다. 벽체 내면에 회를 미장하였다. 석실 내부에는 북쪽에서 남쪽으로 이어붙인 시상이 3개이다. 시상은 가장자리에 할석으로 3단 정도 쌓고, 안에도 할석을 채우고 상면에는 자갈을 깔았다. 1차 시상에는 응회암으로 만든 두침과 족좌가 놓였고, 2차 시상에는 두침이 있고, 동쪽에는 수키와를 일렬로 놓았다. 3차 시상은 토수기와를 놓아 두침과 족좌로 사용하였다. 문미석 바깥측에는 판석 2매를 앞뒤로 어긋나게 세워 막았다. 석실 내부에서는 찍은 삼각집선문과 이중원문이 조합된 뚜껑·유개호·대부호와 대부파수부완 등의 토기와 청동제편호가 출토하였다. 출토한 토기는 7세기 2/4분기 신라 토기의 특징이다.

7세기 2/4분기에 중앙 연도의 방형 석실 벽체 내면에 회를 미장하고, 높은 시상을 만들고 석제 두침과 족좌를 사용하여 주검을 안치하고, 판석을 세워 현실 입구를 폐쇄하는 구조가 왕경 지배층의 형식으로 정립되었음을 나타낸다. 충효리 3호분은 연도가 좌측에 마련되었고, 석실 평면형태가 방형이다.

왕경의 주변 산록과 동천 이북의 평지 일대에는 묘제가 횡혈식석실인 고분 수 기가 한 곳에 군을 이루거나 단독으로 조영되고, 석실 평면형태가 방형으로 통일되고, 높이가 30cm 이상인 고시상이 설치되고, 석제 또는 기와를 이용하여 두침과 족좌를 만들었다. 연도는 중앙·우측·좌측 등 다양하다. 전칭 왕릉을 제외한 왕경 주위에 조영된 고분은 분형이 모두 원형이고, 높이가 50cm 이상으로 할석을 쌓아 만든 호석을 설치하고, 현실 규모는 길이와 너비 모두 2.0~2.7m 내외로 어느 정도 통일화가 되었다. 벽면, 시상 측면과 상면에 회를 바르고, 기와를 사용하고, 문주석·문미석·문지방석과 문비석을 갖추었다.

충효리 6호분은 석실 길이 2.0m, 너비 2.3m의 방형이고, 연도가 좌측에 설치되었다. 시상은 길이 방향과 직교하고, 1회 매장이 되었다. 시상은 측면에 큰 돌을 1단 놓고 그 위에 점토와 자갈을 섞어 상면을 만들었고, 측면에는 회를 미장하였다. 벽체의 벽석은 장방형의 치석한 가공석을 사용하였고, 내면에 회를 미장하였다. 현실 입구에 문지방석이 놓여있다. 시상 주변의 사방에 유개합 4점을 매납하였다. 뚜껑과 합 모두 표면에 반원점문이 1개체씩 시문되었고, 뚜껑은 내구연이 발달하였다. 합 구연 외측에는 침선이 2줄 돌려졌고, 굽단 내측이 들려있다. 이러한 특징의 유개합은 7세기 3/4분기로 편년된다(홍보식 2003). 7세기 3/4분기에 해당하는 석실로는 근화여고부지의 용강동고분에도 수기 존재한다.

　7세기 4/4분기의 석실 자료로는 충효동 9호분을 들 수 있다. 석실은 길이 2.43m, 너비 2.26m, 높이 2.35m로 장방형이고, 벽체의 벽석은 치석한 장방형 석재이고, 벽체 내면에 회를 미장하였다. 시상은 우벽에 붙여서 설치하였고, 측면과 상면에 회 미장을 하였다. 현실 입구에는 문주석·문미석·문지방석을 설치하고, 문고리가 달린 2매의 판석을 세워 폐쇄하였다. 현문시설을 갖추고, 문고리가 달린 문비석을 설치하여 추가 매장할 때, 문비석을 열고 매장하였음을 나타낸다. 석실 내부에서 국화문이 시문된 장경호와 유개청동호가 출토되었다. 유개청동호는 그 형태가 중국의 자기와 유사하다.

　황성동 906-5번지의 황성동 석실분(國立慶州文化財硏究所·慶州市 2005)은 길이 2.5m, 너비 1.5m로 평면형태가 장방형이고, 잔존 높이는 2.1m이다. 벽체의 벽석은 할석을 사용하였고, 회미장은 되지 않았다. 시상은 우벽에 붙여서 만들었다. 연도는 좌측에 편재되었고, 문주석은 우측에만 설치되었고, 문지방석이 놓였다. 문지방석에 문설주공이 확인되었지만, 문비석은 확인되지 않았고, 할석을 채워 넣어 폐쇄하였다. 석실 내부에서 출토한 뚜껑은 연속마제형문과 화문이 시문되었고, 내구연이 퇴화하였지만, 입면은 '⌒'자 모양이다. 이러한 특징의 뚜껑은 8세기 전반의 늦은 시기로 편년된다. 매납 3호에서 출토한 뚜껑은 상단에는 능형문과 역삼각형문이 결합되었고, 중단에는 6치구의 연속마제형문을, 하단에는 4치구의 연속마제형문을 찍었다. 내구연이 삼각형으로 뚜렷하지 않다. 석실 내부에서 출토한 뚜껑보다 후행 형식이다. 매납유구 1호 출토품과 상석 받침 기초석 출토의 유개합은 내구연이 사라졌고, 합 구연이 외반하였는데, 이러한 특징은 9세기 후반 이후 통일신라 토기의 특징이다. 따라서 고분을 조영한 후, 후대에 고분 주위에 토기를 매납하였거나 상석을 설치하면서 매납하였다.

　용강동고분(문화재연구소 경주고적발굴조사단 1990)은 내호석과 외호석의 이중으로 이루어졌는데, 내호석은 높이가 100cm 정도 높이인데, 아래에서 위로 가면서 안쪽으로 기울었다. 이는 석실의 벽체가 무너지지 않도록 벽체와 봉분을 동시에 조성하였음을 보여준다. 봉토가 바깥쪽으로 밀려나지 않도록 내호석을 설치하였다. 석실은 길이 2.6m, 너비 2.6m의 정방형이고, 높이는 2.7m이다. 벽체는 하단에 큰 할석을 사용하였고, 위로 가면서 벽석 규모가 작다. 벽체 내면은 회미장을 하였다. 현실에는 후벽에 붙여서 너비방향으로 시상을 설치하였으나 파괴가 심하다. 현문시설이 설치되었고, 문비석 2매로 폐쇄하였다.

석실 내부가 교란되어 매장 당시의 부장 양상을 파악하기 어렵지만, 유개합과 잔탁·완·단경호 등의 토기와 토수기와 등의 유물과 함께 청동제 12지상과 많은 수량의 인물토용과 마형토용이 함께 출토되었다. 유개합은 뚜껑과 합 모두 연속마제형문이 전면에 시문되었고, 뚜껑은 내구연이 뚜렷하지 않지만, 잔존되어 있다. 합은 굽 내측이 들려 있고, 굽단이 삼각형이다. 탁잔 받침은 대각에 여러 줄의 뭉툭한 돌대가 표현되었다. 12지상은 인신수수이고 평복차림이다.

인물토용은 문관상·무인상·남자상·부인상 등 다양하며, 복식과 헤어스타일 등은 당나라의 분묘에서 출토한 도용과 매우 유사하다. 특히 8세기 전반의 늦은 시기의 중국 도용의 헤어스타일과 복식 등이 유사하다. 그리고 12지상의 모습이 인신수수로 바뀌는 시기가 당나라에서 8세기 전반 이후라는 연구성과를 고려할 때, 용강동고분에서 출토된 12지상의 모습이 인신수수이고, 토용의 복식과 헤어스타일이 8세기 2/4분기의 중국 당나라 분묘 출토품의 그것과 유사한 점 등을 고려하면, 용강동고분이 조영된 시기는 8세기 중엽으로 편년할 수 있다.

신당리 1호분(계림문화재연구원 2013)은 연도가 우측에 편

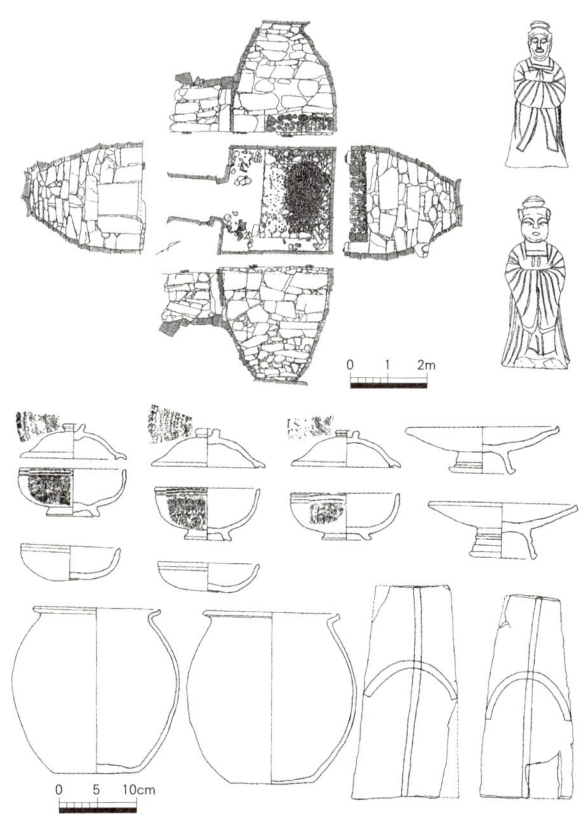

그림 7-11 경주 용강동고분과 출토 유물

243

재한 횡혈식석실로서 길이 265cm, 너비 241cm, 잔존 높이 214cm로서 평면형태가 방형이다. 벽체는 가공한 할석을 하단부터 안으로 기울게 쌓았고, 내면은 회를 발랐다. 바닥에는 좌벽에 붙여서 시상을 설치하였는데, 가장자리에 큰 할석을 2단 쌓고 내부에 할석을 채우고, 상면과 측면에 회를 발랐다. 시상 바깥의 동측에는 102~105cm 간격으로 삼각지점에 석주가 세워져 있다. 석주는 화강암제 방형이고, 바닥 생토면을 30cm 정도 파고 설치하였는데, 용도는 알 수 없지만, 용기를 올려 놓았을 것으로 추정한다. 현실 입구에는 좌측에 문주석이 세워져 있고, 그 위에 문미석과 바닥에 문지방석을 설치하였고, 판석 2매로 막았다.

현실에서 무문의 합 3점이 출토되었고, 봉분 바깥의 주변 매납유구 1·2호에서 각각 유개합이 1점씩 출토하였다. 현실에서 출토한 합 3점 모두 구연이 살짝 외반하고, 굽 상방이 축약되어 동일 형식이다. 매납유구 1·2호에서 출토한 유개대부완의 뚜껑은 9~12치구로 된 연속마제형문을 '∧'자식으로 시문하였고, 대부완에는 영락문을 배치하였다. 뚜껑과 대부완 모두 동일 형식이다. 연속마제형문의 치구 수가 9~12개인 점, 문양을 '∧'자식으로 배치한 점 등은 8세기 중엽 통일신라 토기의 특징이다.

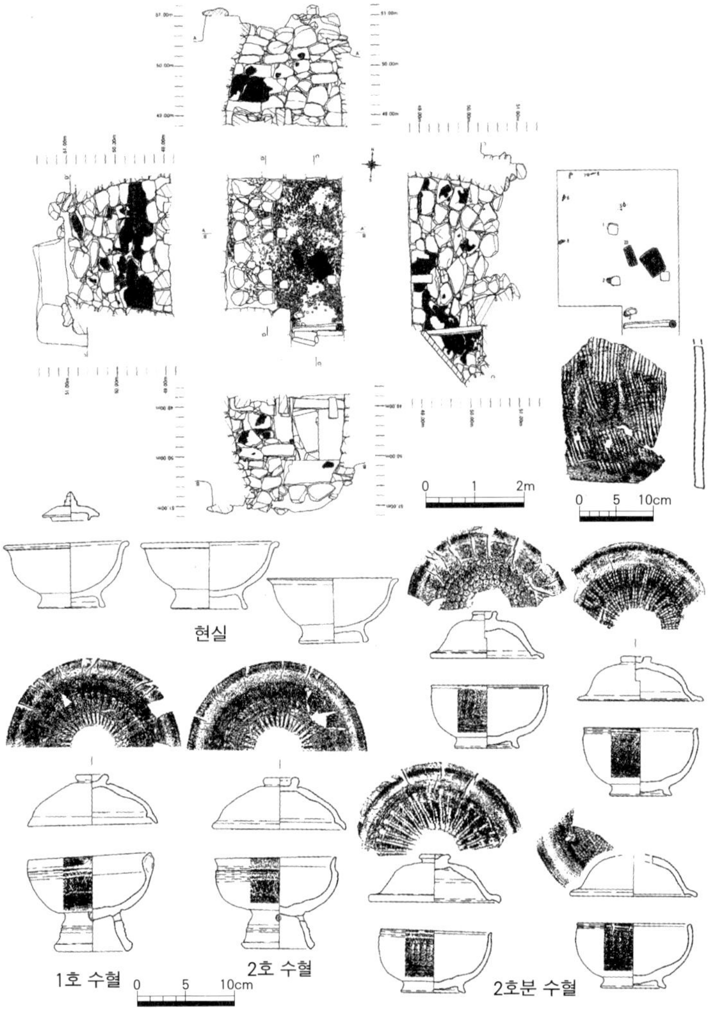

용강동고분과 황성동 906-5번지 고분, 신당리 1호분은 8세기 중엽에 조영된 사례들로서 석실의 평

그림 7-12 **경주 신당리 1호분 석실과 출토 유물**

7. 왕릉과 분묘

면형태는 방형과 장방형이 있고, 연도의 위치도 중앙·우측·좌측 등 다양하지만, 높이가 높은 시상과 벽면과 시상면에 회를 바르고, 현문시설을 갖추고, 판석을 세워 폐쇄한 점 등은 공통한다. 용강동고분은 석실 위주의 발굴조사가 이루어져 봉분 바깥의 묘역 부분에 대한 조사가 이루어지지 않아 알 수 없지만, 황성동 906-5번지 고분과 신당리 1호분은 묘역에 수혈을 파고 토기를 매납한 공통성이 있다. 묘역을 정지한 후, 지진구를 매납하였거나 완성된 이후에 제사를 행한 후 토기를 매납하였음을 나타낸다. 그리고 황성동 906-5번지와 신당리 1호분은 봉분의 남쪽에 상석이 설치되었다. 평지에 조영된 용강동고분과 황성동 906-5번지 고분은 석실의 주축방향이 북서-남동이고, 구릉에 조영된 신당리 1호분은 남-북으로 주축방향에 차이가 있는 등 다양하며, 통일성이 확립되지 않았다.

소현리고분(한국철도시설공단 영남본부·한울문화재연구원 2015)은 호석 바깥측에 일정 간격으로 호석 지지석을 세운 점에서 신당리 1호분과 전민애왕릉과 동일하고, 특히 평복을 착용한 12지상을 호석 바깥의 수혈에 방위에 맞춰서 매납한 점에서 전민애왕릉과 공통한다.

연도가 우측에 위치한 횡혈식석실로서 규모는 길이 189cm, 너비 260cm로서 횡장방형이다. 할석을 사용하여 벽체를 구축하였고, 하단부터 안쪽으로 기울게 쌓았다. 벽체 내면은 회를 바르지 않았다. 시상은 후벽에 붙여서 너비

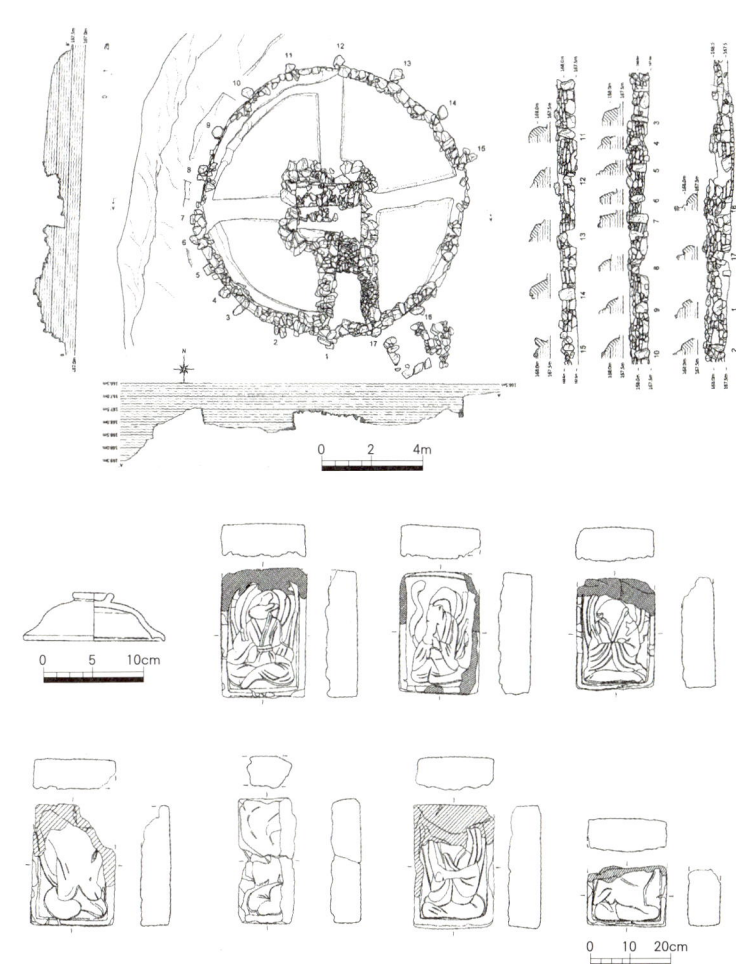

그림 7-13 경주 소현리고분과 출토 유물

245

방향으로 배치하였고, 가장자리에 할석을 쌓고 내부에 할석과 점토를 채웠다. 시상 남쪽에 할석으로 만든 단이 만들어져 있다.

현실 입구에는 문주석·문지방석이 설치되었고, 판석 2매를 세워 막았다. 석실의 장축 방향은 남-북이고, 석실의 장축 방향에서 약간 동쪽으로 치우친 곳의 호석 바깥에는 상석의 하부 시설이 확인되었다. 상석이 남-북 방향에서 동쪽으로 약간 치우친 사례로는 전경덕왕릉·전김유신묘·전원성왕릉 등이 있다.

현실에서 뚜껑 1점이 출토하였는데, 개신 외면에 점열문이 '∧'자식으로 배치되었다. 내구연이 약간 돌출하여 입면이 희미한 '⌒'자 모양이다. 점열문을 '∧'자식으로 배치한 예는 산청 내원암의 불상에서 출토한 "永泰二年"명 납석제 사리호와 같이 출토한 단경호이다. 영태이년은 766년으로 8세기 3/4분기이고, 소현리고분에서 출토한 뚜껑도 이 시기이거나 또는 약간 늦은 8세기 4/4분기일 가능성이 있다.

전민애왕릉(鄭良謨·李健茂·崔鍾圭 1985)은 매장주체시설은 조사가 되지 않아 내용을 알 수 없지만, 능 주위의 수혈에서 뚜껑과 합 등이 출토되었고, 퇴적토를 파고 조성한 화장묘에서 "元和十年"명 장골기가 출토되었다. 원화십년은 815년인데, 이 장골기는 전민애왕릉이 조영된 이후에 조성되었으므로 전민애왕릉은 815년 이전에 조영되었다. 묘역의 수혈에서 출토한 뚜껑의 특징이 앞의 소현리고분의 현실에서 출토한 뚜껑

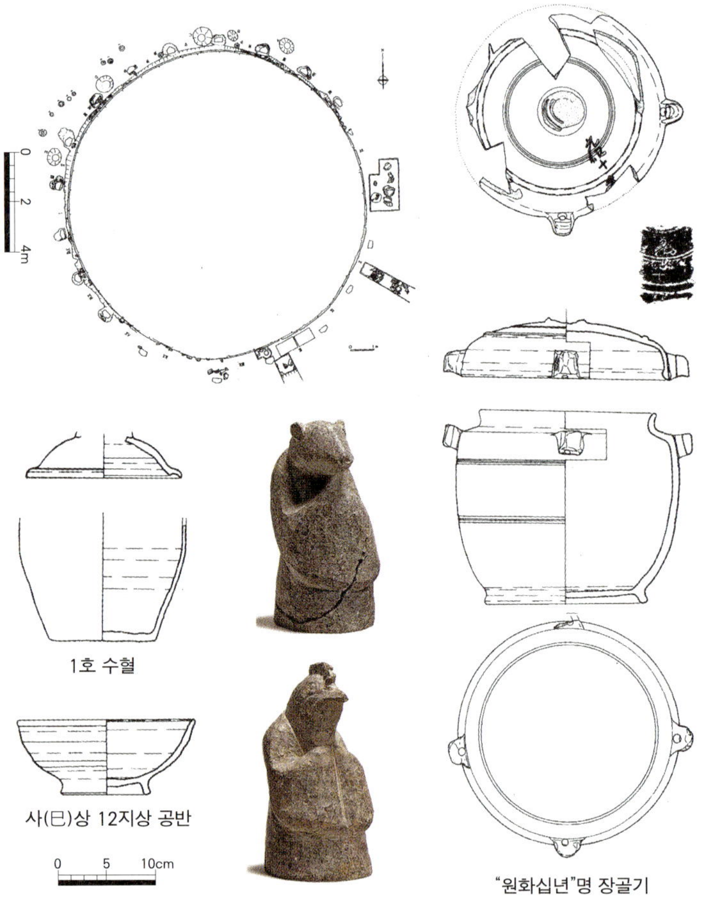

그림 7-14 경주 전민애왕릉과 주변 수혈 및 화장묘 출토 유물

과 유사하다. 호석 바깥에 평복의 12지상을 방위에 따라 매납한 점도 소현리고분과 동일한 점 등을 고려하면, 전민애왕릉은 8세기 4/4분기에 조영되었을 것으로 추정된다.

전헌강왕릉(國立慶州文化財硏究所 1995a)은 연도가 우측에 위치한 횡혈식석실로서 현실은 길이 290cm, 너비 270cm로서 평면형태가 방형이다. 석실 벽체는 가공한 할석을 사용하여 구축하였는데, 하부는 큰 석재를 사용하였고, 상부로 가면서 석재 규모가 작아진다. 벽체 내면은 회를 발랐다. 시상은 좌벽에 붙여서 6군데에 고임돌을 놓고 그 위에 치석한 판석 2매를 잇대어 놓아 만들었다. 현실 바닥은 강자갈을 깔았다. 현실 입구에는 문주석·문미석·문지방석과 문비석이 설치되었다. 현실 동벽에 기댄채 넘어진 석주와 석좌가 각 1점씩 발견되었다. 석주는 신당리 1호분에서 확인된 사례가 있다. 교란된 채 두침과 족좌, 장방형의 금판과 인화문 토기 편이 출토하였다. 인화문 토기 편은 연주화형문·연속마제형문·유선형문·연속동심원문 등이 시문되었다. 형태를 알 수 없지만, 시문된 인화문의 구성 등을 고려하면, 8세기 후반 이후 통일신라 토기의 특징이다.

쌍상총(國立博物館 1955)에는 완·대부완이 출토되었는데, 보고서 게재의 사진에 의하면, 대부완의 구연 직하에 침선이 2조 있고, 그 아래에 연속마제형문이 시문되어 있다. 마제문을 보면, 좌우가 길고, 상하가 작은 형태이다. 이와 같은 형태의 마제문은 8세기 후반으로 편년할 수 있다. 마총은 쌍상총보다 더욱 발전된 모습을 보이므로 그 시기가 9세기 이후로 내려올 가능성이 있다.

충효리 10호분은 연도가 남벽 중앙에 위치하고, 현실 평면형태가 방형이다. 10호분에서 출토된 유개완의 특징은 다음과 같다.

뚜껑은 보주형 꼭지가 부착되었고, 내구연을 가졌다. 꼭지 아래쪽에 원문이 시문되었고 윗쪽에는 화문, 아래쪽과 구연에는 연속마제형문이 시문되었다. 완신은 굽을 제외한 외면 전면에 9치구 이상의 연속마제형문이 시문되었다. 이외에 고배가 1점 출토되었는데, 뚜껑받이턱없이 구연으로 이어지고 대각에 투공이 없다. 문양의 구성, 마제형문의 치구수와 형태, 전면 시문 등의 특징에 근거하면, 충효리 10호분 출토 유개완은 앞의 쌍상총 출토 완보다 새로운 형식이다. 이 점들을 고려하면, 충효리 10호분은 8세기 후반에 조영된 것으로 추정된다. 충효리 10호분의 시기가 8세기 후반이면, 충효리 파괴분·7·5호분은 그보다 시기가 앞선 8세기 전반일 가능성이 있다.

충효리 2호분의 경우, 현실 입구에서 완 1점이 출토되었는데, 완신 윗쪽이 수직으로 올라오다 구연이 외만하고, 완신에 점열문이 지그재그로 시문되었다. 이러한 특징의 완은 그 시기가 9세기 이후로 편년할 수 있다. 2호분에는 적어도 1회 이상의 추가매장이 행해졌는데, 현실 입구에서 출토된 완은 최후의 매장 시에 매납되었을 가능성이 높으므로 초축 시기는 그 보다 빠를 가능성이 높다.

9세기 이후에 조영된 횡혈식석실은 현실 평면형태가 방형이고, 천장 높이가 300cm 이상으로 높고, 연도가 전벽 중앙에 배치된 중앙 연도식이고, 길이가 상당히 길고 2단으로 이루어지고, 현문시설이 완비된 공통성이 있다. 벽체 내면과 시상의 측면과 상면에 회가 발려져 있고, 두침과 족좌 등이 갖추어졌다.

장산 토우총(최병현 1992; 國立慶州文化財硏究所 1997; 국립경주문화재연구소 2007)은 연도 길이가 430cm로 길고, 2단 구획의 연도 중 2단의 길이가 145cm로 쌍상총, 마총에 비해 훨씬 길다. 현실에는 3개의 시상이 있어 2회의 추가매장이 되었다. 현실에서 완류가 출토되었는데, 조사 전에 이미 교란되어 추가장에 의한 구별은 불가능하지만, 토기들은 같은 형식 또는 1형식 정도의 차이가 있을 수 있다. 뚜껑은 모두 문양이 없고, 내구연이 사라진 모습이다. 합에는 문양이 없는 것과 문양이 있는 것으로 구분된다. 문양이 있는 완은 굽의 길이가 길고, 완의 깊이가 깊다. 문양은 지그재그 점

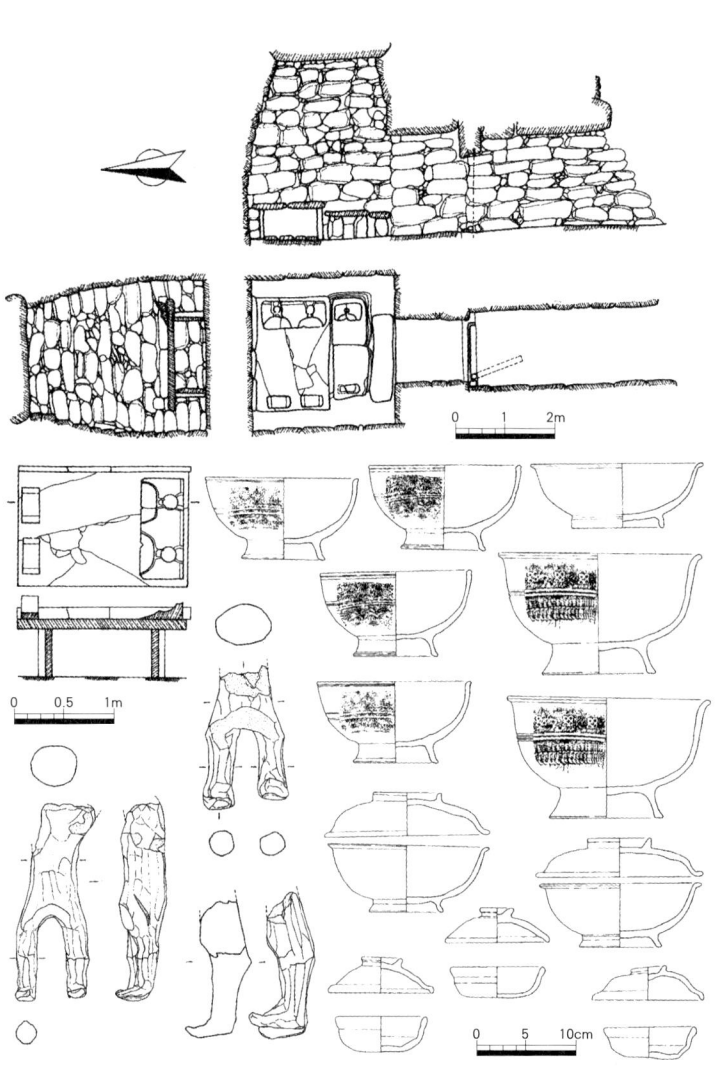

그림 7-15 **경주 장산 토우총과 출토 유물**

7. 왕릉과 분묘

표 7-1 경주 왕경 소재 횡혈식석실의 특징

고분명	주축 방향	연도 방향	현실(cm) 장	현실(cm) 폭	현실(cm) 고	평면 형태	천장 형태	개석수	단차	연도(cm) 장	연도(cm) 폭	연도(cm) 고	구성	회칠	폐쇄
용강동고분	남북	중앙	260	250	280	방형	궁륭형	1	170	150	100	120	1단	유	1매의 문비식, 문비식 뒤에 할석 폐쇄
전신덕왕릉	남북	중앙	304	306	391	방형	궁륭형	1	270	230		121	2단	유	1단 입구에 2매의 문비식, 연도 입구에 할석 폐쇄
쌍상총	남북	중앙	330	300	400	방형	궁륭형	1	250	400	135	150	2단	유	1단 입구에 2매의 문비식, 연도 입구에 할석 폐쇄
마총	남북	중앙	324	300	370	방형	궁륭형	1	250	440	110	120	2단	유	1단 입구에 목비설치, 2단에 할석으로 폐쇄
장산토우총	남북	중앙	280	280	340	방형	궁륭형	1	193	430	120	147	2단	유	1단 입구에 문비식, 2단 전부분에 할석 폐쇄
석실분	남북	중앙	250	210	230	종장	궁륭형	1		160	100	120	1단	유	현실 입구에 문비식 1매를 세우고 그 뒤에 할석으로 폐쇄
충효리7호분		중앙	300	290	(280)	방형	궁륭형	1?		228	170	115	1단	유	현실 입구에 문주식 1매, 연도 입구에 할석으로 폐쇄
충효리5호분	남북	중앙	310	287	(270)	방형	궁륭?	1	100	239	109	115	1단	유	현실 입구에 문비식 1매, 문비식 뒤에 할석 폐쇄
충효리10호분	남북	중앙	233	238	210	방형	궁륭형	1?		195	110	110	1단	유	현실 입구에 할석으로 폐쇄
충효리3호분	남북	좌편	215	243	(140)	횡장	궁륭?	1?		145	87	130	1단	유	현실 입구에 할석으로 폐쇄
충효리6호분	남북	좌편	230	250	(180)	횡장	궁륭?	1?		130	90	148	1단	유	연도 입구에 문비식 1매.
충효리1호분	남북	좌편	199	217	(94)	횡장	궁륭?	1?		106	71		1단	유	연도 입구에 할석으로 폐쇄
충효리2호분	남북	좌편	220	240		횡장	궁륭?	1?		110	80		1단	유	
충효리4호분	남북	좌편	218	198	(140)	종장	궁륭	1?					1단	유	현실 입구에 문비식 1매, 연도 입구에 할석으로 폐쇄
충효리8호분	남북	좌편	252	206	250	종장	궁륭	2	130	120	80	120	1단	유	연도 중간에 문비식 1매, 문비식 뒤에 할석으로 폐쇄
충효리9호분	남북	좌편	250	220	235	종장	궁륭	1	147	170	150	88	1단	유	현실 입구에 문비식 1매, 문비식 뒤에 할석으로 폐쇄
구정동방형분	남북	우편				방형	궁륭		230				1단	유	현실입구에 문비식 1매, 문비식 뒤에 할석으로 폐쇄
전헌강왕릉	남북	우편	290	270	300	방형	궁륭	1		140	120	90	1단	유	현실 입구에 문비식 뒤에 할석으로 폐쇄

249

열문·파상문·화문+주름문이 시문되었다. 기형과 문양의 구성 등은 월지 출토의 토기에서도 보이며, 그 시기는 9세기 후반의 늦은 시기에서 10세기 전반으로 추정된다. 따라서 장산 토우총의 시기는 9세기 후반 이후로 위치지우는 것이 타당하다.

구정동방형분(손용문 1965)은 봉분의 평면형태가 방형으로 한 변의 길이는 8.85m이며, 높이는 약 3.7m이다. 봉분 자락에는 장대석을 3단 쌓아 만든 면석과 탱석을 이용하여 호석을 설치하였으며, 네 귀에는 우주(隅柱)를 세워 각 면을 사등분하고, 각면에는 3개의 탱석을 세웠다. 탱석에는 갑옷을 착용한 신장상의 12지를 조각하였다.

현실은 봉분 중앙에 남-북 270cm, 동-서 240cm, 높이 약 176cm의 평면 방형이고, 정교하게 가공한 장대형 판석을 쌓아 구축하였고, 표면에 회를 발랐다. 현실 서벽에 붙어서 측면에 안상문 3개가 새겨진 석관을 설치하였다. 석관은 잘 다듬은 화강석 8매로 만들었고, 뚜껑도 잘 다듬은 판석을 사용하였다. 발굴조사 시 금동으로 된 관장식·장신구·은제 과대·은제 행엽 등이 수습되었다. 연도는 우측에 편재하였고, 현실 입구에 문주석·문미석·문지방석을 갖추고, 2매의 문비석으로 막았다.

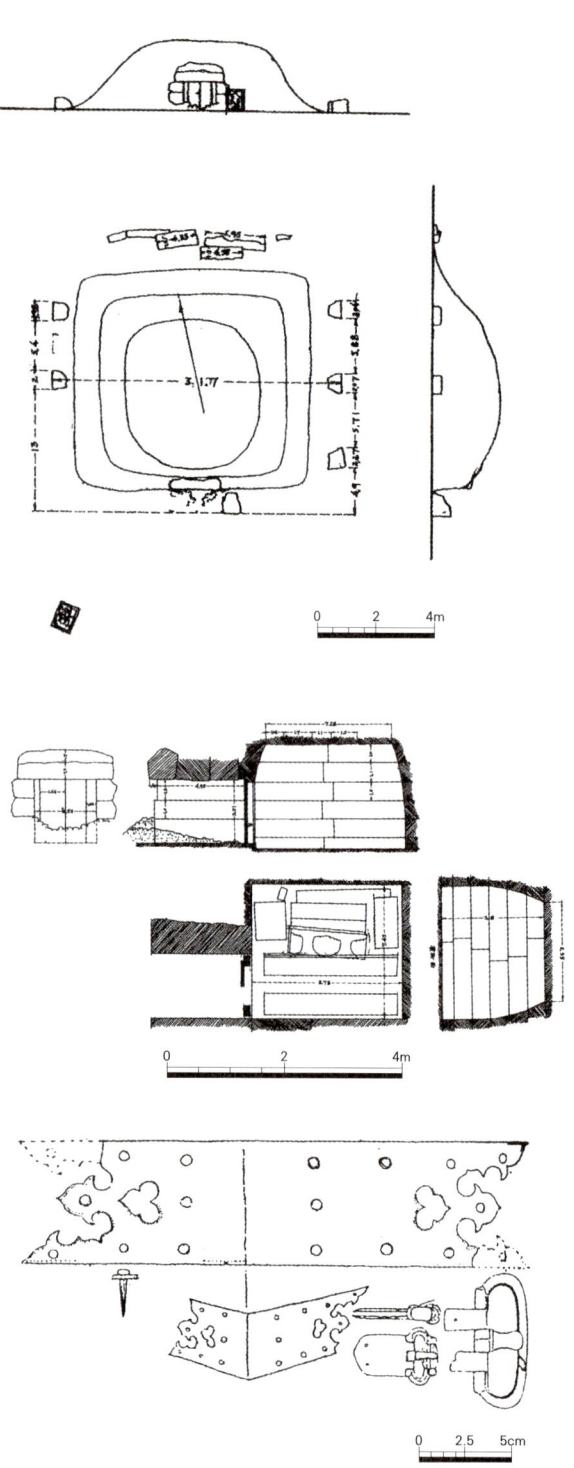

그림 7-16 경주 구정동 방형분과 출토 유물

국립경주박물관 내 미술관에 전시되어 있는 유물 중 구정동방형분에서 옮겨 온 높이 75cm, 너비 32cm 크기의 석주(石柱)가 있다. 석주는 호인상과 석사자가 정교하게 새겨져 있다. 이 석주는 규모와 형태를 통해 방형분 호석의 네 귀퉁이에 세웠던 석주 가운데 하나로 확인되었다. 왕릉의 네 모서리 또는 전방에 배치하던 사자와 호인상을 조각한 우주를 봉분의 네모서리에 세웠다.

구정동방형분은 통일신라시대의 유일한 방형분으로 이 고분의 형식이 석탑에서 모방되었고, 이것이 거창과 진주 등지에 나타나는 고려 전기의 방형분으로 이어졌다는 견해도 있다. 방형 봉분의 규모, 탱석에 조각된 신라에서 몇 안 되는 12지상의 편년 및 호인상과 석사자상을 조각한 석주가 봉분의 모서리에 배치된 점 등과 현실에서 출토된 유물들을 통해 볼 때, 왕을 포함한 왕족이나 최상급의 귀족 고분으로 축조 시기는 9세기~10세기경으로 추정된다.

3. 지방의 고분

1) 묘제의 변화

신라가 삼국을 통일한 이후가 되면, 지방에는 이전과 달리 고분의 수가 크게 감소할 뿐만 아니라 불교의 지방 확산에 의해 왕경으로부터 화장이란 장법이 수용되고 그에 따라 유골의 처리방식도 다양해진다. 지금까지 확인된 매장시설은 횡혈식석실·횡구식석실·수혈식석곽·토광·장골기 등이 있다. 왕경과는 달리 수십기 이상으로 이루어진 새로운 고분군의 형성은 확인되지 않는다. 앞 시기와는 달리 1기 또는 2기가 독립적으로 입지하거나 또는 기존의 고분군이 부분적으로 명맥을 유지하거나 수 기로 이루어진 소규모의 고분군이 조영되었다.

1기가 단독으로 입지하는 예는 김해 유하리고분·안동 안막동고분·영동 가곡리고분·진안 오룡리고분 등이 알려져 있다. 이 고분들은 구릉에서 평지로 이어지는 곳에 입지하며, 봉분의 평면형태가 원형이고, 할석을 사용한 호석이 설치되어 있다. 봉분 규모는 15m

그림 7-17 양평 대평리 2호분 전경(좌)과 석실(우)

그림 7-18 진안 오룡리고분(좌), 홍천 역내리 1호분(우)

내외가 대부분이며, 매장시설은 횡혈식석실 또는 횡구식석실이다. 지방에서 독립묘가 증가하는 현상은 왕경의 전왕릉이 구릉 말단부에 독립적으로 입지하는 모습과 유사하다. 지방에서 이러한 양상이 나타나는 현상은 왕경의 요소가 반영되었을 가능성이 높다.

통일 전과 직후까지 활발하게 행해진 추가매장이 8세기 이후에 들어오면서 줄어들고, 1회의 추가매장만 되는 부부장으로 바뀐다. 단독묘, 소규모 고분군, 부부장 등은 모두 매장된 사람 수의 감소를 나타내는 징표들이다. 석조 매장시설의 감소 및 이 시설물에 매장된 피장자 수의 감소가 새로운 묘제인 화장묘의 증가와 비례하는 것은 아니다. 8세기 이후가 되면, 지방에서도 화장묘가 조영되고, 이후 수 기 또는 수십 기로 이루어진 화장묘군이 나타나지만, 삼국통일 직후까지의 고분 수 및 매장 피장자 수와 비교될 수 있는 것은 아니다.

8세기 이후에 나타나는 고분 수의 감소는 매장 관습에 변화가 있었음을 나타내는데, 그 배경의 한 요소가 화장한 후 산골하였기 때문으로 추정된다(홍보식 2004a).

7세기까지 지방 각지에 수 십기 이상의 횡혈식석실 또는 횡구식석실이 군을 이룬 고분군의 조영이 보편적이었으나, 8세기에 들어오면 고분군을 이루는

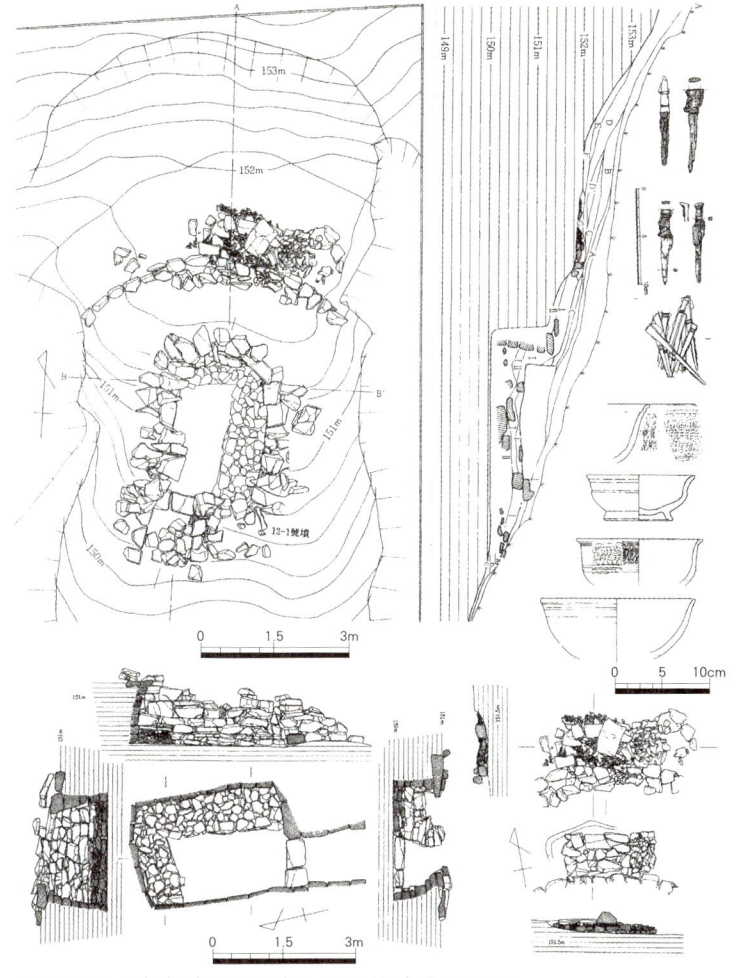

그림 7-19 합천 저포리 E지구 12호분과 출토 유물

고분의 수가 점차 줄어든다. 8세기 후반이 되면, 분묘 수가 현저하게 감소하는 경향이 두드러지는데, 분묘군을 구성하는 분묘 수가 대부분 10기 이하로 줄어든다. 분묘 수의 감소는 하나의 분묘에 매장되는 주검 수가 증가한 것에 기인할 수도 있지만, 그것은 7세기 후반~8세기 전반에 한정되고, 8세기 후반 이후부터 1인장이 일반적이다. 즉 하나의 분묘에 매장되는 피장자 수의 증가는 주로 7세기 후반에서 8세기 전반에 해당하고, 8세기 후반이 되면, 하나의 석실에 매장되는 피장자 수는 1구 또는 2구로 줄어들지만, 고분 수는 증가하지 않고 더욱 줄어든다. 고분 수의 감소는 전통적 매장법의 변화를 나타낸다.

9세기 전반이 되면, 횡혈계 매장시설에는 1인만 매장하고, 추가매장이 이루어지지 않아 부부장이 사라지고, 개인묘로 바뀐다. 이와 연동해서 횡혈계 매장시설에 목관이 사용된

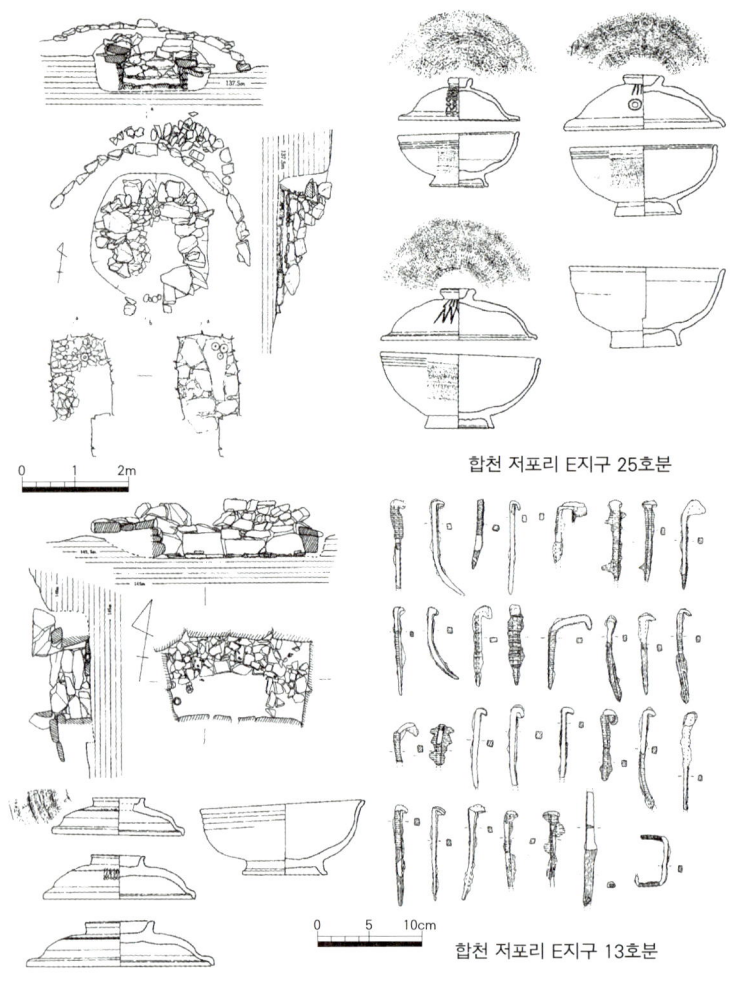

그림 7-20 합천 저포리 E지구 25·13호분과 출토 유물

다. 9세기 전반부터 횡혈계 매장시설에 목관이 사용된 이후, 목관 사용은 더욱 증가하고, 9세기 후반이 되면, 횡혈계 매장시설이 현저하게 줄어들고, 목관이 안치된 수혈식석곽 또는 목관이 한강수계권의 광범위한 지역에서 조영된다. 10세기에 진입하면서 수혈식석곽과 목관이 보편적인 매장시설로 되고, 횡혈계 매장시설은 일부 지배층의 매장시설로 성격이 바뀌어 갔다.

2) 부장품

통일신라시대에 조영된 고분은 삼국시대의 고분과 달리 소량의 유물을 부장한 박장과 후대의 도굴과 파손 등에 의해 부장된 유물이 반출되어 없어지거나 파손되어 출토된 유물의 수량이 매우 적다. 삼국시대의 고분에 부장된 유물의 수량에 비하면 단순하고 적다.

통일신라시대의 고분에 유물이 소량 출토됨에도 불구하고, 종류는 다양하다. 출토된 유물의 종류로는 토기·무기·장신구·금속용기·토우·12지상·기와 등이 있다. 토기의 종류로는 유개합·완·편구병·단경호·주름무늬병·종병·파수부옹·대부완·사면편병·사이부일면편병·호·장군·일면편병·대호·연질옹 등이 있다. 고분에서 출토된 토기의 종류와 형태, 문양 종류는 통일신라시대의 생활유적에서 출토한 토기와 유사하다. 왕경 주위의 산록에서 출토된 유개사이부호·연결고리유개호와 유개완 등은 장골용기의 목적으로 제작되었지만, 이외의 고분 출토 토기는 부장품으로서 생산되지는 않았고, 생활용으로 사용하는 토기를 부장하였다.

도성 주위에 조영된 고분에서 출토된 토기는 표면에 여러 종류의 문양이 장식되었지만, 울릉도 천부동고분군 출토품을 제외하면 지방의 고분에서 출토된 토기는 유개합·편구병·뚜껑 등 종류가 단순하고, 시문된 문양도 단순하다. 통일신라 고분에 부장된 토기 중 편구병·뚜껑·합은 대부분 연속마제형문·점열지그재그문·국화문 등이 시문되었다.

무기의 종류로는 대도·철촉·도자 등이 알려져 있고, 출토된 수량도 매우 적다. 통일신라시대의 고분에는 거의 무기를 부장하지 않았다. 장신구로는 청동 팔찌·유리제 목걸이·청동제 방울·금동제 장식판·허리띠 꾸미개 등이 알려져 있다. 특히 중국 당나라의 허리띠 꾸미개를 모방한 청동과 철제 교구와 순방·심엽형 금구 등이 상당 수 출토되었다. 식기로는 국자 등이 알려져 있는데, 출토된 사례는 청주 용정동Ⅱ유적 7호묘 1례 뿐이다.

기와는 주로 도성 주위의 고분에 부장되었는데, 시상 위의 주검을 받치는 받침 또는 좌우의 시상을 구분하는 경계 표시물로 사용되었다. 기와는 대부분 암키와와 수키와이고, 수막새는 많지 않다. 기와가 출토된 고분으로는 경주 충효동고분군, 월산리고분군, 방내리고분군 등이다.

4. 화장묘

1) 형식

불교 수용 이후에 새로운 장법의 하나로 시행된 화장은 불교적 생사관에 입각한 장례의 간소화를 초래하여 전통적 매장관념에 혁신을 가져왔다. 화장에 의한 유골의 처리방식에는 산골과 장골이 있다. 산골은 화장한 유골을 분쇄하여 바다와 강이나 산천에 흩어버리는 간소한 장례이고, 장골은 유골을 용기에 담아 부도·화장묘에 안치 보존하는 복장으로서의 격식을 갖추었다. 일반인들의 화장묘는 대부분 장골기의 형태로 남아 있다.

신라에 화장이 시작된 정확한 기록은 남아 있지 않으나 법흥왕이 불교를 수용·공인하고, 살생금지를 내리는 등 불교를 적극 권장하였고, 장지가 애공사(哀公寺) 북봉으로 기록되었다. 법흥왕의 뒤를 이은 진흥왕 5년(544)에 흥륜사가 준성(俊成)되고, 10년에 중국 양나라로부터 불사리를 받아들이고, 국인(國人)의 출가를 허하고, 26년에 중국 진(陳)으로부터 불교 경론 1,700여 권을 도입하고 망명한 고구려 승려 혜량을 승통으로 삼고 백좌강회(百座講會)와 팔관(八關)의 법을 설하였고, 27년(566)에 황룡사가 완공되었고, 말년에 머리를 깎고 중의 옷을 입고 스스로 법운(法雲)이라 하였으며, 법흥왕과 같은 애공사 북봉에 장지를 선정한 점 등은 장법 및 묘제의 변화를 이해하는데 매우 시사적인 내용들이다.

화장묘란 화장을 한 후, 남은 뼈를 용기에 담아 지하에 묻거나 또는 석관에 매납하는 유형의 시설물을 지칭한다. 화장한 후 남은 뼈를 처리하는 시설물의 구조 차이에 의해 이중형과 단일형으로 구분된다. 이중형은 뼈를 담은 내용기와 내용기를 보호하는 외용기로 이루어져 있으며, 외용기의 재질과 형태 차이에 의해 다시 세분된다. 석관 안에 장골기를 안치한 형식(석관형), 석함 안에 장골기를 안치한 형식(석함형), 토기 안에 장골기를 안치한 형식(토기형)이 있다. 단일형은 뼈를 담은 용기나 석관만으로 이루어져 있으며, 토기형과 석관형으로 구분된다.

이중형의 석관형 예로는 경주 동천동화장묘, 석장동 동국대학교 경주 캠퍼스 구내 61·68호묘, 소금강산 남록 표암의 경주 이씨 시조 탄강지(誕降址)가 있다. 화강암에 장방형의 홈을 파고 그 안에 파수부호가 놓여있었다고 한다(金吉雄외 2004: 24~26). 석장동 동국대학교 경주 캠퍼스 구내 61호묘는 석곽 바깥에 원형으로 호석을 돌리고, 아래쪽에 장방형의 단을 설치하였으며, 68호묘는 방형의 호석을 설치하는 등 이 시기의 횡혈식석실을 매장시설로 하는 분묘 형식을 표현하기도 하였다.

석함형의 예로는 국립중앙박물관 소장품(신1347), 경주 조양동 출토품이 있다. 국립중앙박물관 소장품은 화강암을 둥글게 파고 그 안에 화려하게 문양이 장식된 연유도기를 넣고 뚜껑돌을 덮었다. 조양동 출토품은 석함 안에 당 삼채의 삼족호를 넣었다. 이 유형의 화장묘는 석함 사용과 당삼채 또는 화려하게 장식된 연유도기를 장골기로 사용하는 등 화장묘의 제형식 중 가장 정교하고 화려하다.

토기형은 이중형과 단일형이 있다. 이중형은 외용기와 내용기 모두 토기 또는 연유도기·도자기로 이루어졌으며, 이중형 중 가장 많은 수를 차지한다. 이 유형 화장묘 장골기의 대부분은 신고품이라서 유구의 정확한 구조를 알 수 없는 것이 대부분이지만, 석관 안에 안치된 장골기의 경우, 외용기가 확인되지 않았다. 출토 상태가 확인된 석장동 동국대학교 구내 장골기의 경우, 석관없이 외용기와 내용기로 이루어진 점 등을 고려하면, 이 유형은 석관이 없는 구조임이 확실하다. 그 예로는 경주 남산 출토품(경주박 본6143), 국립중앙박물관 소장품(본4397·4405), 경주 석장동 동국대학교 구내 화장묘, 배리 삼릉 부근 화장묘 등이 있다. 외용기의 뚜껑이 열리지 않도록 뚜껑과 항아리에 귀를 만들어 끈으로 고정하였다.

단일형의 석관형은 석관 안에 뼈를 매납한 형식이며, 장골형에서 뼈를 담는 내용기가 생략되었다. 단일형은 토광 안에 뼈를 담은 장골기를 묻은 형식이며, 석곽 또는 석관이 생략된 것이다. 토기형은 외용기와 내용기 구분없이 토광에 뼈를 담은 용기와 뚜껑으로 구성된 가장 간단한 구조이다. 장골기로 사용된 용기는 유개합이 대부분이고, 유개병·유개완 등이 있다. 이 토기형은 왕경에도 일부 알려져 있지만, 대부분은 지방에서 발견된다. 1기만 단독으로 있는 경우와 수기 또는 십수 기가 군을 이루는 예가 있다. 공주 정지산 화장묘군, 진주 무촌리 화장묘군, 김해 대청 화장묘군, 부산 연산동 화장묘, 김천 모암동 화장묘,

그림 7-21 이중형의 화장묘(좌: 국립중앙박물관 소장품, 우: 국립경주박물관 소장품)

그림 7-22 왕경의 화장 장골기

울산 효암동 화장묘군, 울주 삼남 화장묘군 등이 있다(홍보식 2004a).

2) 변천

각 형식의 화장묘 중 현재 가장 빠른 것은 경주 동천동 화장묘이다. 동천동 화장묘는 석관 안에 내용기를 안치한 구조로서 화장묘가 축조되는 시점의 상황을 나타내는데, 동천동 화장묘의 시기에 대해서는 6세기 중엽으로 보는 견해도 있지만, 신라 후기 양식 토기의 편년으로 볼 때(홍보식 2004b), 수긍하기 어려우며 그 시기는 7세기 초이다. 7세기 초 왕경의 일부 인들 사이에 화장을 한 후 뼈를 항아리에 담아 묻는 장골 행위가 이루어졌음을 알 수 있다.

그러나 8세기 이전까지의 장골자료는 많이 확인되지 않으며, 8세기 이후가 되면, 발견되는 수량이 증가하고, 다양한 형식의 화장묘가 나타난다. 장골에 이용된 용기도 토기 이외에 연유도기와 중국 도자기도 있으며, 문양이 화려하게 장식되어 있다. 그리고 일부 장골기는 뼈가 담긴 용기와 뚜껑이 분리되지 않도록 귀를 만들고 끈으로 묶기도 하였다. 이는 매장을 한 후 석실을 폐쇄시켜 혼백이 뛰쳐나와 허공을 헤매지 않도록 하는 것과 같은 의도였을 것이다.

왕경 귀족층의 화장묘 전용용기가 연결고리유개호이다. 연결고리유개호는 뚜껑과 호가 분리되지 않게 뚜껑과 호에 각각 대칭되게 4곳에 장방형의 귀를 부착하고 귀의 중앙부에 상하로 구멍을 뚫고, 구멍에 철선 또는 끈을 관통시켜 뚜껑과 호를 결박하였다. 연결고리유개호는 일부를 제외하면, 뚜껑과 몸체에 각종의 문양을 시문하여 장식하였다. 연결고리유개호에 내장된 내용기는 토기·녹유도기·중국제 도자기 등이 있다. 내용기인 토기와 연유도기 역시 여러 종류의 문양으로 화려하게 장식되었다. 중국 도자기가 고급스러운 수입품인 점 등은 이 연결고리유개호의 사용층이 통일신라 당시 최고지배층이었을 것으로 추정된다.

연결고리유개호는 석탑에 매납된 사리용기를 모방하였는데, 현재 알려진 자료 중 직접적인 조형은 김천 갈항사지 동·서 석탑에서 출토된 청동제 사리용기와 같은 형태의 사리용기이며, 토제로의 번안은 빨라야 8세기 말이다. 청동제 사리용기의 요소가 있으면서도 그 보다 발달된 구조로 변화된 가장 빠른 연결고리유개호가 원화십년명 장골기로서 그 시기는 9세기 초이다. 9세기 2/4분기가 되면, 청동제 사리기의 형태를 탈피하고, 일부에 인

7. 왕릉과 분묘

화문이 시문되면서 무문양과 유문양의 연결고리유개호가 병존하였다. 9세기 2/4분기 후반 이후가 되면 무문양의 연결고리유개호는 사라지고, 거의 모든 연결고리유개호의 뚜껑과 호의 표면 전면에 각종 인화문이 시문되면서 연결고리유개호 발달의 정점을 맞이하였다. 이 시기부터 뚜껑과 호에 부착된 연결고리의 부착 위치가 달라지면서 뚜껑과 호의 연결고리에 간극이 생기게 되고, 9세기 3/4분기가 이후가 되면 그 간극이 최대로 벌어진다. 이와 더불어 뚜껑과 호의 형태도 합 모양으로 바뀌고, 굽의 높이가 높아지는 형태로 되면서 연결고리유개호는 쇠퇴하게 된다(홍보식 2005).

화장묘가 장례 및 매장시설의 간소화를 가져온 혁신적인 내용을 지녔지만, 지배층이 조영한 화장묘의 구조와 재질이 당시의 최고급품이란 점은 그들의 권력과 경제적 부를 과시하려는 의도가 있었음을 나타낸다. 왕경의 귀족층들이 사용한 화장묘의 용기는 사리용기를 모방하여 만들고, 사리용기의 형식변화를 따르고 있음은 신라 최고 지배층이 예배 대상물인 불사리의 봉안과 그 형식을 따르려는 열망의 표현이었다.

화장을 시행하고 장골을 하는, 그리고 그 이후 이를 주도하는 주체세력의 구명, 그리고 화장이 통일신라 사회로 확산되는 사회적 배경과 이에 따른 화장묘의 확산과 다양한

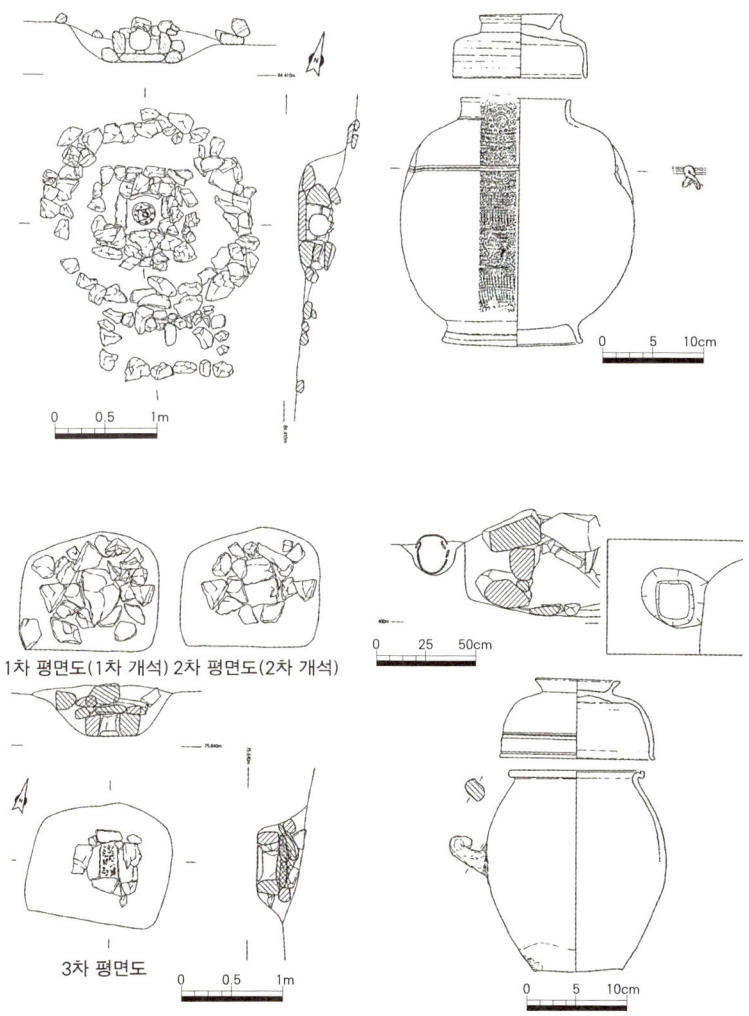

그림 7-23 경주 석장동 동국대학교 구내 화장묘

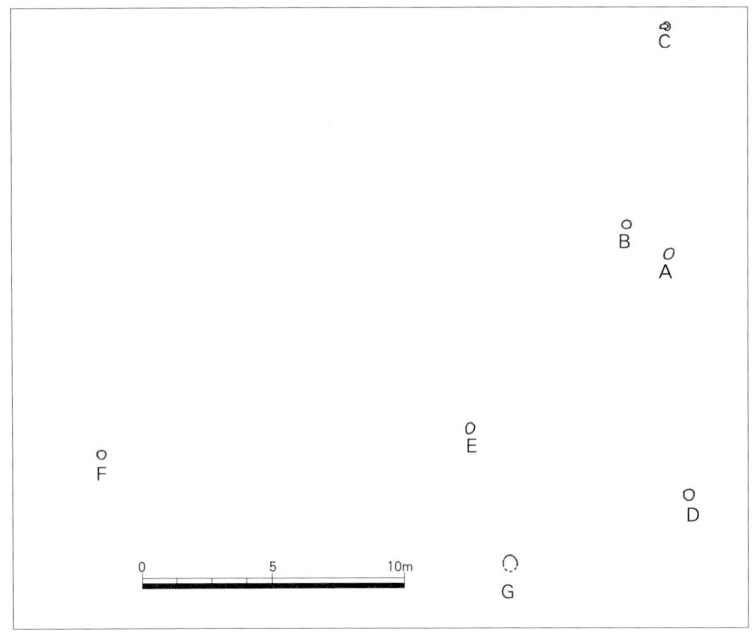

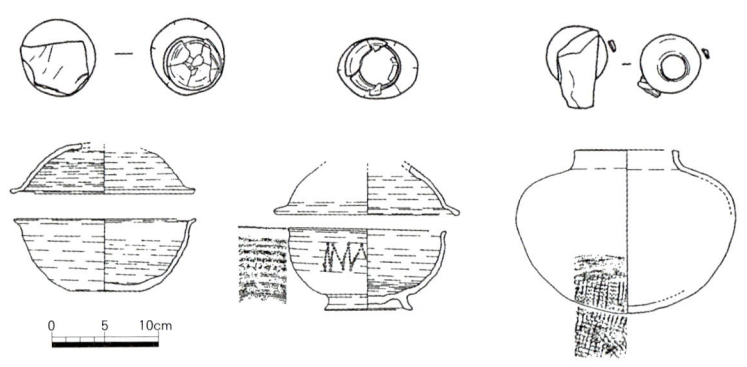

그림 7-24 진주 무촌리 화장묘군과 장골기

형식의 화장묘가 등장하게 된 배경에 대한 구명은 아직까지 이루어지지 못하였다.

그리고 석장동 동국대학교 경주 캠퍼스 구내의 화장묘군처럼 횡혈식석실·횡구식석실과 화장묘가 혼재할 경우, 매장시설의 차이에 의한 피장자의 성격 차이가 있었는지, 있었다면 그것이 무엇인지에 대한 구명도 이루어져야 한다.

공주 정지산 화장묘군과 진주 무촌리 화장묘군, 김해 대청 화장묘군 등과 같이 군을 이루는 화장묘의 축조집단의 성격 및 석실묘를 축조한 집단과의 성격차이에 대한 구명도 앞으로의 과제이다.

그리고 기존의 일부 연구에 의하면, 장골기가 횡혈식석실에도 안치되었을 가능성이 있다고 한다. 그런데 지방의 횡혈식석실에는 아직 확인되지 않았으며, 왕경에 소재하는 횡혈식석실에 그 가능성이 있으나 대상이 되는 용기는 유개합의 토기이다. 왕경에서 발견되는 장골기 중 토기의 유개합이 거의 없는 점은 그 가능성이 낮다. 그리고 백제지역에서 출토되어 백제의 화장묘로 알려져 온 자료 중 통일신라시대의 화장묘가 있는 등(姜熙天 1990; 山本孝文 2003) 보다 면밀한 분석과 검토가 이루어져야 한다. 아울러 화장을 한 장소, 즉 화장유구의 존재가능성을 고려한 발굴조사가 필요하다.

홍보식

참고문헌

보고서 및 논저

姜炅希, 1994, 『晉陽 武村里 加耶墓』, 國立晉州博物館.

江原文化財研究所·原州地方國土管理廳, 2005, 『洪川 驛內里 古墳群』.

慶尙大學校 博物館·陜川郡, 2011, 『陜川 玉田 M28號墳·陜川 城山里 土城』.

경주시·한국전통문화대학교, 2013, 『신라왕릉』.

國立慶州文化財研究所, 1994, 『慶州西岳地域地表調査報告書』.

國立慶州文化財研究所, 1995a, 『憲康王陵補修收拾調査報告書』.

國立慶州文化財研究所, 1995b, 『乾川休息所新築敷地 發掘調査報告書』.

國立慶州文化財研究所, 1997, 『慶州北部地域地表調査報告書』.

계림문화재연구원, 2013, 『경주 신당리 산7번지 내 1호 석실분』.

郭長根·趙仁振, 2001, 『鎭安 五龍里 古墳群』, 群山大學校博物館.

郭長根·韓修英·趙仁振, 1998, 『鎭安 平地里 古墳群-1997年度 發掘調査-』, 群山大學校博 物館·財團法人 百濟文化開發研究院.

국립경주문화재연구소, 2007, 『신라고분 기초학술조사연구Ⅲ-문헌·고고자료-』.

國立慶州文化財研究所, 2002, 『신라왕경발굴조사보고서Ⅰ』.

國立文化財研究所·國立慶州文化財研究所, 2003, 『신라왕경조사의 성과와 의의』.

國立慶州文化財研究所·慶州市, 2005, 『慶州 隍城洞 石室墳-906-5番地』.

국립경주박물관, 1993, 『경주 황성동석실분』.

國立慶州博物館, 2000, 『新羅瓦塼』, 特別展 圖錄.

國立慶州博物館·慶州市, 1997, 『慶州遺蹟地圖 1:10,000』.

국립공주박물관, 1999, 『艇止山』.

國立博物館, 1955, 『慶州 路西里 雙床塚·馬塚·一三八號墳 發掘報告』.

國立中央博物館, 2003, 『統一新羅』, 特別展 圖錄.

國立中央博物館, 2008, 『鬱陵島』.

국립청주박물관·청주시, 2002, 『淸州 龍潭洞古墳群 發掘調査報告書』.

國立淸州博物館, 2001, 『淸州 明岩洞遺蹟(Ⅱ)』, 1999年度 試掘 및 發掘調査報告書.

國立淸州博物館, 2002, 『淸州 龍潭洞古墳群』.

群山大學校博物館, 2001, 『鎭安 五龍里 古墳群』.

金載元·金元龍, 1955, 『慶州 路西里 床雙塚·馬塚·138號墳 調査報告』, 國立中央博物館.

길경택·황정하, 1992, 『충주 단월동 고려묘 발굴조사보고서』, 충주박물관.

김현희·윤상덕·김동우, 2005, 『고대문화의 완성 통일신라·발해』, 국립중앙박물관 명품선집06.

대구 가톨릭대학교 박물관, 2010, 『경주 근화여중고 신축부지 慶州 龍江洞 古墳群Ⅰ·Ⅱ』.

문화재연구소 경주고적발굴조사단, 1990, 『경주 용강동고분 발굴조사보고서』.

百濟文化開發硏究院·群山大學校博物館, 1998, 『鎭安 平地里 古墳群-1997年度 發掘調査-』.

釜山大學校 博物館, 1987, 『陝川 苧浦里E地區 遺蹟』.

安東大學校 博物館, 1989, 『安東 安慕洞古墳』.

이근직, 2006, 『신라 왕릉의 기원과 변천』.

이근직, 2012, 『신라왕릉연구』, 학연문화사.

李在賢, 2002, 『金海 大淸遺蹟』, 釜山大學校博物館.

任世權, 1989, 『安東安慕洞古墳』, 安東大學博物館.

張正男, 1995, 『憲康王陵補修收拾發掘調査報告書』, 慶州文化財硏究所.

財團法人 嶺南文化財硏究院, 2003, 『金泉 帽岩洞遺蹟Ⅱ』.

鄭良謨·李健茂·崔鍾圭, 1985, 『傳閔哀王陵周邊整備報告』, 國立慶州博物館.

최병현, 1992, 『신라고분연구』, 일지사.

崔仁善·李東熙·李順葉, 2002, 『광양 용강리 유적Ⅰ-용강리 택지개발지구-』, 順天大學校 博物館.

忠北大學校 博物館, 1994, 『永同 柯谷里 古墳』.

坂詰秀一編, 1990, 『歷史考古學の問題點』, 近藤出版社.

平勢隆郎, 2004, 『亀と碑と正統』, 白帝社.

韓國考古學會, 2004, 『통일신라시대 고고학』.

한국매장문화재협회·中部考古學硏究所, 2015, 『楊平 大坪里 2號墳』.

韓國文化財保護財團, 2000, 『淸州 龍岩遺蹟Ⅰ』.

한국철도시설공단 영남본부·한울문화재연구원, 2015, 『경주 소현리유적Ⅰ』.

洪潽植, 2003, 『新羅 後期 古墳文化 硏究』, 春秋閣.

東 潮·田中俊明, 1988, 『韓國の古代遺蹟-1新羅篇-』, 中央公論社.

來村多加史, 2001, 『唐代皇帝陵の硏究』, 學生社.

齊藤忠, 1987, 『東アジア葬·墓制の研究』, 第一書房.

논문

姜敬淑, 1987, 「慶州 拜里出土 土器骨壺 小考」, 『三佛金元龍教授停年退任紀念論叢-美術史 學·歷史學·人類/民俗學篇-』, 三佛 金元龍 教授 停年退任紀念論叢 刊行委員會.

姜友邦, 1973, 「新羅十二支像의 分析과 解釋-新羅十二支像의 Metamorphose-」, 『佛教美術』1, 東國大學校博物館.

姜友邦, 1982, 「統一新羅十二支像의 樣式的 考察」, 『考古美術』154·155, 韓國美術史學會.

姜仁求, 1972, 「百濟의 火葬墓-새로운 百濟墓制-」, 『考古美術』115, 韓國美術史學會.

姜仁求, 1975, 「百濟의 火葬墓」, 『百濟文化』7·8合, 公州師範大學附設 百濟文化研究所.

姜仁求, 1977, 「第二章 百濟의 火葬墓」, 『百濟古墳研究』, 一志史.

姜仁求, 1984, 「新羅王陵의 再檢討-柳花溪의 羅陵眞贋說과 관련하여-」, 『東方學志』41, 延世大學校 國學研究院.

강인구, 1987, 「신라왕릉의재검토 3」, 『삼국유사의 종합적 검토』, 한국정신문화연구원.

姜熙天, 1990, 「夫餘 中井里(당산)出土 骨壺의 再檢討」, 『鄉土文化』.

국립경주문화재연구소, 2002, 「문무대왕 수중릉 정밀실측 조사 및 물리탐사」, 『연보』12.

권영필, 1992, 「경주괘릉 인물석상재고」, 『미술자료』50, 국립중앙박물관.

金吉雄 외, 2004, 「校內 學生福祉館敷地遺蹟Ⅰ」, 『錫杖洞遺蹟Ⅳ』, 東國大學校 慶州캠퍼스 博物館.

金龍星, 2012a, 「경주 서악동 능원과 그 의의」, 『嶺南大學校 文化人類學科 開設40周年 紀念 論叢』.

金龍星, 2012b, 「신라12지신장상 호석 능묘의 변천」, 『한국고대사탐구』15.

金元龍, 1985, 「土器-統一新羅-」, 『韓國史論』15, 韓國史編纂委員會.

김용성·강재현, 2012, 「신라 왕릉의 새로운 비정」, 『야외고고학』15, 사단법인 한국문화재조사연구기관협회.

朴日勳, 1963, 「慶州 三陵石室古墳」, 『考古美術』8, 韓國美術史學會.

손용문, 1965, 「구정리방형분 복원공사경위」, 『고고미술』6-12, 한국미술사학회.

송계현, 1993, 「東萊蓮山洞古墳群 收拾遺構 調査報告」, 『博物館研究論集』2, 釜山直轄市立博物館.

심현철외, 2014, 「신라의 토목」, 『신라고고학개론』上, 진인진.

윤상덕, 2014, 「봉토 외형으로 본 신라 전·중기의 왕릉 추정」, 『한국고고학보』, 한국고고학회.

尹炯元, 1995, 「慶州 東川洞 收拾調査報告」, 『국립경주박물관연보-1994년도-』, 국립경주박물관.

李揆山·兪炳夏, 1994,「全州 中華山洞 百濟 火葬墓」,『考古學誌』6, 韓國考古美術研究所.

李熙濬, 1992,「慶州 錫杖洞 東國大 構內出土 藏骨器」,『嶺南考古學』11, 嶺南考古學會.

이재중, 1996,「통일신라시대 왕릉 앞 석인연구」, 석오윤용진교수정년퇴임기념논총.

林孝澤·郭東哲, 1996,「金海 柳下里 傳王陵」,『東義史學』9·10合, 東義大學校史學會.

鄭吉子, 1980,「新羅藏骨容器研究」,『韓國考古學報』8, 韓國考古學會.

鄭吉子, 1989,「新羅時代의 火葬骨藏用土器 研究」, 崇實大學校 博士學位 論文.

정준기, 2003,「3. 12지」,『통일신라』, 특별전 도록, 국립중앙박물관.

趙由典·申昌秀, 1986,「慶州 龍江洞古墳發掘調査槪報」,『文化財』19, 國立文化財研究所.

崔秉鉉, 1987,「新羅後期樣式土器의 成立試論」,『三佛金元龍教授停年退任紀念論叢Ⅰ』, 三佛金元龍教授停年退任紀念論叢刊行委員會編.

崔秉鉉, 1988,「新羅 石室古墳의 研究-慶州의 횡혈식석실을 中心으로-」,『崇實史學』5, 숭실대학교 사학과.

韓炳三, 1979,「統一新羅の土器」,『韓國古代世界陶瓷全集』17, 小學館.

홍보식, 2004a,「통일신라의 장·묘제」,『통일신라시대고고학』, 한국고고학회 제28회 전국대회.

洪潽植, 2004b,「統一新羅土器의 上限과 下限-연구사 검토를 중심으로-」,『嶺南考古學』34, 嶺南考古學會.

홍보식, 2005,「통일신라 연결고리유개호의 발생과 전개」,『韓國上古史學報』51, 韓國上古史學會.

龜田修一, 2005,「統一新羅の考古學と日本」,『古代お考える日本と朝鮮』, 吉川弘文館.

宮川禎一, 1988,「文樣からみた新羅印花文陶器の變遷」,『歷史學と考古學』, 高井悌三郎先生喜壽記念論集.

宮川禎一, 1989,「新羅連結把手附骨壺の變遷」,『古文化談叢』20, 中·古文化研究會.

東 潮·田中俊明, 1988,「Ⅳ 慶州の古墳(二)」,『韓國の古代遺蹟1』, 新羅篇.

山本孝文, 2003,「百濟 火葬墓에 대한 考察」,『韓國考古學報』50, 韓國考古學會.

森 本徹, 1992,「火葬墓と火葬遺構」,『大阪文化財研究』3, 大阪文化財センター.

森 本徹, 1998,「韓國にける初期火葬墓の研究」,『靑丘學術論集』13, 財團法人韓國文化研究振興財團.

西島定生, 1978,「中國·朝鮮·日本における十二支像の變遷について」,『古代東アジア史論 集』下, 末松保和博士古稀記念會編, 吉川弘文館.

小泉顯夫, 1986,「第三章 統一新羅時代の古墳と王陵」,『朝鮮古代遺蹟の遍歷-發掘調査三十年の回想-』.

有光敎一, 1932,「慶州忠孝里石室古墳調査報告」,『1932年度古蹟調査報告』2, 朝鮮總督府.

有光敎一, 1936, 「十二支生肖の石彫を繞らした新羅の墳墓」, 『靑丘學叢』25, 靑丘學會.

有光敎一, 1937, 「慶州忠孝里石室墳調査報告」, 『昭和七年度古蹟調査報告2』, 朝鮮總督府.

李熙濬, 1989, 「統一新羅時代」, 『韓國の考古學』, 講談社

朝鮮古蹟硏究會, 1937, 「慶州忠孝里盜掘古墳 調査」, 『1936年度 古蹟調査報告』.

통일신라고고학개론

08

가람과 불교 조각

- 가람
- 불교 조각
- 통일신라 하대의 선문가람과 지방사원

1. 가람

1) 고고자료로 보는 교학가람의 변화

한반도에 불교가 공식적으로 수용되는 시기는 고구려, 백제가 4세기 중반 이후이며, 신라는 6세기 중반으로 알려져 있다. 그러나 고구려와 백제의 불교 초전지는 국내성(집안)과 한성지역으로 실제 고고학적으로는 이들 4세기대의 초기가람 유적에 대해서는 알려져 있지 않다. 고구려의 경우 국내성의 불교유적은 아직 알려진 바 없으며, 제2 천도지역인 평양 부근 황해도 토성리사지를 북한학자들은 4세기 후반으로 비정하고 있으나, 편년에 대해서

는 검토의 여지가 있다.(국립부여문화재연구소 2010)

　백제가람도 초전지인 한성(서울)지역에서는 아직까지 사지가 알려진 바 없고 웅진(공주)천도시기의 불교유적도 고고자료로는 명확하지 않으며, 사비(부여)천도 이후에야 백제가람 조영이 본격화 되는 것으로 보는 것이 보편적이다.

　신라가람도 흥륜사와 같은 초기가람은 그 유적이나 실체가 아직까지 명확하게 규명되지 않으며, 황룡사지와 분황사 정도가 삼국시대를 대표하는 사지로 다루고 있다.

　즉, 문헌에서는 한반도에 4세기부터 가람의 존재가 입증되나 고고자료에서는 6세기 전후하는 시기의 가람이 비교적 명확한 삼국시대의 가람으로 알려져 있고, 이들의 가람구성은 삼국 모두 탑과 상(금당)을 신앙대상으로 하는 교학적인 가람의 틀을 보이고 있는 것으로 이해되고 있다.

　불교교리에서 교학가람의 틀은 신앙대상(탑과 상)의 영역-佛地-와 불교를 신행하는 승려의 영역-僧地-로 구별되며, 이들 두 영역은 회랑시설로 구분되어지는 형태를 의미한다. 이러한 교학가람의 틀은 교리적 해석보다 정치, 문화적으로 중국불교의 영향으로 이해되고 있고 중국 궁궐제도와 관련한 것으로 더 많이 알려져 있다.

　그러나 불교교리적 해석은 당시의 인도 및 서역과 중국불교가 혼재되어 있기는 하지만 불교경전들에서 명확하게 설명하고 있으며, 이들의 경전 이론은 기존의 정치사적 해석보다 더 명확하게 불교공간의 구분과 가람구성 이론을 알 수 있는 사료적 자료이기도 하다(최태선 2016). 이러한 경전에 근거한 교학가람의 틀은 중국을 비롯한 동북아시아 가람에서 명확하게 나타나며, 한반도는 삼국의 교학가람 틀을 통일신라에도 그대로 계승하고 있는데, 다만 통일이후 신앙 대상의 변화에 따라 중심당우(탑, 금당)의 위치와 구성이 달라지는 특징을 보이고 있다.

　교학가람의 영역과 당우 구축에 대한 경전의범은 여러 종류가 있으나, 고고학적인 근거가 될 만한 자료를 소개하면 다음과 같다.

2) 교학가람의 구성원리

(1) 공간구성에 대한 경전의범

5세기 초 동진대(東晉代)에 불타발타라와 법현에 의해 한역된 계통의 율장인 『마하승기율

(摩訶僧祇律)』에 잘 나타나 있으며「권33 명잡송발거법(明雜誦跋渠法)」편에 불지와 승지와의 구분에 대한 내용이 정리되어 있다.

탑을 세우는 법은 기단의 사방에 난간을 설치하고 원형으로 2층*을 쌓되 사면에 각이 나오도록 한다. 위에는 반개(盤蓋: 屋蓋)를 얹고 그 위에는 길게 윤상(寶輪)을 세운다…중략…승지(僧地)에서는 불지(佛地)를 침범하지 말고 또한 불지에서는 승지를 점령하지 말라. …중략…주변에는 담장을 쌓아 격리하고 서쪽과 남쪽에는 시탑(侍塔)하는 승방(塔殿)을 지어야 한다. 승방의 오수(汚水)가 불지에 들어오지 못하게 하며 또한 불지에서 나오는 물도 승방으로 흘러들어오지 못하게 하여야 한다. …(作塔法者 下基四方 周欄楯 圓起二重 方牙四出 上施槃蓋 長表輪相 …(若言世尊 已除貪欲 瞋愚癡 用是塔爲 得越比尼罪 業報重故 是名塔法 塔事者) 起僧伽藍時 先預度好地 作塔處 塔不得在南 不得在西 應在東 應在北) 不得僧地侵佛地 佛地不得侵僧地 若塔近死尸林 若狗食殘 持來污地 應作垣牆 應在西 若南作僧坊 不得使僧地水 流入佛地 佛地水 得流入僧地 塔應在高顯處作 不得在塔院中 浣染衣 …『마하승기율(摩訶僧祇律)』권33 명잡송발거법(明雜誦跋渠法: 대정장22: 498a6))

* 불교건축의 2중기단의 근거로 인도에서부터 경전에서 활용되고 있는 항목.

이러한 소의경전은 적어도 중국에서 번역된 5세기 전후 시기에는 동북아시아에서 보편적으로 통용되었고, 이를 근거로 이 시기의 가람조영은 불지와 승지를 엄격히 구분하려는 의도가 있었던 것으로 해석할 수 있다. 즉, 교학가람은 초기의 인도, 서역 등지에서 보이는 가람형태를 계승하고 있으며, 『마하승기율』에서처럼 가람공간은 불지와 승지가 엄격하게 구분되어 있고, 이들 두 지역은 오수도 구분되는 룰을 가지고 있었던 것으로 보인다. 여기서 두 지역 오수의 분리는 건축에서 배수체계로 해석하면 이해가 쉬워진다.

실제 삼국시대 및 통일신라시대 사원유적에서 조사된 회랑의 조영형태나 초기 동북아시

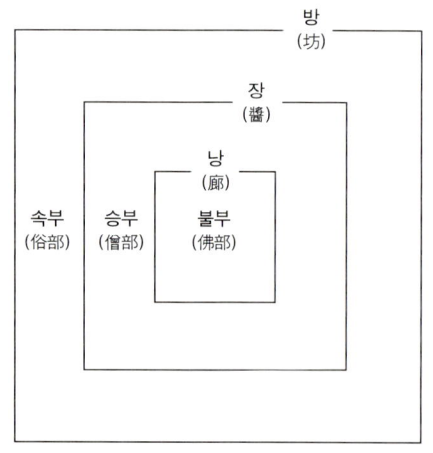

그림 8-1 가람공간 구성(최태선 2016)

아 가람의 공간구성은 기본적으로 『마하승기율』의 의범을 근거로 하고 있음을 알 수 있다.

이러한 공간구성에서 불지는 교학가람의 핵심영역이며 『법원주림』에 정리된 가람정의에서 '도량(道場)' 즉 '생이 없는 공간'을 의미하는 것으로 생각된다. 다시 피안의 세계를 지향한 석가의 불탑과 불상만을 배치하기 위한 영역으로 해석할 수 있겠다. 이에 비해 승지는 마하승기율에서 '탑을 시좌하는'의 표현처럼 석가의 가르침을 따르는 승단의 필요 시설 공간으로 신앙대상 공간을 보호하고 에워 싼 형태로 배치되며 이 공간에는 정원시설이나 과수 등 수목시설들이 함께 조영되는 공간을 의미한다 할 수 있겠다.

(2) 신앙 대상의 위치 선정에 대한 경전의범

7세기경에 여러 다라니를 모아 한역한 것으로 알려져 있는 『불설다라니집경』권 12에서는 작단(作壇)이라는 용어에 대해 설명되어 있으며, 여기서의 작단은 곧 건물의 기단을 구축하는 방법임과 동시에 다섯 방위 공간의 정 중앙이 불(佛) 즉, 신앙의 대상이 배치되는 것으로 해석할 수 있다.

주요부분을 요약하면 다음과 같다.

> ...당(堂)을 건립할 때에는 ① ...(밧줄하나를 가지고 장단을 재거나 원의 넓고 좁음을 헤아려 수대로 매듭을 정한 다음) 도량의 사방에 밧줄을 당겨서 아래에 흰색가루로 점찍어 표시한다. ② 아사리는 동북모서리로부터 서남모서리까지 밧줄을 당겨서 고정시키고 기중에서 사지 떨어진 곳 아래에 점을 찍어 표시한다. 또한, 동남모서리로부터 서북모서리까지 밧줄을 당겨 고정시킨 후 기둥에서 서지 떨어진 곳 아래에 점을 찍어 표시한다. 그리고 밧줄이 교차하는 중앙에 또 점을 찍는다. 그리고 이들 네모퉁이 및 중앙에 깊이 일걸의 작은 구덩이를 판다. ③ 그 구덩이에 칠보(금, 은, 진주, 산호, 호박, 수정, 유리)를 잘게 부수어 오곡(대맥, 소맥, 도곡, 소두, 호마)과 함께 명주에 싸서 오색으로 끝을 묶어 구덩이에 매납한다. 매납할 때 오색의 끈은 오지 정도의 길이를 밖으로 낸다. ④ 이 보물은 한번 넣은 후 영원히 꺼낼 수 없으며 이로써 금승계지가 칠보와 합해져서 이루어지니 모든 부처님께서 그 위에 머무시어 대승을 설하시며 법륜을 굴리시는 곳이다(…於道場處四方挽之 下以白粉點之爲記 阿闍梨 先從東北角 至西南角 挽繩定之離柱四指下點爲記 次從東南角至西北角 挽繩定之 離柱四指下點爲記 正當中央繩相交處 又下點竟 各當點處穿一小孔 深一磔許 其中擬埋七寶五穀

> 其七寶者 一金 二銀 三眞珠 四珊瑚 五琥珀 六水精 七琉璃 是名七寶 其五穀者 一大麥 二小麥 三稻穀 四小豆 五胡麻 是名五穀 其寶等碎五穀相和 以絹片裏 用五色線五指許 此寶物等一下以後永不得出 從此而起金繩界地七寶合成 諸佛居上演說大乘轉法輪處 卽以此地將作佛堂最爲第一 凡人居上一無利益…).

이 경전의범에 근거하면 공간구성은 정방형 또는 장방형을 기본으로 하며 이 공간상에 신앙의 대상은 정 중앙에 위치하는 것을 나타내는 것으로 생각된다. ②의 과정에서 서로 교차되는 부위의 각을 90도로 하면 목탑과 같은 정방형상의 공간이 구성되고, 대칭 부위의 어느 한쪽을 둔각, 다른 쪽을 예각을 정하면 동북아시아의 당우와 같은 장방형상의 공간이 구성된다. 이들 두 형태의 공간 정 중앙부는 신앙대상이 위치하는 부분이 되는 것을 설명하고 있다.

즉, 교학가람에서 신앙대상을 당우(금당)의 경우에 정 중앙에 불상을 위치시키고 가람구성 중 불지 공간의 정 중앙에 신앙의 중심대상을 배치시키는 의범이 『다라니집경』에 따르는 것이라 할 수 있겠다.

(3) 기단의 구축에 관한 경전의범

당(705년)때 한역된 『능엄경』에는 수행도량을 건립함에 있어 어떻게 결계할지의 작단법을 제자와 석가가 문답한 형식으로 설명하고 있다.

> 만약 말세의 사람이 도량을 세우고자 할진데 먼저 눈 덮인 산에서 큰 힘을 가진 흰 소를 구해야 할지니 이 소는 눈 덮인 산의 맑은 물만 마시고 그 산에서 나는 살찌고 기름지고 향내나는 물만 먹어서 그 똥이 매우 부드럽고 미세하니 그 똥을 가져다가 전단향과 골고루 섞어서 그 지면에 바를지니라. 만약 눈 덮인 산이 아니면 그 소가 냄새나고 더러워서 땅에 바를 수가 없으니 특별히 평평한 언덕에서 땅거죽을 거두어내고 다섯 자 아래에서 황토를 취해다가 전단향, 침수향, 소합향, 훈육, 울금, 백교, 청목향, 영능향, 감송향, 계설향과 골고루 섞어서 이 열 가지를 곱게 갈아 가루를 만들어서 황토와 배합하여 진흙을 만들어 도량의 지면에 발라야 하느니라…

이 경전의범은 기단토에 대한 방습 방수를 위한 소의 분뇨를 바르는 남방식의 건축법을 담고 있으며 이러한 것을 동북아시아에서는 숯이나 소금으로 방습효과를 대신하고 있다. 또한, 기단을 구축하는데 있어 범위의 부토를 제거하여 기반층이 나올 때 까지 파고 다시 다른 곳에서 기반층 흙을 파서 위에서 언급한 소의 분뇨와 함께 판축하라는 내용을 담고 있다.

물론 이러한 경전의범은 당시의 건축법을 경전에 담아 의범화한 것이라 생각되며, 7세기대의 중국이나 인도의 건축방법에 대한 문헌이 없으므로, 이 경전의범이 적어도 동북아시아에서는 한역되던 시기에는 통용되었던 것으로 해석할 수 있는 부분이다.

이상과 같이 4세기부터 7세기경에 한역된 경전에서 교학가람의 공간과 건립에 단서가 될 수 있는 의범 몇 례를 살펴보았다. 한반도의 삼국 및 통일신라시대 교학가람의 공간구성 또한 이들 경전의범에서 크게 벗어나지 않는 점도 확인할 수 있다(최태선 2013).

3) 교학가람의 구성

앞에서 언급하였듯이 교학가람의 구성은 불지와 승지로 구분되며 이들은 회랑이나 담장에 의해 구분된다. 이 불지의 공간에서 삼국시대의 사상과 통일신라시대의 사상변화에 따라 신앙의 중심대상 위치가 달라지는 것이 통일신라시대 교학가람의 특징의 하나이다. 삼국~통일신라시대 가람에서 불지의 고고학적 구성요소는 다음과 같다.

(1) 불지의 중심구조물- 탑, 금당

불지를 구성하는 중심구조물은 초기불교부터 신앙의 핵심이 되는 탑과, A.D 1세기 이후부터 출현하는 상을 모시는 금당이다. 이 신앙의 대상구조물과 이들로 진입하기 위한 남쪽의 출입문 시설이 인도, 서역 등지의 초기가람 구조이고, 동북아시아, 특히 5세기이후 한반도 삼국시대 가람에서는 이들 시설에 추가적으로 북쪽에 강당이 북회랑 중앙을 점하고 있는 형태를 보이고 있다.

이 불지의 공간에 사리를 봉안한 불탑과 불상을 모신 금당을 동일한 위격의 구조물에 배치하는 것은 중국의 가람배치에서 시작되는 것으로 보고 있다. 불상을 봉안한 구조물을 한반도 가람에서는 금당이라는 명칭이 일반적인 통칭으로 생각된다.

금당, 특히 堂의 용어에 대한 정의는 신앙의 대상물을 중앙에 안립하는 사당적 의미이며 확대 해석하면 생이 없는 곳이므로 난방시설이 필요 없는 형태라고 생각된다. 즉, 중국에서 정의하는 당은 후벽과 좌우 벽은 갖추었으되 중앙 정면은 트여진 구조이다. 이러한 당에 불교신앙의 대상인 금으로 장엄된 불상이 안립되므로 금당으로 명칭되었을 것으로 생각된다.

불상을 봉안하는 전각에 대한 명칭은 통일신라시대 유물에서는 "夫人寺金堂"명 암키와(경북대학교 1995), 석장사지 출토 "王卍寺金堂蓋草造"명 암키와(동국대학교 경주캠퍼스 1994), 중원사지 "明昌三年金堂改盖…立俾"(청주대학교박물관 1992)등과 같이 "금당"명만 확인되고 있어 고려시대까지 중심당우 명칭이 "금당"이었음을 추정할 수 있다.

(2) 회랑

가람의 회랑(담)은 건축구조상 지붕을 갖춘 구조로, 중앙에 위치한 중심시설 사방을 두르고 있는 긴 집채구조를 의미한다. 회랑은 측면간의 규모에 따라 1칸의 단랑 또는 기둥 2칸의 복랑으로 구분한다.

또한 신라지역의 경우 금당 좌우에 회랑과 연결하는 익랑시설이 통일신라시대 가람에서 확인되는데. 삼국시대의 경주 황룡사 창건기 가람과 분황사지, 통일신라시대 고선사지, 감은사지, 사천왕사지 등에서 확인된다. 백제계 가람에서는 미륵사지를 제외하고는 확인되지 않는다. 익랑을 제외한 회랑은 불지와 외부(승지나 기타 가람외곽)와 경계를 이루는 결계의 영역이면서 내부로는 통로 또는 인도나 서역에서 승려가 사용했던 기도처의 형태처럼 불부를 중심으로 마주볼 수 있는 구조를 계승하고 있는 것으로 정의할 수 있다.

회랑과 문지, 강당 등 경계영역이 확인되는 통일신라 사원유적은 경주 감은사지, 경주 황룡사지, 경주 불국사, 경주 망덕사지, 경주 고선사지, 경주 분황사지, 경주 천관사지, 경주 감산사지, 경주 인용사지, 경주 사천왕사지, 경주 창림사지(부분영역), 천군리사지 등 통일신라시대 사원의 대부분이다. 신라계 가람과는 달리 백제계 가람에서는 강당 좌우나 회랑의 북편에 회랑과 연결된 건물을 배치하여 다양한 기능의 공간으로 활용하는 사례가 많이 보고되고 있다. 군수리사지, 동남리사지, 능사, 왕흥사지 등 강당의 좌우에 건물이 접속되어 있는 경우와 능사, 왕흥사지, 정림사지, 미륵사지, 제석사지 등 회랑북단에 건물과 연결되어 있는 경우가 그러하며 6~7세기대로 편년되는 부여지역의 가람은 경주의 신라계와는 다르게 북단의 공간 활용이 변칙적으로 일어나고 있는 것이 특징을 보이고 있다.

(3) 중문

중문은 교학가람에서 불지와 속지의 연결공간이며 불지의 주 출입동선이다. 경전상에서는 불지를 금밭으로 장엄하고 모자라는 곳을 석가가 문을 설치하라고 명하는 내용이 있는데 이는 불지와 경계의 차이를 의미하는 것일 수도 있겠다. 따라서 경전의범 상으로는 경계공간의 구조물이지만 남쪽에 배치되는 특성상 정치적인 의미가 포함되어 금당 탑과 함께 화려하게 장엄되는 시설이기도 하다. 이들 문은 회랑을 끼고서 배치되는 측면1~3간의 특징으로 배치되는 것이 일반적이지만 황룡사지의 경우처럼 후대에는 측면 4간으로 확장되기도 한다.

(4) 강당

강당은 북쪽회랑과 접해있는 구조물로 신라가람에서는 남쪽회랑에서의 문의 위치처럼 북쪽회랑을 건물 측면의 중간에 배치하는 형태를 보이는 것이 특징이다.

『마하승기율』의 해석은 인도(남방)식이어서 동-서를 중심축선으로 방위를 설명하고 있다. 실제 이 방위는 중국을 중심으로 하는 남-북식의 중심축선에서는 90도를 우측으로 돌려서 해석해야 합당하게 되는 구조를 보이고 있다.

서역의 라확사원의 구조는 탑과 탑을 에워싸는 담장 그리고 남쪽의 출입문이 불지의 전체구성이다. 그 중, 에워싸는 담에 중문을 통해 들어와서 불탑을 보며 수행할 수 있는 각자의 ㄷ자공간을 배치한 형태로 모식도가 그려있다. 여기서 ㄷ자공간은 단순 격리시설인 담에서 발전한 중국의 회랑시설로 발전하는 구조이며, 이때는 강당의 시설이 북쪽에 없어서 모두 중문을 통한 출입형태로 해석된다.

북쪽회랑과 강당이 연결되는 형태로 조사된 신라가람은 사천왕사지, 망덕사지, 감은사지, 고선사지, 천군리사지, 불국사, 황룡사지외에도 근간에 조사된 영축사지등 신라가람에서는 대부분 동일한 구조를 보이고 있다.

즉, 강당은 신라가람의 회랑 중 북쪽의 출입 공간처럼 위치하고 있으며 기존까지의 명칭은 중문과 강당이지만 양쪽 모두 의례를 위해 불지를 내왕하는 출입적 성격도 함께 가지고 있었을 것으로 생각된다. 이러한 정황은 강당지와 승지공간의 연결시설에서도 알 수 있다. 경주 황룡사, 일본의 약사사, 대안사등에서 강당으로 진입하는 승지의 시설은 장엄한 보도시설과 식당으로 연결되는 구조로 되어 있어 일반적인 무질서함이 아니라 불지에 못지않는 정연성이 보이고 있는 점과, 국내의 안양사지나 가천리사지 등 강당에 해당되는 구조물들이 중앙의 통로식 시설을 두고 좌우의 공간으로 구분되는 구조를 건축학적으로 보이고 있는 예에서도 그 통로가 좌우의 방을 구분하기 위한 것뿐 아니라 불지와 승지를 공식적으로 연결하는 통로이며 승려의 출입 공간일 가능성을 생각하게 한다.

4) 불지 공간의 중심점 구성

앞에서 설정한 불지를 구성하는 중심시설과 경계시설에 대한 의미를 간략하게 살펴보았다. 여기서는 경계공간을 외곽으로 하여 중심시설을 어떻게 배치하는 가에 대한 검토를 해보자. 이것은 가람의 공간을 어떻게 설정하고 계획할 것인가에 대한 것을 말하며 기존의 요네다 미요지(米田美代治 1946), 이시다 모사쿠(石田茂作 1950)와 같은 일인학자들은 탑이나 금당의 범위나 해당 구심체를 기준으로 동심원을 구성하여 각 구조물간의 거리와 범위에 대한 해석을 시도하고 있다.

  요네다 미요지의 「조선상대에 있어서 건축계획의 수학적 일관견」에서 가람의 공간을 도형을 활용하여 도식화하고 있으며, 이시다 모사쿠의 「가람유형도」에서도 원으로서 중심부와 사역을 설명하고 있다. 이들의 건축계획에 대한 해석은 전체사역을 기준으로 하지 않고 탑과 금당이 이미 이원화되어 있는 상황에서 이들 두 구조물의 배치관계를 중심으로 공간을 해석하려고 시도하고 있고 건물 내의 공간, 탑의 공간, 탑과 건물의 공간 등을 별도의 척도로 삼아 가람전체 배치 상 일정한 규칙을 찾아 해석하고자 했으나 전체적으로 오히려 복잡한 구조로 풀이되고 있다. 불지의 중심점 확대현상은 통일신라시대를 기점으로 경전상의 법식을 따르는 현상으로 나타나는데 그것이 쌍탑가람의 등장이다. 쌍탑가람은 정치사적으로는 통일신라 가람의 독자양식으로 보는 견해를 비롯한 여러 해석들이(김성우 1992), 사상적으로 지적하는 탑신앙의 후퇴에 따른 결과로서, 신라지역에서는 사천왕사, 망덕사지의 과도기적 배치를 지나면 모두 금당이 경계영역의 정 중심점에 배치되는 현상으로 나타난다. 이러한 배치는 신앙의 형태가 본격적으로 상 신앙중심으로 전환된 것이며

8. 가람과 불교 조각

표 8-1 다라니집경과 가람공간의 구성

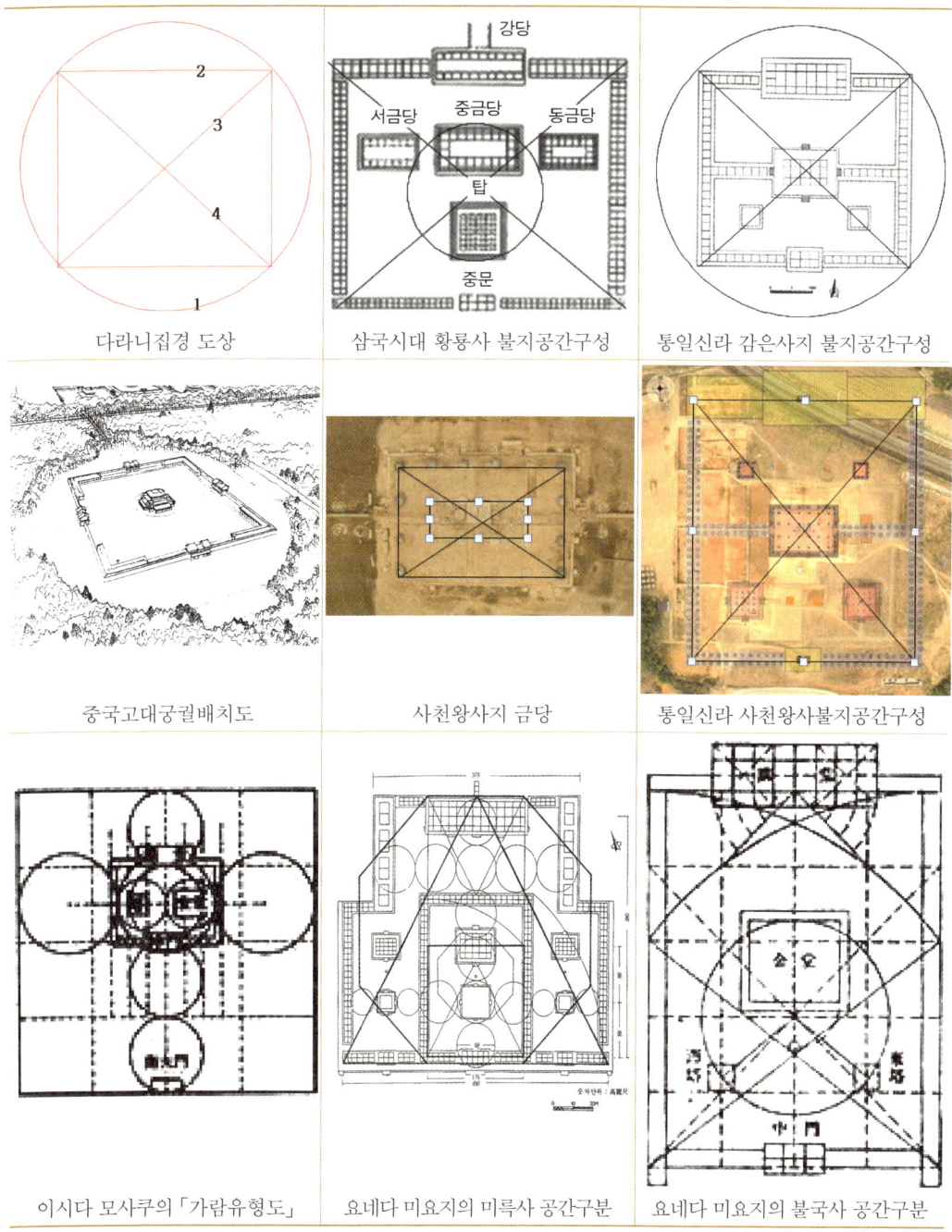

다라니집경 도상	삼국시대 황룡사 불지공간구성	통일신라 감은사지 불지공간구성
중국고대궁궐배치도	사천왕사지 금당	통일신라 사천왕사불지공간구성
이시다 모사쿠의 「가람유형도」	요네다 미요지의 미륵사 공간구분	요네다 미요지의 불국사 공간구분

불지에서는 상신앙 공간을 중심으로 모든 의례가 이루어지는 것으로, 외견상 드러나는 쌍탑의 배치보다 금당의 중앙배치를 강조하는 것이 더 불교사상적인 해석이라 하겠다.

불지에 조성된 신앙구조물 중 탑은 목탑, 석탑모두 평면 정방형을 원칙으로 하고 있으며, 그 중심에 신앙대상을 봉안하고 있는 것은 불변이지만, 상을 봉안하는 '금당'은 상을 중심으로 한 전각이므로 발굴 조사된 대웅전지의 구조에서 보듯이 모두 전각의 평면은 장방형을 기본으로 하고 있으나, 불상은 전각(전각 외진을 경계영역으로 이해할 때)의 중심점에 신앙대상으로 배치되고 있는 것이 고대가람의 형식으로 나타난다. 금당의 평면은 기존까지는 횡방향으로 넓은 장방형이 대부분이나 근래의 발굴조사에서 확인되는 영축사지 금당기단지나 법광사지 금당지처럼 정방형을 이루는 것도 확인되고 있어 주목된다.

금당내부의 공간분할은 통일신라 하대이후 고려시대로 가면서 당우 내부의 중심이 법승과 신앙의 상이 공존하는 형태로 바뀌면서 현재의 배치처럼 신앙구조물이 꼭지점에서 뒤로 물러선 형태를 이루는 것으로 해석하고자 한다. 불교사나 건축사에서 '법당'의 등장과 강당기능의 쇠퇴와 관련되는 해석과 연결되는 현상이다.

이시다 모사쿠의 해석방법에는 불지의 범위를 경계의 영역에 걸쳐있는 '중문'과 '강당'의 배치를 포함시켜 해석하고 있는데, 이 경우 강당, 문과 회랑의 연결방식에 따라 불지의 중심점에 대한 해석이 달라지고 이러한 현상을 다양화로 해석하고 있는 것으로 보인다. 국내에서는 명확한 사례는 없으나 일본의 경우 두 개의 구조물을 축선에 따른 종방향 배열뿐 아니라 좌, 우의 횡방향배열도 확인되는데 모두 중심점의 종방향확대 및 횡방향 확대로 해석하는 것이 타당할 것이다.

그러나, 이러한 시도만큼 명확한 각 건물간의 거리나 건물의 규격 등에 대한 공통점은 명확하게 제시하지는 못하고 있다. 필자는 이러한 구성원리는 앞에서 정리한 경전의범에 명확하게 명시되어 있는 것으로 이해하고자 한다. 즉, 7세기경에 한역된 다라니집경의 공간구성과 같이 공간 전체의 원상에서 방형 또는 장방형상의 공간과 그 중심점이 형성되고 신앙의 핵심대상이 그 중심점에 배치되는 원리를 한반도 교학가람에서 회랑의 범위와 중심당우에 적용할 경우 거의 일치하는 것을 알 수 있다.

중앙을 탑과 금당으로 확대하는 방법으로는 한반도의 교학가람처럼 남-북상으로 꼭지점의 1/2씩 나누어 배치하는 것이 일반적인데, 일본의 사천왕사처럼 동, 서로 배치하는 방법도 응용되고 있음을 알 수 있다. 국내의 경우 다만 고선사지 예처럼 당시의 발굴도면을 근거로 할 때 별원에 신앙대상을 중앙에 둔 형태의 특수사례도 있다.

이러한 교학가람은 통일신라가 되면서 앞에서 언급한 불교사상의 변화와 함께 신앙의 대상도 변화를 맞이하게 된다. 불탑신앙이 본격적으로 축소되고 불상신앙이 전면에 등장하는 형태로 공간이 바뀌게 된다. 불상신앙 중심의 흐름은 금당 앞의 공간확보를 위하여 탑은 축소화 되면서 두 개로 조성되어 금당지 앞쪽 좌, 우로 분리되고, 사천왕사지와 망덕사지 단계를 지나 감은사지 단계가 되면 석탑화 되면서 건축이 아닌 조형적 단계로 변화하고 있음을 알 수 있다. 즉, 전각으로서의 불탑은 신앙의 변화와 함께 조형적인 불탑으로 교체되는 것이 통일신라시대 교학가람의 특징이라 할 수 있겠다.

건축학적으로 쌍탑가람이라 표현되는 단계가 오면 신앙의 주 대상이 상신앙 중심으로 단일화되고, 불상을 모신 금당이 불지의 정 중앙을 차지하게 되는 현상으로 나타나는데 이는 초기의 서역가람에서 탑을 정 중앙에 배치한 가람의 구조와 흡사한 형태가 된다. 이러한 쌍탑 일금당의 회랑을 갖춘 통일신라 가람은 『다라니집경』의 의범에 따른 공간 구분으로 명확하게 나타나며 불지의 공간이 남-북으로 세장한 형태로 나타나는 것을 특징으로 한다.

또한, 불지에서 탑과 금당의 개별건물도 이 『다라니집경』의 내용을 대입하면 통일신라시대까지 불단의 위치가 중앙에 설정되는 것을 알 수 있다.

이렇듯 통일신라시대 교학가람의 특징을 종합하면 다음과 같이 정리된다.

교학가람은 불지영역을 엄격하게 제한하고 있으며, 신앙대상의 영역이 불탑과 불상에서 불상(금당)을 중심으로 하는 형태로 변화하고 따라서 탑은 양분되고 축소되어 전각이 아닌 조형으로 바뀌는 변화를 보이고 있다는 점이다. 이와 함께 좌, 우 회랑에서 금당으로 연결하는 익랑이라는 특이한 형태가 등장하는 것도 이 시기의 특징이다(최태선 2016).

이렇게 변화하는 가람형태는 8세기 중반이 되면서 불상신앙의 공간도 그동안 단일 금당 중심에서 불국사와 같이 다불전의 형태로 변화하기 시작하는 점이다. 삼국시대의 신라와 고구려의 삼금당 형태와는 다르게 별도의 개별 회랑을 통하여 개별공간으로 원래의 불지공간 좌우에 다양한 형태로 건립되기 시작하는 것도 이시대의 특징으로 볼 수 있다.

5) 유적별 특징

통일신라시대의 쌍탑가람으로 대표되는 교학가람은 경주 도성을 중심으로 발전하며, 통일신라시대 불교의 확산과 함께 지방유적에서도 쌍탑의 구조가 확인되고 있다(박윤배 2013). 위에서 살펴본 교학가람의 대표적인 사례를 경주와 지방을 중심으로 간략하게 정리해 보면 다음과 같다.

(1) 황룡사지

삼국사기에는 553년, 삼국유사에는 569년에 창건된 것으로 기록된 황룡사지는 1976년부터 국립문화재연구소에서 발굴조사 하여 사역의 규모가 거의 규명되었다. 삼국시대를 창건기로 하는 황룡사지는 고려시대 몽고에 의해 소실되기 전까지 조영되었던 가람으로 일탑 삼금당식의 고구려 가람과 백제의 방형목탑의 가람배치가 조합되어 변형된 구조이다.

황룡사지는 삼국시대에 창건된 가람이어서 회랑으로 에워싸인 불지공간의 중심을 일탑의 축선과 금당의 축선이 공유하는 형태로 주 신앙영역을 배치하고 있다. 금당규모는 2중 기단에 정면9칸 측면4칸이며, 645년에 완성된 7간 규모의 목탑은 중심부에 3×4m의 거대한 심초석을 두었는데 윗면 중심부에 사리를 저장하는 사리공을 마련하고 다시 덮개초석을 놓아 심주를 받치도록 하였다.

강당지는 원래 10×4칸으로 되었던 것이 후에 서쪽 일부를 개축하여 9×4칸으로 변하된 것으로 보고되고 있다. 강당지가 10칸일 때 건물 안 설법단이 좌우에 2개가 마련되고, 9칸이었을 때는 설법단이 중앙에 1개가 놓인 것으로 발굴조사에서 확인되었다. 강당지 북쪽으로는 답도시설이 확인되고 있어 주 출입시설의 위치가 북쪽일 가능성을 생각하게 한다. 중문지는 3차에 걸쳐 개축되었으며 정면 5칸 측면 4칸 중앙부의 3칸은 출입을 위한 대문이 있었을 것으로 추정된다.

(2) 분황사

삼국사기에 634년 창건되었다고 전하는 분황사는 국립경주문화재연구소에서 1975년을 시작으로 1990년부터 본격적인 연차 발굴조사가 진행 중에 있다. 모전석탑 바로 북쪽에 이와 축을 맞추어 品자평면으로 배치된 금당지의 규모를 확인하고 발굴조사단에서는 고구려 가람의 3금당 1탑식의 형태로 추정하고 있다.

금당은 총 3차례에 중건된 것으로 확인되는데 중금당지 규모는 동서 26.6m, 남북15.4m이다. 강당은 정면 8칸, 측면 3칸의 구조로 각각 32.8m 13.3m 규모로 추정된다. 분황사의 발굴조사 결과 명확한 적심석의 구조가 확인되지 않아 가람배치에 대해서는 이견이 있는 것도 사실이다.

(3) 사천왕사지

2006년 이후 국립경주문화재연구소에 의해 최근까지 조사되었으며 쌍탑일금당식 가람배치로 통일신라시대부터 보이는 가람구조이다. 금당과 강당사이의 2동의 정방형 건물지로 인해 밀교사원으로 분류되기도 한다. 탑은 목탑의 건축형태이면서 통일신라의 새로운 배치법에 의해 경주에서 제일 먼저 쌍탑으로 분리되는 형태를 보이고 있으며, 인근한 망덕사지와 함께 경주지역의 통일신라시대의 초기의 가람유형이다. 회랑내부의 불지중앙에는 통일신라시대부터 금당이 배치되고 탑은 그 앞쪽에 좌우로 양분되어 배치되는 형태를 보인다.

　금당은 정면 5칸, 측면 4칸이며 동·서 목탑지는 사방 3칸의 정방형으로 중앙에 방형의 사리공이 있는 심초석이 있는 동일한 구조이다 이외에 불지에서는 금당지 뒤편의 추정 단석지와 이들을 에워싼 회랑과 익랑구조가 확인되었다.

(4) 감은사지

1959년 국립박물관에 의해 석탑 해체 복원을 위한 간이조사와, 1979, 1980년 국립경주박물관에 의해 불지영역의 발굴조사가 이루어 졌다.

　감은사는 문무왕의 유지에 의해 681년 세워진 것으로 전하며 쌍탑 일금당식의 가람구조로, 사천왕사지처럼 불지중앙은 금당이 배치되는 구조이다. 사천왕사지와 망덕사지에 이어 쌍탑의 구조가 목조구조에서 대형석탑으로 조성된 것이 특징이다. 또한, 불지의 평면이 다른 가람유적과는 달리 정방형에 가깝다.

　금당은 이중 기단위에 정면 3칸, 측면 3칸 구조로, 정면 23.9m 측면 17.3m의 규모이며 금당지 바닥은 장대석을 마루처럼 설치하여 하부에는 지하공간을 두었다. 강당지는 창건 당시에는 가구식 기단 위에 정면 8칸 측면 4칸이었으나 후대에는 정면 5칸 측면 4칸으로서 서쪽 부분의 3칸이 축소되었다.

　중문지는 정면3칸 측면 2칸의 평면으로 추정되며, 정면은 수로를 통해 진입하는 구조이다. 동편 서편의 승려공간에서는 공방지로 추정되는 유구가 확인되기도 하였다.

(5) 고선사지

문화재 관리국과 경주사적관리사무소에 의해 1975년 조사되었다.

가람배치는 회랑으로 구획된 동, 서의 별도 영역에 각 금당과 탑을 배치한 특이한 형태이며 보고서에는 이들 영역을 금당구, 탑구로 구분하고 있다. 기존의 교학가람의 기본틀과는 차이를 보이는데, 삼국시대의 가람 형태라기보다는 통일신라시대의 1기의 석탑을 기본으로 하는 일탑 일금당의 새로운 시도형태로 보인다. 최근 성림문화재연구원에서 조사한 황복사지의 최종가람 모습과도 유사한 구조인데, 별원을 두는 것은 차이가 있다. 금당구 내의 금당지는 가구식기단의 지대석의 일부만 남아 있는데 상층기단 동서 17.3m 남북 15.3m 이고 하층기단은 동서 18.5m 남북 16.5m 로 추정된다.

강당지는 금당지 북쪽에 위치하며 가구식 기단을 갖추고 있다. 중문지는 정면 3칸 측면 2칸으로 추정되며 남 회랑지는 중문 양쪽으로 각각 5칸 규모로 확인된다.

(6) 천군동사지

조선고적연구회에 의해 1940년에 조사된 사지로 각 건물지의 상세한 구조는 알 수 없다. 다만, 가람구조는 남북축선상에 쌍탑 일금당식 가람배치로 불지의 중앙에 금당을 배치한 구조로 추정하고 있다. 금당지는 정면 5칸 측면 5칸의 구조이며, 강당은 정면 8칸 측면 4칸으로 추정된다. 중문은 정면 3칸 측면 2칸으로 확인되었다.

(7) 불국사

문화재관리국에 의해 1969~1970년에 복원공사를 위해 부분적인 발굴이 있었다.

〈불국사고금창기〉에 의하면 528년 세워지기 시작한 것으로 기록되어 있지만 신빙성이 떨어지며 삼국유사에 기록된 것과 같이 경덕왕 때인 751년에 창건된 것으로 보는 견해가 지배적이다.

가람배치는 불지의 중앙에 금당이 배치되는 구조이지만 하나의 불지가 아닌 다불전화로 구성되는 특징을 보이고 있다. 즉, 중심불지인 남향한 쌍탑식 가람의 금당 구역과 그 서편에 회랑으로 별도영역을 마련한 극락전 구역, 그리고 그 뒤쪽으로 법화전, 비로전 등 별도의 신앙전각이 담장으로 구획된 중앙에 마련된 배치이다.

8. 가람과 불교 조각

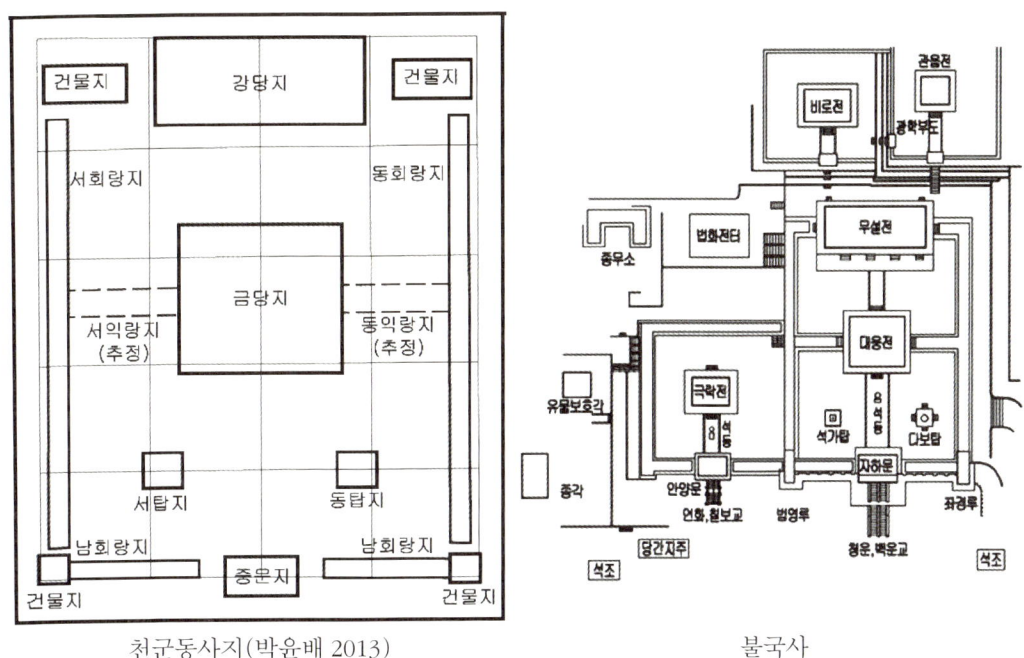

천군동사지(박윤배 2013)   불국사

그림 8-2 천군동사지(좌)와 불국사(우) 배치도

각 구역을 회랑으로 구획짓는 방식은 고선사지와도 유사하나, 다불전화되는 것은 불국사단계의 가람특징이다. 동쪽의 대웅전 영역의 남회랑의 동, 서 모서리에 범영루와 좌경루라는 보조건물이 존재한다. 대형 범종이 조성되어 불지경계부의 앞쪽에 배치되는 형태로, 통일신라 불교의 또 다른 특징으로 생각되는 요소이다. 그 외에 금당구역 주변에 비로전지, 관음전지 등 별도의 공간으로 이루어진 다불전의 영역이 배치되고 있어 불국사 단계부터 신앙형태가 다불전화 되기 시작되고 있음을 알 수 있다. 이렇게 다불전으로 구성된 전체 가람배치 구조는 8세기 중기 통일신라 불교가 갖는 다양한 사상과 신앙형태를 반영한 것이라는 의견이 일반적이다.

(8) 전인용사지

국립경주문화재연구소에 의해 2009년에 조사되었다. 조사결과에서는 쌍탑 일금당식 가람배치로 추정하고 있으며, 금당과 동 서탑지의 남쪽에는 문지로 비정되는 십자형건물지가 배치되어 있다. 금당 위쪽인 북측이 파괴되어 강당지의 유무는 파악할 수 없다.

그림 8-3　전 인용사지 배치도(박윤배 2013)

이러한 사례를 종합할 때, 통일신라시대에 새로운 형태로 등장하는 쌍탑가람은 왕도인 경주에서는 거의 일관된 형태로 조성되고 있다. 이와 함께 신라권역에서는 지방사원에서도 왕실의 원찰격 성격의 가람이 주요 명산을 중심으로 건립되는 것으로 확인되는데 이들 왕실관련 사찰은 모두가 쌍탑을 갖춘 가람구조이다. 인제 한계사지, 횡성 중금리사지, 원주 상원사지, 봉화 서동리사지, 김천 갈항사지, 청암사 수도암, 울산 간월사지, 울산 영축사지, 청도 오갑사와 장연리사지, 합천 월광사지에서 쌍탑가람의 통일신라 가람이 확인되며, 팔공산권역의 팔공산 동화사, 부인사. 북지장사 등은 쌍탑의 가람구조임이 확인된다.

　이러한 쌍탑가람배치는 신라권역 이외에도 백제권역에서도 빈도는 많지 않지만 이 쌍탑가람이 조영되고 있음을 알 수 있는데, 남원실상사, 구례화엄사, 장흥보림사, 순천선암사, 산청 단속사지 등이 통일신라의 새로운 가람배치양식으로 조영되었음이 확인된다(박윤배 2013).

　이렇듯 쌍탑가람 구조는 통일신라시대의 특징이지만, 실제 박윤배의 연구에서처럼 백제권역에서는 사례가 많지 않은 것은 통일되었으나 백제권역에서는 기존의 전통을 유지하려는 것으로도 볼 수 있어 앞으로의 연구가 기대된다.

2. 통일신라 하대의 선문가람과 지방사원

김영태의 통일신라불교 쇠퇴기에 해당되는 시기에 교학가람과 다르게 중국으로 부터 선의 수용과 함께 기존의 교학가람과는 다르게 또 하나의 통일신라시대의 특징적인 가람구조가 등장한다.

통일신라를 전후하여 역사발전의 산물로서 교학과 의식체계가 확립되고 신앙이 확산되면서 불교가 대중화되고 불교 내에서도 종파가 성립되고 종파불교를 장악한 봉건지배층은 보수화되어 가며 귀족화되어 사치스러움과 보수적인 의식 속에 자리한다. 이러한 상황에서 새로운 사조, 새로운 인물이 출현하여 진전된 단계로 묶어주는 역할을 수행한다. 선 사상의 수용이 바로 그러한 역할을 수행한 셈이다. 즉, 신라하대 불교계의 양상은 지배층과 피지배층간에 벌어진 사회적 간격을 가장 잘 반영한 것이며 이로 인해 야기된 사상적 신앙적 공백을 새로운 사조로서 전래된 선 사상이 메워주었던 것이다(채상식 1997).

즉, 통일신라 하대에 나타나는 선 사상의 수용은 불교사상의 산물인 가람에서도 기존까지의 보수적이고 엄격한 교학적인 면이 자연스럽게 변화하게 되는 양상을 9세기 말부터 중국으로부터 선을 수용한 승려들이 지방의 명산을 중심으로 산문을 개창하고 이에 따라 가람이 조영되는데 흔히 선종가람으로 표현되기도 한다.

불교사적으로는 구산선문과 관련한 사원연구는 주로 선종사원과 국가 권력이나 호족세력과의 관련성에 관한 접근들이 있고(김복순 2005; 정동락 2011) 선종가람 현상과 주체에 대한 접근(양정석 2012)도 이루어지고 있으나 사상의 변화에 따른 외형 구조의 변화와 같은 고고학적 성과에 대한 연구 성과는 미진한 상태이다.

사료에 전하는 구산선문 개창지에 대해서 요약하면 〈표 8-2〉와 같다.

이들 유적 중, 고고학조사가 전체 또는 부분적으로 발굴조사가 이루어졌거나 조사가 진행 중인 곳은 실상사, 성주사지, 봉림사지, 굴산사지 등이며, 구산선문과 밀접한 관련이 있는 거돈사지, 고달사지 등의 발굴성과도 나타나고 있다.

이들 구산선문과 관련된 유적을 정리하면 현재까지 사세를 유지하고 있는 곳은 실상사, 태안사, 보림사, 봉암사가 있고, 사지로만 남아 있는 곳은 성주사지, 굴산사지, 봉림사지가 있다. 그리고 근래에 새로이 사찰이 건립되어 사세를 유지하고 있는 곳은 법흥사가 있는 흥녕사지가 있다.

이들 구산선문에 해당하는 유적은 당시 일반적인 사찰들과 비교해 볼 때 입지성이나 공간구성 형식, 구성요소의 도입 등에서 분명히 기존의 도성가람과는 차별화되는 특징을 보이고 있지만(양정석 2012), 곧바로 오산십찰도와 같은 선종가람 구조로 변화되는 것은 아니며, 유적현상에서는 고려시대 중기이후부터 서서히 나타나는 것으로 추정된다.

표 8-2 구산선문의 개요와 조형 조건

구산선문	사료에서의 창건* 특징	고고학적 비고
가지산문 보림사	·헌안왕3년(859) 개창 - 도의 초조, 염거, 보조선사 체징(804~880년) 개창 - 도의(823년) 진전사 주석, - 체징 장곡사 주석, 가지산사에 주석(859년) - 가지산사(보림사): 당시 화엄종 사찰 - 체징 개창시 비로자나철불, 3층 쌍탑, 석등 조성 * 무염 성주사에 조사당 건립, * 진감 혜소 쌍계사에 육조영당 건립 * 쌍봉사의 선찰적 기능 수행	·전라남도 장흥군 봉덕리 위치. ·진전사: 교학가람으로 존재 ·기존가람에 증축 ·9C 철불 쌍탑 석등 ·조사당 건립이 선문사원 특징 ·해발 94m로 가지산 완사면의 넓은 산지에 입지. ·사찰 전면에는 완만한 구릉성 산지가 형성.
실상산문 실상사	·신라 구산선문 중 최초 산문 -흥덕왕3년(828) 홍척대사 개창 -홍척 유학전 화엄공부. -귀국 후 실상사 창건. -수철화상(814~893년). * 혜소선사 쌍계사 창건.	·전북 남원시 산내면에 위치 ·창건가람: 교학(발굴결과). ·창건금당7×4간(30×18m). ·철조여래불 건립. ·해발 320~315m에 입지. ·넓은 산간분지의 완사면을 배경으로 한 평지가람.
희양산문 봉암사	·지증대사 도헌(824~882년) 개창 -비 유학파 부석사에서 화엄수학, 북종선으로 선회. -왕실호의로 안락사에 거주. -심충의 토지 기증에 의해 봉림사를 창건. -(심충의 땅을 희사받아 선사를 지으십시오. 기와집을 짓고 사방으로 추녀를 드리워 지세를 누르고 철불상 2구를 주조하여 위호하다.)	·경북 문경군 원북리. ·철불상 조성이 선종사원의 표식처럼 인식. ·창건가람의 구조는 불명. ·봉림사 지증대사 적조탑비. ·해발 263m 산간분지에 위치.
동리산문 태안사	·문성왕9년(847) 혜철(785~861년)선사가 개창. -혜철 부석사에서 화엄학 수련, 839년 당에서 귀국. -무주 쌍봉사 기거. -840년 무주 대안사에서 842년 수리하여 개창함. -윤다 도선 경보로 계승.	·전남 곡성군 죽곡면 원달리. ·대안사: 기존사찰을 수리하여 개창하였을 것으로 조범환은 주장. ·해발 280~300m에 위치. ·좌향은 남서향.
성주산문 성주사지	·문성왕9년(849). -무염선사 낭혜(800~888년)개산 성주사에서 창건. -845년 귀국, 847년 무렵 개창. -1,000여 간의 거찰 건립(숭암산 성주사사적). -김인문의 원당인 오합사를 중건하여 개창. -무염의 조사당 건립.	·충남 보령시 성주면에 위치. ·기존의 원찰을 중건하여 개창(교학가람일 가능성). ·성주산록 남동 구릉에 입지. ·해발155m 넓은대지에 조성.
굴산산문 굴산사지	·문성왕13년(851). -범일(810~889년)개창. -출가 후 화엄공부. -847년 귀국 선문가람 개창.	·강원도 강릉시 구정면 학산리. ·범일 부도의 매장법. ·창건가람 규모는 불명. ·해발60~70m로 계곡에 입지.

* 曺凡煥, 2008, 『羅末麗初 禪宗山門 開創 硏究』, 경인문화사; 金煐泰, 1990, 『韓國佛敎史槪說』, 경서원; 金相永, 2007, 「高麗時代 禪門 硏究」, 동국대학교 박사학위논문의 기존 연구를 인용하여 개창 인물, 시기, 가람의 축조 여부, 대표적 사건 위주로 정리하였다.

구산선문	사료에서의 창건* 특징	고고학적 비고
봉림산문 봉림사지	·진경 심희선사(854~923년) 890년 개창. ·심희선사는 현욱이 있던 고달사에서 출가. ·봉림사 개창관련-봉림사 비문에 경치가 빼어난 곳, 이 절은 산맥으로 이어져 있으나, 문은 담장밑까지 기울어 있다. 작은 절을 고쳐 봉림이라 고치고 선우를 열었다.	·경남 창원시 봉림동. ·산 계곡에 위치. ·기존의 작은 절을 고쳐 중건. ·해발160m 산간계곡에 입지.
사자산문 흥녕선원지	·당 유학 후, 847년 쌍봉사에 도윤이 주석. ·쌍봉사 중심의 사자산문이 940년 이후 증효철중이 흥녕선원에 주석하면서 사자산문 개창. ·철감선사 도윤(798~864년)개산조 헌강왕8년(882) 절 충개창.	·강원도 영월군 법흥리 사자산 연화봉 기슭. ·쌍봉사 구조불명. ·10세기 흥녕선원 개창. ·해발 460~475m 산간평지에 입지.
수미산문 광조사	·고려 태조15년(932). ·이엄선사 869년 가야갑사(보원사) 출가. 당에서 911년 귀국. ·해주에 태조가 광조사 창건 후 이엄선사가 개창.	·황해도 해주군 금산면 냉정리. ·명칭: 보원사(가야갑사). ·유적을 확인할 수 없음.

구산선문 사찰유적은 왕도에서 지방이라는 지역적 구분을 제외하면 초기 개산 가람들은 모두 산지 중에서도 평지부에 위치하며 초기가람 구조는 교학적 구성을 그대로 계승하고 있는 것으로 실상사나 성주사지에서 확인되고 있다. 즉, 구산선문의 중심사찰들은 순수하게 산수와 상관된 장소에 입지하게 된 최초의 사찰들이라고 할 수 있다고 본 견해처럼(홍광균 2005), 산지가람이기는 하지만 도성을 벗어나 지방으로 확산되었다는 점을 제외하면 회랑으로 불지를 감싸고 있는 터부는 지속적으로 유지되고 있음이 초기 선문가람유적에서 확인된다.

앞에서 언급한 것처럼 구산선문의 가람구조가 발굴조사에 의해 드러나고 있지만 실제 시기별 가람의 구조 파악과 같은 문제는 고고학적 조사방법에서 심도깊게 논의되고 검토되어야 할 부분이다. 이 부분은 도성가람이 지방으로 확대되는 과정에서 처음부터 소규모로 조성되다가 고려시대에 대규모로 확장되는 것인지, 혹은 고려시대에 중건되면서 통일신라시대의 사역을 변화시켰는지에 대한 의문을 시원하게 해결해 주고 있지는 않다는 점을 지적할 수 있다는 것이다.

구산선문과 선종가람이 송대에 작성된 오산십찰도에서처럼 곧바로 가람의 구조가 변화되는 것이 아니라 표에서 알 수 있듯이 구산선문과 선종을 담당한 그룹에서는 조사당, 영당을 건립하는 것을 우선과제로 삼고 있었던 것으로 보이며, 그러한 결과로 불지영역에서 벗어난 별도의 공간에 조사의 부도와 행장비, 그리고 전각을 모신 조사전 영역을 만들고 있는 것이 발굴조사에서 확인되고 있다. 실상사에서도 금당과 쌍탑이 배치된 불지 서편에 탑비전의 흔적이 확인되며, 현재 발굴조사중인 경주 창림사지에서도 불지의 공간 외곽 사면에 탑비전지로 추정되는 별도의 건물영역이 탑비의 귀부와 함께 확인되고 있어 주목된다. 또한 경주 말방리 숭복사지의 경우도 현재 정비된 남-북상의 가람 동편 구릉에 와적층과 쌍귀부의 존재는 창림사지 사례와 유사한 것으로 보인다. 이러한 사례는 지방사원뿐 아니라 경주도성에도 선문과 관련한 탑비전이 건립되고 있다. 그외 포항 법광사지, 양양 진전사지, 근래 조사 중인 도봉사터 등은 9세기 이후 조사성과 관련된 한국의 독자적 탑비전지의 특징과 위격을 보여주는 구조라 할 수 있다. 라말여초기의 자료이기는 하지만 선림원지의 승원구역에서도 탑비전지가 금당구역과는 별도로 마련되어 있음이 발굴조사에서 확인된 바 있다. 소수의 이들 사례에서 확인되는 사례이기는 하지만 선문초기의 조사전은 금당의 규모와 유사한 형태의 초석과 기단석, 막새들로 구성되어 있어, 통일신라 하대의 선문가람의 특징을 보여주는 것으로 생각된다. 향후 이에 대한 연구의 필요성이 요구되는 부분이다.

체계적인 발굴조사가 진행된 구산선문 유적에 대한 성과를 살펴보면 다음과 같다.

굴산사지는 범일(810~889년)이 문성왕 13년(851)에 창건한 사굴산문의 가람이다. 삼국유사에는 입당구득한 범일이 847년에 귀국하여 굴산사를 창건하였다고 기록되어 있으며, 조당집에는 851년 명주도독의 청에 의해 이미 창건된 굴산사에 주석하였다고 기록되어 있다. 이러한 창건연대에 대한 차이점은 표현에서 오는 것이라 생각되며 850년대에는 굴산사가 건립되어 있었음을 나타낸다. 현재는 국가사적 제 448호인 사지로서 남아있다. 유적은 강원도 강릉시 구정면 학산리에 위치하며 해발고도가 60~70m인 계곡을 낀 산간평지에 위치한다. 1983년부터 부분적으로 강릉대학교박물관과 (재)강원문화재연구소에서 조사가 진행되어 오다가 2010년부터 현재까지 국립중원문화재연구소에서 체계적으로 조사를 진행하여 그 전모가 어느 정도 드러나 있는 상태이다.

굴산사지는 부분적인 조사가 진행되는 실상사와 함께 가장최근에 이루어진 고고학적 성과이다. 굴산사지의 전모는 2014년까지는 계곡부 평지에 대해 조사가 이루어졌는데 이 지역에서는 고려시대 12세기 이후시기의 건물이 중심이 되고 있다. 즉, 구산선문 개창과 관련한 9세기대의 가람전모는 남쪽공지에서는 확인되지 않고 이 계곡부를 피한 북서쪽의 범일국사 부도로 추정되는 부도지 주변의 얕은 구릉에서 통일신라 유물이 출토되는 건물지들이 확인되고 있다.

도희철(2013)은 조사성과를 토대로 현재 조사된 굴산사지는 출토 유물의 양상으로 볼

그림 8-4 굴산사지 전경

때 고려 12~13세기를 중심으로 하고 있으며, 현재까지 확인된 공간은 중심사역으로 보기 어렵다고 판단하고 있다.

위의 내용들에서 검토해 보면 보고서에는 아직 뚜렷한 구분은 짓고 있지 않지만 통일신라하대의 가람과 고려시대 12세기의 가람과는 위치상 차이를 보이고 있는 것으로 보인다.

실상사는 동국대학교와 국립문화재연구소, 그리고 최근에 불교문화재연구소에서 발굴 조사하여 그 성과가 어느 정도 드러나고 있다. 실상사는 문헌 기록상으로는 828년에 창건되며, 현재 금당(대웅전)을 중심으로 쌍탑가람의 구성을 갖추고 있다. 발굴조사보고서에서는 이들을 에워싸고 있는 회랑지도 확인되고 있어서 실상산문을 개창할 당시에는 교학가람의 틀로서 조성되었음을 알 수 있다.

국립문화재연구소의 보고서에서는 통일신라시대의 창건가람은 회랑을 갖춘 가람형식으로 되어 있다가 고려시대에는 동편에 새로이 금당과 목탑을 설치한 구조를 갖춘 최대 번영기의 가람으로 표현하고 있다. 승지구역의 내용은 불교문화재연구소에서 불지영역 동편에서 확인된 대웅을 묻어둔 고방시설과 연지시설이 특징적이다. 결과 보고서에 연지시설로 표현된 유구는 연지에서 퇴적된 뻘 층이 없는 점, 바닥을 평석으로 깔아둔 점, 깊이가 1m 미만으로 얕은 점에서 지붕의 가구시설 같은 것은 확인되지 않았으나 선종가람 승지 구역의 욕실형태로 보아야 한다고 생각된다.

실상사 중간보고서에 의하면 실상사는 고려시대 후기까지도 불지 동편에는 회랑 구조가 확인되며 조선시대가 되어서야 동편으로 퇴칸을 둔 건물구조로 바뀌는 점에서 서편에 대

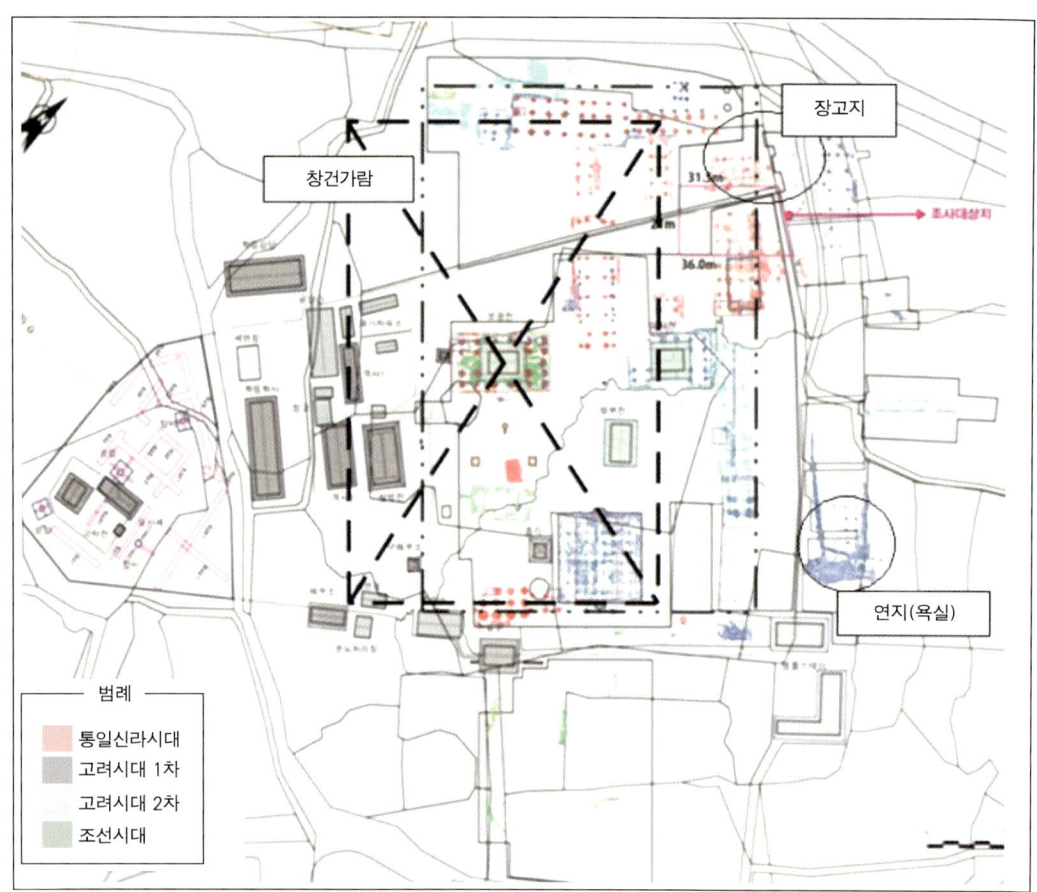

그림 8-5 남원 실상사의 가람배치 및 창건유구

한 정확한 조사가 이루어지지 않아서 서편 회랑의 변화는 어떠한지는 판단하기 어려우나 선종가람식의 회랑을 없애는 과정은 아직 발굴조사에서 확인되지 않고 있음을 알 수 있다.

성주산문의 성주사지는 충청남도 보령시 미산면 성주리에 위치하며 무염국사 낭혜가 문성왕 7년(845)에 귀국하여 동왕 9년에 이곳에 주석하면서 개산하게 된 가람이다. 나말려 초에 크게 번창한 성주사지의 해발고도는 155m이며, 창건가람은 성주산 자락의 넓은 대지위에 조성된 유적으로 산간 평지에 교학적인 틀에 의해 조영되었다.

성주사지는 연혁상 7세기대에 백제식 가람인 오합사가 먼저 조영되어 있고, 성주산문과 관련한 창건은 9세기에 이루어지고 있는 것으로 고고조사에서 확인되었다. 이 성주사지는 중간에 익랑시설도 통일신라 교학가람처럼 첨가된다고 설명하고 있고(임종대 2014) 가람 변화에 대해서는 오합사 단계, 성주사 창건단계, 삼천불전 건립단계 등 3차례 변화가 있는 것으로 해석하고 있기도 하다(이정상 2014).

8. 가람과 불교 조각

그림 8-6 보령 성주사지 가람변천도(이승연 2004)

　임종태는 층위와 유물을 토대로 5단계의 변화를 설정하고 성주산문 개창가람은 11세기경에 화재와 같은 외부요인에 의해 소실되고 이후 13세기경에 다시 중건된다고 정리하고, 13세기 재건 과정에서 삼천불전이 건립되며 동 회랑이 제거되고 그 과정 중 남쪽과 서쪽의 회랑은 폐기되어 담장시설이 후대에 보강된다고 해석하였다. 이를 근거로 할 때 성주사지는 12세기경까지는 불지의 회랑을 그대로 존속시키고 있으며, 13세기 새로이 중창될 때에 그 구조를 변형시키고 있음을 알 수 있다.
　이상과 같이 통일신라시대의 가람구조와 조영의 규범을 정리하여 보았다.
　통일신라시대의 새로운 사회분위기와 함께 교학가람에서는 불상신앙 중심으로 가람공간이 재편되고, 이렇게 재편된 교학가람은 불교의 대중화와 함께 지방으로 확산되고 있음을 알 수 있다.
　현재까지의 조사성과로는 고구려나 백제지역에서도 이러한 통일신라시대의 교학가람 특징을 적극적으로 수용하였는지는 단정하기 어려우나 한반도 전역으로 확산되고 있는

289

것은 분명하다고 생각된다.

또한, 통일신라시대 하대의 특징인 선종의 확산과 함께 선종가람이 각 지방의 명산을 중심으로 건립되고 있으나, 통일신라시대의 유적만을 검토하였을 때는 선종이라는 사상을 적극 가람에 반영하고 있는 것이 아니라 기존의 교학가람의 틀을 지속적으로 유지하는 현상을 보이며, 본격적으로 불지의 공간이 변혁되는 것은 고려 중기 이후에 서서히 나타나는 것을 알 수 있다. 고고학적 관점에서 보는 초기 선종가람에서 두드러지는 현상은 회랑의 변화보다는 탑비전과 같은 부도전이 별도로 성역화되어 명확하게 나타나는 것이 특징이다.

최태선

3. 불교 조각

1) 불교미술품

신라는 삼국 중 가장 늦은 527년 불교를 공인하였으나, 원광(圓光, 555~638년) 자장(慈藏, 610~654년)과 같은 중국에 유학했던 고승들에 의해 새로운 교학이 전해지는 등 불교는 왕실은 물론 민중들에 이르기까지 가장 큰 영향을 끼친 사상 내지 종교가 되었다. 이러한 경향은 더욱 강화·확대되었는데, 특히 신라 중대(中代)에 중국으로부터 여러 가지 교학(敎學)이 유입되었다. 이 시기의 대표적인 교학승으로는 원효(元曉, 617~686년)와 의상(義湘, 625~702년)을 비롯하여 명랑(明朗)·경흥(憬興)·의적(義寂)·도증(道證)·도륜(道倫)·태현(太賢)·표훈(表訓) 등이 있다. 이 가운데 원효는 중국에 유학하지 않고도 『화엄경』·『열반경』·『법화경』 등 여러 경전에 주석을 달기도 하였다. 한편, 그는 계율에 얽매이지 않았으며, 여러 종파의 대립을 초월하여 융화되어야 한다는 '화쟁사상(和諍思想)'과 같은 독자적인 사상 체계를 구축하기도 하였다.

신라에 유입된 계율·열반·법성·법상·화엄 등 여러 교학 가운데 신라의 왕실과 귀족이 가장 밀접한 관계를 맺고 있던 것은 화엄종이었다. 신라에서 화엄종을 하나의 종파로 성립시킨 인물은 주지하다시피 의상대사이다. 의상은 중국에 유학하여 지엄에게 배웠으며, 『대승기신론의기』·『화엄경탐현기』 등의 저서로 유명한 법장(法藏)과 함께 동문수학하였다. 의상은 676년(문무왕 16) 귀국하여 부석사를 창건하였으며, 그의 밑에서 오진(悟眞)·지통(知通)·표훈 등 뛰어난 화엄학승이 배출되었다.

신라 왕도의 불교가 교학 중심으로 발전하였다고 한다면, 민중과 지방에서는 구원자로서 불교가 신앙되었다. 민중들은 「나무아미타불」을 염송하는 것만으로 서방극락정토에 왕생할 수 있다는 정토신앙을 환영하였으며, 백제와 고구려의 옛 땅에서는 미래불인 미륵불을 신앙하는 법상종이 발전하였다. 지방에서는 특히 미륵신앙과 지장신앙이 결합된 진표(眞表)의 법상종이 교세를 크게 떨쳤다. 진표는 백제의 유민으로 김제 금산사를 창건하였으며, 그의 종지는 영심(永深)과 심지(心地) 등에게 전해졌다. 대표적인 진표계 법상종 사찰로는 속리산 법주사, 금강산 발연사, 대구 동화사 등이 있다. 한편 신라 왕도에서도 태현을 중심으로 한 또 다른 법상종단이 성립되었는데, 이들은 진표계 법상종과 달리 미륵신앙과 아미타신앙이 결합된 양상을 보인다.

신라 하대(下代) 때는 새로운 불교사상으로서 선종이 크게 유행하였다. 선종은 경전의 교학적 해석을 중심으로 하는 교종과 달리 복잡한 교리를 떠나 참선을 통해 불성을 깨닫는 것을 목표로 하였다. 선종은 헌덕왕(憲德王) 때(809~826년) 중국에 유학하였던 도의(道義)가 들여왔으나, 처음에는 환영받지 못하였다. 그러나 홍척(洪陟), 혜철(惠哲, 785~861년), 현욱(玄昱, 788~869년), 무염(無染, 801~888년) 등 중국에 유학하였던 선사들이 귀국하여 각각 실상산문(實相山門), 동리산문(桐裏山門), 봉림산문(鳳林山門), 성주산문(聖住山門) 등을 개창하면서 전국적으로 확산되었다. 이러한 선사들은 때에 따라 신라 왕실의 귀의를 받는 등 신라 중앙과 결연되기도 하고 산문 인근의 호족과도 밀접한 관계를 맺기도 하였다.

불교사상이 시각화된 것이 바로 불교미술품이라는 점에서 통일신라의 불교 사상과 신앙을 살펴보기 위해서는 불교미술품의 특징과 흐름을 이해할 필요가 있다. 여기서는 불교조각, 사리장엄구를 포함한 공예품과 더불어 석탑을 비롯한 석조미술품에 대해서 살펴보고자 한다.

2) 조각

통일신라 불교조각은 대체로 전·후기의 두 시기로 나누어 볼 수 있는데, 전기는 통일신라가 삼국을 통일한 이후부터 700년대 후반까지로 신라 중대에 해당한다. 후기는 700년대 후반부터 1000년 무렵까지로, 신라 하대에 해당되는 시기이다.

통일신라 전기는 앞서 언급하였듯이 신라 불교문화의 전성기로 왕실과 귀족들의 적극적인 후원이 있었고, 자장(율종), 명랑(신인종), 도증(유식종), 의상(화엄종), 원효(정토종) 등에 의해 다양한 불교 종파가 유입되었으며, 당 유학승들을 통해 새로운 경전과 불상의 유입이 있었다. 이러한 배경 아래에서 통일신라에는 삼국시대 불교조각의 전통 위에 다양한 외래 요소를 받아들여 개성적이고 수준 높은 불교조각을 조성할 수 있었다.

통일 초, 즉 7세기 후반에 조성된 불상들은 전통적인 삼국양식을 기반으로 하면서 외래양식을 조금씩 수용하는 과도기적 양상을 보여준다. 옛 백제지역에서는 고식(古式)인 중국 북주(北周), 수(隋)나라 불상양식을 수용한 계유명아미타삼존불비상(癸酉銘阿彌陀三尊佛碑像)이나 기축명아미타불비상(己丑銘阿彌陀佛碑像)과 같은 불비상들이 조성되었다. 이러한 불비상들은 현재까지 7구가 전해지며, 7구 모두가 충남 연기(燕岐, 세종시) 일대에서 집중적으로 조성되었는데, 대부분 납석(蠟石)으로 만들어져 비슷한 시기 경주 지역의 불교조각과 재질은 물론 양식적으로도 다른 양상을 보인다. 또한 연기지역 불비상 중에는 명문이 남

그림 8-7 계유명아미타삼존불비상   그림 8-8 기축명아미타불비상

아있어, 대체로 673년과 689년, 즉 7세기 후반에 제작되었음을 알 수 있다. 아울러 명문에는 백제의 관등이 새겨져 있어, 백제 유민에 의해 조성되었을 가능성이 높아 보인다. 한편, 신라지역에서는 옛 백제지역과 마찬가지로 고식의 경주 구황동 3층석탑 출토 순금제불입상 등이 조성되기도 하였으나, 삼국시대에 조성된 경주 배리(拜里) 석조삼존불입상이나 경주 장창골(長倉谷) 석조미륵삼존불상의 영향 위에 넓고 딱 벌어진 어깨에 엄숙한 상호 등 새로운 요소를 더한 군위 석조아미타삼존불과 같은 과도기적 양상의 불상을 조성하기도 하였다.

이 시기에는 통일신라 사회가 정치·사회적으로 안정되고 당 유학승들이 귀국하여 활동하기 시작하였는데, 이들의 활약 때문인지 긴장된 체구, 알맞은 비례, 밀착된 법의의 팽팽한 탄력, 사실적이면서도 이상화된 불상 형태 등을 특징으로 하는 중국 당(唐)나라 불상의 영향이 통일신라 조각에 반영되기 시작하였다. 679년 완성된 경주 월지 및 구황동(九黃洞) 연지(蓮池)에서 나온 금동판불은 불상 신체의 팽팽한 탄력감과 신체의 굴곡, 율동적인 옷주름 등을 통해 앞선 불상에서는 살펴볼 수 없는 긴장감을 보인다. 특히 월지 출토 금동판불(月池 出土 金銅板佛)은 중국 용문석굴(龍門石窟) 간경사동(看經寺洞) 본존불(7세기 말~8세기 초)과 양식적으로 유사하다. 이뿐만 아니라 이 판불의 도상 및 양식과 유사한 것들이 비슷한 시기 신라는 물론이고 중국 당나라, 일본에서도 제작되고 있어, 불교조각의 전파 속도 및 국제화와 관련하여 주목된다.

그림 8-9 경주 구황동 3층석탑 출토 순금제불입상 그림 8-10 경주 월지 출토 금동판불

그림 8-11 경주 사천왕사지 출토 녹유소조사천왕상 그림 8-12 경주 구황동 3층석탑 출토 순금제아미타불좌상

한편, 같은 시기에 흙으로 빚은 소조상(塑造像)도 만들어졌다. 대표적인 사례로 경주 사천왕사지(四天王寺址) 출토 녹유소조사천왕상(綠釉塑造四天王像塼, 679년)이 있다. 소조상은 석조에 비해 제작이 쉽고 표현이 자유롭기 때문인지 매우 생동감 있고 사실적인 세부 표현이 특징적이다. 소조상 작가로 대표적인 인물은 선덕여왕(善德女王, 632~646년)대부터 활동한 양지(良志)이다.『삼국유사』에 의하면, 양지는 석장사(錫杖寺)에 머물며 경주 영묘사(靈妙寺) 장육상(丈六像)과 천왕상(天王像) 등을 조성하였다고 하는데, 그가 제작했다고 하는 천왕사(天王寺) 탑 아래 팔부중(八部衆)이 앞서 언급한 사천왕사지 출토 녹유소조사천왕상일 가능성이 높은 것으로 여겨진다.

8세기에 들어서서는 세속적인 당나라 불상양식에 신라적 전통의 균제미와 소박한 미감을 반영한 불상을 제작하였는데, 이는 경주 구황동 3층석탑 출토 순금제아미타불좌상이나 금동불입상, 경주 남산 칠불암(七佛庵) 마애삼존불 등에서 알 수 있다. 한편, 경주 남산 칠불암 마애삼존불 중 본존불의 편단우견(偏袒右肩)식 착의법, 항마촉지인(降魔觸地印)의 수인, 다리 사이의 부채꼴 옷주름 등은 석굴암 본존불에서도 그대로 살펴볼 수 있다.

이와 함께 경주 감산사(甘山寺) 석조아미타불입상과 석조미륵보살입상에서 볼 수 있는 당당한 자세와 넓은 어깨, 약간 육감적인 표현, 넙적한 한국적인 얼굴에 명상에 잠긴 것 같은 표정에서 이미 외래양식이 완벽하게 소화되어 신라화 되었음을 알 수 있다. 또한 감산사 석조아미타불입상은 대의의 옷주름에서 새로운 형식을 보이는데, 통견(通肩)의 법의가 U자형의 주름을 이루면서 내려오다가 넓적다리 부분에서 양쪽으로 갈라지는 소위 우드야나식을 보인다. 통일신라 시기에는 이러한 옷주름을 취하고 있는 금동불과 석불입상이 많이 조성되기도 하였다.

이렇게 8세기 전반에 축적된 불교조각의 역량이 만개한 불상이 바로 석굴암(石窟庵) 불교조각이다. 석굴암은 751년(경덕왕 10)에 재상 김대성(金大成)이 발

그림 8-13 경주 남산 칠불암 마애삼존불 중 본존불

그림 8-14 경주 감산사 석조아미타불입상

그림 8-15 경주 감산사 석조미륵보살입상

원하여 조성하기 시작하였으나, 결국 국가가 이를 완성하였다. 석굴암은 원각상인 본존불(本尊佛)을 비롯하여 부조로 조각된 보살(菩薩), 나한(羅漢), 범천(梵天), 제석천(帝釋天), 사천왕(四天王), 금강역사(金剛力士), 팔부중(八部衆) 등으로 이루어져 있는데, 불법(佛法)의 영원성을 형상화한 듯 치밀하고 이상적인 세계를 구현하고 있다. 석굴암 본존불은 항마촉지인을 맺고, 넓은 어깨와 가슴의 당당한 체구를 가지고 있으며, 절제된 옷주름과 불신의 양감이 조화를 이루고 있다. 중국에서 당나라 때 조성된 천룡산석굴(天龍山石窟) 제18동 동벽 본존불과 대의의 형식, 수인, 다리 사이의 부채꼴 옷주름 등에서 본존불과의 연관성을 찾아볼 수 있다. 그러나 석굴암 본존불은 건장한 체구와 직선적 표현인 것에 비하여 중국 천룡산석굴 본존불은 여성적이고 세속적인 느낌을 주고 있어, 차이점을 보인다. 석굴암의 여러 부조상 중에서 11면관음보살입상(十一面觀音菩薩立像)은 안정된 비례와 양감, 세밀한 장식, 우아한 포즈를 취하고 있는 등 회화적 느낌을 준다. 이는 보살상 부조표면의 양감처리는 저부조이지만 미묘한 굴곡으로 자연스럽게 표현된 반면, 그 위에 복잡한 장식처리는 평면적인 선각에 의존하고 있기 때문으로 여겨진다. 이 보살상은 8세기 초 당나라의 목조9면관음보살입상(木造九面觀音菩薩立像)과 유사하기는 하지만, 석굴암 관음보살입상의 비례가

그림 8-16 경주 석굴암 본존불

그림 8-17 경주 석굴암 11면관음보살입상

더 길어 우아하고 힘을 뺀 듯 편안한 자세를 취하고 있는 것이 특징이다.

이처럼 신라 중대, 즉 8세기 통일신라는 앞 시기의 불상 조성의 전통 위에 중국 당나라의 국제적 양식을 수용하여, 석굴암 본존불과 같은 최고의 걸작을 만들 정도로 우리나라 불교조각사에 있어서만큼은 최전성기를 구가했다고 해도 과언이 아니다.

9세기에 조성된 불교조각은 앞 시기와 달리 평면적으로 변하였으며, 선각의 수법으로 간략히 처리되거나 불신의 비례가 깨졌고, 불상의 얼굴은 종교적 신비감 보다는 인간적인 세속적인 느낌으로 변모한다. 특히 이 시기에는 앞 시기의 걸출한 대작인 석굴암 본존불을 모방한 항마촉지인 불좌상이 지속적으로 만들어졌으며, 지권인(智拳印)을 맺은 비로자나불(毘盧遮那佛)이 유행하였다. 아울러 이러한 경향은 통일신라 말기 불교신앙의 저변 확대와 더불어 지방화와 토착화가 더욱더 심화되는 양상을 보인다.

석굴암 본존불 계열의 불상 가운데 석굴암 본존불의 양식을 충실히 따르고 있는 불상으로는 김천 갈항사지(葛項寺址) 석불좌상, 의성 고운사(孤雲寺) 석불좌상 등도 있으나, 편단우견에서 통견으로 바뀌는 등 변형과 토착화가 일어나게 된다. 이뿐만 아니라, 석굴암 본존불의 영향은 고려시대까지도 이어져, 하남 하사창동(下寺倉洞) 출토 철불좌상이나 서산 보원사지(普願寺址) 철불좌상 등에서도 살펴볼 수 있다.

지권인을 맺은 비로자나불 가운데 가장 오래된 것은 766년에 조성된 산청 석남암사(石南

그림 8-18 의성 고운사 석불좌상

그림 8-19 산청 석남암사 석조비로자나불좌상

그림 8-20 대구 동화사 비로암 석조비로자나불좌상   그림 8-21 장흥 보림사 철조비로자나불좌상

그림 8-22 철원 도피안사 철조비로자나불좌상

巖寺) 석조비로자나불좌상이지만, 널리 유행한 시기는 9세기 특히 중엽 이후이다. 대표적인 불상은 대구 동화사(桐華寺) 비로암(毘盧庵) 석조비로자나불좌상(859년), 봉화 축서사(鷲棲寺) 석조비로자나불좌상(867년)과 같은 석불과 함께 장흥 보림사(寶林寺) 철조비로자나불좌상(859년), 철원 도피안사(到彼岸寺) 철조비로자나불좌상(865년) 등과 같은 철불이 있다. 9세기 중엽에 조성된 비로자나불들은 앞 시기의 이상적인 비례와 달리 현실화되었으며, 양감 역시 전 시기와 달리 평면적으로 변하였고, 전대(前代)의 유려한 옷주름은 규칙적이고 반복적인 평행밀

집계단식으로 변하였다. 이와 함께 대의 깃에 꽃무늬 장식이 새겨지거나 대좌에 여러 부조상과 갖가지 장식적 요소를 부가하는 등 화려해지는 면모를 보이기도 하는데, 비로자나불의 이러한 특징은 9세기 후반 불상의 특징으로 보아도 무방하다.

한편, 통일신라에서는 10~30cm 내외의 금동불을 다량으로 만들었다. 8세기에 조성된 금동불은 균형 잡힌 몸매와 이상화된 얼굴 모습을 하고 있는 반면, 9세기 이후 조성된 금동불은 신체의 양감이나 옷의 표현이 과장되고 얼굴은 광대뼈가 나오는 등 실제 사람과 비슷한 양상을 보인다. 금동불의 이러한 변화는 앞서 살펴본 양식의 변화를 보여주는 것이기도 하지만, 제작기법의 변화와도 밀접한 관련이 있다. 통일신라의 금동불은 속이 빈 소위 중공식주조법(中空式鑄造法)으로 제작되었는데, 9세기 이후에 조성된 금동불은 내형토(內型土)를 빼내기 위한 구멍이 커졌고 불규칙한 형태가 바뀌었으며, 심지어 뒷면을 거의 만들지 않는 편불(扁佛)에 가까운 모습을 보이기도 한다.

후삼국기에 들어서면 후백제와 태봉의 지역적 특성이 두드러지는 불상이 조성되는데, 그 밑바탕은 통일신라 불교조각이었다. 고려시대의 불상 역시 대체적으로 통일신라 불교조각을 바탕으로 하였으나, 앞서 후삼국기를 거치면서 지역문화에 대한 자각을 통해 고려시대 강릉일대 한송사지(寒松寺址) 석조보살좌상과 같은 원통형 고관(高冠)을 쓴 보살상이나 논산 관촉사(灌燭寺) 석조보살입상, 부여 대조사(大鳥寺) 석조보살입상 등과 같은 충청·전라지역의 석주형 거석불이 조성되기도 하였다.

3) 공예

불교미술품 가운데 빼놓을 수 없는 것이 다양한 불교공예품인데, 불교공예품의 종류는 부처의 사리(舍利, Sarira)를 담는 용기인 사리장엄구(舍利莊嚴具)를 비롯하여, 범종(梵鍾)과 같은 범음구(梵音具), 정병(淨甁)이나 향로(香爐)와 같은 공양구(供養具) 등 매우 다양하다.

먼저 사리장엄구에 대해서 살펴보도록 하겠다. 사리를 담은 유리 혹은 수정제 사리병, 은제 혹은 금제의 합(盒), 청동이나 금동 외함 등으로 겹겹이 싼 사리장엄구는 탑의 탑신, 옥개석, 또는 기단부에 구축한 사리공(舍利孔)에 봉안하였다.

통일신라시대에는 방추형 함과 보장형(寶帳形) 사리기 등 앞 시기와 다른 형태의 사리장엄구가 등장하는데, 그 대표적인 예가 경주 감은사지(感恩寺址) 동·서3층석탑 출토 사리

그림 8-23 경주 감은사지 서3층석탑 사리장엄구   그림 8-24 칠곡 송림사 전탑 사리장엄구

장엄구이다. 감은사 3층석탑은 삼국 통일을 달성한 문무왕(文武王)을 위해 그의 아들인 신문왕(神文王)이 재위 2년인 682년에 조성한 석탑이다. 동·서 양 탑 모두에서 사리장엄구가 나왔는데, 공히 금동외함-금동내함-수정병으로 이루어진 3중 구성을 보인다. 외함은 사모지붕과 유사한 방추형인데, 이는 비슷한 시기 중국의 윗면이 편평한 녹정형(盝頂形) 방형함과는 완전히 다른 통일신라의 특징이라고 할 수 있다. 내함은 수미좌(須彌座) 형태의 기단, 기둥, 녹정형 천판과 천개 등으로 이루어진 이른바 '보장' 형태를 보인다.

이러한 형태의 사리함은 칠곡 송림사(松林寺) 전탑 출토 사리장엄구에서도 살펴볼 수 있다. 송림사 전탑 2층 적심석에서 발견된 거북형 석함에 봉안되어 있는 보장형 사리기는 금동판을 잘라 만든 복련(覆蓮)의 기단 위에 기둥과 난간을 두고 그 안에 잔 받침을 만들었다. 잔 받침 위에는 녹색 사리병을 담은 녹색 유리잔을 안치하였고, 기둥 위에는 영락과 등을 단 2중 지붕을 올렸다. 특히 원문(圓文)이 있는 녹색 유리잔은 페르시아와의 문물 교류를 보여주는 증거 가운데 하나로 간주된다.

그림 8-25 경주 불국사 3층석탑 사리장엄구

한편, 1966년 불국사 3층석탑 2층 탑신 사리공에서는 녹색 사리병, 은제사리함, 금동사리외함과 함께『무구정광다라니경(無垢淨光陀羅尼經)』이 들어있는 금동함, 은제사리호 등의 사리장엄구가 발견

되었는데, 이 가운데 금동사리외함은 감은사지 외함과 내함의 영향을 동시에 찾아볼 수 있어 주목된다.

한편, 704년 번역된 『무구정광대다라니경』의 영향으로 법사리(法舍利) 신앙이 유행하면서 경전을 존숭하는 풍조가 생겨 다라니경을 넣은 다라니탑 99개 혹은 77개를 탑에 봉안하는 방식으로 사리장엄 방식이 변모하는 양상을 보인다.

9세기 이후의 사리장엄구는 전(傳) 남원 출토 사리장엄구와 경주 동천동(東川洞) 출토 금동사리함과 같은 방형의 금동함이나, 납석제로 만든 호(壺)가 많이 제작되었다. 납석제 사리호는 석남암사 "永泰二年(766)"명 납석제사리호의 사례에서 알 수 있듯 이미 8세기 중엽에 등장하였지만, 다량으로 만들어진 시기는 9세기 이후이다. 대표적인 예가 포항 법광사(法光寺) 3층석탑 사리호, 대구 동화사 비로암 3층석탑 민애대왕사리호(敏哀大王舍利壺, 863년), 봉화 서동리(西洞里) 동3층석탑 사리호, 봉화 축서사(鷲棲寺) 3층석탑 사리호 등을 들 수 있는데, 둥글면서 납작한 형태가 특징이다. 이 밖에도 팔각 또는 육각 형태의 사리

그림 8-26 포항 법광사 3층석탑 사리장엄구

그림 8-27 대구 동화사 비로암 3층석탑 민애대왕 사리호

그림 8-28 봉화 서동리 동3층석탑 사리장엄구

그림 8-29 봉화 축서사 3층석탑 사리호

장엄구가 제작되기도 하였다.

이후 고려시대 사리장엄구는 동합(銅盒)과 같은 간단한 금속기나 자기를 사용하기도 하고 유리사리병 대신 수정제 사리병이 등장하는가 하면, 소형불상이나 불경(佛經)이 납입되기도 하는 등 통일신라시대에 조성된 사리장엄구와는 다른 양상을 보인다.

범음구는 범종, 운판(雲板), 법고(法鼓), 목어(木魚), 금고(金鼓) 등 다양하다. 이 가운데 통일신라의 창의성을 잘 보여주는 것이 바로 범종이다. 통일신라 범종의 원형으로 인도의 간타(Ghanta), 중국 고동기 가운데 용종(甬鐘) 등으로 보는 견해가 있기도 하지만, '신라종'이라 할 만큼 인도는 물론 중국이나 일본의 종과는 다른 신라만의 독자적 범종 양식을 이룩하였다.

중국과 일본 종의 종뉴(鍾鈕)가 몸체 하나에 머리가 둘 달린 용의 형태이지만, '신라종'은 머리와 몸체가 하나이며, 중국·일본 종에는 없는 용통(甬筒, 음통)이라고 하는 대나무 형태의 둥근 관이 있다. 종 표면 역시 완전히 다르다. 가로와 세로의 돌출된 띠만 조각되어 있는 중국종이나 불규칙한 수의 꼭지가 있는 일본종과 달리, 통일신라 종은 연꽃을 표현한 연뢰(蓮蕾, 유두)가 9개씩 4군데에 있고, 종 표면에는 상대(上帶)와 하대(下帶)에 넝쿨무늬(唐草文)와 같은 문양과 더불어, 종을 치는 당좌(撞座)와 비천상(飛天像)이나 주악천인상(奏樂天人像)과 같은 천인상 등이 새겨져 있다.

통일신라 종 가운데 가장 오래된 것은 725년에 만든 평창 상원사(上院寺) 범종이며, 대표적인 것은 에밀레종, 봉덕사종(奉德寺鍾) 등으로 불리는 성덕대왕신종(聖德大王神鍾)이다. 성덕대왕신종은 높이 3.66m에 크기뿐만 아니라 아름다운 형태와 장식, 청아한 종소리로써도 타의 추종을 불허한다. 이 밖에도 청주 운천동(雲泉洞) 범종, 양양 선림원지(禪林院址) 범종, 남원 실상사 파종 등이 있으며, 상당수는 일본에 소재한다.

이렇게 통일신라시대에 완성된 '신라종'의 전형은 고려 전기까지는 그대로 답습하였다. 고려 후기에는 규모가 작아지고 천판(天板) 위에 입상화문(立狀花文)을 조식하는 등 변모하나, 기본적인 형태와 요소에서는 통일신라 범종을 그대로 따랐다.

통일신라 불교공예품 가운데 주목할 만한 것은 비교적 최근인 2008년 말 발굴된 군위 인각사(麟角寺) 출토 공양구들이다. 인각사에서는 손잡이가 달린 향로인 금동병향로(金銅柄香爐) 1점을 비롯하여 청동정병 2점, 탑 모양 뚜껑을 갖춘 청동향합(靑銅香盒) 1점, 2단으로 된 청동합, 금고 1점 등이 발견되었다. 발굴 결과 이 공양구들은 늦어도 9세기에는 제작된 것으로 밝혀져, 출토지와 제작시기가 명확한 유일한 통일신라 공양구라는 점에서 의의가

8. 가람과 불교 조각

그림 8-30 평창 상원사 범종

그림 8-31 경주 성덕대왕신종(하), 용뉴(상)

크다고 할 수 있다.

특히, 손잡이에 사자가 장식되어 있는 금동병향로는 삼성미술관 리움에도 있으나 출토지가 불명확하고, 경남고고학연구소가 2003년 창녕 말흘리(末屹里)에서 발굴한 통일신라 병향로는 파손이 심하여, 인각사 금동병향로의 중요성이 돋보인다. 이와 더불어 인각사 출토 정병은 고려시대 정병에 비해 몸체와 목 부분이 가늘고 길어 차이를 보이고 있어, 향후 정병 편년의 중요한 근거가 될 것으로 보인다.

그림 8-32 군위 인각사 출토 공양구

303

4) 석조품

석조품은 부처의 사리를 모신 석탑(石塔), 승려의 사리를 봉안한 승탑(僧塔)과 승려의 행적을 기록한 탑비(塔碑)를 비롯하여 석등(石燈), 당(幢, 깃발)을 걸기 위한 장치인 당간(幢竿)과 당간지주(幢竿支柱), 물을 담는 등의 용도로 사용한 석조(石槽) 등 매우 다양하다. 이 가운데 불교사원에 빠짐없이 등장하는 석탑 및 석등과 함께 선종 유입 이후 등장한 승탑과 탑비에 대해서 좀 더 자세히 살펴보겠다.

석탑은 석조탑파(石造塔婆)의 줄임말인데, 탑파는 본래 범어의 스투파(Stūpa)에서 나온 말로, 부처님의 유골, 즉 진신사리(眞身舍利)를 봉안한 묘(墓)이다. 인도에서는 황토와 진흙을 구워 만든 돔 형태의 탑을 조성하였는데, 탑은 불교의 전래와 함께 전래된 곳의 특성에 맞게 변화·발전하였다. 중국에서는 황하 유역의 풍부한 진흙을 이용한 전탑이, 일본에서는 크고 울창하게 자란 나무를 이용한 목탑이 많이 만들어졌다. 이 때문에 중국은 '전탑의 나라', 일본은 '목탑의 나라'라고 불리고 있다. 우리나라의 경우에는 '석탑의 나라'라고 할 만큼 돌로 만들어진 탑이 가장 많이 만들어졌다.

고구려, 백제, 신라 삼국에 불교가 전래된 이후에는 목탑이 주로 조성되었으나, 삼국시대 말기 백제에서 익산 미륵사지(彌勒寺址) 석탑을 조성한 것을 시작으로 백제와 신라에서는 돌을 활용하여 탑을 축조하였다. 신라에서는 백제보다 약간 이른 634년(선덕여왕 3)에 경주 분황사(芬皇寺) 모전석탑을 조성하였다. 이 석탑은 멀리서 보면 진흙을 구워 만든 전탑처럼 보이지만 실은 안산암을 벽돌처럼 다듬어 쌓아 올려 지붕의 아랫면과 윗면이 모두 단을 이루고 있다. 신라 석탑으로 또 하나 주목되는 것은 의성 탑리(塔里) 5층석탑인데, 이 석탑은 배흘림 기둥 위에 석재 주두를 결구시킨 목탑의 성격, 분황사 석탑과 같이 지붕의 윗면과 아랫면 모두 층단을 이룬 전탑의 성격, 목탑에서는 볼 수 없는 단층이지만 높은 기단을 둔 석탑의 성격이 한데 어우러져 있어, 목탑과 전탑이 석탑으로 변해가는 과도기적 모습을 잘 보여준다.

고구려, 백제를 아우른 통일신라는 삼국의 문화를 융합하여 새로운 문화를 꽃피우게 되는데, 석탑 역시 마찬가지였다. 통일신라시대 석탑은 백제의 석탑도 아니고 신라의 석탑도 아닌 전혀 새로운 석탑을 창조해낸 것이다.

통일신라시대에 새롭게 만들어진 석탑 가운데 가장 먼저 꼽을 수 있는 것은 신문왕이 아버지 문무왕을 위해 지었다고 하는 감은사지에 남아 있는 동·서3층석탑과 고선사지(高

8. 가람과 불교 조각

그림 8-33 경주 분황사 모전석탑

그림 8-34 경주 감은사지 동·서3층석탑

그림 8-35 경주 고선사지 3층석탑

305

仙寺址) 3층석탑을 들 수 있다. 기본적으로 목탑과 전탑의 기둥, 공포, 지붕 등을 표현한 것이기는 하지만 형식화시켜 목조탑을 모방한 석탑이라는 느낌이 전혀 들지 않는다. 상·하 기단에는 가운데 기둥과 귀기둥이 세워져 있어 목탑의 기단부를 연상시키며, 탑신에도 귀기둥을 새겨 넣어 목탑의 기둥을 형성화하고 있다. 비록 옥개석의 폭이 줄고 추녀 아래가 수평을 이루고 있는 점, 여러 단의 지붕 받침을 둔 점 등은 전탑을 연상시키기도 한다. 이 두 탑처럼 통일신라 초기에 만들어진 석탑들은 아래와 같은 특징을 보인다.

1. 상·하 두개의 기단이 있다. 아래 기단에는 귀기둥과 함께 3개의 가운데 기둥이, 위 기단 역시 귀기둥과 함께 2개의 가운데 기둥이 있다.
2. 탑신석은 귀기둥을 별도의 돌로 구성하였고, 귀기둥 사이에 한 장의 돌로 면을 마감하였다.
3. 여덟 장으로 된 지붕돌의 아래 면에는 5단의 받침이 있으며, 추녀 아래 부분이 수평을 이루고, 낙수면은 완만하며, 지붕의 네 모서리 끝이 살짝 하늘을 향한다.
4. 상륜부는 노반만 남아 있고, 다만 감은사지 석탑의 경우 찰주가 남아 있다.
5. 여러 장의 돌을 결구시켜 만들었기 때문에 규모도 크다.

이 두 탑의 뒤를 이은 것으로 경주 나원리(羅原里) 5층석탑을 들 수 있다. 이 나원리 5층석탑은 몸돌과 지붕돌을 하나의 돌로만 만들기 시작하는 등 두 탑에 비해 보다 단순화되었다고 할 수 있다.

700년대 중반부터 만들어지기 시작한 탑은 이제 본격적으로 완벽한 형식이 갖추어진 석탑이 만들어지기 시작한다. 경주 구황동 3층석탑, 불국사 3층석탑, 김천 갈항사 3층석탑 등을 그 대표적인 예로 들 수 있겠다. 이 석탑들은 다음과 같은 특징을 보인다.

1. 상·하 두개의 기단이 있는 것은 700년대 초반의 탑과 같으나, 상하 기단에 귀기둥과 각각 두개의 가운데 기둥이 새겨져 있다.
2. 몸돌, 지붕돌 등이 각각 1장의 돌로 만들어졌고, 귀기둥은 별도의 돌로 만들지 않고 새겨 넣었다.
3. 5단의 지붕돌받침, 추녀 아래가 수평인 점, 완만한 낙수면과 지붕의 네 모서리 끝이 살짝 하늘을 향하는 것 등은 700년대 초반의 탑을 계승하고 있다.

4. 700년대 초반의 탑에 비해서 규모가 작아졌다.

700년대 탑이 경주 일대를 중심으로 획일적인 양식의 탑이었다면, 800년대에는 전국에 걸쳐 석탑이 조성되었으며 여러 다양한 양식의 탑이 출현하였다. 이 시기에는 불교적 염원에 의해서만 탑이 조성된 것이 아니라 왕실의 안녕을 빌거나 풍수설에 입각하여 탑이 세워지기도 하였다. 또 8세기 탑이 대체로 2기씩 조성되었다고 한다면, 이 시기에는 쌍탑 가람의 경우도 있지만 탑 하나만 세워진 경우가 많아졌다. 800년대의 일반적인 3층석탑은 아래와 같은 변화를 겪는데, 그 대표적인 예로 남원 실상사 동·서3층석탑을 들 수 있다.

그림 8-36 경주 나원리 5층석탑   그림 8-37 경주 구황동 3층석탑   그림 8-38 경주 불국사 3층석탑

그림 8-39 남원 실상사 동·서3층석탑(좌), 서3층석탑(우)

1. 기단은 상하 두개의 기단을 가진 것이 대부분이지만 봉암사 3층석탑과 같이 기단이 하나인 경우가 등장한다. 이와 함께 상하 두개의 기단이 있는 경우 하층 기단의 가운데 기둥은 대개 한두 개로 줄어들고 상층기단의 가운데 기둥은 그 전 시기 탑이 2개였던 것에 반해서 한 개로 줄었다.
2. 각 세부에 있어서 변화가 나타나는데, 몸돌 받침의 경우 기존에는 각진 2단의 받침이었다면 둥근 받침으로 변하거나 심지어는 별도의 돌을 끼워 넣는 경우도 생겼다.
3. 지붕돌받침도 5단이었던 것이 4단 혹은 5단으로 변하게 된다.
4. 이 시기에는 그 전대보다 탑의 규모가 작아져 약 5m 내외의 높이로 탑을 만들었다.

통일신라시대에는 앞서 살펴본 2단의 기단 위에 3층의 탑신이 올라간 기본적 탑 외에 형태나 재질 등에서 차이를 보이는 탑과 함께 탑 표면을 장식한 탑도 만들어졌다.

여기에는 우리에게 잘 알려진 경주 불국사 다보탑(多寶塔)과, 네 마리의 사자가 기단을 대신한 구례 화엄사(華嚴寺) 4사자 3층석탑, 감실이 있는 1층 탑신에 비해 나머지 탑신이 매우 작아진 경주 정혜사지(淨慧寺址) 13층석탑 등과 같이 전혀 새로운 형태를 창조한 것이 있는가 하면, 철원 도피안사 3층석탑이나 석굴암 3층석탑처럼 기단부를 전혀 다른 형태로 만든 것도 있다.

또 삼국시대 의성 탑리 5층석탑처럼 지붕돌의 낙수면이 층단을 이루는 모전석탑도 경상도 지역을 중심으로 계속해서 만들어졌다. 그 대표적인 예로 경주 서악동(西岳洞) 3층석탑이나 남산동(南山洞) 동3층석탑을 들 수 있다. 특히 이 석탑은 기단을 귀기둥이나 가운데 기둥을 새기지 않고 큰 돌을 쌓아 만들었다.

이 시기에는 합천 해인사(海印寺) 원당암(願堂庵) 3층석탑에서 볼 수 있는 것처럼 흔히 청석암이라고 부르는 점판암으로 된 탑도 만들어지기 시작하였다.

이렇게 일반적인 석탑의 형태나 재질을 달리한 탑이 등장하는 한편 석탑의 기단이나 탑신의 면석에 안상(眼像), 12지신상, 팔부중상, 사천왕상, 인왕상, 천인상, 보살상, 사방불(四方佛) 등을 새겨 넣은 탑이 등장하게 된다. 이처럼 탑 표면에 장식하는 것은 신라시대 분황사 모전석탑이나 통일신라 초의 경주 장항리사지(獐項里寺址) 5층석탑에 인왕상을 새긴 것이나 통일신라 일반형 석탑에 문비(門扉)를 새긴 것 등으로 보아 오랜 전통이 있었음을 알 수 있다. 이렇게 탑 표면에 여러 신상이나 불보살상을 장식하게 된 데에는 탑이 석가모

그림 8-40 경주 불국사 다보탑   그림 8-41 구례 화엄사 4사자 3층석탑

그림 8-42 경주 정혜사지 13층석탑   그림 8-43 경주 서악동 3층석탑

니의 사리를 모신 건조물로서 뿐만 아니라 석가모니 그 자체이기 때문에 탑을 아름답게 꾸미려는 것에서 나왔을 것이다. 하지만 이렇게 탑에 장식하는 것은 삼국시대 석탑이 예배의 중심이었던 것에서 벗어나, 통일신라시대가 되면 불당에 모셔진 불상이 예배의 중심이 되므로 가능했던 것으로 보인다. 이러한 예배 중심의 이동은 통일신라시대에 두개의 탑이 등장하게 되는 배경이기도 하였다.

승탑은 앞서 말한 석탑이 부처님의 사리를 봉안한 '불탑(佛塔)'이라고 한다면 승려의 유골을 모신 탑이라 할 수 있다. 승탑이 본격적으로 만들어지기 시작한 시기는 선종구산문(禪宗九山門)으로 대표되는 선종 사찰들이 문을 열기 시작한 신라 하대부터이다. 선종은 왕실은 물론 지역의 실질적인 지배자였던 호족에게도 영향을 끼쳤다. 실상산문의 홍척과 수철(秀澈, 817~893년), 희양산문(曦陽山門)의 도헌(道憲) 등이 왕실과 결합한 선사라고 한다면, 범일(梵日, 810~889년)의 사굴산문(闍崛山門), 무염의 성주산문 등은 호족세력을 기반으로 성장한 산문이다. 이렇게 성장한 선종산문에서는 선사와 그 선사의 법을 계승한 수제자들에 대한 존경심을 표할 방도를 찾던 제자들과 신도들이 승려의 유골을 안치한 탑과 고승의 행적을 기록한 탑비를 세우기 시작하였다.

그런데, 인도에서는 불탑과 승탑의 형태가 구별되지 않았다. 중국에서는 초기에는 불탑처럼 사각형의 평면을 보이는데, 대표적으로 중국 서안(西安) 흥교사(興敎寺) 현장법사탑(玄奘法師塔, 699년)을 꼽을 수 있다. 이후 팔각형으로 변모하는데, 하남 회선사(會善寺) 정장선사탑(淨藏禪師塔, 746년)은 전(塼)으로, 800년을 전후한 시기에 조성된 구마라습탑(鳩摩羅什塔)은 돌로 조성되었다.

통일신라시대에 가장 먼저 조성된 승탑 역시 불탑을 바탕으로 조성된 것이 흥미로운데, 양양 진전사지(陳田寺址) 도의의 승탑이 바로 그것이다. 진전사는 821년 중국에서 귀국한 이후 도의가 머물던 곳인데, 그의 제자인 염거화상(廉居和尙)이 844년에 입적했기 때문에 840년대 이전에는 조성되었을 것으로 추정된다. 진전사지 승탑은 통일신라 불탑의 전형적인 특징인 방형 2단 기단 위에 팔각형의 탑신과 지붕, 보주를 올린 것이 특징이다.

이 승탑이 건립된 이후 조성된 전 염거화상탑(廉巨和尙塔, 844년 무렵)과 남원 실상사 증각대사응료탑(證覺大師凝寥塔, 현재 '수철화상탑'으로 보물로 지정)은 모두 기단부터 지붕까지 팔각을 기본으로 하였고, 탑신과 기단에 사천왕상을 비롯한 다양한 조각을 새겨 넣었다. 증각대사탑의 주인공인 홍척은 실상사 수철화상탑비 및 『조당집』 등을 근거로 할 때 840년 무렵 입적한 것으로 추정되며 염거화상은 앞서 탑지에서 언급한 것처럼 844년에 입적하는 등 비슷한 시기에 입적하였다. 다만, 염거화상탑지에 '석가모니가 열반한지 1804년'이라는 연도가 있어 북방불교의 기원(기원전 949년)을 고려할 때 염거화상탑은 855년에 조성되었을 것으로 보이는 반면, 실상사 증각대사탑은 실상사의 다른 불교미술품의 조성시기를 고려할 때 840년대로 파악된다. 이처럼 이 두 승탑에서 확립된 '팔각원당형(八角圓堂形)'의 전형은 곡성 태안사(泰安寺, 大安寺) 적인선사조륜청정탑(寂忍禪師照輪淸淨塔, 861년)과 실상사

그림 8-44 전염거화상탑

그림 8-45 남원 실상사 증각대사응료탑

그림 8-46 곡성 태안사 적인선사조륜청정탑

그림 8-47 화순 쌍봉사 철감선사징소탑

수철화상탑으로 이어진다.

 이러한 승탑과 더불어 기본적인 형태의 승탑에 별석받침을 더하거나 화려하게 치장한 승탑이 조성되기도 하는데, 아마도 스승의 권위를 더욱 높이기 위한 의도로 여겨진다. 이러한 승탑 가운데 화순 쌍봉사(雙峰寺) 철감선사징소탑(澈鑒禪師澄昭塔, 868년 무렵)을 대표적인 것으로 꼽을 수 있다. 한편, 장흥 보림사 보조선사창성탑(普照禪師彰聖塔, 880년), 문경 봉암사(鳳巖寺) 지증대사적조탑(智證大師寂照塔, 883년)은 각 산문 나름의 독특한 조형미를 가미하기도 하였다.

이러한 독특한 조형미는 통일신라 이후에도 계승되었다. 그 대표적인 예를 구례 연곡사(鷰谷寺)에서 살펴볼 수 있다. 연곡사에는 통일신라 말 조성된 도선국사의 승탑으로 여겨지는 동승탑(국보 53호)을 비롯하여 동승탑의 크기와 형태를 같게 한 북승탑(국보 54호), 1650년에 조성된 소요대사탑(逍遙大師塔)이 있다. 연곡사 북승탑은 고려전기에 조성된 것으로 여겨지며, 소요대사탑 역시 기본적으로 동승탑의 조형을 따르고 있다.

후삼국기에 조성된 승탑 가운데 울산 석남사(石南寺) 낭공대사탑(朗空大師塔, 917년)과 봉림사(鳳林寺) 진경대사보월능공탑(眞鏡大師寶月凌空塔, 923년)이 주목되는데, 앞 시기 승탑과 달리 '하대-중대-상대-탑신-옥개'로 구성요소가 단순해지고 중대석이 편구형(偏求形)으로 변모하는 등 단순화와 변형이 동시에 이루어졌다.

승탑과 함께 세트를 이루는 불교석조미술품은 탑비이다. 통일신라 선사들의 탑비는 태종무열왕릉비와 같이 왕릉 비석의 영향을 받았다고 할 수 있다. 그런데, 태종무열왕릉비과 같이 거북모양 귀부(龜趺)와 탑신, 이수로 이루어진 선사의 탑비는 9세기 중엽에 조성된 실상사 증각대사응료탑비가 유일하다. 반면, 9세기 중엽 이후 탑비는 거북머리가 여의주를 물고 있는 용머리로 바뀌었으며 이수의 형태도 반원형에서 직사각형의 개석형태로 바뀌고 비좌(碑座)도 실상사 증각대사응료탑비에 비해 높아진 경향을 보인다.

한편, 석등은 주로 절에서 불상을 모셔둔 법당 앞에 놓였는데, 부처의 빛을 밝게 비치

그림 8-48 울산 석남사 낭공대사탑　그림 8-49 남원 실상사 증각대사응료탑비

게 한다는 뜻이 담겨 있기 때문이다. 우리나라에서 가장 오래된 석등은 7세기에 조성된 익산 미륵사지 석등으로, 팔각 연화문 상대석과 팔각 화사석이 남아 있다. 통일신라시대에는 가늘고 긴 팔각의 간주석(竿柱石)이 특징인 영주 부석사(浮石寺) 석등과 같은 형태의 석등이 주로 만들어졌다. 이러한 석등 외에도 같은 시기 남원 실상사 석등과 같이 간주석이 원형에 중앙에는 굵은 마디를 두어 북 모양을 한 고복형(鼓腹形) 석등이 만들어졌다. 이 밖에도 보은 법주사(法住寺) 쌍사자석등(雙獅子石燈)과 같이 간주석을 쌍사자로 한 특이한 형태의 석등도 조성되었다.

그림 8-50 보은 법주사 쌍사자석등

고려전기에는 통일신라 석등의 형태를 계승하는 한편, 논산 관촉사 석등(灌燭寺 石燈)이나 현화사 석등(玄化寺 石燈)과 같은 사각형 평면의 석등이 조성되기도 한다.

진정환

참고문헌

보고서 및 논저

姜友邦, 1990, 『圓融과 調和』, 예경.

姜友邦, 2000, 『法空과 莊嚴』, 예경.

경북대학교박물관, 1995, 『부인사지보고서』.

金理那, 1995, 『韓國古代佛敎彫刻史硏究』, 一潮閣.

동국대학교경주캠퍼스박물관, 1994, 『석장사지보고서』.

文明大, 2003, 『원음과 고전미』, 예경.

文明大, 2003, 『원음과 적조미』, 예경.

朴慶植, 1994, 『統一新羅石造美術硏究』, 學硏文化社.

엄기표, 2003, 『신라와 고려시대 석조부도』, 학연문화사.

張忠植, 1987, 『新羅石塔硏究』, 一志社.

鄭東樂, 2011, 「新羅 下代 禪宗史 硏究動向」, 『韓國古代史探究』7.

정명호, 1994, 『新羅石燈硏究』, 民族文化社.

진정환, 2007, 『진리의 빛 비로자나부처』, 국립경주박물관.

진정환·강삼혜, 2006, 『조형미의 극치 석조미술』, 국립중앙박물관.

청주대학교박물관, 1992, 『중원미륵사지보고서』.

翰林大學校 博物館·原州市, 2000, 『居頓寺址 發掘調査報告書』.

米田美代治, 1946, 『朝鮮上代建築の硏究』, 秋田屋.

石田武作, 1950, 『日本考古學入門』.

논문

姜三慧, 2006, 「나말여초 僧塔 塔身 神將像 연구」, 『美術史學硏究』252, 한국미술사학회.

金福順, 2005, 「신라 불교의 연구현황과 과제」, 『新羅文化』26.

도희철, 2013, 「강릉굴산사지(사적 제448호)가람의고고학적성과와고려굴산사」, 『한국선학』36.

朴相俊, 2007, 「新羅下代 塔碑 硏究」, 『강좌미술사』29, 한국불교미술사학회.

박언곤, 2001, 「한국고대가람의 회랑에 관한 연구」, 『環境開發硏究』6.

박윤배, 2013, 「쌍탑식가람배치의 기원을 통한 신라와 수의 관계」, 『CHINA연구』.

서지민, 2006, 「통일신라시대 비로자나불상의 도상 연구」, 『美術史學研究』252, 한국미술사학회.

申大鉉, 2003, 「統一新羅 舍利莊嚴의 주요 樣式에 대한 考察」, 『新羅文化祭學術發表會論文集』24, 동국대학교 신라문화연구소.

申龍澈, 2006, 「華嚴寺 四獅子石塔의 造營과 象徵-塔으로 구현된 光明의 法身」, 『美術史學研究』250, 한국미술사학회.

양정석, 2012, 「구산선문의 가람인식에 대한 고찰」, 『新羅文化』40.

이숙희, 2006, 「통일신라시대 비로자나불상의 신라적 변용과 특성」, 『美術史學研究』250·251, 한국미술사학회.

이승연, 2004, 「건축역사 연구에 기여한 고고학적 성과와 조사현황 -사지를 중심으로-」, 『한국건축연구』134-4.

이정상, 2014, 「보령성주사지 가람배치의 복원에 관한연구」, 한양대학교 공학대학원 석사학위논문.

임영애, 2011, 「신라 불탑 탑신(塔身) 부조상의 추이」, 『先史와 古代』35, 韓國古代學會.

임영애, 2013, 「신라하대 경문왕대 불교조각의 재조명」, 『美術史學研究』278, 한국미술사학회.

임종대, 2014, 「보령성주사지의 가람변천연구」, 『선사와 고대』42.

周炅美, 2003, 「통일신라시대의 金工技法 研究-佛舍利莊嚴具를 중심으로」, 『新羅文化祭學術發表會論文集』24, 동국대학교 신라문화연구소.

周炅美, 2014, 「新羅 舍利莊嚴方式의 형성과 변천」, 『新羅文化』43, 동국대학교 신라문화연구소.

周炅美, 2015, 「韓國 石塔 出現期 舍利莊嚴方式의 變化 樣相」, 『百濟研究』62, 충남대학교 백제연구소.

陳政煥, 2010, 「後百濟 佛敎美術의 特徵과 性格」, 『東岳美術史學』11, 동악미술사학회.

陳政煥, 2013, 「統一新羅 鼓腹形石燈과 實相山門」, 『전북사학』42, 전북사학회.

진정환, 2017, 「실상사 승탑 조영으로 본 실상산문과 정권」, 『불교미술사학』23, 불교미술사학회.

차윤정, 2011, 「황룡사지 출토 불교조각」, 『신라사학보』23, 신라사학회.

채상식, 1997, 「한국사이론과 역사인식」, 『김용섭교수정년기념한국사학논총』1.

崔聖銀, 2010, 「張保皐 선간과 신라하대 불교조각」, 『先史와 古代』32, 韓國古代學會.

崔聖銀, 2010, 「통일신라 四天王寺 녹유소조신장상의 연구 성과와 향후 과제」, 『신라사학보』26, 신라사학회.

崔應天, 1997, 「統一新羅 梵鐘의 特性과 變遷」, 『慶州史學』16, 경주사학회.

崔應天, 2010, 「軍威 麟角寺 출토 佛敎金屬工藝品의 性格과 意義」, 『先史와 古代』32, 韓國古代學會.

최응천, 2010, 「한국 불교공예의 특성과 감식」, 『佛敎美術』21, 동국대학교 박물관.

최태선, 2013, 「불교고고학의 연구방법 시론」, 『불교사상과 문화』5.

최태선, 2015, 「Ⅶ. 사찰유적」, 『영남의 고고학』, 영남고고학회.

최태선, 2016, 「신라·고려전기 가람의 조영연구」, 부산대학교 박사학위논문.

허형욱, 2005, 「석굴암 梵天·帝釋天像 도상의 기원과 성립」, 『美術史學硏究』246·247, 한국미술사학회.

洪光杓, 2005, 「韓國 九山禪門의 空間美學」, 『韓國傳統造景學會誌』23-3.

통일신라고고학개론

09

종교와 제사

- 제사의 정의와 연구 동향
- 통일신라 제사의 양상
- 통일신라 제의와 불교의범
- 건물지 주변의 토기 매납 현상
- 공양물의 매납

1. 제사의 정의와 연구 동향

제사는 천신에게 지내던 제(祭)와 지신에게 지내던 사(祀)를 합한 제천사지(祭天祀地)를 일컫는다.

고대사회, 특히 동북아시아에서 신화와 예술, 그리고 제사는 정치와 밀접한 관계를 유지하고 있다(장광직 1990).

『주례』「고공기」의 "面朝後市 左祖右社"는 시(市)를 포함한 4곳이 성소와 치소로서 사방의 강신 제례와 관련된 곳을 암시한다. 이들 사처는 고대 궁궐의 사방에 배치되며 구릉 상에 배치되어 있고, 시는 왕이 정치적 목적에 의한 천제를 모시는 성소로서 알려져 있다.

시의 자형분석(字形分析)에 따르면 교역 장소를 나타내는 수목은 본래 신이 강림하여 머무는 성소를 뜻한다. 지금은 이질적인 집단이 모여드는 소란스러운 교역의 장소이지만 원래는 공동체적인 폐쇄성이 견지되는 극히 신성한 장소였다(이성구 1997). 이후 국가 제사적 기능이 점차 제정 분리가 되면서 제사의 기능은 사라지고, 왕의 제사 때 물물교역을 이루던 관습만 남아서 시장으로 변화한다는 이론은 제의의 중요성을 보여주는 예이다.

한반도 삼국시대 제사에 대한 문헌적 연구는 『삼국사기』 신라본기와 제사지의 기록을 통해 국가제사에 대한 것이 있다. 제사지의 내용에는 대사에는 삼산이, 중사에는 오악, 사진, 사해, 사독과 속리악 이하 6곳이, 소사에는 24개의 산천 등이 편제되어 있다. 그리고 제사지 신라조의 명산대천은 산과 천(海: 4해 중 북해 제외, 4독), 이외에도 성(북형산성, 도서성, 가림성), 진(청해진), 기타 명(동진 온말근, 남진 해취야리, 중사의 표제명이 없는 기타 6곳 중 추심과 상조음거서) 등의 제사처가 확인된다. 이 중 산(악)이 35개, 천(해)이 7개로 대부분 산천이지만, 성에 대한 제사도 이루어지고 있다(채미하 2009).

1) 大祀 三山 一奈歷(習比部) 二骨火(切也火郡) 三穴禮(大城郡)

2) 中祀五岳 東吐含山(大城郡) 南地理山(菁州) 西雞龍山(熊川州) 北太伯山(奈巳郡) 中父岳(一云公山 押督郡), 四鎭 東溫沫懃(牙谷停) 南海耻也里(一云悉帝 推火郡) 西加耶岬岳(馬尸山郡) 北熊谷岳(比烈忽郡), 四海 東阿等邊(一云斤烏兄邊 退火郡) 南兄邊(居柒山郡) 西未陵邊(屎山郡) 北非禮山(悉直郡), 四瀆東吐只河(一云槧浦 退火郡) 南黃山河(歃\良州) 西熊川河(熊川州) 北漢山河(漢山州), 俗離岳(三年山郡) 推心(大加耶郡) 上助音居西(西林郡) 烏西岳(結巳郡) 北兄山城(大城郡)淸海鎭(助音島)

3) 小祀 霜岳(高城郡) 雪岳(𨑻城郡) 花岳(斤平郡) 鉗岳(七重城) 負兒岳(北漢山州) 月奈岳(月奈郡) 武珍岳(武珍州) 西多山(伯海郡 難知可縣) 月兄山(奈吐郡 沙熱伊縣) 道西城(萬弩郡) 冬老岳(進禮郡 丹川縣) 竹旨(及伐山郡)熊只(屈自郡 熊只縣) 岳髮(一云髮岳 于珍也郡) 于火(生西良郡 于火縣) 三岐(大城郡) 卉黃(牟梁) 高墟(沙梁) 嘉阿岳(三年山郡) 波只谷原岳(阿支縣) 非藥岳(退火郡) 加林城(加林縣 一本有靈嵒山 · 虞風山 無加林城) 加良岳(菁州) 西述(牟梁)

이들 고대 국가 제사와 관련한 문헌적 연구는 신라의 경우 삼산은 경주의 명활산, 영천의 금강산, 안강의 혈례산 등 모두 경주를 둘러싼 지역에 위치하여 경주를 방호하는 역할을 하는 곳이다. 중사인 오악·사진·사해·사독 등은 당시 신라국토의 주위를 둘러 가며 국경을 이루고 있는 양상을 보이고 있다. 소사의 위치는 모두 진산으로 그 지역 방어의 의미를 갖고 있다. 즉 대사의 제장은 왕실을 보호하는 목적으로, 중사의 제장은 국토방위를, 소사의 제장은 지역방호를 위한 목적으로 배치한 것이다. 이들은 신앙적인 의미와 함께 군사적 목적에 따라 대, 중, 소사를 편제한 것으로 최광식(2002)은 설명하고 있다.

또한, 신궁 시조묘와 신궁의 대상신에 관한 검토와 함께 시조묘와 신궁과의 관계, 그리고 오묘제의 성립시기 등에 관한 것들에 대한 연구들이 문헌적으로 축적되어 오고 있으나 민간이나 종교적 제의에 대한 문헌적 연구는 상대적으로 적다.

문헌적 연구들은 국가제사의 성격에 대한 논의가 주를 이루고 있으며, 국가제사가 행하였던 장소에 대해서는 구체적으로 어디에 해당하는지에 대한 연구는 성과를 내지 못하고 있다. 아울러 제사의 유형이나 성격에 대해서도, 국가 제사처에 산신들을 조상하여 모시는 사당이 건립되어 있기는 하지만(이기백 1974), 중국의 경우 사묘에서 제사를 지낸다는 등의 연구 외 더 구체적으로 제사에 대한 연구는 부족한 실정이다.

또 다른 방향에서 제사에 대한 연구로는 신궁과 건축사적인 부분과의 조합을 다룬 연구들이 있다(최광식 2007).

최광식은 한·중·일의 팔각건물의 고고학적 자료들을 소개하면서 불교유적 외의 팔각건물지들은 중국 고대의 신궁과 연결시켜 국내의 팔각건물을 제사의 공간으로 해석하려는 시도가 보인다. 그는 팔각은 원래 상원하방형태의 중국 고대의 사상체계에서 시작된 것으로 황제가 하늘에 제사를 지내는 원단과 땅에 제사를 지내는 방단은 천원지방의 사상을 반영하는 것이고, 팔각축성은 천자제의 황제예의의 상징적 의미와도 연결된다고 하였다. 국내의 소수사례 외에는 불교건축에서 확인되는 것으로 정리하고 있다. 또, 안대환·김성우(2013)는 건축학적으로 불교건축까지 포함 국내의 팔각건물지들을 정리하고, 이들의 용도는 특수한 것으로 분류하고 있다. 이들은 불교까지도 종교, 제사적인 것으로 확대 해석하고 있다.

이들 연구들에서 문헌사료에 명시된 제사터에 대해서 명확한 위치는 밝혀진 바 없고, 다만 문헌에서 확인되는 유적 명칭과 특수한 형태의 유적과 비교가 시도되고, 이들 특수한 팔각형 건물군은 신궁이나 초기의 제사공간으로 추론되는 단계의 성과를 보이고 있다. 그러나 고고자료와 문헌사료와 직접 대별할 수 있는 연구는 아직 없는 실정이다.

근래 들어 앞선 문헌사료 연구 외에 고고학적인 연구를 통한 제사 유적의 연구도 점차 확대되고 있다. 고고조사에 의한 유적은 그 위치와 형태를 대상으로 산악제사, 물가제사, 해양제사, 생활제사, 건축제사 등으로 분류하여 정리되고 있는데 문헌연구에서 다루는 제사의 구체적 내용 목적, 방법까지는 고고학의 한계성으로 인해 규명되지 않고 있어 형태상의 특징 위주로만 확인되는 정도이고, 그 이상의 해석부분은 연구자들의 역량에 따른 추정에 그치고 있는 실정이다(구효선 2008).

고고학적 유구와 유물을 통한 삼국시대의 제의를 검토한 김동숙(2014)은 제의를 농경의례와 장송의례, 생활제사로 대별하고 생활제사는 다시 물, 의례수혈, 건축제사(진단구), 조업시설의 제사로 세분하여 정리한 바 있다. 이 글은 앞의 문헌적 연구와 같이 국가적인 제사의 내용에 접근할 수 있는 것이 아니라 그 시대 구성원의 생활제사 형태에 대한 해석으로, 고고학적으로 드러난 현상을 유형별로 정리하여 구분하는 조사의 한계성 속에서 단편자료를 정리한 형태이다.

문헌사료가 부족한 선사와 고대의 제사에 대해서는 관련 현상을 제사 행위의 주체자, 내용, 목적 등을 추론하기가 역사시대의 유적보다 해석이 어렵고 미흡한 점이 있다.

이에 비해 역사고고학의 범주는 왕릉, 왕경, 그리고 앞에서 검토한 문헌사료에 의한 제의, 제천, 명산대천의 내용이 있어 고고학적 현상과 왕권중심의 유적들과의 미흡하지만 비교할 수 있는 여지가 있고, 추론적 성과도 나오고 있다.

삼국시대 초기에 왕권과 관련해서는 사료에 주요 절기에 왕이 행차하는 곳을 추적하여 '시조묘에서의 제사', '신궁의 제사', 그리고, 불교가 공인되면서 '사찰에서의 제사'로 변화된다는 이론은 문헌적 이론과 고고자료가 결합되어 국가적 제의 장소의 변화를 읽을 수 있는 부분이다. 제의장소의 변화는 곧 국가의 기존신앙과 새로운 중심종교가 융합되는 과정으로 이해될 수 있는 부분이다.

경주왕권과 왕경에 대한 제사를 왕릉과 능사(사찰)의 제의, 왕경의 제의로 대별하고, 삼국사기와 삼국유사의 문헌사료와 고고유적과 대비하여, 태종무열왕, 문무왕, 신문왕, 성덕왕, 원성왕 등 다섯 왕릉과 원찰의 관계를 검토한 것과, 왕경과 관련한 유적에 대해서는 발굴 조사된 나정의 팔각지를 기존의 문헌성과를 인용하여 시조묘 제사처로 추론하고 있다. 왕릉과 능사와의 관계를 ①법흥왕릉과 진흥왕릉은 애공사, ②진지왕릉과 무열왕릉은 영경사, ③문무왕릉은 감은사, ④효소왕릉은 망덕사, ⑤성덕왕릉은 이거사, ⑥효성왕 화장지는 법류사, ⑦경덕왕릉은 모지사, ⑧원성왕의 화장지는 봉덕사, ⑨헌덕왕릉은 천림사, ⑩헌강왕릉과 정강왕릉은 보리사, ⑪효공왕의 화장지는 사자사, ⑫경명왕의 화장지는 황복사로 정리하였다. 그리고 신궁과 관련해서는 문헌자료를 검토하여 오방궁을 신궁일 가능성과 인용사지 주변이 종묘터, 천관사 주변이 사직터일 가능성을 추론한 박광렬의 견해

(박광열 2014)도 있다. 통일신라 왕성을 중심으로 북천변에 위치한 이곳을 신성한 의례공간으로 보이는 북궁을 건립하였으며 서쪽으로는 태후나 왕녀들의 거궁으로 현재 요석궁 주변에 서궁을 설치하였다. 태자와 왕자들이 거궁으로 동쪽의 황룡사와 월지사이의 동궁을 건립하였으며 궁궐의 수축 및 관리 기능을 가진 궁으로 추정되는 남궁은 현재 경주박물관 부지에 설립하였던 것으로 생각된다. 이처럼 계획된 왕경과 왕궁을 중심으로 볼때 당의 종묘와 사직제도를 받아 들였다면 남천 건너 전 인용사지 주변에 종묘를 설치하고 천관사 주변에 사직을 설치하였을 가능성이 높다고 판단된다.

그 외 고고학적 성과가 비교적 풍부하고, 출토 유물 중 제사에 사용된 것으로 추론하기에 용이한 것이 많은 우물과 관련한 제사 연구는 우물조성을 위한 제의 , 조성 후 물과 관련된 제의 등 고고학적 연구가 다양하게 이루어지고 있다.

2. 통일신라 제사의 양상

고고조사에 의해 발굴되는 제사유구의 유물이나 유적의 현상은 제사의 주체나 목적, 어떠한 신앙에서 출현한 것인가에 대한 해석은 샤머니즘과 애니미즘 등 동아시아의 전통적 무속신앙을 계승한 도가와 유교의 사상으로 해석하는 것이 일반적이다.

일본의 경우, 일찍부터 제사에 대한 연구는 종교고고학의 범주에서 자연을 대상으로 하여 산의 신앙, 바다의 신앙, 토지의 신앙, 연지와 호수의 신앙, 하늘의 신앙으로 대별하여 정리된 바 있다. 이외에도 1997년도의 [宗教を考古學する]라는 주제의 『季刊考古學』 특집호와 2006년 『古墳時代の祭祀』 특집호에서 일본의 제사유적과 연구성과, 과제들을 정리하고 있어 국내보다는 체계적으로 정리되고 있다는 느낌이다.

이들의 제사에 대한 연구를 역사시대 이후의 고고학적 현상으로 살펴보면, 그 대상을 자연으로 하는 경우, 그 대상을 인위적인 구조물로 하는 경우로 대별해 볼 수 있다.

자연을 대상으로 하는 경우는 앞의 정리처럼 산, 바다, 토지, 연지와 호수, 하늘 등 고대 기록상 제천의 모든 곳을 대상으로 하고 있다. 인위적인 구조물을 대상으로 하는 경우는 왕릉, 도성, 산성, 사원, 궁궐, 관아 등 왕권과 관련되는 주요시설에 대한 축조와 벽사적 의미의 제사를 상정할 수 있다.

　제사와 관련된 유물은 일반적인 용기류, 장엄구들과 희생물의 모조품과 죽간 등 특수하게 제작된 유물로 대별할 수 있다. 다만 일반적인 용기류나 장엄용기들의 경우 온전하게 표식적으로 매납되어 있는 유형과 파쇄되어 산재되는 형태로 노출되는 경우로 구분되기도 한다. 또한 특수유물들의 경우도 마찬가지로 파쇄된 형태와 온전하게 매납한 형태로 구분된다.

　이러한 고고학 방법에 의해 드러나는 제 현상에 대한 의미는 기존의 무속과 관련된 제천신앙, 중국의 유교나 도교와 연결된 신앙과 체계적으로 정비된 불교와 관련된 신앙 등으로 해석되고 있다. 이 중, 고등종교로 규범화된 불교와 같이 자체 의례공간인 사원을 중심으로 신앙대상들이 체계화된 유적을 제외하고는 연구자들의 제 견해에 따라 의미의 해석이 다양하게 이루어진다. 또한 무속 관련 제천의식과 도교와 유교가 연결된 신앙의례 등에서 보이는 특징은 시기가 다른 상황에서도 같은 현상이 나타나는 시간에 따른 사상의 변이까지는 아직 상세하게 검토되지 않고 있다.

　이 문제에 대해서는 스기야마 시게츠쿠(椙山林継)과 시노하라 유우이치(篠原祐一)는 역사시대 이후의 제사의 변용에 대해 지적하고 있는데 선사와 고대까지 막연하게 포괄적으로 정의한 것에서 시작하여 도교와 유교에 의해 정비되는 단계 그리고 마지막으로 불교가 수용되고 난 이후부터는 '불교에 기인하게 되는 제사의 변화에 대해 인지할 것'을 지적하고 있는 것에 주목할 필요가 있다(椙山林継·篠原祐一 2006).

　이는 계층적으로 고대사회에서의 개인 및 소집단에서 점차 역사시대로 진행되면서 지역의 부족 및 지배계층으로 발전, 확대되며 제사체계도 고등종교로 변화되어간다는 것과도 일맥상통하는 부분이다.

　이러한 관점에서 그 동안의 막연한 사상적 해석을 김길식(2013)은 유적과 유물의 제 현상들을 정리하고 이들을 도교적으로 해석한 바 있으며 연구에서 국내의 고고조사 자료를 방위와 관련된 유적, 물과 관련된 유적, 수신격인 용왕과 관련한 유적, 성황제와 관련된 유적 등으로 대별하고 이들을 동아시아 고대의 도교적 제사로 해석하고 있다.

　① 방위와 관련된 유적 유물
　　첨성대에서 출토된 식점천지반 유물, 왕릉과 귀족들의 무덤 둘레에 배치되거나 무덤 내부에 부장한 12지신상.
　② 창녕 화왕산성, 하남 이성산성, 경주 인용사지 저수지와 우물에서 출토된 용왕신 제

의와 관련된 목간, 목용, 부적

　③ 신라왕경, 대모산성, 설성산성, 반월성, 공산성, 미륵사지 출토 납석제 목제의 인장

　④ 황룡사지 월지 등에서 출토되는 석제, 목제의 남근

　⑤ 양주대모산성, 인천 계양산성 등에서 출토된 성황제 관련 동경과 동령

　⑥ 원지, 월지에서 출토되는 도교관련 목간과 제사 토기류

　이들 유구와 유물들이 일상생활에서 사용된 것이기보다 특수용도라는데는 재론의 여지가 없다. 김길식의 이러한 정리는 도교를 주제로 하는 특별전 도록에 기고된 것이어서 우선적으로 도교적 관점에서 접근한 것으로 생각되지만 그러나 이러한 현상들을 앞에서 지적한 것과 같이 사상이나 신앙으로 연결하는 부분에 있어서는 종교가 여러 무속을 통합하고 있다는 전제에서 보다 다양한 해석이 가능하다.

　이 문제에 대해 정의도(2014)는 역사고고학의 과제이기도 한 문헌적 제의기록과 고고현상의 결합과 관련된 과제를 제시하고 있기도 한데 이들 연구들을 종합하면, 역사고고학에서 문헌적 사료는 제의의 제 현상을 규명할 수 없고, 고고현상에 편중된 연구는 현상에 대한 해석과 설명은 충분하지만 이러한 현상이 일어나는 원인 즉, 문헌사료의 결합과 해석에 필요한 단서가 부족하기 때문에 서로 비교연구에 어려움이 있는 것으로 판단된다.

　즉, 동북아시아 중국문화권에서 도가와 유교를 발전시켜 현세기복적인 신선사상의 도교를 탄생시키고 제사의 대부분은 도교화 된 고대사회가 가정될 수 있다. 이러한 틀 속에 A.D 2세기를 전후한 상황에서 불교가 중국에 유입되고, 기존의 도교사상에 불교를 융합하여 중국불교로 발전시키게 된다.

　중국불교는 그동안의 불교를 체계화하는 과정에서 많은 경전 속에 도교적 중국문화 요소가 결합되는 현상이 확인된다. 중국불교가 융성하는 시기는 중국사회가 불교이전에 이미 도가적인 종교형태가 유지되었던 만큼 도교 속에 불교의 제 현상도 포함되어 있겠으나, 동북아시아의 고유신앙 틀 속에 외래종교이지만 체계적으로 불교화된 현상을 얼마만큼 동북아 고유의 전통으로 이해 할 것인가도 해석방법의 고민일 것이다.

　예를 들면 『삼국사기』에 674년 월지와 전각의 조영을 "궁안에 못을 파고 산을 만들고 화초를 심고 귀한 새와 기이한 짐승을 길렀다"라는 내용을 도교적으로 해석하여 이 연지의 조성이 도교서 사상이나 제의와 관련된 것으로 해석하고 있다(김길식 2013). 이것은 능사에서 출토된 백제금동향로의 조성배경이 중국의 도교사상으로 해석되는 것과 맥을 같이

한다. 물론 이 시기의 동아시아에는 불교가 넓게 기반하고 이 해석이 기존의 도가사상의 전통으로 이해될 수 있는 부분도 있겠으나, 월지가 조성되는 7세기에는 이러한 도교를 기반으로 한 중국 고유의 사고들이 불교백과사전으로 정리되는 점을 감안해 본다면 이 후의 조영의범은 불교적으로 해석할 여지도 가지고 있다. 즉, 7세기의 『다라니집경』에서는 가람 내 연지를 조성하는 법식과 과수를 심는 법식이 의범화되어 있고, 이 경전은 한역되어 동북아시아 불교국가에서 신봉되고 있는 점을 생각하면, 이미 융합의 과정을 거친 것으로 해석할 수도 있을 것이다.

용왕과 관련한 제의도 원형은 김길식의 해석처럼 용왕의 배경이 수신이고 기우나 기청, 치병의 기복은 민속적인 도교문화로 해석할 수 있겠으나, 불교적인 측면에서 접근하면 동북아시아에서 용은 일찍이 불교의 수호신으로 등장하며, 부처의 사리를 다투는 과정에서 인도에서 '하늘의 사자'로 표현되던 것이 시기가 지나면서 중국에서 용으로 한역되며 불교경전에서도 '용왕이 부처의 사리를 탐하여 훔쳐서 물 속에 탑을 건립'하는 형태로 대체되고 있는 것은 기존의 도교사상이 통일신라시대에는 이미 불교적인 관습으로 습합되는 것으로도 해석할 수 있다.

실제 기청이나 기우는 과거에는 왕의 천신제사장소인 시(市)에서 시작되던 전통은 오늘날까지 시장에서 기우제를 봉안하는 관습으로 전개되거나, 한반도에서는 조선시대 무불습합으로 이해되기는 하지만 사찰에서 기우제를 봉안하는 현상을 종합하면 당시의 사회적 종교가 이러한 제의를 담당하고 있었던 것으로 생각된다.

전 인용사지의 우물에서 출토되는 목간과 능산리사지에서 확인되는 목간 등이 도교적인 제의일 것인가, 불교화된 제의일 것인가는 위의 고민과 동일한 부분이다.

또한, 산성문지나 정상부에서 많이 출토되는 청동용기와 토제, 철제말과 도검류의 유물 성격도 똑같이 사찰의 기단조영 공간에서 출토되고 있는 점도 두 신앙의 융합적인 부분이다.

12지신에 관련된 것도 도교와 불교의 공통성이 포함되어 있다. 12지가 출토되는 곳은 대부분 통일신라시대의 유적이며, 분묘와 사찰 등 다양한 곳에서 확인된다. 이러한 12지는 동북아시아의 재래신앙이겠으나, 불교의 약사여래의 호위신장으로 습합되어 소의경전에 등장한다. 12지의 사상은 중국뿐 아니라 인도 등 남방지역에서도 일찍부터 활용되고 있는 재래신앙이다.

도교와 불교, 두 신앙의 융합적인 면은 문화의 습합과정으로 이해된다고 할 수 있겠으나, 이후, 제사의례과정을 의범으로 정리되어 문헌화 되는 것은 도교의 기록자료 보다는 불교경전에서 더 자세히 정리되어 있음은 앞에서 강조한 바와 같다.

다만 경전이 불교적인 자료이므로 일반 사료화 할 것인가에 대한 거부감으로 인해 그동안 활용되지 않고 있는 부분이 있으나, 경전은 그 당시의 역경 또는 정리되는 것인만큼 시간적인 부분에서는 당시의 기록물이라는 점에 매력이 있다.

다음 장에서는 이러한 동북아시아적인 요소가 많이 포함된 제의와 현상이 불교에 어떻게 녹아져 있는지를 다루어 보도록 하자.

3. 통일신라 제의와 불교의범

통일신라시대 불교제사와 불교의범은 주로 신앙대상지를 봉안하기 위한 공간에 대한 건축제사와 관련된 것이 고고조사에서 두드러지게 드러나는 것으로 보인다.

아직 이들에 대해서는 지진구나 진단구의 명칭으로 정리되는 정도이지만 실제 이들 신앙대상지를 봉안하기 위한 건축과 관련한 결계는 불교에서 매우 엄격하게 진행되며, 많은 방편경전의범에서 상세하게 다루어지고 있다.

여기에 정리하는 글은 필자가 '한일고대사원의 가람과 기능'이라는 주제의 국제심포지움에서 발표한 것을 요약 정리한 것이다(최태선 2015).

1) 청동유물의 매납

가람의 주요 건물지 하부에 청동유물을 매납하는 사례가 고고학조사에서 확인되며 이러한 현상은 다시 기단내부에 매납되는 형태와, 외부에 매납되는 형태로 대별된다. 기단내부 매납되는 사례는 2003년 경남 창녕 말흘리 건물지 기단내부에서 다량의 금속유물이 출토된 사례(慶南考古學硏究所 2005)와 2013년 서울 도봉서원 건물지 기단내부에서 청동유물이 일괄 출토된 사례(서울문화유산연구원 2014)가 대표적이다. 이외 '경주 굴불사지 건물지 서남 모서리 청동유물일괄 출토사례'(慶州文化財硏究所 1986)와 출토양상은 명확하지 않으나 '청주 사뇌사지 청동유물일괄수습' 등도 이와 유사한 사례로 생각된다.

9. 종교와 제사

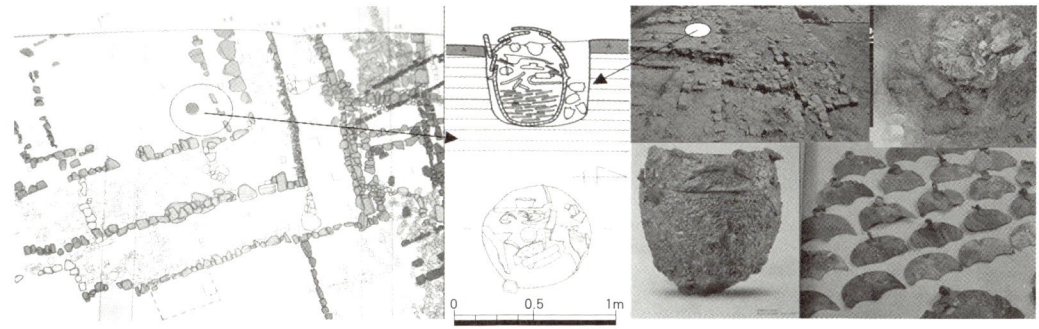

그림 9-1 창녕 말흘리유적 청동유물 출토상태

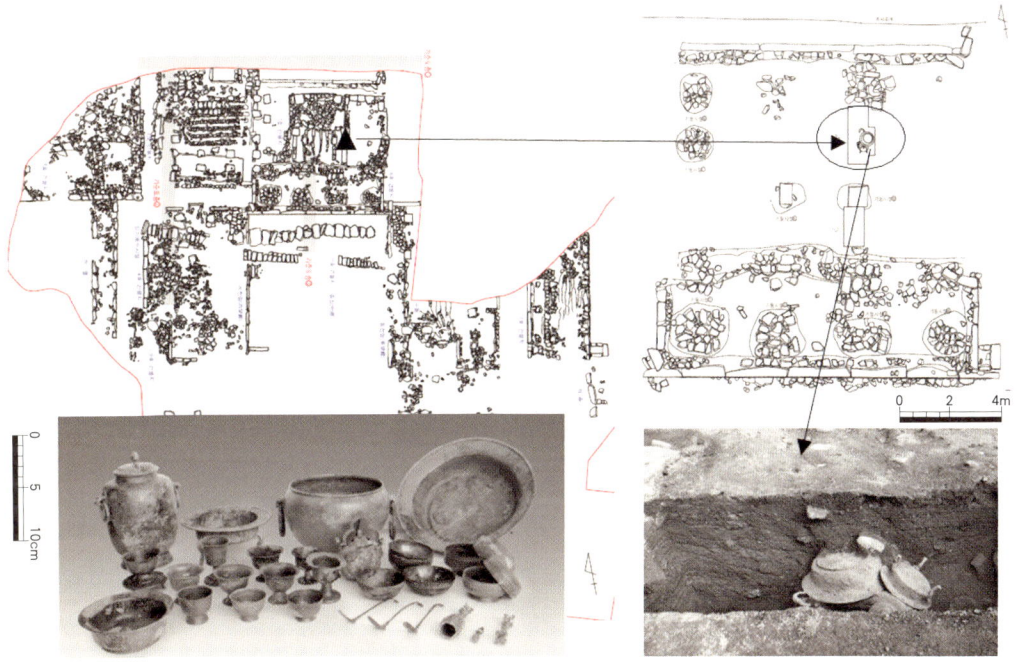

그림 9-2 도봉서원(영국사지)청동유물 및 매납상태

　창녕 말흘리 유적은 2003년 우회도로 개설구간에서 확인된 유적으로 고려-조선시대 증축, 개축된 건물지 3동이 확인되었다. 그 가운데 1호 건물지 남서 모서리에서 철부 내부와 주변에서 금동 및 청동유물이 다량으로 출토되었다. 보고서에는 이들 매납유물은 토광 내에 매납된 형태로 기록되어 있다. 출토 유물은 철부·개·금동풍탁·풍탁판·병향로·금동수각향로·청동초두·금동삼화형장식판·오각·장방·방형장식판·금동령·금동장식구·금동구 등이다(國立金海博物館 2011).

　도봉서원은 정암 조광조(1482~1519년)를 추존하기 위해 옛 영국사지에 1573년 창건한

327

건물로 1871년 서원철폐령으로 폐지될 때까지 약 260여 년간 유지된 서원이다. 복원정비계획에 따라 2012년 발굴조사되었는데, 결과 서원건물은 영국사지 기단을 재활용한 것으로 확인되었다. 서원의 중심에 해당하는 5호건물지(동서 12.63m, 남북 12.74m) 기단하부에서 청동유물 일괄 77점이 출토되었다. 출토 상황은 매납 시에 기단을 다시 판 흔적이 없는 점에서, 영국사 건물기단 조성과 함께 매납한 것으로 해석하고 있다. 5호 건물지는 영국사의 금당지를 그대로 활용하여 서원의 중심건물로 사용한 것으로 해석하고 있다.

유물은 금강저·금강령·청동유개호와 유개합·현향로·부형대향로·수각향로·세·향완·대부완·발우·청동발·숟가락 등이다.

경주 굴불사지는 경주시 동북편에 위치한 사면석불이 있는 사지로, 정비계획에 따라 1985년 조사된 건물지 남서모서리에서 청동유물 일괄이 출토되었는데, 청동종을 거꾸로 세우고 그 내부에 소형종, 향완, 청동접시 등 12점을 매납한 형태이다.

다음으로 건물지 기단외부에 청동유물이 매납되는 예는 주로 탑지로 추정되는 시

그림 9-3 청주 사뇌사지 청동유물(상) 및 경주 굴불사지 청동유물(하)

그림 9-4 군위 인각사 청동유물 출토상황

설들의 외곽에서 확인된다. 2013년 경상북도 군위 인각사의 통일신라 사역내 탑지로 비정되는 기단시설 외곽 출토 예와, 2015년 울산의 영축사지 석탑지 외곽 출토 예가 대표적이다.

인각사는 경상북도 군위군에 위치한 고려말 일연국사의 하산소로 발굴조사결과 통일신라시대부터 거찰의 가람인 것으로 확인되었다. 특히 시대마다 중심사역이 동편에서 서편으로 이동되고, 그 중심축선도 남향, 북향, 서향으로 변화되는 것으로 확인되었다.

이중 2008년 조사에서 사역동편에 위치한 통일신라시대 추정 금당지 남쪽에 탑지(불탑, 승탑)로 추정되는 방형기단기초부가 노출되었고, 그 북북동편 약 2.5m 떨어진 곳에 토광시설이 확인되었다. 토광내부는 8~9세기로 편년되는 당초문평와당과 평와로 와함을 마련하고 청동금고와 주변에 청동유물을 매납하였음이 확인되었다. 이 유물은 중국의 신회탑(765 매납)내부에서 출토된 유물과 비슷한 목록을 보이는 것으로 확인되었으나 인각사의 경우 외곽 북북동 모서리에서 확인된 것이 차이점이다.

영축사지는 울산광역시 영축산의 남록에 위치한 사지로, 2012년부터 현재까지 발굴조사가 진행되고 있다.

영축사지는 불국사나 감은사와 유사한 쌍탑가람으로 금당이 불부의 중심에 위치하고 있는 형태이다. 특히 금당은 정방형기단으로 마련되어 있는 점이 특징이다.

금당 남쪽에 배치된 쌍탑 중 동탑의 동북모서리에서 동으로 2m 떨어진 곳에서 청동유물이 일괄로 출토되었다. 청동유물은 지름 50cm의 토광를 파서 수각형청동향로를 놓고 그 위에 청동완을 개 형태로 사용한 뒤, 다시 청동시루를 덮어서 매납한 형태이다.

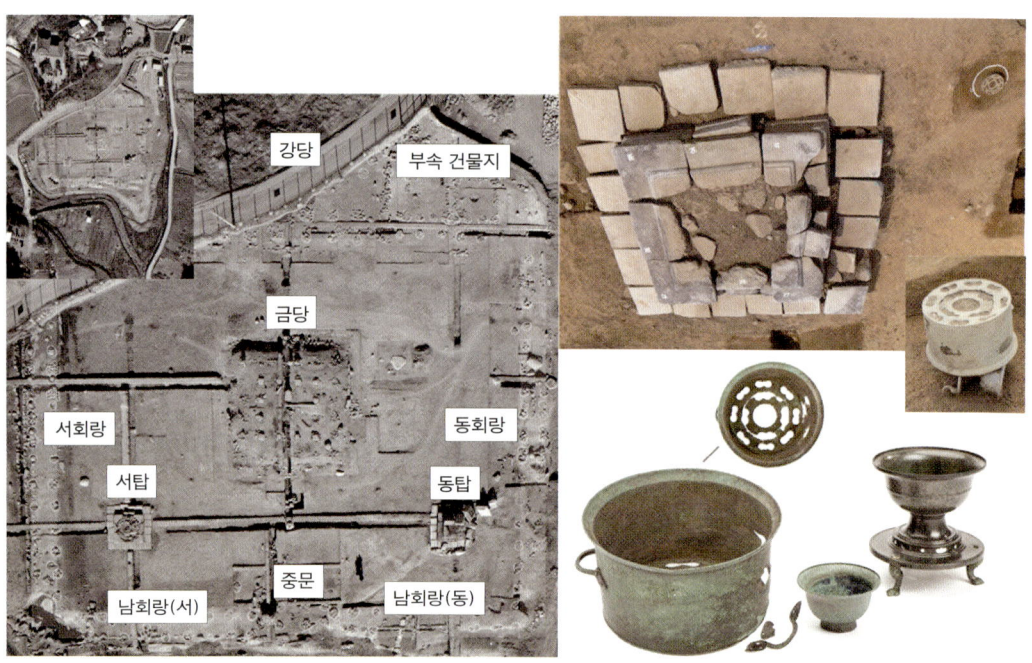

그림 9-5 울산 영축사지 청동유물 출토상황과 유물

위의 청동유물이 건물지와 관련하여 매납되는 양상에 대해서 대개 진단구 또는 퇴장유물로 해석하고 있다. 진단구와 지진구의 용어는 일찍부터 한, 일학자들이 개념을 설정하고, 고고학의 해석방법으로 활용하고 있으나, 기존까지의 지진구와 진단구는 C항에서 설명되는 것처럼 매납유물은 토제 호가 일반적이며, 이와 같은 다량의 청동유물은 예외적이다. 이에 김해박물관에서는 특별전 도록에서 퇴장유구로 해석한 바 있다.

위의 사례에서 볼 때 건물기단 내부에서 확인되는 청동유물 일괄은 기단 외곽에서 확인되는 청동유물보다 수량과 기종에서 훨씬 다양한 것이 특징이다.

2) 불교의례적 해석

이러한 형태를 단순 '퇴장의례'으로 해석하기보다 불교의례적으로 해석하고자 한다.

사원유적에서 주요건물기단의 중요성은 불교에서 만다라 또는 단으로 설명하며, 신성결계의 공간을 의미한다. 이와 함께 밀교적인 방법으로 여러 소의경전을 통해 작단을 위한 행위와 공양물들을 기록하고 있다. 이러한 경전 중 『다라니집경(陀羅尼集經)』12권에 수

표 9-1 「불설장엄도장급공양구지요도법」 상의 보구 매납목록

物目	數	物目	數	物目	數
금동령대 (金銅鈴帶)	48도 (道)	대패 (大珮)	28도 (道)	소패 (小珮)	28도 (道)
대경 (大鏡)	28면 (面)	소경 (小鏡)	40면 (面)	유리포화 (琉璃泡華)	400매 (枚)
진주 (眞珠)	200조 (條)	금은병 (金銀瓶)	46매 (枚)	대동접 (大銅碟)	400매 (枚)
소동접 (小銅碟)	200매 (枚)	은반 (銀盤)	4면 (面)	잡금은기 (雜金銀器)	80매 (枚)
금반 (金盤)	4면 (面)	금은사라 (金銀砂羅)	48매 (枚)	금국자	1매 (枚)
은국자	1매 (枚)	동향로보자 (銅香鑪寶子)	6구 (具)	금향로보자 (金香鑪寶子)	1구 (具)
금은사라	2매 (枚)	칠보금은연화 (七寶金銀蓮華)	5수 (樹)	잡채가화수 (雜綵假華樹)	100수 (樹)
동촉경 (銅燭檠)	12매 (枚)	금은잔(金銀盞)/ 굴치(屈巵)	48매 (枚)	오색납촉 (五色蠟燭)	10조 (條)
동조관 (銅澡罐)	26매 (枚)	정포수건 (淨布手巾)	3	주망 (走網)	8선 (扇)
채색번 (彩色幡)	24구 (口)	채색의 기 (彩色의 旗)	229	조두 (澡豆)	1되
조협 (皂莢)	40매 (枚)	탄회 (炭灰)	1되	버드나무 가지	1속 (束)

록된 「불설장엄도장급공양구지요도법(佛說莊嚴道場及供養具支料度法)」은 도장장엄을 설한 법으로, 온갖 '보구(寶具)', '채물구(綵物具)', '칠보오곡(七寶五穀)', '음식공양(飮食供養)' 등의 제 유형으로 도량을 장엄하면 그 시주로 하여금 무량복덕을 얻는다는 것을 설하고 있다.

이「불설장엄도장급공양구지요도법」중 첫 번째로 '보구'에 해당하는 금동, 청동의 유물을 기단(도량)에 매납하는 법식에서 도량에 매납할 물목을 정리하면 〈표 9-1〉과 같다.

한반도에서 출토되는 청동유물은 이들의 물목과 완전히 일치하는 례는 없으나, 말흘리 유적의 패, 금동번, 향로 등 대부분이 경전의 물목에 포함되어 있으며, 기타 청주 사뇌사지나 영국사지(도봉서원) 기단토의 매납유물 목록도 이와 유사하다.

따라서, 종류나 수자는 차이가 있다 하더라도 형편에 따라 이러한 청동유물을 도량(기단)장엄을 위해 법식에 의거 매납한 불교적 의례로 해석하는 것이 타당하다고 생각된다.

또한, 황룡사의 목탑지 심초석하 기단토에서 수습된 유물목록을 살펴보면 동경, 금동

장식구, 풍탁, 청동용기, 병향로편 등이며 각종 금동장신구는 '보구'의 번이나 패의 물목에 해당하는 것으로도 볼 수 있겠다(國立慶州文化財硏究所 2013).

7세기에 중국의 도세가 편찬한『법원주림(法苑珠林)』의 가람에 대한 정의에서 '도장(道場)은 생이 멸한 곳', 즉, 불부의 영역을 지칭하는 것으로 설명하고 있는 점을 들어 '도량=불을 위한 공간(건물기단)으로 해석할 수 있는 부분이다.

이「불설장엄도장급공양구지요도법」에서는 물목을 어느 방위에 매납할 것인지는 명시하고 있지 않으나, 한반도에서 건물지 내부는 남쪽방위(주로 남서향)에 매납하고, 건물지 외곽은 주로 북쪽(북동향)에 매납되는 특징을 확인할 수 있다.

다만, 건물지(주로 탑지) 동북모서리에 매납하는 청동유물에 대한 해석에 대해서는, 앞에서 언급한 도량장엄의 확대로도 해석할 수도 있겠고, 또하나는 동북아시아의 민속적(유교·도교)의미로도 해석할 수 있겠다.

한반도의 경우 조선시대 하늘에 제사지내는 단묘 설치 방법에 단의 북(壬方)에 지하 감실을 두고 제기를 매납하였다가 제사 때마다 사용한다는『세종실록』기록이 있다(허흥식 2002).

시기상으로 볼 때 이 내용은 불교적 의례에서 후대에 파급, 변용된 것일 수도 있겠고, 천제의례 역시 고대로부터 있어온 것이어서 시원적 접근은 별도의 연구가 필요하겠으나, 본 발표에서는 일찍부터 도교나 유교적 의례와 불교의례가 혼합된 것일 수도 있겠다는 추론 정도로 대신하고자 한다.

이러한 매장의례가 한반도에서 활용되는 시기에 대해서는 군위 인각사의 경우는 기단 외곽의 사례이기는 하지만, 8~9세기로 편년되는 암막새를 포함한 평와로 와함을 마련한 것에서 매납시기를 추정할 수 있고, 청동정병과 병향로의 경우도 대개 이 시기로 비정되고 있어, 통일신라시대부터의 의례로 볼수 있겠다. 또한, 기단내부에 매납한 말흘리의 유물에서도 승려가 지니는 병향로가 함께 매납된 것에서 통일신라 말부터 소의경전에 의거 매납하기 시작하는 것으로 생각된다. 그러나 소개되는 대부분의 유적과 유물이 고려시대의 예가 많다는 점은 교학, 선종과 함께 밀교도 깊은 관계를 유지하고 있던 고려의 불교정책과도 부합되는 것이라 생각된다.

또한, 삼국시대나 통일신라 초기의 사원유적에서 이러한 조사 사례가 없는 것은, 중국에서『다라니집경』등 관련 소의경전이 7세기 대에 번역되므로 의례가 본격적으로 보급된 이후부터 도량(기단)장엄이 확산되기 때문으로 생각된다.

4. 건물지 주변의 토기 매납 현상[지진구, 진단구]

사원유적 뿐 아니라 건물지를 중심으로 초석이 위치하는 곳에서 토제호와 같은 유물이 출토되는 사례는 많이 보고되어 있는 편이다. 이는 일찍이 일본에서『다라니집경』의 칠보오곡을 매납하여 불부를 결계하는 방편으로 해석된 연구(兼康保明 1991)가 있었고, 한반도에서도 건물지주변의 매납 호를 진단구, 지진구 즉, 건물 터를 진단하는 의례로 해석하고 있다.

아울러 건물지 조사사례의 증가로 사원유적 뿐 아니라 국내 건물지 유적의 일반의례로 이해될 만큼 사례가 많다. 이에 대한 연구 또한 근래들어 활발한 편이어서 고고조사 사례를 유형으로 분석하여 연구된 논문도 다수가 있다(최은아 2015).

지진구, 진단구로 고고연구에서 활용되는 이러한 사례는 한반도에서는 토, 도기(주로 호나 완)를 매납하는 형태인데,

① 기단토에 매납되는 유형(경주 불국사경내, 양양 진전사지 탑하부)과
② 초석주변에 매납되는 유형(군위인각사지, 여주 고달사지, 완도 법화사지),
③ 담장하부에 매납되는 유형(경주 분황사지, 군위인각사지, 거창 임불리사지),
④ 기단외부(중정)에 매납되는 유형(전 인용사지)

등으로 분류할 수 있다. 각 유형의 유적사례에서 알 수 있듯이 대부분 사원유적에서 다양한 형태로 출토되고 있는 것이 보고되고 있다.

매납장소에 대해서는 건물기단의 단일영역과 사원전역라는 확대영역으로 대별한다면, ④와 같은 유형까지도 하나의 진단법식으로 해석할 수도 있겠다(최태선 2008·2011).

③과 같이 담장지 하부의 진단구에 대해서는 담장이 가람에서는 중요한 영역표식이고 이에 대한 결계이기 때문으로 추정된다.

담장[回廊]의 중요성은 5세기 초에 법현이 동진때 한역한『마가승기율(摩訶僧祇律)』에 잘 나타나 있는데 「권33 '명잡송발거법(明雜誦跋渠法)」에 '불지와 승지를 엄격하게 분리하고, 담을 쌓아 구분하라'는 율은 동북아시아 고대가람에서 불부와 승부의 영역을 회랑으로 구분짓는 교학가람의 기본 룰이라 생각된다(최태선 2013).

『아미타집경』에서는 밀교와 관련 동·남·서·북·중의 오방위를 결계하는 의미로 모서

리초석부와 중앙(불좌)에 구덩이를 파고 칠보오곡을 황색포에 싸서 오색사로 묶어 납입하는 법식을 설명하고 있다.

그러나, 한반도에서는 황색포에 감싼 형태는 보고 예가 없고, 토도류가 이것을 대신하는 형태로 출토된다. 경주 황남동 123-2유적에서는 매납토기 중 내부에 황칠된 사례가 보고되어 있으나 경전에서의 황색포의 이미지인지는 확실하지 않다.

봉안물에 대해서는 견과류, 유리구슬, 숯, 동물 뼈, 철제품, 석재 등 다양한 형태로 분석되는데, 이들 역시 경전상의 칠보오곡의 범주로 볼 수 있겠다.

분황사 담장지 진단용기 내부의 토제구슬과 성주 심원사지 기단외곽의 지진용기 내부의 토제구슬은 칠보의 대치물목으로 생각되는데, 성주 심원사지와 같이 흙으로 제작하여 반건조한 상태로 납입한 례도 있다.

숯은 A항에서 다룬 도량장엄의 물목이기도 하고, 골류는 C항에서 다루는 동북아시아의 제사법의 전통일 수도 있겠다.

유형별 사용시기에 대해서는 ②, ①유형이 주로 7~9세기에 많이 확인되며, ④유형은 고려시대에 많이 활용되는 것으로 분석된 연구도 있다(오샛별 2013; 최태선 2016).

5. 공양물[모조마]의 매납

모조마는 한반도 고고자료에서는 주로 산성이나, 제사유적에서 출토되는 것으로 훼기된 형태로 출토되는 유물이다.

연구들에 의하면 모조마는 4~5세기의 유적에서부터 등장하며, 고려와 조선시대까지 지속적으로 유적에서 출토되는 유물이다(민덕식 2002). 주로 고대 제사유적에 사용되는 모조마가 사원유적에서도 함께 출토되는 것이 국내 사원유적에서 나타나는 매납의례의 또 다른 특징이다. 모조마는 출토양상에 따라,

① 건물의 기단 내에 단독으로 출토되는 예(미륵사지),
② 대호 속에 매납된 형태로 출토되는 사례(원각사지, 인각사지),
③ 건물지가 아닌 기타시설에 매납된 사례(강릉 굴산사지)의 유형이 있다.

9. 종교와 제사

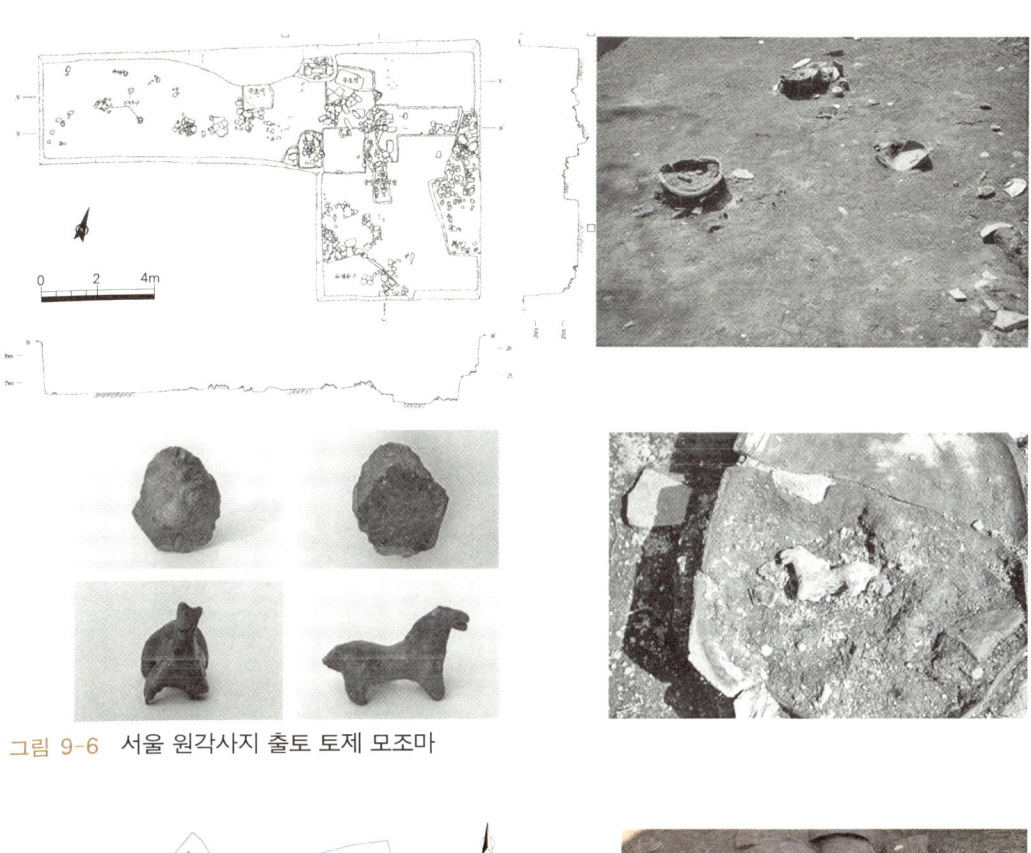

그림 9-6　서울 원각사지 출토 토제 모조마

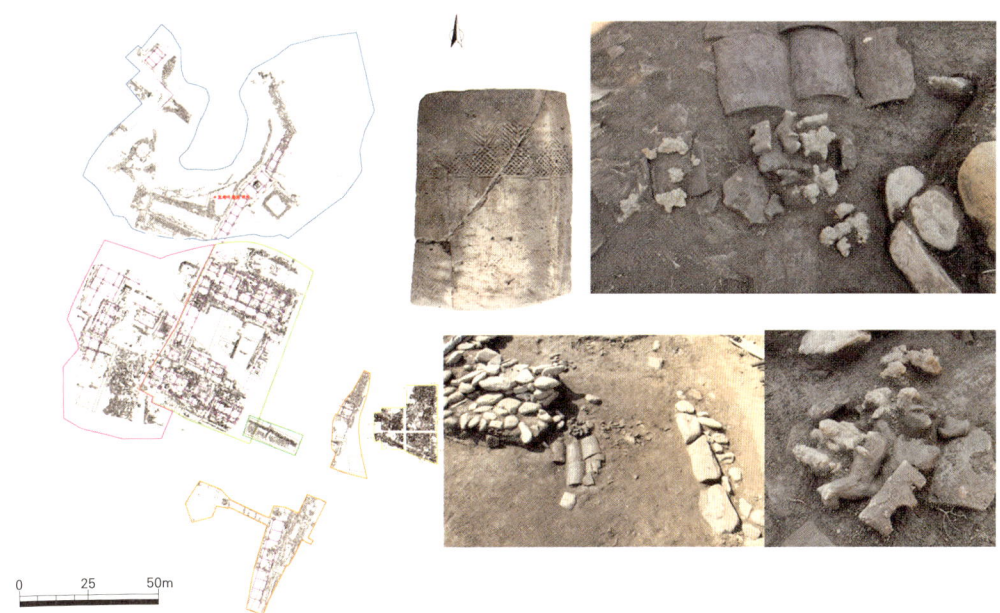

그림 9-7　강릉 굴산사지 출토 토제 모조마

335

삼국시대 백제가람인 익산 미륵사지 경우, 동원에서는 모조마가 출토되지 않고, 서원의 승방지역(토제모조마)에서 주로 출토되었고, 서원 금당지(토제모조마)와 서원 서회랑지(청동제 모조마)의 기단토에서 모두 별다른 구조물 없이 훼기형태로 매납된 것으로 보고되어 있다.

서울의 조선왕조의 초기 원찰인 원각사지 시굴조사에서는 '다Tr'에서 서편에 2m내외 거리에 3점의 대호가 매납되어 있고, 대호마다 내부에 토제마를 훼기하여(서울역사박물관 2002) 납입한 예가 있다.

군위 인각사지의 고려시대 가람영역에서는 고려시대 이후 옮겨진 통일신라시대 석탑(중대석까지 매몰된 형태로 조선시대까지 유지)의 매몰토 남과 북쪽에 각각 대호가 매납되어 있었고, 호의 내부에서 동물치골이 수습된 바 있다(慶北大學校博物館 1993). 이들 두 사례는 모두 조선시대의 것으로 추정되는 점에서 모조마 매납전통이 지속적임을 알 수 있다.

강릉 굴산사지에서는 중심사역의 동편에 독립 구릉을 에워싼 배수와 8각으로 볼 수 있는 기단석열의 배수시설에서 고려시대의 것으로 판단되는 평와로 열을 지어 만든 구조물 위에 훼기된 형태의 토제마가 군으로 출토되었다(國立中原文化財研究所 2014).

위의 경우와 같이 다양하게 출토되는 모조마는 살생을 금기하는 불교에서는 어떠한 경전에서도 육류를 제물로 한 기록이 없음에도 7세기 이후 가람유적에서 지속적으로 출토되고 있는 것이 흥미로운 부분이다.

마(馬)는 중국의 제사희생물의 최고 단계인 소에 해당하는 것(王力 1989)이고, 고대로부터 우(牛), 마는 왕의 제사에서만 다루어지는 제물로 알려져 있는데, 이러한 고대사회 일반 제사관념이 동북아시아 민중의 모든 의식에 공통되게 적용되었던 것으로 이해된다. 도교의 제의에 의한 것으로도 해석되기도 하지만 그러한 지배계층의 관습이 사원에도 반영된 것으로 보인다. 즉, 사원조영은 왕권과 관련된 최고의 조형물이라는 관념이 왕과 관련된 최고의 제물을 종교적 터부와 관계없이 납입하게 된 것으로 생각된다. 즉, 한반도 불교의례의 변용된 모습으로 해석할 수 있겠다.

또한, 『삼국지』 위서 동이전에서 일찍부터 한반도의 모든 대형제사에 우, 마의 제물이 사용되었다는 기록이 있음에도 태뢰(太牢)에 사용된 고고유물로는 마만이 확인되는 점도 흥미로운 사실이다. 농경문화인 중국의 태뢰제물인 소가 한반도에서는 마로 표현되는 까닭은 혹 기마민족과 관련된 오랜 전통은 아닐까 생각되지만 이 부분에 대해서는 보다 신중한 접근이 필요한 것으로 생각된다.

이상에서와 같이 가람축조에서 가장 기초시설인 기단축조와 경내의 조영과정에서 확인되는 고고학적 현상을 3종류로 구분하여 살펴보았다.

　이들 축조과정에서 보이는 제의유형은 특히 사원유적에서는 국내의 경우 90년대 이후 관심이 확대되고 연구되는 영역으로, 고고학적 유형분석은 다양하게 이루어지고 있으나, 그 원형과 의미에 대해서는 다양한 민속적 추론이 대부분이다.

　본 발표가 불교가람을 대상으로 하고 있고, 불교의 사상에서 축조되는 시설물인 만큼 여러 소이경전을 통해 이러한 고고학적 현상을 해석해 보고자 하는 시도이다.

　불교에서의 단은 구축물이기 이전에 신성한 영역의 결계이고, 이들에 대한 다양한 법식이 체계적으로 정리되어 있는 만큼 이러한 법식에서 표현되는 원리에서 각 민족의 민속적 터부가 결합된 양상으로 해석할 필요가 있다는 생각이다.

최태선

참고문헌

보고서 및 논저

慶南考古學研究所, 2005, 『昌寧 末屹里 遺蹟』.
慶北大學校博物館, 1993, 『華山麟角寺』.
國立慶州文化財研究所, 2013, 『유물로 본 新羅 黃龍寺』.
國立金海博物館 2011, 『땅속에 묻힌 염원』.
국립중원문화재연구소, 2014, 『강릉 굴산사지 발굴조사 자문위원회자료』.
불교문화재연구소, 2011, 『麟角寺 5차 발굴조사보고서』.
서울역사박물관, 2002, 『서울 탑골공원 원각사지 시굴조사보고서』.
울산시립박물관, 2015, 『영축사지』.
이성구, 1997, 『중국고대의 주술적 사유와 제왕통치』, 일조각.
장광직, 1990, 『신화 미술 제사』, 동문선문예신서.

王力著, 李鴻鎭譯, 1989, 『中國古代文化常識』, 螢雪出版社.

논문

구효선, 2008, 「신라의 경계와 제사」, 『선사와고대』28.
國立中原文化財研究所, 2014, 「江陵屈山寺址 發掘調査諮問委員會資料」.
김길식, 2013, 「고고학에서 본 한국 고대의 도교문화」, 『한국의 도교 문화』, 국립중앙박물관.
閔德植, 2002, 「發掘調査된 祭祀用 模造馬에 대한 分析」, 『사학연구』66.
박광열, 2015, 「XI. 제사의례」, 『영남고고학개설』.
안대환·김성우, 2013, 「삼국시대~통일신라시대 팔각건물지의 성격과 역사적 전개」, 『대한건축학회논문집』, 대한건축학회.
오샛별, 2013, 「地鎭具와 地鎭儀禮-건물지 지진의례를 중심으로」, 『정신문화연구』36.
채미하, 2009, 「신라의 성제사와 그 의미」, 『역사민속학』30, 한국역사민속학회.

최광식, 2002, 「신라 국가제사의 체계와 성격」, 『한국사연구』118, 한국사연구회.
최광식, 2007, 「한중일 고대의 제사제도비교연구-팔각건물을 중심으로」, 『선사와고대』27.
최은아, 2015, 「傳 인용사지출토 地鎭具에 대한 연구」, 『박물관연구논집』21.
崔兒先, 2008, 「寺址調査와 出土遺物 整理方法의 一例」, 『考古學研究公開講座』.
崔兒先, 2013, 「佛教考古學研究方法試論」, 『佛教思想과 文化』.
최태선, 2015, 「한일고대사원의 가람과 기능」, 『고고학에서 본 한국고대의 불교가람 조영』.
최태선, 2016, 「신라·고려전기 가람의 조영연구」, 부산대학교 박사학위논문.
許興植, 2002, 「世宗時 山川壇廟의 分布와 祭儀의 變化」, 『淸溪史學』16·17合.

兼康保明, 1991, 「寺造りのまじない」, 『季刊考古學』34.
椙山林継·篠原祐一, 2006, 「古墳時代祭祀研究의 現狀과 課題」, 『季刊考古学』96, 古墳時代の祭り, 雄山閣.

통일신라고고학개론

10

수공업 생산과 기술

- 토기
- 기와·전
- 철
- 청동기
- 유리
- 목기·칠기

1. 토기

토기 생산 시설은 토기를 만들기 위한 원료를 채취하는 시설, 토기를 성형하여 건조하는 작업장, 토기를 소성하기 위한 가마로 구분해 볼 수 있다. 이 중에서 가마를 제외하곤 거의 발견되지 않아 토기 생산 시설과 기술은 주로 토기 가마를 중심으로 하여 살펴볼 수밖에 없다. 지금까지 한국에서 발견된 토기 가마는 200여 기를 훌쩍 넘는다. 이 중에서 삼국시대 토기 가마가 대부분을 차지하고 있다. 이런 점에서 통일신라시대 토기 생산은 삼국시대 말기부터 고려시대 초기를 함께 검토될 수밖에 없다.

통일신라시대 토기는 신라가 백제와 고구려를 물리치고 정치적 통합을 이룬 후에 역사상 처음으로 통일된 국가의 영토 내에 통일된 생산 기술에 의하여 생산된 토기를 의미한다. 이런 점에서 통일신라시대에서는 통일된 기종과 양식의 토기가 확산되어 나갔다. 그리고 중세 귀족 사회가 성립되면서 지배층의 생활문화도 큰 변화를 겪게 되었고, 이에 맞춰 토기의 종류와 질, 장식 등이 빠른 속도로 발전하였다(이성주 2010: 167).

통일신라시대에 접어들면서 저장, 운반, 조리, 식사 등 그릇의 용도에 따라 분화가 심하게 이루어졌을 뿐만 아니라 같은 용도의 그릇이라도 음식의 종류나 저장 혹은 조리 방법에 따라 더욱 다양한 질과 형태로 분화되었다(이성주 2010: 167). 특히 회청색의 단단한 도질토기, 회색 혹은 흑색의 와기, 적갈색 연질토기, 시유도기 등 다양한 질의 토기 군이 등장하였다. 이외에도 대형의 저장용 항아리에서부터 건축부재로 사용된 와전류, 고급스러운 소형의 찻잔에 이르기까지 크기와 용도에서 아주 다양하였다. 이런 점으로 보아 통일신라시대에서는 토기의 생산에서 제작공방 혹은 제작공인에 따라 일정 수준으로 전문화가 이루어졌다(이성주 2010: 167).

그리고 통일신라시대에서는 그릇의 용도 맞춰 발달되고 표준화된 성형기술을 바탕으로 하여 대량으로 그릇을 생산하였던 시기이기도 하다. 통일신라말기에 왕경은 물론 지방의 토기요지에서 가장 흔하게 생산되었던 기종인 토기병은 물레질 성형의 기법에 의한 그릇의 형태 만큼은 자기의 단계에 도달하였다고 보고 있다(이성주 2010: 168). 또한 중세 귀족의 생활문화가 발전함에 따라 자기를 생산하지는 못하였으나 도기질 용기의 고급화도 계속해서 이루어졌다(이성주 2010: 168). 이런 상황에서 통일신라말~고려초에 청자 생산이 이루어졌을 것으로 보인다.

통일신라시대 토기 가마는 경주 화산리(李殷昌 1982), 상주 구잠리(영남대학교 민족문화연구소 2001), 청도 신원리(崔兌先·金相永 1998), 울산 방리(한국문화재보호재단 2004), 김해 삼계동(부산대학교박물관 1998), 부산 두구동(부산시립박물관 1990), 보령 진죽리(이형원 1999), 청주 비하동(김경호·이상훈 2006), 영암 구림리(이화여자대학교박물관 1998; 2001), 서울 사당동(김원용·이종선 1977) 토기 가마 등이 알려져 있다. 또판 시유도기를 생산하는 가마로는 당진 구룡리(이호형 1992)와 경주 화산리(李殷昌 1982) 일대의 가마들이 알려져 있다.

통일신라시대에 들어서면서 토기 가마는 이전 시기에 비하여 연도가 다양해지고 연소부가 단이 진 형태가 나타나는 특징을 지니고 있었다(이상준 2004: 56~57). 삼국시대의 연도는 오벽(奧壁)을 따라 천정에 설치되어 있었던 반면에 통일신라시대에 들어서 연도는 오벽 중단부에서 외부로 돌출된 구조를 하고 있었다. 이는 울산 방리유적(한국문화재보호재단

2002)과 영암 구림리유적에서 잘 나타난다. 통일신라시대 말에 이르러서는 연도의 돌출부가 길어졌고, 이를 위해서 연도를 돌로 쌓아 올린 시설의 흔적도 나타났다(이상준 2004: 57). 용인 동백지구 Ⅳ-1호 토기 가마에서는 소성실의 오벽 중앙 상단을 뚫어 연도를 만든 후에 그 위에 석재를 돌려 놓았고, Ⅰ-1호·4호, Ⅲ-8호 토기 가마에서는 연도부에서 소성실 쪽으로 석재가 밀려 부정형으로 쌓여 있었다(이상준 2004: 57). 또한 보령 진죽리유적의 1·3호 토기 가마에서도 소성실 상부에 직경 15~25cm의 돌들이 쌓여 있었다.

또한 통일신라시대 토기 가마에서 연도부에 타원형 수혈도 확인되었다. 김천 대성리 3호 토기가마에서는 연도부에 직경 198~340cm의 타원형 수혈이 확인되었는데, 그 기능에 대해서 보고자는 초벌구이하기 위한 별도의 소성실로 보았다. 이에 대해서는 연도를 원통형으로 돌출시켜 쌓기 위한 시설로 보는 견해(이상준 2004: 57)도 제기되었다. 그리고 고려 초기로 편년되는 서산 무장리유적의 Ⅳ-1호 토기 가마에서는 연도 주변의 원형 수혈이 가마 우측에 설치된 원형 수혈과 구(溝)로 연결되어 있었는데, 이에 대해서 배연 혹은 연통을 세우기 위한 시설물로 보았다(李浩炯 外 2000). 이와 같은 사례는 일본에서는 7~8세기대 토기 가마에서 많이 발견되었는데, 원형 혹은 타원형 수혈은 배연량을 억제 혹은 촉진하기 위한 것으로 보았고, 이에 연결된 구(溝)는 작업로로 보고 있다(일본요적연구회 1999; 이상준 2004: 57).

그리고 통일신라시대 가마에서 새롭게 나타난 구조로 소성부에서 단진 유단식 요가 등장하는데, 이는 요상면의 수평을 유지하여 안정적으로 재임하기 위한 용도로 추정된다(이상준 2004: 56~57). 대표적인 유적으로는 경주 물천리유적, 김천 대성리유적, 용인 동백지구 유적을 들 수 있다. 여기에서는 토기 가마 내부에서 대부분 기고가 높은 호류를 편평한 요상면에 넓게 확보하여 안정하게 재임하기 위한 조치로 판단된다(이상준 2003; 2004: 56~57). 요상면을 만드는 방식은 토기 가마마다 차이가 확인되었다. 경주 물천리유적과 용인 동백지구 Ⅰ-1호·Ⅲ-8호 토기 가마는 가마 굴착 후에 점토를 사용하여 별도의 단을 만들었으나 김천 대성리 3호 토기 가마는 원지반을 계단상으로 굴착하여 단을 만들었다(이상준 2004: 57).

또한 통일신라시대 토기 가마에서는 가마 주변에 얕을 수혈을 부정형으로 굴착하고 그 내부에 냇돌이나 할석을 깐 유구가 자주 발견되기도 한다. 경주 물천리와 김천 대성리 토기 가마에서는 가마가 위치한 구릉의 상단에서 확인되었다(이상준 2004: 57~58). 경주 물천리유적에서는 직경 225cm의 얕은 수혈에 방사선 형태로 할석을 깔아 놓아 마치 불고래처

10. 수공업 생산과 기술

표 10-1 통일신라시대 토기 가마터 대표 유적 현황

유적명	가마수	구조	길이	폭, 깊이	경사각도	출토 유물
경주 화산리	10기, 폐기장 등	반지하식	잔존길이 3.80~7.20m	폭 1.40~1.80m	13~22°	발형기개, 고배, 단경호, 파수부배 등
상주 구잠리	1기	반지하식	잔존길이 4.60m	폭 1.72m, 잔존깊이 0.90m	18°	인화문토기 등
청도 신원리	1기, 폐기장, 석축기단	반지하식	잔존길이 7.93m	폭 1.40m, 잔존깊이 0.30m	9°	인화문토기 등
울산 방리	4기	반지하식	잔존길이 4.30~4.40m	폭 1.30~1.45m, 잔존깊이 0.55~0.75m	10~14°	완, 파수부 광저호 등
김해 삼계동	4기	반지하식	잔존길이 7.40m	잔존폭 1.80m	14°	보시기, 발, 시루, 고배 등
부산 두구동 임석	1	지하식	잔존길이 4.45m	폭 1.50m	13°	완 등
보령 진죽리	5기, 폐기갱 8개소	반지하식	잔존길이 8.12m	폭 2.90m, 잔존깊이 1.20m	18°	주름문병, 편병, 완, 동이류 등
영암 구림리	7기	반지하식	잔존길이 4.70m	폭 2.30m	15°	회청색 경질토기 (대호, 광구호, 편병), 회흑색 연질토기 (대발, 대부완) 등
서울 사당동	11기	지하식, 반지하식	잔존길이 3.0~5.0m	폭 1.0~1.5m	17°	호, 옹, 병 등
당진 구룡리	1기	반지하식	잔존길이 4.50m	잔존폭 0.75m, 잔존깊이 0.70m	12~15°	녹유병, 토기병 등

럼 보이고 있었고, 김천 대성리유적의 3호 수혈에서는 수혈의 가장자리에 천석과 할석을 돌리고 그 내부에 석재를 편편히 깔아 놓았다. 이런 시설의 기능에 대해서는 점토를 혼합하거나 태토에 포함된 공기를 빼거나 태토의 수분 함량을 맞추는 작업을 수행하는 곳이라는 견해가 제기되었다(이상준 2004: 58). 이에 대해서 중국의 민속조사 사례를 참고하여 점토를 말리기 위한 용도로 사용된 것이라는 가능성도 제기되었다(염경화 2004).

무엇보다도 통일신라시대에서 수차례에 걸친 가마의 보수, 이기(離器)·이상재(離上材)를 활용한 동일 기종의 대량 생산을 특징으로 하는 화구적석요의 등장과 확산으로 토기 생산 체계가 급격하게 변화되었다. 이런 변화는 삼국시대에 전업적인 생산 집단이 전국적으

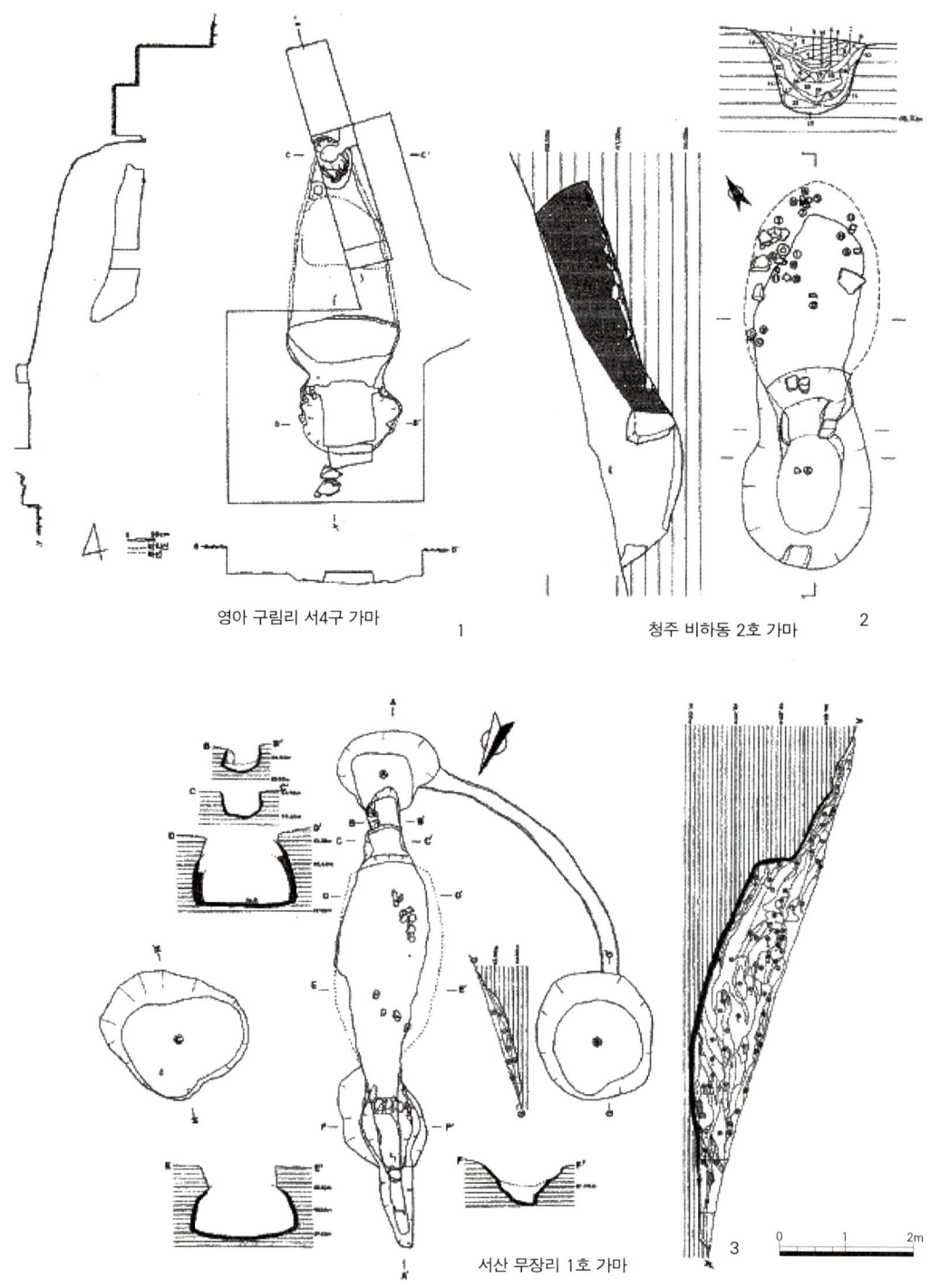

그림 10-1 통일신라시대 토기 가마(류기정 2007: 257, 그림6)

로 등장하는 토기 생산 기술 체계와는 확연하게 달랐다. 이는 통일신라시대에 주군현의 지방제도의 정비에 따른 자연촌 단위의 전문적인 생산집단의 조직과 맞물린 것이라는 견해(이상준 2004: 58)가 제기되었다. 이런 양상은 서울 사당동 요지에서 출토된 "…縣器村何支爲…"명 토기의 사례나 통일신라시대의 대표 기종인 단각고배·굽다리완·인화문굽다리병·장골기·주름무늬병·편병 등이 전국에서 확인되는 것과 관련된 것(이상준 2004: 58)으로 보고 있다.

통일신라말~고려시대초의 토기 가마는 삼국시대 토기 가마의 전통을 따르면서도 아궁이의 축조 수법, 소성실의 형태 및 단시설, 배연 시설 등에서 구조 변화를 통하여 열효율을 높일 수 있도록 하였다(류기정 2007: 242~243; 李至均 2006). 반지하식과 지하식의 비율이 비슷하였고, 하관상협형(下寬上狹形)의 평면 형태는 오랫동안 지속되었다(류기정 2007: 243). 경사연도와 수평연도가 모두 공존하였고, 요상면은 점등(漸登)하는 무계무단식이 일반적인 형태였다(류기정 2007: 243). 또한 일부 지역에서는 청자 가마와 토기 가마의 상호 영향에 의해 요상이 균등하고 요체가 세장한 장실계 가마가 축조되었다. 이런 양상은 고려 전기에 가장 발달된 형태로 발전하였다. 또한 통일신라말~고려초의 토기 가마에서는 일본 스에키 가마에서 다수 확인되는 만곡된 오벽(奧壁)이나, 배연조정구 등이 거의 동일한 형태가 확인되어 한일 양국간의 중세 이후 토기 가마에도 관심을 가지고 비교, 검토되어야 할 것이다(류기정 2005; 2007: 243).

2. 기와·전

기와는 건축 부재의 하나로 지역이나 시대에 따라 문양과 달라졌고, 이를 토대로 하여 과거 사람들의 기와를 매개로 한 장인 집단의 실체나 수급 상황을 파악할 수 있었다. 더 나아가 기와의 변화와 발전 양상을 통해서 당시 사회 문화를 복원하는 것도 가능해졌다. 이런 과정에서 기와는 시대, 제작자 등 여러 요인으로 인해 다양하게 변화, 발전하므로 생산지와 소비지의 정황, 건축물의 전반적 현황 등을 명확하게 이해해야 한다(김유식 2007: 259).

기와의 생산 기술을 파악함에 가장 중요한 자료로 가마를 들 수 있다. 기와 가마는 시대, 지역에 따라 자료들이 증가함에 따라 당시 기와 생산에 대한 이해가 어느 정도 가능해졌다. 하지만 통일신라시대 기와 가마는 경주 인근에서 다량 확인되었으나 정식 발굴을 통하여 확인된 사례가 많지 않다(김유식 2007: 263). 더군다나 기와 가마에 대한 보고서가 발간되지 않거나, 기와 전공자가 발굴조사 및 보고서 발간에 참여하지 않아 기와나 기와 가마에 대한 정확한 이해를 함에 있어 많은 어려움이 발생하고 있다(김유식 2007).

그렇지만 최근 기와 전공자들이 많아졌고, 한국기와학회를 중심으로 하여 기와에 대한 시대 및 지역별 연구가 심화되었으며, 기와의 제작기법에 대한 다각적인 조사와 연구가 활발하게 이루어지고 있다(국립부여문화재연구소 2015). 또한 기와 가마에 대한 발굴조사방법론이 발전하였으며, 이에 대한 교육의 기회가 증가함에 따라 여러 어려움이 있지만 기와 생산 기술에 대한 많은 조사와 연구의 진전이 이루어지고 있다. 이를 토대로 하여 통일신라시대 기와와 전의 생산 시설과 기술을 파악함에 있어 삼국시대나 고려시대도 함께 언급하면서 설명하고자 한다.

통일신라시대 기와는 연주문의 등장, 복엽의 출현과 양감의 약화, 저온 소성 등의 특징을 지니고 있다(김유식 2007: 263). 통일신라 기와 가마는 경주 인근의 내남면 화곡리(성림문화재연구원 2007), 망성리, 현곡면 금장리 기와 가마를 비롯하여 보령 천방, 익산 미륵사지 및 왕궁리, 청양 본의리, 상주 청리, 안동 정상동 그리고 대구 용수동, 진안 월계리의 지방 기와 가마터 등이 있다(김유식 2007: 263).

통일신라시대 평기와는 밖 → 안으로 이루어지다가 점차적으로 안 → 밖으로 분할이 이루어지며(최태선 2004), 타날판은 통일신라시대까지 단판과 중판으로 화상, 횡방향 타날이 진행되다가 고려시대에 장판의 타날판으로 횡방향으로만 타날이 행해지는 것으로 보고 있다(최영희 2004; 손호성·유지현 2010: 114). 문양은 선문이 다양화되고, 어골문과 격자문이 주류를 이루며, 능형문이 늦은 시기에 나타난다(최정혜 1996; 손호성·유지현 2010: 113). 또한 화문, 고사리문, 당초문 등의 문양도 새롭게 등장한다(최정혜 1996; 손호성·유지현 2010: 113).

통일신라시대 기와 가마는 대부분 구조적으로 반지하식에 유계무단식의 등요라는 특징을 지니고 있다(이상준 2004: 59). 다만 계단 부분의 높이와 요상경사도는 약간씩 차이를 보이고 있다. 그리고 가마는 여러 기의 가마가 함께 조업이 이루어지는 방식이 많았고, 일부는 수요처 주변에 가마를 만들어서 운영하였다(이상준 2004: 59). 특히 익산 미륵사지(국립부여문화재연구소 1996), 왕궁리유적(扶餘文化財研究所 1992)에서는 통일신라시대 기와 가마

표 10-2 통일신라시대 기와 가마터 대표 유적 현황(김유식 2007: 268~269 일부 편집)

유적명	가마수	구조	길이	폭, 깊이	경사각도	출토 유물
경주 금장리	2기	반지하식	잔존길이 6.80m	폭 1.40m	?	암·수막새, 이채벼루, 귀면와, 토제와범 등
대구 용수동	1기	반지하식	잔존길이 6.4m	폭 1.90m	20°	기와,「桐藪彌勒堂」명 명문와 등
경주 망성리	5기	지하식(1호), 불확실	-	-	-	암·수막새, 암·수키와, 전 등
경주 손곡동·물천리	2기 (A, B지구)	반지하식	잔존길이 5.40m	폭 1.50m, 잔존깊이 0.7~1.1m	12°	고배, 발, 대각편, 암·수키와 등
경주 석장동 852번지	1기	반지하식	잔존길이 4.00m	폭 0.9~1.80m 잔존 깊이 0.15~0.22m	?	연화문 수막새, 기와 등
익산 왕궁리	7기	반지하식	잔존길이 2.60m	폭 1.70~1.85m	20~21°	암·수키와, 막새, 명문와, 토기류 등
익산 미륵사지	2기	반지하식	잔존길이 4.30m(동요), 3.35m(서요)	잔존폭 1.85m(동요), 1.75m(서요)		암·수키와, 암·수막새, 녹유연목와, 치미, 전 등
보령 천방	14기	반지하식	-	-	10°	기와
진안 월계리	3기	반지하식(1기), 지하식(2기)	7.50m (반지하식), 7m(지하식)	폭 2.50~3.0m (반지하식), 1.50~1.70m (지하식)	20~25° (반지하식), 30° (지하식)	무단식 암·수키와, 토기류
김제 장화동	2기	지하식	잔존길이 7.50m(1호), 6.44m(2호)	소성부 폭 1.50m(1호), 1.30m(2호)	50°(1호), 73°(2호)	기와
김제 부거리	2기	반지하식	길이 12.58m	소성부 폭 1.40~1.46m	15~18°	완, 접시, 기와
나주 월양리	4기	지하식 (1호, 1-1호, 2호), 반지하식(3호)	길이 12.80m	폭 1.70m	19~47°	수막새 편, 암·수키와
나주 송월동	1기	지하식	잔존길이 8.26m	폭 1.14m	18°	연화문수막새 편, 암·수키와
여수 화장동	2기	반지하식	잔존길이 8.40m	폭 1.97m, 잔존 깊이 0.68m	11.5~13.5°	암·수키와
상주 청리	4기	반지하식(1기), 유계 무단식(3기)	잔존길이 6.72~7.40m (1~3호), 11.5m(4호)	폭 1.48~1.80m (1~3호), 2.80m(4호)	12~28° (1~3호), 24°(4호)	기와 (수키와, 유, 무단식 수키와)

는 2개씩 쌍을 이루어 확인되었는데, 이들 가마에서 출토된 기와들은 문양이나 제작기법 등에서 거의 동일하여 비교적 짧은 기간에 함께 조업된 것으로 보인다. 더군다나 이들 가마들 바로 근처에 건물지들이 위치하여 그 사용처와 상당히 가까웠을 것으로 추정된다. 즉 익산 미륵사지, 왕궁리유적, 보령 천방유적의 건물지와 같이 대규모의 수요처의 경우에는 경내 혹은 주변에서 기와를 자체 생산하여 조달한 것으로 여겨진다(국립부여문화재연구소 1996; 公州大學校博物館·韓國水資源公社 1996; 이상준 2004: 59~60).

그런데 통일신라시대에서 한 가마에서 기와와 토기를 함께 생산하는 '와도겸업요(瓦陶兼業窯)'도 존재하였다(이상준 2004: 60). 8세기이후 대규모 가마가 집중된 경주 금장리, 화곡리에서는 요 내부에 기와와 토기가 함께 쌓여 있었고(김성구 1990; 이상준 2004: 60; 김유식 2007: 263), 익산 미륵사지에서도 요 내부에서 통일신라시대의 토기편과 기와편이 함께 발견되었다(국립부여문화재연구소 1996). 또한 경주 내남면 화곡리 기와 가마는 총 9기의 신라시대~통일신라시대의 가마가 확인되었는데, 연소부와 소성실의 구분을 없애고 요상 각도가 15~21°를 하고 있었다(김유식 2007: 263). 특히 이 가마에서는 신라토기 및 6세기 전반경에 제작되었던 연화문 수막새 등 다량의 기와편도 함께 출토되어 신라시대부터 통일신라시대까지 신라 왕경에 기와, 토기를 공급하였던 공방으로 보고 있다(김유식 2007: 263~264). 와도겸업요는 이미 삼국시대의 기와 가마인 부여 정암리, 왕흥사지 등에서도 확인된 바가 있다. 특히 삼국시대에 부여 지역에서는 사비기의 대표 기종인 대부완이 출토되는 토기 가마가 확인되지 않았으나 이는 부여 정암리, 왕흥사지 기와 가마 등에서 확인되어 이미 와도겸업이 이루어졌을 것으로 보고 있다.

또한 통일신라시대 기와 가마에서는 독특한 내·외 시설도 확인되었다. 익산 미륵사지의 등요에서는 소성실 바닥에 수키와를 가마의 장축 방향으로 6열을 깔아 놓은 시설이 발견되었다. 이 시설의 기능에 대해서는 가마 내부에서 화염을 원활하게 유도하기 위한 것인지 혹은 기물을 재임하기 위한 시설인지는 명확하지 않다(국립부여문화재연구소 1996; 이상준 2004: 60). 그리고 경주 손곡동의 기와 가마에서는 가마 내부의 벽면을 보수할 때에 냇돌을 사용하였고, 요주변을 따라 '∩'자형으로 배수로를 돌려 놓은 특징도 발견되었다(이상준 2004: 60). 이런 배수로는 익산 왕궁리유적의 동서석축4를 파괴하고 만든 통일신라시대 기와 가마에서도 확인된 바가 있다(국립부여문화재연구소 2010).

한편, 통일신라시대에 기와 이외에 와제품인 전이나 불상 등 특수한 기물을 생산한 특수 목적의 가마는 아주 드물게 확인되었다. 통일신라시대 기와 가마인 경주 내남면 망성리

10. 수공업 생산과 기술

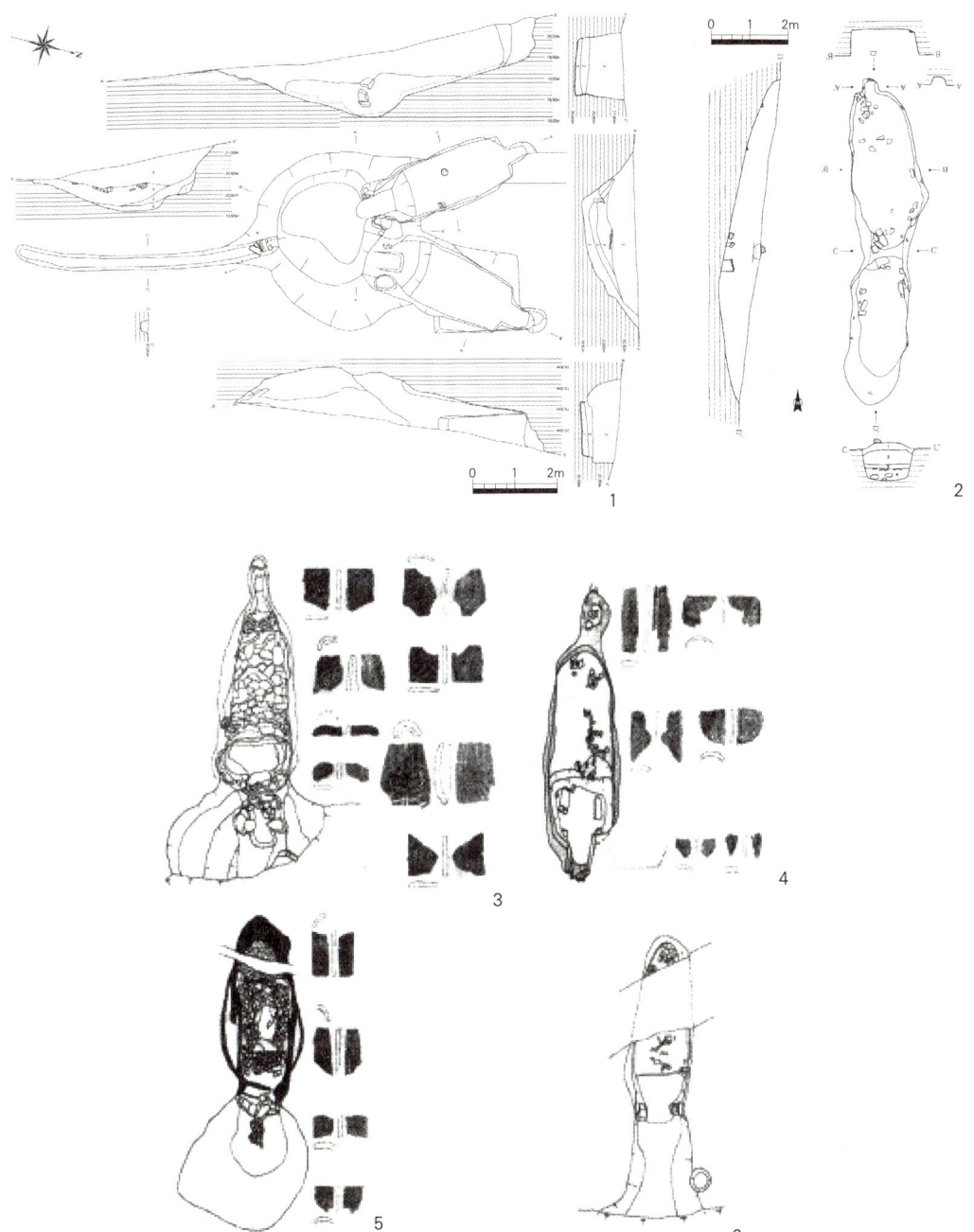

그림 10-2 통일신라시대 기와 가마(1: 김제 부거리유적 기와 가마, 2: 여수 화장동 기와 가마, 3: 경주 방내리 7호, 4: 부산 용당동 와요, 5: 경주 방내리 4호, 6: 경주 금장리 2호)

에서는 보상화문전(寶相華紋塼)이 지표채집되었다(박홍국 1986; 김유식 2007: 264). 이 가마터에서 지표 채집된 보상화문전은 월지에서 출토된 명문 전(塼)과 동일 형식임이 확인되었다(박홍국 1986; 김유식 2007: 264). 또한 여기에서 출토된 막새류도 역시 경주의 월지, 사천왕사지 등에 공급되었음도 밝혀졌다(박홍국 1986; 김유식 2007: 264). 무엇보다도 경주 내남면 망성리 기와 가마는 통일신라시대 와전(瓦塼)의 수급 관계를 파악하는데 큰 도움을 주었다(김유식 2007: 264). 익산 미륵사지 기와 가마터에서도 평기와 이외에도 암·수막새와 전이 발견되었다(국립부여문화재연구소 1996). 그리고 청양 본의리에서는 불상 대좌를 소성하기 위한 특수목적의 가마가 발견되었다(박영복 1992; 이상준 2004: 60).

3. 철

통일신라시대에서는 분묘와 생활유적에서 다양한 철기들이 출토되었다. 삼국시대에 비하여 분묘에서 출토된 철기의 양이 상당히 줄어들고 오히려 생활유적에서 출토되는 철기의 양이 상대적으로 많아진다(송윤정 2011: 46). 즉 실생활 중심으로 다양한 철기가 제작되었다(송윤정 2011). 생활유적에서 출토되는 철기로는 농구류·공구류·무기류·건축부재류·취사용기류·시건장치류·거마구류·대금구류 등 삼국시대에 비하여 다양하였다(송윤정 2011: 46). 특히 보습·볏·주조괭이·차관·철부·철정·초두·시저·인장·불상·탑·당간지주 등 주조로 제작된 철제품이 많았다. 이런 주조품은 삼국시대에 비하여 대형화뿐만 아니라 청동제품처럼 섬세하기도 하였다(송윤정 2011: 46). 특히 철기의 표면에 은판을 피복하거나 은입사를 상감하는 장식기교까지 가해져 금속공예라고 할 만큼 화려해졌다(한신대학교박물관 2007; 송윤정 2011: 46). 이런 통일신라시대의 철 및 철기에 대해서도 생산체제와 공정, 유통에 대해서도 관심을 갖고 논의되고 있다(김권일 2010; 김세기 2006; 이상준 2004; 이동주 2001).

통일신라시대 철 및 철기의 직접 생산을 확인할 수 있는 유적으로는 충주 탑평리유적(국립중원문화재연구소 2009; 2010), 양산 물금 범어리유적(동아대학교박물관 2000; 이동주 2001), 울산 입암리유적(이남규 외 2010), 충주 큰골 유적(한국문화재보호재단 2001b)으로 상당히 적은 편이다.

통일신라시대 철 및 철기의 생산은 크게 철 소재를 생산하는 단계와 이를 가공해서 철기의 제작하는 단계로 구분해 볼 수 있다. 철 및 철기의 생산 기술과 관련하여 '제련', '제철'이란 용어의 사용에 대해서는 연구자마다 약간 차이를 보이고 있다(송윤정 2011: 50). 철 소재를 생산하는 1차 공정과 소재를 가공해서 철기를 제작하는 2차 공정을 합쳐서 제련 공정으로 보는 가운데, 철 소재를 생산하는 1차 공정만을 '제철'로 보기도 하고(이남규 2008), 1차 생산 공정을 '제련', 1~2차를 포함하는 전 공정을 '제철'로 보기도 한다(김권일 2003). 철 소재를 생산하는 단계에서는 원료(철광석, 사철, 토철 등)를 준비하고, 철광석의 경우에는 "철광석을 캐내는 '채광(採鑛)' → 좋은 암질을 선별하는 '선광(選鑛)' → 제련에 보다 용이한 조건을 만들기 위해 선별된 원료를 구워 내는 '배소(焙燒)'"을 거친 원료가 제련로에서 철과 불순물과의 분리를 돕기 위하여 첨가제(조제재)를 투입한다(송윤정 2011: 51). 제련로에 장입된 원료는 노의 조건, 환경 등의 영향에 따라 저온환원의 저탄소를 포함한 소재, 고온환원의 고탄소를 포함한 소재로 생산된다. 철기의 주조는 제련로에서 녹아 나온 선철을 그대로 용범에 굳혀 제작하기도 하지만, 1차 공정을 통해 미리 생산된 철소재, 혹은 철편들을 용해로에 녹여 만들기도 한다(송윤정 2011: 51~52).

통일신라시대 철 및 철기의 생산과 기술은 작업 공정에 따라 몇 가지 사항을 중심으로 살펴볼 수 있다. 채광과 관련된 유적으로는 양산 물금 범어리유적을 들 수 있다. 양산 물금 범어리유적에서는 다량의 철광석이 발견되었는데, 이는 최근까지도 운영된 광산이 근처에

표 10-3 통일신라시대 철 및 철기 생산 대표 유적 현황(송윤정 2011: 50 일부 수정)

유적명	출토 유물		시기	비고
	제철 관련 유물	공반 유물		
양산 물금 범어리유적	자철광석, 송풍관, 노벽, 철괴, 제련	토기(마제형문인화문토기 개), 철기류	6~7세기후반	제련로19기, 배소시설, 도로, 우물, 제사유구, 대규모 공방, 철산지
충주 탑평리유적	대구경송풍관(용도미상 토제품), 철재, 노벽, 소토, 목탄	선각의 삼각집석문+압날원점문, 인화문토기(선각의 삼각집선문+압날 원점문), 반구형구연부편호, 철기	6세기 중반 이후~통일신라시대	중원경 추정지, 철산지, 제련?
울산 입암리유적	단조박편, 입상재, 철재 등	인화문토기, 주름문토기	7세기후반~통일신라시대 말	단양공방지 1기
충주 큰골유적	단조박편, 철편, 철재	기와, 동이구연부편, 지석	9~10세기	제련 유구2, 단야노지1, 철산지

351

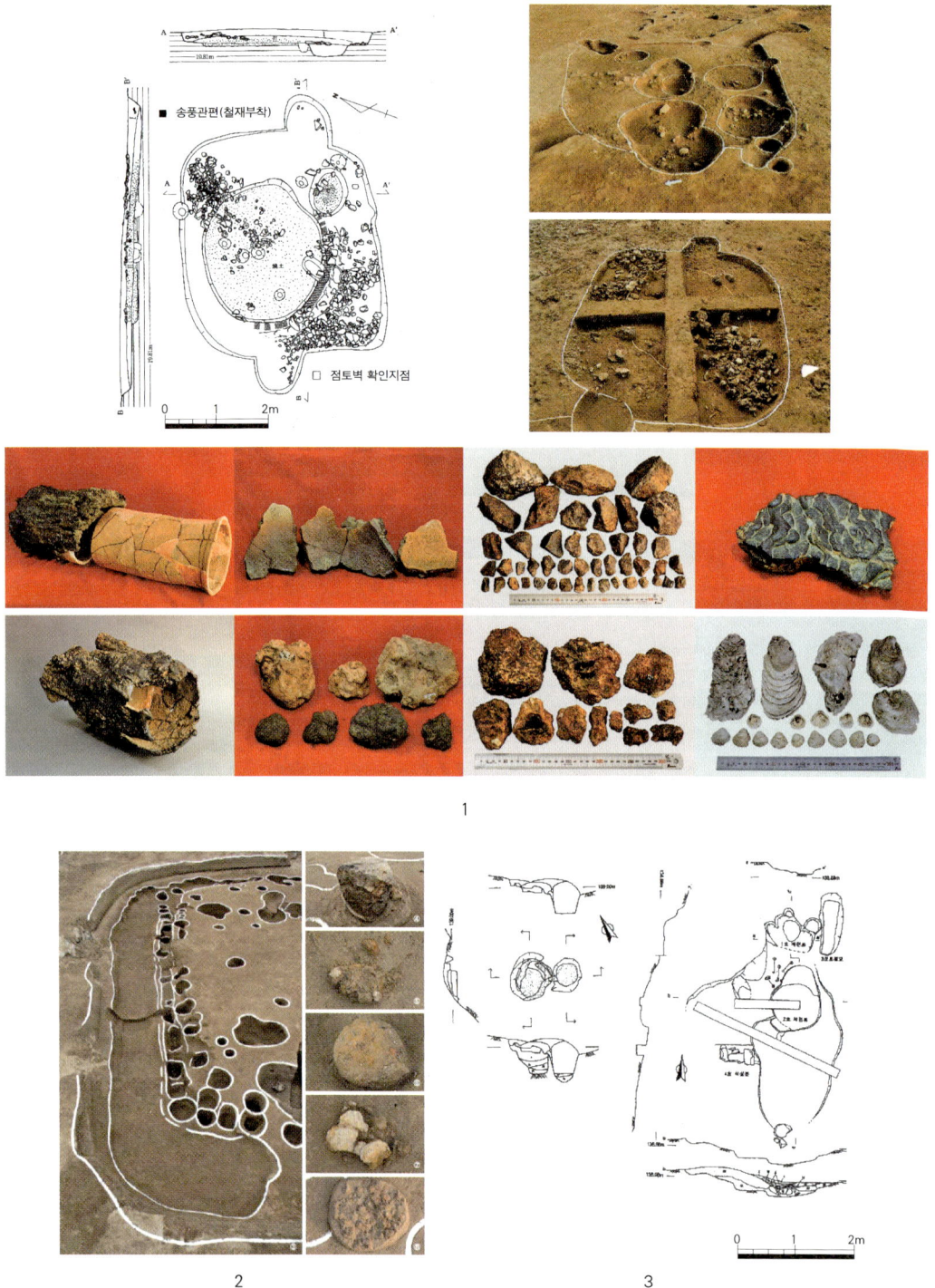

그림 10-3 삼국시대~통일신라 제철유적(1: 양산 물금 범어리유적, 2: 충주 탑평리유적, 3: 충주 큰골유적)

존재하고 있었기 때문이다. 다음으로는 철 소재를 생산하기 위한 원료에 대한 문제이다. 울산 물금 범어리유적과 울산 입암리유적에서 출토된 철재에 대한 분석 결과, 그 주변에서 채취한 철광석을 이용하여 철 소재를 생산하였음이 확인되었다(박성택 2000; 이남규 2010; 송윤정 2011: 52).

이처럼 원삼국시대 이른 시기부터 근세에 이르기까지 철재의 분석 결과로 사철의 사용 가능성이 제기되어 왔으나 통일신라시대에는 철 소재 원료로는 철광석이 사용된 것으로 보고 있다(송윤정 2011: 53). 그리고 울삼 물금 범어리유적에서는 조재제로 사용되었을 것으로 판단되는 패각 저장시설과 배소시설이 발견되었다(송윤정 2011: 53). 특히 이 유적에서 출토된 철기 분석 결과에서도 패각이 사용되었음이 확인되었다.

또한 용인 언남리유적에서도 벌낫의 횡공부에서 칼슘(Ca)이 상당량 포함되어 있음이 확인되어 조재제로 석회성분을 의도적으로 첨가하였음이 밝혀졌다(이남규 2007; 송윤정 2011: 53). 그리고 통일신라시대 제철 유적에서는 원료에서 철 소재를 뽑아내는 제련공정(양산 물금 범어리유적, 충주 큰골 유적 1, 2호 제련노지)과 단야공정(울산 입암리유적 67호 수혈, 충주 큰골 유적 단야노지)만이 확인되었다(송윤정 2011: 53).

울산 입암리 67호 철재의 분석 결과, 정련단야재와 단련단야재가 모두 확인되었다(이남규 외 2010: 449). 또한 울산 입암리유적 47호 수혈과 67호 수혈에서 출토된 철편에 대한 분석 결과에서는 괴련철, 선철의 두 소재가 모두 확인되어 백련강계 뿐만 아니라 초강계 철기의 제작도 이루어졌을 가능성을 추정해 볼 수도 있었다(송윤정 2011: 54).

무엇보다도 통일신라시대 철 및 철기 생산에서 가장 주목할 만한 기법으로 '합단법'(合鍛法)을 들 수 있다(송윤정 2011: 54). '합단법'은 단일 소재로 된 것이 아니라 탄소량이 서로 다른 여러 강(鋼)을 겹쳐서 만든 것(合鍛)으로 용인 언남리유적에서 출토된 횡공부를 분석한 결과에서 확인되었다(송윤정 2011: 54). 또한 용인 언남리유적에서 출토된 주조괭이는 탄소량이 5.45%에 달하는 백주철임에도 불구하고 연화를 위한 별도의 열처리를 하지 않은 반면에 두부에 비하여 인부의 경도가 높게 나타났다(이남규 2007; 송윤정 2011: 54). 이런 점으로 보아 통일신라시대에선 삼국시대에 비하여 주조괭이를 제작할 때 삼국시대에 비하여 좀 더 단순하게 만들었던 것으로 보고 있다(이남규 2008; 송윤정 2011: 54).

아울러 통일신라시대에서는 철기를 제작할 때 장식기교가 발달하였음도 용인 언남리유적 출토 재갈에서 확인되었다(한신대학교박물관 2007; 정광용 2005). 이 재갈은 철기의 기면을 파고 은사를 박아 넣은 후 표면을 일정한 방향으로 연마하여 제작한 선입사상감기법으로 만들었다(송윤정 2011: 55).

지금까지 살펴본 통일신라시대의 철 및 철기의 생산과 기술을 삼국시대와 비교해서 철 및 철기의 조업 시기에 따른 생산체제상의 변화도 검토해 보자. 진천 석장리유적은 경사면에 다양한 형태의 노가 밀집되어 운영된 양상을 보이고 있었다(국립청주박물관 외 1997; 이상준 2004: 60). 노는 지하식과 반지하식이 공존하고, 그 크기도 다양한 편이며, 평면 형태도 역시 상형, 원형, 장방형 등으로 다양한 편이다.

반면에 밀양 사촌리유적은 노의 구조와 형태가 상당히 규격화된 양상을 보이고 있었다(이상준 2004: 60). 모두 7기의 제련로가 확인되었는데, 평면 형태는 모두 원형이고, 노의 전면에 타원형의 배재부가 연결된 열쇠 구멍 형태를 띠고 있었다. 유구의 배치 상태와 배재부 내 송풍관의 출토 맥락으로 보아 2~3기의 노가 동시에 조업이 이루어진 것으로 판단되었다(이상준 2004: 60). 이런 점에서 진천 석장리유적에 비하여 밀양 사촌리유적에서 철 생산이 훨씬 더 집약적이고 체계적인 통제하에서 대량생산체제로 운영되었음을 보여준다(국립김해박물관 2001).

그런데 밀양 사촌리유적 보다 늦은 시기에 출현한 양산 범어리유적에서는 유구의 배치 상태가 정형화되지 않고 노의 형태도 다양한 것으로 확인되었다(이상준 2004: 60~61). 이처럼 양산 범어리유적에서는 밀양 사촌리유적에서 규격화되고 집약화된 생산 체계가 약화된 것으로 보았다(동아대학교박물관 2000; 이상준 2004: 61).

그리고 철 및 철기의 생산에서 가장 중요한 제련로의 구축 및 제련 기술상의 차이도 확인된다. 진천 석장리유적에서는 생토층 위에 간단히 숯층을 깔거나 슬래그층 위에 점토를 깔고 노의 자리를 설치하고, 그 위에 짚과 굵은 모래가 섞인 점토로 노벽을 축조하였다(국립청주박물관 외 1997; 이상준 2004: 61). 반면에 밀양 사촌리유적에서는 모래와 목탄을 교대로 불다짐한 후에 그 위에 인두대 크기의 할석과 황색점토를 사용하여 2~3단 둥글게 석축하여 노를 만들었다. 이는 상부 노벽의 하중을 감안하여 제련로를 만들었을 뿐만 아니라 보온 및 배습의 효과도 고려하였던 것으로 보인다(이상준 2004: 61). 또한 밀양 사촌리유적에서는 철재를 위에서 아래로 떨어뜨려 움푹한 곳에 모아서 들어내는 철재의 배재방법도 확인되었다(국립김해박물관 2001; 이상준 2004: 61). 아울러 양산 범어리유적에서는 철광석 파쇄 및 선별장, 배소시설, 패각소성유구 등 제련공정을 이해할 수 있는 유구도 발견되었다(동아대학교박물관 2001).

통일신라시대에 양산 범어리유적 이후에 철 및 철기의 생산과 기술을 살펴볼 수 있는 주목할 만한 유적은 아직까지 발견되지 않고 있다. 이에 대해서는 당시의 정치사회적 변화와 관련시키는 연구 결과가 있어 관심을 끌고 있다. 밀양 사촌리유적 단계에서 철 및 철기의 생산은 중앙통제하에 집약적 생산체계로 이루어졌으나 양산 범어리유적 단계에서 그 통제력이 약화되었고, 그 이후에는 철기가 위신재가 아니라 보편화된 물품으로 여겨졌다(차순철 2003). 이런 맥락에서 철 및 철기 생산이 소규모 철광산 혹은 사철 생산지를 중심으로 다원화되고 광범위한 지역으로 분산되어서 대규모의 철 및 철기 생산 유적이 발견되지 않은 것으로 보기도 한다(이상준 2004: 61).

따라서 통일신라시대 철 생산유적은 철광석 운반이 용이한 주요 교통로 주변이면서 목탄 수급이 쉬운 산간곡지, 혹은 사철이 생산되는 충적지 및 해빈지역에서 확인될 가능성이 높고, 철기 생산유적은 사원 주변이나 마을유적에서 발견될 것으로 보았다(이상준 2004: 61). 이런 이유로 경주 성동동 386-6번지 유적의 단야로나 황룡사지, 월지, 왕경유적, 미륵사지, 천안 위례산성 등에서 단야구가 확인 되었다(이상준 2004: 61).

또한 철 및 철기 생산과 관련된 것으로 제철에 필요로 하는 원료인 백탄을 생산한 가마가 있다. 현재까지 백탄을 생산한 가마는 총 100여가 발견되었다(이상준 2004: 61). 이 중에서 화성 기안리유적을 제외하곤 대부분 충청도와 경상도에 집중되어 있었다. 충청도에서는 충주, 괴산, 보은 등 소백산맥을 중심으로 하여 철광산이 집중 분포되어 있었는데, 이들 철광산 주변인 충주, 음성, 청주, 청원 등지에서 총 15기의 백탄요도 발견되었다(이상준 2004: 62). 이런 배경 아래에서 진천 석장리 제철유적이 형성된 것으로 볼 수 있다.

경상도에서는 울산 달천광산을 중심으로 하여 울산, 울주, 경주 등지에서 총 60여기의 백탄요가 발견되었다. 특히 경주 황성동유적 주변인 손곡동, 월산리유적에서는 총 52기의 백탄요가 발견되었다(김호상 2003; 이혜경 2004; 이상준 2004: 62). 이외에도 양산 물금광산, 밀양 동진광산을 중심으로 양산 가정리, 범어리유적과 밀양 사촌리유적이 형성되었다(이상준 2004: 62). 하지만 이런 백탄요는 고고지자기연대측정에 따르면 기원후 3~5세기경으로 추정된다. 통일신라시대에 백탄요가 발견되지 않은 이유에 대해서는 철광석과 목탄을 원료 및 연료로 한 집약적 생산방식이 사철광을 따라 여러 지역으로 분산되었거나 흑탄으로 철 생산이 가능한 기술적 발전으로 꼽았다(김권일 2003).

4. 청동기

한국에서 청동기를 비롯한 금속 제품의 생산과 관련된 유적이 알려진 것도 그렇게 오래되지 않았다. 1980년대 말에 경주 황성동유적이 국립경주박물관을 비롯한 합동조사단에 의하여 발굴조사가 되면서 철, 청동에 대한 생산에 대한 실체가 조금씩 드러나기 시작하였다(김세기 1991; 이영훈 1991). 하지만 철 및 철기의 생산 공방에 비하여 청동 생산과 관련된 공방에 대한 종합적인 연구는 상당히 부족한 편이다. 최근에는 청동 생산 공방에서 출토된 금속유물에 대한 자연과학적 분석도 금속공학, 보존과학 분야에서 계속적으로 이루어지고 있다. 또한 경주, 익산 지역을 중심으로 하여 청동 생산 유적에서 청동 제련 및 정련로는 확인되지 않았으나 개별적으로 동도가니가 출토되는 유적도 늘어나고 있다. 이에 따라 삼국~통일신라시대에 청동 생산에 대한 이해가 어느 정도 가능해졌다.

통일신라시대에는 국가에서 동광석의 채광과 제련 과정 일체를 관리, 통제하였을 것으로 보인다. 청동 생산을 전담하는 공인집단이 제도화된 수공업 체제 중 하나의 형태로 존재하였고, 이들 공인의 확충과 교육도 국가에서 통제되어 운영되었다. 하지만 점차 귀족들의 세력이 커지고 전국 각지에 이들 귀족에 의하여 운영된 장원이 만들어지면서 국가 체제의 통제를 받지 않은 사영 공방도 등장하게 되었다(차순철 2005).

통일신라시대에 청동 및 청동기는 수출품 뿐만 아니라 내수품도 대량으로 생산하였을 것으로 짐작된다(전덕재 2014). 752년(경덕왕 11)에 신라가 왕자 한아찬(韓阿湌) 김태렴(金泰廉), 대사(大使) 김훤(金暄) 등을 비롯하여 배 7척과 700여 인의 사절단을 일본에 파견하였는데, 이때에 사절단은 향료와 약품, 사파리가반(佐波理加盤)을 비롯한 청동제품을 7척의 배에다 싣고 가서 일본 조정과 고위 관료들에게 판매하였다고 한다(전덕재 2014: 169). 또한 『삼국유사』 권제3, 탑상제4 황룡사종 분황사약사 봉덕사종조(奉德寺鍾條)에 천보(天寶) 13년(754, 경덕왕 13)에 황룡사종을 주조하였는데, 무게가 497, 580근이었고, 그 다음 해에 무게가 306, 700근인 분황약사동상을 주조하였으며, 경덕왕이 황동 12만근을 희사하여 아버지 성덕왕을 위한 거종을 조성하려다가 뜻을 이루지 못하고 돌아가셨다고 전한다(전덕재 2014: 175~176). 또한 성덕대왕신종(봉덕사종)을 조성하기 위하여 마련한 황동 12만근을 제외하면, 752~755년 사이에 적어도 804, 280근을 훨씬 상회하는 청동을 소비하였다고 볼 수 있다(나형용 1999; 전덕재 2014: 176).

이외에도 신라 왕경에서 출토된 청동제품으로는 허리띠 죔쇠, 청동거울, 청동그릇, 청동용기편, 청동다리편, 청동숟가락편, 청동향로 등을 들 수 있다. 또한 통일신라시대에는 동정(銅鋌)뿐만 아니라 금정(金鋌), 은정(銀鋌)도 상품거래의 교환수단, 즉 현물화폐로 유통되었다(전덕재 2014: 195~196). 청동제품 가운데 가장 널리 사용된 것이 청동접시(皿), 청동대접(鋺)와 같은 식기류와 청동숟가락이라고 할 수 있다.

경주 황룡사지, 월지, 황룡사지 동쪽의 왕경유적, 동천동유적 등에서 청동 식기류가 발견되었고, 지방에서는 충남 부여 부소산성과 황해도 평산군 평산면 산성리, 경북 영천시 북안면 용계리, 전북 익산 미륵사지, 경남 창녕의 화왕산성 등에서 조사되었다(이난영 1992: 108~116, 257~321; 2012: 247~276). 이밖에 대구시 북구 구암동 칠곡 3택지(2·3구역)와 경남 창녕 말흘리 퇴장유구, 화엄사 서오층석탑의 사리장엄구에서도 청동 식기류가 발견되었다.

청동숟가락은 경주의 월지, 국립경주박물관 부지, 감은사 서삼층석탑, 분황사지, 분황사동쪽 왕경유적 등에서 출토되었고, 지방에서는 칠곡 3택지와 창녕 말흘리유적, 화암사 서오층석탑의 사리장엄구, 충남 부여 부소산성, 경기도 이천 설성산성, 충남 당진 삼응리, 용인 언남리, 서울시 구로구 시흥동 호암산고성의 한우물, 충북 음성군 대소면 미곡리 47번지에서 발견되었다(정의도 2008).

특히 충남 부여 부소산성과 황해도 평산 산성리에서 발견된 청동 식기류는 경주 월지 및 일본 쇼소인[正倉院]에서 발견된 식기류와 형식상으로 거의 동일하거나 유사하였다(이난영 2012; 전덕재 2014: 196~197). 이처럼 부여 부소산성과 황해도 평산 산성리 출토 청동제품은 8~9세기 경주의 청동 공방에서 생산된 청동제품이 지방에까지 유통되었을 알려주는 증거로 주목된다.

신라에서 수공업과 관련된 관청은 주로 내성(內省)에 소속되었고, 그 중에 철기(鐵器)와 유기(鍮器) 등을 비롯한 철과 청동제품의 생산을 관장하던 관청이 바로 철유전(鐵鍮典)이었다(전덕재 2014: 171~172). 통일신라시대에 철유전과 관련된 관청의 존재는 확인되지 않았으나 이와 관련된 유물은 경주 황남동 376번지 유적에서 출토된 "官印"명 인장, 경주 동천동 696-2번지 유적의 남북도로 위의 건물지18와 부석유구에서 출토된 "南宮之印"명과 "在城"명 수키와를 들 수 있다(전덕재 2014: 172~173). 특히 경주 황남동 376번지와 동천동 681-1번지, 696-2번지, 791번지에 위치한 관영 청동공방 유적에서는 (청)동의 생산과 (청)동기의 제작 과정을 엿볼 수 있는 유구가 다수 확인되었다. 이런 점에서 경주 황남동 376번지, 동천동 지역에 위치한 청동 공방들은 국가에서 직접 관리하고 감독하였을 것으로 보인다.

그림 10-4 삼국시대~통일신라 동 및 유리 생산 유적(1: 익산 왕궁리유적, 2: 경주 황남동 376번지 유적, 3: 경주 동천동 681-1번지 유적)

경주 황남동 376번지 유적에서는 청동 생산 관련 노시설은 발견되지 않았으나 청동 원료의 용해와 관련된 동도가니가 여러 점 출토되었다. 그리고 경주 동천동 791번지 유적에서는 폭 3m의 장방형 노시설과 함께 유출재가 검출되어 용해로로 추정되는 수혈 유구도 다수 발견되었다. 경주 동천동 681-1번지 유적에서는 청동 용해로 4기와 함께 동제련로를 갖춘 공방지 1기가 발견되었다(동국대학교 경주캠퍼스 박물관 1998; 경주동천동유적발굴조사단 1999). 공방지는 길이(남북) 2.65m, 너비(동서) 2.20m, 깊이 0.30m인 장방형을 하고 있었고, 이 내부의 남동 모서리에서는 용해로가 설치되어 있었다.

용해로는 한 변의 길이가 60cm인 정방형을 하고 있었고, 그 가운데에 직경 15cm인 노를 설치해 놓았고, 노의 밑면 서쪽 방향에 송풍구를 만들어 놓았다. 이 주변에서는 자갈돌 크기의 동광석은 물론 많은 양의 도가니와 여러 점의 청동함 토제용범, 동슬래그가 부착된 잔자갈돌, 동슬래그, 청동덩어리가 발견되었다(경주동천동유적발굴조사단 1999; 동국대학교 경주캠퍼스 박물관 1997; 차순철 2005; 김세기 2006).

그리고 경주 동천동 696-2번지 유적에서는 청동공방지 3기와 폐기장 1기가 발견되었다. 이 내부에서는 여러 점의 동도가니와 함께 철제 집게, 용범, 청동 관련 주물이 발견되었다(한국문화재보호재단·탑스리빙월드(주) 2010: 571~591). 또한 경주 동천동 764-2번지와 789-10번지 유적에서도 노지와 도가니, 청동완 용범, 청동편 등이 발견되었다.

통일신라시대 청동 및 청동기의 생산과 기술, 유통에 대해서도 본격적으로 논의가 이루어지고 있다. 통일신라시대 초기에는 청동 생산이 국가에 의하에 통제, 관리되는 체계 하에 이루어졌으나, 후기에는 귀족들의 영향력이 커지면서 귀족들의 자택 안에 마련된 작업장을 중심으로 하여 이루어졌을 것으로 보고 있다(차순철 2005: 209).

또한 통일신라말에는 당과 왜를 중심으로 이루어진 대외 무역을 통하여 막대한 부를 축적하였던 귀족들도 등장한다. 이런 과정에서 귀족들의 발원에 의하여 전국적으로 대규모의 불상이 만들어지고 사찰의 창건도 잇따랐다. 일부 대형 사찰에서도 자체 공방을 두고 필요한 물품을 직접 생산하였다고 추정된다(차순철 2005: 213). 이와 관련된 공방 관련 유물이나 시설로는 황룡사지에서 출토된 집게, 분황사와 인접한 원지유적에서 확인된 청동 공방, 배리 선방사지에서 출토된 도가니와 감은사지에서 조사된 범종주조 작업장 등을 들 수 있다.

그런데 통일신라시대에 귀족들에 의하여 운영된 사영공방에서 청동 생산 원료의 수급에 대해서는 다른 견해도 제기되었다. 통일신라시대에 진골귀족들은 국가로부터 사여(賜

표 10-4 통일신라시대 청동 및 유리 생산 대표 유적 현황

유적명	특징	시기	비고
익산 왕궁리유적	서북편 지역을 비롯하여 3지점에서 공방 관련 시설이 확인됨. 유리·금속제작용 도가니, 유리·금속제품편, 슬래그, 숫돌, 벽체편, 석재 등	백제~통일신라	청동, 유리
익산 미륵사지	대형 철제 모루와 20여 개체분의 도가니편 및 뚜껑 출토됨. 대, 소형의 납유리 파편도 대량으로 출토됨	백제~통일신라	청동, 유리
경주 황남동 376번지	다량의 구리 도가니편 6점, 유리도가니 3점이 출토됨. 도가니의 내면에 유리피막이 두텁게 부착되어 있고 광택이 남. 유리는 PbO를 70% 이상 함유한 $PbO-SiO_2$계 납유리로 판단되고, 유리의 軟化點 시차 주사 열량계로 측정한 결과 442℃이며, 융점은 직접 측정한 결과 약 650℃임	통일신라	청동, 유리
경주 동천동 681-1번지	청동생산 노적 및 공방지 등이 확인됨. 노적은 길이 3m, 너비 2.7m, 깊이 30cm 정도의 방형 수혈임. 이 내부에 가로 60cm, 세로 60cm인 평면 정방형의 노가 설치되어 있음. 특히 이 중앙부분에 직경 15cm인 원형의 노가 설치되어 있고 내면에 송풍구로 연결됨. 청동 공방지의 규모는 남북길이 5m, 동서 폭 3m임. 노적 내부에서는 컵형 도가니편, 청동찌꺼기 붙은 자갈돌, 청동덩어리, 청동찌꺼기 붙은 기와편과 타날문 단경호가 출토됨	통일신라	청동, 유리
경주 황남동 194-11·12번지	청동공방과 관련된 수혈유구 1기가 확인됨. 이 내부에서 목탄 및 소토와 함께 청동유출재가 출토됨	통일신라	청동
경주 서부동 19번지	공방으로 추정되는 수혈 34의 평면형태는 부정형에 가까운 원형으로 규모는 남북 180cm, 동서 164cm, 깊이 65cm임. 내부에서 소토와 함께 도가니편이 함몰된 채 발견됨. 동도가니와 함께 접시 및 대접을 제작한 것으로 추정되는 용범이 출토됨	통일신라	청동
경주 북문로 왕경	청동공방과 관련된 유구는 86호 수혈로 평면형태는 방형에 가까움. 내부에서 포탄형, 반구형의 청동도가니편 4점이 출토됨	통일신라	청동
경주 황오동 소방도로	청동공방관련 유구는 27호 수혈로 청동용기를 주조하기 위한 용범 1점이 출토됨. 용범은 대접을 주조하기 위한 용범으로 추정되고, 깔대기 모양의 주입구가 달려 있음	통일신라	청동
전 임해전지	연못을 둘러싸고 있는 호한석축과 건물지 5동이 확인됨. 공방과 관련된 유물로는 두드릴 때 사용되는 망치와 도가기 등이 있음	통일신라	청동

유적명	특징	시기	비고
경주 동천동 696-2번지	추정 공방지와 관련된 수혈유구 2기, 소토유구 3기가 확인됨. 청동공방관련시설인 부정형 수혈유구의 깊이는 35cm 정도로 내부에 소토와 목탄이 혼입되어 있음. 수혈 내부에서 청동용기(盌)을 제작한 도가니편 1점이 출토됨	통일신라	청동
경주 동천동 764-2번지	청동공방과 관련된 부석유구와 우물 3기, 수혈주거지 1기, 토광 1기, 적심석 8개 등이 확인됨. 청동공방으로 추정되는 부석유구는 직경 10~20cm 정도의 돌을 2~3겹 깔아서 만든 것으로 4m 정도의 너비로 추정됨. 부석 위에서 청동주조에 사용된 용범과 소토 그리고 청동편 등이 확인됨	통일신라	청동
경주 동천동 789-10번지	청동 공방 관련된 노지 1개소, 잡석무지 1개소 등이 확인됨. 노의 바닥에는 평기와편을 깔았고, 노의 규모는 가로 45cm, 세로 50cm 정도의 부정형이나 원형으로 추정됨	통일신라	청동
경주 동천동 791번지	청동생산 관련 유구는 담장으로 구획된 정면 3칸의 동서방향의 건물로 중앙 칸에서 2종류의 청동생산시설이 확인됨. 폭 3m의 장방형 노(爐)로 내부는 산화염으로 소성됨. 적갈색 연질로 소성된 용범이 다수 출토됨. 직경 40cm의 원형 수혈로 10여기가 검출되었는데, 내부에서 동재가 확인. 청동용기를 주조하기 위한 용범(대접 주조)과 뚜껑 등 공방관련 유물이 출토됨	통일신라	청동
경주 동천동 793번지	청동 공방은 노지 1개소가 확인되었는데 노의 평면형태는 원형이고 단면형태는 완만한 U자형이며 규모는 직경 50cm, 편 깊이 10cm임. 노의 내부에서 숯이 포함된 흑갈색 사질토가 채워져 있고 소량의 청동편이 확인됨. 대접 주종용 용범, 반구형으로 추정되는 청동 도가니, 청동편 등이 출토됨	통일신라	청동
경주 서부동 4-1번지	청동공방과 관련된 유물은 폐기장으로 추정되는 2호 수혈 내부에서 출토된 용범 1점(대접 주조용)이 있음	통일신라	청동
경주 성동동 386-6번지	청동공방과 관련된 유구는 수혈유구로 노시설이 확인된 24호 수혈에서 한쪽 원형 노를 설치했던 흔적이 확인되었으며, 폐기장으로 추정되는 34호에서는 다량의 용범편과 슬래그 등이 출토됨	통일신라	청동

與) 받거나 혹은 매입한 동(銅)을 가지고서 자신들이 사적으로 운영하는 청동 공방에서 청동기를 제작한 다음, 그것을 실생활에 사용하였거나 또는 시장에 내 팔았을 것으로 보았다

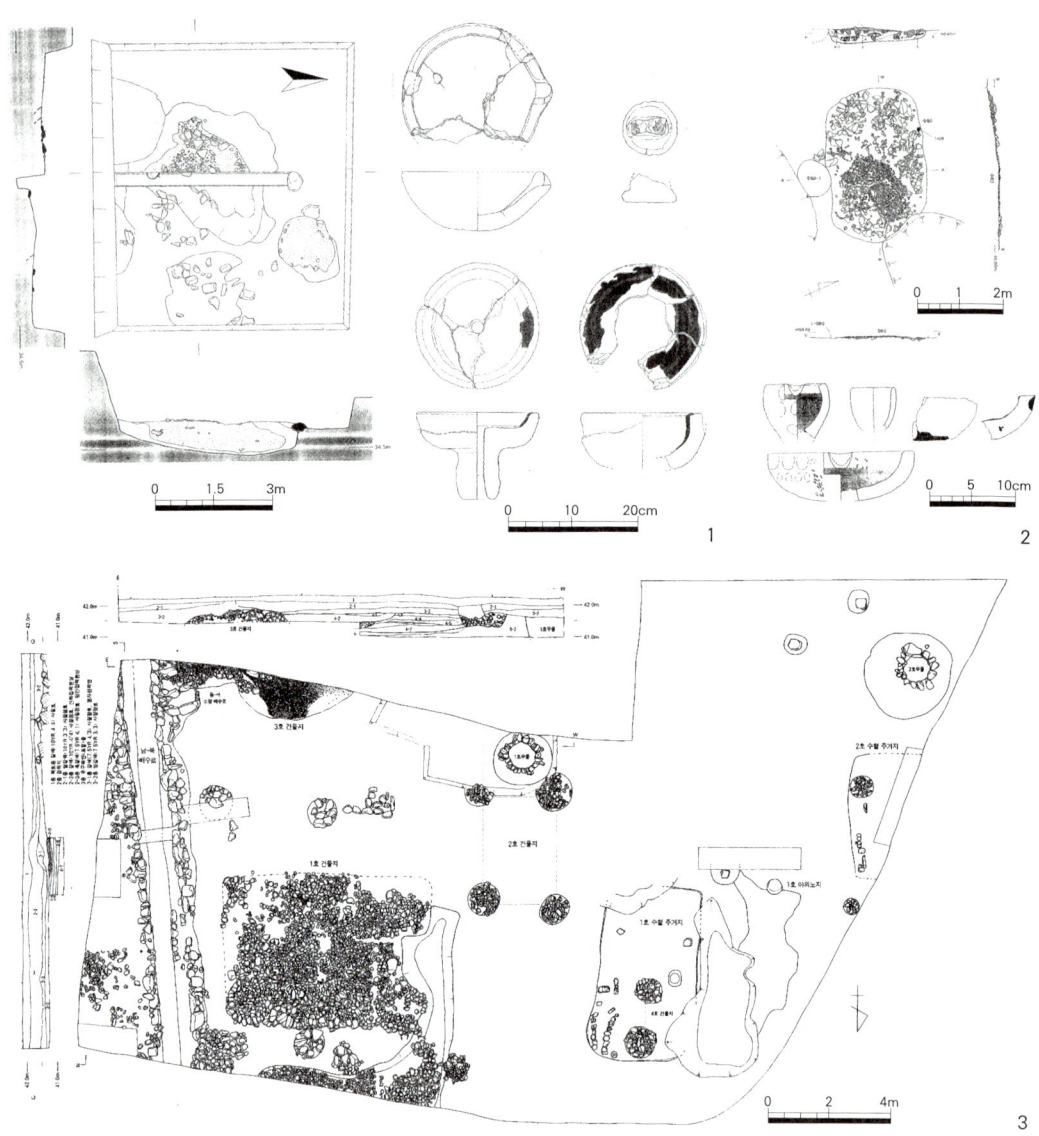

그림 10-5 삼국시대~통일신라 동 및 유리 생산 유적(1: 경주 서부동 19번지 유적, 2: 경주 북문로 왕경유적, 3: 경주 동천동 793번지 유적)

(전덕재 2014: 184). 이는 통일신라시대에서 비교적 늦은 시기의 공방 관련 유적에서는 동의 제련과 관련된 노시설이 많지 않고 용해할 수 있는 도가니 집게 등 가공 도구들이 많다는 점을 통해서도 알 수 있다.

다만 분황사 동북쪽에서는 제련로와 동제련 소재, 숯, 동슬래그 등이 발견되었고, 분황사지에서도 청동순가락 용범이 발견되었기 때문에 분황사와 같은 대형 사찰에서는 자체적으로 동을 제련하고, 청동기를 제작하는 경우도 있었다. 대체적으로 대형 사찰에서도 국가로부터 동(銅)을 분배 받아 범종, 사리함 등을 자체적으로 제작하였을 것으로 보고 있다(전덕재 2014: 185).

하지만 신라 하대에 이르러서는 진곡귀족이 청동 공방의 경영 규모를 확대함에 따라 동(銅)의 관채관주정책(官採官鑄政策)이 약화되고 사채사주(私採私鑄)가 활성화되었다(전덕재 2014: 203). 아울러 9세기 전반 이후에는 지방 세력이 성장하면서 청동제품의 수요층이 확대되었고, 통일신라말에는 4두품과 일반 백성들도 동정(銅鋌)과 청동제품을 사용하였을 뿐만 아니라 지방 사회에도 그것들이 널리 유통되기에 이르렀다(전덕재 2014: 203).

현재까지 통일신라시대에 발견된 청동 공방을 통하여 당시의 기술 수준과 함께 청동 및 청동 제품의 생산과 유통에 대해서도 조금이나마 확인할 수 있었다. 이에 더하여 당시의 사회문화상에 대한 이해도 어느 정도 가능해졌다. 앞으로 기존 자료에 대한 다각적인 분서과 함께 새로운 자료의 발견이 지속적으로 이루어진다면 통일신라시대 청동 생산에 대한 많을 것을 알 수 있을 것으로 기대된다.

5. 유리

인류는 고대부터 몸을 치장하여 다른 사람에게 과시하기 위하여 금, 동, 유리 등 금속 및 유리 공예품을 제작하여 사용하여 왔다. 특히 유리는 다양한 광택과 색조를 내고 있을 뿐만 아니라 쉽게 변색 혹은 변형되지 않아 장식품으로 꾸준하게 애호되어 왔다. 이런 공예품은 유력자의 무덤에 부장품으로 매납되었거나 불교가 들어오면서 불상, 광배 등 불교미술품을 조각하거나 장식하는데 사용되어 왔다.

하지만 한국에서 유리 생산 관련 시설이 거의 확인되지 않아 고대부터 유리의 생산 기술을 이해하는데 많은 어려움이 있어 왔다. 그나마 유리를 생산하는데 필요한 도구들이 원삼국시대부터 주로 주거지에서 간간히 출토되고 있다. 최근에는 삼국시대~통일신라시대에 걸쳐 운영된 대규모의 공방 유적이 익산, 경주 지역을 중심으로 하여 확인되면서 유리 생산 시설과 기술에 대한 적지 않은 정보들을 찾을 수 있다. 또한 중국, 일본에서 발견된 유리 생산 관련 유적과 유물에 대한 비교 연구도 함께 추진되고 있다. 아울러 유리에 대한 조성분석이나 산지분석 등과 같은 자연과학적 분석을 통하여 유리를 둘러싼 생산과 유통에 대한 논의도 활발하게 이루어지고 있다.

6~7세기에 들어서 경주 황남동 376번지 유적과 경주 신라왕경유적, 경주 동천동 681-1번지 유적, 익산 왕궁리유적, 미륵사지 등에서 유리 도가니 및 뚜껑이 다량으로 발견되는 유리 생산 공방이 운영되었다.

경주 황남동 376번지 유적은 6세기 후반에서 9세기대에 걸쳐 형성된 생활유적이다(차순철 2005: 193~194). 유적은 주변 보다 낮은 습지대로 모두 4개의 문화층이 확인되었다. 조사 결과, 7세기대에 유리와 동공방이 먼저 조영되었고, 그 뒤 8세기에는 수혈유구가 만들어졌으며, 최종적으로는 왕경의 도시 계획에 따라 담장과 도로가 축조된 것으로 추정된다(차순철 2005: 193).

유리 공방은 내부에 3개의 노지를 갖춘 직경 280~514cm인 타원형 수혈과 주변의 집석 유구와 우물로 이루어져 있었다(이상준 2004: 62). 이 공방 내부에 만들어진 노지는 한 변의 길이가 80~100cm인 수혈의 형태를 하고 있었다. 노지는 땅을 파고서 잔자갈과 사질토를 다져 놓았으며, 바닥은 불로 다져 있었다. 특히 노지 내부의 퇴적층에서는 소토와 유리 편이 출토되었고, 그 주변에서는 유리 구슬과 함께 유리 유출재도 발견되었다. 유적 내에서는 유리, 동도가니, 석추, 칠부착토기 등 생산 도구와 구리괴, 철괴, 유리괴, 석영, 각종 동물뼈 등의 원료 및 소재 등이 출토되었다(동국대학교경주캠퍼스박물관 2002; 국립중앙박물관 2003; 이상준 2004: 62; 차순철 2005: 193~194).

그리고 신라 왕경 S1E1지구에서도 통일신라시대 유리 생산 유구가 확인되었다. 이 유적은 조방제에 의하여 구획된 1방 안에 독립된 공간으로 구획된 가옥 18채와 도로, 담장시설, 배수로 등이 확인되었다(국립경주문화재연구소 2002; 이상준 2004: 63; 차순철 2005: 189). 유리 생산 유구로는 제9가옥을 들 수 있었는데, 그 잔존 상태가 좋지 못하여 전체적인 형태는 파악하기 어려웠다. 다만 유구 내부에서 유리 도가니가 출토된 소토층과 함께 잡석군과 우물도 발견되었다.

백제시대에 왕궁으로 조성되었다가 통일신라시대에는 사찰로 운영되었던 익산 왕궁리유적에서도 유리 생산시설과 유물이 다량 확인되었다. 왕궁리유적의 강당지 하부, 서북편 지역, 동서석축4 가마터 부근에서 유리 구슬을 비롯하여 판유리, 유리 도가니, 다양한 형태의 유리 슬래그 등이 다량 퇴적된 폐기장이 발견되었다(국립부여문화재연구소 2006; 2007;

10~11; 전용호 2009). 이런 폐기장은 불규칙한 형태를 띠고 있었고, 일부는 공방 주변의 배수로나 배수구를 그대로 활용하였다. 특히 유적의 서북편 지역에서는 유리구슬은 몇 점 발견되지 않은 반면에 유리 도가니 내면에 부착되었다가 떨어져 나아갔거나, 용해 및 가공 단계에서 발생된 유리 편이나 여러 가지 모양의 유리 유출재(流出材)가 다량 발견되었다(국립부여문화재연구소 2007: 11). 또한 금제품, 동제품의 생산과 관련된 유물도 함께 발견되었기 때문에 유리 생산 뿐만 아니라 금제품 및 동제품도 함께 생산한 대규모의 종합 공방의 성격을 띤다.

한편, 삼국시대~통일신라시대에 생활유적이나 분묘에서 출토된 유리에 대한 자연과학적 분석이 상당히 활발하게 이루어지고 있다(김나영·김규호 2013). 유리에 대한 주사전자현미경(Scanning Electronic Microscope)에 부착된 에너지분광분석기(Energy Dispersive X-ray Spectrometer) 등을 사용하여 조성분석을 하여 유리의 종류를 구분하고, 실체현미경을 사용하여 구슬의 형태 및 양끝 부분, 색상 및 투명도, 표면 풍화 상태 그리고 균열 등의 구슬 표면 특성을 분석하여 유리의 제작기법을 밝힌다. 그리고 유리의 화학 조성에서 납이나 소다, 포타쉬 등의 동위원소비를 측정하여 유리 제조에 사용된 원료의 산지 분석도 한다(한민수·김소진 2015: 189). 이런 분석을 통하여 유리의 종류나 제작기법, 산지추정을 통한 생산과 유통 양상을 다각적으로 살펴볼 수 있다.

이상으로 통일신라시대 유리 생산은 노지와 잡석군, 폐기물 처리장, 우물 등으로 구성된 공방에 이루어진 특징을 지니고 있다(이상준 2004: 63). 실제로 청동 공방과 달리 유리 제련이나 용해를 위한 노시설이 제대로 잘 남아 있기는 상당히 어려웠고 대부분 파괴되었거나 그 일부만 남아 있었다. 유리 도가니나 유리 유출재 등 유리 제작 과정에서 사용되는 도구나 잔해물 등을 통하여 유리 생산 공방의 존재를 알 수 있다.

유리 공방에서 가장 핵심적인 도구인 유리 도가니는 포탄형의 몸체에 바닥이 뾰족하거나 둥글고, 그 크기가 대체적으로 10~15cm 정도이다. 바닥면의 형태에서 시기적인 차이가 살짝 엿보인다. 삼국시대 유리 도가니는 대체적으로 뾰족하나 통일신라시대로 가면서 둥근 형태로 변화된다. 이런 양상은 일본에서도 거의 마찬가지이다. 한국에서 출토된 유리에 대한 자연과학적 분석을 통하여 한국에서 유리 생산은 유리 제품이 출토된 시점에서 적어도 200~300년이 흐른 후에 현지 제작이 이루어졌을 것으로 추정된다. 납-바륨 유리와 포타쉬 유리는 A.D. 2C 이후, 소다 유리는 6C 후반~7C 전반에는 국내 생산이 이루어졌고, 이 생산 기술은 일본으로 전파되었을 것으로 보인다(국립부여문화재연구소 2007). 그리고 익산 왕궁리유적, 미륵사지에서 다량 출토된 납유리도 늦어도 7세기 전반에는 한국에서 제작되었다.

그리고 유리 생산은 단독으로 존재한 사례는 거의 없었고 대부분 금, (청)동, 철 등 금속 제품과 함께 운영된 특징도 보인다. 또한 통일신라시대 유리 생산은 청동 및 청동기와 마찬가지로 초기에는 국가에서 통제되고 관리된 체계 하에서 이루어졌기 때문에 상당히 대규모로 운영되었으나 나중에는 지방 귀족들의 발호에 맞춰 여러 지역으로 확대가 되면서 오히려 소규모로 운영된 양상도 보인다. 이런 과정에서 다른 금속 공방과 연계된 채로 운영된 유리 공방의 특성상 그 공방의 실체를 찾기가 더 어려워진 것으로 보인다.

6. 목기·칠기

고대부터 인간은 나무를 이용하여 도구를 만들어서 사용하여 왔다. 나무 자체는 일상용기부터 건축부재까지 다양한 용도로 가공하여 사용하였고, 잎과 꽃 및 열매는 식자재, 약재, 관상용 등으로 활용하였으며, 수액은 음료, 약재, 접착재, 도료 등으로도 쓰였다. 특히 목기에 옻칠을 하여 칠기를 만들어서 사용하기도 하였다. 이런 측면에서 목기는 토기, 금속

표 10-5 통일신라시대 목기 및 칠기 출토 대표 유적 현황(정수옥 2013: 11~14 일부 편집)

유적명	출토 유물	시대	출토위치
하남 이성산성	칠기완, 칠기접시, 목기, 빗, 목제자루, 목제인물상, 목제조각품, 괭이, 목제방망이, 목제품, 철부(목제자루), 유공부, 쇠스랑	통일신라	저수지
	철부, 유공부, 철제송곳, 목제빗, 목제괭이, 목창, 목제인면조각품, 목제가래, 목제방망이, 목제문빗장, 목제자루, 목제품		
	목제품		
	목제자, 목제빗, 목제품, 목제자루		
	목판편, 고구려척. 요고, 염주형목제품, 목제품, 목제방망이, 목제자루, 목제부지깽이, 비녀형목제품, 빗치개, 목제빗, 괭이형목제품, 이형목제품, 목제칠기, 압두형목제품, 고판(叩板)		

유적명	출토 유물	시대	출토위치
여주 연양리	토기완 내부 칠	통일신라	5호 유구
충주 충주산성	나무망치, 절구공이모양목제품, 목제품	삼국~통일신라	저수지
나주 복암리	태극문목제품, 원판형목제품, 목도형목제품, 반원형 목제품, 목제뚜껑, 용기, 방망이, 구유형목제용기, 결구부재, 자귀형, 쐐기형, 봉형, 톱니형, 말목형, 건축부재, 바가지, 'ㄱ'자형 목기	백제~통일신라	수혈
광양 마로산성	도수관, 절구통, 원판형목기류, 판재, 빗, 손잡이형목기, 바가지형목기, 방망이	백제~통일신라	석축집수정
경주 월지	칠기찬합, 칠기원저완, 건축부재류, 목선, 소도자(목병), 주사위, 목상, 남근, 빗, 삿대, 물마개, 방망이, 목각구, 목파, 기타목질편	통일신라	호안주변, 건물지
경주 월성해자	칠기고배, 빗, 목기류	통일신라	흑색재층
	교각기초, 교대기초		목교지
	목재, 목기편, 목제품, 빗, 말목, 남근목, 칠기, 첨차		해자
경주 월정교지	목조가구 부재, 연함, 건축부재	통일신라	목조유구, 석조 교각지
경주 황남동 376번지	빗, 목제품, 목제고드래, 목제구유, 목침, 원반형굴피기, 목제품, 목주	통일신라	수혈, 우물
경주 나원리 오층석탑	목조소탑, 목판편, 목제판(사리공덮개)	통일신라	탑지 사리공
경주박물관 미술관부지	두레박, 목제손잡이, 빗, 목제어망추, 목제뒤꽂이, 목제방추차, 용도미상, 목제자루, 목제대부완, 바가지편, 막대기편	통일신라	우물
경주 북문로 왕경	두레박, 목제품, 손칼자루	통일신라	우물
경주 서부동	두레박편, 목제품	통일신라	우물
경주 탑동	칠기완, 칠기구연부편, 칠기개	통일신라	배수로
경주 황룡사 연구센터	방망이, 목제품	통일신라	연못
부산 동래 고읍성지	목제두레박	통일신라	우물
부산 기장 고촌	목주, 안부속구, 두레박, 부병, 안, 용기미완성품, 목태흑적칠고배, 다공형목기, 절구, 쌍날따비, 괭이, 용기, 뚜껑, 고무래, 불명목기, 농공구병부, 방망이, 건축부재, 박, 바디, 칠기화살통, 걸이용 갈고리, 빗, 절구공이, 파수부 장방형용기, 목도	삼국, 통일신라	작업지, 공방지, 문화층, 우물
울산 상북	두레박, 목주, 목대	통일신라	우물, V지구
울산 삼정리	두레박, 목제타래박	통일신라	우물

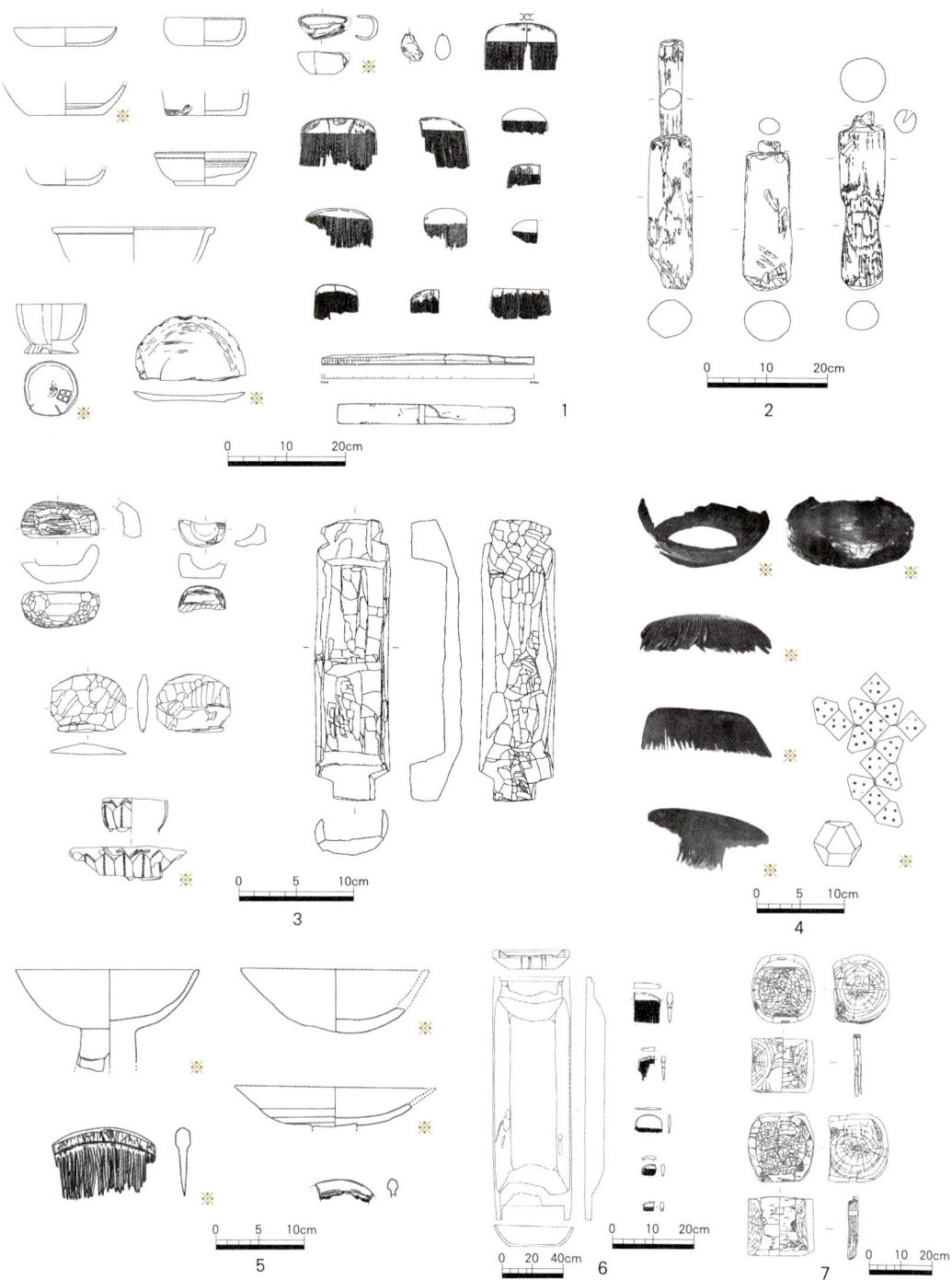

그림 10-6 삼국시대~통일신라 목기 및 칠기(※) 출토 유적(1: 하남 이성산성, 2: 충주 충주산성, 3: 나주 복암리유적, 4: 경주 월지, 5: 경주 월성 해자, 6: 경주 황남동 376번지유적, 7: 경주 북문로 왕경유적)

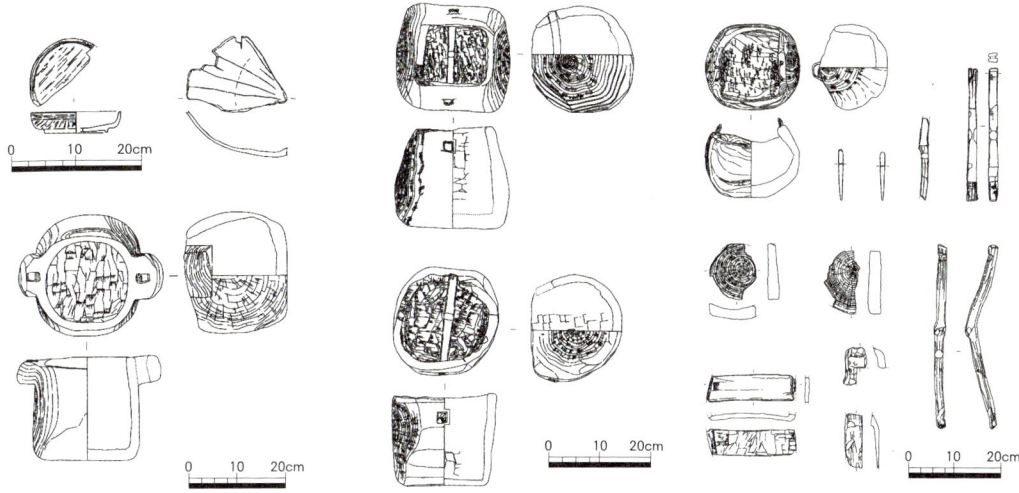

그림 10-7 국립경주박물관 미술관 부지 출토 통일신라 목기

및 비철금속기와 마찬가지로 고대 물질문화를 파악하여 당시 사회를 복원함에 있어서 상당히 중요한 자료이기도 하다.

하지만 목기 유물의 특성상 잔존율이 상당히 낮기 때문에 대부분의 유적에서 목기 유물이 잘 출토되지 않는다. 또한 목기 유물이 저습지 등과 같은 유적에서 출토된다고 하더라도 다른 석기나 철기 등과 함께 결합해서 사용되어 그 용도를 추정하기가 상당히 어렵다(정수옥 2013: 9).

통일신라시대에서 목기나 칠기도 하남 이성산성, 충주 충주산성, 나주 복암리유적, 경주 월지, 경주 월성해자, 경주 월정교지, 경주 황남동 376번지 유적, 부산 고촌리 생산 유적, 울산 삼정리 유적 등에서 출토되었다(국립가야문화재연구소 2013a; 2013b; 정수옥 2013). 한국에서는 청동기시대와 함께 삼국시대 다음으로 통일신라시대에 목기나 칠기가 많이 출토되었다. 하지만 목기 및 칠기가 출토된 장소는 목기 작업장이 확인된 부산 고촌리 생산유적을 제외하곤 대부분 저습지나 우물인데, 이는 목기나 칠기를 제작하여 사용된 곳이 아니라 폐기하는 곳이다. 이런 이유로 목기나 칠기의 생산과 기술을 파악하는 작업은 상당히 어려운 실정이다. 다만 목기나 칠기의 외면에 나타난 특징, 즉 제작 및 사용흔이나 나이테의 위치나 방향을 통한 나무에서 가공 위치 등을 분석하여 제작기법을 복원할 수 있다. 무엇보다도 목기나 칠기의 수종 분석을 통하여 재질적 특성을 파악하는 작업이 기초적이면서도 중요하다.

최근에는 목기나 칠기에 나타나는 외형적 특징들을 분석하여 제작 도구 및 기법에 대한 연구도 이루어지고 있다. 이에 한국에서 목기나 칠기 유물이 출토된 주요한 유적을 중심으로 하여 그 현황이나 특성을 살펴본 후에 통일신라시대 목기나 칠기의 생산과 기술에 대하여 논의하고자 한다.

하남 이성산성은 1990년부터 2000년까지 저수지에 대한 조사에서 칠기완, 칠기접시, 목제빗, 목제 자루, 목제인물상, 목제조각품, 괭이, 목제 방망이, 목제 창, 목제 가래, 목제 문빗장, 목제 부지깽이, 비녀형 목제품, 압두형 목제품, 고판(叩板) 등 다양한 목기 및 칠기 유물이 출토되었다(한양대학교박물관 1991; 1992; 1999; 2000). 특히 목제 자가 출토되었는데, 9개의 눈금이 일정 간격으로 새겨져 있었다. 눈금의 간격과 전체 길이를 측정한 결과, 당척(唐尺)임이 판명되었다. 하남 이성산성에 출토된 목기나 칠기 유물은 대부분 용기나 생활구이었다. 이 중에서 칠기 완은 통나무를 깎아서 만든 것으로 형태는 반구형이다(한양대학교박물관 1991; 국립가야문화재연구소 2013b: 26). 바닥은 평저인데 바닥 안쪽으로 약간 들린 상태였고, 굽은 비교적 높으며, 고배 대각처럼 바닥에서 45° 정도 안쪽으로 축약되어 들어가 몸통과 연결되어 있었다. 특히 바닥에는 "田"자의 형태가 음각되어 있었다.

백제 목간이 출토되어 백제 지방사 연구에 새로운 활력을 불어 넣었던 나주 복암리유적에서도 백제말~통일신라초에 해당되는 칠기·태극문 목제품·원판형 목제품·목도형 목제품·반원형 목제품·목제 뚜껑·용기·방망이·구유형 목제 용기·결구부재·자귀형 목재·쐐기형 목재·봉형 목재·톱니형 목재·말목형 목재·건축 부재·바가지·'ㄱ'자형 목기 등이 출토되었다(국립나주문화재연구소 2008). 나주 복암리유적에서 출토된 목기나 칠기는 하남 이성산성처럼 대부분 용기나 뚜껑으로 실생활에 사용되는 물품이었다.

경주 지역에서는 월지를 비롯하여 월성 해자, 월정교지, 황남동 376번지, 나원리 5층석탑, 경주박물관 미술관 부지, 북문로 왕경, 서부동, 탑동, 황오동, 황룡사 연구센터 등에서 다양한 목기나 칠기 유물이 다량 출토되었다(정수옥 2013: 13). 경주 월지에서는 칠기찬합, 칠기원저완을 비롯하여 건축부재류·목선·목병·주사위·목상·남근·빗·삿대·물마개·방망이·목각구·목파·기타 목질편 등이 출토되었다(문화재공보부 문화재관리국 1978). 이 중에서 주사위는 한국에서 처음으로 출토되었는데, 외면은 흑칠을 하여 만들었다. 모두 14면체이고 사각형 면이 6면이며 삼각형 면이 8면이다. 각 면에는 4자씩 음각 명문이 있다. 그리고 칠기찬합은 25점이 출토되었는데, 저부에 얇은 나무판을 잘라 양면에 마포를 붙인 후에 흑색의 칠을 하여 만들었다(문화재공보부 문화재관리국 1978; 국립가야문화재연구소 2013b: 159).

또한 빗은 상연부가 호형이며 양측선이 곧게 서 있었고, 표면에는 흑색의 안료를 칠한 흔적이 보이며, 현대의 얼레빗과 비슷하였다.

이처럼 부산 고촌리 생산 유적은 청동기시대부터 조선시대에 이르는 종합유적으로서 삼한~삼국시대의 마을 구조와 생활 모습, 마을에서 생산 공간의 존재 양상, 저습지의 개발과 활용 양상을 파악할 수 있는 대표적인 사례로 손꼽힌다.

지금까지 살펴본 바와 같이 통일신라시대에서도 하남 이성산성 등 전국적으로 많은 목기나 칠기 유물이 출토되었다. 앞으로도 저습지나 우물 등에서 목기나 칠기 유물이 발견될 가능성이 상당히 높다. 한국에서 목기의 기본 체계는 청동기시대부터 이미 형성되었고(김권구 2008), 삼국시대에는 그 종류가 다양해졌고, 그 지역적 혹은 유적별 특징에 따라 고급화된 기종이 두드러지는 경향을 띠고 있다(정수옥 2013: 16).

일반적으로 한국에서 출토된 목기는 사용 용도에 따라 크게 농기구, 공구, 생활구, 제사구, 건축부재, 기타로 구분된다(정수옥 2013). 다시 생활구는 식사구, 방직구, 문방구, 복식구로 세분된다. 기타로는 무기류를 비롯하여 운반구, 악기류, 발화구, 타날판, 추, 도장, 용도미상의 목제품 등이 있다. 통일신라시대에 목기나 칠기 유물은 대부분 괭이, 따비, 고무래 등의 농기구나 고배, 완류, 두레박, 안(案) 등 생활구가 다수를 차지하고 있었다. 이는 통일신라시대에서 목기나 칠기는 대부분 저수지나 우물에서 발견되었기 때문이다.

아직까지 통일신라시대뿐만 아니라 다른 시대에서도 목기의 생산과 기술을 밝히기는 상당히 어렵다. 목기나 칠기에서 미완성품과 완성품을 구분하는 정도는 가능하나 생산 공정을 복원하는 연구는 거의 이루어지지 못하였다. 무엇보다도 목기나 칠기의 생산 유적 자체가 적어 당시 생산 공정을 밝혀줄 수 있는 유물이 적다. 또한 목기나 칠기에 대해서 최근의 목공예품과의 비교를 통하여 과거의 생산 공정에 대하여 추론하는 단계에 머물러 있다. 향후 보다 많은 목기나 칠기의 생산 유적이 발견되기를 기대해 본다. 아울러 목기나 칠기에 대한 실험고고학적 연구를 통하여 당시 기술에 대한 복원도 이루어져야 할 것이다.

전용호

참고문헌

보고서 및 논저

경주동천동유적발굴조사단, 1999, 『경주시 동천동 7B/L내 고대 도시유적 발굴조사구역내 靑銅生産 工房址 遺構』, 現場說明會 資料集.

公州大學校博物館·韓國水資源公社, 1996, 『千房遺蹟』.

국립가야문화재연구소, 2013a, 『한·일 고대 목기유물의 연구 성과와 향후 과제』, 학술대회 발표자료집.

국립가야문화재연구소, 2013b, 『한국의 목기자료집Ⅱ-용기 및 생활구편-』.

國立慶州文化財研究所, 2002, 『新羅王京 發掘調査報告書Ⅰ』.

國立慶州博物館, 2002, 『國立慶州博物館敷地內 發掘調査報告書』.

國立金海博物館, 2001, 『密陽沙村製鐵遺蹟』.

國立羅州文化財研究所, 2008, 『羅州 伏岩里遺蹟Ⅰ』, 1~3차 발굴조사보고서.

國立扶餘文化財研究所, 1996, 『彌勒寺』, 발굴조사보고서.

國立扶餘文化財研究所, 2006a, 『王宮里發掘中間報告Ⅴ』.

國立扶餘文化財研究所, 2006b, 『王宮의 工房Ⅰ-金屬篇-』.

國立扶餘文化財研究所, 2007, 『王宮의 工房Ⅱ-琉璃篇-』.

國立扶餘文化財研究所, 2008, 『王宮里發掘中間報告Ⅵ』.

國立扶餘文化財研究所, 2009, 『扶餘 官北里百濟遺蹟 發掘報告Ⅲ-2001~2007年 調査區域 百濟遺蹟篇-』.

國立扶餘文化財研究所, 2010, 『王宮里發掘中間報告Ⅶ』.

國立中原文化財研究所, 2009, 『충주 탑평리유적 시굴조사 보고서』.

國立中原文化財研究所, 2010, 『충주 탑평리유적(중원경 추정지역) 제3차년도 시굴조사』, 제2차 자문회의 자료.

國立淸州博物館·浦項製鐵科學研究院, 1997, 『韓國 古代 鐵生産遺蹟 發掘調査』.

金京鎬·李尙勳, 2006, 『淸州 飛下洞 遺蹟-淸州 飛下洞 계룡리슈빌아파트 新築敷地內 文化遺蹟 發掘調査-』, 중원문화재연구원.

金誠龜, 1990, 『옛기와』, 빛깔있는 책들, 대원사.

동국대학교 경주캠퍼스 박물관, 1997, 『경주시 동천동(7B/L내)유적 발굴조사』, 현장설명회 및 지도위원회 자료.

동국대학교 경주캠퍼스 박물관·경주대학교박물관, 1998, 『경주시 동천동 7B/L내 도시유적 발굴조사 보고』, 第3次 現場說明會資料.

東國大學校慶州캠퍼스博物館, 2002, 『慶州 皇南洞 376 統一新羅時代遺蹟』.

東亞大學校博物館, 2000, 『梁山勿禁遺蹟』.

동아세아문화재연구원, 2010, 『부산 고촌리 생산 유적』.

柳基正·柳昌善·鄭華榮, 2006, 『公州 新官洞 遺蹟』, 忠淸文化財硏究院.

文化財管理局, 1983, 『雁鴨池』, 發掘調査報告書.

文化財硏究所, 1984, 『皇龍寺址』, 發掘調査報告書.

釜山大學校博物館, 1998, 『김해 삼계동 토기 가마유적 발굴조사』.

釜山市立博物館, 1990, 『釜山杜邱洞林石遺蹟』.

扶餘文化財硏究所, 1992, 『王宮里遺蹟發掘中間報告』.

嶺南大學校 民族文化硏究所, 2001, 『商州 九潛里 토기 가마』.

蔚山文化財硏究院, 2007, 『울산 교동리 192-37유적 (주)무학 공장부지내 유적 발굴조사』, 지도위원회 자료집.

이난영, 1992, 『한국고대금속공예연구』, 일지사.

李殷昌, 1982, 『新羅伽耶土器窯址』, 曉星女子大學校博物館.

梨花女子大學校博物館, 1998, 『靈巖 鳩林里 土器窯址 發掘調査-1次 發掘調査中間報告』.

梨花女子大學校博物館, 2000, 『安城 和谷里陶窯址』.

梨花女子大學校博物館, 2001, 『靈巖 鳩林里 土器窯址 發掘調査-2次 發掘調査報告書』.

李浩炯·李尙燁·吳圭珍·羅建柱, 2000, 『瑞山 舞將里 窯址』, 忠淸文化財硏究院.

崔兌先·金相永, 1998, 『淸道 新院里 土器窯址』, 中央僧伽大學校 佛敎史學硏究所·東國大學校 慶州캠 퍼스 博物館.

韓國文化財保護財團, 2001, 『中部內陸高速道路 忠州區間 文化遺蹟 發掘調査 報告書』.

한국문화재보호재단, 2004, 『울산권 광역상수도(대곡댐)사업 편입부지내 2차 발굴조사 蔚山 芳里遺蹟 (Ⅱ)』.

韓國文化財保護財團·慶州市, 2003, 『慶州 北門路 王京遺蹟 試·發掘調査報告書』.

韓國文化財保護財團·釜山地方國土管理廳, 2004, 『蔚山 上北遺蹟-國道 14號線(上北-彦陽間)發掘調査 報告書』.

한국문화재보호재단·탑스리빙월드(주), 2010, 『경주 동천동 696-2번지 유적: 공동주택 신축부지 발굴조사보고서』.

한신대학교박물관, 2007, 『龍仁 彦南里-統一新羅 生活遺蹟-』.

한양대학교박물관, 1991, 『二聖山城-3차』.

한양대학교박물관, 1992, 『二聖山城-4차』.

한양대학교박물관, 1999, 『二聖山城-6차』.

한양대학교박물관, 2000, 『二聖山城-8차』.

논문

姜炯台·金鍾吾·權赫男·兪惠仙, 2004, 「성덕대왕신종(국보 제29호)의 성분조성과 납동위원소비」, 『박물관보존과학』5, 국립중앙박물관.

강형태·정광용·허우영·김성배·조남철, 2004, 「익산 왕궁리유적 납유리의 성분조성과 납동위원소비」, 『한국상고사학보』45.

국립부여문화재연구소, 2015, 「백제기와 제작기법 연구현황 및 과제」, 『백제 사비기 기와 생산체계연구 학술세미나』.

국립중앙박물관, 2003, 「경주 황성동 출토 철부의 보존처리 및 과학적분석」, 『박물관 보존과학』4.

권혁남, 2000, 「고대 동제련로에 대한 연구 : 경주 동천동유적 출토 동슬래그를 중심으로」, 국민대학교 금속재료공학과 석사학위논문.

김권구, 2008, 「한반도 청동기시대의 목기에 대한 고찰」, 『한국고고학보』67, 한국고고학회.

金權一, 2003, 「南韓地域 古代 製鐵爐에 對한 一硏究」, 한신大學校 碩士學位論文.

金權一, 2010, 「製鍊爐의 類型分析 試論-신라 製鐵文化의 특징과 관련하여-」, 『慶州史學』31, 경주사학회.

김나영·김규호, 2013, 「한반도에서 출토된 적갈색 유리구슬의 특성 및 유형 분류」, 『보존과학회지』29.

金世基, 1991, 「慶州隍城洞住居遺蹟」, 『第34回 全國歷史學大會 發表要旨』.

김세기, 2006, 「신라 왕경의 생산유적과 생산체계의 변화」, 『신라문화제학술논문집』27.

金元龍·李鍾宣, 1977, 「舍堂洞 新羅土器窯址 調査略報」, 『文化財』11, 文化財管理局.

김유식, 2007, 「삼국~통일신라 와요지 조사 현황과 연구 방향」, 『선사·고대 수공업 생산유적』, 제50회 전국역사학대회.

金鎬詳, 2003, 「韓國의 木炭窯 硏究」, 大邱가톨릭大學校 博士學位論文.

나형용, 1999, 「범종」, 『대한금속학회보』12-1.

류기정, 2007,「土器 生産遺蹟의 調査 現況과 研究 方向」,『선사·고대 수공업 생산유적』, 제50회 전국 역사학대회.

李東注, 2001,「梁山 勿禁 製鐵遺蹟」,『6~7세기 영남지방의 고고학』, 第10回 嶺南考古學會 學術發表會, 嶺南考古學會.

李榮勳, 1991,「慶州隍城洞鐵器製作遺構」,『第34回 全國歷史學大會 發表要旨』.

李至均, 2006,「嶺南地域 土器가마에 對한 一考察」, 경주대학교 석사학위논문.

李惠京, 2004,「三國時代 白炭가마 研究」, 嶺南大學校 碩士學位論文.

李浩炯, 1992,「唐津 九龍里窯址 收拾調査 槪報」,『考古學誌』4, 韓國考古美術研究所.

朴成澤, 2000,「勿禁地域出土 鐵滓의 金屬學的 分析」,『梁山勿禁遺蹟』, 東亞大學校博物館.

朴永福, 1992,「靑陽陶製佛像臺座 調査報告」,『美術資料』49, 국립중앙박물관.

朴洪國, 1986,「三國末~統一初期 新羅瓦塼에 대한 一考察」, 東國大學校 碩士學位論文.

孫豪晟·柳智賢, 2010,「嶺南地域 瓦窯에 관한 硏究」,『慶州史學』31.

宋閏貞, 2011,「統一新羅 鐵·鐵器의 生産과 製作技術」,『科技考古研究』17, 아주대학교박물관.

염경화, 2004,「중국 雲南 여러 민족의 질그릇 제작 전통」,『생활문화연구』13, 국립민속박물관.

이난영, 2012,「통일신라의 금속 공예」,『한국 고대의 금속공예』, 서울대학교 출판문화원.

이남규 외, 2007,「용인 언남리유적 철기유물의 금속학적 분석고찰」,『龍仁 彦南里-統一新羅 生活遺蹟-』, 한신대학교박물관.

이남규 외, 2010,「附錄1. 울산 입암리유적 출토 단야관련 유물의 금속학적 분석고찰」,『蔚山立岩里遺蹟』, 蔚山文化財研究院.

이상준, 2004,「통일신라시대의 생산유적-토기, 기와, 철·철기, 유리-」,『통일신라시대 고고학』, 제28회 한국고고학전국대회.

이성주, 2010,「자기발생의 전야, 통일신라시대」,『한반도의 흙, 도자기로 태어나다』, 국사편찬위원회 편.

이형원, 1999,「保寧 眞竹里遺蹟 發掘調査 槪報」,『제24회 전국역사학대회』.

전덕재, 2014,「통일신라 銅·靑銅製品의 生産과 流通」,『한국문화』66, 서울대학교 규장각 한국학연구원.

전용호, 2007,「王宮의 琉璃工房」,『王宮의 工房Ⅱ-琉璃篇-』, 國立扶餘文化財研究所.

전용호, 2009,「익산 왕궁리유적의 공방에 대한 일고찰」, 성균관대학교 석사학위논문.

鄭光龍, 2005,「언남리유적 철제재갈의 제작기술」,『보존과학연구』26, 국립문화재연구소.

정수옥, 2013,「고대 한국의 목기 출토 현황과 종류」,『한·일 고대 목기유물의 연구 성과와 향후 과제』, 학술대회 발표자료집.

정의도, 2008,「청동숟가락의 등장과 확산」,『석당논총』42.

조현종, 2001, 「한국저습지고고학의 전망」, 『남도문화연구』7.

차순철, 2005, 「경주지역의 청동생산(靑銅生産) 공방운영(工房運營)에 대한 일고찰」, 『文化財』38.

崔英嬉, 2004, 「高麗時代 평기와의 속성에 관한 검토-강원지방 출토 유물을 대상으로-」, 『江原考古學報』3.

崔晶惠, 1996, 「高麗時代 평기와의 編年硏究-문양형태를 중심으로-」, 慶星大學校 碩士學位論文.

최주, 1997, 「야금술의 발달과 청동유물의 특징」, 『한국사』3(청동기문화와 철기문화), 국사편찬위원회.

崔兒先, 2004, 「고려시대 기와연구의 성과와 과제-평기와 연구를 중심으로-」, 『한국기와연구의 회과와 전망』, 제1회 한국기와학회 학술발표회 자료집.

한민수·김소진, 2015, 「납동위원소비를 이용한 고대 납유리 유물의 산지추정」, 『한국광물학회지』28-2.

통일신라고고학개론

11

농경과 농구

- 수전
- 한전
- 농구
- 곡물

1. 수전

밭농사는 신석기시대부터 시작되었으나 논(水田, 畓)농사는 청동기시대에 본격적으로 이루어졌다. 논농사는 토기에 붙은 볍씨흔적, 탄화미 등을 통해 알 수 있었으나, 최근 청동기시대 전기 유적인 울산 야음동, 밀양 금천리 등에서는 논 바닥이 확인되었다. 삼국시대 신라지역에서는 다양한 입지와 형태를 가진 논이 조성되었다. 밭이 주로 구릉지대에 발달하였다면 논은 주로 하천의 주변에 위치하였다. 논의 입지는 크게 두 가지 유형이 있는데, 크고 작은 구릉 사이에 발달한 골짜기와 중소규모 하천의 범람원에 위치하고 있다(김도헌 2014). 구릉 사이의 골짜기 일원에 만들어진 논은 울산 무거동 옥현유적과 창원 가음정동 유적에서 발견되었으며, 하천 주변 충적지에 만들어진 논은 진주 평거동 유적과 울산 남천 유적의 것을 들 수 있다.

논의 형태도 입지 및 조성 연대와 밀접한 관련을 가지고 있다. 울산 옥현유적에서는 청동기시대부터 조선시대에 이르는 논의 전개양상을 잘 보여주고 있다. 청동기시대의 논은 주로 장방형의 소구획된 논의 둑 안에 경작면의 요철(凹凸)면이 매우 불규칙한 상태로 확인되었다. 이들은 1~3평 내외의 작은 규모로 현재의 길게 단을 이룬 논과는 구별되는 소구획의 논이다. 이와 비슷한 형태의 논으로는 청동기시대에 해당하는 논산 마전리와 삼국시대의 부여 궁남지의 논 유적이 있다. 소구획 논은 청동기시대에 출현하여 통일신라시대에도 계속해서 조성되고 있었다.

삼국시대 후기에 해당하는 옥현유적의 계단식 논은 요즈음의 논과 같이 기다란 형태를 하고 있다. 논의 폭이 좁은 것으로 보아 쟁기를 한 방향으로 갈고, 쟁기를 들어 다른 방향으로 간 것으로 보인다. 쟁기의 회전이 어려운 폭이었으므로 볏이 없는 쟁기를 사용한 것으로 보인다. 그 윗층의 조선시대의 논은 삼국시대의 것에 비해 폭이 넓어진 것으로 볏이 달린 쟁기로 수행한 갈이 작업의 흔적을 보여주고 있다(김재홍 2016b). 통일신라시대의 논은 확인되지 않았으나 이 시기 볏 달린 쟁기의 사용을 통해서 조선시대와

그림 11-1 울산 무거동 옥현유적의 논(청동기시대 → 삼국시대 후기 → 조선시대)

그림 11-2 진주 평거3-1지구유적 논의 소발자국과 쟁기흔

같이 회전을 하기 위해 폭이 넓은 논이었을 것이다.

삼국시대~통일신라시대의 계단식 논은 창원 반계동유적, 울산 굴화리유적, 울산 서부리 남천유적, 부여 합송리, 연기 대평리, 진주 평거3지구유적, 진주 평거4지구 등에서 발견되었다

(윤호필 2013). 계단식 논은 구릉의 끝부분, 계곡 사이의 평야, 충적대지의 배후습지 등에 위치하고 있으며, 논에는 논둑, 물꼬, 소발자국, 발자국, 갈이 흔적, 수레바퀴 흔적 등이 확인되었다.

논의 두 가지 형태는 자연지형, 경작방식 등의 다양한 요인에 의해 설명할 수도 있으나 동일한 시기에 출현하였을 것으로 추정된다(안재호 2010). 청동기시대에 옥현유적의 소구획 논과 더불어 울산 야음동유적에서는 길게 단을 이룬 계단식 논이 발견되었는데, 소구획 논에 비해 둑이 명확하지 않은 특색이 있다. 그러나 시기적으로 소구획 논에서 대규모 계단식 논으로 발전하였을 가능성이 있으며(곽종철 2000), 통일신라시대에는 계단식 논이 볏 달린 쟁기의 사용과 함께 발전하였을 것으로 추정된다.

청동기시대의 논은 불규칙하고 작은 소구획의 형태로 나무 따비나 괭이로 갈이 작업을 수행하였으며, 삼국시대의 논은 길게 계단을 이루는 형태로 쟁기를 이용하여 경작하였음을 알 수 있다. 이러한 상황을 잘 보여 주는 고고학 자료가 논의 형태와 논에 보이는 쟁기날의 흔적이다. 계단식 논은 철제 농구의 발전과 관련이 있을 것으로 보이며 특히 쟁기를 끄는 우경의 보급과 일정한 관련을 맺고 있다고 추정된다. 그것은 반계동과 서변동의 논 유구에서 쟁기날의 흔적이 확인되는 것으로 증명할 수 있다. 그리고 소구획 논에서는 수로 등의 관개시설이 함께 있는 반면, 계단식 논에서는 관개시설이 확인되지 않아 천수답으로 파악하고 있다. 이러한 계단식 논은 우리나라에서만 확인되므로 우리 고유의 독자적 논의 형태로서 『농사직설』에 나오는 건답직파법(乾畓直播法)으로 경작되었을 것으로 추정된다.

계단식 논에서는 벼를 재배하였을 것으로 검토되었다(鈴木茂 2008; 이희진 2008).

　논농사는 수리시설의 조성과 관련을 가지고 있다. 삼국시대 후기부터 신라 국가는 새로운 수리시설의 축조와 관리를 통해 하천이나 계곡의 흐름을 조절할 수 있었고 이로써 새로운 토지를 개발할 수 있는 가능성을 열어가고 있었다. 저습지를 개발하여 새로이 이용할 수 있는 토지가 생기면서 주거영역이 확대되었을 뿐만 아니라 농경지도 크게 확대되었다. 늘어난 농경지의 대부분이 하천 부근의 저습지인 것으로 보아 새로운 토지는 논일 가능성이 있다. 당시의 상황을 알려 주는 것이 〈창녕진흥왕척경비〉에 보이는 기록이다. 이 비에는 "… 토지가 협소하였으나 … 수풀을 제거하여 … 토지와 강역과 산림은 … 대등과 군주·당주, 도사와 외촌주가 살핀다"는 내용이 나온다. 원래 신라는 땅이 협소해 농경지나 주거지로 활용할 토지가 부족하였으나 '수풀을 제거하여' 새로운 토지를 개발하면서 토지가 산림과 구분될 정도로 늘어나고 있었다. 이를 기반으로 새로운 토지를 개발할 수 있었는데, 『수서』 신라전에서는 "농경지가 비옥해서 수륙겸종(水陸兼種)한다"고 기록할 정도로 논농사가 발전하고 있었다.

그림 11-3 영천 청제

　논을 확대하기 위해 가장 중요한 문제는 제언(堤堰)을 축조함으로써 하천의 흐름을 제어하는 일이었다. 삼국시대 후기부터 통일신라시대에 축조된 제언이 확인되고 있는데, 제방은 2가지 형태로 나눌 수 있다. 제언의 형태는 논의 입지조건과 짝을 하고 있는데, 제형 제방은 구릉 사이의 골짜기를 막은 것이고 언형 제방은 하천의 범람원을 따라 조성되었다.

　제형(堤形) 제방은 영천 청제, 울산 약사리 제방, 상주 공검지, 제천

그림 11-4 울산 약사동의 제형 제방

그림 11-5 영천 청제비 "정원"명 탁본

의림지 등이 있으며, 산곡을 흐르는 작은 하천을 막아 물을 가두는 저수지를 조성하고 있다. 울산 약사리 제방은 제형 제방의 하나로 둑 전체가 발굴 조사되어 당시 신라의 제방 축조기술을 파악할 수 있는 희귀한 예이다. 이것은 저구릉의 경사부를 흐르는 작은 하천이 형성한 작은 계곡을 막아 쌓은 제방이다. 남아 있는 제방의 단면을 완전히 절개하여 조사하여 축조 공정을 확인하였다는 점에서 의의가 있다. 저수지 제방의 축조 공정은 기반의 가공-지반 보강-기초부 조성-제체 조성-방수시설 조성-피복 및 호안 등의 공정으로 구분된다. 현존하는 영천 청제의 형태와 유사하여 신라 제방의 특성을 파악할 수 있다. 언형(堰形) 제방은 밀양 수산제, 김해 봉황동 68호 제방, 함안 가야리 제방 등이 있으며, 큰 하천의 범람을 막아 유량을 조절하고 농경지에 물을 대는 제방이다.

수리시설의 상황을 알려 주는 비석은 영천 청제비(536, 798년)와 대구 무술오작비(578년)이며, 영천 청제는 현재도 사용되고 있다. 청제는 산곡을 흐르는 작은 하천을 막아 물을 가두는 제형의 제방이고 오작비의 제방은 대구의 중심부를 흐르는 금호강과 같이 큰 하천의 범람을 막아 유량을 조절하고 농경지에 물을 대는 언형의 제방이다. 이 시기 수리시설의 축조와 수리는 국가권력의 지방 지배와 밀접한 관련을 가지고 있었다. 삼국시대 후기에 축조된 제방은 통일신라시대에 전국적인 규모로 증축되고 있다. 원성왕 14년(798) 4월에는 영천 청제를 수리하였으며, 그 내용을 기록한 것이 청제비 정원명이다. 영천 청제는 8세기 후반 무렵에 어떤 사유로 인하여 일정한 부분이 훼손되어 제방을 수축하고 그 내용을 기록하였다. 이 시기에 굴통[水桶]에 해당하는 상배굴리라는 시설물이 설치되어 농경지에 물을 대기 용이하였다. 상주 공검지의 저수지 내에서 확인된 목재 부재는 방수시설의 일종인 저통(底桶)으로 추정되어(이보경 2014) 배굴리와 연결시킬 수 있다.

2. 한전

낟알을 얻기 위한 농경은 신석기시대부터 시작되었다. 인류는 고기잡이나 열매 채집 등의 자연 상태에서 벗어나 정착생활을 하면서 식물을 재배하고 들짐승을 기르는 농경생활을 영위하였다. 우리나라에서는 황해도 지탑리나 평양 남경유적에서 조·피·수수 등의 유물과 고성 문암리 밭 유구 등으로 보아 신석기 중기(기원전 3천년경)에는 본격적인 밭농사가 나타나고 있다. 당시에는 주로 돌로 만든 농구를 이용하여 밭에서 짓는 잡곡농사가 많이 이루어졌고 화경(火耕)의 자취도 확인된다. 청동기시대 이후, 밭농사에 대한 구체적 자료는 발굴 조사된 밭을 통해 알 수 있는데, 밭은 진안 여의곡, 진주 대평리, 대구 동천동·서변동, 칠곡 등지에서 발견되었다. 밭은 대부분 하천의 범람원에 위치하고 있으며, 그 형태는 구획시설과 고랑·두둑의 유무, 평면과 단면형태 등을 고려할 때 다양하였다. 삼국시대의 대표적인 밭은 하남 미사리, 경주 금장리, 진주 대평리, 창원 반계동, 산청 평촌리 등의 유적에서 전국적으로 확인된다.

그림 11-6 경주 금장리의 밭 유적(삼국시대 후기~통일신라시대)

밭은 한 지역에서 연속적으로 사용되었는데, 삼국시대 이후에는 동일한 장소에서 경작이 연속적으로 이루어지고 있었다. 통일신라시대 밭

그림 11-7 경주 금장리 밭의 경계 도랑과 둑

383

그림 11-8 진주 평거3-1지구 논과 밭, 답전윤환(좌), 밭 세부(우)

은 구릉의 경사면, 개석곡저, 충적지의 배후습지 등에 위치하고 있었다. 밭은 일반적으로 마을 내 생활공간인 주거지와 인접하게 조성되어 있지만, 마을 주변 별도의 공간에 경작지로서 만들어졌다. 밭은 경사면에서는 등고선과 평행하게, 평탄면에서는 다양한 방향으로 만들어졌다. 이 시기의 밭으로는 하남 미사리, 경주 금장리, 진주 대평리 옥방3지구, 옥방9지구, 진주 평거3지구, 평거4지구, 창원 반계동, 산청 평촌리, 김해 봉황동, 부여 구봉리 등지에서 유적이 발견되었다. 밭 유적에서는 경계를 짓는 도랑, 밭둑, 논과 밭의 전환 흔적, 수레바퀴 흔적 등이 확인되었다(윤호필 2012).

통일신라시대의 밭으로 대표적인 예가 경주 금장리 밭유적이다(김대덕 2007; 김대덕·이광재 2011). 밭은 분지의 서쪽 일원을 감싸고 흐르는 형산강을 경계로 신라 도성의 북서편에 인접하고 있다. 산곡 사이에 형성된 곡저평야인 금장들의 끝자락에 위치한다. 북쪽으로는 오류천, 남동쪽으로는 형산강이 인접한 관계로 하천 홍수 범람의 영향을 지속적으로 받은 하천 퇴적지형이다. 밭이 사용된 시기는 5세기 중·후반과 7세기 중·후반~8세기 전·중반에 걸치고 있다. 고랑과 두둑이 번갈아 가면서 조성된 밭 이랑이며, 시기에 따라 밭 이랑의 진행 방향이 변화하고 있다. 이러한 현상은 시기에 따라 하천의 흐름이 변화하여 자연 지형이 바뀌는 것과 관련이 있으며, 밭의 지력 회복을 위해 진행 방향을 바꾸었을 가능성도 있다. 이 밭에서는 고랑과 두둑의 너비가 다른 형태의 다양한 이랑이 존재하고 있다. 이는 재배한 작물이 다양하였으며, 지배 방법도 달랐음을 반영하고 있다. 밭 구획 시설로는 구(도랑)와 둑이 있는데, 이는 작물의 종류에 따른 구획이거나 경작지의 구분에 따른 것으로 보인다.

이 시기 밭 중에서 창원 반계동, 김해 봉황동, 부여 구봉리, 진주 평거동 유적에서는 상경농법의 가능성을 보여주는 윤작의 흔적을 확인하였다. 윤작(輪作)은 한 필지의 농경지에 해마다 다른 작물을 재배하는 방법이다. 이것은 연작으로 인해 생기는 지력의 감퇴를 막고 병해충

그림 11-9 창원 반계동유적의 답전윤환 재배방식

및 잡초의 피해를 줄임으로써 작물의 수확량이 증대되었다. 윤작은 화본류와 두류 등의 작물 재배에서 좋은 성과를 얻을 수 있었다. 금장리 밭 등에서 출토 곡류의 구성을 통해 신라에서도 윤작 방식을 시행하였을 가능성이 있으며, 경작지 내에 둑을 조성해서 토지를 분할하고 작물을 재배하였던 순환 시스템도 갖추고 있었다.

신라에서는 논과 밭을 번갈아 바꾸면서 경작하는 답전윤환(畓田輪換) 재배방식이 존재하였다. 논농사를 짓던 땅에 밭 작물을 심어 경지의 효율성을 극대화하였던 것이다. 논과 밭의 경지 전환이용이 엿보이는 유적으로는 논산 마전리, 부여 구봉리, 부여 서나성, 대구 동천동, 울산 어음리, 창원 반계동 등이 있다. 특히 부여 구봉리유적은 (청동기시대) → 밭 → 논(삼국시대) → 밭 → 논(삼국시대) → 밭(삼국시대)이라는 순서로 전환하였음을 보이고 있다(곽종철 2002; 윤호필·고민정 2006).

논과 밭이 함께 입지하는 예도 논산 마전리유적, 울산 옥현유적, 진주 평거동유적 1구역 등에서 확인되었다. 마전리와 옥현유적은 구릉에 입지한 유적으로 구릉 골짜기 아래에 논이 조성되어 있고, 그 사면에서 밭이 확인되었다. 진주 평거동 유적 1구역은 충적지에 입지한 유적으로 자연제방 위에는 대규모의 밭이 조성되어 있으며, 배후저지와 구릉 말단부가 연결되는 부분에는 큰 둑을 경계로 하여 논과 밭이 함께 조성되어 있었다. 이때 밭은 논보다 약간 미고지에 위치하고 있다(윤호필·고민정 2006).

3. 농구

1) 목제 농구

목제 농구는 선사 및 고대사회에서는 널리 사용된 농구였으나 출토예는 적은 편이다. 그러나 저습지 등과 같은 저지대의 발굴이 이루어지면서 출토량이 증가하고 있다. 주로 갈이 농구[起耕具]이며, 쟁기, 따비, 고써레, 삽, 괭이 등이 있다. 쟁기는 횡방향으로 긴 성에[轅]가 걸치고, 한쪽으로는 쟁기를 끄는 우마의 연결구와 이어지며 다른 끝은 사람이 쟁기를 잡는 자부지와 결합한다. 성에와 쟁기술[床]을 이어 주는 한마루[箭]가 있어 쟁기의 전체 형태를 잡아준다. 쟁기술과 성에는 종방향의 한마루로 연결되는데, 쟁기술의 끝에는 보습이 장착되며, 그 위로 볏이 놓이게 된다. 쟁기술과 자부지가 한몸으로 구성된 쟁기가 용인 영덕동 5지점 문화층에서 출토되었다. 쟁기술과 자부지의 각도로 보아 선쟁기[短床犁]와 굽쟁기[長床犁]의 중간단계로서 주목된다.

이와 다른 형태의 쟁기가 평북 염주 주의리 이탄층에서 발견되었는데, 굽쟁기인 장상려에 해당한다. 이 평후치는 L자형으로 구부러진 참나무를 이용하여 만들었다. 후치날 부분은 왼쪽이 얇고 두터워서 오른쪽으로부터 왼쪽으로 경사져 있어 흙이 자연히 왼쪽으로 넘어지는 우반전(右反轉, 관찰자 시각)이다. 후치날의 중심부와 좌우측면, 손잡이 부분에는 크고 작은 네모난 구멍이 각각 한 개씩 뚫어져 있으며, 경사진 날턱 윗부분에는 둥근 구멍이 2개 뚫어져 있다. 나무로 만든 평후치

그림 11-10 염주 주의리유적 출토 평후치

그림 11-11 효고현 가시와라유적 출토 나무 쟁기

는 강이나 하천유역의 거친 땅을 갈기 위한 농구로 이용되었다. 주의리의 쟁기는 보고서에서 청동기시대로 추정하였으나 그 형태가 일본 7~8세기 가시와라 유적의 나무 쟁기(橫濱市歷史博物館 2005)와 유사하여 통일신라시대로 볼 여지가 있다(김재홍 2016a). 볏을 통해 흙을 넘기는 방향이 오른쪽인 우반전이라 일반적인 통일신라시대의 볏과 같은 방향을 향하고 있다. 쟁기를 소와 결합하기 위해서는 소의 목에 걸치는 멍에가 필요한데, 아산 갈매리유적과 거제 둔덕기성 2차 집수지에서 출토되었다. 멍에는 줄로 고정하거나 결합을 위해 구멍을 내거나 가장자리 부분에 줄을 고정하는 홈을 둘려져 있다.

고써레는 산간지역에서 옥수수나 콩 따위를 파종할 때 씨를 넣을 골을 타는 데 사용하는 도구로서 함안 성산산성에서 발견되었다. 괭이 등으로 밭을 삶고 나서 고써레의 나루채 양쪽 끝에 줄을 매어 끌면서 2~4개의 써레발이 골을 타게 된다. 발은 납작한 몸통부의 얇은 면에 뾰족한 쇄기형 목기를 한 형태이며, 나루채는 진행방향으로 2개 돌출되어 있다. 부재의 결합은 모두 나무못을 이용하여 고정하였으며, 자귀 등의 도구로 다듬었던 것으로 추정된다.

흙을 펴서 옮기는 기능을 가진 삽이나 가래에 해당하는 나무

그림 11-12 함안 성산산성 출토 고써레(1), 하남 이성산성 출토 U자형쇠날이 달린 목제 삽(3)과 세부(2)

삽은 2가지 형태가 있다. 하나는 날이 네모난 나무 삽으로 부여 나성, 부여 궁남지에서 출토되었으며, 다른 하나는 날이 둥근 U자형태의 나무 삽으로 부여 궁남지, 순천 검단산성지, 하남 이성산성에서 발견되었다. 궁남지와 검단산성에서 출토된 삽은 백제의 삽이지만 이성산성에서 발견된 삽은 통일신라시대의 삽이다. 하남 이성산성에서 출토된 U자형쇠날이 장착된 U자형 삽은 U자형 쇠날과 삽의 결합을 잘 보여주고 있다.

나무 괭이는 갈이 작업뿐만 아니라 북돋우는 작업이나 개간 작업 등 다용도로 사용되었다. 괭이는 사용을 할 경우에 상 ↔ 하로 힘을 받는 데 비해, 따비나 쟁기는 전 ↔ 후로 힘을 받는다는 점에서 커다란 차이가 있다. 나무괭이는 그 형태에 따라 장방형 괭이, 횡장방형 괭이, 세장방형 괭이, 좁은날 괭이, 넓은날 괭이 등으로 나눌 수 있다.

장방형 괭이는 대구 서변동유적, 울산 교동리 192-37번지 유적 8호 주거지, 김천 송죽리 청동기 25호 주거지, 아산 갈매리 Ⅲ지구 수로 등에서 출토되었다. 날의 폭이 전체 중에서 너비 9.0~9.2cm 정도의 넓은 세장방형 괭이[平鍬]는 날의 끝부분이 넓은 편이며, 창원 신방리 저습지유적과 거제 둔덕기성 집수지에서 발견되었다.

갈이농사를 마친 경작지에서는 흙덩이를 부수어 곡물을 심는 삶이 작업이 이루어졌는데, 대표적인 농구가 쇠스랑, 고무래, 곰방메이다. 쇠스랑은 2~3개의 발이 하나의 나무자루에 연결되어 있는 형태로 현재 농가에서 거름을 칠 때 주로 사용하고 있으나, 삼국시대 제주도에서는 땅을 일구는 도구로서 사용하였다. 논과 밭을 막론하고 땅을 정지하는 작업구나 흙을 부수고 북돋우는 농구로 사용되었다. 부산 기장 고촌유적에서 세발쇠스랑이 출토되었다.

고무래는 논이나 밭의 흙을 고르고 씨를 뿌린 뒤 흙을 덮는 데 사용하는 삶이 연장으로 보통 길이가 30~40cm, 너비가 10~20cm 정도 되는 나무판자에 1.5m 길이의 자루를 끼워 사용한 농구였다. 상주 무양동과 부산 기장 고촌에서 확인되었다.

곰방메는 쟁기로 간 논이나 밭의 흙덩이를 두들겨 부수는 데 사용하거나 이랑을 다듬고 씨를 뿌린 다음 흙을 덮는 데 사용하는 북돋우는 농구이다. 곰방메는 함안 성산산성, 충주 충주산성, 보은 삼년

그림 11-13 함안 성산산성 출토 곰방메

388

산성에서 출토되었는데, 모두 신라 6~8세기의 산성에서 출토되었다.

걷이 농구로 대표적인 것이 낫[鐵鎌]이다. 낫은 날이 쇠로 되어 있고 낫자루가 나무로 구성되어 있다. 낫은 곡물을 걷두어 들이는 수확작업에 사용된 농구로서 많은 수량이 출토되었다. 낫이 나오기 이전의 수확용구는 주로 반달돌칼과 반달쇠칼이었다. 반달칼은 이삭 1~2개를 한 손으로 잡고 자르는 데 이용되었으나, 낫의 출현으로 곡물의 줄기까지 수확하게 되었고 작업의 속도가 훨씬 빨라지게 되었다. 낫을 구성하는 낫자루가 출토된 유적으로는 함안 성산산성, 하남 이성산성 등이 있다.

논에서 작업을 할 때에 나무 신발을 사용하였다. 나무 신발은 네모나 형태로서 가장자리에 끈이나 줄로 묶을 수 있는 구멍이 나 있는 농구이다. 이것은 논에 모를 심거나 잡초를 제거하는 경우에 신발의 대용으로 착용하여 작업을 수행하였다. 나무 신발은 아산 갈매리, 부산 기장 가동 유적에서 출토되었다.

절구는 곡물을 담는 절구통과 이를 빻는 절굿공이로 구성되어 있으며, 현재도 주방에서 빻는 용도로 사용하고 있다. 농가에서는 이삭을 부수어 알곡을 내는 경우와 이를 빻아 으깨는 경우 등과 같이 곡물을 도정할 때에 사용하고 있다. 떡을 만들기 위해 곡물을 빻을 때에도 사용한 긴요한 도구였다(김

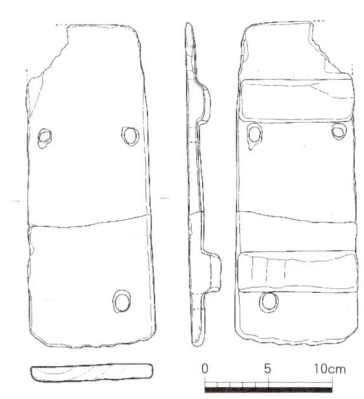

그림 11-14 아산 갈매리유적 출토 나무 신발

그림 11-15 부산 기장 고촌리유적 출토 절구통과 절굿공이

도헌 2010). 절굿공이는 크게 공이 개수를 기준으로 한 쪽 끝에만 공이가 있는 단공이와 손잡이를 중심으로 양쪽에 공이가 있는 쌍공이가 있다. 공이 끝의 형태로도 구분할 수 있는데 편평한 것은 곡물을 빻아서 가루로 만드는 용도이고 둥글거나 돌출된 것은 껍질을 벗기는데 주로 사용되었다. 절구통은 창원 신방리, 창녕 화왕산성, 부산 기장 고촌, 광양 마로산성, 김해 관동리 등지에서 출토되었으며, 관동리 나룻터 유적에서는 작은 형태의 절구통이 발견되었다. 특히, 부산 고촌리와 김해 관동리 유적에서는 절구와 절구공이가 세트로 발견되었다.

2) 철제 농구

통일신라시대에는 전통시대 농경이 완성되는 시기이다. 신라는 6세기 무렵부터 저수지를 축조하여 농경지를 확대하는 동시에 쟁기를 포함한 철제 농구를 전국적 규모에서 보급하려고 하였다. 이러한 현상은 통일기에 이르러 더욱 강화되고 있다. 통일신라시대에 철제 농구가 출토되는 유적은 대부분 왕실이나 국가와 관련이 깊은 장소이다. 출토된 철제 농구로는 쟁기(보습과 볏), U자형쇠날, 두날따비, 쇠스랑, 살포, 호미, 낫 등이 있으나, 새로운 변화는 볏 달린 쟁기와 호미에서 보인다.

쟁기날인 보습[犁]은 삼국시대에 출현하였으나 보습으로 간 흙을 한 방향으로 모으는 볏[鐴]은 이 시기부터 나타난다. 통일신라시대에 보습이 출토되는 유적은 성격상 2가지로 구분되는데, 이들은 사원·왕궁·관아를 포함한 건물지와 산성이다. 건물지로는 경주 왕경 유적, 익산 미륵사지, 용인 언남리, 화성 안화동, 춘천 우두동·근화동, 고성 송현리 등지의 유적이 있다. 한편, 산성으로는 연천 당포성, 서울 아차산성, 양주 대모산성, 이천 설봉산성·설성산성, 안성 망이산성, 문경 고모산성, 완도 청해진, 광양 마로산성 등이 유명하다.

그림 11-16 통일신라 농구(쇠스랑,낫, 보습)

통일신라시대의 보습은 세

장한 삼각형이고 양 가장자리에 귀[耳]가 돌출하며 윗면에 1개, 아랫면에 2개의 구멍이 뚫려 있다(송윤정 2009). 형태적인 측면에서 통일신라시대의 보습은 고구려의 삼각형 보습을 잘 계승하고 있다. 고구려의 보습이 윗면 머리부분이 완만한 곡선을 이루는 것에 비해 통일신라시대의 보습은 윗면 머리부분의 가장자리에 귀가 돌출하고 가운데 부분

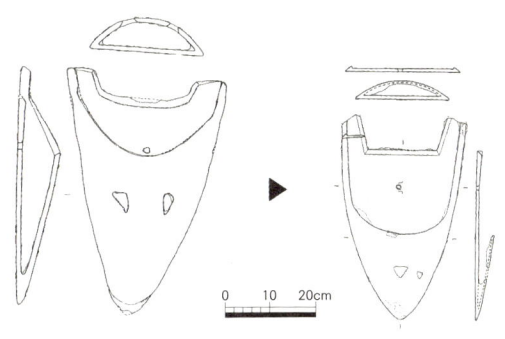

그림 11-17 보습(통일신라시대: 용인 언남리 → 고려: 아산 대추리)

은 직선을 이루고 있는 점에서 차이가 있다. 그러나 전체적인 형태가 거의 유사한 점이 특색이다. 통일신라시대의 보습을 계승한 고려시대의 보습은 세장한 삼각형에 양 가장자리 귀가 심하게 돌출하고 윗면과 아랫면에 각각 1개의 구멍이 뚫려 있어 쟁기술에 고정하게 되어 있다(김재홍 2012).

통일신라시대의 보습은 출토 상황과 형태에서 동일한 규격성을 엿볼 수 있다. 형태상으로는 고구려의 삼각형 보습을 계승하여 삼각형을 띠고 있으며 출토지는 산성, 관아, 사원 등 국가시설과 관련을 가지고 있다. 삼각형 보습의 생산과 유통에서 국가와의 관련성을 엿볼 수 있으며 형태상으로 규격성을 가지고 있다(김재홍 2013).

그림 11-18 용인 언남리유적 출토 쟁기

이 시기 쟁기의 중요한 변화는 고랑을 만드는 보습과 더불어 두둑을 만드는 볏이 나타나는 것이다. 이천 설봉산성 가7호와 8호의 토광에서 출토된 볏은 완만하게 굽은 평면의 몸체에 보습날과 맞추기 위하여 한쪽을 돌출시킨 형태로 쟁기 몸에 고정시키기 위한 반원형의 고리 3개와 고정쇠 1개를 갖추었다. 보고서에 따르면, 설봉산성 가8호 토광에서 출토된 볏 2점은 살포형 철기와 함께 출토되었는데, 여기에서 출토된 살포형 철기는 부여 부소산성의 그것과 형태상으로 비슷하다. 이 형태의 농구는 중국 당(唐)나라에서도 사용되고

있었다. 이로 보아 볏이 통일신라시대에 사용된 것으로 추정할 수 있다. 현재 쇠볏은 용인 언남리, 안성 망이산성, 이천 설성산성·설봉산성, 광양 마로산성, 연천 당포성, 완도 장도 청해진, 화성 안화동, 춘천 근화동 춘천역사, 남해 대국산성 등지에서 발견되었다.

통일신라시대의 쇠볏은 전체적인 형태가 타원형이나 보습과 맞닿는 부분인 촉부가 직선이고, 우측면 쪽으로 돌출되어 있으며, 가장자리에 단면 삼각형 모양의 돌대로 이루어져 있다. 볏의 후면에는 고정쇠와 고리가 부착되어 있다. 여기에 후면 부착구의 수와 위치에서도 어느 정도 공통된 특징이 나타나는데, 후면에는 봉상의 고정쇠(파수) 1개와 3개의 반환형 고리가 대략 사다리꼴로 나타나는 것이 일반적이다. 고정쇠(파수) 횡단면은 원형, (말각)방형, 장방형으로 구분되고, 고리 방향은 종·횡으로 나눌 수 있는데, 동일 개체에서는 고리 방향도 통일되게 나타나고 있다.

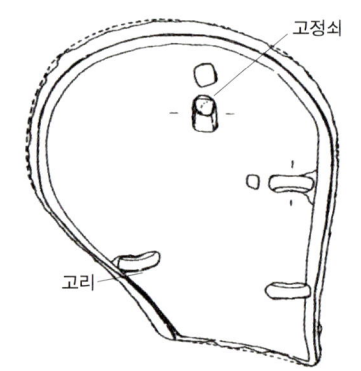

그림 11-19 용인 언남리유적 출토 볏

통일신라시대의 쟁기가 출토되는 유적은 산성, 관아, 사원 등의 국가시설과 관련이 있다. 통일신라시대 산성은 군사방어시설로서의 기능뿐만 아니라 지방행정과도 밀접한 관련을 가지는 시설로서 지방의 중심지라 할 수 있다. 산성에서는 건물지, 수혈유구, 집수지 등에서 철제 보습이 출토되고 있다. 마로산성·대모산성 등에서는 건물지에서, 부소산성·마로산성·설봉산성 등에서는 수혈에서, 저수지는 고모산성·화왕산성·대국산성 등에서는 집수지에서 각각 보습이 출토되었다. 완형으로 출토되는 예는 집수지와 수혈유구이다.

그림 11-20 경주 월지 출토 호미(구형과 신형)

다음으로 중요한 것은 김매는 농구[除草具]인 호미이다. 기후 조건상으로 한국의 경우 김매기를 하지 않으면 잡초로 인해 좋은 수확을 기대하기 어려우므로 생산력을 높이기 위해서는 호미의 발달이 무엇보다 중요하다. 삼국시대에 쓰인 몸체가 넓적하게 네모난 철서를 대신하여 오늘날의 낫모양 호미가 7세기부터 나타나기 시작하였다(김재홍 2001). 이 낫모양 호미는 지금 도서지방과 산간마을 등 자갈이 많은 지대에서 쓰이고 있는 낫형 호미와 유사하며, 북한의 대동강 이북에서 청천강 이남에 이르는 지역에서 사용되는 베루개나 날호미와 모양이 유사한 특성을 갖고 있다. 호미는 동아시아와 같이 장마철에 강수량이 많은 지역에서 가장 중요하게 다루는 농구의 하나로서 여름철에 왕성하게 자라는 잡초를 제거하는 데에 주로 이용되었다(김재홍 2003).

이 시기의 쇠스랑은 삼국시대에 비해 발이 짧고 발끝이 뾰족하며, 투겁이 길게 뻗어 자루와 연결되고 있다. 주로 단단한 흙덩이를 부수고 땅을 파는데 유리한 형태이다.

낫[鐵鎌]은 자루에 끼우는 슴베의 형태에서 삼국시대와 달라진다. 삼국시대의 낫은 날 부분만 쇠로 만들어 나무자루에 바로 끼워넣는 형태이나 통일기에는 날과 슴베를 쇠로 만들어 슴베 부분을 자루에 끼우고 있다. 곡물을 수확하는 과정에서 힘을 줄 수 있는 형태이다.

통일신라시대 철제 농구가 출토된 유적과 유구는 동일한 특성을 보이고 있다. 그 지역을 통일신라시대의 군현과 연결하면, 용인 언남리는 용구현(→ 거서현), 이천 설봉산성은 황무현의 치소, 광양 마로산성은 마로현(→ 희양현)의 치소로 비정되고, 송현리유적은 고성군(← 달홀주)에 위치하였다. 이들 유적이 통일신라시대 군현의 치소나 치소성(군현성)에 소재하고 있으며, 국가관련 시설로 추정된다. 설봉산성, 마로산성은 군현의 치소성이고, 언남리유적는 군현의 중심지인 치소, 송현리유적은 군현의 소재지이다.

철제 농구가 묻힌 유구는 수혈이 대부분이다. 철제 농구가 출토된 유적의 성격은 산성, 건물지 등이지만 구체적인 유구는 산성이나 건물지 내의 수혈이며, 형태가 부정형을 이루고 있다. 수혈에서는 철제 농구와 더불어 당식허리띠장식, 철제 인

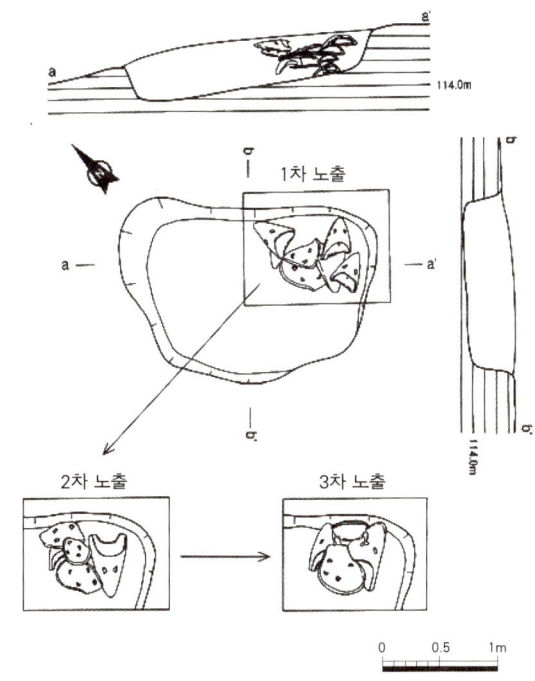

그림 11-21 용인 언남리유적 Ⅱ-18호 수혈

그림 11-22 용인 언남리유적 쟁기 출토 상황

장, 자물쇠·열쇠, 벼루, 청동용기, 쇠재갈 등의 유물이 출토되었다. 당식허리띠장식은 통일신라시대 지방의 관료와 연결되며(이한상 1991; 홍보식 2003; 山本孝文 2004), 철제 인장은 관료의 상징이라는 의미를 가지고, 벼루는 문서를 작성하는 관료가 필수적으로 가지는 문방구이다. 이와 더불어 주목되는 것이 자물쇠와 열쇠이다. 자물쇠와 열쇠는 건물이나 창고 등의 문을 잠그고 여는 기능을 가진 도구로서 창고를 상징하고 있다. 철제 차관은 곡물 등을 나르는 운반도구의 부속구로서 일반민에게 걷은 세금을 나르는 용도로 사용되어 지방의 관아 및 관료와 연결할 수 있다. 쇠재갈은 관아나 관료가 사용하는 말에 사용하는 도구이지만 수혈에서 묻히는 농경의례에서는 말의 대용품으로 파악할 수 있다. 창녕 화왕산성 집수지에서는 기우제를 지내면서 말 대신에 쇠재갈을 제물로 사용하고 있다. 말의 대용품으로 이천 설봉산성에서는 철제 마(馬)를 수혈에 묻고 있다. 청동용기는 농경의례를 지내는 과정에서 제물을 담는 기능을 가지고 있었다(김재홍 2009).

이와 같이 통일신라시대에 농경의례는 부정형의 수혈을 파고 철제 농구와 더불어 관아의 상징물을 넣어 묻고 있다. 이로 보아 이러한 농경의례를 주재한 계층은 군현 단위의 지방관으로 추정된다. 통일신라시대에 농경의례는 지방관이 주재하는 것으로 보아 국가와 관련을 가지고 있다(김재홍 2003).

4. 곡물

한국 고대에 재배된 작물은 크게 밭에서 재배된 한전 작물과 논에서 재배된 수전 작물로 나눌 수 있다. 한전 농업은 주로 보리, 콩, 조를 중심으로 이루어지고 있었고 이 작물들은 문헌기록에서 주로 자연재해, 조세, 진휼과 관련하여 언급되어 있다. 자연재해로 피해를 입은 농작물에 대한 기록은 『삼국사기』에 많이 등장하고 있다. 이 경우 주목되는 것은 봄 3월, 여름 4~5월에 우박이나 서리에 의해 피해를 입은 곡식은 주로 콩[菽]과 보리[麥]뿐이라는 사실과 가을 7~8월에 황충(蝗蟲), 서리, 우박의 피해를 입은 작물이 대부분 곡물[穀]이었다는 점이다. 가을에 피해를 입은 곡은 벼를 의미하기보다는 곡식 일반을 지칭하는 것이다. 당시 재배한 주요 작물이 콩과 보리라는 것을 알 수 있다.

그림 11-23 대구 칠곡유적 출토 탄화곡물(왼쪽 위에서부터 시계방향으로 콩, 밀, 밤, 쌀, 보리, 팥)

다음으로 기록에 많이 보이는 것이 조세로 거두어들인 곡물의 종류이다. 삼국시대 고구려에서는 세금으로 조[粟]를 받았고 백제에서는 쌀을 거두었다. 신라에서는 보리와 콩에 대한 언급이 많은 것으로 보아 이들도 조세의 주요 품목이었을 것이다. 이와 같이 삼국시대에 조세의 품목으로는 조와 쌀뿐만 아니라 콩과 보리도 기능하였다. 고려시대에도 논에서는 미곡이, 그리고 밭에서는 대체로 콩[黃豆]이 조세의 기본 품목이었다. 통일신라시대 조의 수취 품목은 조[粟]와 쌀, 콩[大豆]이 중심이었다.

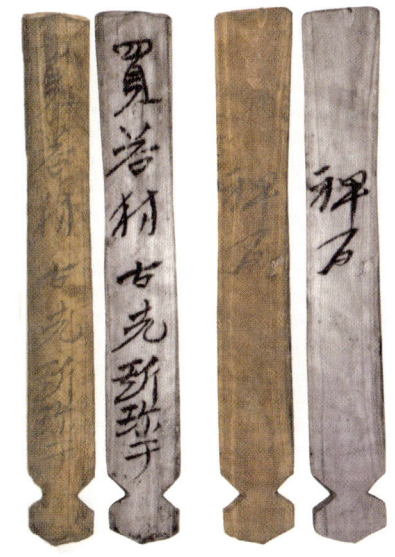

그림 11-24 함안 성산산성 출토 목간

그런데 최근 발견된 함안 성산산성 목간에는 신라의 조세수취와 작물에 대한 기록이 있다. 이 중에서 조세 수취를 기록한 것은 "출신지명 + 인명 + (외위) + 조세품목"으로 쓰여진 목간이다. 성산산성의 물품목간은 공물의 종류에 따라 여러 종류로 나뉘는데, 각각 소금[塩], 쌀[米], 피[稗], 보리[麥], 마(麻) 등을 기록하였다.

가장 많은 수를 차지하는 것이 피인 '패(稗)'라는 글자가 쓰여진 목간이다. 여기에 나오는 패(稗), 패일(稗一), 패석(稗石)은 모두 패일석(稗一石)을 가리키는 것으로 동일한 의미를 가지고 있다. 피는 조[粟]와 더불어 고대 곡물의 대표적인 것으로 봉산 지탑리, 춘천 중도, 평양 낙랑무덤, 횡성 둔내, 동래 오륜대 등지에서 출토되고 있다. 신라에서는 당시 흔한 곡물이었던 피를 기준으로 세금을 수취하고 있었던 것이다. 보리도 수취의 대상이었다. 보리는 피, 조와 더불어 고대 곡물의 대표적인 것으로서 여주 흔암리, 광주 신창동, 중원 하천리, 영암 신연리, 여천 조산리 등지에서 출토되고 있다.

신라의 금장리 밭유적에는 다양한 곡물이 확인되었다. 탄화 식물유체의 분석 결과에 의하면, 화본류는 쌀 6점, 겉보리 15점, 밀 12점, 두류는 팥 10점, 콩 1점, 그리고 곡물명 미상의 2점이 채집되었다. 당시에 벼, 보리, 밀, 콩, 팥 등의 곡물이 재배되고 있음을 알 수 있다. 금장리의 일반적인 화본류는 얕은 수염뿌리에 의해 토양 표층의 양분을 주로 흡수하는 현상을 보이지만, 콩의 뿌리는 심근성으로 토양 하부 층의 양분을 많이 흡수하였다. 또한, 보리와 콩은 재배기간 중 발생하는 병해충이 서로 같은 종류가 없거나 아주 적어, 다음 해 병해충의 발생 밀도를 크게 줄일 수 있었다. 특히 콩은 생육이 왕성하고 비료가 많이 필요하지 않으며, 콩을 재배한 후에는 뿌리혹박테리아에 의해 질소가 증가함으로써 지력이 좋아지는 특성이 있었다. 이로 인해 신라에서는 콩류를 많이 재배하였고 콩과 관련된 식품인 된장[末醬]이나 간장 등의 장류가 발달하였다(성림문화재연구원 2006; 김대덕·이광재 2011).

통일신라시대의 기록에는 논을 의미하는 '도전(稻田)'·'수전(水田)'과 곡물로서의 쌀과 벼를 표현한 '도(稻)'·'미(米)'가 등장하고 있다. 이 시기에 논에 대한 관심이 증대하고 벼농사가 일정한 수준으로 보급되고 있었다. 통일기 이전에는 논, 벼, 쌀에 대한 기사보다는 주로 보리[麥], 콩[菽], 조[粟] 등 잡곡에 대한 기사가 많이 나왔으나 통일기에는 주로 쌀에 대한 기사가 많아지고 있다. 이는 논농사의 발전을 전제로 한 것으로 쌀을 식용으로 하거나 조세를 쌀로 징수하게 되었다.

신문왕 3년(683)에 왕이 일길찬 김흠운의 소녀를 맞아 부인으로 삼으려 할 때 보낸 폐백을 실은 15수레, 쌀·술·기름·꿀·간장·된장·포·식혜가 135수레, 벼[租]가 150수레였다고 한다. 이때 쌀(米)은 벼의 곡식낱알을 의미하고 조(租)는 재배된 작물로서의 벼를 뜻한다. 당시 도는 일반 민들이 먹기 위해 널리 재배되었다기보다는 귀족들이 먹는 곡물이었을 것이다.

일본 도다이사[東大寺] 쇼소인[正倉院]에 보관되어 있는 〈신라 사하리가반 부속문서〉의 앞면은 공물을 수취하고 관리한 문서이고 뒷면은 관리에게 준 녹봉을 기록한 문서이다. 8

세기경 왕실에 바치는 공물 중에는 쌀[米]과 콩[豆]이 있었고 촌 단위로 매월 공물을 바치고 있었다. 세금으로 거둔 곡물은 관리에게 매달 지급되었는데, 주로 잘 썩지 않는 쌀을 기본으로 지급하고 다른 곡물로도 주었다. 이와 같이 통일신라시대에 진골귀족을 비롯한 관리들은 쌀을 녹봉으로 받아 식용으로 사용하였음을 알 수 있다.

김재홍

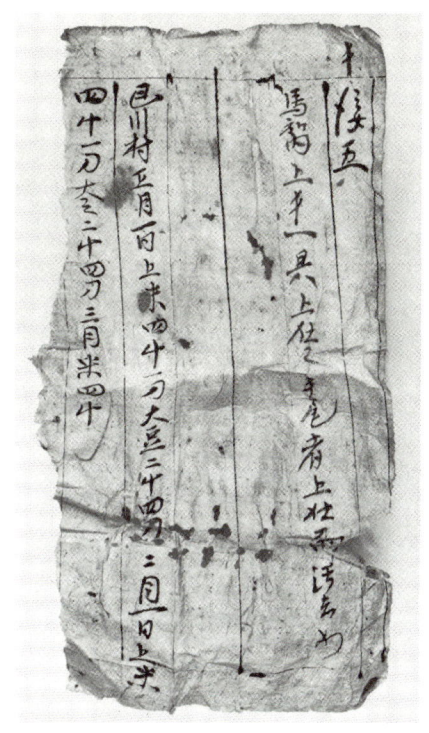

그림 11-25 일본 도다이사 쇼소인의 신라 사하리가반 부속문서

참고문헌

보고서 및 논저

계명사학회 편, 2007, 『한·중·일의 고대수리시설 비교연구』, 계명대출판부.
國立中央博物館, 2000, 『겨레와 함께 한 쌀』.
國立中央博物館, 2003, 『統一新羅』.
金在弘, 2011, 『韓國 古代 農業技術史 硏究: 鐵製 農具의 考古學』, 考古.
대한문화유산연구센터, 2011, 『고대 동북아시아의 水利와 祭祀』, 학연문화사.
복천박물관, 2016, 『목기-생활의 지혜-』.
성림문화재연구원, 2006, 『경주 금장리유적 Ⅰ~Ⅳ』.
李春寧, 1989, 『한국農學史』, 民音社.
한국고고학회 편, 2013, 『농업의 고고학』, 사회평론아카데미.
韓國古環境硏究所 편, 2010, 『한국고대의 수전농업과 수리시설』, 서경문화사.
홍보식, 2003, 『新羅後期 古墳文化 硏究』, 춘추각.

都出比呂志, 1989, 『日本農耕社會の成立過程』, 岩波書店.
東潮, 1999, 『古代東アジアの鐵と倭』, 溪水社.
飯沼二郎·堀尾尚志, 1976, 『農具』, 法政大學出版局.
河野正訓, 2014, 『古墳時代の農具硏究』, 雄山閣.
河野通明, 1994, 『日本農耕具史の基礎的硏究』, 和泉書院.
橫浜市歷史博物館, 2005, 『犁 馬鍬 唐箕』, 和泉書院.

논문

郭鍾喆, 1992, 「韓國과 日本의 古代農業技術」, 『韓國古代史論叢』4, 가락국사적개발연구원.
郭鍾喆, 2002, 「우리나라의 선사~고대 논밭 유구」, 『韓國 農耕文化의 形成』, 한국고고학회, 학연문화사.
金大德, 2007, 「新羅時代 旱田農業에 대한 일연구」, 『文化史學』27, 단국대학교.

김대덕·이광재, 2011, 「신라 한전의 작부체계와 경영주체」, 『성림고고논총』2·3, 성림문화재연구원.

金度憲, 2010, 「嶺南 地域의 原始·古代 農耕研究」, 부산대학교 박사학위논문.

김도헌, 2014, 「신라의 생업」, 『신라고고학개론 上』, 중앙문화재연구원편, 진인진.

金炳燮, 2003, 「韓國의 古代 밭遺構에 대한 檢討」, 『古文化』62, 한국대학박물관협회.

金在弘, 2001, 「新羅 中古期 村制의 성립과 지방통치체제」, 서울대학교 박사학위논문.

金在弘, 2003, 「新羅 統一期 專制王權의 강화와 村落支配」, 『新羅文化』22, 동국대 신라문화연구소.

金在弘, 2009 「昌寧 火旺山城 龍池 出土 木簡과 祭儀」, 『木簡과 文字』4, 한국목간학회.

金在弘, 2012, 「中·近世 農具의 종합적 분석」, 『中央考古研究』10, 중앙문화재연구원.

金在弘, 2013, 「韓國 古代 쟁기의 規格性과 國家的 性格」, 『考古學探究』14, 考古學探究會.

김재홍, 2016a, 「남녀의 시각으로 본 목제 농구와 농경의례」, 『목기-생활의 지혜-』, 복천박물관.

김재홍, 2016b, 「농업 생산력과 취락사회」, 『한국 고대사 2』, 사회운영과 국가지배, 푸른역사.

鈴木茂, 2008, 「울산 굴화리 생기들 유적의 식물규산체분석과 화분분석」, 『蔚山屈火里생기들遺蹟』, 울산문화재연구원.

山本孝文, 2004, 「한반도의 당식과대와 그 역사적 의의」, 『영남고고학』34.

宋閏貞, 2009, 「統一新羅時代 鐵製 牛耕具의 特徵과 發展樣相」, 『한국고고학보』72.

신동조, 2014, 「신라의 농공구」, 『신라고고학개론 下』, 진인진.

安在晧, 2010, 「굴립주건물이 있는 청동기시대 취락상」, 『한국고대의 수전농업과 수리시설』, 서경문화사.

윤호필, 2013, 「경작유구를 통해 본 경지이용방식의 변천 연구」, 『농업의 고고학』, 한국고고학회편, 사회평론.

윤호필·고민정, 2006, 「밭유구 조사법 및 분석방법」, 『야외고고학』창간호, 한국문화재조사연구기관협회.

이보경, 2014, 「신라의 토목-신라의 저수지 제방」, 『신라고고학개론 上』, 중앙문화재연구원편, 진인진.

李宇泰, 1992, 「新羅의 水利技術」, 『新羅産業經濟의 新研究』, 新羅文化祭學術發表論文集.

이한상, 1991, 「7세기 전반의 신라 대금구에 대한 인식」, 『古代研究』7, 고대연구회.

이희진, 2008, 「울산 굴화리 수전 유적에 관한 지질고고학적 검토」, 『蔚山屈火里생기들遺蹟』, 울산문화재연구원.

통일신라고고학개론

12

장식구와 생활용구

- 장식구
- 일상생활용구
- 식생활 도구
- 차문화

1. 장식구

1) 동경

청동거울[銅鏡]은 일상생활에서 화장을 할 경우에 사용하는 도구이다. 삼국시대까지는 주로 무덤에 부장되어 장례품으로 사용하였으나 통일기 이후에는 사찰이나 관아 등 공공건물에서 발견되었다. 건물지에서 확인된 경우에는 지진구(地鎭具)로서 사용되었는데, 정치적인 위세품에서 벗어나 불교와 같은 종교적 의례구로서 상징성을 띠게 되었다(복천박물관 2009). 지진구는 건물이 위치한 땅의 기운을 누르기 위한 의례구인데, 신령한 기운을 상징하는 동경이 주로 사용되었다. 사찰 등 공공건물터에서 지진구는 칠보, 덩이쇠, 칼, 거울, 귀걸이, 갑옷 등을 건물 아래에 묻힌 상태로 확인되었다.

경주 황룡사지 목탑은 선덕여왕 15년(646)에 처음 세운 9층 탑으로, 동경이 지진구로 사용된 상황을 잘 보여준다. 목탑지에서는 사리구, 청동합, 금동합, 각종 장신구와 함께 귀신을 없애는 데 효과가 있다는 칼과 동경 3점이 출토되었다(국립중앙박물관 1991). 동경은 사신경, 거치문경, 무문경 등이 발견되었는데, 심초석의 적심 중심부 사이나 그 아래에서 여러 조각으로 나뉘어진 상태로 흩어진 채 수습되었다. 거울을 의도적으로 깨어 흩어진 상태로 묻는 의식을 행하였음을 알 수 있다. 사신경은 뉴좌에 사엽문을 배치하고 네모난 방격을 둘렀으며, 그 바깥에는 사신이 부조되어 있다. 주연에는 32자의 명문을 돌렸는데, 당시 유행하던 도교의 문장으로 신선사상을 잘 보여주고 있다. 유사한 거울이 중국 섬서성 서안의 수나라 무덤에서 출토되었는데, "大業七年(611)"의 연대가 새겨진 유물이 함께 출토되어 거울의 제작 연대를 추정할 수 있다(복천박물관 2009).

경주 불국사의 석가탑에서도 8세기를 대표하는 사리장엄구가 발견되었는데, 금동사리외함은 비단에 싸여져 묵서지편과 함께 확인되었다. 그 주위에는 소형 목탑, 청동 비천상, 곡옥 등과 더불어 동경이 놓여 있었다. 출토된 동경 2점은 문양이 없는 무문경으로, 꼭지가 편평하고 주연부가 평연인 소형경과 대형 거울의 편이 출토되었다. 무문경은 통일신라시대에 유행하였던 동경으로 대구 봉무동유적과 울산 반구동유적에서도 발견되었다. 봉무동의 것은 거울의 깨진 단면을 간 흔적이 남아 있어 깨진 후에도 계속하여 사용하였음을 알 수 있다.

그림 12-1 경주 황룡사지 목탑지 출토 동경

그림 12-2 경주 불국사 석가탑 거울

익산 미륵사지에서도 팔릉보상

화문경(八菱寶相華文鏡)의 파편이 확인되었는데, 당나라의 동경에 해당한다. 당경은 주석의 성분이 많은 백동질로서 포도당초문, 해수문, 페르시아풍의 무늬와 더불어 새, 벌레, 물고기, 나비 등의 무늬를 베풀었다. 그 무늬는 부조의 느낌이 강하고 사실적인 성격을 띤다(이난영 2012). 신라 도성이나 지방의 사찰에서는 불교가 공인되고 나서 무덤에 주로 부장되던 동경을 사찰의 지진구로 사용하고 있다. 이제 동경을 이용한 제의가 무덤에서 불교 사찰로 이동하고 있었던 상황을 잘 보여 주고 있다.

또한 동경은 사물이나 인간의 얼굴을 비추는 일상생활용구였으므로 경주 월지나 지방의 산성에서도 출토되고 있다. 경주 월지에서는 하화문(荷花文) 동경과 칠화형문(七花形文) 동경이 출토되었다. 하화문동경은 경면이 매우 얇고 꼭지가 가느다란 형태인데, 주연부 일부가 약간 결실되었다. 이것은 요나라 초기나 일본 헤이안 시대 청동거울과 닮아 통일신라시대 말기의 것으로 추정된다(국립경주박물관 2002).

광양 마로산성에서는 당나라의 해수포도문경이 발견되어 당과의 교역과 관련지을 수 있다. 해수포도문경은 건물지 내부 초석의 상층에서 출토되었는데, 우리나라에서는 유일한 출토 사례이다. 거울의 중앙에는 짐승모양의 뉴가 있는데, 짐승의 입은 돌출되고 등에 점열문이 있으며, 길쭉한 꼬리의 끝에는 가느다란 털을 표현하였다. 내구에는 양 발을 앞으로 내딛고 몸체를 돌려 머리를 들어 올린 짐승 네 마리를 생동감 있게 배치하였다. 동물 사이에는 포도넝쿨과 잎, 탐스러운 포도가 풍성하게 달려 있다. 외구의 각 모서리에는 밖을 향해 날개를 펼친 새를 배치하였고, 포도송이에 앉은 새와 포도를 향해 날아드는 잠자리, 포도송이, 넝쿨, 잎 등을 베풀었다(복천박물관 2009). 마로산성에서는 다른 문양의 동경도 발견되었는데, "王家造鏡"이라는 명문과 격자문 내에 꽃무늬를 새긴 거울과 6개의 꽃을 표현한 거울이 있다.

금은평탈경(金銀平脫鏡)은 거울 뒷면에 금이나 은판으로 얇게 무늬를 만들고 그 위를 옻칠한 다음에 무늬에만 옻칠을 벗겨 내어 거울의 표면을 장식하는 기법을 사용하였다. 이것은 당나라에서 유행한 동경으로, 화조, 천마, 우인(羽人) 등의 문양이 베풀어졌다. 대표적인 예로는 국립중앙박물관 금은평탈보상화문경(金銀平

그림 12-3 광양 마로산성 해수포도문경

402

脫寶相華文鏡)이 있다. 이것은 원형의 거울 뒷면에 육각형으로 이루어진 음판의 보상화문이 평탈기법으로 표현되었다. 보상화문 사이에는 사슴으로 보이는 동물이 금판으로 장식되어 있다. 이러한 문양 구성은 당나라에서 발견된 평탈경에는 잘 보이지 않는 것으로, 신라에서 보상화문과 동물을 결합시켜 새로운 형식으로 구성하려는 시도로 보인다(채해정 2001).

삼성 리움 소장 나전단화금수문경(螺鈿團花禽獸文鏡)은 금동 수정감장(水晶嵌裝)촛대와 함께 발견되었다고 한다. 뒷면에 거울 꼭지를 중심으로 그 둘레에 이중으로 연주문을 돌리고, 바깥에는 여러 가지 자개무늬를 박았다. 위 아래의 큰 연꽃과 가운데 고리를 중심으로 좌우대칭의 무늬를 정연하게 새겼다. 꽃·나비·사자·구름·새 등 다양한 무늬가 시문되었는데, 자개의 넓은 면에는 매우 세밀하게 음각문을 넣었다. 꽃무늬는 자개로 테두리를 두르고 안에는 호박을 집어넣어 장식하고 있다. 여백에는 터키석 조각을 박고 두껍게 옻칠을 하여 화려함을 더하고 있다(호암미술관 1997). 이 나전경은 당나라의 나전경보다는 오히려 일본에 전하고 있는 나전경들과 유사하다는 점에서 비교가 가능하며, 신라의 나전경이 일본으로 전파되었을 가능성을 시사한다(채해정 2001).

그림 12-4 국립중앙박물관 소장 금은평탈보상화문경

그림 12-5 삼성 리움 소장 나전단화금수문경

2) 장신구

청동제품 중에서 상투 등 머리의 모양을 잡아주는 동곳, 비녀채, 빗이 있다. 동곳과 비녀채는 모두 끝이 뾰족한 막대를 ㄷ자상으로 만든 것으로, 10cm 이하의 짧은 것은 동곳이고 10cm 이상의 긴 것은 비녀채라고 한다. 동곳은 여자들의 머리를 고정하는 비녀채나 장식빗과는 달리 남자들의 머리카락인 상투를 고정하는 데에 사용하였다.

동곳은 통일신라시대부터 사용되기 시작하였으며, 주로 도성이나 산성의 건물지에서 출토되고 있어 실용적인 장신구임을 알 수 있다. 고려시대 이후에는 주로 무덤에서 출토되며, 그 형태가 두부에 각이 지는 것으로 변하고 문양이 베풀어지게 된다. 동곳은 처음에는 두부와 각부의 굵기가 같거나 두부가 약간 더 굵고, 두부에 최대 폭이 형성되고 각부로 갈수록 폭이 좁아드는 형태가 많이 제작되었다. 이후 점차 두부의 중앙부가 점차 굵고 넓어지면서 두부의 폭과 각부의 폭이 같은 형태로 변화한다. 특히 나말여초부터는 두부가 강조되어 높이와 너비가 같거나 높이가 더 넓어지고, 불두(佛頭)처럼 여러 가지 문양으로 화려하게 장식된다. 다리의 단면 형태도 원형에서 반원형으로, 중간 부분이 굵은 형태로 바뀌는 변화를 겪게 된다(류희경 1975).

통일신라시대의 동곳은 당식 과대와 더불어 주로 지방의 산성이나 건물지에서 발견되고 있으므로 공적인 기능과 관련을 가지고 있다. 산성과 건물지가 행정 관아와 관련을 가지고 있어 그곳에 근무하는 관리의 장신구로 상정할 수 있다. 관리의 상투 등을 고정하여 머리모양을 잡고 관모를 착용하였을 것으로 보인다. 실지로 동곳은 월지 등 궁궐, 지방의 관아, 군대가 주둔하였던 산성, 무덤, 취락 등에서 출토되어 관인이 착용하였던 장신구로 볼 수 있다.

통일신라시대의 빗은 나무판의 윗변을 볼록하게 하여 손잡이로 사용하고 그 아래 대부분을 빗살로 잘라 촘촘하게 날을 구성하여 사용하였다. 대부분 나무를 그대로 사용하였다는 점에서 조선시대 대나무로 만든 참빗과 구별된다. 통일신라시대의 빗은 경주 월지, 월성 해자, 국립경주박물관 미술관 부지, 기장 고촌리유적, 함안 성산산성, 광양 마로산성, 하남 이성산성 등과 같이(국립가야문화재연구소, 2013) 경주와 지

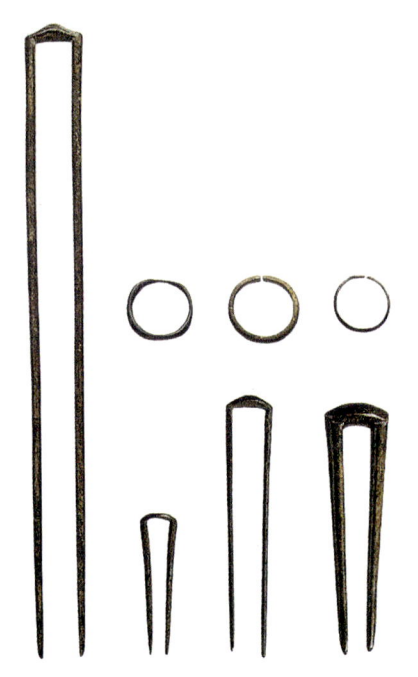

그림 12-6 경주 월지 출토 비녀채, 동곳, 가락지

방의 산성에서 주로 출토되었다.

이 시기 빗 중에서 가장 눈에 띠는 것이 삼성 리움 소장 세금착감화문빗[細金錯嵌花文櫛]이다. 바다거북의 일종인 대모의 껍질로 만든 빗으로 손잡이에는 정교한 금세공으로 윤곽을 만들고 내부에 청옥(靑玉)을 넣어 꽃무늬를 장식하였다. 빗살과 손잡이는 직각에 가깝도록 꺾여 있고 경계부에는 작은 구멍을 뚫어 화형 수식을 매달았다. 수식은 상단에 여덟 개의 잎으로 된 꽃무늬가 3개, 하단에는 10개의 잎으로 된 꽃무늬가 1개 있고, 주위에는 작은 잎사귀모양을 금줄로 엮어 매달았다. 이것은 머리를 빗는 빗이라기 보다는 화려한 장식으로 보아 머리에 꽂아 장식하는 비녀채로 사용되었을 것으로 추정

그림 12-7 통일신라 나무빗

그림 12-8 삼성 리움 소장 세금착감화문빗

된다. 이와 비슷한 형태의 것으로 리움 소장의 금석착감가는빗[金石錯嵌細櫛]이 있다. 이것은 납작하고 얇은 빗의 몸통과 빗살에 칠을 한 후에 상감기법으로 금세공한 것이다(호암미술관 1997).

가락지[指環]는 삼국시대와 달리 문양이 없고 간단한 링 모양을 하고 있는데, 한 곳을 티어 놓아 손가락의 굵기에 따라 조절할 수 있도록 하였다. 실생활에서 사용하던 가락지는 금은 보다는 청동으로 제작된 것이 많아 실용성을 잘 보여주고 있다.

3) 복식

통일신라시대 복식을 알 수 있는 자료는 토용과 과대가 있다. 신라 토용은 경주 용강동고분과 황성동고분에서 출토되었는데, 신라 관료와 부인의 의복에 대한 변화와 양상을 엿볼 수 있다.

황성동고분에서는 파편을 포함하여 6개체의 인물상 토용과 말, 소, 수레 등의 토용이 출토되었다(국립경주박물관 1993). 인물 토용은 문인상, 서역인상, 여인상으로 추정되고 있다. 문인상은 머리에 복두를 쓰고 두 손을 공손하게 모아 가슴 밑에 두는 인물상이며, 서역인상은 역삼각형 얼굴에 위가 뾰족한 모자를 쓰고 고개를 왼쪽으로 돌린 형태이다. 뾰족한 모자는 일반적으로 소그드인의 모자로 보고 있어 상인일 가능성이 있다. 여인상은 머리에 가르마를 타고 귀를 완전히 가린 채 뒤통수를 아래에서 묶어 오른쪽으로 비틀 듯이 머리카락을 묶고 있다. 남성상은 복두, 도포, 홀 등으로 보아 당나라 복식을 따르고 있으나, 여인상은 용강동고분 출토의 당나라풍 여인상과 달리 신라 미인상을 보여주고 있다(국립경주박물관 1989).

용강동고분에서는 남성상 15점, 여인상 13점 등 28점의 인물형 토용이 출토되었다(문화재연구소·경주고적발굴조사단 1990). 문인상인 남성은 머리에 복두(幞頭)라는 모자를 쓰고 있으며, 양 손으로 홀을 잡거나 포개어 서 있다. 당나라 관모인 복두가 보이고 신라 고유의 고깔모자형 관모와 깃털을 꽂은 관이 보이지 않는 것으로 보아 당식 관모의 영향을 알 수 있다. 여성은 쪽머리를 하고 두 손을 모아 상대방을 공경하는 모습을 하고 있다. 여인상의 머리도 특별한 장식이나 관과 같은 표현이 없는 것으로 삼국시대 신라고분에 보이는 금속제 관이나 귀걸이 등이 보이지 않는다. 토용의 의복도 당의 복식을 따르고 있다(국립경주박물관 1989).

통일신라시대 토용에는 신라 고유의 복식과 더불어 당나라식 관모와 의복이 표현된 것으로 보아 당나라 복식이 수입되어 착용하였음을 알 수 있다. 당나라 복식의 착용은 "진덕여왕 3년(649)에 당식 의관(衣冠)을 착용하고 진덕여왕 4년(650)에 홀(笏)을 갖게 하였다"는 기사와 관

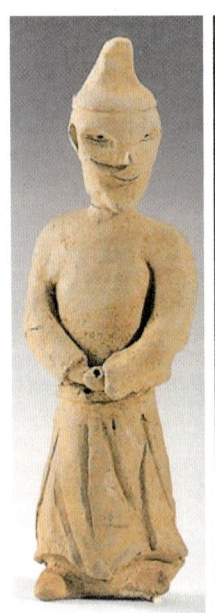

그림 12-9 경주 황성동석실묘 출토 문인상(좌), 서역인상(중), 신라 여인상(우)

그림 12-10 경주 용강동석실묘 출토 문인상(좌), 여인상(우)

련이 있다. 그리고 "문무왕 4년(664)에 부인에게도 당나라 의복을 착용하도록 하였다"는 기사와도 상응하고 있다. 이와 같이 통일신라시대에는 당나라 의복을 도입하여 관료제를 정비하고 있다. 이는 단순히 당나라 의복의 도입만이 아니라 당나라의 관료제를 신라에 적용하려는 시도로 해석할 수 있다.

통일신라시대의 복식을 이해할 수 있는 자료는 허리띠장식에도 잘 보인다. 신라의 대금구는 매장주체시설묘가 조성되는 시기에는 삼엽문투조과대였지만, 6세기 이후에는 역심엽형 과대금구와 장방형 교구, 대단금구를 특징으로 하는 누암리형 대금구로 전환된다. 이어 7세기에는 중국 대금구의 영향을 받아 원형과 방형의 과판에 다양한 문양을 새긴 황룡사형 대금구가 나타난다. 통일신라시대에는 당식 대금구를 사용하게 되는데, 당식 대금구는 순방(巡方)과 환병(丸柄)으로 구성된 과대금구로 가죽허리띠에 고정하여 사용하였다(이한상 1996; 박보현 2004). 당식 과대는 외형의 화려함은 이전 시기에 비해 거의 없어 지위와 신분을 시각적으로 표현하는 위세품적인 기능은 현저히 약화되었다. 과판은 혁대의 크기에 비례하며, 그 크기는 과대를 착용한 관료의 위상이나 신분(阿部義平 1976), 관위의 높고 낮음을 나타내는 것(伊藤玄三 1983)으로 보기도 하지만 표준적인 규격품이 대부분을 차지하고 있다.

관료가 착용한 허리띠 장식인 당식과대와 함께 도장이 발견되었다. 이 시기의 도장은

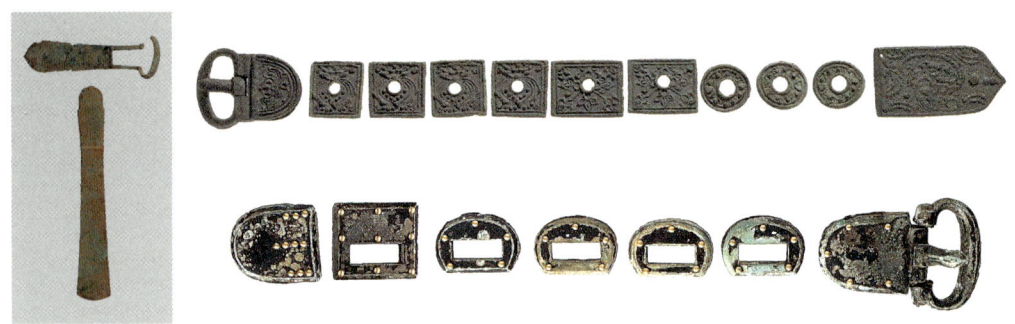

그림 12-11 신라의 대금구(루암리형 → 황룡사형 → 당식 과대)

그림 12-12 양주 대모산성 출토 청동 도장

납석, 흙, 청동, 철 등 다양한 재료로 만들어졌으나 주로 청동이나 납석으로 제작하였다.

신라의 당식과대(唐式銙帶)는 석제·금동제·동지칠제(銅地漆製) 등도 있으나 청동과 철로 만든 것이 대부분을 차지한다. 당식 과대는 띠고리[鉸具], 띠장식[銙板], 끝장식[帶端金具]이 가죽으로 된 혁대에 결합되어 구성되는데, 과판은 방형의 순방과 원형의 환병으로 되어 있다. 환병은 교구나 대단금구 주변에 장식하며, 순방은 옆구리 측면에 위치하도록 부착하고 있다. 네모난 순방의 과판에는 아랫부분에 가로방향으로 세장방형의 구멍이 뚫려 있는데, 여기에 부싯돌, 향, 도자 등 생활에 필요한 수식이 매달렸을 것으로 보인다. 출토된 과판에는 문양 장식이 거의 없는 것으로 보아 썩어 없어지는 유기질제의 수식이 달리거나 그 흔적만 남긴 것으로 보인다. 신라의 당식 과대는 문양이 없는 것이 대부분이며, 당나라의 대금구는 화려한 문양이 베풀어져 있다(齊東方 1999; 新潟縣立近代美術館 1999; The Metropolitan Museum of Art 2004; 陝西省文物局·上海博物館 2004). 당에서 순방 과대를 착용하는 모습을 보면 아무 것도 매달리지 않은 것이 많으나 요나라 진국공주묘의 예로 보아 지갑, 도자 등을 실지로 매달았을 가능성도 있다(中國歷史博物館·內蒙古自治區文化廳 2002).

당나라나 일본의 고대 허리띠장식에는 순방과 환병뿐만 아니라 꽃모양 장식이 달려 있고, 우리나라 제주도 용담동유적에서 꽃무늬가 베풀어진 과판이 출토된 예가 있다. 보은 부수리 2호 횡혈식석실묘에서는 심엽형 장식도 나타나고 있다.

금동제 과판이 출토된 제주 용담동제사유적은 해안가 언덕의 정상부에 있는 유적으로, 인화문토기와 더불어 유리구슬·월주요계의 도자기, 철제 및 동제 과대의 편도 출토

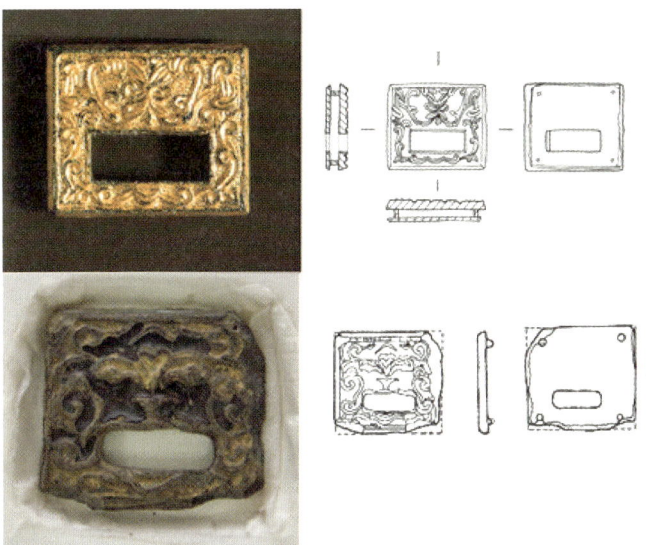

그림 12-13 발해 과대(상: 제주 용담동, 하: 일본 우네다나베타유적)

되었다(제주대박물관 1993; 국립제주박물관 2001). 금동제 과판의 장식은 꽃문양을 중심으로 당초무늬가 베풀어지고 그 주변의 빈 공간에 구슬무늬[魚子文]를 찍어 넣었다. 이와 같이 꽃무늬를 중심으로 당초무늬를 배열한 것과 유사한 과판은 현재 중국 길림성 사리파(査里巴)유적, 내몽고자치구 이가영자(李家營子)유적, 내몽고자치구 사자구요묘(沙子溝遼墓), 러시아 연해주 크라스키노 평지성, 일본 이시가와현[石川県] 우네다나베타[畝田ナベタ]유적 등에서 출토되었다. 중국과 러시아의 예는 발해와 요나라의 것이고, 일본의 예

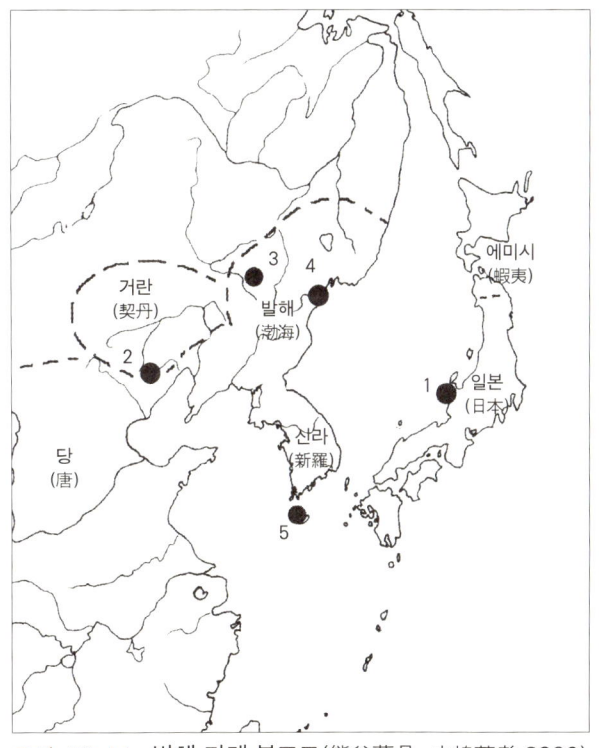

그림 12-14 발해 과대 분포도(熊谷葉月·小嶋芳孝 2002)
1: 우네다나베타유적, 2: 이가영자유적,
3: 사리파유적, 4: 크라스키노 평지성, 5: 용담동유적

는 발해 사신이 머물렀던 곳에서 출토되어 발해의 것으로 보인다. 중국 당나라의 과판에는 이와 유사한 문양은 보이지 않아 동아시아 동북지방에서 자체 제작하였을 가능성이 있다. 이러한 금동제 과판은 발해나 요에서 먼저 제작하였을 가능성이 높다고 한다(熊谷葉月·小嶋芳孝 2002). 그러나 제주도 용담동 제사유적에서 발해와 직접적으로 연관지을 수 있는 유물이 나오지 않아 좀 더 검토가 필요하다.

통일신라시대의 과대금구는 그 형태와 규격이 정형성을 가지고 있어 신라 중앙에서 제작하여 배포한 것으로 이해된다(山本孝文 2004). 당식 과대는 통일신라시대에 가장 많이 사용되었으나 그와 동일한 형태의 과대는 6세기 전반에도 나타나고 있다(박성천 2011). 6세기대의 당식 과대로는 대구 가천동 53호, 창녕 계성 B지구 28-3호묘, 울산 조일리 26-1호 등에서 출토되었다. 6세기 전반경에 철제 과대의 형태를 띤 당식 과대가 수용되었으며, 당나라가 건국되기 이전에 이미 사용되었음을 알 수 있다. 이를 법흥왕대의 공복제정기사인 "始制百官公服" 기사와 연결시켜 당식 복식의 수용과 함께 6세기 전반에 도입되었을 가능성을 제기하기도 한다(山本孝文 2004). 이 시기의 철제 과대는 일시적으로 사용되었으며, 청동제 과대가 주류를 이루게 된다. 철제 과대는 통일신라시대 후기에 철제 과대가 다시 나타나서 고려시대까지 보편적으로 사용되는 것을 추정된다.

나말여초에는 당식 과대의 정형성이 점차 사라지고, 철제 과대가 다시 등장하여 대형으로 제작되었다. 철제 과대금구가 출토된 유적으로는 진안 수천리 4호 석곽묘, 공주 정지산 석곽묘·토광묘, 논산 정지리 B지구 M32호, 양주 대모산성, 포천 반월산성, 하남 이성산성, 인천 계양산성 등이 있다. 철제 과대는 규격이 일정하지 않고 그 크기가 대형으로 변하며, 제작기법도 조잡해진다. 철제 과대는 대부완이나 편병, 해무리굽청자와 함께 출토되고 있어 그 시기가 9~10세기경임을 알 수 있다.

이와 관련하여 주목되는 것이 흥덕왕 9년(834)에 공포된 복식 금제령이다. 이 시기에 "진골대등은 연문백옥(研文白玉) 과대의 착용을 금하고, 6두품은 오서·유철동제(烏犀·鍮鐵銅製)를 착용하고, 4두품은 청동제를, 평인은 동철제(銅鐵製)를 착용하도록 한다."는 기록이 있다. 신분과 관위에 따라 크게 5단계로 구분하여 착용했음을 알 수 있다. 서열상의 구분으로 인해 당시 과대의 재질은 옥 → 흑칠청동 → 철·동순으로 매겨졌다(山本孝文 2004).

2. 일상생활용구

1) 가위와 촛대

통일신라시대의 가위는 용도에 따라 초의 심지를 자르는 금동 가위와 옷감 등을 자르는 금속 가위로 나눌 수 있다. 금동 가위는 월지 3건물지 동쪽 뻘 층에서 출토되었는데, 그 길이는 25.5cm이다. 가위를 벌리면 X자형의 형태를 하며, 초를 자르기 좋은 모양이다. 따라서 잘린 심지가 떨어지는 것을 막기 위해 날 바깥에 반원형의 테두리가 붙어 있다. 손잡이는 봉황새 꼬리 모양이며, 구슬무늬[魚子文]와 당초무늬가 화려하게 장식되어 있다(국립경주박물관 1980; 국립경주박물관 2002). 신라의 왕실과 진골 귀족은 기름에서 나는 그을음을 방지하기 위해 초를 사용하였으므로 불탄 심지를 전용 금동 가위로 곱게 잘라 내었다.

이러한 모양의 가위는 일본 도다이사[東大寺] 쇼소인[正倉院]에도 있어 서로 비교할 수 있다. 쇼소인의 금동가위는 백동질이며 길이 22.6cm, 두께 0.2cm이다. 형광 엑스레이선 분석에 의해 동 68%, 주석 18%, 납 4%인 백동제로 밝혀졌다. 전체적인 형태와 길이 등 규격에서 월지 출토품과 유사하나, 몸체에 당초무늬가 베풀어지지 않고 있다. 이것의 선단부인 반원형의 금구에는 초의 심지를 자른 흔적이 남아 있어 그 기능을 알 수 있다. 또한 쇼소인 남창에 있는 동철잡교구(銅鐵雜鉸具) 중에서 백동질 가위의 선단에 붙어 있던 금구 2매에서 초를 자른 흔적이 확인되어 금동 가위의 부품으로 추정할 수 있다. 쇼소인 금동가위는 현재로서는 월지 출토 금동가위와 가장 유사하여 한·일간의 교류를 살필 수 있는 자료이다(奈良國立博物館 2002).

그림 12-15 경주 월지의 금동 가위(좌)
그림 12-16 일본 쇼소인의 금동 가위(우)

일반적인 가위는 두 날이 맞닿아 옷감·종이·가죽·털 등을 자르거나 오르는 데에 사용하는 도구이다. 이것은 양모 등과 같은 털깎기, 물건의 절단, 천의 재단, 여성 화장 용구 등으로 다양하게 사용되었다. 재질에 따라 청동제, 납제, 철제의 가위가 유적에서 출토되지만, 쇠로 된 가위가 가장 많다.

철제 가위는 철봉의 양쪽 끝에 가위 날을 만들어 교차시켜 물건을 절단하는 것으로, '∝'자형과 'X'자형으로 나뉜다(정의도 2014). '∝'자형은 하나의 철봉을 교차하도록 제작하여 물건을 자르려면 날의 상단을 바로 눌러야 하므로 전체 길이에 비해 자르는 날의 길이는 10cm 미만으로 짧게 되어 있다. 이것은 2형식으로 나뉘는데, Ⅰ형식은 두 날이 서로 교차하게 배치하는 것이고, Ⅱ형식은 두 날이 마주보게 배치하는 형식이다. Ⅰ형식은 가장 간단한 가위의 형식으로, 황룡사 서금당지 기단토, 신라 왕경, 황룡사 목탑지 심초석 하부, 분황사 사리장엄구 등에서 발견되었다. 이것은 주로 경주의 사찰이나 건물지에서 발견되고 있어 진단구 등 특수한 용도로 사용되었을 가능성이 있다.

그림 12-17 경주 황룡사지 목탑지 출토 '∝'자형 Ⅰ형식

그림 12-18 광양 마로산성 출토 '∝'자형 Ⅱ형식

Ⅱ형식은 경주 분황사, 경주 월지, 창녕 화왕산성, 이천 설봉산성, 이천 설성산성, 포천 반월산성, 광양 마로산성, 용인 언남리유적, 춘천 우두동유적 등에서 발견되었다. 창녕 화왕산성 집수지에서 출토된 철제 가위는 길이 27cm이며 원형의 기부에서 교차하여 양날을 마주보게 제작하였다. 이와 가장 유사한 형태가 경주 분황사에서 출토되었는데, 길이 24.8cm이다. 이것은 경주의 거대 사찰이나 궁궐에서 출토되었을 뿐만 아니라, 지방의 산성이나 관아터에서 확인되었다. 지금까지 출토된 통일신라시대 가위 중 가장 많은 수를 차지한다.

월지에서 출토된 가위는 그 크

기가 대·중·소형으로 나눌 수 있으며, 재질은 은제·청동제·철제 등으로 다양하다. 재질에 따른 용도는 철제가 중·대형으로 자르는 기능으로, 납이나 은제, 동제는 대부분 소형으로 화장용으로 사용된 것으로 추정된다. 또한 월지에서 출토된 납제 가위는 납판을 오려 만든 것으로, 그 기부는 원형으로 가운데

그림 12-19 경주 월지 출토 가위

구멍을 뚫고 이에 날을 V자형으로 달아 가위 모습을 띠고 있다. 이것은 납이 무르고 조잡하여 비실용적인 제품으로 보여 주술적인 목적으로 사용되었다고 추정된다(국립중앙박물관 1980; 국립경주박물관 2002). 가위는 삼국시대 고분에서 드물게 출토되기도 하지만, 통일신라시대에 생활유적을 중심으로 출토된다. 따라서 가위의 사용이 일반화된 것은 통일신라시대 이후임을 알 수 있다. 고려시대 이후에는 주로 'X'자형 가위가 사용되었으며, 고려시대 무덤에서 주로 출토된다.

통일신라시대에는 초를 세워 불을 밝혔던 촛대도 사용되었다. 촛대의 대표적인 예가 삼성 리움 소장품과 경주 인용사지 출토 촛대이다. 리움 소장 금동 수정감장(水晶嵌裝) 촛

그림 12-20 통일신라 삼성 리움 소장 금동 촛대(좌)
그림 12-21 통일신라 납석 촛대(우)

413

대는 1쌍의 화려한 촛대로 원통형을 기준으로 아래 위 받침에 화려한 꽃잎을 장식하고 있다. 가장 위에는 받침대가 있는 원통형기둥이 있어 초를 세우도록 되어 있다(국립중앙박물관 2003). 경주 인용사지 촛대는 상하 받침대 사이에 원통형기둥이 있어 리움 소장품과 비슷한 형식이나 문양이 거의 없이 소박한 모양이다.

　금속 촛대와 더불어 납석으로 된 촛대도 사용하였다. 이양선수집품 중에 납석제 촛대가 있는데, 길이 25.1cm이다. 그 형태는 나팔을 엎어놓은 듯한 데, 대중소의 등잔 3개를 꽂아 놓은 듯하다. 상부의 등잔에는 초를 꽂기 위한 구멍이 나 있다. 이 촛대는 납석을 잘 손질하여 만든 뛰어난 작품으로 통일신라시대 공예와 생활상을 살필 수 있는 자료이다(국립경주박물관 1987).

　신라의 일반민은 기름을 토기에 담아 불을 밝혔을 것으로 보이는데, 월지에서 발견된 토기 중에는 내부에 기름의 그을린 자국이 있는 흙등잔이 이에 해당한다. 월지의 등잔은 지름 10cm 이내의 것이 대부분이며 안쪽은 검게 그을려 있으며 기름 찌꺼기가 그릇벽체에 부착되어 있다(국립경주박물관 2002).

2) 실내외 생활용구

통일신라시대의 건물지에서는 다양한 실내외 생활용구가 출토되었는데, 월지 출토품이 대표적이다(국립경주박물관 2002). 금동 옷걸이는 화려한 보상화무늬로 된 금동판에 낚싯바늘 모양의 걸이를 꽂은 뒤 벽에 부착하여 옷을 걸 수 있도록 만든 것이다. 금동판의 무늬는 앞면은 음각한 것과 뒷면을 두드려서 양각한 2가지 기법으로 되어 있다. 금동발걸이는 햇살이나 앞을 살짝 가리기 위한 발을 말아서 놓아두는 기능을 하는 것이다. 집의 처마나 문틀에 달았던 동그란 고리 모양이 있으며, 낚싯바늘 모양의 끝을 연꽃봉오리모양으로 마감하기도 하였다.

　금동문고리는 문에 고정하는 금속으로 문을 여닫을 때에 사용한 것이다. 경주 월지에서는 그 문양이 짐승얼굴판과 보상화무늬를 맞새김한 것이 출토되었다. 짐승얼굴판문고리는 같은 틀에서 떠내어 도금한 것으로, 부릅뜬 눈과 큰 코, 양 볼의 갈기와 송곳니를 드러낸 큰 아가리 등 세련되게 표현되었다. 문고리 장식판은 연주무늬로 가장자리를 돌린 뒤 보상화무늬를 맞새김하였다. 짐승의 입에는 염주모양으로 생긴 둥근 고리를 물려 손으로

12. 장식구와 생활용구

그림 12-22 경주 월지 출토 문고리(좌)
그림 12-23 경주 쌍상총 출토 문고리(우)

그림 12-24 경주 월지 출토 금동용머리

잡을 수 있게 하였다. 이와 유사한 형태의 것이 경주 쌍상총에서 발견되었는데, 돌방의 돌 문고리로 사용되었다.

　금동용머리[金銅龍頭]는 연못의 동쪽 호안 아래 뻘 층에서 출토된 한 쌍의 장식구이며, 같은 틀에 부어 주조한 것으로 뿔 부분만 따로 만들어 조립하였다. 약간 벌어진 입에 송곳 니를 날카롭게 세워 윗입술을 떠받치고 있으며, 앞 쪽 턱에는 턱수염을 굵게 표현하였다. 용머리 안쪽이 비어 있으며, 귀 밑에 못 구멍이 있는 것으로 보아, 의자의 손잡이를 장식하 였던 것으로 추정된다(국립경주박물관 2002).

415

3. 식생활 도구

1) 취사용 도구

통일신라시대에는 부뚜막에 불을 때어 밥을 짓는 취사용 토기가 발달하였는데, 어깨 둘레에 전을 붙이면서 토기를 부뚜막에 안정적으로 고정할 수 있게 되었다. 이어서 토기에 대신하여 쇠솥이 등장하여 열의 전달을 빠르게 하고, 찌는 조리도구인 시루가 발달하였다. 시루와 솥의 등장으로 음식물을 수증기로 찌고 밥을 해 먹을 수 있게 되었다. 흙시루는 바닥이 편평하고, 몸통이 수직으로 올라가 원통형에 가까운 형태를 하고 있다. 흙솥은 바닥이 편평하고 몸통이 긴 원통형에 가깝고, 아가리 바로 아래에 전이 붙어 있다. 대부분의 흙솥은 다리가 없으나 경주 동천동에서 출토된 세 발 달린 흙솥은 다리 달린 쇠솥을 모방하여 제작한 것으로 추정된다. 그 바닥과 몸통 표면에 그을음이 묻어 있어 음식물을 끓었다는 사실을 알 수 있다.

쇠솥은 몸통이 넓고 높이가 낮은 형태로 다리가 없는 가마솥[鐵釜]과 다리가 3개 붙은 세발솥[鐵鼎]이 있다. 다리가 없는 쇠솥은 부뚜막 전용의 솥으로 사용되었고, 다리가 달린 쇠솥은 야외에서 취사에 사용하였다. 그 외 세발솥 중에는 한쪽 부분에 손잡이가 달린 경우도 있는데, 이것은 정과 초두의 형식이 결합한 것으로 보인다(복천박물관 2005).

쇠솥은 이미 5세기대 신라고분에서 출토되는 것으로 보아 무덤에 묻힌 위세품이지만 실생활에서도 사용한 것을 알 수 있다. 서울 구이동 고구려 보루유적에서는 철제 농구 등과 더불어 취사도구인 쇠솥이 출토되어 군사시설에서도 사용하였음을 보여준다. 통일신라시대에서는 쇠솥이 실생활에서 본격적으로 사용되기 시작하였다. 이 시기에는 마을, 사찰, 산성 등의 건물지에서 집중적으로 출토되어 중요한 실생활 도구임을 알 수 있다. 당시 기록에는 신라에서 쇠솥을 일반인들이 사용하였다는 내용이 보인다. 『삼국

그림 12-25 경주 동천동유적 출토 흙솥

유사』에는 출가하기 전의 진정법사 집에는 가난하지만 다리가 있는 쇠솥[鐺=鐵鼎]이 있었으나 시주하여 질그릇동이로 밥을 먹었다는 기사가 있다. 당시 신라에서는 집집마다 쇠솥을 가지고 있었다는 사실을 알 수 있다.

삼국~고려시대 가마솥[鐵釜]은 전을 중심으로 전 상부의 형태와 그 아래 부분의 형태에 따라서 다음 3가지 형태로 구분된다(정종태 2005). 먼저 전 하부가 반원형 또는 편구형이며, 상부가 내만하다가 직립하는 Ⅰa형식이 있다. 이어 전 하부가 U자형이며 상부가 내만하다가 직립하는 Ⅱb형식이 있고 다시 U자형의 하부와 전 상부가 약간 외경하여 최대경이 구연부에 형성된 Ⅱc형식이 있다. 이것의 시간적인 순서는 Ⅰa형식 → Ⅱb형식 → Ⅱc형식으로 변화하고 있다. Ⅰa형식의 쇠솥은 경주 천마총, 서울 구의동 보루, 아차산 4보루 등지에서, Ⅰa형식의 흙솥은 익산 왕궁리유적에서 발견되었다. Ⅱb형식과 Ⅱc형식의 솥은 통일신라시대와 고려시대로 편년된다. Ⅱb형식의 쇠솥은 신라 왕경지구 14가옥, 이천 설봉산성, 경주 황남동 376번지 1호 돌우물에서 출토되고 있으므로 통일신라시대부터 사용되기 시작하였다. Ⅱc형식의 쇠솥도 부여 부소산성 건물지, 대구 상동 6호 수혈 등과 같이 통일신라시대 유적에서 출토되고 있다. 최근에 인천 앞바다의 영흥도선(靈興島船)에서는 통일신라시대 9세기대의 쇠솥이 10여 점이나 발견되었다.

그림 12-26 인천 영흥도선 출수 가마솥

쇠발솥[鐵鼎]은 철부와 달리 깊이보다 동최대경이 넓은 형태로 동체 중상위에 전이 달리고, 구경부가 내만하는 형태가 다수 알려져 있다. 전을 기준으로 동체 측면 하부에 3개의 다리가 같은 간격으로 부착되었다. 이것은 동체부와 구연부의 형태에 따라 동체부가 원형이나 편구형을 이룬다. 마제형(馬蹄形)의 다리가 부착된 Ⅰ형식과 동체부가 둥그스름한 육각형이고 전의 상부가 완만하게 내경하거나 직립하며 수각형(獸脚形)의 다리가 3개 부착된 Ⅱ형식 등으로 나눌 수 있다. Ⅰ형식에서 Ⅱ형식으로 변화한 것

그림 12-27 용인 언남리유적 출토 세발솥

417

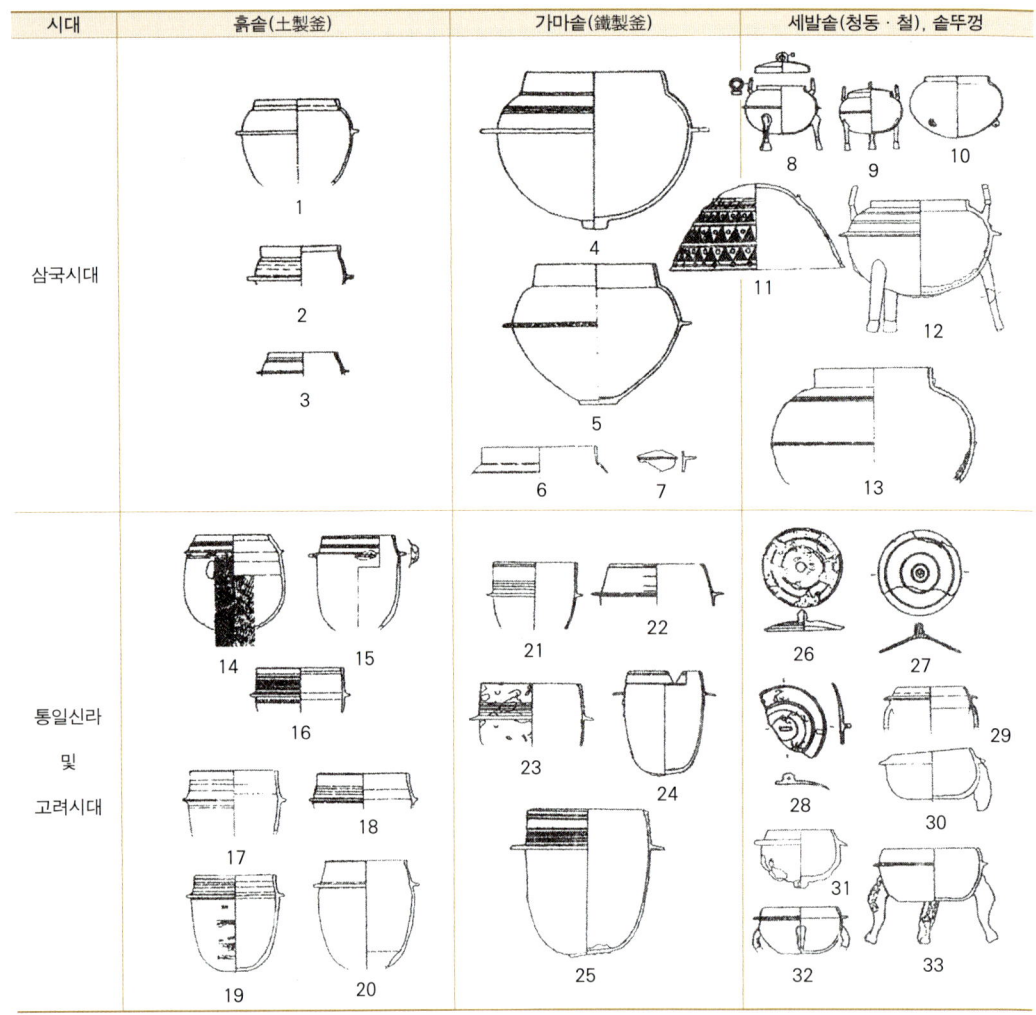

그림 12-28 삼국~고려시대 솥(釜)의 전개양상(S=1/16)(정종태 2005)

1. 익산 왕궁리 8·9 건물지 | 2. 익산 왕궁리 서측 성벽 | 3. 부여 부소산성 가-2피트 | 4. 경주 천마총
5. 서울 구의동유적 | 6·7. 서울 아차산 4보루 | 8·10·13. 황남대총 남분 | 9·11. 황남대총 북분
12. 미추왕릉 7지구 7호분 | 14·15. 경주 신라왕경 유적 | 16. 부여 금성산 와적기단건물지 주변 Tr.
17·18. 부여 정림사지 | 19·20. 부여 쌍북리 유적 | 21. 부여 부소산성 통일신라 건물지
22. 경주 신라왕경 제14가옥 | 23·28. 이천 설봉산성 3차 | 24. 경주 황남동 376번지 통일신라 유적
25. 당진 대운산리 토기가마 | 26. 부여 부소산성 통일신라 건물지 | 27. 안성 봉업사
29. 부여 부소산성 나-10호 수혈 | 30. 익산 미륵사 | 31. 공주 공산성 통일신라 건물지
32·33. 완도 장도 청해진 '96매납유구

으로 추정된다(정종태 2005). Ⅰ형식은 5~6세기 신라 철정으로, Ⅱ형식은 통일신라시대~고려시대의 철정 형식으로 파악된다. Ⅱ형식의 특징인 수각형 다리는 중앙부에 관절이 있고 동물모양의 발이 표현되었으며, 외면 중앙에 종선의 굵은 돌선이 표현되어 단면은 둥근 오

각형을 이룬다. 이와 같은 형태의 철정은 용인 언남리, 완도 청해진 매납유구, 부여 부소산성, 공주 공산성, 익산 미륵사지 기단토 등 통일신라시대 유적에서 출토되었다.

그런데 통일신라시대 이후부터 철부, 철정, 솥뚜껑 등의 출토례가 급격히 늘어나는 점이 주목된다. 통일신라시대 이전의 청동제·철제의 솥[釜와 鼎]은 모두 위세품의 일종으로 고분 부장품으로만 출토되었다. 이에 비해 통일신라시대 이후에는 산성, 사찰, 거점 취락, 군사 요지 등 행정이나 군사의 거점유적에서 출토되고 있다. 통일신라시대에는 일반민이 쇠솥을 사용하였다는 기록이 있고 중요한 자산이었으며, 흙솥도 함께 사용되었다.

2) 청동용기

통일신라시대 유적에서 가장 많이 출토되는 것이 토기, 금속용기 등의 식기류이며, 대접, 접시, 합, 병 등 다양한 기종이 등장하였다. 접시는 크기가 다양해지고, 뚜껑이 사용되기도 하였다. 합은 가장 많이 생산된 기종의 하나로서, 뚜껑과 합에 화려한 문양을 새긴 것과 문양이 전혀 새겨져 있지 않은 것으로 구분된다. 도성인인 경주에서 출토된 합은 문양이 새겨진 것이 많으나 지방에서 출토된 합은 문양이 없는 것이 많다.

통일신라시대에는 청동제 식기가 보편적으로 사용되었다(복천박물관 2005). 청동 식기류는 왕경의 건물지, 사찰, 지방의 관아, 산성 등과 같이 국가와 관련된 시설에서 출토되고 있다. 이 시기의 청동 그릇은 대접, 접시, 합 등 다양한 기종을 사용하여 음식을 담았을 것으로 보인다. 청동 그릇을 만들기 위한 공방이 경주에서 많이 발견되는데, 거푸집과 도가니가 출토되었다.

월지에서 출토된 금속기는 오랫동안 진흙에 묻혀 있어 광택이 사라지고 부식한 상태이며, 완전한 조합을 이룬 것은 것의 없다. 금동완과 합은 아가리가 곧추선 것, 외반된 것, 안물림 턱이 있는 것 등 3가지 형식이 있다. 이 가운데 아가리가 외반되지 않은 것과 보주형의 꼭지가 달린 것을 각각 굽 바닥과 뚜껑 안쪽에 "仇"라는 명문이 새겨져 있어 이들이

그림 12-29 '구'명 합

그림 12-30 경주 국립경주박물관 남측부지 출토 청동완과 명문

한 세트임을 알 수 있다. 이와 같은 형태의 합과 완은 일본 도다이사 쇼소인에도 보관되어 있다. 청동 접시는 바닥이 납작한 것과 받침이 붙은 두 가지 형식이 있는데, 뒤집어서 뚜껑으로 사용되기도 하였다(국립중앙박물관 1980; 국립경주박물관 2002).

국립경주박물관 남측부지 조사에서 35호 건물지에서 명문이 있는 청동접시가 발견되었다. 청동접시는 바닥이 납작한 형식으로 지름 13cm, 높이 1cm정도이다. 이것은 건물의 적심과 적심 사이에서 출토되어 건물의 지진구로 사용되었던 것으로 판단된다(최순조 2013). 청동접시에는 "辛番東宮洗宅"이 새겨져 있으며, 나중에 "番"자는 지우고 그 위에 "夫"자를 다시 새기고 있다. '부'자는 '봉(奉)'자를 간략히 한 것으로 '받들다'라는 의미로 해석할 수 있다(김재홍 2013). 따라서 청동접시를 제의에 사용하였음을 알 수 있는 예이다.

그림 12-31 일본 쇼소인의 10중 완

일본 나라현 도다이사 쇼소인에서 발견된 신라의 사하리 가반은 황동색을 띠는 유기로서 향동(響銅)이라고도 한다. 이것은 다양한 크기의 대접들을 3~10개씩 포개어 하나의 조합을 이룬 것으로 문양이 없는 것이 특색이다. 이중에서 10중 가반은 완 10개를 크고 작은 순서로 포개어

마지막에 하나의 완에 뚜껑을 덮은 형태이다. 따라서 완은 10개이나 뚜껑은 하나로 구성되어 있다. 내부에 있는 9개의 완은 민바닥으로 되어 있으며 가장 바깥의 완만이 굽을 가지고 있다. 뚜껑의 표면에는 "十重", "用盤五", "八重" 등의 먹으로 쓴 글자가 있으며, 가장 안쪽의 완에는 "萬", "三兩一分三朱"의 묵서가 있다. 이 완들이 서로 마찰되지 않도록 사이에 종이문서를 끼워 넣었다. 이중에서 문서로 남은 것이 낱장으로 된 신라문서이다(奈良國立博物館 2002; 2018).

청동 그릇은 당나라 금은기와 공통된 형식을 보이고 있으나 당나라에서는 문양이 없는 동제품이 거의 없어 신라와 대조를 이룬다(채해정 2001; 주경미 2014). 그런데 통일신라시대에도 청동 그릇에 문양을 새기는 다양한 기법들이 발달하였는데, 그 중의 하나가 상감기법의 수용이다(채해정 2001). 이 시기의 금속기 중에서 상감기법으로 장식된 공예품은 국립중앙박물관 소장 금동제 은상감병(銀象嵌甁)과 황해도 평산 산성리 발견의 철제금은상감호등(壺鐙)이 있다. 최근에는 국립중앙박물관 소장 청동제금은상감삼족호(三足壺)와 청동제금은상감소호(小壺)가 새롭게 이 시기의 상감기법을 대표하는 유물로 소개되었다(국립중앙박물관 1997). 이 두 호는 상감기법과 그 형태로 보아 당대 금은기와 유사하므로 통일신라시대의 유물로 볼 수 있다.

통일신라시대 유적인 황해도 평산 산성리에서는 청동 숟가락, 대접들과 함께 청동접시, 그릇받침, 호등 등 다양한 금속제품이 일괄적으로 발견되었다(이난영 2012). 이중에서 접시는 굽이 없고 구연부가 5개의 꽃잎 모양을 그리는 오화형(五花形) 접시와 구연부가 바깥쪽으로 각지게 약간 외반한 낮은 접시 등 여러 가지 형식이 것이 발견되어 주목된다(주경미 2014).

신라 금속기는 경주 월지, 왕경 지구, 황룡사지, 국립경주박물관 부지내 우물지, 구황동 원지 등과 같은 궁궐이나 귀족 저택 등에서 발견되었다. 또한 창녕 화왕산성, 광양 마로산성, 완도 청해진, 서울 호암산성, 부여 부소산성, 익산 미륵사지 등과 같이 사찰, 관아, 산성 등 국가 관련 시설에서도 출토되었다.

그림 12-32 통일신라시대 동기(황해도 평산 산성리, 경주 월지)

3) 숟가락과 젓가락

숟가락은 원형술 숟가락과 타원형에 끝이 약간 뾰족한 숟가락의 2가지 형태가 있다. 모두 술에 비해 손잡이가 길고 약간 휜 상태로 표면에는 문양이 거의 없다. 월지를 비롯한 유적에서 출토된 숟가락은 2가지 형식이 낱개로 출토되고 있으나 일본 도다이사 쇼소인에서는 세트로 보존되고 있다.

일본 쇼소인에는 청동제 숟가락이 345매가 보관되어 있다. 술잎이 원형과 타원형의 2종류가 있으며, 각각 1점씩 한 조로 하여 이것을 얇은 종이로 삼고 그 위에 10조를 한 다발로 하여 삼끈으로 연결해 한 꾸러미를 완성하였다. 이는 원형술잎과 타원형술잎의 숟가락이 용도를 달리하면서 식사에 사용하였다는 것을 반영하고 있다. 숟가락을 싼 얇은 종이는 묵서가 남아 있는 반고지(反故紙)이지만 신라의 문서임을 알 수 있다. 각각의 숟가락은 술잎이나 자루의 길이, 두께 등이 모두 같지 않으며, 다소 형태가 달라 손으로 두드려 가공하였음을 알 수 있다. 이들은 주조와 단조를 병행한 것으로 동일한 거푸집을 이용하여 술잎과 자루를 판상으로 만들어 이것을 단출하여 성형한 것이다. 숟가락을 주조한 거푸집은 경주 분황사에서 발견되었다. 술잎의 요철이나 술잎과 자루가 이어지는 부분의 곡선은 주조 후에 가공한 것으로 추정된다. 또한 그 재질은 동 80%, 주석 20%로 분석되었다. 이러한 청동제 숟가락은 신라에서 만들어 일본에 보내진 것으로 보인다. 그 이유는 숟가락을 포장한 종이가 신라 문서라는 것, 경주 월지 등 신라 유적에서 원형과 타원형 숟가락이 세트로 발견된 것 등을 근거로 하고 있다(奈良國立博

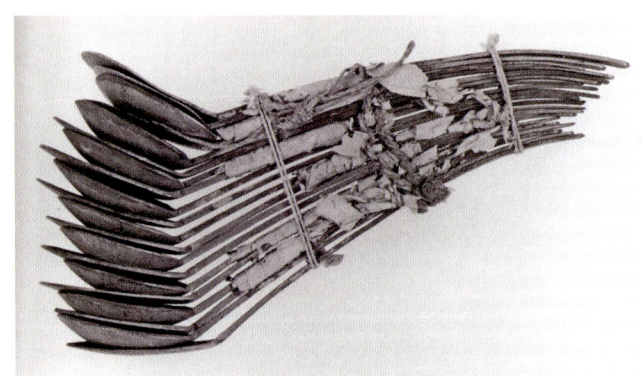

그림 12-33 일본 쇼소인의 신라 숟가락 묶음

그림 12-34 일본 쇼소인의 신라 숟가락 세트

物館 2002; 2018). 그리고 신라 경덕왕 11년(752)에 제작된 〈매신라물해(買新羅物解)〉에는 일본에서 신라의 물건을 구입하려는 예정 목록에 "白銅匙二具(백동시이구)"라는 것이 있어(奈良國立博物館 1999) 신라의 숟가락이 원형술과 타원형술 등 두 가지 종류가 하나의 세트를 구성하였다는 사실을 알 수 있다.

이 시기 유적에서도 많은 숟가락이 발견되고 있다. 서울 호암산성의 것은 길이 25.0cm이며, 손잡이의 뒷면에 "仍伐內力只乃末□□□(잉벌내역지내말)"이라는 침선문의 명문이 있다. 잉벌내는 지명으로 『삼국사기』 지리지에 나오는 고구려의 잉벌로(仍伐奴)현으로 통일기 경덕왕대에는 곡양(穀壤)현으로 불리웠다. 역지는 인명이며, 내말은 나마의 다른 이름이다. 숟가락 사용자의 인명을 확인할 수 있는 드문 자료이다.

4) 열쇠와 자물쇠

사전적 의미로 열쇠는 자물쇠를 잠그거나 여는 데 사용한 도구이고, 자물쇠는 여닫게 되어 있는 물건을 잠그는 장치를 뜻한다. 자물쇠는 자물통과 잠글쇠의 형태에 따라 크게 ㄇ자형과 ㅍ자형으로 나눌 수 있고, 다시 ㄇ자형은 현수부의 형태에 따라 ㅗ자형과 ㄴ자형으로 세분할 수 있다. ㅍ자형 자물쇠는 그 형태가 좌우대칭을 띠고 있다. 열쇠는 몸통, 손잡이, 손잡이 고리의 형태에 따라 다양한 형식으로 분류할 수 있다(이형원 2005). ㄇ자형 자물쇠는 주로 삼국~통일신라시대에 주로 사용하였으며, ㅍ자형 자물쇠는 고려시대에 사용하였으며 좌우대칭이라는 특징이 있다. 그러나 통일신라시대의 석탑에 ㅍ자형 자물쇠가 부조되어 있는 것으로 보아 ㅍ자형도 통일신라시대에 이미 사용되었음을 알 수 있다(국립중앙과학관 2002; 김은화 2003). 통일신라시대의 자물쇠는 6세기 후반에 수나 당나라에서 등장하는 것으로 보아 당나라 열쇠와 자물쇠의 영향을 받은 것으로 파악되고 있다(合田芳正 1998). 이러한 형태의 것이 당대 이후 정형화된 형태로 나타나므로 신라와 당과의 관계를 알 수 있다.

자물쇠와 열쇠는 통일신라시대의 유적에서 많이 출토되었다. 삼국시대 자료로는 서울 풍납토성, 부여 군수리·화지산·부소산성, 여수 고락산성 등에서 출토된 것이 있는데, 주로 백제 사비기의 자료이다. 통일신라시대의 자료로는 경주 신라왕경·월지·황룡사지·천관사지, 익산 미륵사지, 이천 설봉산성, 포천 반월산성, 서울 아차산성, 용인 언남리유적, 양주 대모산성, 부여 부소산성, 대구 시지동 취락유적, 완도 청해진, 창녕 말흘리유적, 창녕 화왕산성 등 전국적으로 분포하고 있다. 발해의 자료로는 상경 용천부, 오매리절골, 대성자고성, 미리야노보카성 등에서 출토되었다. 고려시대 출토품으로는 청주 사뇌사, 김천 한천사 등의 사찰과 현릉, 유릉, 양릉, 총릉 등의 왕릉에서 자물쇠가 출토되었다.

통일신라시대 이후에 열쇠·자물쇠의 출토예가 급격히 증가하며, 그 분포에 있어서도 전국적으로 나타나는 경향을 보인다. 통일신라시대의 자물쇠는 ∏자형이라는 점에서는 백제의 것과 동일하지만, 잠글쇠의 현수부가 ㄱ자형인 백제의 화지산의 예와 달리 통일신라시대의 자물쇠들은 모두 ㄴ자형이라는 특징을 보이고 있다. 또한 통일신라시대의 열쇠·자물쇠는 국가와 왕실과 관련된 사찰과 월지 등 궁궐, 지방 관아 등에서 출토되고 있는 점이 주목된다(이형원 2005). 통일신라시대의 자물쇠는 길이 22cm의 대형 자물쇠와 20cm 이하의 중형 자물쇠 등 크기가 다른 자물쇠가 산성에서 출토되었다. 대형 자물쇠는 성문의 시건장치로, 건물지에서 출토된 20cm 크기의 중형 자물쇠는 성내의 중용 건물이나 창고 등의 시건에 사용되었을 것으로 보고 있다(김길식 2013).

그림 12-35 　창녕 화왕산성 출토 자물쇠와 열쇠

그림 12-36 　경주 월지 출토 자물쇠

이 시기 열쇠와 자물쇠의 특성을 잘 보여주는 자료가 경주 월지의 예이다. 월지에서는 철제 자물쇠가 6점이 출토되었다. 월지의 자물쇠는 모두 ∏자형이며, 재질은 철제이다. 자물쇠 명문은 자물쇠의 사각 동체 정면에, 각각 "思正堂北宜門"(사정당북의문), "合霙闌鎰"(합령천일), "東宮衙鎰"(동궁아일) 등이 침각되어 있다(고경희 1993). 이 자물쇠는 월지에서 발견되었으므로 동궁의 여러 궁문에 사용되었을 것이다. 여기의 '일(鎰)'은 고대 중국에서 무게를 재는 단위이나, 신라 자물쇠에 적힌 것으로 보아 신라에서는 자물쇠의 의미로 사용되었음을 알 수 있다.

대부분의 자물쇠는 철제로 만들었으며 문양이 거의 없는 것이 특징

그림 12-37 창녕 말흘리 유적 출토 자물쇠

이다. 그런데 창녕 말흘리유적에서는 문양이 있는 자물통이 발견되었다. 이것은 용 무늬가 조각된 ∏자형의 자물통으로 잠글쇠가 관통하는 통부는 네모지고 각 면마다 보상화무늬를 2개씩 배치하였다. 통부의 내면은 비어 있는데, 내부에 용 무늬의 입부터 거의 끝부분까지 철봉형태의 잠글쇠가 관통하고 있다. 보상화무늬는 4개의 꽃잎이 부드러운 곡선을 그리고, 윤곽을 도드라지게 새겼으며, 꽃 무늬 주변을 구슬무늬[魚子文]로 빼곡이 채워 정교함과 화려함을 더하였다. 잠글쇠의 살대가 통과하는 수판(受板)에는 뿔이 달리고 입을 한껏 벌린 용 머리를 새겼다. 자물통의 현부(弦部)는 팔각을 이루고, 끝부분은 꽃봉오리처럼 표현하였다. 이것은 다른 ∏자형 자물쇠에 비해 무늬가 섬세하고 화려하여 뛰어난 작품으로 평가된다. 이것과 함께 출토된 자물쇠 중에는 금강역사상이 조각된 것이 있다. 지렛대쇠 역할을 하는 둥근 봉에는 잠글쇠가 걸리도록 2개의 구멍이 뚫려 있고, 봉 끝에 상반신만 표현한 금강역사상을 별도로 제작하여 부착하였다. 흔히 사찰에서 문을 지키는 수문신장 역할을 하는 금강역사상을 자물쇠에 새긴 것은 부처님의 공간과 불법을 수호하려는 상징성을 담은 것으로 추정된다(국립김해박물관 2011).

자물쇠와 열쇠가 출토된 유적의 성격은 산성, 건물지 등이지만 구체적인 유구는 산성이나 건물지 내의 수혈이며, 형태가 부정형을 이루고 있다. 수혈에서는 철제 농구, 당식허리띠장식, 철제 인장, 자물쇠·열쇠, 벼루, 청동용기, 쇠재갈 등의 유물이 출토되었다. 당식허리띠장식은 통일신라시대 지방의 관료와 연결되며(이한상 1991; 홍보식 2003; 山本孝文 2004), 철제 인장은 관료의 상징이라는 의미를 가지고, 벼루는 문서를 작성하는 관료가 필수적으로 가지는 문방구이다. 이와 더불어 주목되는 것이 자물쇠와 열쇠이다. 자물쇠와 열쇠는 건물이나 창고 등의 문을 잠그고 여는 기능을 가진 도구로서 창고를 상징하고 있다.

4. 차문화

우리나라의 차문화는 통일기 이전인 선덕여왕 때부터 있었으나 통일기 이후 흥덕왕 3년 (828)에 널리 성행하였다. 흥덕왕 3년에 당나라에 갔다가 돌아온 사신 대렴이 차나무 씨앗을 가지고 왔으므로 왕이 지리산에 심게 하였다. 또한, 『삼국유사』에는 경덕왕대에 월명대사가 왕으로부터 품차(品茶) 한 봉과 수정 염주 108개를 받았으나 미륵보살에게 차를 공양하였다는 기록이 전하고 있다. 그리고 하동 쌍계사의 진감선사비에는 스님이 한명(漢茗: 차 싹, 늦게 딴 차)이라는 차를 즐겨하였다는 기록이 있다. 석굴암에는 찻잔을 들고 마시는 보살상이 있기도 하다. 이와 같이 통일신라시대에는 신라 중앙에서 당나라에서 가져온 차 종자를 널리 보급하고자 하였고, 차문화는 왕실(귀족)과 사찰을 중심으로 널리 보급되었다.

통일신라시대의 차는 찻잎을 따서 찐 다음 쌀과 함께 절구에 넣고 빻아 빈대떡 모양으로 굳힌 병차(餠茶)로 추정된다. 병차를 다시 다연(茶研)에다 넣고 갈아 가루로 만들어 따뜻한 물에 타서 마셨다고 한다. 병차는 요즈음의 차와 달리 갈아야 하므로 다연이 있어야 하였다. 병차를 빻는데 사용한 다연(茶研)이 통일신라시대의 유적에서 출토되었다. 통일신라시대의 다연으로는 부여 부소산성과 창녕 화왕산성의 것이 있다. 특히 화왕산성의 다연은 철제 몸체를 받치는 목제 받침이 함께 발견되었다. 이와 유사한 다연은 당나라 때에 해당하는 법문사 사리공에서 완전한 형태가 출토되었다(新潟縣立近代美術館 1999).

당나라의 다기로는 다완이 주로 쓰였으며, 월주요의 다완을 최고로 쳤다고 한다. 익산 미륵사지에서 월주요에서 만든 다완이 출토되었다. 당나라제 해무리굽다완은 차츰 국산화를 진행하여 나말여초에는 국내에서 제작하여 사용하였을 것으로 추정된다.

차를 끓이는 도구와 관련하여 월지에서 출토된 풍로가 주목된다. 풍로는 불을 지피는 아궁이, 연기를 내보내는 굴

그림 12-38 통일신라시대 차문화 도구세트

12. 장식구와 생활용구

뚝, 취사용기를 놓는 구멍 등으로 구성되어 있다. 취사용기를 걸치는 윗면은 편평하며, 2곳에 구멍을 뚫어 취사용기를 걸치고 있다. 풍로 표면에는 연속적인 새 문양과 점을 지그재그로 찍은 무늬가 연속하고 있어 화려한 외관을 자랑한다. 이러한 풍로는 숯불을 이용하여 차나 음식물을 끓였을 것이므로 집안에서 연기가 나지 않았다고 표현하였다.

그림 12-39 익산 미륵사지 출토 청자 다완

통일신라시대에 차문화와 관련하여 주전자가 필요하였다. 주전자는 경주 동천동 건물지에서 흙으로 만든 것이 출토되었는데, 둥근 고리를 만들어 주전자를 잡는 손잡이를 붙였고 손잡이 반대편에는 물을 따르는 주둥이를 만들었다. 주전자는 신라 귀족층 사이에 유행하는 차를 마시는 물을 담아 따르는 용도로도 사용되었던 것이다.

그림 12-40 창녕 화왕산성 출토 다연

신라는 7세기 이래 선진문화를 꽃피웠던 당에 사신을 파견하는 등 적극적으로 제도·문화의 도입을 꾀하였다. 이러한 당과의 관계는 신라의 발전을 촉진하였을 뿐만 아니라 통일신라문화가 독자적이면서

그림 12-41 경주 동천동 건물지 출토 흙 주전자

427

도 국제성을 띠게 하는 중요한 요소였다. 당과의 문화교류를 보여 주는 유물은 광양 마로산성 출토 해수포도경, 익산 미륵사지 출토 청자·백자, 경주 용강동 토용 중 문관상, 조양동 출토 당삼채삼족호(唐三彩三足壺) 등이 있다. 이러한 문물의 교류뿐만 아니라 당나라에 간 사절을 통하여 차문화가 도입되기도 하였다.

김재홍

참고문헌

보고서 및 논저

국립가야문화재연구소, 2013, 『한국 목기자료집Ⅱ』, 용기 및 생활구편.

국립경주박물관, 1987, 『국은 이양선 수집문화재』, 통천문화사.

국립경주박물관, 1989, 『新羅의 土偶』, 통천문화사.

국립경주박물관, 1993, 『경주 황성동 석실분』.

국립경주박물관, 2002, 『안압지관』, 통천문화사.

국립김해박물관, 2011, 『땅 속에 묻힌 염원』, 지엔에이커뮤니케이션.

국립제주박물관, 2001, 『濟州의 역사와 문화』, 통천문화사.

국립중앙과학관, 2002, 『겨레과학기술조사연구(Ⅹ)-자물쇠-』.

국립중앙박물관, 1980, 『雁鴨池』, 통천문화사.

국립중앙박물관, 1991, 『佛舍利莊嚴』.

국립중앙박물관, 1997, 『入絲工藝』.

국립중앙박물관, 2003, 『統一新羅』, 통천문화사.

국립해양문화재연구소, 2014, 『인천 옹진군 영흥도선 수중 발굴조사 보고서』.

류희경, 1975, 『한국 복식사 연구』, 이화여자대학출판부.

문화재연구소·경주고적발굴조사단, 1990, 『경주용강동고분』.

복천박물관, 2005, 『선사·고대의 요리』.

복천박물관, 2009, 『神의 거울-銅鏡-』.

이난영, 2012, 『개정판 한국 고대의 금속공예』, 서울대출판문화원.

정의도, 2014, 『한국 고대 숟가락 연구』, 경인문화사.

제주대박물관, 1993, 『濟州市 龍潭洞遺蹟』.

호암미술관, 1997, 『호암미술관 소장 김동현옹수집문화재』, 삼성문화재단.

홍보식, 2003, 『新羅後期 古墳文化 硏究』, 춘추각.

陝西省文物局·上海博物館, 2004, 『周秦漢唐文物』.

齊東方, 1999, 『唐代金銀器硏究』, 中國社會科學出版社.

中國歷史博物館·內蒙古自治區文化廳, 2002, 『契丹王朝-內蒙古遼代文物精華-』, 中國藏學出版社.

奈良國立博物館, 1999, 『第五十一回 正倉院展』.
奈良國立博物館, 2002, 『第五十四回 正倉院展』.
奈良國立博物館, 2018, 『第七十回 正倉院展』.
東京國立博物館, 1998, 『唐の女帝 則天武后とその時代展 宮廷の榮華』.
山本孝文, 2006, 『三國時代 律令의 考古學的 研究』, 서경문화사.
新潟縣立近代美術館, 1999, 『中國の正倉院 法門寺地下宮殿の秘寶 唐皇帝からの贈り物』.
合田芳正, 1998, 『古代の鍵』, 考古學ライブラリー66, ニューサイエンス社.

The Metropolitan Museum of Art, 2004, 『CHINA Dawn of a Golden Age, 200-750 AD』.

논문

고경희, 1993, 「新羅 月池 출토 在銘遺物에 대한 銘文 研究」, 동아대학교 석사학위논문.
金智惠, 2006, 「韓國 古代 金屬製 三足器에 관한 研究: 鼎과 鐎斗를 중심으로」, 서울대학교 석사학위논문.
김길식, 2013, 「양주 대모산성 출토 금속유물의 성격과 그 위상」, 『楊州 大母山城의 재조명』, 한림대출판부.
김은화, 2003, 「韓國 塔婆의 門扉 研究」, 『東垣學術論文集』6, 한국고고미술연구소.
김재홍, 2013, 「韓國古代呪術木簡의 最新資料와 '龍王'銘木簡」, 『交響する古代Ⅲ』, 古代東アジアの國際交流, 明治大学.
박보현, 2004, 「통일신라형 대금구의 분포와 발생 시기」, 『신라문화』31, 동국대 신라문화연구소.
박성천, 2011, 「6~7세기 신라의 김해지역에 대한 통치양상-대금구를 중심으로-」, 『한국고대사탐구』8.
山本孝文, 2004, 「한반도의 당식과대와 그 역사적 의의」, 『영남고고학』34.
이한상, 1996, 「6세기 신라의 대금구-누암리형 대금구의 설정-」, 『한국고고학보』35, 한국고고학회.
이형원, 2005, 「三國~高麗時代 열쇠·자물쇠의 변천 및 성격」, 『百濟研究』41, 충남대 백제연구소.
정의도, 2014, 「철제 가위(鐵鋏) 연구: 삼국시대~고려시대」, 『한국 고대 순가락 연구』, 경인문화사.
정종태, 2005, 「삼국~고려시대 솥(釜)의 전개양상」, 『錦江考古』2, 충청문화재연구원.

주경미, 2014, 「신라 금속공예」, 『신라고고학개론 下』, 진인진.

채해정, 2001, 「통일신라 금속 및 칠공예품의 기법과 문양 연구」, 『미술사연구』15.

최순조, 2013, 「국립경주박물관 남측부지 유적 출토 신명문자료」, 『목간과 문자』10, 한국목간학회.

阿部義平, 1976, 「銙帶の官位制について」, 『東北考古學の諸問題』, 東北考古學會.

熊谷葉月·小嶋芳孝, 2002, 「畝田ナベタ遺蹟出土の帶金具について」, 『石川縣埋藏文化財情報』7, 石川縣埋藏文化財センター.

伊藤玄三, 1983, 「八世紀の銙帶に示される授位」, 『法政史學』36, 法政大學史學會.

田中廣明, 1990·1991, 「律令時代身分表象(Ⅰ)·(Ⅱ)」, 『土曜考古』15·16, 土曜考古學研究會.

통일신라고고학개론

13

출토문자 자료

- 비석
- 토기
- 목간
- 범종
- 명문기와

1. 비석

신라에서 비석(碑石)이 나타나는 시기는 6세기부터이다. 5세기에는 주로 금속기에 문자를 새기는 모습을 보이고 있는데, 금관총 출토 "尒斯智王(이사지왕)"명 철도(김재홍 2016), 호우총 호우, 서봉총 은합 등의 명문이 그 예이다. 금속에 이어 돌로 만든 비석이 문자 문화를 대표하고 있다. 신라에서 최초의 비석은 501년(또는 441년)으로 편년되는 포항 중성리비이다. 이 비석을 기점으로 6~7세기 신라비는 일반적으로 3가지 유형으로 나눌 수 있다. ① 국가의 법령을 기록한 율령비로서 포항 중성리비(501년), 포항 냉수리비(503년), 울진 봉평리비(524년) 등이 있다. 특히 봉평리비는 지방민을 편제한 노인법(奴人法), 죄인을 처벌하는 장형(杖

刑), 법을 집행하는 과정에서 하늘에 고하는 살우(煞牛) 의식 등을 살필 수 있는 자료이다. ② 신라 국가에서 민을 동원하여 제언이나 성곽을 쌓으면서 건립한 비석으로 역역동원비로 명명할 수 있다. 제언을 쌓으면서 건립한 비석으로는 영천 청제비·대구 무술오작비 등이 있으며, 산성을 쌓으면서 건립한 비석으로는 경주 명활산성작성비·남산신성비 등이 발견되었다. 이 비석은 저수지나 산성을 축조할 때 중앙에서 군이나 촌을 단위로 한 지방민의 동원 체제를 보여주고 있다. ③ 국왕이 지방을 순수하거나 군사적인 목적에서 행차하는 과정에서 건립된 비석인데, 진흥왕이 세운 북한산 등 순수비와 단양 적성비가 있다. 이 비석은 진흥왕이 영토를 개척하

그림 13-1 울진 봉평리신라비

면서 복속민을 편제하고 이 지역을 순수하여 지방민을 위무하고 세운 것이다(김재홍 2010).

신라 비석의 외형은 자연석 → 면 다듬은 비석 → 귀부와 이수를 가진 비석으로 변하고 있다. 신라에서 가장 이른 비석인 냉수리비, 청제비, 오작비, 적성비, 창녕비 등은 자연석을 그대로 이용하여 글을 새긴 것이다. 자연석 중에서 한 면 이상이 문자를 새길 수 있을 정도로 편평한 부분이 있으면 이를 이용하여 문자를 새기고 있다. 진흥왕대에는 간단하지만 덮개돌[蓋石]과 받침돌[臺石]을 갖추고 있으며, 비석의 면을 물손질로 다듬질하여 사용하고 있다. 새로운 형식의 전환 시기는 진흥왕 대인 6세기 중엽경(568년 전후)이라 할 수 있다. 6세기에 집중되는 사적비는 국가사업이나 왕실의 행사를 기록한 성격을 주로 띠고 개인적인 내용을 담고 있는 비석이나 묘지가 거의 발견되지 않고 있다.

그 후 신라에서 새로운 형식의 비석은 통일신라시대를 전후한 무열왕릉비와 문무왕릉비 등에서 처음으로 보이기 시작하고 있다. 무열왕릉비는 비신은 결실되었으나 귀부와 이수가 남아 있다. 통일신라시대의 용머리를 가진 귀부와 달리 거북머리를 한 것으로서 초기 형태의 귀부를 반영하고 있다. 이수에는 "太宗武烈大王之碑"라는 전서로 쓰여진 제액이 양

각되어 있다. 이후의 전형적인 비석은 보통 용의 머리에 거북 몸통을 한 귀부(龜趺)가 몸돌인 비신을 받치고, 비신 위에는 이무기가 서려 있는 모양의 이수(螭首)가 올려져 있다. 무열왕릉비를 시작으로 김유신묘비, 문무왕릉비, 김인문묘비, 성덕왕릉비, 흥덕왕릉비 등의 왕릉비가 확인되었으며, 귀부가 확인된 것도 몇 기 있다. 이러한 일정한 격식을 갖춘 비는 개인의 묘비가 출현하면서 나타나고 있다. 개인의 묘비는 주로 신라 왕경인 경주에서 많이 발견되고 공적인 내용을 담고 있는 비는 주로 지방에서 발견되어 서로

그림 13-2 경주 서악동 태종무열왕릉비

그림 13-3 중성리비(503년, 자연석)(좌), 마운령비(568년, 면 다듬은 비석)(중), 원랑선사비(890년, 귀부와 이수를 가진 비석)(우)

434

비교가 되고 있다. 이와 달리 무덤 내부에 묘지를 부장하는 사례는 드물게 확인되었는데, 용강동 6호분에서 발견된 상하 두 점이 한 세트로 포개진 개석과 지석이 발견되었다. 묘지석의 글씨는 음각된 것이 아니라 붉은 글씨로 쓰여져 있다.

신라 비문은 자연석을 그대로 이용한 시기(6세기 전반), 덮개돌과 받침돌을 갖춘 시기(6세기 중반), 귀부와 이수를 제대로 갖춘 시기(7세기 후반, 통일신라시대) 등 3시기로 나눌 수 있다(김재홍 2010). 통일신라시대 이후에는 귀부와 이수를 갖춘 비석이 주류를 이루게 된다. 그러나 통일신라시대에는 개인적인 성격의 비문과 더불어 사원과 관련된 비도 늘어나고 있다. 이것은 불교가 지방사회까지 확산되고 유명한 선사를 기리는 풍조가 일어나면서 나타나고 있다. 특히 9세기 이후에는 사원이나 선사와 관련된 비문이 대폭 늘어나는데, 이는 선종의 유행과 관련이 있다고 할 수 있다.

이러한 선사의 탑비 중에서 이른 예는 원효를 추모하기 위해 애장왕대에 세운 고선사 서당화상비이다. 이 비는 당시의 실권자인 김언승의 후원으로 이루어졌는데, 원효의 전기에 관한 것으로서도 가장 이른 시기의 자료라는 의미를 지니고 있다. 보림사 보조선사창성탑비는 국왕의 명에 의해 보조선사의 문도들이 건립한 것으로 국왕과 사찰 사이의 관계를 알 수 있는 비석이다. 선사의 탑비에는 최치원이 쓴 사산비명 중에서 3개가 포함되어 있는데, 쌍계사 진감선사대공탑비, 성주사 낭혜화상백월보광탑비, 봉암사 지증대사적조탑비 등이다. 이 중에서 낭혜화상탑비에는 낭혜화상의 신분과 관련하여 족강(族降)·득난(得難) 등의 단어가 있어 신라의 골품제 연구에서 중요한 자료의 기능을 하고 있다. 선사의 탑비에 쓰인 서체는 대체로 왕희지와 구양순의 해서체이므로 이를 중심으로 유행하였음을 알 수 있다.

신라의 비석에는 순수 한문식의 문장만이 아니라 이두(吏讀)를 포함한 문장, 신라식 한문으로 표현된 것 등 다양한 방식의 한문이 구사되었다. 수전(水田)을 한 글자인 답(畓)이라는 신라식 한자를 만들어

그림 13-4   하동 쌍계사 진감선사대공탑비

435

쓰거나, 역(驛)을 의미하는 사(馹)나 섬을 의미하는 석(石) 등 특정한 서체를 만들었다.

연대표기의 방식에도 두 가지가 있었는데, 간지(干支)를 사용하거나 연호(年號)를 사용하는 경우이다. 신라에서 연호는 법흥왕대에 사용하기 시작하였으나 비문에는 연호보다는 간지를 사용하다가 진흥왕순수비에 태창(太昌)이라는 연호를 사용하였다. 독자적인 연호는 진흥왕대에 집중적으로 사용되고 통일신라시대부터는 간지와 더불어 중국 당나라의 연호를 사용하는 것으로 변하고 있다.

2. 토기

토기의 생산은 일반적으로 ①점토의 준비 → ②토기의 성형과 조정 → ③건조 → ④소성 등의 과정을 거친다. 이중에서 문자가 기입되는 시점은 ② → ③단계이다. 토기의 성형·조정을 마치고 건조되기 전에 문자를 기입하게 되는 것이다. ④단계 소성과정 이후에는 주로 붓[筆]으로 묵서하게 되며, 월지와 월성과 같은 사용처에서 출토되는 예가 많다. 토기에 문자를 기입하는 방법은 각서, 압인, 묵서 등이 있다. 토기에 문자를 기입하는 시점에 문자를 쓰는 작업에는 두 그룹의 인물들이 관여하게 된다. 하나는 토기를 제작하는 공인이고 다른 하나는 토기의 제작을 의뢰하거나 토기를 관리하는 주문자 및 검수자이다.

신라 왕경인 경주에는 명문토기가 넓은 범위에서 확인되며, 출토지는 가마터, 왕궁(월성, 월지), 사원, 교차로, 건물지 등 왕경유적과 관련이 있다. 대부분 한 글자나 간단한 단문으로 구성되어 있다. 이 자료는 소비지(관사), 용기의 명칭과 용량, 제의, 창고 등으로 구분된다(김재홍 2014).

먼저 소비지(관사)와 관련된 명문토기가 있다. 월지에서는 "麻典", "椋司", "洗宅", 월지 주

그림 13-5 경주 화곡리 유적 출토 명문토기

그림 13-6 "동궁아"명 토기와 명문   그림 13-7 "관인"명 납석 인장

변에서는 "東宮衙" 등이 쓰여진 토기가 출토되었다. 특히 월지에서는 소비지이자 사용처인 관사를 의미하는 세택이나 용왕(전) 등이 묵서로 기입되어 있어 소비나 사용처에서 사용한 것을 알 수 있다. 이러한 점에서 토기의 묵서는 소비지나 사용처와 관련을 가지고 있다. 또한 구황동 원지의 "官甁"명 토기, 황룡사지의 "官"명 백자편으로 보아 관사나 관청에서 사용한 용기임을 알 수 있다. 관명 토기·백자와 관련하여 황남동 376번지 유적에서 출토된 "官印"명 납석 인장이 주목된다. 이것은 양각 인장으로 토기나 물품에 압인하여 귀속처를 밝히고 있다. 국립경주박물관 남측부지 우물에서는 동체부에 "東宮衙"라는 관청명이 압인된 호가 출토되었다. 동궁아는 동궁에 부속된 관청으로 경덕왕 11년(752)에 설치되었다. 주문처이자 소비지인 동궁아라는 관청명을 토기에 기입한 예이다. 이와 관련하여 월지에서 출토된 "東"명 토기 뚜껑도 동궁이나 동궁아와 관련하여 주목되는 자료이다.

이와 같이 신라 왕경에서 생산과 유통의 과정에서 국가, 곧 관이 개입하고 있었다. 왕경유적 내에서 관과 관련된 토기명문이 다수 출토되는 것으로 보아 수납 및 소비 과정에서 관이 관여하였던 사실을 알 수 있다. 이것을 기초로 판단하면, 화곡리 생산유적과 같이 대규모 생산단지는 국가인 관이 생산에 관여하였을 가능성이 높다는 사실을 반증하고 있다.

용기의 명칭과 용량을 나타내는 명문토기가 있다. 토기의 기종에 따라 "茶"(다완), "酒鉢"(술잔), "鳥天瓦"(대호) 등의 명문이 보이며, 용량에 따라 "甁一斗", "四斗五刀"(대호), "十石入瓮"(대호) 등이 보인다. 또한 월성 동편에서는 "七", 월성 4호 해자에서는 "卅"이 출토되었다. 제의와 관련하여 월지에서 용왕에게 제사를 드리는 토기에 "龍王辛審", "辛審龍王", "本宮辛審"이, 골호에 12지의 명칭을 기입하고 있다.

그림 13-8 "사두오도"명 토기(상)와 명문(하)

그림 13-9 "본궁신심"명 토기(좌), "신심용왕" 명문 (우)

창고와 관련하여 주목되는 자료가 성건동의 "置入舍 冬夫知乃未 文知吉舍 刂", 월성 서편 건물지에서 발견된 "左"와 "右"가 새겨진 토기이다. 월성 서편 건물지는 관아터로 추정되는데, 이곳에서 토기가 출토되는 것으로 보아 창고와 연결하여 이해할 수 있다. 이것은 토기를 제작하는 과정에서 좌우로 나누어진 공방이나 공인을 나타내기도 하지만 출토된 위치가 관아터이므로 관아에 부속된 창고와 관련하여 이해하는 것이 합리적이다. 황남동 376번지유적에서 출토된 목간의 내용에 "仲椋", "下椋"의 존재로 보아 상경(上椋)도 존재하였을 것이며, 이로 보아 당시 관용창고는 상, 중, 하로 창고를 구분하여 물품의 종류에 따라 수납하였음을 알 수 있다.

조업한 공인이나 토기를 주문하고 검수한 주문·검수자와 관련하여 주목되는 자료가 명문토기의 문자와 기호이다. ㅈ, "泉", "雲", "黃", "漢" 등의 문자나 기호는 화곡리 토기가마와 관련이 있는 공인이나 검수자의 이름의 이니셜이나 기호와 관련이 있다.

기술자인 공인과 관련된 자료가 서울 사당동 토기가마에서 출토된 토기명문인 "…(□)縣器村何支爲)", "…舍知作" 등이 있다(송기호 1997). 기존

438

(器村)이라는 촌명으로 보아 신라 통일기에 보이는 ○○촌이라는 일반적인 촌과는 달리 특수한 목적을 지닌 촌임을 알 수 있다. 일반 취락들이 농업을 주업으로 하는 전통적인 취락인 것에 비하여, 기촌은 토기 등의 수공업품을 생산하는 수공업취락으로 판단된다. 당시 기촌에는 적어도 2계통 이상의 기술자집단이 있었다는 사실을 확인할 수 있다. 하나는 하지위(何支爲)로 대표되는 기술자집단이고 다른 하나는 ○○○사지(舍知)로 대표되는 기술자집단이다(김재홍 2014).

그림 13-10 "기촌"명 토기

토기를 주문하고 검수한 관리가 성형을 마친 토기에 그 사실을 기록한 예가 신라 왕경에서 발견되었다. 경주 성건동 677-156번지 유적의 1호 저장시설에서 출토된 대옹에서 "置入舍 / 冬夫知乃未 文知吉舍
치입사 동부지내말 문지길사
刂"의 명문이 확인되었는데, "(이 옹

그림 13-11 경주 황룡사지 출토 대호와 명문

을) 창고에 납입한다. (창고 관리인) 동부지내말·문지길사가 확인한다. 刂(사인)"으로 해석된다. 명문의 핵심은 대옹 자체가 아니라 대옹을 저장고(창고)에 수납한다는 점과 내마, 길사의 경위를 소지한 관인의 이름과 사인[花押]이 있다는 것이다. 납입에 초점이 맞추어지므로 두 명의 관인은 창고를 관리하는 관인으로 해석되어진다. 이와 유사한 문장 구조를 가진 것이 경주 황룡사지 출토 대호의 "…月三十日造倡林家入納"명이다. 제작연월일(…月
월 삼 십 일 조 창 림 가 입 납
三十日) + 제작행위(造) + 토기사용처(倡林家) + 수납행위(入納…)의 순서로 기록된 명문은 창고에 수납한다는 점에서 동일한 행위를 보여 주고 있다(김재홍 2014).

3. 목간

신라 목간(木簡)은 1975년에 경주 월지에서 출토되면서 세상에 알려지게 되었다(문화재관리국 1978; 함순섭 2007). 목간은 나무로 만들었으므로 공기에 접촉하면 부패하는 단점을 가지고 있었으나, 물이 차 있는 저습지나 우물, 저수지 등에서는 남아 있었다. 함안 성산산성에서 계곡으로 흐르는 물을 막는 나뭇잎 층에서 300여 점이 집중적으로 출토되었고, 경주 월지와 월성 해자에서는 모두 물 속에서 나왔다. 목간은 극단적으로 건조하거나 습한 기후 조건에서 보존되고 있다. 신라 목간은 수도인 도성과 지방의 관아 유적에서 출토되었다. 도성에서 나온 목간은 경주의 월지, 월성 해자, 인용사지 등 궁궐과 사찰에서 발견되었으며, 지방에서는 함안 성산산성, 하남 이성산성, 김해 봉황대, 창녕 화왕산성 등과 같이 산성 내의 관아나 저수지에서 나왔다(김재홍 2017).

목간이 글을 쓰는 재료로 사용되던 시절에 필기구는 붓이었으며, 붓으로 글을 쓰기 위해서는 먹과 벼루가 필요하였다. 통일신라시대에는 궁궐, 관아, 사찰 등에서 많은 벼루가 출토되어 왕경과 지방의 사찰 등에서 문자문화가 발달하였음을 보여주고 있다. 그 중에서 월지에서 출토된 "椋司(경사)"라는 명문이 있는 벼루가 있으며, 이천 설봉산성에서는 "咸通六年(함통육년)"명 벼루가 확인되었다. 또한 일본 도다이사 쇼소인[正倉院]에는 "新羅楊家上墨(신라양가상묵)"·"新羅武家上墨(신라무가상묵)"이라는 명문이 있는 신라의 먹이 소장되어 있다. 당시 '양가(楊家)'·'무가(武家)'라는 공인집단이 먹을 생산하였고 이를 필요로 하는 수요가 많았다는 사실을 알 수 있다.

신라 목간은 왕경인 경주 월성 해자와 월지에서 출토되었다. 월성 해자 목간의 연대는 '수혈 해자'의 존속 시기와 연관 지어 6~7세기로 볼 수 있으며, 월지 출토 목간은 경덕왕 10년(751)에서 혜공왕 9년(774)에 제작된 것이다. 이 목간들은 경덕왕 19년(760) 2월에 월지를 중수하고 확장하는 과정과 관련된 것으로

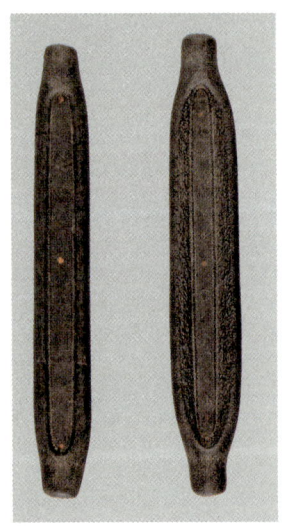

그림 13-12 일본 쇼소인의 신라 먹(좌), 명문(우)

보인다(이기동 1979).

월성해자 목간은 1985년에 출토되었는데(국립경주문화재연구소 2011), 주로 왕궁이나 행정관청에서 사용한 문서목간으로 판단된다. 이 중에서 4면에 문자를 쓴 목간은 행정문서로서 이두가 사용된 예이다. 대체적인 내용은 대조지랑이 백불수지라는 종이 1, 2근을 사라고 명하자, 이에 명령에 따라 일을 처리하고 보고한다는 것이다(윤선태 2005; 이용현 2007a; 市大樹 2007). 이 목간은 사경용 종이를 구입하는 것과 관련되어 있으며, 대오지랑에게 상신하는 형식이라는 점에서 주목된다. 이 경우에 종이를 구입하라는 명령[敎]이 첩(牒) 형식으로 하달되었으며, 목간 작성자는 일을 처리한 후 그 경과를 목간으로 보고한 셈이 된다. 이 목간은 6~7세기 신라 중앙 관아 사이에 행정 업무를 처리하는 과정에서 왕래한 문서이다. 또한 이 목간의 처음에 보이는 모모에게 아뢴다는 '전백목간(前白木簡)'은 일본에도 있는 것으로 우리나라에서 건너간 문서양식으로 보인다. 이러한 문서양식은 하남 이성산성 출토 "무진년(戊辰年)"명 목간에도 보이는 것으로 신라 문서 행정의 일단을 엿볼 수 있다.

그림 13-13 통일신라시대 벼루

그림 13-14 이천 설봉산성 출토 "함통육년"명 벼루(좌), 명문(우)

그림 13-15 경주 월성해자 출토 전백목간

월성해자 목간 중에는 신라 왕경의 행정단위와 관련되어 주목되는 목간이 있다. 목간에는 "牟喙 仲里 上里 下里 新里"가 묵서되어 있고, 또 다른 부의 "阿今里 上里" 등의 지명이 보인다. 또한 ○○리의 옆에는 작은 글씨로 "受" 또는 "不"을 적고 있다. 당시 신라 왕경은 6부로 구성되어 있었으며, 부 아래에는 이(里)를 단위로 편제되고 있었던 상황을 반영하고 있다. 이는 신라 6부를 부-이 단위로 편제하고 이를 단위로 물자를 징수하였던 행정문서로 추정된다.

목간이 출토된 월지는 신라 동궁으로서, 여기에서 사용한 내용물과 관련을 가지고 있다. 목간의 대부분은 동궁에서 사용한 식품을 담은 항아리나 식품에 붙어 있던 물품목간이며, '일시(年月日)+행위(作·治)+재료명(動物名)+가공품명(加工品名)+용기(容器)'의 형식을 갖추었다(橋本繁, 2007; 이용현, 2007b; 김재홍, 2014). 이 형식에서 연월일은 제작일시, "作"·"治"는 가공하는 방식을 의미하며 동물명은 재료를 가리킨다. 묵서의 내용은 "○○년 ○월 ○일에 동물과 해산물을 이용한 가공식품인 젓갈과 액즙을 만들었다"라는 내용을 적고, 그 용기의 종류와 수량을 기입하고 있다. 이중에서 가오리[加火魚], 노루[獐], 돼지[猪], 새[鳥], 멧돼지[犭], 전복[生鮑], 즙(汁) 등 각종 식품명이 기록된 것들이 있다. 동물명 뒤에 오는 "醯(醢)"나 "助史"를 우리말 식해와 젓갈로 해석할 수 있다. 이러한 식품은 용기에 담아 물품창고에 보관하였을 것이다. 가공식품인 젓갈과 관련하여 이해해야 할 목간이 궁중에서 사용한 용품에 대한 이해이다. 궁궐에서 사용한 깔개["郎席"]와 숟가락["細次枇, 法次枇"]에 대한 목간은 궁정의 음식문화와 관련하여 이해하여야 한다.

궁궐 내부의 생활과 관련된 것 중에서 의약 관련 목간이 있다(윤선태 2005; 三上喜孝 2007). 중국에서 들어온 약품이 백제, 신라를 거쳐 일본으로 소개되고 있다. 경주 월성해자 목간에는 "天雄", "□䕡" 등의 약재가 있고, 월지 목간에는 "大黃", "靑木香", "臘油", "阿膠" 등

약재 이름이 있다. 이러한 목간은 약재 이름과 그 수량을 나열하는 방식으로 되어 있다. 그런데 이 처방전과 동일한 내용은 중국 의약서에 없는 것으로 보아 신라의 독특한 처방전일 가능성이 높다. 이러한 약재의 실물이 일

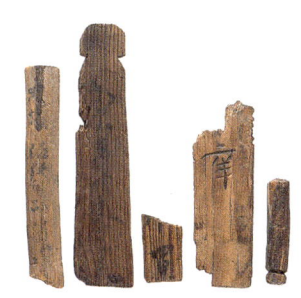

그림 13-16 경주 월지 출토 목간

본 도다이사 쇼소인에 보관되어 있으며, 신라의 약재, 인삼도 보인다. 6세기 중반에 건립된 진흥왕순수비(568년)의 "藥師(약사)"라는 관직을 보더라도 이러한 의약 관련 부서를 상정할 수 있다.

　식품과 약재는 용기에 담아 창고에 보관하였는데, 당시에 사용한 용어로는 옹(甕), 자(瓮), 부(缶), 병(瓶) 등이 있다(김재홍 2014). 월지 출토 목간에서 대형 토기인 옹에 소금과 젓갈을 넣었다는 내용이 보이는데, 옹에 사슴, 개, 가오리 등의 젓갈을 대량으로 절였던 것으로 보여 진다. 큰 항아리는 땅속에 어느 정도 묻힌 상태로 보관하였을 것이므로, 월지 목간에 보이는 제일행자(第一行瓮)는 이렇게 땅에 몇 줄로 나란히 놓고 묻은 용기의 첫 번째 줄에 놓였다는 것을 의미할 것이다. 부(缶)는 현대 자전에서는 장군을 의미하지만, 월지 목간에 나오는 부에 담긴 것을 보면 해(醢), 조사(助史) 등으로 모두 식해나 젓갈과 관련된 음식물이다. 고대 일본에서도 부를 물고기, 조개나 그 가공품, 채소 김치, 술 등을 담는 용기로 사용했다. 이로 보아 장군과 달리 아가리부분이 좀 더 넓었을 가능성이 있다. 다음으로 병이 보이는데, 출토된 자료로 보건대 목이 긴 항아리를 나타낸다.

그림 13-17 월지 출토 목간

　식품관련 목간과 더불어 월지의 성격을 잘 보여주는 목간이 문호목간(門號木簡)이다(李成市 1997; 윤선태 2006; 橋本繁 2007). 이것은 월지에 있었던 궁문에 문지기를 점검할 때에 사

그림 13-18 "책사문사역문금"명 목간(좌), 월지 출토 문호목간(우)

그림 13-19 김해 봉황대 유적 출토 논어목간

용하였고, 후에는 문지기의 식료를 청구할 때에 활용하였다. 이를 당시 문지기 소속이 좌우 혹은 좌중우로 나뉘져 있어 그 중 좌변에 소속되었음을 의미한다고 보기도 한다. 앞면과 뒷면의 문호 다음에 공통적으로 붙는 수(迨)가 우리나라에서만 사용한 글자로 보고 지킨다는 의미의 수(守)로 추정하기도 하지만 수(迨)는 '~가라고 하는 변(邊)'과 같은 이두식 한자이다. 또한 월지 목간 중에는 "策事門思易門金"이라는 목간이 있는데, 동궁의 대문으로 추정되는 책사문과 사역문의 열쇠에 부착된 꼬리표목간에 해당한다. 금(金)은 열쇠에 해당하는 이두 한자로서 책사문과 사역문의 자물쇠에 공통으로 사용하던 열쇠에 붙어 있던 부찰로 추정된다(윤선태 2006). 당시 열쇠에 상응하는 자물쇠는 일(鎰)이라는 한자를 사용하였다. 문호와 열쇠에 관련된 목간은 8세기 신라 동궁의 대문을 포함한 건물구조를 살피고 경비 체제의 일단을 알 수 있는 중요한 단서를 제공한다.

　인천 계양산성과 김해 봉황대에서는 7~8세기경 논어 목간이 발견되었다. 모두 논어 제5장 공야장이 기록된 목간이며, 부러진 상태로 일부만 출토되었다. 이를 복원하면 130cm

가 넘는 긴 목간으로, 4~5면에 돌아가면서 글을 적어 시각적으로 돋보이는 목간이다. 지방의 학교나 관청에서 논어를 학습하기 위해 1m 이상의 목간에 경전의 내용을 적었던 것이다. 논어가 동아시아 지식인과 관리에게는 꼭 익혀야 하는 필독서라는 사실을 알려 주고 있다. 또한 목간이 동아시아를 연결하는 지식 파일이라는 중요성을 일깨워 준다.

논어 목간은 고대 사회에서 문자를 수용하는 과정과 보급도를 잘 보여주는 좋은 자료이다. 통일신라시대에는 도성을 정비하고 율령제를 기반으로 하는 국가 체제를 정비하였다. 이 과정에서 관리에게는 유교적인 이념이 필수 조건이었고 문서를 이용하여 행정을 처리하였다. 읽고 쓰는 방법을 비롯하여 기본적인 문자 능력과 교양을 습득한 관리는 율령국가에 없어서는 안 될 중요한 위치를 차지하였다.

창녕 화왕산성의 내부 집수지인 용지(龍池)에서는 다양한 기우제 관련 유물과 목간이 출토되었다. 기우제의 내용을 전하는 목간 중에는 인형의 모양을 한 인형목간이 있다. 이것은 길이 49.1cm, 최대너비 10.6cm이다. 둥근 나무를 깎아 인간의 신체를 형상화하였고 먹으로 여성의 음부를 강조하며 여성의 상징인 유방을 구체화하였다. 특이한 점은 머리 이마 부분에 먹으로 쓴 "眞族"이라는 글자와 신체의 중요한 부분에 꽂힌 쇠못이다. 쇠못은 신체 왼쪽에 3개 꽂혀 있었는데, 왼쪽은 여성을 상징한다. 이 지방의 호족인 진족이 용왕을 위하여 기우제를 지내는 내용 "□古仰□□年六月卄九日眞族 龍王開祭"을 전하고 있다.

그림 13-20 창녕 화왕산성 출토 인형목간

함께 출토된 목간으로 부록목간(符籙木簡)이 있는데, 목간은 나무 마개로 막혀 있는 단경호 내부에서 한 점의 목간

그림 13-21 창녕 화왕산성 용지 출토 부록목간과 단경호

445

을 3개로 잘라 쇠못 2개로 연결된 형태이다. 쇠못으로 고정된 목간은 항아리 안에 넣어져, 나오지 못하게 나무 마개로 막았다. 항아리에 목간을 넣는 예는 하남 이성산성 집수지에서도 확인된다. 도교의 부적과 관련되어 있으며, 내용 중에서 3개의 시(尸)는 삼시(三尸)를 의미하고 口는 태양(日)나 별자리를 의미한다. 구(九)가 세 개 반복된 것은 일본 후쿠지마 현 에다이라 유적에서 출토된 묵서토기에도 보인다. 도교 문화가 문자와 더불어 동아시아로 퍼져 나가는 모습을 볼 수 있다. 동아시아가 문자 문화를 통해 하나의 문화권을 형성해 가는 과정이 담겨 있다(김재홍 2009).

4. 범종

통일신라시대에는 불국사, 석굴암 등 불교 사찰 뿐 아니라 성덕대왕신종, 석가탑, 다보탑 등 불교 문화재가 조성된 시기이다. 신라 전체를 불국토로 인식할 정도로 불교문화가 융성한 시기였다. 이에 사찰에는 범종이 매달렸으며, 이것을 알 수 있는 종명이 있는 범종은 모두 8개 정도이다(국립경주박물관 2002; 최응천 2003). 종명의 외형상 특징은 종명이 기록된 위치이다.

신라 통일기의 종명은 그 새긴 위치의 변화에 따라 몇 시기로 구분이 가능하다. 먼저 상원사종에서 선림원종까지의 종명은 일정한 위치나 형태를 가지고 규격화된 것이 아니라 천판(상원사종), 연곽 사이(무진사종), 종신 전·후면(성덕대왕신종), 종신 내부(선림원종) 등

표 13-1 신라 통일기 종명의 외형적인 특성

연번	종명	주조연대	현재 소재지	명문 위치	주조방법
1	상원사종	성덕왕24년(725)	오대산 상원사	천판	음각
2	무진사종	경덕왕4년(745)	對馬島 國府八幡宮(망실)	연곽 사이	음각
3	황룡사종	경덕왕13년(754)	『삼국유사』권3, 탑상4		
4	성덕대왕신종	혜공왕7년(771)	국립경주박물관	종신 외면	양주
5	선림원종	애장왕7년(804)	국립춘천박물관(파손)	종신 내면	양주
6	연지사종	흥덕왕8년(833)	福井縣 常宮神社	상대 아래 명문곽	양주
7	규흥사종	문성왕18년(856)	對馬島 海神神社(망실)		
8	송산촌대사종	혜공왕8년(904)	大分縣 宇佐神宮	종신 명문곽	양주

  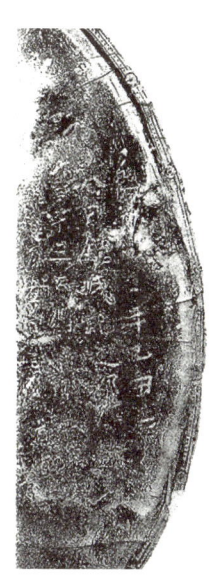

그림 13-22 평창 상원사 범종(좌)과 명문(우)

으로 다양한 위치에 일정한 규격이 없이 내용에 따라 새겨 넣었다. 명문이 가장 눈에 잘 띠는 위치에 있는 것은 성덕대왕신종이다. 성덕대왕신종(771년)은 종신의 앞쪽과 뒤쪽에 명문이 양주되어 다른 종명과는 다른 모습을 보이고 있다.

이러한 종명에서 변화가 일어나기 시작하는 것은 연지사종이다. 연지사종명은 방형의 명문곽을 만들고 그 안에 명문을 양주하고 있다. 또 다른 변화는 10세기 초의 송산촌대사종명(904년)에서 일어나고 있다. 종명은 몸체의 당좌와 주악천 사이에 장방형의 명문곽을 만들고 그 안에 명문을 새기고 있다. 종신에 일정한 규격의 새로운 명문곽을 만들고 새겨 고려 종명으로 연결되고 있다(김재홍 2012).

명문을 새기는 기법에서도 변화를 엿볼 수 있다. 그 기법으로는 음각(陰刻)과 양주(陽鑄)가 있다. 음각은 종을 만들고

 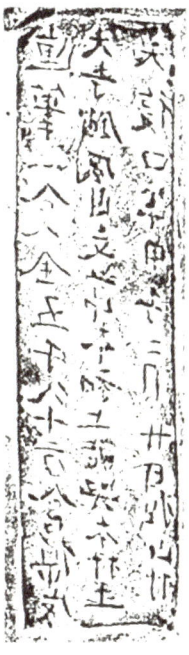

그림 13-23 송산촌대사종(좌)과 종명(우)

난 이후에 새기는 방법이고 양주는 종을 주조할 때에 명문도 함께 주조하는 방법이다. 상원사종과 무진사종은 음각으로 새긴 것이고 성덕대왕신종, 선림원종, 연지사종, 송산촌대사종은 양주로 제작되었다. 음각은 8세기 대의 종인 상원사와 무진사의 종명에서 확인되고 8세기 후반 성덕대왕신종부터는 양주로 제작하고 있다. 이로 보아 신라 통일기에 명문을 새기는 방법은 시기적으로 크게 음각에서 양주로 변화하고 있다. 즉, 종을 만든 이후에 명문을 새기기 보다는 종과 함께 명문을 주조하는 방향으로 나아가고 있다(김재홍 2012).

5. 명문기와

통일신라시대 명문기와[銘文瓦]는 기와의 문양과 더불어 이해하여야 한다. 통일신라시대 이후 기와의 편년에서 가장 중요한 기준이 되는 것은 타날판의 변화이다. 삼국 통일 직후까지만 단판이 사용되고, 이후에는 중판이 사용되며, 다시 장판이 사용되기 시작하면서 중판과 공존하다가 결국 장판만 사용된다. "儀鳳四年皆土"명 기와는 단판으로 제작된 것으로 보이지만, 대부분의 명문 기와는 문자를 새긴 장판 타날판에 의하여 만들어진 것이다. 이때 장판의 도입은 기와 제작의 정형화, 기와의 대량 생산을 의미하는 것으로 이해되기도 하였다. 장판의 등장 시기는 8세기 말에서 9세기 초나(최태선 1993), 완도 청해진의 설치(828년) 이전에 등장해서 "會昌七年(847)"명 기와부터는 장판만 사용되었다고(이인숙 2004) 한다.

그림 13-24 "의봉사년개토"명 기와

1) 왕경의 지역명

기와 명문은 기와의 제작 및 사용처와 관련이 있다는 것이다. 월성 출토 기와 명문 중에는 기년명 외에 "在城", "東窯", "漢只", "習部"와 같은 것들이 포함되어 있다. 여기에서 재성이라는 명문은 기와의 사용처와 관련된다고 할 수 있다. 월성의 이칭이 재성이었고 그 기와가 주로 월성에서 출토되고 있기 때문이다. 반면 동요라는 명문은 기와의 제작처, 구체적으로 생산지를 표시한다고 할 수 있다.

그림 13-25 "조로이년"명 전돌(좌)과 명문(우)

이에 비해 한지, 습부와 같은 6부와 관계되는 명문은 지역과 관련을 가지고 있다. 이 때 참고가 되는 것이 월지 출토 보상화문전에 있는 "調露二年漢只伐部君若小舍…三月三日作康"이라는 명문이다. 이는 조로 2년(680)에 한지벌부 소속 공인이 전돌을 제작했음을 표시하였다. 기와에 부를 표시한 것으로 보아 먼저 부별로 기와의 공급이 할당되었을 가능성이 있고, 각 부에서는 소속 가마나 공인을 통해 기와를 제작·공급하였던 것으로 보인다(박성현 2008).

2) 소경과 주치의 지역명

신라 지방 성지에서 출토되는 기와 명문 중에도 6부명이 나타난다. 안성 비봉산성 출토 "本彼", 청주 상당산성 출토 "沙喙部屬長池馹升達", 정읍 고부구읍성 출토 "本彼官", 광주 무진고성 출토 "沙喙" 등의 명문와가 있다. 지방에 소재한 소경에서도 왕경과 같이 6부가 존재하였다는 사실을 알 수 있다. 상당산성 출토 기와의 사훼부는 서원경의 행정 구역으로 이해되며, 무진고성은 9주의 하나인 무주의 주치(州治)와 관련된 성이었다(구문회 2000). 이로 보아 통일신라시대에 지방인 소경과 주치에서는 왕경과 같이 부라는 행정구역이 존재할 가능성이 있다. 최근 발굴조사에서도 소경과 주치가 있던 지역에서는 바둑판 모양의 도로망이 구획된 것으로 보아 가능성이 커지고 있다.

안성 비봉산성과 정읍 고부 구읍성에서도 각각 본피, 본피관명 기와가 출토되었는데,

그림 13-26 "사량부장지일"명 기와

본피를 6부의 행정구역과 관련하여 이해하고 있다. 비봉산성 출토 기와는 중원경(충주)과, 고부 구읍성 출토 기와는 남원경(남원)과 관련짓고 있다(서영일 1999). 고부 구읍성의 것은 성에 파견되어 기와 건물의 축조를 주도한 지방관의 소속 부를 표시한 것으로 보기도 한다(전북문화재연구원 2007).

이중에서 "沙喙部屬長池馹升達"이라는 명문이 주목된다. 일은 역의 신라식 한자이므로 장지역을 일컬으며, 장지역은 장명역(長命驛)으로 바뀌게 된다. 이 때 장지역은 기와의 제작지가 되고 여기에서 청주 지역의 성에 기와를 공급했을 가능성이 있게 된다. 장지역에서는 역의 기능을 하면서 기와의 생산을 겸하고 있었던 것이 된다. 승달은 올리다는 뜻으로 해석할 수도 있고, 인명으로 볼 수도 있다. 장지역은 서원경 사훼부에 속한 역으로 보인다. 서원경에서도 각 방면(부)에 대하여 기와 생산을 할당하였을 것이고, 사훼부 방면에서는 구체적으로 장지역, 혹은 장지역 소속 공인이 기와를 공급했던 것으로 추정된다(박성현 2008).

3) 군현명

지방 군현의 명칭이 등장하는 경우로서, 군현명이 찍힌 기와 명문은 크게 4가지로 분류할 수 있다(박성현 2008; 심광주 2013).

① '주군현+성(城)'의 형식으로 "溟州城", "全州城" 등이 있다. 경덕왕 때 개명된 지역명이 적용되고 있으며 완전한 지명에 성을 붙인 형태이다. ② '주군현+관(官)'의 형식으로 "仍火內官", "熊川官", "任存官", "沙良官", "馬老官" 등이 있다. 경덕왕 때 바뀌기 전의 군현명에다가 관을 붙이고 있다. 관의 의미는 신라 국가의 관을 의미하는 것으로 판단된다. 이 시기 기와의 명문이 대체로 사용처와 관련된다고 할 때 해당 군현의 관용 건물, 구체적으로 관아 건물에 사용되었을 것으로 추정된다. ③ '지역명'의 형식으로, "仍火內",

"沙尸良", "千房" 등이 있다. ④ '군현 +수국해구초(受國蟹口草)'의 형식으로 "北漢受國蟹口船家草", "馬忽受蟹口草" 등이 있다. 이 명문 기와는 한강변의 광주군 선리(하남시 선동)에서 집중적으로 출토되었으며, 서울 아차산성, 포천 반월산성에서도 발견되었다. 명문 형식은 "군현명(郡縣名)+수국(受國)+해구(蟹口)+선가초(船家草)"이다. 군현명은 모두 한주 소속이며 경덕왕 16년(757) 이전의 이름을 쓴 것도 있고 바뀐 이름을 쓴 것도 있다. 수국의 해석은 2가지가 있다. 하나는 군현에서 받은 나라의 기와라고 해석하는데, 한주의 주치 부근에 위치한 해구의 선가에서 제작된 기와가 각 군현에 분배되었고 보는 입장이다(전덕재 2002; 김규동·성재현 2010). 다른 하나는 "나라에서 할당받았다"는 의미로 보아 각 군현에서 선가에 사용할 기와를 할당받아 제작하였고, 보내지 않고 남은 것이 성지에서 출토된 것으로 보았다(田中俊明 2004). 신라 금석문의 '수(受)'에 대한 용례로 보아 나라에서 할당받은 기와라는 의미가 더 적당할 것이다. 해구는 기와가 출토된 선리의 하천변 지명으로 보인다. 선가는 기와를 이은 건물이 있던 곳으로 선착장 등을 의미한다. 초

그림 13-27 "명주성"명 기와

그림 13-28 "사시량"명 기와

는 와초(瓦草) 즉 기와를 의미하는 것으로 추정된다. 이는 "한주 소속 군현에서 나라로부터 할당받아 보낸 해구의 선가에서 사용한 기와이다."로 해석할 수 있다.

김재홍

참고문헌

보고서 및 논저

國立慶州文化財研究所, 2006, 『月城垓子 發掘調査報告書 Ⅱ』.
국립경주박물관, 2002, 『文字로 본 新羅』, 특별전도록.
국립부여박물관·국립가야문화재연구소, 2009, 『나무 속 암호 목간』.
국립중앙박물관, 1998, 『韓國 古代의 土器』, 특별전도록.
국립중앙박물관, 2011, 『文字, 그 이후』, 특별전도록.
國立昌原文化財研究所, 2006, 『(개정판) 韓國의 古代木簡』.
국립청주박물관, 2000, 『한국 고대의 문자와 기호유물』, 특별전도록.
文化公報部 文化財管理局, 1978, 『雁鴨池』.
부산광역시립박물관 복천분관, 1997, 『유물에 새겨진 古代文字』, 특별전도록.
全北文化財研究院, 2007, 『井邑 古阜 舊邑城Ⅰ』.

논문

고경희, 1993, 「신라 월지 출토 在銘遺物에 대한 銘文 硏究」, 동아대학교 석사학위논문.
구문회, 2000 「武珍古城 出土 銘文資料와 新羅統一期 武州」, 『韓國史의 構造와 展開』, 河炫綱敎授定年
　　　紀念論叢, 혜안.
김규동·성재현, 2010, 「선리 명문와 고찰」, 『고고학지』17, 국립중앙박물관.
金在弘, 2009 「昌寧 火旺山城 龍池 出土 木簡과 祭儀」, 『木簡과 文字』4, 한국목간학회.
김재홍, 2010, 「고대 신라의 문자생활」, 『신라의 고고학』, 복천박물관.
김재홍, 2012, 「신라 통일기 梵鍾의 銘文 분석과 사회상」, 『韓國古代史硏究』68.
김재홍, 2014, 「新羅 王京 出土 銘文土器의 생산과 유통」, 『韓國古代史硏究』73.
김재홍, 2016, 「금관총 출토 이사지왕명 대도와 피장자」, 『한국상고사학보』68.
김재홍, 2017, 「고대 목간, 동아시아의 문자 정보 세스템」, 『내일을 여는 역사』67.
박성현, 2008, 「신라 성지 출토 문자 자료의 현황과 분류」, 『목간과 문자』2, 한국목간학회.

徐榮一, 1999 「安城 飛鳳山城 수습 '本彼'銘 기와 考察」, 『文化史學』11·12·13합.

송기호, 1997, 「사당동요지 출토 명문자료와 통일신라 지방사회」, 『한국사연구』99.

심광주, 2013, 「신라 성곽 출토 문자기와-남한산성 출토 문자기와를 중심으로」, 『한국기와학회·한국 성곽학회 학술대회 발표자료집』.

유환성, 2010, 「경주출토 나말여초 사찰명 평기와의 변천과정」, 『신라사학보』9.

윤선태, 2005, 「월성해자 출토 신라 문서목간」, 『역사와 현실』56.

윤선태, 2006, 「안압지 출토 '門號木簡'과 신라 동궁의 경비」, 『한국고대사연구』44.

李基東, 1979, 「雁鴨池에서 出土된 新羅木簡에 대하여」, 『慶北史學』1.

이용현, 2007a, 「목간으로 본 신라의 문자·언어 생활」, 『口訣研究』18.

이용현, 2007b, 「안압지와 東宮 庖典」, 『新羅文物研究』創刊號.

이인숙, 2004, 「통일신라~조선전기 평기와 제작기법의 변천」, 『한국고고학보』54.

전덕재, 2002 「서울대학교박물관 소장 명문기와 고찰」, 『서울대학교 박물관 소장 명문기와』, 서울대학교박물관.

차순철, 2009, 「경주지역 명문자료에 대한 소고」, 『목간과 문자』3, 한국목간학회.

최맹식, 2002, 「통일신라 평기와 연구」, 『호서고고학』6·7합.

최응천, 2003 「한국 범종의 특성과 변천」, 『하늘꽃으로 내리는 깨달음의 소리; 韓國의 梵鐘 拓本展』, 직지성보박물관.

崔兒先, 1993, 「平瓦製作法의 變遷에 대한 研究」, 경북대학교 석사학위논문.

함순섭, 2007, 「국립경주박물관 소장 안압지 목간의 새로운 판독」, 『新羅文物研究』創刊號.

橋本繁, 2007, 「慶州雁鴨池木簡と新羅內廷」, 『韓国出土木簡の世界』, 雄山閣.

三上喜孝, 2007, 「慶州·雁鴨池出土の薬物名木簡について」, 『韓国出土木簡の世界』, 雄山閣.

市大樹, 2007, 「慶州月城垓字出土西面墨書木簡」, 『韓日文化財論集Ⅰ』, 국립문화재연구소.

李成市, 1997, 「韓国出土の木簡について」, 『木簡研究』19, (日本)木簡学会.

田中俊明, 2004, 「廣州船里出土文字瓦銘文の解釋と意義」, 『古代研究』56-11, 古代學協會.

통일신라고고학개론

14

대외교류

- 중국 문물의 수용과 모방
- 발해와의 교류
- 서역과의 교류
- 일본과의 교류

1. 중국 문물의 수용과 모방

1) 형태 모방

삼국통일 이전부터 신라는 중국 당나라와 밀접한 관계를 유지하였고, 당군과 연합하여 백제와 고구려를 멸망시켜 삼국을 통일하였다. 고구려를 멸망시킨 직후, 점령지를 둘러싸고 신라는 당나라와 대결하였고, 나당전쟁에서 승리하면서 백제의 전 영토와 청천강 이남의 고구려지역을 수중에 넣게 되었다.

고구려 멸망 직후, 당나라와 대립관계가 유지되었지만, 신문왕대에 신라가 당나라에 사절을 파견하면서 정상적인 교섭관계를 유지하고 활발하게 당나라와 교류하면서 당나라의 선진문물은 물론 당나라를 통해 서남 및 중앙아시아의 문화도 수용하였다. 통일신라와 당나라 사이에는 민간 무역이 활발하게 이루어졌고, 불교가 융성하면서 불교 승려들이 중국으로 유학하거나 유학을 배우려는 통일신라의 지식인들 상당수가 당나라에 유학하면서 당나라의 승려 및 문인들과도 활발한 교류를 하였다. 9세기에 들어와 장보고의 청해진을 중심으로 중국과의 교류가 활발해지고, 중앙권력이 약화되면서 지방 호족들이 중국의 오대 왕조와 교류가 빈번하게 이루어졌다.

7세기 말 중국 당나라와의 교섭 이후 활발해진 교류의 결과 중국의 선진문화를 수용하여 통일신라 사회를 발전시키는데 중요한 역할을 하였고, 그 교류의 산물과 흔적은 통일신라의 물질자료 곳곳에 스며들어 있다. 통일신라와 당나라와의 빈번한 교류를 적극적으로 나타내는 자료가 중국에서 생산하여 통일신라에 수입된 도자기와 도자기 및 금은기를 모방한 토기이다.

통일신라 토기는 삼국시대에 유행한 기종과 계통이 연결되지 않는 기종이 다수 생산·소비되었는데, 대표적인 예로 사이부호, 굽이 없는 유개합, 세경의 장동병, 수각삼족호·주름문병·주자, 수각다족연 등이다. 이 기종의 대부분은 신라 왕경유적에서 출토되어 왕경의 지배층들이 사용한 일상용기였다. 상기 기종과 유사한 형태가 중국 당나라의 도자기 또는 금·은기에 존재한다.

그리고 통일신라 토기의 가장 큰 특징인 인화문의 종류는 매우 많은데, 그 중에 비조문·운기문·다변화문·사변화문 등과 호선과 호선이 접하는 곳에 능형문 또는 합성문을 배치하여 문양을 구성하는 방식 등은 중국 당나라 시기의 금·은기의 문양에도 보인다. 뿐만 아니라 신라는 7세기 초부터 연유의 도기·와전을 생산·사용하였는데, 『삼국사기』 잡지 제2, 옥사조에 "唐瓦"에 대한 규제조항("眞骨 室長廣不得過二十四尺 不覆唐瓦")이 있는데, 이 당와가 연유와를 지칭하는 것으로 추정되는 만큼, 통일신라와 당과의 관계는 상당히 밀접하였음을 알 수 있다.

신라 왕경과 실상사·미륵사 등 통일신라의 지방 사찰에서 탑의 탑신부와 유사한 형식의 뚜껑이 출토되었다. 이 뚜껑의 특징은 위에서 아래로 3~4개의 원형을 연결하고 원형판의 끝부분을 도구로 눌러서 초엽처럼 만든 점이다. 이와 유사한 도자기는 1980년 섬서성(陝西省) 서안시(西安市) 기계창(機械廠)에서 출토된 운문사양삼절관(雲紋獅羊三節罐)의 뚜껑과 일본 후쿠오카현[福岡縣]의 고로칸[鴻臚館] SK255에서 1점 출토되었다. 신라 왕경과 지방의

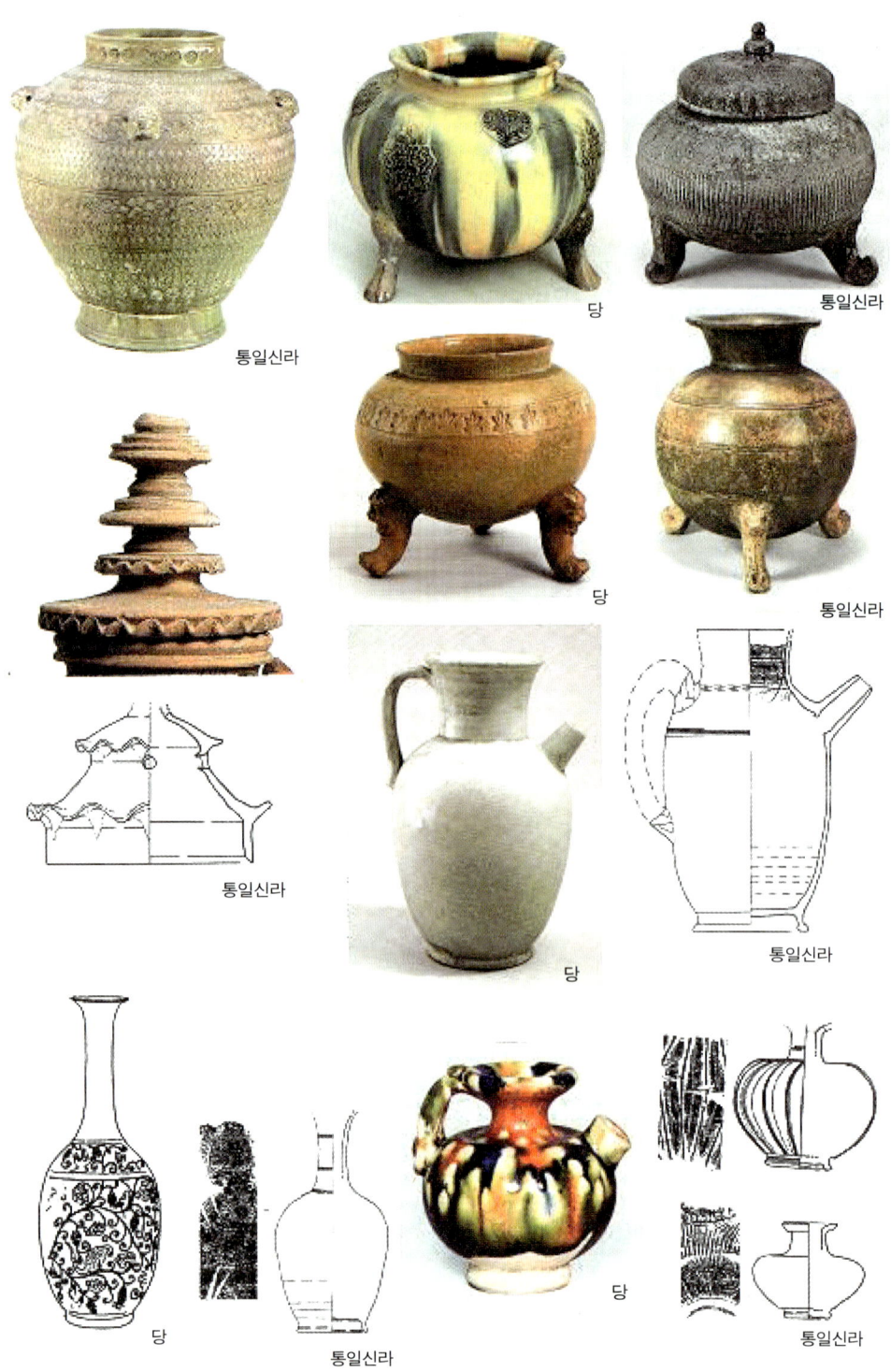

그림 14-1 중국 당의 도자기 및 금속용기와 통일신라 토기

대사찰에서 출토된 개는 모두 토기인데, 통일신라인들이 중국의 도자기 기종을 모방했음을 나타낸다. 이 형태의 뚜껑은 창건연대가 9세기 중엽(828년)인 실상사지에서 출토되었고, 10세기 중엽의 초기 청자인 용인 서리 청자요지와 11세기의 강진 삼흥리 청자요지에서도 출토되어 사용 시기가 9세기 후반 이후임을 알 수 있다.

8세기 후반 말경부터 통일신라 토기의 기종으로 등장하는 주름문병은 크기가 아주 작은 소형 병으로서 어깨가 강조되고, 구연이 어깨와 수평을 이루거나 아래로 처졌고, 몸통 표면에 종선의 집선문을 돌리거나 덧띠를 붙이기도 하였다. 통일신라의 주름문병과 동일한 도자기나 금·은기는 확인되지 않았지만, 8세기의 당의 삼채소수주(三彩小水注)는 매우 유사하다.『세계도자전집』11, 수당편(小學館 1976)에 게재된 삼채소수주(231번 사진)는 몸통이 강조되고, 어깨가 아래로 처져있고, 목이 짧은 점 등은 초현기의 주름문병과 유사하다. 삼채소수주와의 차이는 손잡이 및 수주가 없는 점만 다르다. 따라서 소수주의 형태를 모방해서 주름문병이 생산되었을 가능성이 있다.

그리고 몸통이 세로로 길고, 폭이 좁고 긴 목을 가진 병[매병(梅甁)]이 9세기 이후의 유적에서 주로 출토되었다. 이 병은 몸통 전면과 목 일부에 여러 종류의 문양이 시문되었다. 이와 유사한 기종은 7세기 후반 이후부터 유행하는 당대의 해리서문은병(海狸鼠紋銀甁)·분사문은병(奔獅紋銀甁) 등이다. 중국에서 이러한 병은 도자기에도 사례가 있다.

경주 동천동의 왕경유적에서 출토된 주전자는 둥근 고리를 만들어 주전자를 잡는 손잡이를 붙였고, 손잡이 반대쪽에는 물을 따르는 주둥이가 만들어져 있다. 몸통은 세로로 길고, 바닥에는 굽이 붙어있다. 아가리는 깨어져 전체 형태를 알 수 없지만, 전체적인 모양이 매우 세련되어 요즘의 주전자와 비교해도 손색이 없다. 이와 유사한 형태의 주자는 당의 은주자(銀注子)이다. 당나라의 주자는 9세기의 자료가 많은데, 수구씨묘(水邱氏墓) 출토 소면은주자(素面銀注子)와 "乾符四年(877)"명 불열진은주자(不列顚銀注子) 등과 유사하다. 따라서 동천동유적에서 출토된 주전자의 시기는 9세기 후반 이후일 가능성이 있다.

통일신라 토기의 합 아가리 끝이 뾰족하거나 또는 둥근 형태가 일반적인데, 9세기 말에서 10세기 전반의 합의 아가리가 둥근 예가 다수 알려져 있다. 이와 같은 합의 아가리 형태는 당말 오대의 옥연형(玉緣形) 아가리의 청자와 백자를 토기로 모방하였다

그림 14-2 옥연형 아가리의 중국 백자

이외에도 당나라의 도자기 또는 금·은기를 모방해서 만든 많은 종류의 통일신라 토기가 있었을 것으로 추정된다.

2) 문양

통일신라 토기의 가장 큰 특징인 인화기법에 의한 다양한 문양으로 표면을 장식한 점이다. 인화문은 통일신라에서 자체적으로 창안하거나 사물을 본떠서 만든 것도 있지만, 중국 당나라의 도자기 또는 금·은기에 시문된 문양과 같거나 또는 유사한 문양이 있고, 문양배치 방식의 공통성도 보인다(山本孝文 2010).

신라가 삼국을 통일하기 전인 7세기 초부터 찍은 이중원문이 시문된 완이 사용되었는데, 이와 유사한 도자기가 중국 강소성(江西省)의 홍주요(洪州窯)에서 출토된 수~당초의 인화문 청자 및 영국 옥스퍼드의 애쉬몰리안박물관[Ashmolean Museum] 소장 인화문 완이다. 이중원문보다 약간 늦은 시기에 등장된 국화문도 수나라의 갈유인화자세(褐釉印花瓷洗)에 표현되어 있다(上海人民出版社 2000). 홍주요에서 출토된 수~당초의 청자에 시문된 인화문의 시기가 6세기 말~7세기 초이고, 통일신라 토기에 영향을 미친 시기는 7세기 전반의 어느 시기로 볼 수 있으므로(山本孝文 2006), 통일신라 토기에 인화기법으로 문양이 시문된 시기는 7세기 전반부터임을 알 수 있다. 이 시기의 인화문은 이중원문·삼각집선문·국화문 등 문양이 한정되었다.

신라가 삼국을 통일한 이후, 특히 8세기 이후부터 다양한 종류의 문양이 토기 표면에 장식되었는데, 다변화문·사변화문·유운문(流雲紋)·비조문(飛鳥紋)·수국엽문(葡萄葉紋)·대엽문(對葉紋) 등은 수·당대의 도자기 또는 금·은기의 문양과 유사하다. 통일신라 토기에서 다변화문이 유행된 시기는 8세기 전반부터이고, 9세기까지 시문되었다. 유운문은 8세기 초(719~720년)의 감산사 석조아미타불의 광배에 조각되었고, 8세기 후반부터 통일신라 토기 문양으로 시문되고, 9세기에도 유행되었다.

비조문은 월지에서 출토된 풍로에 시문된 것이 대표적인데, 날아가는 모습이 다양하다. 이 비조문은 당나라 시기의 은합에 류운문과 비조문이 시문된 예가 있는데, 통일신라 토기에 시문된 비조문 및 운기문과 아주 유사하다.

이상의 몇몇 사례를 통해서 볼 때, 통일신라 토기의 표면을 여러 종류의 문양으로 장식

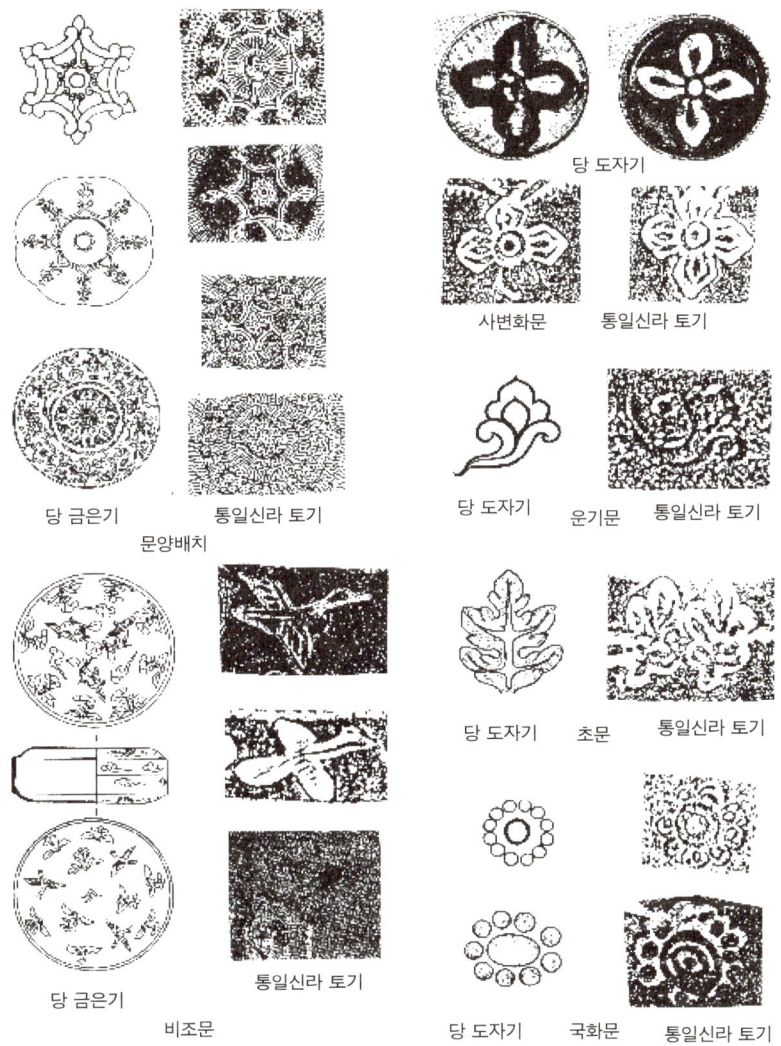

그림 14-3 중국 당나라의 금·은기 및 도자기 문양과 통일신라 토기 문양

한 점, 다양한 종류의 문양이 배치된 방식 및 특정 문양 등에서 수당의 도자기와 금속용기와의 관계가 밀접하였음을 나타낸다.

3) 중국 도자기의 수입과 사용

선덕여왕대부터 신라의 지배층 사이에는 음다(飮茶) 풍습이 유행하면서 중국으로부터 자

그림 14-4 통일신라시대 출토 중국 월요계 청자

기가 수입되었을 가능성이 있지만, 삼국통일 전후인 7세기의 유구에서 중국 자기가 출토된 사례가 거의 없다. 중국 도자기는 8세기부터 출토되기도 하지만, 집중된 시기는 중국의 만당 및 오대기인 9세기 전반 이후부터 10세기 초까지이다.

중국 도자기는 신라의 왕궁, 왕경의 귀족 가옥을 비롯해 관방유적과 사찰, 화장묘 등 다양한 성격의 유적과 유구에서 출토되었다. 왕경에서 중국 자기가 출토된 유구로는 월지·황룡사지·황룡사 전시관 건립부지·왕경유적·북문로·동천동·성건동 360-3번지 우물·분황사지·구황동 원지·사천왕사지·전인용사지 등이 있다. 왕경에서 출토된 중국 도자기는 중국 장강 하류지역의 월요계 청자와 하북성의 형요계 백자가 대부분이고, 동관진 장사요계 청자, 삼채도기가 소량 출토되었다. 중국으로부터 수입된 도자기를 통해 왕경 귀족들의 사치스러운 생활상을 엿볼 수 있다.

장사요계 자기의 예로는 분황사지 출토 청유갈반첩화집호(靑釉褐斑貼花執壺), 왕경유적 출토 청자집호편 3점과 청자완 1점, 배리 삼릉부근 출토 쌍이관(雙耳罐), 전인용사지 출토

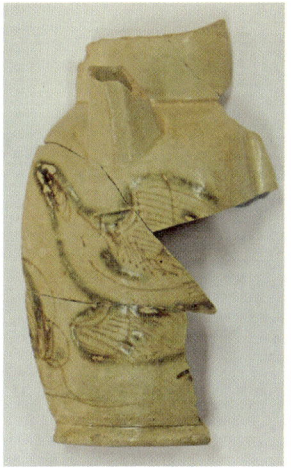

그림 14-5 통일신라시대 출토 중국 장사요계 청자

집호 파편 2점, 전경주 출토 청유갈반첩화인물문집호(靑釉褐斑貼花人物文執壺), 광양 마로산성 출토 청유갈녹채비조문주자(靑釉褐綠彩飛鳥文注子) 등으로 마로산성 출토품 외에는 모두 왕경 출토품이다.

분황사지 출토 청유갈반첩화집호는 전체적인 기형의 특징과 장식기법, 첩화문양 등이 "大和八年(834)"명 진강 당묘 M10호 정부인묘 출토의 황록유첩화화조문집호와 인도네시아 흑석호 출수품과 매우 유사하며, 그 시기는 9세기 전반이다. 왕경유적에서 출토된 청자완은 굽 중앙을 대충 조잡하게 파내어 옥벽저굽의 형태로 보이게 한 장사요 완의 굽처리 방식을 따르고 있는데, 중국 호북성 무창 정원 20년(804) 묘 출토 접시와 굽 처리 방식이 유사하여 그 시기는 9세기 초이다.

배리 삼릉 부근에서 출토된 화장묘의 장골기 내용기로 사용된 쌍이권은 호북성 무창 당묘 M46호묘에서 출토한 쌍이관과 유사하고, 장사 도사파 요지에서 출토한 원화 3년(808)명 관이병과 유사하여 그 시기는 9세기 전반이다. 전 경주 출토품은 하북성 석가장시(石家庄市) 진두촌 원화 7년(812) 당나라 무덤에서 출토된 청유첩화인물문집호와 유사하여 그 시기는 9세기 전반이다.

통일신라에서 출토된 장사요계 자기는 집호가 주종을 이루며, 그 시기는 9세기 전반에 집중되었다(신 준 2011). 이 시기는 장보고가 청해진을 중심으로 중국의 남부지역과 교역한 시기에 해당된다.

익산 미륵사지, 보령 성주사지, 남원 실상사, 광양 옥룡사지, 순천 금둔사지, 영월 흥령선원지 등 지방의 불교사찰에도 다수의 중국 자기가 출토되었다. 보령 성주사지, 광양 옥룡사지, 순천 금둔사지, 남원 실상사, 영월 흥령선원지는 통일신라시대 지방의 거점 사찰로서 대부분 창건 시기가 9세기 중엽 이후이고, 개창자가 중국 당에 유학하고 돌아온 선종계 승려로서 중국의 다기 문화를 직접 체험한 인물이었다. 중국의 다문화를 체험한 선종계 승려가 개창한 사찰에서 중국 자기가 출토한 점은 귀국할 때, 가져왔거나 귀국한 이후에도 중국의 자기가 입수되었음을 나타낸다.

삼채도기는 색상이 다른 여러 가지의 연유를 시유하여 다채(多彩)를 한 도기의 총칭으로서, 중국의 당나라 시기에 생산된 당삼채가 대표적이고, 이외에 일본 나라[奈良]시대의 나라삼채가 알려져 있다. 당삼채는 형태가 생동감이 있고 유약색이 풍부하고 장식이 화려하다.

중국의 당삼채는 하남성 공의요(鞏義窯), 섬서성 황보요(黃堡窯), 하북성 형요(邢窯), 산동성 치박요(淄博窯) 등지에서 다량 생산되었고, 생활용기와 부장 용기로 사용되었다. 당삼채는 당시의 생활과 부장품으로 사용되었을 뿐만 아니라 통일신라·일본·인도네시아·파키스탄·이란·이라크·이집트·시리아·수단·이탈리아 등 동남아시아와 근동은 물론 유럽과 아프리카 대륙에까지 수출되었다.

통일신라에서 출토된 삼채도기의 예로는 경주 조양동 삼족로, 나정 팔각건물지 출토 삼채호편, 황남동 수혈 출토품, 월성해자 출토 원숭이 머리모양의 호루라기[猿頭笛], 왕경유적·동천동·황룡사지 출토품, 미탄사지 출토 베개편 등이 알려져 있다. 삼채도기는 모두

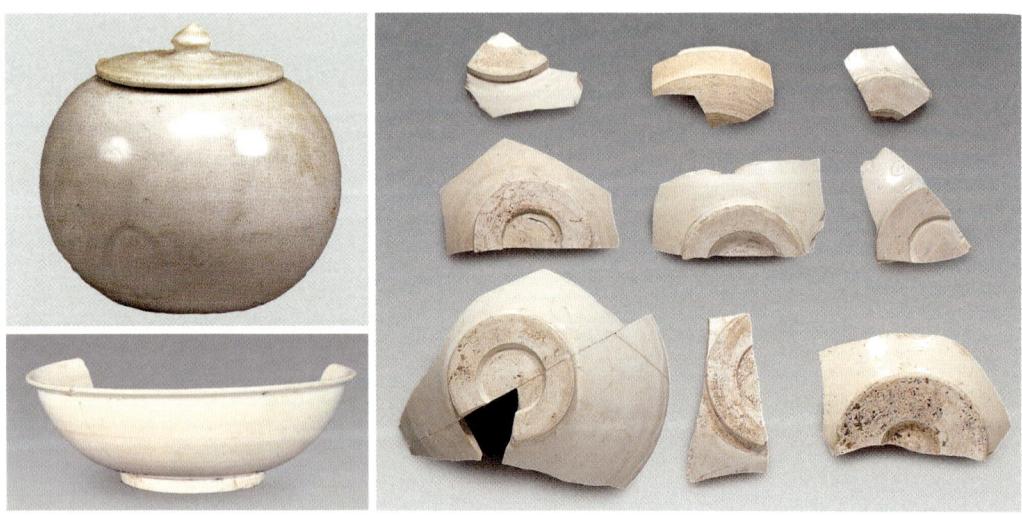

그림 14-6 통일신라시대 출토 중국 형요계 백자

통일신라시대의 왕경에서 출토되었고, 조양동과 월성해자 출토품을 제외하면 파편이다. 무덤에서 출토된 삼채도기는 경주 조양동 출토품뿐이다.

조양동 출토 삼채도기는 토함산의 남서쪽으로 뻗은 산록에 조영된 화장묘의 석함 안에 장골용기로 사용되었다. 이 삼채도기는 횡편구형의 몸통에 짐승 다리 모양이 부조된 다리가 3곳에 부착되었다. 아가리에는 갈색, 몸통에는 남색·황색·갈색의 유약이 시유되었고, 다리에는 갈색 유약이 시유되었다. 이 삼채로는 중국 이외 지역에서 출토된 삼채도기 중에서 완형품이면서 가장 뛰어난 작품으로 평가된다. 이와 유사한 삼채삼족로는 중국의 하남성 공의시 공의요지 출토품이 있다.

월성해자 출토 원숭이 머리모양의 호루라기 삼채도기는 주둥이·눈·코와 머리카락이 표현되었고, 청색·황색·갈색 유약이 시유되었다. 이와 유사한 삼채 호루라기는 하남성 공의시 황야요지에서 출토되었다.

종래 신라 삼채도기로 알려져 온 국립중앙박물관에 소장된 2점의 연유도기는 시기가 7세기 전반으로 신라에서 가장 빠른 연유도기이다. 이 연유도기는 갈색 유약이 흘러내리면서 유약이 두껍게 부착된 부위는 흑색이고, 그렇지 않는 곳의 유색은 갈색인데, 갈색유가 두껍게 부착되어 마치 흑색처럼 보이지만, 갈색 단채이다.

그림 14-7 경주 조양동 유적 출토 당삼채(좌)와 중국 공의요 출토 당삼채(우)

그림 14-8 신라 왕경 출토 당삼채

    신라가 중국으로부터 연유도기 제작기술을 수용하면서 바로 삼채도기를 생산하기 어려웠을 것이고, 이후의 통일신라에서 생산된 삼채도기의 사례는 현재까지 사례가 없다.

    연유도기 생산은 자연유가 형성되어 표면에 피막을 형성하는 도질토기와 달리 인공유를 만들어 표면에 시유하고, 소성 시 녹아 붙는 것을 방지하기 위한 기술 등은 도자사에 있어 하나의 큰 기술적인 발달을 가져왔다. 뿐만 아니라 색채가 나는 새로운 생활용기의 사용층과 비사용층간의 사회적 지위를 명확하게 구분하는 새로운 신분 차별이 초래되었다 (홍보식 2006a).

4) 평탈기법의 수용

평탈이란 얇은 금판이나 은판을 문양대로 재단한 다음, 이 문양판을 칠한 표면 위에 접착시키고 그 위에 다시 칠을 하여 표면에 고정시킨 뒤, 문양 위의 칠을 벗겨내는 기법이다. 이 평탈기법으로 만든 동경이 중국 당나라에서 유행하였고, 통일신라에서 수입하여 사용하였다. 광양 마로산성에서 출토한 해수포도문방경은 당나라 고종~측천무후대에 유행한 거

14. 대외교류

그림 14-9 평탈기법 동경(좌), 광양 마로산성 출토 해수포도문경(우)

울이다. 당나라에서 이런 류의 거울은 7세기 후반~8세기 전반에 유행하였으나 광양 마로산성 출토품은 9세기 전반 이후에 소비되었다.

5) 사리용기

감은사 동탑 출토 수정병의 형태와 뚜껑과 받침의 금제장식, 현실 장송의례의 상여를 불교식으로 번안하여 제작한 법문사 석조영장(石造靈帳, 708년)과 감은사 동탑에서 출토된 전각형 사리내함의 형식이 매우 유사하다. 모죽임 천장의 형태, 2단의 역사다리꼴 천개, 번과 영락장식, 안상이 마련된 방형대좌, 죽절형의 모서리 기둥 등 전체적인 형태가 유사한 점 등으로 볼 때, 중국의 사리장엄의 형태와 제작기법을 수용하였음을 나타낸다(주경미 2002). 9세기 후반 이후에 제작되는 육각 또는 팔각원당형 사리용기의 형태는 9세기 중엽부터 등장하는 중국의 원당형 사리용기와 유사하다.

그림 14-10 전각형사리기(좌: 경주 감은사지, 우: 칠곡 송림사)

6) 12지상

12지는 중국의 천문학에서 12년으로서 하늘을 일주하는 목성의 위치를 나타내기 위해 하늘을 12분했을 때의 호칭으로서 자(子)·축(丑)·인(寅)·묘(卯)·진(辰)·사(蛇)·오(午)·미(未)·신(申)·유(酉)·술(戌)·해(亥)이다. 또 10일 일순의 순서를 나타낸 10간(갑甲·을乙·병丙·정丁·무戊·신辛·경庚·임壬·계癸)과 조합해서 60으로서 일순하는 년·월·일이라든지 시간과 방위 등을 나타냄에도 이용되었다. 중국 한나라 시기에 12지가 12의 동물에 배당된 것은 후한의 왕충이 지은 『논형(論衡)』에 보인다. 12지를 12수에 배당하여 자(쥐)·축(소)·인(호

그림 14-11 장골기에 새겨진 12간지명

그림 14-12 경주 용강동고분 출토 청동제 12지상(좌), 경주 화곡리 화장묘 출토 12지상(우)

그림 14-13 통일신라 12지상(1: 전민애왕릉 출토 12지상(국립경주박물관), 2: 청동 12지 추(국립경주박물관), 3: 납석12지상(국립중앙박물관), 4: 전성덕왕릉 출토 12지상)

랑이)·묘(토끼)·진(용)·사(뱀)·오(말)·미(양)·신(원숭이)·유(닭)·술(개)·해(돼지)로 불렸다. 12지를 통해 방위·시간·년도·출생년 등을 정하는 기준으로 이용하여 왔다.

중국에서는 수나라 이후 묘지석에 12지상을 조각하는 것이 유행하였고, 이 때 처음으로 12지의 형상이 머리와 몸이 모두 짐승의 모양[獸身獸首]이었다. 12지상은 당나라 시기에 유행하였는데, 묘지석에 조각한 것 뿐만 아니라 12지상을 도용으로 만들어 무덤에 부장하였다. 당나라 중기 이후인 8세기 이후부터 머리는 짐승이고 몸통은 사람 모양[人身獸首]으로 바뀌고, 당나라 말기에는 머리와 몸통 모두 사람 모양[人身人首]으로 바뀌었다.

이 12지상은 통일신라에 수용되었고, 고려시기까지 왕릉과 귀족들의 무덤 장식에 활용되었다. 현재까지 알려진 통일신라시대의 12지상은 무덤 호석에 조각된 것과, 분묘에 부장된 것, 탑파·부도·석등·수미단 등 불교 건조물에 표현된 것으로 구분된다.

8세기 전반으로 편년되는 경주 용강동 고분에서 청동제 12지상이 출토되었다. 청동제 12지상은 모두 7점으로 시상 윗면의 북벽 중앙부분에서부터 시계방향으로 12간지의 순서에 따라 배치되었던 것으로 보이며 자·축·인·묘·오·미·신상만이 수습되었고 나머지 다섯 상은 도굴된 것으로 추정된다. 이 청동12지상은 높이 8~9cm 크기의 소형이고, 무덤 안에서는 처음 출토된 것으로 머리는 동물의 형상이나 몸은 사람의 모습으로 상반신을 벗은 채로 두 팔을 앞으로 모아 상대방을 공경하는 모습을 취하였다. 이 청동12지상은 통일신라와 당나라와의 문물교류를 잘 나타내는 자료이다.

경주 화곡리에서 출토된 화장묘에서도 12지상이 출토되었다. 석함 안에 연결고리유개호를 내용기로 한 이중형 화장묘의 부장품으로 소조의 12지상이 출토되었다. 12지중 오상은 도굴에 의해 사라졌고, 나머지는 남아 있었다. 화장묘의 부장품으로 12지상이 부장된 점은 화장과 12지 사상이 결합된 당시의 사회모습을 알 수 있다.

이외에도 출토지를 알 수 없는 토제의 12지상도 알려져 있다. 전김유신묘를 정비하던 중 곱돌로 만든 12지상이 출토되었다. 이 12지상은 곱돌에 갑옷을 착용한 신장상을 조각하였는데, 조각이 아주 섬세하다.

고분에 조각된 12지상

그림 14-14 경주 전김유신묘와 12지상

은 신라 중고기와 하대의 왕릉으로 전하는 일부 무덤의 봉분 기저부를 감싸고 있는 호석에 조각되어 있다. 12지상은 통일신라시대에 유행하였고, 고려시대 이후가 되면 12지상의 표현이 간략하지만, 우리의 전통생활에 아주 뿌리 깊게 자리 잡았다.

이외에도 12지상을 수용하여 분묘를 장식하거나 또는 시간이나 출생을 알려주는 기준으로서의 일상생활과 밀접한 관련을 지니게 되었다.

7) 토용의 복식과 헤어스타일

통일신라와 당나라간의 교류관계를 보여주는 물질자료는 토기뿐만 아니라 신라인의 복식과 헤어스타일에도 확인할 수 있다. 토용은 내세의 또 다른 삶을 위해 순장자 대용으로 무덤 속에 부장하기 위해 흙으로 빚어 만든 토제 인물 또는 동물을 지칭하는데, 인물의 표정과 옷차림 등이 매우 사실적으로 표현되어 있다. 신라지역에서 토용은 경주 황성동고분과 용강동고분, 장산토우총에서 출토하였다. 토용은 신라가 삼국을 통일하기 직전인 7세기 중엽부터 무덤의 부장품으로 넣기 시작하였다.

경주의 황성동 횡혈식석실은 신라가 삼국을 통일하기 직전인 7세기 중엽에 만들어진 귀족의 무덤이다. 이곳에서는 신라인들의 옷차림새와 헤어스타일을 알려줄 뿐만 아니라 언제 무덤이 만들어졌는지, 그리고 당시 신라와 당나라와의 관계를 알려주는 토용이 출토되었다. 출토된 토용은 남녀인물·수레바퀴·소와 말 등의 동물 등인데, 남녀인물의 모습은 7세기 중엽 신라 귀족들의 옷차림새와 헤어스타일을 잘 나타내고 있다.

남자상은 4점인데, 완형의 1점은 머리에 복두(幞頭)를 쓰고, 두 손은 넓은 소매 속에 싸서 앞으로 모으고 홀(笏) 같은 것을 들었던 듯 위쪽으로 구멍이 길게 나 있다. 장포(長袍)의 아래 자락에만 주름을 표시하고, 상반신을 깊숙이 숙여서 절하는 모습을 나타내고 있다. 또 한명의 남자상은 주름이 있는 장포의 허리에 느슨하게 띠를 두르고 옷자락 위로 뾰족하게 발이 삐어져 나왔고, 머리에 호모(胡帽, 서역인이 쓰는 모자)를 쓰고 있다. 이 남자상은 서역인을 나타낸 것으로 추정된다. 머리가 없는 남자상의 오른팔은 옷자락이 소매로 연결되고, 왼팔은 걷어서 어깨에 올린 모습의 무인상이다.

여자상은 소매와 옷자락이 풍성한 겉옷에 가슴 높이 띠를 둘렀고, 오른손에는 병을 잡고, 왼손은 살짝 입을 가리고 살며시 웃고 있는 모습이다. 머리는 정면에서 가리마를 타고,

뒤에서 틀어 여미었다.

　남자상에는 복두가 나타나고 있어서 『삼국사기』 신라본기 진덕왕 3년(649) 조의 "始服中朝衣冠"이라는 기록대로 중국 당의나라 영향을 받은 당시의 복식을 나타내지만, 여자상의 복식은 일종의 고발(高髮)로 추정되는 헤어스타일, 피백(被帛)이라 불리는 숄(showl), 장군(長裙) 등 당나라 시기에 유행한 여자복식의 전형과도 같은 요소들은 보이지 않고, 고신라 이래의 전통적인 후두결발(後頭結髮)의 습속을 그대로 유지하고 있어 신라의 전통적인 여인의 옷차림과 헤어스타일이다. 이와 관련해서 『수서』 신라전의 "婦人髮繞頭"라는 기록은 실제로 이러한 머리맵시를 말하는 것으로 볼 수 있다. 그리고 『삼국사기』 잡지 색복조에 "文武王四年(664), 又革婦人之服 自此以後 衣冠同於中國"이라 해서 중국 여복제(女服制)가 수용되었음을 보여주는 기사가 있다. 이 토용들과 『삼국사기』의 기사 내용을 연계하면, 7세기 중엽 신라의 전통 복식 및 헤어스타일, 그리고 신라의 귀족들이 당나라의 문화를 수용하는 모습을 알 수 있다.

　경주 용강동 횡혈식석실은 8세기 전반에 만든 무덤인데, 석실에서 28점의 인물상과 3점의 동물상 모습, 청동으로 만든 12지상이 출토되었다. 남자 인물상은 모두 15점으로 머리에 복두를 쓰고 홀을 잡은 문관과 턱수염이 길게 뻗친 서역 사람, 그리고 마주보고 대련하는 택견 모습을 하고 있는 토용 등이다. 문관상의 모습은 각기 모습이 다른데, 턱수염이 무성하고, 코와 입이 크게 강조되어 외국인의 모습이고, 다른 문관상은 복두를 쓰고, 턱 아래 수염이 길게 표현되어 있다. 당시의 신라 사람은 물론 외국인들도 수염을 길렀던 모양이다. 여자 인물상은 가슴이 파여진 겉옷을 입고, 치맛자락이 발까지 덮고, 어깨에서 양 겨드랑이 쪽으로 숄을 둘렀다.

　신라에서 출토된 토용은 당시 신라인의 얼굴 표정, 옷차림, 헤어스타일은 물론 관인의 옷차림새 등을 살펴볼 수 있는 좋은 자료이다. 그리고 옷차림이나 헤어스타

그림 14-15 중국 당나라 복식의 토용(경주 용강동고분)

일 등에서 중국 당나라의 모습이 표현되고, 서역인상의 토용이 있는 것은 당시 신라의 수도인 경주에는 서역인 등 외국인들도 살고 있었음을 보여주는 자료이다.

신라에서 출토된 토용은 당시 신라인의 얼굴 표정, 옷차림, 헤어스타일은 물론 관인의 옷차림새 등을 살펴볼 수 있는 좋은 자료이다. 그리고 옷차림이나 헤어스타일 등에서 중국 당나라 사람들의 모습이 표현되어 당시 신라의 수도인 경주에는 당나라 문화의 열풍이 있었음을 보여준다.

2. 발해와의 교류

발해가 신라·일본 등 주변국과의 교류와 교섭을 행함에 있어 주요 교통로로서 신라도·일본도 등이 개설되었다. 통일신라와 발해의 교류는 당나라와 일본처럼 활발하지 않았지만, 함경도에서 통일신라와 발해가 국경을 맞대고 있어 긴장과 교류의 관계가 있었을 것으로 추정된다. 통일신라와 발해의 교류는 『삼국사기』와 중국 사서 등에 부분적으로 기록되어 있지만, 교류의 모습을 보여주는 물질자료의 예는 거의 알려지지 않았다.

발해의 동경용원부 산하의 염주 일대를 관할한 행정치소성으로 추정되는 러시아의 크라스키노 평지성 발굴조사에서 몸통에 멜빵고리를 메달도록 고리가 있는 일면편호가 출토하였다. 크라스키노 평지성은 연해주의 발해성 중에서 규모가 가장 큰 성으로서 두만강 하구의 하산 지구에 위치한다. 동경용원부로 추정되는 팔련성과는 동남쪽으로 약 45km 떨어져 있고, 동경용원부 소속 염주의 치소로 알려져 있다.

성의 평면형태는 육각형에 가까운 부정형이고, 면적은 12.6만m^2이고, 성벽 전체 둘레는 1,380m, 동서 약 350m, 남북 약 360m로서 토성이다. 성 내부 조사는 1999년부터 러시아와 우리나라, 일본의 연구진이 발굴조사를 진행하였다. 러시아과학아카데미 극동지부 역사학·고고학·민족학연구소와 일본의 아오야마가쿠인[靑山学院]대학의 공동조사에서 크라스키노 평지성 북서부의 불교사원 구역이 조사되었다. 불교사원 구역은 외곽에 담장을 둘러 다른 구역과 구분하였고, 내부 중앙에 기단을 갖춘 금당으로 추정되는 초석건물지와 금당지 남쪽의 탑지가 있고, 주위에는 기와가마·우물·초석건물지·추정 창고터 등이 확인되었다.

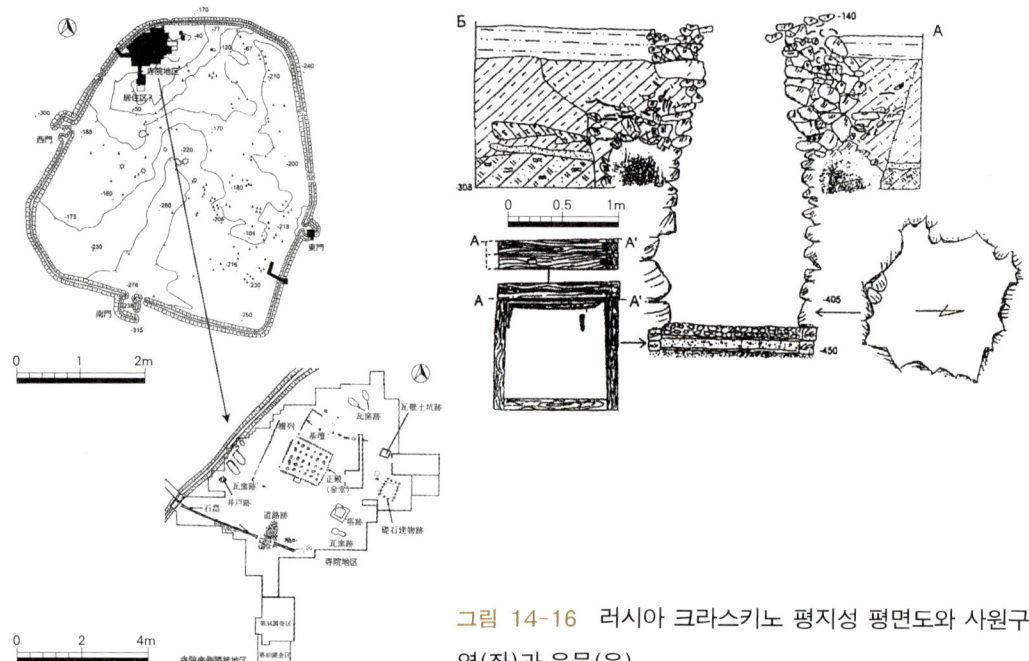

그림 14-16 러시아 크라스키노 평지성 평면도와 사원구역(좌)과 우물(우)

그림 14-17 사이부일면편호(좌: 크라스키노 평지성지 우물, 우: 울릉도 천부동 1호분)

사이부일면편호는 사원구역 내부의 우물터에서 출토하였다. 사이부일면편호의 크기를 보면, 기고는 편평한 면이 23cm이고, 반대면은 22.5cm이다. 경부는 앞면과 양측면에 수mm 간격으로 종방향의 암문이 시문되어 있고, 몸체의 편평한 면은 암문이 없다. 목과 몸체의 경계에 희미한 단이 있고, 몸통 전면에 세로 방향의 문지르기 정면이 되었다. 원래는 몸통 측면의 편평면 상하에 각 2개씩의 고리가 있었지만, 편평면의 좌측 아래쪽에만 남아 있다. 고리에는 지름 5mm의 구멍이 좌우로 뚫려있다. 바닥은 편평하고, 실 떼기 흔이 있다. 표면은 흑회색인데, 하반부와 바닥면은 붉은 기가 있는 다회색이다.

이 사이부일면편호는 발해 영역은 물론 거란 등지에서도 지금까지 확인된 사례는 알려져 있지 않다. 표면색이 흑회색이고, 소성도가 높지 않은 도기이고, 바닥에 실 떼기 흔이 있는 점, 경부에 암문이 시문된 점 등은 같은 시기의 발해 토기에 보이는 요소들로서 발해

지역에서 생산되었음은 분명하다. 그러나 전체적인 형태는 발해 토기에는 존재하지 않는 기종이다.

사이부일면편호는 경주 화곡리생산유적에서 3점, 황룡사지 1점, 건천 방내리 도시유적 2점, 울릉도 천부리 1호분에서 1점이 출토하여 통일신라의 왕경에 집중함을 나타낸다. 통일신라에서 출토한 사이부일면편호는 기고가 20cm에서 45cm 정도인데, 방내리 도시유적 D-2구역 통일신라시대 6호 우물 출토품은 기고가 43·45cm로 크고, 편평면 반대편의 몸체 위쪽에 고리가 달려있고, 몸체에 마연이 되지 않았다. 경주 화곡리 I-자연수로 1A둑 V층 출토품은 몸체 하부가 결실되어 잔존 기고가 14.5cm인데, 잔존한 높이가 1/2 이상이어서 기고는 23~25cm 내외로 추정된다. 이 사이부일면편호는 편평면에 길이방향의 마연이 되었다. Ⅵ층 출토품은 기고가 23.4cm이고, 편평면을 제외한 몸체에 길이방향의 마연이 되었다. 울릉도 천부리 1호분 출토품은 구경이 결실되었는데, 잔존기고가 37.0cm로서 대형품이다. 몸체 전면에 길이 방향의 마연이 되었다.

크라스키노 평지성의 우물에서 출토한 사이부일면편호와 함께 출토한 나팔구연호는 거란계의 토기로서 유사한 장경병이 중국 내몽고자치구 오한기(敖漢旗)에 소재하는 사자구(沙子溝) 1호묘에서 출토하였다. 사자구 1호묘 출토품과 유사한 나팔구연호는 요령성 적봉시에 소재한 야율우지(耶律羽之)묘에서 출토하였는데, 야율우지는 941년에 몰하였다. 나팔구연호의 사례로 볼 때, 크라스키노 평지성지의 우물터에서 출토한 발해 토기는 10세기 중엽경으로 편년된다(小芳孝 2010).

크라스키노 평지성지 우물터에서 출토한 사이부일면편병과 유사한 사례는 경주 화곡리 출토품으로서 기고도 거의 비슷하다. 그리고 울릉도 천부동 1호분 출토품은 기고가 높지만, 몸체 전면에 길이 방향의 마연을 한 점 등에서도 유사하다. 크라스키노 평지성지 우물터 출토 사이부일면편병은 통일신라와 발해 사이에 이루어진 교류를 통해 발해인이 통일신라의 사이부일면편호를 모방해서 제작한 것으로 추정된다(홍보식 2016b).

현재까지 통일신라와 발해에서 교류 관계를 나타내는 물질자료가 출토하지 않아 통일신라와 발해 사이에 이루어진 교류관계의 실상은 알기 어려운데 크라스키노 평지 성지 우물터에서 통일신라 토기를 모방한 발해 토기의 존재는 통일신라와 발해 사이에 이루어진 교류의 일면을 살피는데 중요한 자료이다.

중국『신당서』발해전에는 일본도·신라도·조공도·영주도·거란도라는 대외적인 주요 관도가 설정되었고, 일본도와 신라도는 동경용원부의 관리에 있었다. 동경용원부는 예맥의 고지가 그 대상지였는데, 지금의 두만강유역과 훈춘지역 일대가 해당한다. 신라와 일본의 사신과 교류가 이 지역에서 이루어졌다. 그리고 통일신라와 발해가 국경을 접하였던 함경도 일대에서 발해 또는 통일신라 유물이 출토할 가능성도 있다.

3. 서역과의 교류

신라는 당나라뿐만 아니라 서역과도 교류하였음이 서역인상의 토용과 전왕릉에 세워진 석상, 유리, 양모로 짠 양탄자, 용강동 왕경유적의 흙벽돌로 만든 건물지, 기와의 수막새에 장식한 넝쿨무늬·함조무늬·보상화무늬·포도넝쿨무늬, 사자·공작무늬 등과 함께 『삼국사기』 잡지 거기·옥사조의 이국산 동·식물과 섬유 등을 통해 알 수 있다. 신라와 서역의 교류는 당을 통한 간접적인 교류도 행해졌지만, 서역과 신라의 직접적인 교역과 이주도 있었을 것으로 추정된다.

서역인의 모습을 보여주는 유물로서는 경주 황성동석실분과 용강동석실분 출토 호인상 토용, 전원성왕릉인 괘릉의 호인상, 전헌강왕릉의 석상으로 추정되는 경주고등학교 소장 호인상, 흥덕왕릉 전면 좌우에 세운 호인 무사상, 국립경주박물관 소장의 구정동방형분 호석 우주석의 호인상 등이 알려져 있다.

황성동석실분 출토 호인상은 남자상으로서 주름이 있는 장포의 허리에 느슨하게 띠를 두르고 옷자락 위로 뾰족하게 발이 삐어져 나왔고, 머리에는 고깔모양의 호모를 쓰고 있다.

8세기 전반에 축조된 경주 용강동고분에는 1명의 호인상 토용이 출토되었다. 이 호인상은 문관상으로 넓은 소매 밖으로 나온 손은 왼손을 밑으로 오른손을 위로 포개어서 홀을 잡고

그림 14-18 서역인 토용(좌: 황성동고분, 우: 용강동고분)

있다. 머리에 쓴 복두의 뒷모습은 두 가닥을 묶었다. 귀 위부터 무성한 턱수염이 앞으로 뻗고, 코와 입이 유난히 크게 표현되었고, 눈은 지그시 감은 모습이다. 이 호인상은 매부리코형과 홀을 들고 가지런히 다듬은 수염, 얼굴 윤곽선, 복식 등의 특징이 서역인의 모습이다.

7세기 전반의 황성동석실에서 출토한 서역인상과 비교하면, 호모대신 홀을 잡고, 복두를 쓰고 있는 등 차이가 있다. 용강동고분에서 출토한 호인상은 황성동석실분의 호인상의 모습에서 지위가 높아졌음을 나타낸다.

경주 전원성왕릉(괘릉)의 능에서 남쪽으로 110m 떨어진 지점에 좌우로 각 1인의 무인석상이 마주보고 세워져 있다. 이 무인석상의 얼굴은 둥글고, 눈을 부릅뜨고, 머리카락은 곱슬이고, 매부리코를 하였다. 머리에는 서아시아인들이 요즘도 쓰고 다니는 터번을 두르고 있다. 그리고 머리와 팔을 내밀 구멍을 남기고, 옆솔기와 위를 가로질러 꿰매어 만든 옷을 입었는데, 길이는 무릎까지 내려오고, 허리에 띠를 둘렀다. 이런 종류의 옷은 유럽과 서역인들이 입었던 의상으로서 튜닉[Tunic]풍의 옷차림이다.

흥덕왕릉에도 눈을 부릅뜨고, 곱슬머리에 터번을 쓰고, 튜닉풍 옷을 걸친 서역인상의 석인이 좌우에 배치되었다. 구정동 방형분의 호석 모서리 기둥에 눈이 깊고, 코가 높은 곱슬머리와 턱수염이 있는 서역인이 조각되어 있다. 전원성왕릉과 흥덕왕릉의 신도에 세워진 서역인상의 석인은 8세기 후반에서 9세기 전반에 신라 왕경에 거주한 서역인들을 모델로 만들었을 가능성이 있다.

통일신라 왕경에 서역인들이 와서 거주하였음을 나타내는 중요한 자료로서 경주 동천동 7B/L에서 확인된 점토블록 담장으로 만든 건물지이다. 점토로 일정한 크기의 장방형으로 만든 블록으로 가옥의 벽 또는 담장을 만든 건축물은 중앙 아시아 일대에 상당 수 분포할 뿐만 아니라 최근에도 점토블록으로 가옥의 담장을 만들고 있다. 통일신라나 중국에는 점토블록으로 가옥의 벽이나 담장을 만들지 않았다. 경주 동천동 도시 유적에서 확인된 점토블록 담

그림 14-19 서역인 석인 (좌: 전원성왕릉, 우: 구정동 방형분)

그림 14-20 경주 동천동 7B/L의 점토블록과 담장

장 건물은 신라인들의 건축물이라기보다 점토블록으로 담장을 만드는 전통이 있는 지역의 거주인들이 살았던 건축물로 보아야 한다.

그리고 통일신라시대의 막새와 전돌 등에 많이 표현된 보상화문은 반팔메트가 좌우대칭으로 연속된 형태로 4·6·8·10엽 등으로 표현, 넝쿨무늬[당초문(唐草文)]의 변형으로 7세기를 전후한 시기에 사산조 페르시아에서 그 양식이 성립되었고, 신라로 전해지면서 8세기 중엽 경, 가장 화려하게 발전하면서 연꽃무늬 중심이었던 기와무늬를 크게 변화시키면서 8세기 후반 이후 성행하였다.

그리고 통일신라의 막새와 인화문병이나 호에 장식한 포도무늬는 사산조 페르시아에서 풍요와 생명의 상징으로 여겨지는 무늬로서 넝쿨무늬와 함께 어우러져 통일신라 암막새의 주요 장식 문양으로 정착하였다. 우리나라에서 포도가 본격적으로 재배되기 시작한 것은 고려시대이고, 포도무늬는 서아시아를 통해 통일신라에 들어온 것으로 추정된다.

그림 14-21 국립경주박물관 소장 건축부재

국립경주박물관 정원에 전시되어 있는 고대 페르시아에서는 성스러운 나무 아래 낙원이 존재하고, 그곳의 동물들은 축복받은 존재라고 여겼다. 국립경주박물관소장 석재 건축

부재인 긴 화강석으로 만든 돌의 오른쪽에 3개의 원을 그리고, 가운데 원은 연주문을 새기고 그 안에 나무 한그루를 사이에 두고 두 마리의 공작이 마주보고 있다(국립경주박물관·국립제주박물관 2010).

이 외에도 유리와 금속제 화형접시 등의 서역계 유물이 들어왔거나 모방하여 만들기도 하였다. 월지에서 출토한 연녹색의 투명 유리잔은 아가리가 넓고 아래로 가면서 좁아지고, 바닥에는 꽂을 수 있도록 촉이 있다. 이 유리잔은 성분 분석 결과, 납이 검출되지 않아 통일신라시대에 유행했던 유리그릇과 차이가 있고, 이란지역에서 비슷한 형태의 유리잔이 출토한 바 있어 서아시아산일 가능성이 있다. 이와 유사한 유리잔이 일본의 후쿠오카시 고로칸유적에서 출토되어 서아시아-중국-통일신라-일본으로 연결된 해상교역 루트가 존재하였음을 나타낸다.

칠곡 송림사 전탑의 사리기로 봉안된 금동전각형사리기 안에 유리잔과 유리병이 안치되었다. 유리잔은 녹색이고, 잔 외면에 둥근 고리를 부착하였다. 둥근 고리를 부착한 유사한 유리잔은 중국 서안과 일본의 쇼소인에도 소장되어 있다. 유리용기에 둥근고리를 부착한 것은 사산조페르시아에서 유행한 것으로 알려져 있어 송림사 전탑에 사리기로 안치한 유리용기는 사산조페르시아산일 가능성이 있지만, 통일신라에서 제작되었다는 견해도 있다(이인숙 2014).

통일신라의 왕궁과 왕경의 귀족 가옥, 황룡사지와 미륵사지, 건천 방내리 도시유적, 창녕 화왕산성 등지에서 유기제 용기가 다수 출토되었고, 경주 동천동유적에서 청동공방이 확인되었다. 그리고 왕경 유적과 미륵사지 등에서 도가니가 출토되어 유기 생산이 왕경과 지방의 거점 사찰이나 도

그림 14-22 월지 출토 페르시아산 유리기(1), 신라 와전의 서역계 문양(2)

477

그림 14-23 황해도 평산 산성리 출토 화형접시

그림 14-24 칠곡 송림사 전탑 출토 서아시아계 유리용기

시에서 이루어졌음을 나타낸다. 통일신라에서 생산한 유기는 아가리가 밋밋하지만, 황해도 평산과 익산 미륵사지에서 출토한 청동접시는 아가리에 꽃모양을 한 화형접시이다. 타출기법으로 구연부를 꽃모양으로 만든 그릇은 서아시아의 금속제품과 유리제품에 유행하였는데, 황해도 평산과 익산 미륵사지에서 출토한 화형유기잔은 서아시아 금속용기의 제작기술을 모방해서 만들었을 것으로 추정된다.

통일신라의 왕경에 거주하는 귀족들은 국내 생산품뿐만 아니라 중국이나 일본은 물론 동남아시아 또는 서역·이슬람 등지에서 생산된 제품들도 사용하였는데, 그 품목들은 『삼국사기』 잡지 거기·옥사조에 나오는 물품과 〈매신라물해〉의 품목들을 통해 알 수 있다. 흥덕왕 9년(834)에 신분질서의 동요와 사치 풍조를 막기 위해 내린 교서를 보면, 진골 이하의 백성들에게 슬슬((瑟瑟. 타지키스탄에서 생산되는 벽색 보석)·비취모(翡翠毛. 캄보디아 등지에서 서식하는 비취조의 털로서 매우 사치스럽고 잡기 어려운 진조)·공작미·대모(玳瑁. 필리핀군도와 자바 등지에서 서식하는 거북의 등껍질로서 신라에서는 옥사·차재·상·빗 등에 장식품으로 사용)·자단(紫檀. 자바와 수마트라에서 스리랑카·인도에서 자생하는 有香材木. 나무껍질은 자주빛이고 여름철에 노란 꽃이 핌. 재목은 건축 가구의 재료로 쓰임)·침향(沈香. 인도와 동남아시아에 서식. 팥꽃나무과에 딸린 늘푸른 큰 키 나무. 생나무 또는 마른 나무를 땅속에 묻어 수지가 적은 부분을 쓰는데, 줄기의 상처가 난면에서 흐르는 수지를 침향이라 하여 예로부터 극히 귀하게 여김)·황양목(黃楊木. 회양목과에 딸린 늘푸른 좀나무.줄기는 나무질이 단단하여 조각의 재료로 씀. 회양목)·구등(毬毦)과 탑등(毾毦. 양모를 주성분으로 하여 잡모를 섞어 짠 문양 있는 페르시아의 직물로서 그 용도는 의자(榻)에 까는 좌구(坐具))·대당담(大唐毯)·호피·중국 담요·백옥·조서(鳥犀) 등(이병도 역주『삼국사기』) 통일신라에는 생산되지 않고, 주로 서역이나 동남아시아 또는 인도·이란 등지에서 서식하거나 생산되는 수입품의 사용을 금하거나 제

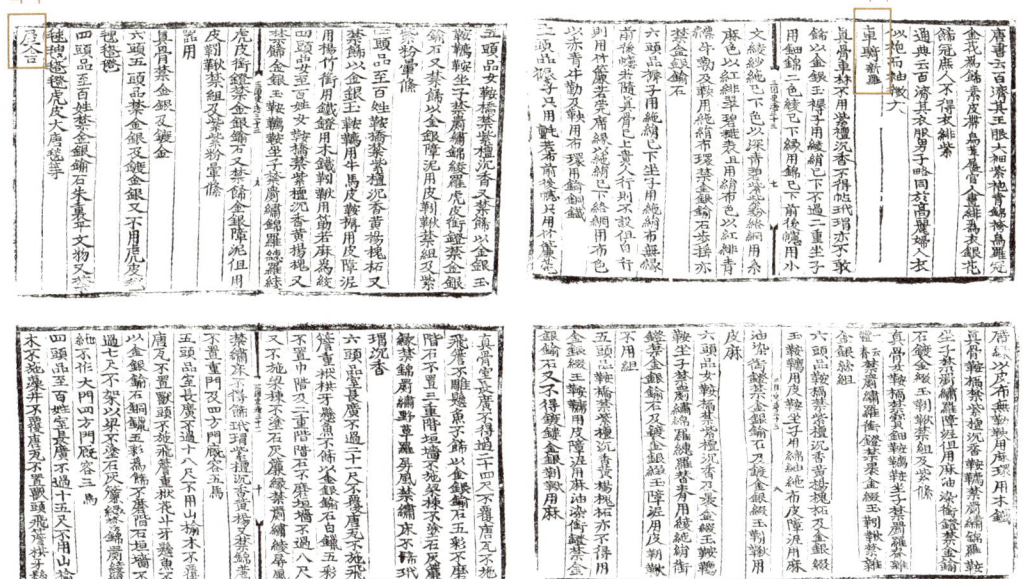

그림 14-25 삼국사기 거기·옥사조

한하는 금제가 실시되었다. 외국에서 생산된 사치품의 사용을 금하는 금제가 실시된 것은 신라의 귀족들이 외국 사치품을 사용하여 사회문제가 되었음을 나타낸다.

그리고 752년 도일한 신라사절단으로부터 물품을 구입하기 위해 일본 왕족과 귀족들이 담당 관청에 제출한 〈매신라물해〉의 품목을 보면, 대부분의 향료와 약재·안료·염료는 중국 남·서부·동남아시아·인도·아라비아·북아프리카에서 생산되는 물품이다.

통일신라와 서역간의 교류는 서역인상 토용, 왕릉의 서역인상, 생전을 사용하여 벽을 만든 가옥뿐만 아니라 9세기 후반 최치원이 찬한 향악잡영(鄕樂雜詠)에 서역의 가무인 속독(束毒)·월전(月顚)·대면(大面) 등이 소개되어 있어 통일신라와 서역 사이에는 활발한 교류가 이루어졌음을 나타낸다.

신라와 서역간에는 서역에서 중국을 통해 통일신라로 반입된 간접적인 교류도 이루어졌지만, 중국 당나라의 수도 장안에서 신라인과 서역인들이 교류하거나 중국 당나라에 파견된 사신이나 학생과 유학승 등이 서역의 문화 요소와 물품을 들여온 예도 많았을 것이다. 이와 달리 신라인들이 직접 서역으로 갔거나 서역인들이 신라에 들어와 교류하였을 가능성도 있다. 『왕오천축국전』을 찬한 신라 불교승 혜초가 중국을 거쳐 인도까지 순례를 하면서 돌아온 예 등을 보았을 때, 신라인들이 중앙아시아를 방문하면서 서역의 문화 요소를 수용하였을 것으로 추정된다. 그리고 앞서 설명한 고분에서 출토한 서역인상의 토용이나 전원성왕릉과 흥덕왕릉의 호인상 위줄, 구정동 방형분 호석 우주석에 조각된 서역인상 등과 경주 동천동에서 확인된 생전으로 만든 담장, 처용가 등의 존재로 볼 때, 신라 왕경에 서역인들이 와서 거주하였을 가능성도 있다.

　기원후 226년에 페르시아인이 세운 이란 왕조인 사산조 페르시아는 5세기 이후 가장 번창하면서 영토가 근동~흑해~중앙아시아~인도까지 이르렀고, 실크로드를 장악하여 중국과 활발한 교류를 맺었다. 사산조 페르시아는 불과 빛을 숭배한 조로아스터교, 마니교 등이 주요한 종교로서, 이 양 종교는 서역을 통해 중국으로 수용되어 경교로 발전하였다. 특히 사산조페르시아는 금은용기와 유리용기 등을 생산하여 유럽·아프리카는 물론 중국·통일신라·일본 등지로도 수출하였고, 영향을 주었는데, 사산조 페르시아의 영향하에 있었던 서역인들이 이 시기에 활발하게 동양과 서양을 연결한 상업무역을 하였고, 그러한 연장선상에서 서역인들의 일부가 신라에도 들어와 교역을 하였을 것으로 추정된다. 서역인들이 신라 왕경에 머무르면서 그들의 전통적 건축기술인 생전을 만들어 담장이나 가옥 벽을 만들어 생활하였을 가능성이 있다.

　이외에도 기록의 진실여부의 문제가 있지만, 9세기 중엽의 작품으로 알려진 이븐 쿠르다비드가 지은 『제도르 및 제왕국 안내서』에도 "깐수(Qansu)의 맞은 편 중국의 맨 끝에 신라라는 산이 많은 나라가 있다. 그 나라는 영주국들로 갈라져 있다. 그곳에는 금이 풍부하다. 이 나라에 와서 영구 정착한 이슬람교도들은 그곳의 여러 가지 이점 때문에 그렇게 하였다고 한다. 그 나라 너머에 무엇이 있는지 아무도 모른다"고 하여 신라에 이슬람교도들이 정착하였다고 한다. 사실 여부를 떠나서라도 이슬람인들에게 신라의 존재가 알려져 있었음은 사실로 받아들여도 좋을 것 같다.

4. 일본과의 교류

신라와 일본은 7세기 초에 국교를 맺고, 한동안 활발하게 교류관계를 맺으면서 사신을 파견하였다. 『일본서기』에 의하면, 신라에서 파견한 사신이 다이자이후[大宰府]시의 츠쿠시관[築紫館]에 머무르거나 기나이[畿內]에까지 왕래했다고 한다. 삼국통일을 주도한 김춘추가 왕위에 즉위하기 전 일본에 사신으로 갔을 만큼 통일 이전에 서로의 왕래가 빈번하였다. 그 결과 7세기 전반의 신라 토기가 규슈일대뿐만 아니라 기나이지역의 궁지와 불교사원 등지에서도 상당 수량 출토하였다. 신라가 백제를 군사적으로 공격하는 650년대 이후부터는 신라와 일본이 적대관계가 되면서 사신 왕래가 단절되고, 신라가 삼국을 통일한 이후인 7세기 말부터 다시 국교가 정상화되면서 사신들이 파견되었다.

그리고 일본의 사신 또는 승려들이 중국 당나라로 가기 위해서 신라를 경유하고, 때로는 신라인들과 함께 왕래하기도 하였다. 일본에서 중국에 파견한 사신 또는 유학가는 승려들은 신라 왕경에서 수일간 머무르기도 하였다.

고대 동북아시아를 구성하는 수·당-신라-일본간에 활발하게 사절이 파견되었는데, 사절단의 구성원에 승려가 포함되어 있었다. 승려가 사절단에 포함된 것은 이 승려들이 당시의 지식인층이었으며, 신라와 일본은 중국으로부터 불교 교리를 배우고 경전을 입수하여 불교를 융성시키려는 국가적 의지가 있었다. 이와 같은 배경에서 대외사절단에 참여한 승려들에 의해서 외국의 물품이 사찰로 유입되었을 것이며, 토기도 그것의 하나일 것이다. 신라의 사찰에 중국의 도자기가 많이 출토되는 사실과 일본의 사찰에서 통일신라 토기가 출토되는 것은 비슷한 역사적 상황이 그 유입 배경이었을 것으로 추정된다.

통일신라와 일본간에 이루어진 교섭과 교류를 나타내는 자료는 일본 쇼소인에 소장된 유기제 용기와 수저, 신라먹·신라금 등을 비롯해 유리 제품, 금속기와 토기 등 매우 다양하다. 일본열도에서 출토한 통일신라 토기의 양은 많지 않음에도 불구하고, 이 시기 신라와 일본의 물질자료의 시기 조율, 크게는 통일신라시대의 한반도와 일본 출토 물질자료의 편년조율 문제와 직결된다. 뿐만 아니라 7세기 초 이후에 전개된 신라의 삼국통일 및 당과의 대립이란 동아시아 사회의 격변기와 그것을 해소해 가는 시기 신라와 일본의 대응관계를 나타내는 물적 자료로서의 가치를 가진다.

일본에서 출토한 통일신라 토기는 1978년 오다 후지오의 연구(小田富士雄 1978) 이래 다수의 연구자들에 의해 연대를 비롯하여 소비지의 양상, 토기의 기종 구성과 시기별 출토 양상 등을 분석하여 통일신라와 일본간의 교류를 이해하고 있다. 일본에서 출토된 통일신라 토기에 대한 연구는 해당 토기의 연대, 유입배경, 출토 유구의 성격 등에 치우쳐 있으며, 전적으로 일본인 연구자들에 의해 진행되어 왔다고 해도 과언은 아니다. 일본 연구자들의 연구 초점은 편년·유입 동기의 분석에 의한 신라와 일본과의 관계 설정이다. 통일신라 토기가 일본열도로 유입된 배경에 대한 해석은 『일본서기』와 『속일본기』 등에 기재된 신라와의 교섭관계 기사에 의거하여 왔다.

일본에서 출토한 통일신라 토기는 어떤 형태로든지 신라와 일본과의 관계를 나타내는 물질자료임에는 분명하다. 일본 출토 통일신라 토기가 지닌 의미 분석을 위해서는 통일신라 토기의 전체 편년 속에서 일본에서 출토된 통일신라 토기의 시간적 위치를 부여하는 것이 유입의 배경에 대한 객관적인 해석이 내려질 것이다. 아울러 일본의 전국적인 시야에서 통일신라 토기가 어떤 성격의 유구와 유적에서 어떤 상태로 출토되는가에 대한 분석과 유입된 기종조성에 대한 파악이 이루어진 이후 통일신라 토기가 일본으로 유입되는 배경에 대한 해석이 가능할 것이다.

일본 각지에서 통일신라 토기를 반출한 유적(유구)는 궁지·도성지·관아지·공방지·성지·취락지·고분 등 다양하다. 통일신라 토기가 출토된 궁지로는 나니와규[難波宮]·후지와라규[藤原宮]·헤이죠규[平城宮]·오하리다규[小墾田宮] 추정지 등이다. 통일신라 토기가 출토된 궁도유적으로는 후지와라교[藤原京]와 헤이죠교[平城京]가 있으며, 향연장으로는 야마토의 이시카미[石神]유적이 있다. 이시카미유적은 사이메이쵸[齊明朝]의 향연장 또 아스카노기요미하라규지[飛鳥淨御原宮址]로 추정되는 곳인데(安田龍太郎 2002), 이곳에서 5점의 통일신라 토기가 출토되어 기나이지역에서 가장 많은 수를 차지한다.

신라 토기가 출토된 관아유적은 츠쿠시[筑紫]의 다이자이후[太宰府]와 고로칸[鴻臚館], 다다라고메다[多多良込田]유적 등이 알려져 있다. 공방지로는 다이유적[太井]유적, 니시 에이[西裔]유적, 아스카이케[飛鳥池]유적, 후쿠오카시[福岡市]의 우미노나카미치[海の中島]유적, 이토시마군[絲島郡]의 츠가다[塚田]유적 등이 알려져 있으며, 이 공방지들에서는 완·뚜껑·병 등의 기종이 출토되었다. 공방지에서 통일신라 토기가 출토된 곳은 긴키[近畿]와 북부규슈[北部九州]뿐이다.

사찰유적으로는 아스카테라[飛鳥寺]·도유라지[豊浦寺]·에이지[裔寺]·덴하이지[電廢寺]·큐세하이지[久世廢寺]·호류지[法隆寺] 등이 있으며, 이 유적들에서 출토된 신라 토기의 기종은 병과 뚜껑이다. 신라 토기가 출토된 사찰유적은 기나이에 주로 분포한다.

취락유적으로는 이키[壹岐]의 다이호우[大宝]유적, 북부규슈의 뉴우카샤[入花寺]유적, 이소우다시[井相田] C유적, 간토[關東]에는 니시시타니다[西下谷田]유적, 마에다[前田]유적, 우사기노나이다이[兎の內台]유적, 오치우치[落內]유적, 소우큐[惣宮] 유적, 쿠루와우치[郭內]유적이 있다. 이즈모[出雲]에는 후루하치만 후킨[古八幡附近]유적이 해당된다. 현재까지의 조사성과로 볼 때, 출토된 집락유적은 규슈·간토·이즈모 등지이며, 긴키와 그 주변지역에는 확인된 예가 없다. 이키와 북부규슈의 취락에서 통일신라 토기의 출토는 예상되지만, 간토와 이즈모 등지의 취락유적에서 통일신라 토기가 출토되는 점은 특이하다. 특히 간토의 시타노[下野]에서 통일신라 토기가 출토된 유적은 모두 6개소로서 일본 내에서 가장 집중되어 있다. 시타노 이외 지역의 취락유적에서 출토된 통일신라 토기의 수는 1~2점에 불과하지만, 시타노의 니시시타니다유적에서는 8점의 통일신라 토기가 출토되었다.

고분은 이키·츠쿠시·나가토[長門]·긴키·카즈사[上總] 등 일본의 각지에 분포하며, 그 중심지는 이키, 츠쿠시의 북부규슈이다. 이키의 경우, 통일신라 토기가 출토된 유적은 6개소인데, 다이호우유적 1개소 이외는 모두 고분이다. 북부규슈에 통일신라 토기가 출토된 유적은 모두 20여 개소인데 그 중 고분은 12개소로 60%를 차지한다. 긴키에 통일신라 토기가 출토된 유적은 40개소인데, 고분은 4개소로 10%에 불과하다. 긴키와 비교할 때, 이키와 북부규슈에서 통일신라 토기가 반출된 유구의 중심은 고분이며, 통일신라 토기는 일상용기가 아닌 부장품으로 선호되었다고 할 수 있다. 고분의 부장품은 개인 소유물로서의 성격이 강하다는 관점에서 보면, 북부규슈에서 출토된 통일신라 토기와 긴키에서 출토된 통일신라 토기의 사용 목적이 달랐음을 출토된 유구의 성격을 통하여 알 수 있다.

일본열도에서 출토한 통일신라 토기의 시기별 출토 양상을 살펴보면, 삼국통일 직후인 7세기 말에서부터 8세기 전반, 9세기 전반에 주로 집중된다. 각 시기별 양상은 다음과 같다.

7세기 말에 일

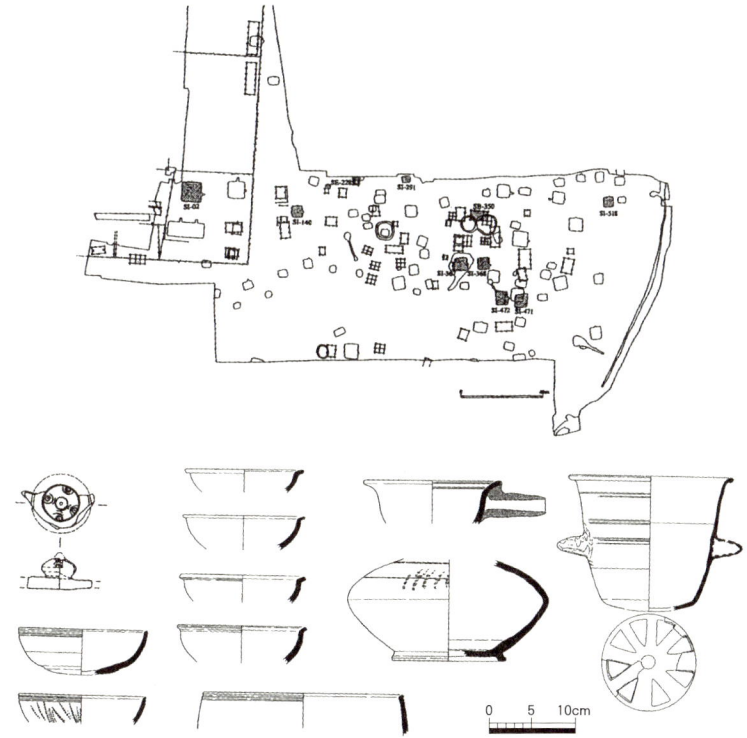

그림 14-26 니시시타니다유적 출토 통일신라 토기

본열도에서 출토한 통일신라 토기는 츠쿠시·나가토·긴키·시타노·카즈사 등 광범위한 지역에서 출토된다. 츠쿠시에서 통일신라 토기가 출토된 유구는 고분·관아·생활유적이며, 기종은 뚜껑과 병의 2기종이다. 고분에서도 여전히 통일신라 토기가 부장되어 있고, 관아와 생활유적에서 통일신라 토기의 양이 증가되는 현상이 나타난다. 고분에서 출토된 통일신라 토기는 신라와의 공적 또는 사적관계에 참여한 인물들의 소유물로서의 성격이 있으며, 관아유적에서 출토된 통일신라 토기는 신라와의 공적관계를 의미하는 유물로서의 성격이 높다.

긴키에서 통일신라 토기가 출토된 유적은 15개소인데, 궁지·궁도·사찰·공방지 등 다양하며, 기종은 횡병·뚜껑·완 등인데 횡병이 대부분이다. 7세기 말의 통일신라 토기 출토 중심지는 긴키로서 왕경을 구성하는 유적에서 출토된다.

7세기 말경의 통일신라 토기는 궁지·궁도·사찰·고분 등 매우 다양한 성격의 유구에서 출토되는데, 여전히 궁지와 궁도 관련 유적에서 출토된 양이 가장 많으며, 다음은 사찰유적에서 많은 수를 차지한다. 신라로부터 들어온 토기의 주요 소비처가 궁도와 긴키의 사찰임을 나타낸다. 사찰유적에서 통일신라 토기가 출토된 배경에는 신라와 일본간의 관계에서 승려들의 역할이 있었음을 보여주는 자료로서 주목된다. 토기의 기종도 병·뚜껑·합 등이며 앞 단계보다 종류가 풍부하다. 그렇지만 병의 수가 60% 이상을 자치할 만큼 주요한 기종으로서 일본의 왕궁이 선호한 기종이었음을 보여준다.

일본 쇼소인 보관의 752년에 작성된 〈매신라물해〉는 당시 일본에 온 신라인에게 물건을 사기 위해 일본인들이 매입 예정 품목과 가격을 적어 정부에 제출했던 문서이다. 〈매신라물해〉의 품목을 보면, 대부분의 향료와 약재·안료·염료는 중국 남·서부·동남아시아·인도·아라비아·북아프리카에서 생산되는 물품이다. 신라에서 생산되지 않는 물품을 신라로부터 구입하기 위해 일본 지배층들이 사전에 구입을 요청한 품목들이었다는 점을 볼 때, 신라 정부와 신라인들이 중국 당을 매개로 다양한 형태의 교역망을 구축하였음을 추정할 수 있다. 〈매신라물해〉와 일본열도에서 출토한 신라 유물들을 볼 때, 신라와 일본 사이에 교류가 활발하였고, 신라의 선진문물들이 일본에 상당량 수출되었음을 알 수 있다. 대립관계에 있던 신라와 일본은 7세기 초부터 사절을 파견하고 교섭관계를 개시한 이후 삼국통일 종료 이후가 되면 활발한 교류관계가 유지되면서 각종의 신라 물품이 일본으로 수출되었다. 일본 쇼소인에 소장된 금동가위·신라먹·신라금·숟가락 등은 신라로부터 입수한 물품이다.

그림 14-27 일본 쇼소인과 소장 통일신라 유물

통일신라와 당·서역·일본과의 교류를 보여주는 실물자료는 꽤 많이 알려져 있지만, 이를 체계적으로 연구한 사례가 거의 없다. 이들 실물자료의 검토에 기초한 통일신라와 당과의 교류관계를 단계적으로 파악하거나 또는 구체적으로 설정하여 통일신라의 교류사를 재정립할 필요가 있다.

홍보식

참고문헌

보고서 및 논저

국립경주박물관·국립제주박물관, 2010, 『新羅, 서아시아를 만나다』.
부산박물관·한성백제박물관·러시아과학원 극동지부 역사학고고학민족지학연구소·러시아 국립극동
연방대학 박물관, 2014, 『러시아연해주문물전 프리모리예』.

齊東方, 1999, 『唐代金銀器研究』, 中國社會科學出版社.
上海人民美術出版社, 2000, 『中國陶瓷 唐三彩』.

菊池俊彦 編, 2010, 『北東アジアの歷史と文化』, 北海道大學出版會.
五島美術館, 1998, 『日本の三彩と綠釉--朝鮮半島陶磁-』.
田村晃一, 1999, 『古代國家渤海と日本の交流に關する考古學的研究』, 平成8年度~平成10年度科學研
究費補助金(海外學術調査) 研究成果報告書.
中澤寬將, 2012, 『北東アジア中世考古學の研究-渤海·靺鞨·女眞-』, 六一書房.

논문

姜友邦, 1973, 「新羅十二支像의 分析과 解釋-新羅十二支像의 Metamorphose-」, 『佛敎 美術』1.
姜友邦, 1982, 「統一新羅十二支像의 樣式的 考察」, 『考古美術』154·155合.
金英媛, 1999, 「統一新羅時代 鉛釉의 發達과 磁器의 出現」, 『美術資料』62, 國立中央博物館.
山本孝文, 2010, 「唐代 金銀器文樣과 新羅印花文土器의 具象文」, 釜山大學校 考古學科 創設20周年紀
念論文集.
신 준, 2011, 「중국 장사요의 편년과 한국 출토 장사요 자기 연구」, 『야외고고학』12, 한국문화재조사연
구기관협회.
延敏洙, 2002, 「古代 韓日 外交史」, 『韓國古代史研究』27, 한국고대사학회.
延敏洙, 2003, 「統一期 新羅와 日本關係-公的 交流를 중심으로」, 『강좌 한국고대사』4, 駕洛國事蹟開發

研究員.

周炅美, 2002, 「韓國古代 佛舍利莊嚴에 미친 중국의 영향」, 『美術史學研究』235, 韓國美術史學會.

洪潽植, 2006a, 「新羅 綠釉陶器의 初現 時期와 生産技術」, 『博物館研究論集』12, 釜山博物館.

洪潽植, 2006b, 「통일신라시대의 토기 생산과 공급 시론-생산유적 화곡리와 소비유적 월지·동궁지 출토 토기의 비교-」, 『韓國古代史探究』23, 韓國古代史探究學會.

江浦洋, 1987, 「日本出土の統一新羅系土器とその諸問題」, 『太井遺蹟(その2)調査概要』, 財團法人大阪文化財.

江浦洋, 1988, 「日本出土の統一新羅系土器とその背景」, 『考古學雜誌』74-2, 日本古學會.

江浦洋, 1991, 「大阪城趾發掘調査出土の新羅土器綠釉蓋と谷部出土の遺物群について」, 『大阪文化財研究』2, 財團法人 大阪文化財センター.

江浦洋, 1992, 「古代日羅關係の考古學的檢討Ⅰ-何故, 新羅土器は海を渡ったのか-」, 『考古學論集』4, 考古學學ぶ會.

江浦洋, 1994, 「海をわたった新羅の土器-土器からみた古代日羅交流の考古學的研究-」, 『ヤマト王權と交流の諸相』, 古代王權と交流5, 名著出版.

宮川禎一, 1988a, 「文樣からみた新羅印花文陶器の變遷」, 『歷史學と考古學』, 高井悌三郎先生喜壽記念論集.

宮川禎一, 1988b, 「新羅陶質土器研究の一觀點-7世紀代を中心として-」, 『古代文化』40-6.

宮川禎一, 1991, 「宗像市相原2號墳出土新羅土器の再檢討-初期印花文陶器の文樣系譜-」, 『地域相研究』20-上, 地域相研究會.

宮川禎一, 1993, 「新羅印花文陶器變遷の劃期」, 『古文化談叢』30-中, 九州古文化研究會.

金田明大, 2006, 「遼西地方における鮮卑墓出土土器の觀察」, 『東アジア考古學論叢-日中共同研究論文集-』, 日本奈良文化財研究所·中國遼寧省文物考古研究所.

白井克也, 1998, 「東京國立博物館保管新羅綠釉陶器-朝鮮半島における綠釉陶器の成立-」, 『MUSEUM』556, 東京國立博物館.

白井克也, 1999, 「大野城市出土新羅土器の再檢討-須惠器との並行關係ならびに流入の背景-」, 『福岡考古』18, 福岡考古懇話會.

西島定生, 1978, 「中國·朝鮮·日本における十二支像の變遷について」, 『古代東アジア史論集』下卷.

小嶋芳孝, 2010, 「クラスキノ城跡井戶出土土器群の考察」, 『北東アジアの歷史と文化』菊池俊彥 編, 北海道大學出版會.

小田富士雄, 1978,「對馬·北九州發見の新羅系陶質土器」,『古文化談叢』5, 九州古文化研究會.

小田富士雄, 1988,「對馬·北部九州發見の新羅土器」,『古文化談叢』19, 九州古文化研究會.

安田龍太郎, 2002,「飛鳥藤原地域出土の新羅印花文土器」,『文化財論叢』Ⅲ, 奈良國立文化財研究所.

佐藤雅彦, 1979,「隋·唐の加彩·單色釉·三彩釉の土俑」,『世界陶磁全集11』隋·唐, 小学館.

重見泰, 2004,「新羅印花文土器研究における文様論再考-'新羅王京様式の提唱とその基礎研究として-」,『한·일교류의 고고학』, 영남고고학회·九州考古學會 제6회 합동고고학대회, 영남고고학회·九州考古學會.

增尾伸一朗, 2007,「十二支」,『歷史考古學辭典』, 吉川弘文館.

千田剛道, 1995,「獸脚硯にみる百濟·新羅と日本」,『文化財論叢』Ⅱ, 奈良國立文化財研究所.

千田剛道, 2003,「日本出土の百濟·新羅綠釉」,『奈良國立文化財研究所 紀要』, 奈良文化財研究所.

板橋正幸, 2001,「栃木縣內出土の新羅土器について-西下谷田遺蹟出土新羅土器を中心として-」,『研究紀要』9, とちぎ生涯學習文化財團 埋藏文化財センター.

狹川眞一, 1993,「太宰府成立期の遺構と遺物-未報告資料の拔粹-」,『古文化談叢』30, 九州古文化研究會.

통일신라고고학개론

15

통일신라에서 고려로의 전환

- 고대 도시의 쇠퇴와 신흥 도시의 건설
- 묘제와 장제의 변화
- 통일신라 토기 가마에서 고려 도기 가마로의 전환
- 생활용기의 변화
- 기와와 전의 변화
- 금속 장식품의 변화
- 벼루의 변화

1. 고대 도시의 쇠퇴와 신흥 도시의 건설

1) 통일신라 왕경과 지방 도시의 쇠퇴

통일신라 왕경은 935년 경순왕이 고려 왕조에 투항할 때까지 가장 규모가 크고, 화려한 고대 도시였다. 935년 경순왕이 고려에 투항하면서 왕경으로서의 기능과 역할은 사라지고, 지방 도시로서 격하되었다. 최근 통일신라시대의 정궁이었던 월성의 부분적인 발굴조사 결과 고려 초기의 유물이 전혀 확인되지 않는 것은 935년 투항 이후 왕궁으로서의 기능을 완전히 상실하고, 폐허가 되었을 가능성을 나타낸다. 그리고 월지 동편의 발굴조사 결과, 9

세기 말 이후부터 궁역이 줄어들고, 담장이 허물어지고, 일반 가옥이 배치되었다. 정연한 격자상의 도로에도 가옥이나 수조 등이 침점하는 등 도시 구조에 변화가 나타났다. 왕궁이 폐허화되고, 왕경은 도성이 아닌 일반 도시로서의 위치를 차지하면서 도시의 규모가 점차 축소되고, 계획적인 모습도 이완되어 갔다.

정연한 가로로 구분된 도시의 기본 틀 이완은 고대의 율령적 통치 이념과 그것에 기반한 신분질서의 동요를 나타내는 현상으로 볼 수 있다.

왕경의 도시 기능의 이완과 더불어 고대의 정치적 이념에 의해 건설된 지방 도시들의 변화도 이루어졌다. 왕경의 위성도시로서 삼국시대 이래 신라 중앙의 주요 세력인 모량부의 거점이었던 방내리 도시유적이 이를 잘 나타낸다. 방내리 도시유적은 도시 전체 면적의 극히 일부가 조사되었지만, 통일신라시대의 도로와 건물지·우물·수혈주거지·수혈 등 다양한 유구와 유물들이 출토하였다. 고려시대의 유구는 계획도시의 남쪽 가장자리인 A-2구역에서 구상유구가 확인되었고, C-1구역에는 남북도로, C-2구역에는 남북도로·건물지 1기·수혈 2기·집석유구 1기·우물 4기, D-2구역에는 남북도로가 확인되었다. 통일신라시대의 유구는 거의 모든 구역에서 확인된 것에 비하면, 고려시대의 유구는 매우 적다.

고려시대 이후의 유구가 밀집하지 않고, 우물 등의 일부 유구는 통일신라시대의 도로를 파괴하고 설치하였는데, 이 현상들은 통일신라시대에 이용한 도로의 기능이 사라졌음을 나타내고, 나아가서는 모량부의 고대 도시가 이완 내지 해체되었음을 의미한다. 모량부의 거점지인 방내리의 도시가 해체된 것은 통일신라의 몰락과 고려로의 투항이 이루어지면서 신라의 중심세력의 기반이 해체되고, 이와 연동해서 고대의 계획도시도 도시로서의 기능을 상실하고, 폐허가 되거나 일반 취락으로서 재편되는 과정을 겪었을 것으로 추정된다.

사벌주의 주치로 알려진 상주 복룡동유적은 계획도시 전체 중 동편과 남-북 선상으로 조사가 되었고, 통일신라시대 유구와 고려~조선시대 유구가 상당 수 확인되었다. 복룡동 230-3번지 일대는 수혈주거지와 우물, 수혈로 이루어졌고, 고려시대의 초석건물지가 6~7기 분포한다. 수혈건물지는 통일신라시대의 것이 가장 많고 집중하며, 고려시대의 것은 동편과 남편에 치우쳐 분포하며, 중복이 심하지 않다. 북편에는 남북도로로 추정되는 구상유구가 위치하는데, 통일신라 도로와 고려 도로가 나란하게 이어져 있다. 230-3번지에서 확인된 통일신라시대 유구와 고려시대 유구가 계기적으로 연결되는지에 대해서는 향후 면밀한 검토가 필요하지만, 현재의 연구 성과에 비추어 보면, 통일신라에서 고려로 계기적으로 연결되는 것으로 추정된다. 통일신라시대의 수혈주거지는 동 수가 많음에 비해 우물의 수는 매우 적고, 고려시대에는 우물 수가 많고, 초석건물지가 분포하는 차이가 있다.

복룡동 256번지 일대에는 통일신라시대에서 고려·조선시대의 수혈건물지·수혈·우물·구상유구 등이 분포하고, 초석건물지는 통일신라시대의 것만 확인되었다. 시대별 유구의 분포를 보면, 통일신라시대 유구는 주로 256번의 중간부에서 남쪽에 집중해서 분포하는데, 약 20기의 건물지, 35여기의 수혈건물지와 수기의 우물지, 대소 크기의 수혈로 이루어졌다. 고려시대 유구가 집중 분포하는 북쪽에는 통일신라시대의 유구가 분포하지 않는다. 고려시대 유구는 256번지의 북쪽에 주로 분포하고, 통일신라시대 유구가 집중 분포한 남쪽에는 드문드문 분포하고, 초석건물지는 확인되지 않았다. 256번지에도 통일신라시대에서 고려시대로의 계기적인 연결이 확실하지 않지만, 그 가능성은 있을 것으로 추정된다.

현재까지 조사된 범위에 국한하면, 복룡동 도시유적은 통일신라시대부터 고려시대까지 지속해서 도시가 유지되었음은 분명하다. 그런데 통일신라시대 유구와 고려시대 유구가 같은 공간에 분포하기도 하지만, 통일신라시대 유구가 분포하는 공간에 고려시대 유구가 분포하지 않는 양상도 확인될 뿐만 아니라 통일신라시대에는 적심건물지가 분포하지 않는 공간에 고려시대의 적심건물지가 분포하는 등 공간 활용에서 차이가 있는 점도 확인된다. 이와 같은 양상은 통일신라시대와 고려시대의 도시 내부 구조의 차이, 즉 내부 공간의 배치와 활용 등에서 차이가 있었기 때문으로 추정된다. 이 문제는 향후 추가적인 조사와 함께 이미 조사된 상주 복룡동유적의 면밀한 검토를 통해 밝혀져야 할 부분이다.

통일신라 말, 소위 나말기에는 지방세력이 등장하면서 거점 지역에 새로운 도시가 만들어지기도 하였다. 궁예가 중심이 된 후고구려의 도읍지인 강원도 철원이나 견훤의 후백제 도읍지인 전주 등과 더불어 나말여초기의 지방 호족의 근거지였던 개경·상주·진주·무주(광주)·당항포 등지에도 완성된 도시는 아니지만, 어느 정도의 규모를 가지면서도 나름대로의 정치 이념을 표방한 도시가 건설되었을 것으로 추정된다.

통일신라에서 고려로 전환하는 시기에 고대 도시의 쇠퇴와 더불어 취락에도 변

그림 15-1　용인 언남리유적 전경

화가 있었을 것으로 추정된다. 지금까지의 조사에서 확인된 대부분의 통일신라시대 취락은 통일신라의 유물들이 출토하고, 고려시대의 유물은 확인되지 않는 양상이다. 이는 한 곳에 장기간 정주한 결과, 토기의 지력이 다했거나 나말기에 빈번하게 일어난 전쟁의 여파로 안정된 생활 영위의 어려움 등 당시의 정치·사회·경제적인 여건의 변화에 의해 취락이 피폐해져 해체된 사례들도 존재하였을 것이다.

2. 묘제와 장제의 변화

1) 왕릉의 변화

나말여초기인 9세기 후반에서 10세기 후반의 시기는 통일신라묘의 전통이 사라지고 고려묘의 전통이 수립되는 전환기로서 우리나라 역사 맥락에서 매우 중요한 시기임에도 불구하고, 전환기의 사상에 대한 논의는 거의 이루어지지 않았다. 최근에 들어와 고려분묘에 대한 고고학적인 조사증가와 자료축적이 이루어지면서 고려분묘의 편년(李熙濬 2004)과 묘제에 대한 연구(黃髩郁 2001; 이희인 2004; 高賢守 2004)가 이루어져 이 시기의 분묘 및 부장품의 변화와 양상에 대한 기초적인 이해가 정립되어 가고 있다.

그러나 나말여초기 장·묘제의 특징과 고려묘로의 정립과정에 대한 연구는 거의 전무하다. 통일신라에서 고려 사회로 변화가 이루어졌지만, 물질자료의 구체적인 양상이 무엇인지에 대해서는 여전히 의문이다. 그러나 최근에 들어와 통일신라에서 고려로의 전환기에 해당하는 다수의 자료가 확보되어 어느 정도 수준의 논의는 가능한 시점에 이르렀다. 통일신라묘에서 고려묘로의 대체적인 전환 양상을 서술한다.

통일신라에서 고려로의 전환에 있어 가장 주목되는 자료는 왕릉의 구조와 묘역 형식이다. 통일신라의 왕릉으로 추정되는 전원성왕릉과 흥덕왕릉과 고려 태조 현릉 등을 비교하면 현저한 차이가 나타난다. 전원성왕릉과 흥덕왕릉 등의 통일신라 후기의 왕릉은 봉분의 평면형태가 원형이고, 가장자리에 판석으로 호석을 설치하였다. 호석은 판석을 세우고, 사이에 탱석을 배치하고 위에 갑석을 설치하였다. 탱석에는 12지상을 조각하였다. 호석 앞쪽 바닥에는 판석을 깔아 회랑을 만들고 앞쪽 가장자리에 난간을 설치하였다. 난간에서 앞쪽으로 약간의 거리를 두고 상석을 설치하였다. 능에서 앞쪽으로 평지 또는 완만한 경사를 지닌 평탄면을 지나 석수·석인·화표석을 좌우에 나란하게 배치하고, 우측에 귀부의 받침대가 있는 묘비를 배치하였다.

전원성왕릉과 흥덕왕릉이 조사되지 않아 매장주체시설의 정확한 구조를 알기 어렵지만, 전신무왕릉과 전헌강왕릉 등의 조사와 왕경의 주위 산록에 조영된 규모가 큰 고분의 조사 내용 등을 고려하면, 횡혈식석실일 가능성이 있다. 7세기 이후 신라 왕경의 주위 산록과 왕경 내부에 조영된 횡혈식석실의 대부분은 평면형태가 방형임이 확인되었는데. 9세기 후반 이후의 통일신라 왕릉의 매장시설인 횡혈식석실의 평면형태도 방형으로 추정된다.

9세기 후반 이후의 횡혈식석실 구축에 사용된 석재는 정확하게 알 수 있는 자료는 없지만, 이 시기의 석실인 장산 토우총의 사례를 참고하면, 다소 거칠게 가공한 화강암제 할석을 사용하고, 벽체 내면에 백회를 미장하였을 것으로 추정된다. 현실 내부에는 높이가 꽤 높은 시상을 만들고 측면과 상면에 백회를 미장하고, 석제 두침·견좌·족대 등을 설치하여 주검을 안치하였을 것으로 추정된다.

위의 통일신라 왕릉의 특징들 중 일부는 고려 왕릉으로 계승되었지만, 많은 부분에서 차이가 있다. 고려 왕릉은 태조 왕건의 현릉, 3대 정종 안릉, 5대 경종 영릉 등이 있다.

고려 왕릉은 풍수에 따라 주산(主山)의 남쪽 경사면에 3~4단의 계단식으로 묘역을 조성하였다. 가장 위의 4단 중앙에는 능을 배치하였다. 봉분의 둘레에는 판석을 각이 지도록 배치하여 호석을 설치하고, 일정 간격으로 판석에 12지상을 조각하였다. 봉분 호석에서 1m 내외의 거리를 두고 난간을 설치하고, 봉분과 난간 사이 바닥에는 판석을 깔아 회랑을 조성하였다. 봉분에서 어느 정도 이격된 네 모서리에 범 또는 양을 조각한 석수를 배치하고, 봉분과 일직선상으로 남쪽 중앙에 혼유석을 배치하였다. 3단에는 봉분 남측 중앙에 장명등을 배치하였고, 1단에 배치한 석수와 나란하게 좌우에 망주석을 배치하였다. 망주석 남쪽의 우측에 문인석을 배치하였다. 3단과 2단 사이에는 석축을 쌓아 구분하였고, 3단의 우측에는 2단의 문인석과 나란하게 무인석을 배치하였다. 2단과 1단 사이에 단을 만들고 중앙에 석축 계단을 설치하였고, 남쪽 중앙에 정자각을 설치하였다.

왕릉 매장주체시설은 남쪽 중앙부에 출입시설을 만든 일종의 횡구식석실이다. 태조 왕건 현릉은 큰 화강암 판석을 세워 축조하였고, 천장은 1단의 평행고임을 하고 그 위에 4매의 뚜껑돌을 설치하였다. 바닥에는 1매의 큰 돌을 놓아 관대로 사용하였고, 좌우에 유물 부장대를 설치하였다. 평면형태가 장방형이다. 벽면에는 회를 바르고 그 위에 매화·대나무·소나무와 사신을 그렸다. 3대 정종 안릉은 1단 평행고임 천정이고, 벽석은 정다듬한 장대석을 바른층으로 쌓았고, 백회를 발랐다. 바닥에는 1매의 치석한 큰 돌을 중앙에 놓아 관대를 설치하였고, 좌우에 유물 부장대를 배치하였다. 평면형태가 장방형이다.

태조 왕건의 조모인 원창왕후릉으로 추정되고 있는 온혜릉(溫鞋陵)도 안릉과 유사하다. 5대 경종 영릉(榮陵)도 평천장이고, 1매의 큰 돌을 놓아 관대로 사용하였고, 좌우에 유물 부장대를 배치하였다(이상준 2012).

통일신라 말의 전칭 왕릉과 고려 초의 왕릉을 비교하면, 판석으로 호석을 만들고, 12지상을 조각한 점, 봉분을 둘러싸고 있는 난간, 봉분과 어느 정도 이격된 네 모서리에 석수를 배치한 점, 문인석과 무인석을 배치한 점 등은 유사하여 통일신라의 전칭 왕릉의 요소를 계승하였지만, 전체 묘역을 3~4단의 계단식으로 구분하고, 망주석과 장명등, 정자각 등의 묘역 장식시설은 통일신라의 전칭 왕릉에는 존재하지 않은 새로운 요소이다. 그리고 통일신라의 전칭왕릉의 묘역 장식물 배치에서 전원성왕릉과 흥덕왕릉 2기만 어느 정도 통일성을 보이고, 대부분의 전왕릉의 묘역 장식물에 통일성을 보이지 않았지만, 고려 왕릉은 장식물의 구성과 배치에 어느 정도 통일성을 보이는 점에서 통일신라의 왕릉보다 한 단계 발전된 모습이다.

고려의 왕릉은 매장주체시설이 추가 매장이 가능한 횡구식석실이지만, 실제 추가 매장이 이루어진 사례는 확인되지 않았다. 고려 초기 왕후는 왕과 합장한 것으로 알려져 있으나 천장 및 입구를 대형 판석으로 봉쇄하여 후대의 추가 매장이 어려운 폐쇄적인 구조이며, 단독장을 염두에 두고 하나의 관대만 설치하였다(이상준 2012). 그리고 묘제가 횡구식석실로 통일되었고, 석실의 평면형태가 장방형이면서 천장이 평천장으로 높지 않고, 식물 소재의 벽화를 그렸고, 목관을 설치하여 주검을 격납하고, 1인 매장한 점 등은 통일신라 왕릉의 매장주체시설 및 장법과 분명하게 다른 요소이다.

묘역 구성과 장식물, 묘제의 형식과 크기, 장법 등에서 통일신라 왕릉보다 한층 규격화와 통일성이 이루어졌음을 보인다. 전체적으로 보아 고려 왕릉은 통일신라 왕릉과 발해의 왕릉 요소를 부분적으로 계승하면서도 새로운 묘역 시설과 장식물, 묘제와 장법을 성립시켜 규격화와 통일성을 유지하였다.

2) 분묘의 변화

통일신라의 횡혈식석실묘와 횡구식석실묘는 바닥에 시상이 설치되고, 관을 설치하지 않아 목관을 결구한 금구가 출토되지 않는다. 8세기 이후가 되면, 횡혈식석실묘는 주축방향이 남-북으로 고정되어 있으나 횡구식석실묘는 등고선 방향과 직교하거나 또는 평행하게 설치되는 등 통일성은 나타나지 않지만, 9세기 이후가 되면 장축이 등고선과 직교방향인 예가 많아진다. 청주 용정동 Ⅰ유적의 경우, 9기의 석실묘가 조사되었으며, 9기 모두 석실의 장축이 등고선과 직교하며, 남-북방향이다. 용정동Ⅱ유적 7호묘는 너비 90cm, 높이 35cm 의 시신 안치대를 설치하였는데, 시신 안치대에서 관정이 출토되었다. 관정의 출토로 보아 목관이 사용되었음을 보여주는데, 시상이 관대로 바뀌어가고 있음을 보여주는 자료이다.

청주 용정동Ⅱ유적 7호묘에서 출토된 유물은 관정과 청동국자 1점만 출토되어 정확한 시기는 알 수 없으나 청동국자의 형식이 월지에서 출토된 것과 유사하며, 고려묘에서 출토된 청동국자와는 형식적인 차이가 있다. 그리고 통일신라의 분묘에서 청동국자가 출토된 예는 지금까지 확인되지 않으며, 용정동Ⅱ유적 7호묘가 첫 예에 해당한다. 분묘에 청동국자를 부장하는 습속이 고려초의 분묘에 나타나는 점 등을 고려하면, 이 용정동Ⅱ유적 7호묘는 통일신라말에서 고려로 전환되는 시점의 매장형태를 보

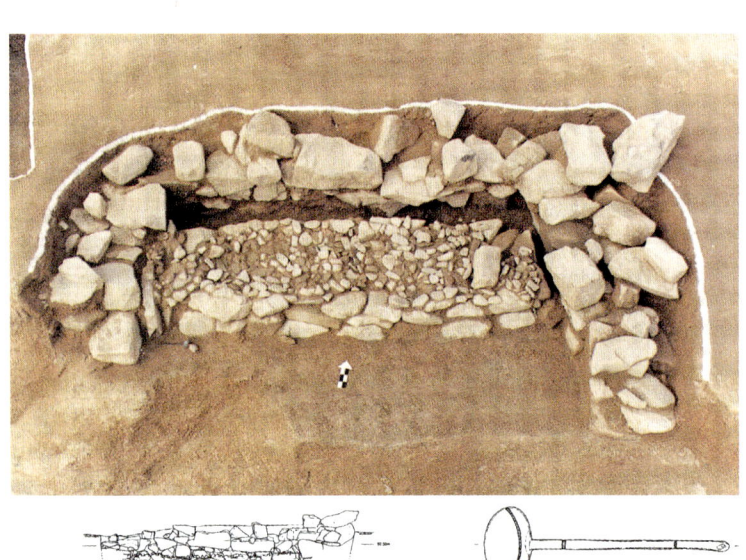
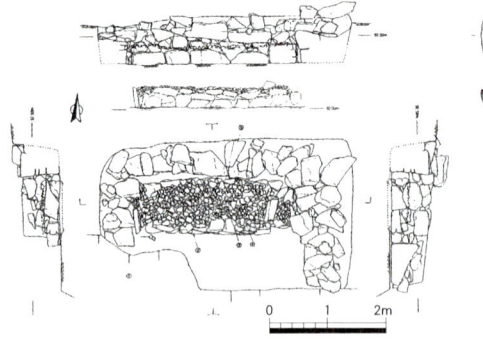
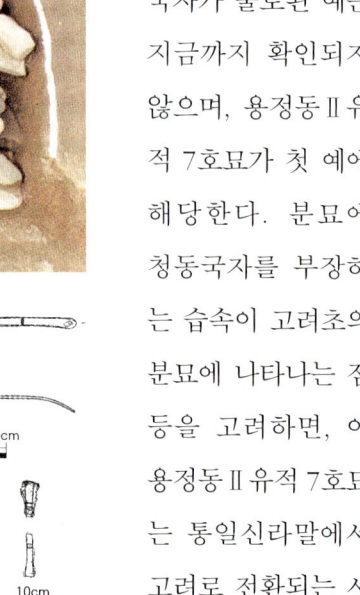

그림 15-2 청주 용정동 Ⅱ-7호묘 전경

여주는 자료로서 주목된다

횡혈식석실과 횡구식석실은 1회의 추가매장이 이루어진 부부장이 된 예와 단독장이 이루어진 예로 구분된다. 규모가 큰 석실은 평면형태가 방형으로 시상이 주축방향과 직교되게 설치되고, 1회의 추가매장이 되었다. 그러나 규모가 작은 횡혈식석실묘 및 대부분의 횡구식석실묘는 석실의 평면형태가 장방형이며, 시상의 길이가 주축방향으로 설치되고 추가장이 행해지지 않았고 대부분 1인장이다. 평면형태가 장방형인 횡구식석실의 경우, 형태가 완존하거나 또는 입구를 확인할 수 있을 정도로 남아 있는 예가 없어 명확하게 횡구식석실로 볼 수 없는 경우도 있다. 대형묘는 매장주체시설이 지상에 설치되었으나 소형묘는 매장주체시설의 일부가 지하에 설치되는 사례가 증가한다. 별도의 주검 보호시설 없이 토광에 시신을 매장하는 토광묘도 통일신라기에 부분적으로 축조되었다.

고려시기에 들어오면, 횡혈식석실은 모습을 감추고 횡구식석실묘와 장골기가 부분적으로 남아 있으면서 목관묘·석곽묘 등이 주요한 묘제로 정착한다. 횡구식석실은 극히 일부에만 확인되는 특수층의 묘제로 되고, 석곽묘와 목관묘가 가장 보편적인 묘제가 된다. 고려의 석곽묘와 목관묘는 주축방향이 등고선과 직교하며, 매장주체시설의 하부가 지하에 설치되며, 주검을 목관에 안치하였다. 고려 시기의 석곽이 주축방향과 직교하고, 매장주체시설의 일부가 지하에 설치된 것은 통일신라묘의 요소를 계승하였으나 목관을 사용하고, 관대가 설치되지 않은 점에서 큰 차이가 있다. 고려 전기 분묘의 매장 시설인 석곽묘와 목관묘는 지역적인 차이를 보인다. 황해도와 경기도, 호서 등 중부의 서해안 지역 일대의 매장시설은 석곽이 우세하고, 경상도 지역은 목관이 우세하다.

9세기에 유행하던 화장묘는 10세기에 들어오면 조영 수는 줄어들고, 석곽묘와 목관묘가 증가하고, 후반이 되면 석곽묘와 목관묘가 보편적인 매장시설로 정착하면서 화장묘는 특수층의 분묘로 조영된다

석곽묘는 길이가 3m 내외로 길지 않고, 너비도 대개 1m 내외로서 목관을 놓을 정도의 너비이다. 높이는 대개 1m 이하로 낮다. 벽체는 부정형의 할석 또는 괴석을 사용하였는데, 장벽은 눕혀 쌓고, 단벽은 하단에 큰 석재 1매를 놓고 위에 작은 할석을 1~2단 놓아 마무리하고, 그 위에 뚜껑으로 편평한 석재 3~4매를 설치하였다. 바닥에는 돌을 깔지 않은 생토면 그대로이거나 고운 흙을 얇게 깔았다. 고려시대의 석곽묘는 규모가 통일신라시대의 소형묘 정도이다.

목관묘는 통일신라시대에는 거의 사례가 확인되지 않으며, 목관을 사용하지 않은 토광

묘는 앞 시기부터 일부 조영되었다. 목관묘가 상대적으로 우세한 경상도지역에서 석실에서 목관으로 교체한 시기와 사회 및 사상적 배경에 대해서는 아직 검토된 바가 없어 제대로 알 수 없다. 경산 임당유적에서 햇무리굽완이 부장된 분묘가 목관묘인 점을 고려하면, 10세기 후반경에 목관묘가 일정 지역을 중심으로 조영되었을 것으로 추정된다.

석곽묘가 사라지고 목관묘가 일반적으로 조영된 시기는 11세기 후반 이후로 추정된다. 11세기 후반 이후부터 통일신라 묘의 요소가 완전히 사라지고 고려묘의 특징을 지닌 매장문화가 성립되었을 것으로 추정된다.

3) 부장품 구성의 변화

평택 궁리 2호묘의 부장품 구성의 특징은 통일신라적인 양상에서 고려적인 양상으로의 변화 모습이 잘 나타나 있다. 주판알 모양의 편구병과 4면편호의 형태는 통일신라 토기의 연장선상에 있다. 그리고 국자는 술의 형태가 원형이고, 술과 병이 90°로 꺾였는데, 꺾임을 제외하면, 전체적인 형태가 청주 용정동 Ⅱ유적 7호 석실묘 출토품과 유사하다. 다만 청주 용정동 Ⅱ유적 7호 석실묘 출토품은 술이 타원형이고, 술과 병이 일직선을 이루는 점이 다르다. 청주 용정동 Ⅱ유적 7호 석실묘 출토품은 일본 쇼소인에 소장된 통일신라 국자에 가깝다. 국자의 전체적인 변화 과정은 쇼소인 소장품 → 청주 용정동 Ⅱ유적 7호 석실묘 출토품 → 평택 궁리 2호묘 출토품으로 설정된다. 평택 궁

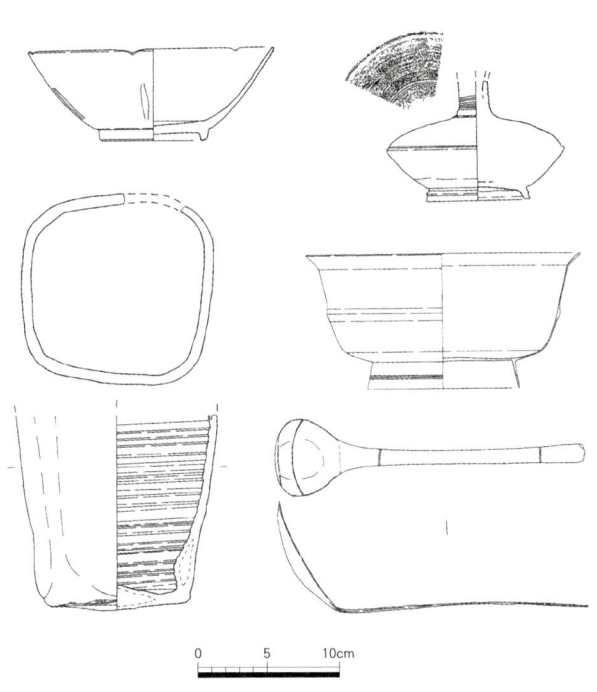

그림 15-3 평택 궁리2호묘 출토품

리 2호묘 출토 국자는 통일신라적인 형태에소 고려적인 형태로의 전환 모습을 보여준다.

그리고 청자 화형완은 중국으로부터 수입한 것으로서 국내 생산품은 아니다. 자기를 분묘 부장품으로 부장한 예는 통일신라 고분에는 거의 확인되지 않는다. 경주 삼릉 주변 화장묘와 경주 동국대학교 구내 화장묘에서 출토한 중국 자기는 부장품이 아닌 화장묘의 장골기로 사용된 점에서 평택 궁리 2호묘 출토 자기와는 성격이 다르다. 그리고 청동합이 부장되었는데, 청동합 역시 통일신라 고분에 부장품으로 부장된 사례는 알려지지 않았다.

이와 같이 평택 궁리 2호묘는 목관묘로서 도기·자기·숟가락·청동합을 부장하여 통일신라적인 분묘 부장품 구성보다는 고려적인 분묘 부장품 구성이지만, 부장된 도기와 국자가 통일신라적인 요소를 지니고 있는 점에서 통일신라에서 고려적인 분묘로의 전환 모습을 보여주는 사례이다.

평택 궁리 2호묘에서 더욱 고려적인 분묘로의 모습을 보이는 자료가 경산 임당 A-5·A·A-Ⅰ-48·A·A-Ⅰ-115·D-Ⅲ-11·D-Ⅳ-12호묘와 상주 청리 H-가구역 2·6·8·10·13·16·17·68호묘, 보은 부수리 5·6호묘, 단양 현곡리 5호 석곽묘, 연기 갈운리 1-3호·2-11호 석곽묘 등이다. 호서지역의 사례로는 대전 노은동 A-1지구 1·2·4·7호 석곽묘가 있다.

위의 고려묘에서도 부장품의 구성에서 차이가 있다. 경산 임당 A-5호묘와 D-Ⅳ-12호묘는 도기 세경병·청자완과 발, 청동뒤꽂이 등이 부장되었고, 상주 청리 H-가구역 6호묘에는 병과 청자완이 부장되었다. 청자완은 햇무리굽이고, 발은 구연이 사선방향으로 뻗었거나 외반한다. 보은 부수리 5·6호묘, 단양 현곡리 5호 석곽묘, 연기 갈운리 1-3호·2-11호 석곽묘 등에서도 햇무리굽완이 부장되었고, 청동숟가락은 부장되지 않았다.

그런데 위의 고려 초의 분묘에 부장된 도기에는 세경병 1종류뿐이고, 합·뚜껑·호 등의 기종은 부장되지 않아 통일신라시대의 분묘에 부장된 토기의 기종 조성과는 차이가 있다. 고려 분묘에는 도기의 기종에서 병의 1기종만 부장하고, 다른 기종은 자기로 대체되었음을 알 수 있다. 경산 임당 A-Ⅰ-48·A·A-Ⅰ-115호묘와 상주 청리 H-가구역 2·6·10·13·16·17·68호묘에는 햇무리굽완은 부장되지 않고, 병·완·접시·발 등과 함께 청동숟가락이 부장되었다. 햇무리굽완이 사라지는 시기에 청동숟가락을 부장하는 습속이 본격화 하는 모습을 나타낸다(정의도 2013).

대전 노은동유적은 9세기의 통일신라시대 석곽묘와 10세기 후반 이후의 고려 석곽묘가 확인되었다. 양자는 모두 부정형의 할석을 사용하여 석곽을 구축하였는데, 규모와 평면형태·, 사용 석재의 가공도와 형태 등에서 거의 차이가 나지 않는다. 다만 통일신라 석곽

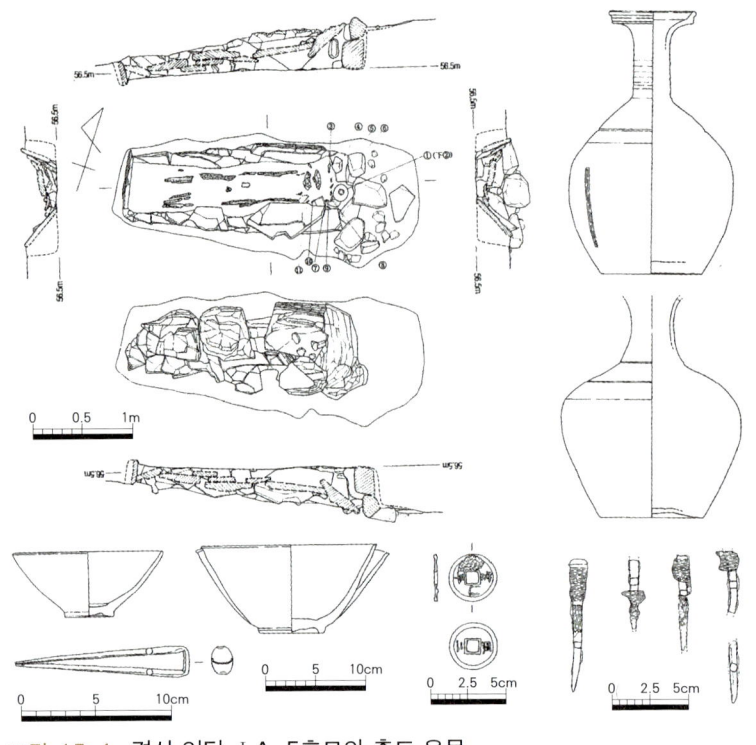

그림 15-4 경산 임당 I A-5호묘와 출토 유물

은 바닥에 돌을 깔아 시상을 설치하였으나 고려 석곽은 시상을 설치하지 않았고, 목관을 사용하여 사후관의 차이가 있다.

통일신라 석곽과 고려 석곽은 시기 차이없이 바로 계승되었는지의 여부는 단정할 수 없으나 그렇게 큰 시차는 나지 않는 것으로 추정된다. 매장주체시설은 거의 동일함에도 불구하고, 주검 격납의 상이와 부장품의 구성 등에서 차이가 나는 사회적 배경이 무엇인지에 대해서는 구체적으로 알 수 없다. 사후관의 차이가 지배세력의 교체란 정치적 변화에 수반한 것인지 아니면 경제적, 사회 이데올로기의 차이에 의해서 발생한 것인지는 향후 진지한 검토가 필요하다.

11세기 후반에 이르면, 왕릉과 지방 호족들의 분묘를 제외한 대부분의 분묘들은 평면형태가 세장방형인 석곽묘와 목관묘를 조영하면서 주검을 목관에 격납하여 매장하고, 자기·도기·청동합·숟가락·동곳으로 구성된 부장품 전형이 성립되었을 것으로 추정된다. 따라서 통일신라 분묘 문화에서 고려 분묘 문화로의 전환은 8세기 후반부터 서서히 나타나기 시작하여 9세기 후반에서 10세기 전반의 시기에 통일신라 분묘 요소가 점차 쇠퇴하고 새로이 고려 분묘 요소가 성립하는 과도기를 거치고 10세기 후반에 이르면 통일신라 분묘 요소는 완전히 사라지고 고려 분묘 문화가 정립되었다.

위에서 언급한 내용처럼 통일신라묘에서 고려묘로의 전환기적 양상을 나타내는 자료가 소수로서 보다 많은 자료가 존재하지 않는 상황에서 그 전환시점을 구체적으로 설정하

15. 통일신라에서 고려로의 전환

는 것은 현재로서는 무리이다. 몇몇 사례를 제외하면, 고려 석곽묘와 목관묘에서 통일신라의 부장품 구성과 유물이 출토되지 않은 점은 현재까지 알려진 고려묘

그림 15-5 경산 임당유적 고려묘 출토 유물

의 대부분이 고려묘로 정립된 이후의 것인지, 아니면, 통일신라묘에서 고려묘로의 이행 시기와 내용이 단기간에 이루어졌는지에 대한 검토가 필요하다.

현재 정확한 편년이 정립되지 않아 시기를 알 수 없지만, 고려 분묘에는 청동합과 숟가락이 부장품으로 부장된 사례가 상당 수 알려져 있다. 현재까지의 조사 성과에 국한하면, 11세기 전반 이전의 고려 분묘에 합과 국자 등 식기의 일부가 분묘에 부장된 사례는 청주 용담동 Ⅱ유적 7호 석곽묘와 평택 궁리 2호묘 등 2기에 불과하다. 청주 용담동 Ⅱ유적 7호 석곽묘는 9세기 후반에서 10세기 전반의 통일신라묘에 해당하고, 평택 궁리 2호묘는 10세기 중엽으로 고려 초의 묘이다. 이 외에 식기를 분묘에 부장한 사례들은 대부분 11세기 후반 이후, 주로 12세기 초의 분묘들이다. 따라서 금속제 식기를 분묘에 부장하는 습속이 본격화한 시기는 12세기 초 이후부터이다.

통일신라시대는 삼국시대에 가장 활발하게, 그리고 대규모의 토목공사에 의해 축조되던 고분이 쇠퇴하면서 분묘의 규모가 축소되거나 간략화의 과정으로 향하는 분묘문화의 전환기에 위치한다. 우리나라의 분묘문화에서 볼 때, 통일신라 고분은 고대적인 분묘문화에서 중·근세적인 분묘문화로의 전환기에 위치한다.

3. 통일신라 토기 가마에서 고려 도기 가마로의 전환

통일신라 후반의 토기를 생산한 생산시설로는 공주 가교리가마터, 보령 진죽리가마터, 용인 성복동가마터, 영암 구림리가마터, 경주 화곡리가마터, 김해 삼계동가마터 등이 알려져 있다. 상기의 가마터들은 소성실의 평면형태가 장타원형인 것과 장방형인 것으로 구분된다. 장타원형은 길이 : 너비의 비율이 2 : 1 내외이고, 소성실의 가운데 너비가 가장 넓고, 화구부와 연소실로 가면서 너비가 줄어든다. 이에 해당하는 사례로서는 보령 진죽리 1·3호가마터, 공주 가교리가마터, 용인 성복동 7·12호 가마터, 김해 삼계동 1호가마터, 영암 구림리 서4구·동11구 가마터 등이 있다. 이 가마터들은 소성실 길이가 5m 내외이고, 너비는 3m, 높이는 2m 내외이다. 영암 구림리 동11구 가마터는 소성실 길이가 18m 정도로 길고 너비도 8m 정도로 대형이다. 화구부와 소성실의 연결은 거의 수평 또는 10° 내외의 경사를 이루고, 소성실은 20~25° 내외의 경사를 이루고, 연소부는 소성실에서 수직으로 꺾인다. 화구는 돌을 쌓아 만든 적석화구(積石火口)이다.

평면형태가 장방형인 가마터는 길이가 장타원형 가마터와 비슷하나 너비가 1.5m 내외로 좁다. 용인 성복동 19호 가마터, 김해 삼계동 2·4호 가마터 등이 해당하고, 영암 구리리 가마터군에도 이 형식의 가마가 존재할 것으로 예상된다. 소성실은 15~20° 내외이고, 연소부는 소성실에서 50° 정도 경사진다.

이 2가지의 소성실 형식은 통일신라 후기에 전국 각지에 조성되고 운영된 것으로 추정된다. 용인 성복동유적에서는 평면형태가 장타원형인 7호 가마터가 장방형인 19호 가마터를 파괴하고 조성되었지만, 출토 유물에서는 거의 시기 차이가 존재하지 않는다.

김해 삼계동 가마터군에서 조사된 4기중 1기는 평면형태가 장타원형이고, 2기는 장방형이다. 장타원형과 장방형 가마터에서 출토한 토기에는 시기 차이가 나지 않는다. 그리고 가마 내부와 폐기장 등에서 출토한 유물의 구성과 질, 장식 등에서도 장타원형과 장방형 가마 모두 동일하여 생산품에서의 차이도 나타나지 않는다.

고려 초기의 도기가마터로는 음성 오궁리 가마터, 해남 백야리 오시골 1·2호 가마터, 시흥 방산동 가마터, 배천 원산리 1호 가마터, 등이 있다. 음성 오궁리 가마터는 전체 길이가 3.6m, 너비 1.2m의 소규모로서 화구부는 약 10°, 소성실은 약 30° 정도의 경사를 유지하고, 소성실에서 연소부는 90°이다. 소성실 바닥 일부에 돌출부가 있는데, 단을 만든 것은

15. 통일신라에서 고려로의 전환

아니다. 소성실의 평면형태는 장타원형에 가까우나 최대 너비가 화구부 가까이에 위치한다. 가마터와 폐기장에서 출토한 유물은 합·대호·동이 등 기종이 단순하다.

해남 백야리 오시골 1호 가마터는 전체 길이가 6.8m, 너비는 1.2~1.45m, 바닥면의 경사는 평균 18° 내외이다. 1차 가마는 자연 기반암을 이용하였으나 2차 가마벽 하단부는 석재를 세우고 사이에 점토를 발라 만들었다. 2호 가마터는 전체 길이 6.2m, 너비 1.1m 내외이고, 바닥면 경사는 18° 내외이다. 백야리 오시골 1·2호 가마터는 길이가 6m 내외로 짧고, 너비도 1m 내외로 좁아 평면형태가 세장방형이다. 바닥면 경사도가 18° 내외로 경사도가 심하지 않다.

시흥 방산동 도기가마터는 전체 길이 6.9m, 너비 2.9m이고, 2/3 이상이 지하에

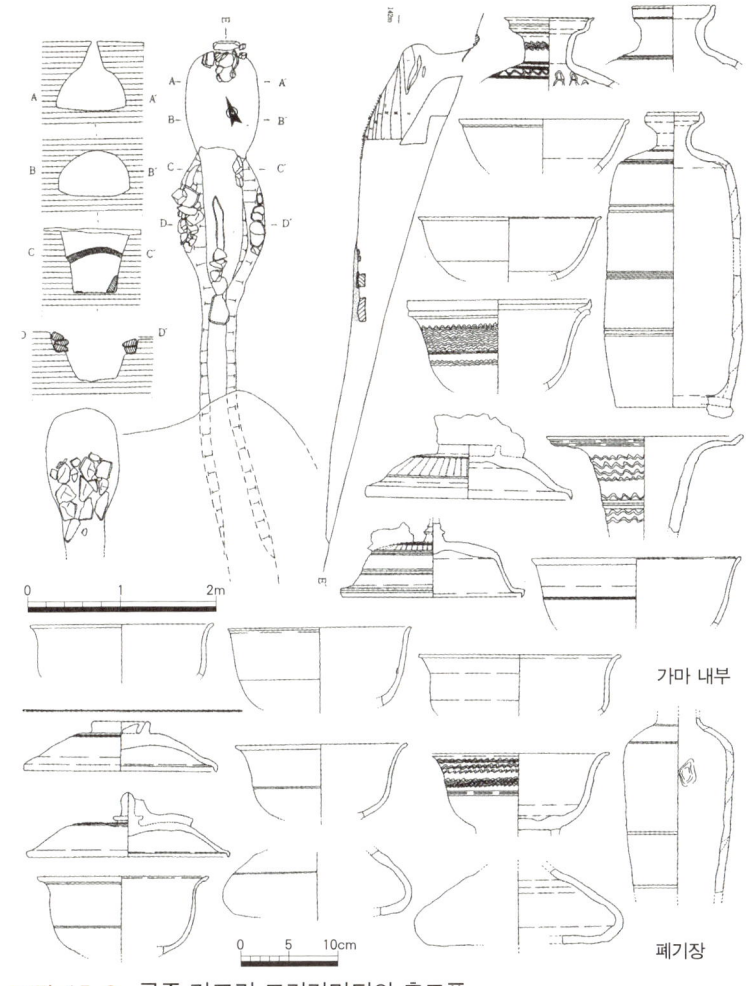

그림 15-6 공주 가교리 토기가마터와 출토품

그림 15-7 영암 구림리 도기가마터 출토품

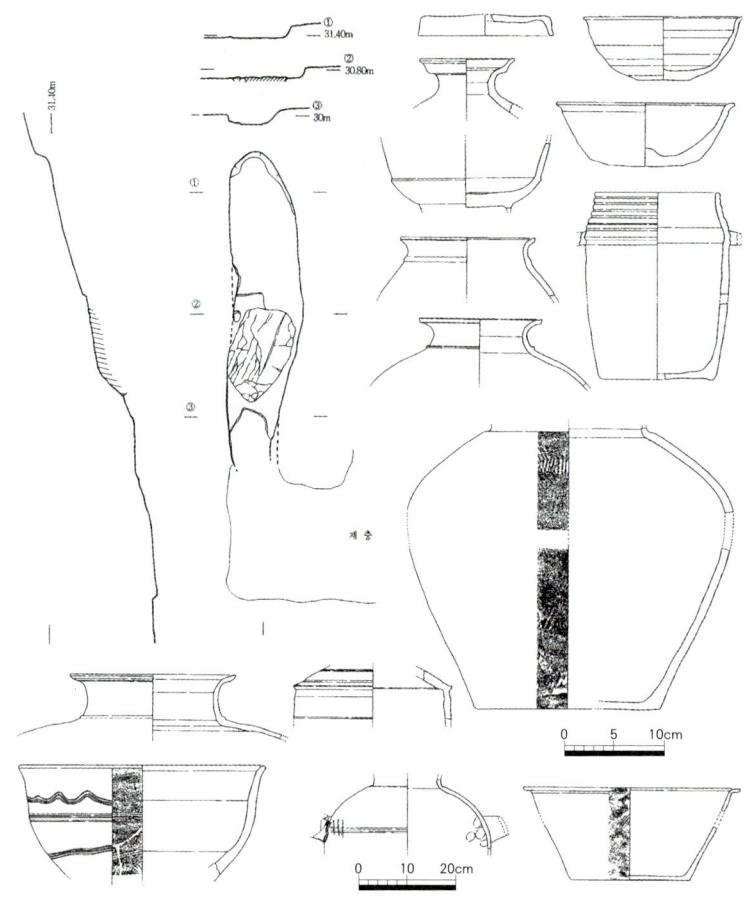

위치한다. 소성실의 평면형태는 장타원형이고, 최대 너비는 소성실 중앙부에 위치한다. 아궁이 바닥은 약 15° 내외로 경사지고, 소성실은 30° 가량 경사져 올라가며, 바닥에 단은 만들어져 있지 않다. 소성실에서 연소부가 90°를 이룬다. 출토 유물로는 뚜껑·호·일면편병·편구병·대호 등이 있다. 도기가마터 바로 인근에는 해무리굽 청자와 백자를 생산한 방산

그림 15-8 해남 백야리 오시골 도기가마와 출토품

대요가 위치한다. 도기가마터와 초기 청자 및 백자를 생산한 자기가마터가 존재하여 자기 학계에서는 통일신라 토기의 제작 공인집단이 초기 자기 제작공인 집단으로 이행을 보여주는 대표적인 사례로서 흔히 인용되고 있는 자료이다.

그런데 자기가마터에서도 도기가 출토하였는데, 도기가마터에서 출토한 도기와 동일한 형식의 도기들이 출토하여 선후관계보다는 동시 조업의 가능성도 있다. 자기를 생산한 공인집단들이 자기만 생산하지 않고, 도기도 동시에 생산하여 공급한 조업시스템이었을 가능성도 고려할 필요가 있다. 자기를 생산한 공인집단이 일상 용기로서 자기를 사용하였을 가능성은 희소하며, 자기생산에 종사하면서 도기도 생산하여 일상용기로 사용하고, 일부는 다른 곳의 소비자들에게 공급하였을 가능성도 있다.

배천 원산리 가마터군에서도 도기가마터와 자기가마터가 한 곳에 확인되었다. 이곳

에서 확인된 도기가마터는 전체 길이가 9.69m, 너비 2.4m로서 평면형태가 장타원형이고, 반지하식이다. 화구부 바닥은 10° 이하로 경사도가 매우 완만하고, 소성실 바닥은 20° 이상으로 경사진다. 화구부는 소성실 바닥에서 90° 정도 수직으로 꺾여 올라가다 수평으로 이어진다. 이곳에서 출토한 유물로는 발·접시 등의 자기류와 반구형호 등의 도기가 있다. 자기는 후대에 이입되었다고 보기도 하지만, 바로 인근에 4기의 자기가마터가 위치하고 있어 동시 조업의 가능성도 있다.

그림 15-9 화성 가재리 고려시대 도기가마

위에 설명한 시흥의 방산리와 배천 원산리의 경우, 1기의 도기가마터와 수기의 초기 자기가마터가 배치된 점에 근거하여 도기를 생산하던 공인집단이 자기 생산 공인집단으로 전환하였음을 나타내는 자료로 보는 경향이 우세하였다.

그런데 소규모의 도기가마를 운영하던 공인집단이 새로운, 그것도 가마의 구조와 규모·소재, 생산방식과 기종 등의 내용에서 현저히 다른 자기를 중간의 전환과정이나 단계를 거치지 않고 바로 전환되었다는 논거는 거의 없다. 실제 배천 원산리 자기가마터에서 출토한 자기중에는 중국의 자기공인이 조업에 참가하였음을 나타내는 명문이 존재한 점을 볼 때, 도기공인집단, 그것도 소규모의 집단이 새로운 자기 생산을 전적으로 담당하였다고 보기 어렵다.

따라서 도기가마는 도기를 생산한 경험을 가진 공인이 청자를 생산한 공인집단 내에 포함되어 있으면서 자기생산과 함께 소량의 도기도 생산한 시스템일 가능성도 배제하기 어렵다. 도기가마터와 자기가마터가 한 곳에 위치한 경우, 도기 가마가 먼저 조업하였다고 판단한 주요한 근거가 된 것은 그곳에서 출토한 도기의 형태가 통일신라 토기와 유사한 점이고, 기존에 소급해 온 통일신라 토기의 편년에 대입시킨 결과 도기가마와 자기가마의 운영 시기를 선후관계로 설정하고, 해석하게 되었다.

그러나 이러한 해석들은 통일신라 토기에서 고려 도기로의 전환 과정과 양상에 대한 면밀한 검토가 이루어지지 않고 내린 결론에 불과하다.

　통일신라 후반에서 고려 초에 운영한 토기가마와 도기가마는 유구가 입지한 환경이나 가마의 평면형태, 규모, 구조 등에서 매우 유사할 뿐만 아니라 가마터 내부와 폐기장에서 출토한 생산품의 종류와 질 등에서 현저한 차이가 나지 않는 점 등을 볼 때, 정치세력의 교체와 관계없이 큰 변화는 일어나지 않았음을 나타낸다. 통일신라 토기 가마의 구조와 생산품의 내용은 적어도 10세기 후반까지는 지속하면서 서서히 변화가 진행되었다고 보여진다. 그리고 현재까지의 조사성과로 볼 때, 일부 지역에 국한하지만, 초기 자기를 생산한 공인집단 내에는 도기 생산에 종사한 일부 공인들도 포함되어 있으면서 자기 생산과 함께 소량의 도기도 생산하여 공급하였음을 보여준다.

4. 생활용기의 변화

1) 금속 용기의 변화

9세기 이후, 왕경과 지방의 거점 사찰과 관방 등지에서는 청동 합과 접시·수저 등을 식기로 사용하였다. 월지와 동궁지 등 왕궁과 가옥·황룡사지·분황사 등의 왕경유적과 건천 모량리 도시유적, 미륵사지, 창녕 화왕산성, 황해도 평산 산성리 출토품으로 전하는 국립박물관 소장품, 부여 부소산성 등지에서 유기제 식기가 출토되었다. 그리고 이 유기제 용기 등의 금속제 용기를 모방한 토기도 생산되었다. 유기제 식기는 중국 당나라 금은기의 영향을 받아 통일신라에서 제작 소비되었다. 이 유기제 식기는 10세기 후반에 국내에서 생산한 자기와 더불어 고려 지배층의 중요한 식기로 정착하였다.

　통일신라 유적(유구)에서 출토한 유기제 식기로는 접시·완·수저·국자 등이 알려져 있다. 왕경에서 출토한 접시는 방자가 접시 바닥 정중앙에 위치하고, 중심축이 정확하게 전체의 절반이지만, 익산 미륵사지에서 출토한 접시는 비대칭으로서 중앙과 지방의 출토품에서 차이가 있다. 이것은 중앙에서 생산하여 지방에 일원적으로 공급하지 않고 지방에서도 생산하였음을 나타낸다.

그림 15-10 일본 쇼소인 소장 통일신라 국자와 숟가락(좌), 황해도 평산 산성리 출토 국자(우)

그리고 일본 쇼소인에 소장된 유물 중 통일신라 생산품으로 추정되는 유기제 접시와 합이 알려져 있다. 이는 당시 일본의 지배층들이 통일신라에서 생산된 유기제 식기를 수입하였고, 최고지배층들의 주요한 식기 또는 제기로 사용되었음을 나타낸다. 부여 관북리의 퇴장유구에서는 십여 점 이상의 합, 병·주자·숟가락 등이 출토하였다.

이와 같이 9세기 이후 통일신라의 지배층들이 사용하기 시작한 유기제 식기는 고려시대에 들어오면 중앙의 지배층들뿐만 아니라 지방의 하급지배층들까지 사용하는 식기로 정착하였다.

통일신라의 국자는 전체 길이가 20~25cm 내외이고, 술부가 타원형이고, 병부는 가늘고 길며, 손으로 잡는 부분인 끝이 살짝 휘어져 있다. 월지와 국립경주박물관 미술관부지 우물지에서 출토한 술부 평면형태가 횡타원형인 것을 숟가락으로 파악되어 왔으나 술부 직경이 7.0~7.5cm로서 사람의 입에 넣기에는 직경이 크므로 국자나 주걱으로 보아야 한다. 술부 내면이 곡선을 이루므로 국자로 보는 것이 타당하다. 국자는 전체적인 형태에서 3가지 형식으로 구분된다.

첫째는 술부가 타원형이고, 기부에서 경까지의 손잡이 너비가 일정하고, 병부에서 술부로의 꺾임이 15~30° 내외인 형식으로서 월지 출토품, 경주박물관 미술관 부지 우물 출토품, 청주 용암 Ⅱ유적 7호 석곽묘 출토품이 있다. 월지와 경주박물관 미술관 부지 우물 출토품은 전체 길이가 25cm로서 대형이지만, 청주 용암 Ⅱ유적 7호 석곽묘 출토품은 전체 길이가 20cm이다.

둘째는 술부는 타원형이고, 병부의 끝이 넓은 형식으로서 월지 출토품이 있다. 1943년에 부여 부소산에서 일괄 출토된 금속기중에서 이 형식에 해당하는 국자가 3점정도 포함되어 있다. 전체 길이와 병부에서 술부로의 꺾임은 앞의 첫째 형식과 같다. 셋째 형식은 술부가 타원형이지만, 병부는 기부와 경부의 너비가 넓고, 중간부가 좁으며, 병부에서 술부로의 꺾임이 45° 내외의 특징을 보이는 형식으로서 전체 길이가 20cm 내외이다. 이에는 창녕 화왕산성 집수지 출토품, 황해도 평산 출토품, 평택 궁리 2호 목관묘 출토품이 해당한다.

평택 궁리 2호묘는 그 시기가 10세기 중엽의 고려 초에 해당하고, 궁리 2호묘 출토품과 같은 형식인 창녕 화왕산성 집수지 출토품의 시기도 10세기 중엽으로 추정된다. 평택 궁리 2호묘 출토품보다 고식인 청주 용암 Ⅱ유적 7호 석곽묘 출토품은 술부의 꺾임 각도와 병부의 형태에서 차이가 있지만, 전체 길이가 평택 궁리 2호묘 출토품과 같으므로 10세기 중엽에서 그리 멀지 않은 시기인 9세기 말에서 10세기 초로 추정된다. 경주박물관 미술관부지 우물에서 출토한 토기중 병의 구경 형태는 824년에서 847년까지 장보고가 운영한 장도 청해진유적 출토품과 유사한 점에서 그 시기는 9세기 전반으로 편년된다. 우물지 출토 국자는 9세기 전반으로 추정된다.

위와 같이 9세기 이후부터 10세기 중엽까지의 국자는 길이가 긴 것에서 점차 짧아지고, 술부의 꺾임이 약한 것에서 심한 것으로, 병부가 일자형에서 기부와 경부의 너비가 넓어지는 것으로 바뀌었음을 알 수 있다. 평택 궁리 2호묘를 제외하면, 고려시대의 건물지와 묘 등에서 아직까지 국자가 출토된 사례가 없어 고려시대 국자의 특징을 구체적으로 알기 어렵지만, 통일신라 말에서 고려 초의 국자의 변화를 고려하면, 고려시대 초의 국자는 통일신라시대 국자의 형태를 계승하였을 것으로 추정된다.

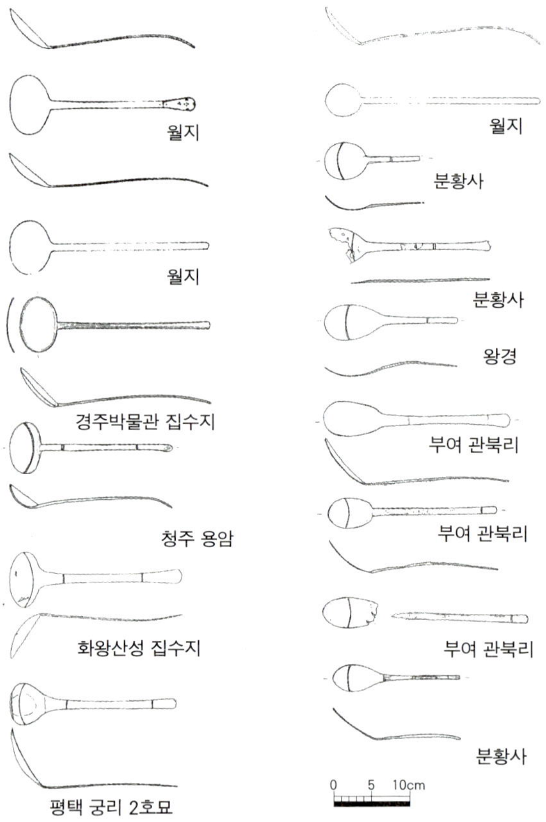

그리고 통일신라시대 묘에서 국

그림 15-11 통일신라~고려시대 국자의 변화

자가 출토한 사례는 청주 용암 Ⅱ유적 7호 석곽묘 1기뿐으로 아주 특수한 사례에 해당하고, 고려묘에서 국자가 출토한 사례 역시 평택 궁리 2호묘 1기뿐으로서 매우 특수하여 일반화하기 어렵다. 따라서 국자를 분묘에 부장하지 않는 통일신라의 관습이 고려 초에 그대로 계승되었다고 할 수 있다.

금속제 숟가락은 무령왕릉에서 출토되었지만, 아주 특수한 사례이고, 본격적인 사용은 통일신라시대부터이다. 통일신라시대의 숟가락은 월지를 비롯하여 왕경·분황사·부여 관북리 퇴장유구 출토품과 일본 쇼소인 소장품 등이 있다. 통일신라시대의 숟가락은 모두 생활유적에서 출토하였고, 분묘에는 출토하지 않았다. 통일신라시대의 숟가락은 병부의 끝부분이 약간 휜 형태이지만, 대부분 일자형으로 폭이 일정하고 말단부가 반원형으로 처리된 예와 끝이 갈수록 폭이 넓어지고 둥근 예들이 있다.

통일신라시대의 숟가락은 술부와 병부의 형태에 의해 몇 가지 형식으로 구분된다. 술부 평면형태가 원형이고, 병부 너비가 같은 일자형인 형식으로서 월지와 분황사 출토품이 있고, 쇼소인 소장품의 술부가 원형인 숟가락도 이 형식에 해당한다.

둘째는 술부가 타원형이고, 병부가 일자형인 형식으로서 부여 관북리 출토품 2점과 서울 호암산성 한우물 출토품이 해당한다.

셋째는 술부가 타원형이고, 병부 앞 부분과 끝 부분의 너비가 넓은 형식으로서 분황사 출토품 1점, 부여 관북리 출토품 1점, 부여 부소산성 출토품과 황해도 평산 산성리 출토품, 술부가 타원형인 일본 쇼소인 소장 숟가락이 알려져 있다. 병부 끝이 결실된 경주 왕경유적 출토품도 이 형식에 해당할 가능성이 있다. 넷째는 술부가 유엽형이고, 병부 앞 부분과 끝 부분의 너비가 넓은 형식으로서 분황사 출토품 1점이 해당하고, 쇼소인 소장 숟가락의 일부도 이에 해당한다.

술부의 형태는 다소 다르지만, 통일신라시대의 숟가락 병부는 앞서 설명한 국자의 병부와 유사성이 높아 국자의 변화와 같은 방향으로 변하였을 가능성이 있다. 월지와 분황사·왕경·부소산성·황해도 평산 산성리 출토품 등은 공반관계가 확실한 유물이 없어 사용 또는 폐기 시기를 알 수 없지만, 부여 관북리 퇴장유구에는 옥벽저완의 중국 백자가 출토하여 대충의 시기를 추정할 수 있다.

통일신라에서 출토한 중국 옥벽저완은 대부분 9세기 중엽을 전후한 시기에서 10세기 초까지에 해당하는(홍보식 2011; 홍보식 외 2013) 점을 고려하면, 관북리 퇴장유구는 9세기 후반 이후의 시기일 가능성이 있다. 관북리 퇴장유구에서는 둘째와 셋째 형식의 숟가락이 출토하였는데, 9세기 후반에 이와 같은 형식의 숟가락이 사용되었음을 나타낸다. 일본 쇼소인 소장 숟가락은 술부가 원형인 것과 유엽형인 것이 한 세트로서 묶여 있고, 월지에서도 술부가 원형·타원형·유엽형인 것이 모두 포함되어 있어 늦어도 9세기 후반에는 다양한 형식의 숟가락이 지배층을 중심으로 사용되었음을 나타낸다.

그런데 10세기 후반부터 11세기에 해당하는 숟가락의 특징은 제대로 알 수 없다. 12세기 이후 분묘에 부장된 숟가락의 술부 형태가 유엽형인 점을 고려하면, 10세기 후반부터 11세기에 사용한 숟가락은 술부가 유엽형이고, 병부가 일직선인 형식으로도 볼 수 있다. 경산 임당 A-Ⅰ-48호묘에서 출토한 숟가락은 술부가 유엽형이고, 병부가 일직선이면서 앞 부분과 끝 부분의 너비가 넓은 특징을 보인다. 이 숟가락과 공반한 유물은 도기병 2점과 청자 접시와 대접 등이다. 도기병 중 1점은 몸통 외면에 세로로 점열문이 시문되어 있다. 청자 완과 대접은 햇무리굽이 사라진 윤환저인데, 그 시기는 11세기 전반의 어느 시점으로 추정된다. 따라서 11세기 전반까지는 통일신라시대에 사용한 형식의 숟가락 중, 주로 셋째와 넷째 형식의 숟가락이 사용되었을 것으로 추정된다.

고려시대의 숟가락은 술부의 길이가 길고 폭이 좁아 타원형이고, 술부 끝이 돌출하였고, 병부는 곡선적인 형태이고, 병부 끝은 반원형·연미형·어미형 등 다양하다(이난영 1975; 김연수 2007; 정의도 2016). 통일신라 숟가락과 고려 숟가락의 형태 차이는 확연하지만, 통일신라 후반에 본격적으로 생산 소비한 숟가락이 고려에도 계승된 점은 분명하다. 통일신라묘에 숟가락이 부장된 사례가 매우 적은 반면, 고려 전기에 숟가락이 부장된 예는 상대적으로 많은 점을 볼 때, 고려에 들어와 청동 숟가락의 생산과 소비가 증가되었고, 식기의 주요한 요소로서 정착되었고, 식기와 생활용기를 분묘

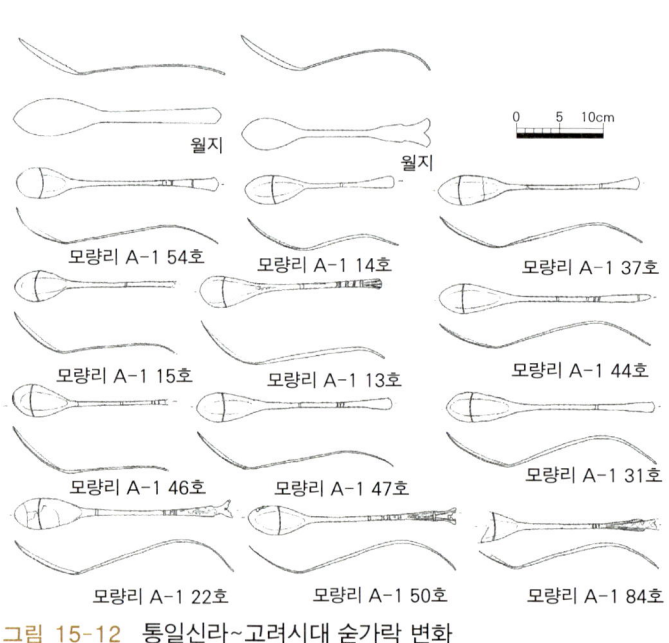

그림 15-12 통일신라~고려시대 숟가락 변화

15. 통일신라에서 고려로의 전환

에 부장하는 매장관습이 정착해 감을 나타낸다.

청동순가락의 소비가 증가하면서 숟가락의 형태에도 다양성이 반영되어 있음을 알 수 있다. 청동순가락은 부장되었으나 청동젓가락이 부장된 사례는 확인되지 않았다. 금속제 수저가 부장되지 않은 분묘에는 칠제 또는 목제 수저가 부장되었을 가능성에 대해서는 추후의 조사를 기다려 보아야 한다.

금속제 합은 삼국시대부터 고분에 부장되었고, 통일신라시대에는 왕궁과 왕경의 관아와 개별 가옥을 비롯해 불교사원, 지방의 관아와 거점 취락, 거점 불교사원, 성곽 등 주로 생활 유적에서 출토되었다. 통일신라시대의 금속제 합은 삼국시대의 청동합과는 계통적으로 연결되기보다는 중국 당나라의 금속제 합을 모방하여 만든 것으로 추정된다.

통일신라시대의 금속제 합은 주로 9세기 이후에 집중하는데, 이는 통일신라 말에 이르러 금속제 식기의 지방 보급과 관련되었다. 통일신라 말의 금속제 합은 2가지 형태가 확인된다. 첫째는 몸통 깊이가 깊어 구경과 기고의 비율이 비슷하고, 몸통 외면 중위에 1줄의 돌대가 있고, 바닥이 편평한 것과 몸통 깊이가 얕아 구경이 기고보다 크며, 몸통 단면이 반구형이면서 외면에 돌대가 없는 것으로 구분된다.

전자는 몸통과 아가리의 형태 차이에 의해 3가지 형식으로 구분된다. 첫째는 몸통이 부드러운 곡선을 이루면서 밖으로 벌어지는 아가리로 이어진다. 이 형식에는 왕경유적 출토품이 해당한다. 왕경유적 출토 합은 하반부가 결실되어 전체적인 형태를 알기 어렵다. 월지에서 출토한 합에도 이 형식의 것이 있다.

둘째는 바닥에서 몸통으로 사방향의 곡선으로

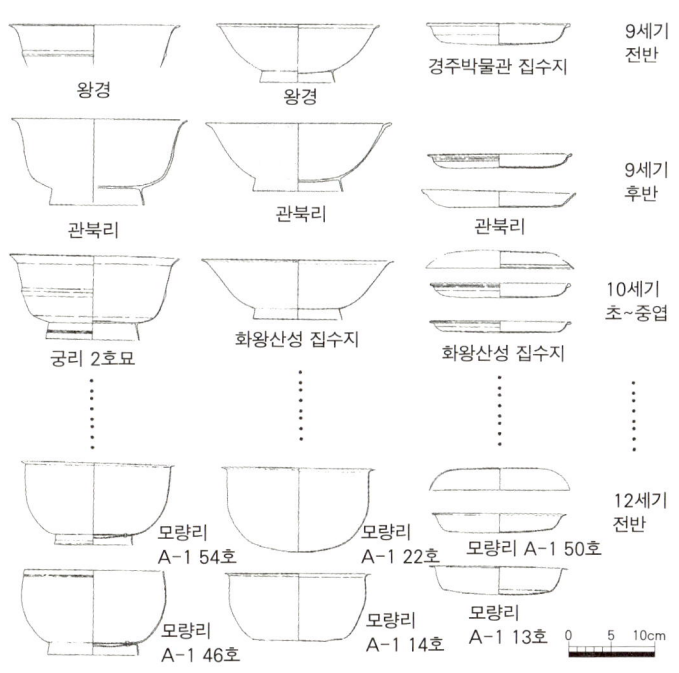

그림 15-13 통일신라 말~고려 전기 합과 완의 변화

511

연결되고, 아가리가 밖으로 벌어지는 형식으로서 부여 관북리 퇴장유구 출토품이 해당한다. 셋째는 바닥에서 80°정도 꺾이어 몸통으로 연결되고, 몸통에서 45°정도 꺾여 구연으로 연결되는 형식으로서 평택 궁리 2호묘 출토품이 해당한다. 둘째 형식의 합은 관북리 퇴장유구에서 7점이 출토하였다. 이는 관북리 퇴장유구의 조영 당초 또는 그 이전 시기에 유행한 합의 형식임을 추론할 수 있으므로 9세기 중엽 내지 말에 사용한 합의 형식으로 볼 수 있다. 셋째 형식의 합이 출토한 궁리 2호묘는 10세기 중엽에 조영되었으므로 10세기 중엽에 소비한 합의 한 특징으로 볼 수 있다.

후자는 3가지 형식으로의 구분이 가능하다. 첫째는 바닥과 몸통이 곡선적으로 연결되고, 아가리가 사방향으로 짧게 외반하고, 구경 : 기고의 비율이 2 이하인 형식으로서 왕경과 분황사 출토품이 해당한다. 둘째는 바닥에서 몸통으로의 연결이 곡선적이지만, 첫째 형식보다 곡률이 낮고, 아가리 외반도가 강하고, 구경 : 기고의 비율이 2.5 내외인 형식으로서 관북리 퇴장유구 출토품, 부여 부소산성 출토품이 이에 해당한다.

그림 15-14 부여 부소산성 출토 청동접시(1943년도)

그림 15-15 부여 관북리 퇴장유구 출토품

1943년 부여 부소산성에서 일괄 출토하였다는 유물이 모두 43점이고, 철기·동기·도기 등으로 이루어졌고, 동기에는 국자·숟가락·유개합·합·화형접시·접시·정병·수병·초두 등이 포함되어 있다고 한다(이난영 2012: 264). 이 일괄유물은 부여 관북리 퇴장유구 출토품보다 수량이 많지만, 일괄 유물의 구성이 매우 비슷하여 퇴장 유구일 가능성이 있다. 관북리 퇴장유구에서도 숟가락·합·뚜껑·접시·정병·주자 등의 금속제 식기와 쇠도끼 등의 유물이 공반하였다(국립부여문화재연구소 2011).

셋째는 바닥이 편평하고, 꺾여서

512

몸통으로 연결되고, 아가리가 수평으로 밖으로 벌어지고, 구경 : 기고의 비율이 2.5 이상인 형식으로서 창녕 화왕산성 연지 출토품과 황해도 평산 산성리 출토품이 해당한다. 부여 관북리 퇴장유구에서는 둘째 형식의 완이 5점이나 출토하여 9세기 중~말의 시기에 유행한 합의 형식으로 추정된다.

통일신라시대 합은 출토 사례가 많지 않은데, 이는 합의 기벽 두께가 1mm 내외로서 매우 얇아 흙속에서 부식이 이루어져 형태를 알아보기 어렵거나 또는 파손되면 녹여서 다른 용기를 만드는 재료로 활용하는 등 당시의 사정으로 다량 폐기는 이루어지지 않을 가능성이 있다.

10세기 후반 이후의 합과 접시 및 접시 뚜껑은 출토 사례가 거의 없어 그 특징을 알기 어렵다. 11세기 후반 이후, 특히 12세기부터 분묘에는 합과 접시가 다수 부장되었다. 이 시기의 합은 몸통의 전체 형태가 반구형을 이루고, 몸통 상부가 수직이고, 70° 정도 꺾여서 구연으로 이어져 통일신라시대 및 10세기 중엽의 합과는 형태적인 차이가 매우 크다. 접시도 통일신라시대의 것은 깊이가 매우 얕고, 바닥이 편평한 형식이나 12세기 초 이후의 고려시대 접시는 깊이가 다소 깊어졌고, 바닥이 환저이고, 구경이 짧아지는 등 통일신라시대의 접시와는 형태가 사뭇 다르다.

10세기 중엽에서 11세기 말까지 약 150년간의 기간 동안 합과 접시의 형태적 변화가 진행되었을 가능성을 배제하기 어려운 부분도 있고, 통일신라시대의 합 및 접시와는 계통이 다른 새로운 형식의 합과 접시를 생산하였을 가능성도 있다. 통일신라시대에 사용한 합과 접시는 늦어도 10세기 후반 이전까지는 지속되었을 가능성이 있다.

근년에 들어와 통일신라시대의 취락·관방·사찰 등지에서 출토 수량이 증가한 취사도구 중에서 가장 특징적인 기종은 쇠솥이다. 쇠솥은 삼국시대의 신라 적석목곽묘에서 출토한 사례가 있지만, 통일신라시대의 쇠솥과는 계통적으로 연결되지 않는다. 그리고 고구려 보루인 구의동유적에서 출토한 쇠솥은 전을 제외한 몸통 형태가 둥근형태이고, 최근 익산 왕궁리유적에서 출토한 쇠솥은 몸통 길이가 길고, 구연 외측에 여러줄의 돌대가 돌려있는 점에서 통일신라시대의 쇠솥과 형태적으로 유사하다.

통일신라시대의 쇠솥 계통이 어떻든간에 통일신라시대에는 지배층들뿐만 아니라 피지배층들에서도 취사도구로 사용하였다. 통일신라시대의 쇠솥은 기본적으로 깊이가 깊고, 너비가 좁으면서 바닥이 둥글고, 아가리 외면에는 여러 줄의 돌대가 있고, 그 아래에 전주하거나 또는 2~4곳에 전이 있는 형태이다. 통일신라시대 말에 사용된 형식의 쇠솥은 고려

초에도 사용되었을 것으로 추정된다.

합·완·국자·숟가락 등 금속제 식기는 통일신라시대에 왕경의 왕궁과 귀족 가옥, 주요 불교사원 등 당시 지배층에서 사용하고, 9세기 중엽 이후, 금속제 식기의 사용이 지방으로 확산하면서 지방의 지배층과 불교사원에서도 사용하였다. 통일신라시대의 금속제 식기는 극히 일부를 제외하면, 왕궁·관아 등 지배층의 생활공간이나 불교사원 등 일상생활과 관련된 유적에서 출토한다. 이는 금속제 식기가 일반화하지 않았음을 나타내고, 분묘에 부장하지 않는 점은 금속제 식기를 분묘 공헌품으로 공헌하지 않는 매장관습을 나타낸다. 통일신라시대에 금속제 식기를 공헌하지 않는 매장 관습은 고려 초까지 계승되었다. 정종 안릉이나 평택 궁리 2호묘와 같이 고려 초에 해당하는 왕릉 또는 분묘에 매장한 사례가 있기는 하지만, 아주 특수한 사례에 국한한다. 그리고 보은 부수리 14호묘, 진안 수천리 석곽묘 42호, 김천 모암동 석곽 5호에서 출토한 숟가락은 통일신라시대 숟가락의 특징이 부분적으로 잔존하지만, 대부분은 통일신라시대 숟가락과 다른 형식의 숟가락이 부장되었다 한다 (정의도 2016).

국자·숟가락·합 등의 금속제 식기를 분묘에 공헌하는 관습은 11세기 후반 이후부터 활발하게 이루어졌을 것으로 추정된다. 최근의 연구에 의하면, 고려묘에 청동숟가락의 부장이 11세기 후반에서 12세기 전반부터 활발하게 이루어졌다. 이 시기의 숟가락을 부장한 관습이 요나라의 분묘 부장 관습과 관련성이 있는 점을 고려하면, 고려묘의 금속제 식기 부장 관습은 통일신라시대의 관습과는 연결되지 않는 것으로도 볼 수 있다(정의도 2016).

2) 통일신라 토기에서 고려 도기로

통일신라시대의 물질자료 중에서 고고학적 연구가 가장 활발한 분야는 토기이다. 토기 연구를 통해 통일신라 토기의 기종 조성관계 및 변천을 밝히고, 각 시기마다의 특징을 통해 어떤 방향으로 통일신라 토기가 변화해 가고, 고려시대의 자기와 도기로 어떻게 계승되었는지를 구명하려는 연구가 이루어지고 있다.

이 시기의 토기 연구는 특정 기종을 대상으로 하여 해당 기종의 성격과 변화를 설정하거나 합·병·호·동이·대옹 등의 주요 기종을 대상으로 분류·편년·제작기법 등을 검토하고 있다. 그리고 이 시기는 통일신라(후삼국 포함)에서 고려로의 전환 시기에 해당되어 자기

15. 통일신라에서 고려로의 전환

제작이 이루어지면서 통일신라 토기에서 자기로의 전환을 연계하여 이해하는 연구도 진행되었다. 그래서 일부 연구자는 이 시기의 토기를 나말여초토기로 명명하기도 하였다(박순발 1998; 최병현 2011). 그런데 대부분의 연구자는 토기 표면에 시문된 문양의 종류와 시문 기법의 특징에 근거하여 이 시기의 통일신라 토기를 설명하는 수준에 머물고 있고, 심층적인 분석과 연구는 제대로 이루어지지 않고 있다.

9세기에 해당하는 생활·사찰·관방유적이 많이 조사되었는데, 이 유적들은 사람이 장기간 점유하면서 용기를 소비하고 폐기하였기 때문에 동시 생산과 일괄 폐기 관계가 아니어서 개별 기종의 선후관계를 정확하게 알 수 있는 자료는 확보되지 않았다. 그럼에도 불구하고, 유적의 조영 시기 또는 존속기간을 알 수 있는 자료가 일부 확인되어 이 시기의 토기는 물론 물질자료의 역연대를 어느 정도 추정할 수 있는 이점이 있다. 따라서 역 연대를 추정할 수 있는 유적에서 출토된 자료를 적극적으로 이용하여 통일신라 토기의 편년체계를 구축할 필요가 있다. 그리고 통일신라에서 고려로의 전환 과정과 양상의 해명에도 이 시기의 토기 연구가 역할을 할 수 있을 것으로 기대된다.

지금까지 이루어진 9~10세기의 통일신라 토기의 연구 성과와 문제점을 검토하고, 보다 객관적이고 안정된 통일신라 토기 편년을 재구성하여 통일신라말에서 고려로의 전환양상을 이해할 필요가 있다. 이를 해명할 수 있는 물질자료는 다수 존재하지만, 여기에서는 이 시기의 특징적인 자료이자 고려시대까지 연계되는 주름문병과 횡편구병 등 소형 병만을 대상으로 하여 이 양상을 설명한다.

나말여초토기의 설정은 박순발에 의해 제창되었는데, 그는 9~10세기의 토기편년이 이루어지지 않아 토기상으로도 신라 하대와 고려 초의 구분이 명확하지 않기 때문에 이 시기의 토기를 나말여초 토기로 명명하였다. 변영환(2007)은 박순발의 견해를 수용하여 신라하대에서 고려 초에 이르는 기간 동안-특히 8세기 중반~9세기-의 토기를 나말여초토기로 설정하였다.

『삼국사기』에 신라사를 상대·중대·하대로 삼분하고, 하대의 시작을 선덕왕대(780~785년)부터 보지

그림 15-16 통일신라 9세기 후반~10세기 초 토기

만, 최근에는 선덕왕대를 중대에서 하대로 전환하는 과도기이고, 실질적인 하대의 시작은 원성왕계가 왕권을 장악한 원성왕(785~798년)대부터 설정하고 있다. 그런데 하대부터 나말로 부르지 않고, 지방에 호족세력이 등장하면서 중앙과 지방의 대립이 격화되는 시기를 기점으로 하였고, 그 시발은 장보고의 청해진 설치 이후부터 나말의 시작으로 설정한다. 고려초는 중앙권력이 강화되면서 지방 호족세력이 사라지는 10세기 후반까지 설정하고 있으므로 나말여초기는 9세기 중엽에서 10세기 중엽까지 100여 년이다.

따라서 나말여초토기라고 할 때, 그 시기는 9세기 중엽부터 10세기 중엽까지로 보아야 하며, 아무리 빨리 설정해도 8세기 후반은 무리이다.

통일신라 말에서 고려로의 전환양상의 고고학적인 양상에 대한 연구는 거의 이루어지지 않았고, 도자사가들에 의해 국내의 청자 생산 시기 논쟁에서 그 일부분이 논의되어 왔다. 고려 초에 등장하는 도기는 통일신라 토기의 연장선상에 있는 점에서 통일신라에서 고려로 전환하는 시기의 물질문화 양상을 파악할 수 있는 자료이다. 그리고 통일신라말의 토기와 고려 초의 도기를 생산한 가마의 구조를 통한 나말여초기의 전환양상에 대한 이해도 가능하다.

통일신라 토기의 주요 기종으로는 유개합·종병·편구병·주름무늬병·편호·편병·단경호·시루·대호 등을 들 수 있다. 유개합은 7세기 후반, 통일신라 초부터 주요한 기종이 되면서 식기의 중심을 이루었고, 통일신라시대 전기간에 걸쳐 생산·소비된 기종이었다. 합에는 대각축소형 꼭지손잡이가 부착된 뚜껑이 세트관계를 이루었다. 편구병도 통일 직전에 등장하여 9세기에 일대 유행하였고, 초기 자기와도 공반한 예가 있는 등 고려 초까지 생산 소비 기종이었다.

국립경주박물관 미술관 부지 우물 1호와 10세기 전반에 운영한 공주 가교리 토기가마터, 10세기 전반 이후에 운영된 영암 구림리가마터에서 몸체 형태가 마름모꼴인 편구병이 존재한다. 그리고 시흥 방산동 도기가마터와 자기가마터 폐기장과 평택 궁리 2호묘에서도 몸체 형태가 마름모꼴인 편구병이 출토하였다. 시흥 방산동가마터는 초기 자기와 공반하고, 평택 궁리 2호묘에는 고려 3대 정종 안릉에서 출토한 동형식의 중국제 청자발이 공반하여 그 시기가 10세기 중엽이다. 위의 사례들을 고려하면, 9세기에 인화문으로 화려하게 표면을 장식한 중·대형의 편구병이 왕경을 중심으로 대량 생산 소비되었다가, 10세기에 들어오면서 쇠퇴하고, 문양이 시문되지 않는 소형의 편구병만 생산 소비되면서 10세기 후반까지 계승되었다고 추정된다.

종병·주름무늬병·편병·편호 등은 8세기 후반에 새로운 기종 또는 기형으로 등장하고, 9세기에 유행하면서 10세기까지 생산 소비되었다. 종병은 화려하게 인화문이 장식된 것과 문양이 없는 것으로 구분되고, 전자는 주로 왕경에서 소비되었고, 후자는 지방에서 소비되었다. 10세기 전반 이후, 인화문이 시문된 종병은 확인되지 않고, 문양이 없

그림 15-17 용인 언남리유적 출토 토기

고, 몸통 최대 직경이 약간 아래쪽에 위치하면서 위로 갈수록 직경이 줄어들고, 아가리가 외반하는 형식으로 변화하면서 통일신라시대 종병의 요소는 사라진다.

주름무늬병은 9세기에 유행하였고, 몸체 표면 전면에 촘촘하게 세로로 선을 긋거나 점토띠를 일정간격으로 세로로 붙이고, 점토띠 사이에 점열문을 시문하였다. 10세기에 들어오면, 몸체에 점토띠를 붙인 주름무늬병은 사라지고, 세로로 점열문을 시문한 형식의 주름무늬병이 11세기 전반까지 생산되었다. 10세기 전반의 주름무늬병은 몸통 높이보다 최대 경이 큰 형태의 것이 소비되었고, 10세기 말에서 11세기 전반에는 몸체가 구형인 예와 몸통 높이가 최대경보다 커 참외모양의 형식이 병존한다. 11세기 후반이 되면 주름무늬병의 요소는 사라진다.

그림 15-18 고려 도기(좌), 영암 구림리 도기가마 출토품(우)

517

9세기의 통일신라 편호는 2면 또는 4면으로 문양이 없는 형식이 유행하였고, 10세기 전반까지 지속하였다. 옹진 영흥도선의 선내에서 출수한 토기중에도 4면 편호가 포함되어 있고, 영암 구림리 토기가마터 출토품에도 4면 편호가 다수 포함되어 있다. 그런데 햇무리굽완과 공반한 도기중에는 4면편호의 사례는 거의 확인되지 않고, 2면편호가 대부분이다. 10세기 전반과 후반 사이의 시기에 4면편호가 사라지고, 2면편호로 단순화 되었을 것으로 추정된다.

　편병은 8세기부터 생산 소비되기 시작하여 9세기에 유행을 하였는데, 1면·2면·4면 등 다양하다. 1면편병은 구경고가 5cm 내외로 짧은 단경이 많고, 반구형태이고, 기고도 15cm 이하의 소형이 대부분이다. 이 1면편병은 문양이 없는 소문이 대부분이나 일부에는 몸체 외면에 파상문이 시문된 예도 있다. 9세기 전반 이후의 통일신라 1면편병은 몸체에 일정 간격으로 2~3곳에 1조 돌대를 돌려 여러 단으로 구획하였고, 10세기 초까지 그러한 특징이 지속하였다. 이 시기의 일면편호는 편평한 면이 바닥 위부터 시작한다. 이 1면편호는 10세기 후반 이후부터 해무리굽완이 소멸한 이후의 고려묘에도 출토한 사례가 있다.

　시흥 방산대요에서 출토한 도기제의 일면편호는 몸체 상단에 2~3줄의 침선을 돌렸고, 편평면이 바닥 위에서부터 몸체의 1/2 높이까지이다. 옹진 영흥도선 선체 내부에서 출토한 1면편호는 몸체 하단은 회전깎기 하였고, 중·상단면을 두드려서 편평면을 만들었고, 표면에 파상문을 4단으로 배치하였다. 상주 청리 H가구역 10·17호 석곽묘 출토품은 모두 몸체 위쪽에 1조 돌대만 돌려져 있고, 몸체 한쪽 면을 대상으로 하단면과 중·상단을 따로 두드려 편평면을 만들었다. 상·중단의 편평면과 하단의 편평면은 '〉' 형태에 가깝다. 이러한 특징의 1면편병은 햇무리굽완이 사라진 후의 자기와 공반한다. 1면편병은 11세기 전반까지도 생산 소비된 기종이었다.

　2면 편병은 12세기 후반까지 생산·소비되었다. 울산 서동 분묘군에는 몸통 최대경 아래의 좌우면을 두드리거나 눌려서 편평면을 만들었다. 편평면은 바닥까지 이어지지 않고 몸통 하방까지만 되었다. 4면 편병도 많지는 않지만, 12세기까지 생산·소비되었다.

　뚜껑은 합과 세트된 기종으로 통일신라 토기 중에서 가장 많이 생산·소비한 기종이었다. 이 뚜껑은 여러 종류의 문양이 시문되어 편구병과 더불어 통일신라 토기 중에 가장 화려하다. 9세기 전반 이후의 뚜껑은 지그재그 점열문이 가장 활발하게 시문되었고, 이외에도 화문·비조문·운문·초화문 등이 시문되었다. 뚜껑의 형태는 높이가 낮고, 구경이 커져 그 비율이 1:3 이상이다. 그리고 내구연이 희미하게 잔존한다.

9세기 후반이 되면, 기고가 더욱 낮아지고, 지그재그 점열문과 지그재그 점열문이 변형된 지그재그주름문과 단독의 기하문이 시문되었고, 구연은 개신에서 'ㄴ'자 형태로 꺾이고, 구연단이 'ㄱ' 형태이다.

10세기 전반의 뚜껑은 구경 : 기고의 비율이 3으로 기고가 더욱 낮아지고, 표면에 지그재그 점열문·직선의 점열문·원문·반원문 등 다양하며, 통일성이 무너지고, 구연은 개신에서 사선방향으로 뻗고, 구연단은 'ㄱ' 형태이다. 10세기 중엽 이후의 확실한 자료는 매우 적지만, 영암 구림리 도기가마터 출토품과 시흥 방산동 자기가마터 출토품을 들 수 있다. 시흥 방산동 자기가마터 출토품은 도기가 아닌 백자로서 희미한 단이 있거나 개신에서 'ㄱ' 형태로 짧게 꺾이어 통일신라 토기 뚜껑의 요소가 완전히 사라진 모습이다. 따라서 통일신라 토기 뚜껑에서 고려의 뚜껑으로 전환한 시기는 10세기 중엽의 전후이다.

삼국 통일 이후부터 통일신라의 주요한 식기로 사용한 합은 통일신라 말까지 지속적으로 생산 소비되었다. 통일신라 토기의 합은 고려 자기의 발과 동일한 형태이지만, 도기로서 확인된 사례는 확인되지 않았다. 9세기 후반과 10세기 초의 통일신라 토기 합은 배신에서 구연이 길게 외반하거나 구연 길이가 짧고 45° 꺾인 형태이다. 구경 : 굽경의 비율이 2 내외로서 구경이 크고, 굽은 높이가 1.0cm 내외이다.

음성 오궁리 도기가마터 출토품은 구연이 외반하면서 구연단이 두툼하고, 굽 높이가 5cm 이하로 매우 짧은 등 통일신라 토기 합의 형태에서 변형이 많이 되었다.

초기 자기를 생산한 용인 서리가마터와 시흥 방산대요에서 출토한 대접은 구연이 길고 외반하거나 또는 45° 방향으로 꺾이거나 길이가 짧고 90° 방향으로 꺾이면서 구연단이 두툼한 형태이다. 구경 : 굽경의 비율은 2 이상으로 구경이 넓어졌고, 굽 높이는 5cm 이하로 낮다. 10세기 초의 통일신라 합에서 고려 자기 대접으로의 계기적인 변화 모습이 확인된다. 구연이 외반하는 점에서 통일신라 합과 고려 초기 자기 대접은 어느 정도 유사하지만, 굽의 높이에서 고려 초기 자기의 대접이 매우 낮다.

통일신라시대의 시루는 바닥 형태가 원저·환저·평저 등 다양하고, 기고가 최대경보다 커 깊이가 깊고, 직경이 상대적으로 좁다. 몸통에서 구연까지 수직을 이루어 동 최대경과 구경이 거의 같은 형태와 바닥에서 구연으로 가면서 사방향으로 벌어져 최대경이 구연에 위치한 형태가 있다. 구연은 끝을 말아 접어 이중으로 만들었다. 손잡이는 몸통의 중위 또는 약간 하위에 부착되었고, 쇠뿔모양이다. 바닥의 증기공은 직경 3.0cm 내외 크기의 원공 또는 장방형의 쨴 투창을 방사상으로 배치하거나 중앙의 원공을 중심으로 삼각형 또는 원형의 증기공을 일정 간격으로 배치한 것 등 다양하다. 몸통 외면에는 격자 또는 평행타날을 하였다.

고려시대의 시루는 최대경이 구연에 위치하고, 바닥에서 구연으로 가면서 사방향으로 뻗고, 기고 : 최대경의 비율이 1.5 내외로 통일신라시대의 시루에 비해 깊이가 깊지 않고, 너비가 상대적으로 넓은 차이가 있다. 바닥은 모두 평저이고, 손잡이는 반원형으로 단면은 판상이다. 바닥의 증기공은 중앙의 원공을 중심으로 아치형 증기공을 일정 간격으로 배치하거나 중앙의 원공보다 지름이 작은 원공을 일정 간격으로 배치하고, 사이에 직경 2.0cm 내외 크기의 원공을 배치한 형태 등 다양하다. 그런데 중앙에 원공을 배치하고, 주위에 증기공을 일정 간격으로 배치한 공통성이 있다. 동체 외면은 평행타날이 되었거나 회전물손질 정면이 되었다.

통일신라 시루에서 고려 시루로 변화하는 과도기의 시루가 어떤 모습인지 현재 뚜렷하게 알기 어렵지만, 통일신라시대에서 고려시대까지 조영된 미륵사지와 같은 유적에서 통일신라시대의 시루와 고려시대의 시루가 출토하였다. 이는 통일신라 시루에서 고려 시루로의 변화가 자체적으로 점진적인 변화가 이루어졌다고 추정된다. 바닥이 평저이면서 중앙에 중심 증기공을 배치하고 주변에 일정 간격으로 증기공을 배치한 통일신라의 시루를 계승하면서 동이 손잡이 형태가 반원형으로 바뀌었을 가능성이 있다. 통일신라시대의 시루에 비해 고려시대의 시루는 바닥 면적이 상대적으로 넓어 요리하고자 하는 곡물 양의 두께를 상대적으로 얇게 하여 쪄서 익히는 시간을 줄일 수 있을 뿐만 아니라 요리의 완성도를 높이는 방향으로 개량되었음을 나타낸다.

화형(花形)장식 뚜껑은 외면에 일정 간격으로 돌대를 만든 후, 돌대면을 일정 간격으로 손끝으로 눌러 물결무늬 모양으로 장식한 형태이다. 이 화형 뚜껑은 중국 당나라의 자기 뚜껑을 모방하여 통일신라에서 만들어 소비하였다(홍보식 2011). 출토 사례로는 경주 왕경 유적, 북문로 수혈 30호, 분황사, 남원 실상사 등의 유적에서 출토하였다. 이 화형장식 뚜껑은 고려시대의 유구에서도 출토하였는데, 익산 미륵사지 고려 문화층과 강진 삼흥리 도기가마터, 용인 서리 자기가마터 출토품 등이 해당한다. 익산 미륵사지와 강진 삼흥리 도기가마터 출토품은 도기이지만, 용인 서리 자기가마터 출토품은 자기이다. 이 화형장식 뚜껑은 9세기 전반에 중국 자기를 모방하여 만든 후 고려 전기에도 계속해서 생산 소비되었다.

타호는 아가리가 넓게 나팔모양으로 벌어져 마치 완을 뒤짚어 놓은 형태이고, 좁고 짧은 목 아래에 아가리보다 직경이 현저히 좁은 동체가 있고, 바닥은 편평하거나 굽이 부착되었다. 타호는 황룡사지 출토품 1점, 화곡리 생산유적 Ⅰ자연수로1A 둑 Ⅴ층 출토품(2점)과 Ⅵ층 출토품(4점), 성건동 501-3번지 성건 녹지조성예정부지 채집품(1점) 등 모두 8점이다(홍보식 2016). 9세기 전반 이후 중국 당나라의 타호를 모방하여 토기로 만든 이후, 10세기 초까지 타호는 토기로 제작되었고, 소비자는 왕경의 일부 지배층에 한정되었다.

고려시대의 타호는 초기 청자와 백자를 생산한 용인 서리요지·시흥 방산대요·여주 중암리요지 등에서 자기로 생산되었다. 초기 자기요지에서 생산한 타호는 중국의 자기 타호를 모방해서 생산하였을 가능성도 있지만, 지배층의 일부에서 타호를 생활용기로 사용하는 통일신라시대에 이미 이루어졌고, 고려의 지배층도 통일신라의 일부 지배층에서 행한 생활방식을 계승하면서 타호를 생산하고 소비하였을 것으로 추정된다.

고려 초의 타호는 생산지인 자기 가마터에서 주로 출토하였고, 건물지나 분묘 등 소비유적에서 출토한 사례가 거의 알려지지 않았다. 가마터 출토품은 통일신라시대의 토제 타호에 비해 크기가 절반 이하로 줄어들었다.

통일신라시대에 생산·소비된 기종 중에는 고려시대 유적(유구)에서 출토 사례가 없는 기종도 있다. 그 대표적인 기종이 8세기부터 10세기 초까지 왕경을 비롯하여 통일신라 각지에서 출토한 연질원저단경호와 와질 소성의 우각형파수부옹이다. 연질원자단경호는 몸통이 둥글고, 외면에 승문 또는 격자타날이 되었고, 구연단이 凹면이고, 두툼하다. 이 연질원저단경호는 분묘에서 출토하지 않고, 모두 생활유적에서 출토하였다. 소형 연질옹과 더불어 통일신라시대 연질토기의 대표 기종으로서 몸통 외면에 그을음이 묻어있는 사례가 많아 자비기로 사용되었음을 나타낸다. 이 연질원저단경호는 고려시대 유적(유구)에서 출토한 사례가 보고되지 않아 고려시대로 전환하면서 사라진 기종으로 추정된다.

우각형파수부옹은 바닥이 둥글고, 최대경이 위치한 몸통 외면의 대칭되는 곳에 길이가 짧은 우각형 손잡이가 부착되고, 외면에 승문 또는 평행타날문이 있다. 구연은 몸통에서 90° 가깝게 꺾여 짧고, 두툼하다. 이 파수부옹도 표면에 그을음이 묻은 사례가 많아 앞의 연질원저단경호와 더불어 통일신라시대의 자비용기로 사용되었다. 이 파수부옹도 고려시대의 유적(유구)에서 출토한 사례가 알려지지 않았다.

이외에도 통일신라시대에 중국의 자기와 금은기를 모방하여 만든 삼족호·주자·종병 등의 기종은 고려 도기에서 보이지 않는데, 도기로서 생산되지 않았음을 나타낸다. 이 기종들은 주로 왕경 또는 지방의 거점지역, 거점 불교사원 등 지배층들이 사용한 기종들로서 고려시대로 전환하면서 도기가 아닌 자기로 대체되었을 가능성이 있다. 고려시대에 생산한 도기는 식음기나 주기·자비기·저장기 등 주로 일상 식기나 저장용기로 구성되었고, 고급의 주기나 제기 등은 금속이나 자기로 생산되었을 것으로 추정된다.

통일신라 토기에서 고려 도기로의 전환을 보여주는 자료로서 경기도 영흥도 앞바다에서 확인된 영흥도선 출토품과 영암 구림리 가마터 출토품이다. 영흥도선 출토 토기는 소형병·반구형병·장군·대호 등 5점이다. 소형병은 최대경이 하방에 위치하고, 몸통 외면에 일정 간격으로 파상문대가 있다. 파상문은 7~8치 내외이다. 7~8치의 파상문은 통일신라 토기에는 거의 확인되지 않으며, 몸통 형태가 완전한 편구형인 편구병의 몸통 외면에 시문된 예가 간혹 있다. 이 소형병은 전체적인 형태가 통일신라 토기의 소형병과 유사하지만, 몸통 외면에 파상문이 시문된 차이가 있다.

2점의 장군 중 1점은 무늬가 없지만, 나머지 1점은 몸통 외면에 격자타날문이 남아 있다. 장군의 한 쪽 측면에는 침선을 원형으로 돌렸다. 통일신라시대의 장군에 격자타날문이 있는 사례는 거의 알려지지 않았다. 몸통 외면에 격자타날이 되었고, 몸통 측면에 횡침선의 원형을 돌린 예는 고려 도기의 장군에서 사례가 있다. 이 영흥도선 출토품은 고려 도기의 특징을 보이지만, 형태는 통일신라 토기의 요소가 남아 있다. 따라서 이 영흥도선 출토 도기는 통일신라 토기에서 고려 도기로의 전환 과정을 보여주는 자료이다.

해남 오시골 1·2호 가마터에서 출토한 기종은 뚜껑·완·합·동이·단경호·병·솥 등이 있다. 뚜껑은 내구연이 희미하게 잔존하지만, 문양은 시문되지 않았다. 완은 찌그러져서 본래의 형태를 알기 어렵지만, 구연이 외반하고, 내면에 물레흔적이 뚜렷하다. 병은 구경이 장세경이고, 몸통에서 어깨의 연결면은 '〉'자 모양에 가깝다. 1점의 병은 어깨에 주름문과 일조직선의 점열문이 시문되었는데, 인화문이다. 통일신라 토기의 특징이 잔존하면서도 몸통에 손잡이가 있는 동이는 고려 도기의 동이와 아주 유사하다. 통일신라 토기에서 고려 도기로의 전환기에 위치한다.

음성 오궁리 가마터 출토품은 배신에서 구연이 사선으로 뻗고, 굽 높이가 5cm 이하로 매우 짧은 점 등을 고려하면, 가마의 조업 시기는 국내에서 자기 생산이 시작하는 10세기 후반 이후로 추정된다.

통일신라 토기에서 고려 도기로의 이행은 모든 지역에서 획일적으로 거의 동시에 진행되었다고 보기 어렵다. 중앙인 개경지역과 인근의 황해도와 경기도 지역에서의 이행이 먼저 이루어지고, 지방에는 점진적으로 전환하였을 것으로 추정된다. 특히 지방의 토기 생산 공방에서는 고려 왕조로 통일된 이후에도 통일신라 토기의 요소를 부분적으로 계승하면서 고려 도기로의 전환이 이루어졌을 가능성이 있다. 통일신라 토기에서 고려 도기로의 전환은 중앙과 지방간에 전환의 속도와 내용에서 차이가 있으면서, 기종간에 있어서도 전환의 시기에 차이가 있었을 것으로 추정된다.

지배층이 사용하는 고급 식기와 다구, 지배층의 장골용기 등은 변화가 빨리 진행되었을 것이다. 예를 들면, 9세기에 중국 자기와 금은기를 모방하여 만든 타호는 토기로서 크기가 매우 크지만, 방산대요와 용인 서리요에서 출토한 타호는 자기이고, 크기도 작아 개인 용기로 변하였음을 나타낸다. 다구(茶具)도 통일신라 사회에서는 토기로 만들어 사용하였거나 중국으로부터 수입한 자기를 사용하였지만, 국내에서 자기를 생산한 10세기 후반 이후부터는 자기로 대체되었을 것이다. 대접·접시·잔 등 식기와 병 등의 주기들도 토기에서 자기로 대체되었을 것이다. 10세기 후반 이후, 개경을 중심으로 황해도와 경기도 일대를 중심으로 자기가 생산되면서 고려의 중앙 지배층과 개경 주변의 지방세력들의 식기와 주기 등이 자기로 바뀌면서 도기의 생산량이 상대적으로 줄어들고 종류도 줄어들었을 것이다.

왕조가 통일신라에서 고려로 전환되었지만, 자비기와 저장용기 등은 통일신라시대의 것에서 크게 변하지 않았다. 시루와 솥은 통일신라의 그것을 계승하면서 부분적인 형태 변화가 이루어졌을것으로 추정된다. 지방의 호족들은 개경 주위에서 생산한 자기를 부분적으로 입수하고, 여기에다 도기를 더한 식기 구성을 이루었을 것이다. 피지배층들은 통일신라 토기의 전통을 계승한 도기와 목기 등을 일상 용기로 사용하였을 것으로 추정된다.

5. 기와와 전의 변화

9세기 후반부터 10세기 초의 통일신라 말의 기와에서 10세기 전반 이후의 고려 기와로의 전환 양상에 대한 깊이 있는 연구는 이루어지지 않아 구체적인 양상을 서술하기는 어렵지만, 대체적인 흐름은 파악되고 있다.

9세기 이후부터 10세기 후반 사이의 시기에는 평기와와 막새에서 변화가 나타난다. 평기와는 타날판 길이가 장판으로 일원화하는 9세기 이후에는 하단 내면 조정방법이 무조정 또는 깎기에서 물손질로 변화가 나타나는데, 이는 통일신라적인 속성에서 고려적인 속성으로의 기술적 변화를 보여주는 요소이다. 경주 방내리 기와 생산유적에서 출토한 평기와에는 장판 타날판, 하단 내면 조정방법이 통일신라시대의 속성인 무조정 또는 깎기의 제작기법과 고려 평기와의 제작기법인 물손질이 동시에 나타난다. 또 경주 불국사 경내의 성보박물관 예정부지에서는 장판 타날판에 고려 평기와의 속성인 하단 내면 물손질 조정만 확인된다.

현재의 평기와 편년에 의하면, 통일신라 평기와의 속성인 하단 내면 조정방법인 무조정 또는 깎기 기법이 마지막으로 나타나는 시기가 대중 연간(847~860년)이고, 고려 평기와의 속성인 물손질 정면이 처음으로 등장하는 시기는 건덕 3년(965)으로서, 9세기 후반에서 10세기 전반 사이의 시기에 통일신라 평기와에서 고려 평기와로 전환하였을 것으로 추정된다(이인숙 2012).

따라서 위의 경주 방내리 기와 생산유적에서 출토한 평기와는 이 시기에 해당되고, 경주 불국사 경내의 성보박물관 예정부지에서 출토한 평기와는 고려시대에 생산된 것으로 추정된다.

9세기 이후의 통일신라 수막새는 세판과 복판이 자방 주위를 1회 두르는 연화문과 함께 세판문 계열의 단단엽·단복엽의 연화문이 자방 주위를 이중으로 두르는 중판 연화문 수막새가 유행하였다. 그리고 복판 연화문은 꽃잎 하부가 상부에 비해 급격히 줄어들어 하트 형태처럼 변화하였다. 경주 불국사 경내의 성보박물관 예정부지에서는 간판이 본래 꽃잎 형태와 같은 크기와 모양으로 막새면을 가득 메운 연화문도 보인다. 그리고 턱면에 당초문이 장식된 수막새가 다량 출토하였다. 이 수막새는 와범의 구조가 본틀인 내범과 주연부 바깥쪽으로 얹혀지는 외범, 그리고 이 두 가지를 고정시켜 주는 외곽이 있는 형태(崔英姬 2010)로 내범만 있는 와범에 비해 다소 복잡한 구조이다.

위와 같은 통일신라 후기의 기와는 10세기 전반 이후 변화하면서 고려 기와의 양상들이 나타난다. 통일신라 후기에 유행하던 중판 연화문은 거의 사라지고, 세판 연화문과 복판 연화문이 자방 주위를 한 번만 두르는 문양이 유행한다. 또 복판은 꽃잎 상부 끄터머리가 더욱 갈라지고, 꽃잎 상부에 비해 하부의 너비가 줄어들어 하나의 꽃잎이 하트형을 띠는 형태로 된다. 그리고 단판 또는 세판 연화문 사이사이의 간판이 본래 꽃잎과 같은 모양으로 커지면서 막새면을 가득 메우는 형태가 유행한다. 자방은 연자 형태가 유행하면서 동시에 반구형으로 볼록한 형태가 나타난다(이인숙 2014).

10세기 중엽의 연화문수막새는 8엽복판연화문으로 연자를 배치한 자방, 꽃술대, 넓은 연판, 연주문을 배치한 주연부, 전체적으로 양감이 있다. 최근의 연구에 의하면, 거돈사와 원주 법천사지에서 출토한 4엽단판연화문수막새는 연자가 배치된 자방에 4엽의 단판연화문을 배치하고, 연판과 연판 사이에는 3개의 돌대선으로 연결되어 있고, 주연부에는 연주문이 장식되어 있다. 이로 볼 때 고려 초에는 연판이 넓은 4엽의 연화문수막새가 유행하였음을 나타낸다. 이러한 특징의 연화문수막새는 통일신라 말기의 연화문수막새 양식을 계승한 형식으로 연판 형태가 세장하며, 통일신라 후기에 유행한 세판 형식 연화문의 계보를 잇고 있음을 나타낸다. 이러한 특징을 지닌 8엽복판연화문은 11세기 전반까지 지속한다. 대표적인 출토 사례로는 여주 고달사지·원향사지, 원주 법천사지 출토품이 있다(최정혜 2012).

6. 금속 장식품의 변화

청동뒤꽂이는 월지 등의 궁역과 왕경의 가옥, 지방의 취락과 불교사원 등에서 출토되었다. 청동뒤꽂이는 상투를 튼 후에 풀어지지 않도록 꽂는 두발 장신구로 통일신라시대에 본격적으로 사용되었음이 최근의 통일신라 유적의 발굴조사를 통해 확인되었다. 청동뒤꽂이는 통일신라시대에 주로 생활유적에서 출토하고, 분묘에는 부장된 사례가 확인되지 않았다. 이는 청동뒤꽂이가 치장도구로서 사용되긴 했지만, 당시 사람들에게 있어 그렇게 필수적인 치장도구는 아니었음을 나타낸다.

이 청동뒤꽂이는 고려 초기의 분묘에서 부장품으로 출토한 예가 다수 알려져 있다. 경산 임당 Ⅰ-5호묘·D-Ⅳ-12호묘, 상주 청리 H 가구역 3호묘, 청주 명암동 유적 출토품이 알려져 있다. 경산 임당 Ⅰ-5호묘·D-Ⅳ-12호묘 출토 청동뒤꽂이는 머리 부분이 'ㅠ'자 형태이고, 상주 청리 H 가구역 3호묘, 청주 명암동 유적 출토품은 '∩'자 형태로서 차이가 있다. 머리 부분이 'ㅠ'자 형태인 청동뒤꽂이는 햇무리굽청자완과 공반하고, '∩'자 형태의 청동뒤꽂이는 윤환저완과 공반하고, 또 청동숟가락과 공반한 사례가 많다. 머리 부분이 'ㅠ'자인 형태가 시기적으로 앞선다.

그리고 머리 부분이 'ㄇ'자 형태의 청동뒤꽂이는 통일신라시대 유적에서 주로 출토한다. 월지에서 출토한 청동뒤꽂이는 머리 부분이 모두 'ㄇ'자 형태이다. 햇무리굽이 소비된 10세기 중·후반까지의 고려 초에는 통일신라시대에 사용한 형태의 청동뒤꽂이가 사용되었음을 나타낸다. 그런데 통일신라시대에 청동뒤꽂이는 분묘에 부장하지 않았지만, 고려 초에는 분묘에 부장하여 소비 형태에 차이가 있었음을 나타낸다. 고려 초부터 청동뒤꽂이는 개인의 일상용품으로서 사후에도 소유하는 내세관을 표현하였다.

대금구는 상당히 이른 시기부터 신분을 상징하는 위세품으로서 사회적 기능을 하였고, 5세기에서 6세기 전반 사이에 신라 고분에서는 금은제로 만든 화려한 것들이 다수 부장되었다. 6세기 후반 이후가 되면 은 또는 청동으로 만든 누암리형 대금구가 등장하고, 7세기 전반의 늦은 시기 이후에는 당식(또는 황룡사형) 대금구가 등장하였다. 당식 대금구는 중국의 의복제 수용과 함께 신라에 수용되었을 것으로 추정된다. 648년 중국 당으로부터 의관제를 수용한 다음, 신라는 의관제를 당식으로 바꾸었다. 이 당식 대금구는 이후 통일신라의 모든 지역으로 확산하였고, 지방의 중소고분에도 부장될만큼 유행하였다.『삼국사기』 색복지에 신분에 따라 착용하는 대금구의 재질 금지 규정이 설정된 것도 이러한 당시의 모습을 말한다. 이 당식 대금구는 연금·과판·대단금구로 이루어졌는데, 과판은 평면형태가 방형과 반원형의 2종류가 함께 사용되었다. 이러한 당식 대금구는 고려에 들어와서도 사용되었다. 고려 분묘에서 청동 또는 철로 만든 대금구가 다수 출토되었다. 통일신라시대에 대금구를 분묘에 부장한 전통이 고려에도 계승되었다.

7. 벼루의 변화

통일신라시대의 행정문서와 지명·이름·관아·용도 등의 표기, 세금 징수, 그림 등 고대의 율령제도와 문화를 표현한 벼루[硯滴]는 삼국시대 후기부터 사용하기 시작하고, 통일신라시대에 이르면, 지배층을 중심으로 왕궁과 왕경, 지방의 관아와 불교사원 등에서 보편적으로 사용하였다. 삼국시대 후기와 통일신라시대에 주로 사용한 벼루는 평면형태가 원형인 원면연이다. 이 원면연은 연지 아래에 굽이 있거나 수족각이 있고, 언강 외면에 여러 종류의 인화문을 시문하여 화려하게 장식한 예들도 다수 있다. 이 원면연은 통일신라의 왕경은 물론 지방의 관아와 관방시설, 불교사원, 취락 등에서도 사용하였고, 8세기에서 9세기에 유행하였다.

9세기 후반에는 원면연 외에 풍자연(風字硯)이 사

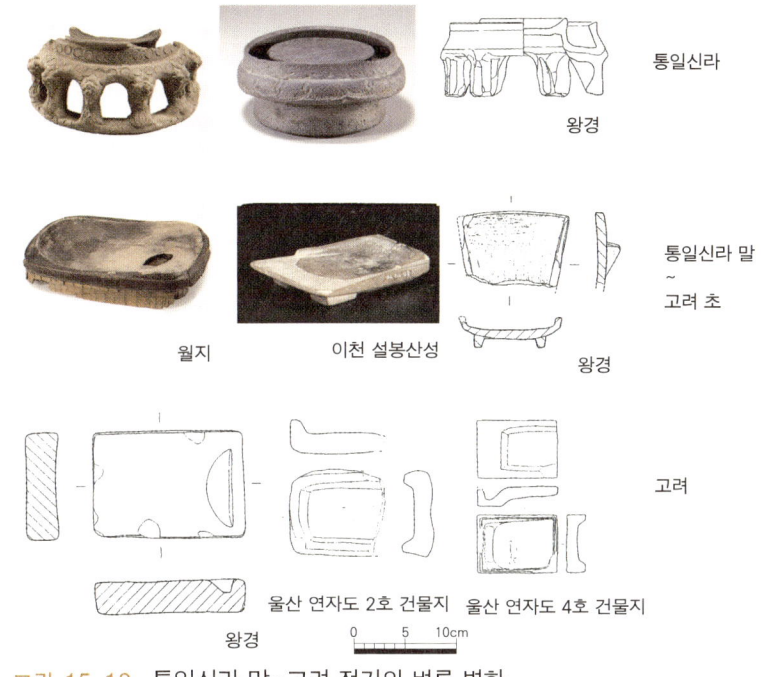

그림 15-19 통일신라 말~고려 전기의 벼루 변화

용되기 시작하였다. 풍자연은 평면형태가 한자인 풍(風)의 부수인 궤(几)자와 유사하여 붙여진 이름이다. 이 풍자연은 중당기(中唐期)인 8세기 전반 이후 중국에서 유행하고, 오대를 거치면서 송대까지 소비되었다. 이 풍자연이 통일신라 후기에 수용되었다. 풍자연의 출토 사례로는 경주 월지·왕경·분황사와 경기도 도라산유적, 이천 설봉산성 "咸通六年"명, 울주 삼남 가천리사지 출토품, 보령 성주사지 출토품, 포천 반월산성 출토품이 알려져 있다.

풍자연은 출토 수량이 적지만, 통일신라에서 고려 사회로 전환하면서 벼루의 형식 변화에 중요한 역할을 하였다. 이 풍자연은 원면연에 비해 단순한 형태로서 장식성이 거의 없다. 수각과 연제 외면에 각종 문양을 장식한 통일신라의 연 형식에서 단순하면서도 실용적인 연의 형식으로 바뀌었다.

풍자연은 반타원형 또는 장방형에 가까운 형태를 띠며, 한쪽이 '八'자형으로 벌어지는 것이 많다. 벌어진 부분은 약간 호상을 이룬다. 연강과 연지의 구별은 뚜렷하지 않지만, 원형으로 돌아가는 쪽에 높은 연제가 형성되어 있어 먹물을 받는 기능을 한다. 먹물을 한쪽에 모으기 위해 연강쪽 바닥에 두 개의 굽을 만들어 벼루가 기울어지도록 하였다(山本孝文 2006).

이 풍자연은 토제·석제·칠제 등이 있는데, 칠제는 월지 출토품이 유일하고, 석제가 많다. 벼루의 재질이 토제에서 석재로의 변화는 중국 당나라 시기에 나타난다. 광동성 고요현 부하산(斧柯山)에서 산출하는 서계연(瑞溪硯)이나 안휘성 흡현의 흡주석(歙州石)으로 만든 흡주연이 생산되면서부터이다(山本孝文 2006).

중국 당나라 벼루의 변화에 수반하여 통일신라에서도 석제의 풍자연이 사용되었다. 이천 설봉산성에서 출토한 석제 풍자연은 바닥면에 "咸通六·七年"이 새겨져 있다. 함통은 당 의종 6·7년으로서 신라 경문왕 5·6년인 865·866년에 해당한다. 중국 당나라에서 풍자연이 8세기 전반부터 사용되었고, 9세기에 들어와 유행한 사실에 근거하면, 통일신라에서도 8세기에 풍자연이 사용되었을 가능성이 있지만, 아주 특수하였을 것으로 추정된다. 통일신라에서 풍자연의 사용이 많아지는 시기는 9세기 후반 이후이고, 고려 초까지 사용하였을 것으로 추정된다.

지금까지 발견된 풍자연이 경주 왕경과 경기도 지역 및 충청도 등 서해안 일대인 점을 고려하면, 통일신라에서 고려로 전환하는 9세기 말에서 10세기 후반의 시기에 사용한 벼루로 볼 수 있다. 이 풍자연이 한강수계와 서해안 일대에 분포하는 현상에 근거하여 9세기 후반에 방형계 석제 벼루의 사용이 지방에까지 침투하였음을 나타내는 자료로 보기도 하지만(山本孝文 2006), 출토 사례가 많지 않아 그렇지 않았을 가능성이 있다. 한강수계와 호서 서해안 일대에 풍자연이 출토한 것은 이 지역 일대가 9세기 후반 이후 중국과의 교섭 창구역할을 하면서 중국의 선진 문물을 입수한 지방 세력의 존재를 나타내는 자료로 보아야 한다.

장방연은 모두 석제이다. 통일신라시대의 유적(유구)에서 출토 사례는 확인되지 않았고, 고려시대 분묘와 건물지에서 출토된 사례가 알려져 있다. 장방연은 한쪽 가장자리에 홈을 만들어 연지로 하고, 다른 바닥 상면은 연강으로서 이곳에 먹을 갈아 먹물을 만들었다. 이 장방연은 고려시대를 거쳐 조선시대로 이어졌다.

원면연은 고려 유적에서 출토한 사례가 거의 알려지지 않아 고려시대에 들어오면서 사용되지 않았다. 9세기 후반 이후부터 10세기 전반까지 토제의 원면연과 토제 또는 석재의 풍자연이 사용되다가 10세기 후반 이후부터는 원면연이 완전히 사라지고, 석제의 풍자연과 장방연 등 장방형계의 석제 벼루가 서사 도구로서 사용되었다.

홍보식

참고문헌

보고서 및 논저

강경숙, 2006, 『한국 도자기 가마터 연구』, 시공아트.

강원문화재연구소, 2009, 『原州 法泉寺』.

경기도박물관, 2002, 『奉業寺』.

경기도박물관, 2005, 『高麗 王室 寺刹 奉業寺』.

慶州大學校博物館, 2006, 『慶州 佛國寺 境內 聖寶博物館 建立豫定敷地 發掘調査報告書』.

국립경주문화재연구소, 『忠州 金生寺址』.

국립경주문화재연구소, 1997, 『感恩寺』.

국립경주문화재연구소, 2004, 『慶州 天官寺址 發掘調査報告書』.

국립경주문화재연구소, 2009, 『傳仁容寺址 發掘調査報告書』.

國立慶州博物館, 2000, 『新羅瓦塼』, 特別展 圖錄.

國立中央博物館, 2003, 『統一新羅』, 特別展 圖錄.

國立淸州博物館, 2001, 『淸州 明岩洞遺蹟(Ⅱ)』, 1999年度 試掘 및 發掘調査報告書.

國立淸州博物館, 2002, 『淸州 龍潭洞古墳群』.

權五榮외, 2004, 『龍仁 星福洞 統一新羅 窯址』, 한신大學校博物館.

金載悅외, 2003, 『龍仁西里高麗白磁窯址』, 發掘調査報告書Ⅱ, 湖巖美術館.

기전문화재연구원, 2003, 『元香寺』.

기전문화재연구원, 2007, 『고달사』Ⅱ.

길경택·황정하, 1992, 『충주 단월동 고려묘 발굴조사보고서』, 충주박물관.

김인철, 2003, 『고려무덤발굴보고』, 백산자료원.

白種伍외, 2004, 『驪州 中岩里 高麗白磁窯址』, 京畿道博物館·驪州郡.

이난영, 2012, 『한국 고대의 금속공예』개정판, 서울대학교 출판부.

李南奭·李賢淑, 2000, 『佳橋里陶器窯址』, 公州大學校博物館.

李鐘宣외, 1987, 『龍仁西里高麗白磁窯址』, 發掘調査報告書Ⅰ, 三聖美術文化財團·湖巖美術館.

梨花女子大學校博物館·全羅南道 靈岩郡, 1988, 『靈岩 鳩林里 土器窯址發掘調査報告書』.

정의도, 2016, 『한국 고대 숟가락 연구』.

중앙문화재연구원, 2006, 『忠州 金生寺址』.

崔 健外, 2001, 『芳山大窯』, 始興市 芳山洞 初期靑磁·白磁 窯址 發掘調査 報告書, 海剛陶磁美術館·京畿道 始興市.

충청대학박물관, 2006, 『충주 김생사지 발굴조사보고서』.

충청대학박물관, 2006, 『충주 숭선사지(시굴 및 1~4차) 발굴조사보고서』.

충청대학박물관, 2011, 『충주 숭선사지 5차 발굴조사보고서』.

韓國考古學會, 2004, 『통일신라시대 고고학』.

韓國文化財保護財團, 2000, 『淸州 龍岩遺蹟(Ⅰ)』.

홍보식외, 2013, 「統一新羅時代 歷年代 資料集」, 세종문화재연구원 편집, 학연출판사.

坂詰秀一編, 1990, 『歷史考古學の問題點』, 近藤出版社.

논문

姜秉權, 2005, 「統一新羅時代 鐎斗 一考察」, 『錦江考古』2, 忠靑文化財硏究院.

高賢守, 2004, 『南韓地域 高麗 古墳의 副葬品 埋葬方式 硏究』, 漢陽大學校 碩士學位論文.

김연수, 2007, 「高麗 墳墓 出土 金屬工藝 分析 試考」, 『고고학』6-1, 서울경기고고학회.

김인철, 2000, 「고려돌칸흙무덤의 유형과 변천」, 『조선고고연구』96-1·2.

김재홍, 2012, 「中·近世 農具의 종합적 분석」, 『中央考古硏究』10, 中央文化財硏究院.

김종혁, 1986, 「개성일대의 고려왕릉발굴보고(1, 2)」, 『조선고고연구』86-1·2.

朴淳發, 1989, 「Ⅵ. 遺物에 대한 考察-3. 土器」, 『聖住寺址』, 忠南大學校博物館.

朴銀卿, 1988, 「高麗 瓦當文樣의 編年 硏究」, 『考古歷史學志』4, 東亞大學校博物館.

변영환, 2007, 「주름문병에 대한 시고」, 『중앙고고연구』3, 중앙문화재연구원.

宋潤貞, 2008, 「統一新羅 鐵製 牛耕具의 特徵과 發展樣相」, 『서울·경기지역 고고학의 최신 연구성과』, 2008년도 서울경기고고학회 춘계학술대회.

왕성수, 1990, 「개성 일대 고려왕릉에 대하여」, 『조선고고연구』90-2.

이상준, 2012, 「고려왕릉의 구조 및 능주(陵主) 검토」, 『문화재』45-2, 국립문화재연구소.

이인숙, 2004, 「통일신라~조선전기 평기와 제작기법의 연구」, 韓國考古學報』54, 韓國考古學會.

이인숙, 2012, 「경주지역 출토 통일신라시대 수막새 편년」, 『韓國考古學報』85, 韓國考古學會.

이인숙, 2012, 「고려시대 평기와 제작기법의 변천」, 『고고학』6-1, 서울경기고고학회.

李惠瓊, 2005, 「가랑비녀(釵)에 관한 소고」, 『錦江考古』2, 忠靑文化財硏究院.

李義仁, 2007, 「京畿地域 高麗古墳의 構造와 特徵」, 『고고학』6-1, 서울경기고고학회.

이희인, 2004, 「中部地方 高麗古墳의 類型과 階層」, 『韓國上古史學報』45, 韓國上古史學會.

李凞濬, 2004, 「高麗墳墓編年に關するいくつかの問題」, 『福岡大學考古學論集-小田富士雄先生退職記念』, 小田富士雄先生退職記念事業會.

정의도, 2013, 「고려전기 분묘 출토 쌍어형숟가락 연구」, 『東亞文化』15, 財團法人 東亞細亞文化硏究院.

鄭鐘兌, 2005, 「三國~高麗時代 솥(釜)의 展開樣相」, 『錦江考古』2, 忠靑文化財硏究院.

최병현, 2011, 「신라 후기양식토기의 편년」, 『영남고고학』59, 嶺南考古學會.

崔英姬, 2010, 「新羅 古式수막새의 製作技法과 系統」, 『韓國上古史學報』70, 韓國上古史學會.

최정혜, 2012, 「고려~조선시대 중원지방의 수막새 편년」, 『중원문화와 기와』, 한국기와학회 제9회 학술대회.

홍보식, 2004, 「통일신라의 장·묘제」, 『통일신라시대 고고학』, 한국고고학회 제28회 전국대회.

홍보식, 2011a, 「9세기 자기생산설 비판」, 『연구논집』, 부산박물관.

홍보식, 2011b, 「統一新羅土器의 諸問題-樣式·文樣·編年과 隋唐陶瓷器 및 金屬容器와의 關係」, 『中國鞏衣窯』, 北京藝術博物館.

홍보식, 2016, 「통일라시대 토기 생산과 공급 시론-생산유적 화곡리와 소비유적 월지·동궁지출토 토기의 비교-」, 『韓國古代史探究』23, 韓國古代史探究學會.

黃跛郁, 2001, 『高麗時代 石槨墓 硏究-중부지방을 중심으로-』, 檀國大學校 碩士學位論文.

山本孝文, 2006, 「新羅硯의 出現과 展開」, 『石軒 鄭澄元 敎授 停年退任紀念論叢』.

통일신라고고학개론

16

맺음말

 근년에 들어와 다양한 시기와 성격의 유적(유구)가 조사되면서 고고학에 다루는 연구영역의 확장과 심화를 가져왔다. 특히 고고학의 영역이라기보다 미술사 영역으로 편중되어 온 통일신라시대의 물질자료의 급격한 증가는 이 시대의 고고학적 연구에도 영향을 주었고, 어느 정도의 가시적인 성과가 있었다. 통일신라고고학의 주요 연구 대상은 묘제와 토기·기와에 거의 국한되었고, 불교자료에 대한 연구는 여전히 미술사의 영역에 머물러 있다. 그리고 장신구와 장식구, 식생활 도구, 건축·토목 등의 기술사에 대한 연구는 미지의 영역에 머물러 있어 고고학의 한계를 드러내고 있는데, 이 부문에 대한 고고학적인 연구 영역을 확장할 필요가 있다. 이하에서는 앞으로 통일신라시대 물질자료의 연구와 과제에 대해 간략하게 서술하면서 맺음말에 대신한다.

 생활문화의 복원과 생산 및 소비를 둘러싼 유통경제, 건물의 배치와 구조·성격 등을 밝히는 건축, 토목기술, 경작 및 경작 면적과 재배방식 등. 도로와 역 등의 교통시설과 배치, 취락의 입지와 구조 및 규모, 변화양상을 통한 취락사 재구성, 도성의 경관과 시설물의 배치 및 구조를 통한 도시사 규명, 분묘의 계층성과 지역성 및 변화 양상을 통한 상장의례 규명, 관아의 구조와 배치를 통한 전근대 지배방식과 이념 규명, 관방의 구조와 축조 기술, 무기 구성과 각 무기의 특성을 밝혀 전쟁의 방식과 변화, 도성 및 마을제사와 기우제·산신제 등의 제사유적과 제사에 사용한 용기의 구성 및 파쇄행위의 의미 등이 통일신라 고고학의 주요 과제이다.

중앙과 지방, 도성과 취락간의 관계, 물질자료의 분포 밀도, 내용, 변천 양상과 속도, 물질자료와 지방의 중심 도시, 행정촌, 자연촌의 물질자료의 내용과 성격 등에 대한 연구가 이루어져야만 통일신라 사회를 입체적으로 이해할 수 있다.

이 외에도 개별 단위 유적-분묘군, 도성과 거점 도시, 취락, 생산시설(도기·자기·기와·청동기·철 및 철기), 항만과 부두(선착장·포), 도로 등에 대한 조사와 연구가 이루어져야한다.

통일신라 후반(8세기 후반) 이후 각지의 치소성의 조영과 관방성의 배치 및 구조, 석성·토성·보루·봉수 등의 축성 기술과 도구 및 축성 집단, 운영방식 등의 규명이 이루어져야 한다.

선사·삼국시대보다 문헌기록이 월등히 많은 통일신라시대 물질자료의 활용과 가치 및 인지도를 높이기 위해서는 자료의 세밀한 관찰과 과학적 분석 등을 통해 미시적인 특성의 도출 및 개별 자료의 가치뿐만 아니라 맥락(상관 관계)를 통한 분석과 해석을 할 필요가 있으며, 아울러 고고학적 방법론을 개발해야 한다. 물질자료의 외형을 분석한 후, 실제 내용은 문헌기록 또는 그 연구 성과를 빌려 해석하는 태도는 지양되어야 한다. 문헌기록과 문헌 연구 성과를 배척하거나 무시하자는 뜻은 아니며 문헌 기록 또는 연구 성과에 접촉하기 전에 물질자료 자체에 대한 연구와 가치에 우선 주목해야 한다는 점을 강조하는 것이다. 물질자료의 가치와 특성을 파악하고 이해하는 바탕 위에서 문헌기록 또는 문헌 연구 성과를 접목해야만 중·근세 고고학의 역할과 목적이 제대로 이루어질 수 있다.

통일신라시대의 물질자료를 소재로 한 연구는 상당한 수에 이르고 다루어진 분야도 관방(성곽·보루·봉수 등)·분묘·취락·생산시설(토기·도기·자기·기와 등의 가마터, 철·동·옥 공방지 등)·수전·한전·관아·사찰·제방·제언 등의 유적(유구)와 토기·도기·자기·기와·청동용기(합·완·수저)·장신구(이식·목걸이·허리띠꾸미개·동곳 등)·화장도구(동경·가위)·금속기(취사도구·관정·철정 등)·불교 용품(불상·사리기·불구·석탑·부도 등) 등의 유물이 다루어져 왔다.

물질자료의 가치와 활용 및 인지도를 높이기 위해서는 자료의 세밀한 관찰과 과학적 분석 등을 통해 미시적인 특성 도출 및 개별 자료의 가치뿐만 아니라 맥락(상관관계)를 통한 분석과 해석을 할 필요가 있으며, 아울러 고고학적 방법론을 계발해야 한다. 물질자료의 계통과 기능·제작 기술 및 사용 방식 등을 분석하고, 형식을 설정하여 시간성과 공간성을 설정하여야 한다.

통일신라 고고학의 연구 대상과 주제는 삼국시대보다 훨씬 다양하지만, 연구자의 관심 부족과 미술사 영역으로의 편재 및 문헌 연구에 밀려 상대적인 부진을 면치 못하고 있다. 그러나 1990년대의 국토의 대규모 개발에 수반되어 전국 각지에서 통일신라시대의 물질자료들이 대거 확인되고 조사가 이루어졌다. 그리고 신라 왕경과 왕궁의 중요성이 강조되면서, 국립경주문화재연구소를 중심으로 대구·경북에 기반을 둔 조사전문연구기관들의 활동에 의해 통일신라시대의 왕경과 왕궁에 대한 조사와 연구가 어느 정도 궤도에 오르게 되었다.

특히 왕경의 방의 구조와 도로·가옥·석조·우물 등의 조사가 이루어지면서 왕경의 생활 내용의 일단에 대한 이해가 어느 정도 가능하게 되었다. 뿐만 아니라 왕궁을 구성한 월지와 동궁, 해자 등에 대한 조사가 이루어지면서 왕궁의 규모와 구조, 시설 등에 대한 연구가 이루어질 수 있는 기초자료가 축적되었다. 비록 조사의 시작에 불과하지만, 통일신라시대 왕궁, 특히 정궁(본궁)의 구조와 시설물의 하부 구조를 파악할 수 있는 자료가 확보되길 기대한다.

그동안 조사된 통일신라시대 지방도시의 조사 내용과 성과를 통해 고대도시의 모습을 복원하기 위해서는 주거 구조, 주거지의 배치, 도로 구조와 도로망 등의 양상과 특징, 주거지의 배치와 주거 수를 통해 본 당시의 거주 인구 수, 주거 배치에 고대의 정치구조의 관철 정도와 양상, 도시로 설정할 수 있는 면적, 관아·주거·생산·신앙·경지·상하수도망 등 도시의 경관은 어떻게 설정할 수 있는지, 생산품의 생산시스템과 생산시설의 배치, 주거군과의 관계 등에 대한 양상과 특징이 무엇인지와 함께 자체의 생산수준은 어느 정도인지. 외부로부터의 경제적 의존도는 어느 정도인지 등등의 과제가 해결되어야 한다.

통일 이후에도 외적과 반란에 대비해 관문과 요충지에 관방시설의 축성과 증개축은 계속되었다. 왕경 방어를 위해서 통일 직후인 문무왕 13년 경주시 동북에 북형산성이, 722년에는 경주 동남에 관문성이 축조되었고, 각지의 요해와 변경, 해안지역에도 관방시설의 신축과 증개축이 계속되었다. 이 시기에 쌓은 성은 대부분 석성으로서 장방형의 할석에 일부

자연석을 혼용하여 쌓았는데, 지형에 따라 축조방법을 적절하게 달리하였다. 그러나 통일신라의 성은 통일 이전의 것을 부분 수축하거나 증·개축해 통일 이전과 이후의 차이가 명확하지 않은 경우가 많다. 통일신라 성의 조사는 성벽과 집수정 등 특정구조에 치중되어 왔는데, 성 내부의 전면조사를 통한 건물 구조와 배치 등에 대한 검토가 이루어져야 한다.

통일신라시대의 불교사원은 크게 산지가람과 평지가람으로 나뉘며, 산지가람은 입지 조건에 따라 다시 구분된다. 그러나 지형에 따른 가람의 분류보다는, 예를 들어 탑과 금당의 비중 관계의 변화 같은 구조적 특징의 연구가 신앙대상의 변화나 예배대상의 차이 등을 이해함에 도움이 될 것이다. 불교사원을 가람배치 평면형태에 따라 분류하면 감은사지형·천군리사지형·불국사지형·사천왕사지형 등으로 나눌 수 있고, 이것들은 시기적 지표가 될 수 있을 것이다. 앞으로의 연구에서는 탑과 금당 이외에 사찰을 구성하는 다양한 건물의 구조 및 건물 배치에 대한 분석 및 그 변화관계에 대한 해석이 필요하다.

전 왕릉 이외에도 경주 일원에는 봉분 직경이 10m 이상의 큰 고분이 많으나, 봉분 규모는 통일 이전보다 현저하게 줄어들어 직경 15m 이내, 높이 5m 이내이다. 봉분이 직경에 비해 상대적으로 높고 봉분의 법면 경사도가 적석목곽묘보다 가파른 편이다. 봉분은 원형이 기본이나 구정동에 방형분이 있으며 시내 평지에 있는 쌍상총도 방형일 가능성이 있다. 왕경 일대의 대형 무덤에는 대체로 호석이 설치되어 있다. 고분을 장식하는 정교한 호석, 12지상 조각, 귀부와 묘비 등은 추정 왕릉과 전김유신묘 등 제한된 무덤에만 나타나는데, 12지상을 부장하거나 조각해 장식하는 것은 8세기 전반 이후에 나타났다고 보인다.

다양한 화장묘의 성격과 그 확산의 사회적 배경과 이유 및 장법 차이에 따른 피장자의 신분 문제에 대한 연구는 아직 이루어지지 않았으며, 화장이 이루어진 장소인 화장 유구도 아직 발견되지 않았다.

왕경 주변지역의 토기 가마유적은 수 십기 이상이 군을 이루는 대규모 생산시설이다. 경주 화곡지구의 자연 수로에서 출토한 토기는 월지 출토품과 동일한 각종 인화문이 장식된 화려한 종류로서, 이곳의 토기 가마에서 생산된 제품이 왕경에 공급하였고, 토기의 명문으로 보아 관요로 운영되었을 가능성이 있다. 일상생활에 사용되는 토기는 별도의 가마에서 만들었을 가능성이 있다. 따라서 앞으로 왕경의 토기공급과 더불어 생활용기와 제사용기 및 장골용기의 수급에 대한 조사와 연구가 필요하다.

서울 사당동 유적에서 출토한 토기의 명문은 전업적 토기생산 마을의 존재가능성을 시사한다. 영암 구림리와 보령 진죽리에서 출토된 토기는 일반적인 지방가마와 차이가 있는데, 지방가마 사이에도 생산품의 종류와 품질이 달랐을 가능성이 있다. 이를 밝히기 위해서는 가마의 구조와 토기 생산 사이의 관계에 대한 연구가 필요하다. 10세기 이후에는 소성도가 매우 높은 도기가 대량 생산되는데, 이를 생산한 가마의 구조 및 고려도기 가마와 청자가마와의 관계에 대한 연구도 과제이다.

밀양 사촌유적과 양산 범어, 가촌유적에서는 철제련과 관련된 유구와 유물이 출토되었다. 유구의 구조와 발견된 유물로 보아, 여러 가지 제련기술이 사용되었고 대량생산체제로 운용되었다고 추정된다. 철 생산 시스템의 변화에 대한 연구는 아직 초보적 단계이며, 노형의 명칭, 구조, 조업방법, 조업기간 등의 문제와 더불어 운영체제에 대한 규명도 필요하다.

기와 가마는 여러 기준에 따라 다양하게 분류되지만, 가장 많은 것은 반지하식의 등요로서 유계무단식이고, 적석화구, 단공식 연도를 특징적으로 갖고 있다. 앞으로의 연구에서는 통일신라시대의 가마 특징을 보다 구체적으로 말해 주는 분류체계와 용어 정립이 필요하며, 가마구조뿐만 아니라 가마 생산과 관계된 시설과 구조 전반에 대한 종합적 이해가 필요하다.

통일신라에서는 다양한 청동기가 국영 또는 사영으로 제작되었으나, 전반적인 연구는 아직 초보적 단계이며 청동기 제작 시스템에 대한 이해는 미미하다. 청동기 생산과 관련한 채광이나 선광과 관계된 유적은 알려진 바 없다. 주조유적의 경우에는 1990년대 이후 왕경유적의 조사에서 공방시설과 관련 유물이 알려지며 활기를 띠게 되었다. 청동기 생산 공방으로는 경주시 동천동 7블록의 도시유적 내에서 확인된 제련로를 들 수 있다. 앞으로는 불교사원 내에서 범종과 같은 불구의 제작 유구도 발견될 것으로 기대된다.

통일신라시대에는 지신에게 제사를 지낸 후 매장한 지진 또는 진단구와 유물이 증가한다. 건물의 성격이나 종교적 차이에 따라 지진의식이나 매납품의 종류가 달랐을 수 있는데, 특히 불교종파가 성립하는 시기의 사찰에서 확인되는 지진유구 및 매납 유물의 차이를 분석하여 불교사원의 종파에 대한 정보도 제공될 수 있을 것으로 기대된다. 삼국통일 이후 불교가 일반백성들에게까지 침투하며 전통적 제의체계에 큰 변화가 일어났다고 추정되는데, 삼국시대 제사유적에서 보이는 다양한 유물 대신 토기와 토마·나무인형·묵서목간 등이 훼기 또는 폐기되었다. 특히 나무나 토기 등에 묵서로 행위를 표현하거나 말 모양 토우를 제사 공헌품으로 사용하는 현상이 두드러진다. 또한 나무나 돌로 남근을 사실적으로 표현하는 등, 제사유물에 변화가 나타난다.

토기의 편년은 주로 문양의 종류와 시문방식에 기초해 이루어졌다. 그러나 1990년대 이후 토기의 변화와 시기별 특징에 대한 재검토 요구가 나오고 있다. 통일신라 토기 문양은 알려진 것보다 다양한 양상인데, 시문기법이나 다양한 문양의 병존 양상에 대한 분석이 필요하다. 또한 문양이 없는 많은 토기의 형태에 대한 분석 및 나아가 토기의 생산과 분배에 대한 설명도 필요하다.

우리나라에서 자기 생산 시기를 둘러싼 논쟁은 1990년대부터 본격적으로 이루어졌는데, 통일신라 청자론과 고려 청자론이 그것이다. 통일신라 청자론의 논지는 통일신라시대에 중국으로부터 자기가 다량 수입되어 다양한 사회계층에서 사용되었을 뿐만 아니라 영암 구림리 등의 가마터 출토품 중 회유도기가 존재하는 등 자기 생산의 기술의 토대가 마련되었고, 여기에 경제적 기반과 사회적 분위기가 조성되어 적어도 9세기 중엽 이후에는 통일신라에 자기가 생산되었을 것으로 추론하였다. 자기 연구는 우리나라에서 자기 생산이 언제 어떻게 이루어졌느냐의 문제와 함께, 편년과 각 자기별 양식 문제가 중심을 이루고 있고, 생산과 유통 및 소비, 그리고 기능, 제작기술(성형·정면·도구)과 공방 경관 등에 대한 치밀한 연구는 제대로 이루어지지 않았다.

기와의 보급은 건축기술의 확산과 관계되는 만큼, 예를 들면 관아 또는 사원건축과 기와의 보급 사이에 대한 고찰이 필요하다. 기와가 건물지·가마터·분묘 등에서 토기와 공반해 발견되는 사례가 늘어나는 만큼, 기와의 편년 연구는 토기에 대한 연구와 병행해 이루어질 필요가 있다.

통일신라의 금속제 생활용기로는 식기류·잡기류·건축부재가 있다. 대부분의 유물은 왕경의 귀족이나 지방의 큰 사원에서 사용한 고급품으로 발견되었다. 이 시기의 금속제 생활용기는 고려 이후에 사용한 생활용기의 토대라는 점에서 중요하다.

삼국시대에는 각종 생산도구가 고분에 부장되었으나 통일신라에서는 생산이나 생활유적에서만 출토되므로 출토 수량이 적다. 생산도구로는 철기제작용 모루·집게·망치 등이 알려졌는데, 밀양 사촌제철유적에서 출토한 집게와 망치가 그런 예이다. 농기구로는 철제 볏·보습·삽날·쇠스랑 등이 알려져 있다.

통일신라의 석조품은 불상, 석탑, 부도, 석등과 같은 불교조각이 대부분이다. 불상에 대해서는 미술사에서 양식학적으로 연구되어 왔는데, 구체적 속성을 다루기보다는 예술적 가치 평가와 같은 추상적 방향으로 흐르고 있어, 새로운 방법론을 모색할 필요가 있다. 대부분이 돌로 만든 통일신라의 탑과 기타 불교유물에 대한 고고학적인 방법론에 의한 조사와 연구가 요구된다. 납석은 삼국시대에는 거의 사용되지 않던 재료이나 통일 이후 사리용기·촛대·유개호 등의 제작에 사용되었다. 사리용기는 납석제로 만든 것이 많아, 납석제품이 귀중품이었음을 말해준다.

사리함에는 보통 부처의 신사리 또는 법사리를 봉안하지만, 이외에도 각종 사리구를 봉안했다. 사리구는 칠보(七寶) 또는 오보(五寶)에 해당하는 것도 있고, 사리함과 사리구가 각각 다른 예가 많고, 사리구로서의 녹색 유리소병은 대부분의 사리함에 봉안되었다. 석탑에서 출토한 사리함은 형태나 재질이 다양하다. 사리함과 사리구의 형태 및 종류에 대한 분석은 당시의 불교에 대한 중요한 고고학적 연구주제가 된다.

범종은 통일신라시대의 주동물중 규모가 클 뿐만 아니라 당대의 기술을 반영하지만, 동종 자체에 대한 연구는 미미하다. 동종 제작과 관계된 금속학적, 기술적, 양식학적 연구와도 같은 보다 다양한 접근이 필요하다.

통일신라와 당·서역·일본과의 교류를 보여주는 실물자료는 꽤 많이 알려져 있지만, 이들을 체계적으로 연구한 사례가 거의 없다. 이 실물자료들의 검토에 기초한 통일신라와 당과의 교류관계를 단계적으로 파악하거나 또는 구체적으로 설정하여 통일신라의 교류사를 재정립할 필요가 있다.

통일신라에서 고려로 전환되는 소위 나말여초기는 전환기의 시기로 주목받아왔으나, 고고학적 연구는 활발하게 이루어지지 않았다. 최근에 들어와 고려 분묘에 대한 고고학적인 조사증가와 자료축적이 이루어지면서 고려 분묘의 편년과 묘제에 대한 연구가 이루어져 이 시기의 분묘 및 부장품의 변화와 양상에 대한 기초적인 이해가 정립되어 가고 있다. 그러나 그 이외의 분야에서는 통일신라에서 고려로의 전환과정의 양상과 특징에 대한 연구는 이루지지 않았다.

신라와 고려의 문화적 계승관계 이해를 위해서는 이외에도 통일신라 말의 도기나 청동용기와 고려 초의 청자나 도기의 기종 및 형식의 상호비교, 기와의 양상, 금속제 일상용기와 불교 자료의 계승관계 등에 대한 적극적인 비교연구가 필요하다.

우리가 고고학적인 자료와 방법론에 의해 통일신라에서 고려로의 전환에 대한 양상을 파악하기 위한 시도는 통일신라에서 고려로 사회구조가 전환하는 구도에서 물질문화의 계승과 변화를 이해하기 위한 접근으로서의 측면과 역사 변천의 기준 잣대로서 흔히 활용되는 것이 지배집단의 세력교체인데, 지배집단의 세력교체는 과연 물질문화의 변동에도 어느 정도 영향을 미쳤을까, 지배세력의 교체에 의한 물질문화의 변동과 사회발전에 따라 물질문화가 어떤 방향으로 전개되어 가는가를 규명하는 것에 있다.

통일신라는 고대 국가의 완성기이자 중세로 전환하는 과도기로서, 고대문화가 완성되었고 그 바탕 위에 중세문화의 요소가 태동하였다.

홍보식